# 図書館人物事典

日本図書館文化史研究会 編

日外アソシエーツ

装丁:赤田 麻衣子

# 刊行にあたって

　このたび日本図書館文化史研究会（以下，本研究会）の創立35周年を記念して，『図書館人物事典』（以下，本書）を公刊することになった。本書は図書館関係者1,421人の略歴・活動を編成した人名事典である。まずは本書のつつがない発行をことほぎたい。

　本研究会では，2007年に『図書館人物伝：図書館を育てた20人の功績と生涯』（日外アソシエーツ，以下，『人物伝』）を刊行している。『人物伝』は図書館の発展に尽くした内外20人の人物の評伝集であり，本研究会の創立25周年記念事業であった。考えてみると，『人物伝』と本書は対をなす部分が少なくない。

　原点ともいうべきものも共通している。それが石井敦氏の『簡約日本図書館先賢事典：未定稿』（石井敦，1995，以下，『先賢事典』）である。本書が『先賢事典』の増補改訂版的な図書であることは，「あとがき」をご覧いただきたいと思う。ここでは人物研究・人名事典編纂の意義を，『先賢事典』の同氏の「まえがき」を借用して記しておきたい。

　石井氏は『近代日本図書館の歩み：日本図書館協会創立百年記念』（日本図書館協会，1992-1993）の編集から「いかに多くの図書館人が心血を注いで日本の図書館を守り，育ててきたかを知り，この先輩たちの労苦をもっともっと評価しなければならない」と気がついて『先賢事典』の上梓を急いだとし，さらに次のように述べている。

　個々の図書館でひたすら利用者へのサービスに尽してきた人，資料の重要性を深く認識し，周囲の無理解にもめげず，散逸しそうな資料を発掘し，収集し，組織化してきた人たちなど，100年以上の歴史をもつ日本の図書館界にはたくさんいたのである。こういう先輩たちの仕事をもっと明らかにし，司書の社会的評価を獲得するとともに，これから図書館員を目指す人たちを増やしたい。また図書館にこういう専門的な人が必要なことを証明したい。

『先賢事典』は，石井氏の古稀記念事業に参加・賛同した関係者のために同氏が製作・頒布したものであった。この記念事業の中心は『転換期における図書館の課題と歴史：石井敦先生古稀記念論集』（石井敦先生古稀記念論集刊行会編，緑蔭書房，1995）であり，その事務方は本研究会の小川徹元代表の指揮のもと，奥泉和久と小黒らが務めた。「昭和」から「平成」の代替わりのどこか落ち着かない時期に，編集作業を進めたことが思い出される。

　さて，図書館関係者の事典を作ろうという計画が提起されたのは5年ほど前のことであった。その大義は認めながらも，自分自身は率直なところあまり気が進まなかった。それはこの事典編纂が相当の難事業であることが予期されたからである。石井氏の『先賢事典』も「未定稿」であり，その「あとがき」では『日本図書館関係人名辞典』の編纂がすすめられていると書かれているが，結局実現しなかった。

　しかしこうした懸念は杞憂に過ぎなかった。2013年8月に正式に編集委員会が立ち上がると，わずか4年で本書出版の運びとなった。これは何より多くの方が本書人名項目の執筆にご協力くださったからである。別記のように本書の執筆者は，非会員の方62名を含めて144名を数える。ご執筆いただいた皆さまに厚くお礼申し上げる。

　執筆者の方々にはいろいろとご迷惑をおかけした。事典という性格上，1項目当たりの字数に制限があって思うようなことが書けなかったと思う。文体などもある程度そろえる必要があり，編集委員会の責任でかなり手を加えた原稿もある。ご了承いただきたい。

　また執筆者のうち，石山洋，伊藤昭治，岩猿敏生，髙倉一紀の4氏が本書刊行前に逝去されたことは，痛恨の極みである。4氏のご冥福を心よりお祈りしたい。

　前記のとおり，執筆者の原稿の修正などを担ったのは『図書館人物事典』編集委員会である。編集委員は，石川敬史，泉山靖人，奥泉，小黒，小林昌樹，鈴木宏宗，鞆谷純一，三浦太郎の8名であった。

　編集委員会は奥泉を中心に，収録人物の掘り起こし・選定，書き手が

いない人物の原稿執筆，付録・索引の編成，ゲラの校正など，本書の出版を創立35周年である2017年に間に合わせるべく，相当の努力を積み重ねた。自分もその末席に連なっているので気がひけるが，編集委員の苦労はやはり書き留めておきたいと思う。

　先述のように，本書は『先賢事典』の増補版といえる。『先賢事典』の採録人数は約550名であるが本書は1,421名であり，項目の数は大幅に増加している。あとは内容の充実度であるが，泉下の石井氏に訊ねることはできない。読者の皆さまの忌憚のないご叱正をお願いする次第である。

　なお，本書の出版には故藤野幸雄氏のご寄付による基金を使わせていただいた。藤野氏をはじめとする会員の皆さまのご理解・ご後援に感謝したい。

　最後になるが，本書は『人物伝』同様日外アソシエーツより発行することができた。同社のご助力に感謝申し上げる。とくに編集担当の木村月子氏には，大変お世話になった。お礼を申し上げる。


追記

　この「まえがき」を書いている最中に，編集委員の一人である鞆谷純一氏の訃報が届いた。鞆谷氏は多数の項目の執筆や，原稿の修正など本書の編集に尽力された。謹んで哀悼の意を表したい。


　2017年7月

　　　　　　　　　　　　　　　　　　日本図書館文化史研究会代表
　　　　　　　　　　　　　　　　　　　　　　　　小黒浩司

# 執筆者一覧

(五十音順, 敬称略)
*は物故者

**【編集委員】**
石川敬史
泉山靖人
奥泉和久
小黒浩司
小林昌樹
鈴木宏宗
鞆谷純一*
三浦太郎

**【執筆者】**
青木玲子
赤瀬美穂
安藤友張
飯尾 健
飯澤文夫
池田政弘
石川賀一
石山 洋*
泉 江莉
井谷泰彦
伊藤章子
伊藤昭治*
伊東達也
稲垣房子
膽吹 覚
今野創祐
岩猿敏生*
岩手県立図書館
植村芳浩
内田 栞
梅澤幸平
大岩桂子
大阪市立図書館
大澤正雄
大島真理
太田典子

大友美里
大西稔子
大場高志
大場利康
大畑美智子
岡 長平
小川 徹
小川知幸
小田孝子
小野佳名子
垣口弥生子
勝山幸人
加藤信哉
門上光夫
金山聖子
河井弘志
川戸理恵子
川原亜希世
漢那憲治
菊池直子
木越みち
岸本岳文
久保田正啓
小泉 徹
小出いずみ
小林真理絵
小松原記子
坂内夏子
坂下直子
阪田蓉子
参納哲郎
塩見 昇
篠原由美子
島村聡明
霜村光寿
新地町教育委員会
新藤 透

菅原 勲
鈴木章生
鈴木 均
関 和美
仙台市図書館
染谷友子
髙倉一紀*
高梨 章
高橋和子
田口瑛子
田澤明子
田嶋知宏
立花明彦
田中利生
谷口智恵
田村俊作
塚原 博
堤 豪範
津村光洋
鶴巻武則
東條文規
徳原靖浩
徳森耕太郎
冨田光彦
長尾宗典
中川 豊
長倉美恵子
中西 裕
中山愛理
名城邦孝
西村彩枝子
二宮博行
根岸拓也
野口武悟
野澤篤史
早川仁英
原 健治

馬場俊明
廣庭基介
深井耀子
藤井千年
藤島 隆
藤野高司
藤野寛之
藤村涼子
藤原秀之
古川保彦
堀田 穣
堀野正太
前川芳久
前澤慎也
前田章夫
松尾昇治
松岡 要
松崎博子
松島 茂
松田泰代
松山ゆかり
宮崎真紀子
宮田 怜
村上美代治
森田俊雄
安光裕子
山本貴子
山本安彦
雪嶋宏一
横山道子
吉植庄栄
吉田昭子
吉間仁子
よねい・かついちろう
若松昭子
渡邊愛子
渡辺信一

# 目　次

執筆者一覧……………………………………………… (6)
凡　例…………………………………………………… (8)
図書館人物事典………………………………………… 1
索　引
　人名索引……………………………………………… 335
　図書館・団体名索引………………………………… 361
　事項索引……………………………………………… 405
付　録
　1. 図書館関係団体などの名称の変遷 ……………… 427
　2. 人物調査のための文献案内 ……………………… 429
写真出典一覧…………………………………………… 435
あとがき………………………………………………… 436

# 凡　例

1．基本方針

　　本書は，図書館史の上に名を残した図書館員を中心に，図書館の設立，経営，運営，運動，図書館員養成，図書館学教育・研究などに関わった人物1,421人を収録した人物事典である。2014年12月以前に死去された方を収録の対象とした。

2．人名見出し

　1）見出しには図書館人としてよく知られている氏名を採用した。見出しとして採用しなかった氏名は適宜参照見出しを立てた。

　　　例　椋鳩十　→　久保田彦穂を見よ

　2）漢字は，主に新字体を用いたが，慣用的に旧漢字で表記される人名は旧字体を用いた。

　　　例　今澤慈海

3．見出し人名の排列

　1）見出し人名は，日本人，東洋人は姓・名をそれぞれ一単位，姓・名の順に読みの五十音順，それに続けて欧米人は原綴で表記し，アルファベット順に排列した。

　2）濁音・半濁音は清音扱い，促音・拗音は直音扱いとし，長音符は無視した。ヂ→シ，ヅ→スとして排列した。

4．記載事項

　記載事項およびその順序は次のとおり。

　1）見出し人名／人名の読み／生没年に続けて図書館を中心とした職歴，図書館界での活動，業績などを記した。重要な人物については，これらに出身地／学歴を加え，写真を付し，詳細に記述した。図書館名・団体名，地名などはできる限り当時のままを記し，必要に応じて補記した。著作

は，主に図書館関係の図書，論文などを数点掲載した。受賞歴は，図書館に関係する賞を中心に記した。生没年など不明な事柄については「？」を付した。
2) 参考文献は，自伝，評伝，研究図書，論文，追悼記事などから主要なものを数点記載した。

## 5. 付　録
(1) 図書館関係団体などの名称の変遷
　　本書の利用の参考となるよう、日本の図書館関係団体と国立図書館、図書館員養成機関のうち、名称の変遷がわかりづらいものについて記した。
(2) 人物調査のための文献案内
　　本書に収録されなかった人物を調べたり，収録されていてもさらに詳細を調べる必要が生じたりした場合の手がかりとなるよう、主に日本の図書館関係者（図書館人）について，履歴・業績を調べる際に役立つ文献を紹介した。

## 6．人名索引
1) 本文収録者に関わる人名（交流関係のあった人，別名など）を，五十音順に排列し，その見出し人名および該当ページを示した。
2) 本文に見出しのある人名は太字とした。
3) 本文の見出し人名のうち、別名や号などからも引けるように、関連する索引語には末尾に＊を付与した。

## 7．図書館・団体名索引
1) 本文収録者に関わる図書館名，文庫名などを五十音順に排列し，その見出し人名および該当ページを示した。日本図書館協会などの所属団体については，そこでの活躍が見られる場合に掲載した。
2) 図書館学の課程，司書課程で講義を担当していた大学名などは採用した。
3) 図書館名に県立，私立などが冒頭にある場合には，後ろに（　）で記した（例：市立名古屋公衆図書館は，名古屋公衆図書館（市立），私立米沢図書館は　米沢図書館（私立）など）

(9)

8．事項索引
 1) 次のような事項を採録し，五十音順に排列，出現する見出し人名および該当ページを示した。本文中に出現する表現形を尊重したが，転置するなど適宜，形を変えた部分がある。
   ・図書館サービスのうち特に先駆的と見られるもの
   ・特殊な資料群。その収集，保存，組織化，公開運動など
   ・図書館界に影響があった著作，法令，報告，著名なレファレンスツールの名称
   ・先駆的ないし図書館人ならではの研究領域
     例：日本研究（福田なをみ）
   ・図書館創立者は代表的な人物のみ「メセナ」の下に収めた
   ・事物起源的な項目は，あえて調整しなかった
     例：初めての自動車文庫については千葉県立図書館（1948）と高知県立図書館（1947）の2説あり
 2) 同義語は参照形として事項名に「を見よ参照」（⇒）を付し，類義語には「をも見よ参照」（⇒：）を付した。

# 図書館人物事典

## 【あ】

### 愛澤 豊勝
あいざわ・とよかつ

[生没年]1912〜1959

1930年に文部省図書館講習所を修了。大橋図書館に勤務（1930〜1958）。この間に1943年図書掛長，徴用のための休職を経て1945年司書に復職。1949年主事。のちに中央大学図書館。大橋図書館館報『トピック』，同館児童向け館報『まあるい・てえぶる』に多くの著作がある。
【参考】三康文化研究所附属三康図書館所蔵文書／『簡約日本図書館先賢事典：未定稿』石井敦編著 石井敦 1995

### 相原 信達
あいはら・しんたつ

[生没年]1901〜1982

川越妙養寺住職。立正大学講師などを経て，1947年より川越市立図書館長（〜1962）。この間，埼玉県展運営委員，同審査委員を務める。
【参考】『簡約日本図書館先賢事典：未定稿』石井敦編著 石井敦 1995／『川越図書館の栞』川越市立図書館編 川越市立図書館 1949／野村耀昌「学科小史：宗教学科小史」『立正大学文学部論叢』55号別冊 1976.3

### 青木 一良
あおき・いちろう

[生没年]1913〜2004

戦後，日本図書館協会事務局勤務ののち，新潟県の新津市立記念図書館長（1951〜1971）。退職後，東京都秋川市（あきる野市）に転居し，多摩地域における図書館の地域資料分野の構築，発展に寄与した。著作に『地域図書館活動：その歴史・実践・理論』（黒田書店, 1972）がある。
【参考】桂まに子「戦後公共図書館史における三多摩郷土資料研究会の位置づけ」『東京大学大学院教育学研究科紀要』48巻 2009.3

### 青木 健作（あおき・けんさく）
→井本 健作（いもと・けんさく）を見よ

### 青木 次彦
あおき・つぎひこ

[生没年]1922〜2009

京都大学国史研究室嘱託を経て，1948年同志社書記。小野則秋のもとで同志社大学図書館閲覧課長などを歴任。1970年同大学司書課程専任講師，以後助教授，教授（〜1988）と18年にわたり司書課程の教育に尽力した。共同執筆に『図書館学とその周辺：天野敬太郎先生古稀記念論文集』（巌南堂書店, 1971）があり，図書館学教育，図書館史に関する多くの論文がある。
【参考】宇治郷毅「図書館学司書課程を築いた人達：青木次彦」『同志社大学図書館学年報』38号 2013.3

### 青木 万太郎
あおき・まんたろう

[生没年]1859〜1938

1883年に富山県井波町で町内有志と県内初の公共図書館「北越井波書籍館」を設立，開館した。井波町で小学校長，町長を経て，井波町立図書館長（1932〜1938）。

【参考】『砺波図書館協会創立70周年記念誌』砺波図書館協会 2002／野村藤作「初代館長青木万太郎先生」『富山県図書館協会創立50周年記念誌』富山県図書館協会 1981

## 青木 実
あおき・みのる

[生没年]1909〜1997

同人作家。給仕として南満洲鉄道（株）に入社、のち法政大学商業学校を卒業。1930年大連図書館に転勤しカード目録の作成などに従事した。大連では同人誌『作文』を創刊し、植民地文学運動に参加。1940年奉天満鉄鉄道総局に転任。戦後、柿沼介の仲介で1950年国立国会図書館に入館。1975年主任司書で退職するまで収集畑を歩き地方出版物収集に尽力。著書に『全国地方出版社総覧』（地方・小出版流通センター、1976）や小説などがある。

【参考】「青木実特集」『作文』166号 1997.9／『戦前期「外地」で活動した図書館員に関する総合的研究』岡村敬二編著 岡村敬二 2012

## 青木 義雄
あおき・よしお

[生没年]1903〜？

1925年東京市立図書館に勤務。駿河台図書館（1930）、麹町図書館主任（1933〜1941）が確認できる。戦後は都立日比谷図書館、墨田区立寺島図書館長、同緑図書館長。

【参考】『簡約日本図書館先賢事典：未定稿』石井敦編著 石井敦 1995／『東京市職員録』昭和5年-昭和17年現在 1930-1942／『都政人名鑑 1959年版』都政新報出版部編 都政新報社 1958

## 青野 伊豫児
あおの・いよじ

[生没年]1905〜1994

1929年東京帝国大学附属図書館入職。1951年運用課長（〜1958）、1958年館長補佐兼運用課長（〜1960）、1958年事務長（〜1961）、1961年事務部長（〜1967）。退官後は東洋大学社会学部教授（1967〜1975）などを務めた。全国国立大学図書館長会議運営の中心となり、大学図書館の発展に貢献した。著作に「Farmington Planについて」（『図書館雑誌』44巻9・10-11・12号、1950.11-12）、「最近の大学図書館の動向」（『学術月報』9巻9号、1956.12）などがある。

【参考】『図書館再建50年：1928-1978』東京大学附属図書館編 東京大学附属図書館 1978／『東洋大学百年史 部局史編』東洋大学創立100年史編纂委員会、東洋大学創立100年史編纂室編 東洋大学 1993

## 青柳 文蔵
あおやぎ・ぶんぞう

[生没年]1761〜1839
[出身地]陸奥国（岩手県）

江戸時代の蔵書家。医者の息子として生まれるが、1778（安永7）年に江戸へ出奔し、商人や公事師などの職に就きながら書物を収集した。1830（文政13）年に仙台藩へ蔵書約1万冊と金千両を寄付し、文庫の設置を願い出た。翌年仙台藩は医学校地を拝領し土蔵を建て青柳文庫の書庫とした。藩吏が出納、貸出などの管理を行った。蔵書印に「青柳館文庫」「勿折角勿巻脳勿以墨汚勿令鼠嚙勿唾幅掲」の2種類がある。蔵書は自身が学んだ医学や儒学に関するもののほか、物語なども多くあ

る。廃藩により青柳文庫蔵書は散逸するが、半数ほどが宮城県図書館、宮城教育大学附属図書館などに所蔵されている。
【参考】『公共図書館の祖青柳文庫と青柳文蔵』早坂信子著 大崎八幡宮 2013／大槻文彦「天保二年設立図書館青柳館文庫並青柳文蔵伝」『図書館雑誌』13号 1911.11／『青柳文蔵伝記資料』大槻文彦写本（早稲田大学所蔵）

## 青山 大作
あおやま・だいさく

[生没年] 1897～1984
[出身地] 岐阜県
[学歴] 1920年明治大学卒業

1920年帝国図書館に勤務。資料の国際交換などを担当する。1931年から図書館講習所主事を兼務、講習所生の各地図書館見学を引率し就職先の斡旋にも関与。1941年乞われて市立名古屋公衆図書館長に転任。戦時体制強化に伴い総務局勤労課長などを歴任、1954年愛知県鳴海町助役として出向。名古屋市に復帰後1956年から鶴舞図書館副館長。一区一館制度を提唱するなど、名古屋市図書館網の実現に力を尽くした。1959年同館を退職、嘱託として市の図書館に勤務し、また市史編纂にも従事。同年名古屋大学附属図書館職員有志による中部図書館学会設立に発起人の一人として加わる。1982年日本図書館協会特別功労者。
【参考】『図書館随想』青山大作著 青山イト 1987／山田久「旧鳴海町教育委員会「移動図書館関係綴」について：付記合併前夜の鳴海町と青山大作さん」『中部図書館学会誌』47巻 2006.2

## 青山 千隈
あおやま・ちくま

[生没年] ？～？

草創期の東京市立図書館に勤務した（1908～1914）。日本図書館協会創立30周年記念感謝祭で顕彰。
【参考】『簡約日本図書館先賢事典：未定稿』石井敦編著 石井敦 1995／『東京市職員録』明治41年-大正3年現在 1908-1914

## 明石 節孝
あかし・さだゆき

[生没年] 1902～1948

北海道帝国大学附属図書館雇（1923～1925）。同館書記兼司書（1926～1948）、在官中死去。日本図書館協会、青年図書館員聯盟会員。
【参考】『近代日本図書館の歩み：地方篇』日本図書館協会編 日本図書館協会 1992

## 赤星 軍次郎
あかほし・ぐんじろう

[生没年] 1885～1966

京都府立医科大学中央図書館司書（1926～1956）、『日本医学雑誌一覧 第1輯』（医科大学附属図書館協会、1935）編集担当。著作に「雑誌ノ整理方法ニ就テ」『團研究』（3巻4号、4巻2号、1930.10、1931.4）がある。
【参考】中里龍瑛「日本医学図書館協会前向き推進の再認識（1）」『医学図書館』27巻2号 1980.6

## 赤堀 又次郎
あかほり・またじろう

[生没年]1866〜？
[出身地]？（愛知県）
[学歴]1888年帝国大学文科大学卒業

書誌学や文献学に立脚した国語学、国文学者。帝国大学文科大学文学部に付設された古典講習科において、国書について学び、主に、明治時代までに成立した国語学史関係の資料、約650数点を渉猟した。1892年日本文庫協会には準備会から出席、翌1893年の例会において、「和漢書目録排列の順序について」の講義を行うなど中心的な役割を果たし、1894年幹事（〜1897）。1897年より、東京帝国大学文学部国語学教室図書掛に勤務。第1回図書館事項講習会（1903）では「和漢書史学及日本図書館史」を担当。著書は、『国語学書目解題』（吉川半七、1902）、『仏教史論』（冨山房、1923）、『読史随筆』（中西書房、1928）、『紙魚の跡』（民友社、1930）など、多岐にわたる。

【参考】『一古書肆の思い出 2：買(かひひと)を待つ者』反町茂雄著 平凡社 1986／菅原春雄「司書講習の史的考察」『文教大学女子短期大学部研究紀要』22集 1978.1

## 秋岡 梧郎
あきおか・ごろう

[生没年]1895〜1982
[出身地]熊本県
[学歴]1913年熊本県立八代中学卒業

1919年熊本県下益城郡教育会明治文庫司書。同年の図書館事業講習で佐野友三郎、伊東平蔵らの講義を受講。1922年文部省図書館教習所を修了後、東京市立日比谷図書館、麻布図書館に勤務し、1923年の関東大震災後は、1924年両国図書館、1925年京橋図書館に勤務。震災で被害した深川、京橋、一橋3館の復興計画に参画する。1931年には京橋図書館長。1937年日比谷図書館、1939年王子図書館長、1942年駿河台図書館長、1943年日比谷図書館管理掛長。1943年都制施行により、1944年都立日比谷図書館館長代理となり、図書の疎開事業を担う。戦後は、1947年都立深川図書館長。1950年都立図書館の区への移管により江東区立深川図書館長となり1952年に退職。1956年には大田区の嘱託職員として、大田区立池上図書館の開設準備に関わり、司書の採用、無記名式入館票の導入など新しい試みを行う。1948年文部省図書館職員養成所講師（〜1951）、1954年鶴見女子短期大学、1955年東洋大学（〜1958）、駒澤大学（〜1963）などの図書館学講習講師を務めた。この間、1940年日本図書館協会理事、1943年常務理事（〜1945）、1947年理事（〜1949）、1956年施設委員会委員長（〜1963）などを歴任。100館近い図書館の設計、創設に携わり、一貫して開架式の普及に努めた。大震災後に復興開館した京橋図書館では、安全開架式ではあるが開架式を導入した。また、秋岡式カード簿、秋岡式貸出方式など、図書館現場で使用する用品について考案したものが多くある。現在も図書館界で使用されている、図書館を表す簡略文字「田」は、秋岡の考案によるものとされる。著作には、『学生カナ筆記法』（あきたに書房、1982）などがある。

【参考】『秋岡梧郎著作集：図書館理念と実践の軌跡』秋岡梧郎著作集刊行会編 日本図書館協会 1988／『加藤宗厚・秋岡梧郎両先生

古稀記念誌』加藤宗厚・秋岡梧郎両先生古稀記念会 1965／「秋岡梧郎先生追悼」『みんなの図書館』68号 1983.1

## 秋場 四郎
あきば・しろう

[生没年]1912～？

1937年文部省図書館講習所を修了。1938年南満洲鉄道（株）奉天図書館。同年羅津北鮮鉄道事務所に転任。1943年満鉄新京支社から調査局在京勤務。戦後は学習院図書館。
【参考】『戦前期「外地」で活動した図書館員に関する総合研究』岡村敬二編著 岡村敬二 2012／『簡約日本図書館先賢事典：未定稿』石井敦編著 石井敦 1995

## 秋間 球磨
あきま・きゅうま

[生没年]1857～1934
[出身地]？
[学歴]1874年東京外国語学校仏語学上等中退

玖磨とも表記。一時期は長野球磨。1871年開成学校に入り仏学（フランス学）を修める。1876年から東京書籍館書籍出納掛。翌年長野姓から実家の秋間姓に復す。1881年東京図書館記。1889年文部属。この頃洋書調査主任。1891年東京図書館司書。1896年退職し翌々年まで台湾総督府勤務。1899年京都帝国大学書記に転じ、島文次郎館長のもとで同大学附属図書館の草創期を担う。欧文図書印刷目録としては日本初とされる『Katalog der fremdsprachigen Bücher in der Bibliothek der Juristischen Fakultät der Kaiserlichen Universität zu Kyoto』（京都帝国大学法科大学，1903）を編纂。1901年には島文次郎，笹岡民次郎らとの関西文庫協会の発起人となった。1920年司書官となり同年退職。
【参考】『京都大学附属図書館六十年史』京都大学附属図書館 1961／西村正守「東京府書籍館の人々」『図書館学会年報』23巻2号 1977.9／廣庭基介「続京大図書館史こぼれ話 第二回 京大草創期，図書館を巡って起った対立事件 その1（つづき）」『大学図書館問題研究会京都』242号 2006.2

## 秋元 春朝
あきもと・はるとも

[生没年]1881～1948

貴族院議員（1925～1947）。1934年，旧館林藩主秋元氏所蔵の「秋元文庫」を館林町に寄付。
【参考】『群馬県人名大事典』上毛新聞社 1982／『群馬県教育史 別巻 人物編』群馬県教育センター編 群馬県教育委員会 1981

## 秋元 楓湖
あきもと・ふうこ

[生没年]1885～？

本名新次郎。横浜市の輸出美術品貿易商。1912年蝸牛文庫を設け，1917年私立横浜文庫と改称。1920年には閉鎖している。
【参考】『横浜近代史辞典：改題横浜社会辞彙』湘南堂書店 1986（横浜通信社1918年刊の複製）／『神奈川県図書館史』神奈川県図書館協会図書館史編集委員会編 神奈川県立図書館 1966

## 阿佐 凌雲
あさ・りょううん

[生没年]1854～1907

東京で私立小学校を経営。徳島県の井内谷

小学校長, 阿佐宇治郎に愛郷の記念として, 図書と経費を託し文庫設立を促す。その結果, 1904年同校内に凌雲文庫が開設され一般公開。
【参考】『井内谷村誌』阿佐宇治郎編 井内谷村役場 1953

## 浅井 継世
あさい・つぎよ

[生没年] 1870〜1932

私立高崎図書館の創設に尽力。1919年市に寄付されたのちに高崎市立図書館初代館長。
【参考】『群馬県人名大事典』上毛新聞社 1982／『群馬県教育史 別巻 人物編』群馬県教育センター編 群馬県教育委員会 1981

## 朝河 貫一
あさかわ・かんいち

[生没年] 1873〜1948
[出身地] 福島県
[学歴] 1895年東京専門学校卒業, 1899年ダートマス大学卒業

1902年ダートマス大学講師。1906年イェール大学図書館およびアメリカ議会図書館の依頼を受けて帰国し日本関係図書の収集を行う(〜1907)。1907年イェール大学講師, 1927年助教授, 1937年教授として, 日本文化史, 西洋中世史を講ずる。この間, 1907年からイェール大学図書館の東アジアコレクション部長を兼務。1917年日本の中世史研究のため東京帝国大学史料編纂掛などに留学(〜1919)。1923年関東大震災の際に同大学附属図書館へ図書の寄贈方を努力。1931年ダートマス大学名誉博士。1942年イェール大学名誉教授。
【参考】『幻の米国大統領親書:歴史家朝河貫一の人物と思想』朝河貫一書簡編集委員会編 北樹出版 1989／『朝河貫一の世界』朝河貫一研究会編 早稲田大学出版部 1993／松谷有美子「朝河貫一によるイェール大学図書館および米国議会図書館のための日本資料の収集」『Library and information science』No. 72 2014

## 朝倉 治彦
あさくら・はるひこ

[生没年] 1924〜2013

国立国会図書館職員(1949〜1986), 四日市大学図書館長(1987〜1996)。蔵書印, 稀本の紹介などに活躍。『仮名草子集成』(東京堂出版, 1980-)など, 復刻・翻刻近世資料の編・監修多数。
【参考】『書庫縦横』朝倉治彦著 出版ニュース社 1987／朝倉ふゆみ, 柏川修一編「朝倉治彦先生 経歴と研究業績年譜」『渋谷近世』21号 2015.3

## 朝倉 無声
あさくら・むせい

[生没年] 1877〜1927

本名亀三。早稲田大学で国文学を学んだ後, 帝国図書館に勤務し, 独自の近世期の見世物研究を大成させた。著書に『見世物研究』(春陽堂, 1928)などがある。
【参考】延広真治「観物画譜解題」『日本庶民文化史料集成 第8巻』芸能史研究会編 三一書房 1976／守屋毅「『見世物研究』解題」『見世物研究』朝倉無声著 思文閣出版 1977／木下直之「解説」『見世物研究』朝倉無声編 ちくま学芸文庫 2002

## 浅野 長勲
あさの・ながこと

[生没年] 1842～1937

広島藩最後の当主。貴族院議員、第十五国立銀行頭取など。1920年浅野長晟広島入城300年を記念して図書館建設を新聞発表。1926年広島市に浅野図書館開館。1931年同館は市に寄贈され市立浅野図書館となる。

【参考】『坤山公八十八年事蹟 坤』小鷹狩元凱編 林保登 1932／『広島県公共図書館史』森田繁登編著 森田繁登 2003

## 浅見 悦二郎
あさみ・えつじろう

[生没年] 1870～？

悦次郎とも表記。1882年東京図書館出納掛見習。1897年司書となり「外国雑誌細目掲示」、出納手（給事）の監督などを担当。1923年函架係主任となり、同じ出納手出身の河合譲三郎とともに閲覧部門のトップに。翌年頃同館嘱託。1922年、20年以上勤続者表彰を受ける。談話に「婦人の読書欲 図書館の閲覧室（婦人付録）」『読売新聞』（1916.3.7）がある。

【参考】西村正守「帝国図書館図書出納略史」『図書館研究シリーズ』17号 1976.2／「帝国図書館司書浅見悦二郎外五名叙位ノ件」1923年2月10日「叙位裁可書・大正十二年・叙位巻四」（叙00735100）国立公文書館デジタルアーカイブ（http://www.digital.archives.go.jp/）／『文部省職員録 大正14年10月1日』文部大臣官房秘書課 1925

## 安食 高吉
あじき・たかきち

[生没年] 1875～？

1905年慶應義塾大学部文学科在学中に図書館入り。1911年卒業により同館事務員（事実上の司書）。1920年頃事務主任となり関東大震災に対応、焼失した他大学へ資料提供を申し出た。1942年病気のため休職、1944年退任。1938年, 1942年日本図書館協会勤続功労者。

【参考】『慶應義塾図書館史』慶應義塾大学三田情報センター 1972

## 足助 素一
あすけ・そいち

[生没年] 1878～1930

札幌農学校在学中に有島武郎の土曜会に参加、遠友夜学校の教師も務めた。1908年札幌に貸本屋「独立社」を開業。1914年上京, 1918年に叢文閣を起こし有島の著作や個人雑誌『泉』を出版する。昭和期には左翼系の出版を行う。遺稿として秋田雨雀［ほか］編『足助素一集』（足助たつ, 1931）がある。

【参考】『貸本屋独立社とその系譜』藤島隆著 北海道出版企画センター 2010

## 阿曾 福圓
あそ・ふくまる

[生没年] 1907～1974

東京商科大学（のちに一橋大学）附属図書館勤務（1927～1946）を経て、一橋大学経済研究所資料室（1946～1957）、同経済研究所事務長（1957～1961）、同経済学部事務長（1961～1966）、同附属図書館事務長（1966～1968）を歴任。論文に「華族会館附属書籍館ノ建設ト仮規則」（『圕研究』8巻2号, 1935.4）などがある。

【参考】「寄稿者名簿・略歴」『圕研究』総索引 2号 1939.12

## 麻生 太賀吉
あそう・たかきち

[生没年] 1911〜1980

麻生商店社長, 衆議院議員。1938年福岡市に（財）斯道文庫を創設し, 東洋学の和漢書7万冊を収集。現在は慶應義塾大学附属研究所斯道文庫。
【参考】『九州図書館史』西日本図書館学会編 千年書房 2000／「慶應義塾大学附属研究所斯道文庫」(http://www.sido.keio.ac.jp/)

## 姉崎 正治
あねさき・まさはる

[生没年] 1873〜1949
[出身地] 京都府
[学歴] 1897年帝国大学文科大学哲学科卒業, 同大学院へ進学（修了年は不明）

号は嘲風。東京帝国大学文科大学宗教学講座の初代教授。文学博士（東京帝国大学, 1902）, 学位請求論文『現身仏と法身仏』。帝国貴族院議員を学士院枠で務める（1939〜1947）。東京帝国大学附属図書館長を歴任し（1923〜1934）, 関東大震災により焼失した同館の再建に尽力した。指定図書制度を導入し, 同新図書館に指定書閲覧室（304席）を開設した。また, 国立大学図書館協議会の原形にあたる帝国大学附属図書館協議会を提唱し, 第1次協議会（1924）を開催した。
【参考】『わが生涯：新版 姉崎正治先生の業績』姉崎正治著 姉崎正治先生生誕百年記念会編 大空社 1993（姉崎正治先生生誕百年記念会1974年刊の複製合本）／『近代日本における知識人と宗教』磯前順一, 深澤英隆編 東京堂出版 2002

## 阿部 敬二
あべ・けいじ

[生没年] 1901〜1962

1926年早稲田大学図書館員。1941年より洋書係主任として洋書の収集, 整理, 目録編纂に従事。1947年事務主任代理, 1950年より早稲田大学講師, 1959年副館長。
【参考】『迷子：詩集』阿部敬二著 校倉書房 1962／『早稲田大学図書館史：資料と写真で見る100年』早稲田大学図書館編 早稲田大学図書館 1990

## 阿部 泰葊
あべ・たいあん

[生没年] 1891〜1950

福島市の金源寺16世住職。福島県初代社会教育主事を経て（1921）, 1930年福島県立図書館司書, 館長心得（1932, 1935）, 館長（1935〜1946）。館長在職中に郷土資料の収集, 稀覯書の書写, 『福島県立図書館叢書』（福島県立図書館, 1932-1941）の刊行事業に取り組む。翼賛壮年団長であったことから公職追放該当者となり館長を辞職。
【参考】『岩磐名家著述目録』阿部泰葊編 福島県立図書館 1941／『福島県立図書館30年史』福島県立図書館編 福島県立図書館 1958

## 阿部 雪枝
あべ・ゆきえ

[生没年] 1918〜1984

高等女学校の教師を退職後に結婚。子育てから教育, 社会の問題に関心をもち学習会を組織。また, 婦人学級での学習会を通じて自主グループを組織する。1967年地域文庫「江古田ひまわり文庫」を開

設。1969年「ねりま地域文庫読書サークル連絡会」を結成。これらの運動を通じて図書館活動に関わる。
【参考】『文庫とともに生きて 阿部雪枝さんをしのぶ』ねりま地域文庫読書サークル連絡会編 ねりま地域文庫読書サークル連絡会 1985／阿部雪枝「私と文庫と連絡会」『日本児童文学』22巻10号 1976.8

## 天晶 寿
あまあき・ひさし

[生没年]1895〜1974

1925年文部省図書館員教習所を修了。南満洲鉄道（株）調査部, 法政大学図書館, 千葉県立図書館, 台北高等商業学校図書館主任などを歴任。私立大学図書館協会結成に尽力した。著作には『標準洋書目録法』(米国図書館協会, 英国図書館協会共編, 天晶寿訳, 法政大学出版部, 1929)などがある。
【参考】『簡約日本図書館先賢事典：未定稿』石井敦編著 石井敦 1995／『私立大学図書館協会五十年史』私立大学図書館協会五十年史編集委員会編 私立大学図書館協会 1993

## 天野 敬太郎
あまの・けいたろう

[生没年]1901〜1992
[出身地]京都府
[学歴]1914年京都市立西陣尋常小学校卒業

1914年13歳で京都帝国大学附属図書館に見習い, 最下級職員として就職。1919年経済学部図書室。1922年経済学部助手（法学部兼務）。1924年京都帝国大学司書, 附属図書館勤務兼経済学部・法学部勤務。この間, 『法政経済社会論文総覧』(刀江書院, 1927-1928)を編集。1935年文部省主催図書館学講習会の「図書目録法」の講師を担当。以後文部省, 青年図書館員聯盟などが主催する図書館学講習会で「図書目録法」などの講師を担当する。1945年京都大学を退職, 西洋文化研究所に就職。同年京都大学附属図書館に戻る。1948年同大学を退職し, 関西大学図書課長。1949年から関西大学図書館講習所において「図書館学概論」「図書目録法」などの講師（〜1954）, 同じ頃に同志社大学, 京都大学などの講師を歴任。1951年日本図書館研究会理事長（〜1953）, 1961年関西大学を定年退職, 同年嘱託となり, 図書課長（〜1967）, 1963年関西大学講師（〜1967）。この間に, 1959年国際図書協会連盟（IFLA）主催国際目録会議予備会議（ロンドン）に日本図書館協会代表として出席。1967年東洋大学社会学部教授（〜1972）, 同年より日本図書館協会分類委員会委員長（〜1971）。日本十進分類法第7版の見直しを主導。著書には『書誌索引論考 天野敬太郎著作集』(日外アソシエーツ, 1979), 『本邦書誌ノ書誌』(間宮商店, 1933), 『日本書誌の書誌』(総載編：巌南堂, 1973, 主題編1：巌南堂, 1981, 主題編2：日外アソシエーツ, 1984, 人物編1：日外アソシエーツ, 1984)など多数。『日本古書通信』に1940年から「最近の書誌図書関係文献」（〜1967）などの連載を1980年代後半まで続け, 法学, 経済学, 図書館学をはじめとする目録や, 書誌の書誌の作成を積み重ねた。
【参考】岩猿敏生「天野敬太郎先生をしのぶ」『図書館雑誌』86巻9号 1992.9／廣庭基介「先輩司書・天野敬太郎先生」『図書館界』44巻6号 1993.3／今野創祐「天野敬太郎の生涯」『大学図書館問題研究会誌』40号 2015.8

## 綾井 武夫
あやい・たけお

[生没年] 1861～1916

1878年頃から高松で発行されていた民権雑誌を編集。1882～83年頃に上京し、民権派の政治家として活動する一方、1886年芝区三田に新式の貸本屋、共益貸本社を開業。新刊の学術書、翻訳書、英書などを置き、書目を備えた。
【参考】浅岡邦雄「明治期「新式の貸本屋」と読者たち：共益貸本社を中心に」『日本出版史料』6号 2001.4

## 荒木 照定
あらき・しょうじょう

[生没年] 1892～1965

1902年成田山新勝寺に入り、翌年に得度。東洋大学大学院在学中に東京市立日比谷図書館で今澤慈海の指導を受ける。1918年成田図書館司書（～1924）。1924年に新勝寺中興第18世貫首となる。同年成田図書館第2代館長（～1948）。1938年大僧正。1934年に今澤を成田中学校校長に招聘した。
【参考】『成田図書館周甲記録』成田図書館 1961／『成田図書館八十年誌』成田図書館 1981

## 有馬 元治
ありま・もとはる

[生没年] 1920～2006

自由民主党の衆議院議員。1978年議院運営委員会図書館運営小委員長のとき、図書議員連盟の設立に動き、同連盟の事務局長となる。国内図書館の状況把握と海外図書館の視察を背景に図書館事業基本法を思い立つ。
【参考】『有馬元治回顧録 第2巻』有馬元治著 太平洋総合研究所 1998

## 有山 崧
ありやま・たかし

[生没年] 1911～1969
[出身地] 東京府（東京都）
[学歴] 1936年東京大学文学部哲学科卒業、同大学院（～1940）

1939年文部省嘱託、社会教育局成人教育課勤務、図書館行政および図書推薦業務に従事。1943年文部省図書館講習所講師。1944年文部省社会教育局文化課、読書指導の調査にあたる。戦後は、1946年（財）大日本図書館協会総務部長兼指導部長。戦中の1945年に財団法人となった大日本図書館協会（会長・文部大臣、理事長・文部省教学局長）を1947年社団法人に移行、1944年以降休刊していた機関誌『図書館雑誌』を1946年に復刊するなど、その再建に中心的な役割を果たす。1947年協会が社団法人として再発足した後も、引続き同職に従事。1949年同事務局長。生家の関係から1965年日野市長選に出馬し当選、1966年事務局長を辞す。この間、図書館法の成立（1950）、高知市民図書館のユネスコ協同図書館事業参画（1956）などのほか、中小公共図書館運営基準委員会設置（1960）、13次に及ぶ全国調査を経て、報告書『中小都市における公共図書館の運営』（日本図書館協会、1963）の刊行などに主導的な役割を果たす。1964年日野市社会教育委員会議長に就任後、図書館・公民館設置計画策定に関与、前川恒雄が図書館開設準備にあたるなか、1965年市長就

任直後に日野市の図書館が開館した。これらの経緯をもとに『市民の図書館：その機能とあり方』(日本図書館協会, 1965)を刊行するなど、公立図書館の基盤づくりに尽くす。「破防法」問題について述べ(『図書館雑誌』46巻7号, 1952.7)、のちの「図書館の自由に関する宣言」採択(1954)につながる提起などをした。主要著作は『有山崧著作集』全3巻(日本図書館協会, 1970)に収録されている。
【参考】「特集・有山崧氏追悼」『図書館雑誌』63巻7号 1969.7／「有山崧略年譜」『有山崧』有山崧［著］前川恒雄編 日本図書館協会 1990／『有山崧の視点から、いま図書館を問う：有山崧生誕100周年記念集会記録』有山崧生誕100周年記念集会実行委員会編 有山崧生誕100周年記念集会実行委員会 2012／山口源治郎「有山崧の「Mass library」論について」『図書館学会年報』33巻3号 1987.9

## 粟屋 猛雄
あわや・たけお

[生没年]1883～1956

1921年山口県立山口図書館司書。広島県内の図書館を経て1927年宇部市菁莪文庫、宇部市立図書館。
【参考】『簡約日本図書館先賢事典：未定稿』石井敦編著 石井敦 1995

## 安西 郁夫
あんざい・いくお

[生没年]1923～1999

高松CIE図書館, アメリカ文化センター勤務(1948～1953)を経て、慶應義塾大学文学部図書館学科に勤務。嘱託、事務員、事務主任を務め、学科の事務を担ったのち、新設された三田情報センターに転じ部長、副所長(1953～1988)。また、東横学園女子短期大学教授として図書館情報学教育に携わった。
【参考】「図書館・情報学科年譜」『Library and Information Science』14号 1976／『慶應義塾報』1898号 2000.1.17

## 安藤 恵順
あんどう・えじゅん

[生没年]1886～1955

高田市立図書館司書(1918～1937)。1918年新潟県で開催された全国図書館新潟県大会を機に大福帳式目録を、ほかの二人の職員とともにカード目録に改めた。同館嘱託(1937～1939)として事実上の館長業務を行う(当時は歴代市長が館長を兼任)。1921年頃古典を学ぶ婦人読書会を毎月開催、その講師を務め1935年頃まで継続。
【参考】『高田市立図書館小史』高田市立図書館編 高田市立図書館 1969

## 安藤 勝一郎
あんどう・しょういちろう

[生没年]1879～1962

第三高等学校英語教授(1911～1941), 全国高等諸学校図書館協議会理事(1924～1941)。同協議会の中心人物として協議会の発足以来活躍。
【参考】「安藤勝一郎先生特集」『英文学論叢』(京都女子大学英文学会)4号 1959.12／『会報』(全国高等諸学校図書館協議会)1-16号 1925.6-1942.3

## 安部 立郎
あんべ・たつろう

[生没年] 1886～1924

川越中学校在学中から図書館の建設に意欲を持ち、青年文庫を設立。1903年同志会結成、1906年同志会図書館設立。1912年に同館創立10周年事業として町立川越図書館の設立を計画。1913年私立川越図書館を設立（理事）、1915年同館の新館開館時に理事長。1918年町立川越図書館司書（～1922）。特に郷土資料の充実などに努める。1923年川越市議会議員。
【参考】飯野洋一「安部立郎と川越図書館」『図書館史研究』7号 1990.8／『川越の人物誌 第1集』川越の人物誌編集委員会編 川越市教育委員会 1983／『川越図書館の栞』川越市立図書館編 川越市立図書館 1949

## 安馬 彌一郎
あんま・やいちろう

[生没年] 1903～？

第三高等学校図書課（1918～1946）。図書課職員として外国雑誌の受入などを担当。著書に『女真文金石志稿』（［安馬彌一郎］、1943）がある。
【参考】『安馬彌一郎氏書類綴』安馬彌一郎 1936-1945（手稿資料：業務上書類綴込、京都大学吉田南総合図書館所蔵）

## 【い】

## 飯島 朋子
いいじま・ともこ

[生没年] 1943～2010

1967年一橋大学附属図書館に就職、小平分館、閲覧係を経て、長年整理業務に従事。『一橋論叢』執筆者別索引作成、分類変更、図書整理マニュアルなどの各種業務報告を論文集に寄稿。業務の傍ら、ブロンテ姉妹やギャスケルの著作文献目録を多数発表した。また図書館や図書館員が登場する映画に関する著作がある。2007年に同大学退職。2008年に第10回図書館サポートフォーラム賞受賞。
【参考】飯島朋子「飯島朋子年譜・著作目録（書誌と書誌論）」『文献探索 2008』 2009.6

## 飯田 英二
いいだ・えいじ

[生没年] 1905～1974

関東学院高等部図書館を経て、1941年文部省図書館、1966年東京大学教養学部図書館。
【参考】『簡約日本図書館先賢事典：未定稿』石井敦編著 石井敦 1995

## 飯田 良平
いいだ・りょうへい

[生没年] 1878～1957

1908年に宮内省図書寮に入り目録作製を担当。1922年に静嘉堂文庫の移転のために司書として採用される。1924年の新築移転の際には書庫内に和古書の保管にふさわしい書架を設置した。古書目録の編修を目指す。1942年に日本図書館協会から20年以上の図書館勤続功労者の表彰を受ける。1955年に退職。
【参考】『古書のはなし』長澤規矩也著 冨山房 1976

## 飯沼 敏
いいぬま・とし

[生没年] 1909〜1969

信州大学の教官(1949〜1969)。信州大学附属図書館教育学部松本分校(のち中央図書館に発展的に解消)の初代館長。長く館長を務めるとともに、1950年の長野県図書館協会の設立の際には準備段階から参加、協会設立後は副会長(1950〜1957)を務めた。

【参考】『信州大学教育学部三十年誌』信州大学教育学部三十年誌刊行会編 信州大学教育学部三十年誌刊行会 1982／『長野県図書館協会四十年史』長野県図書館協会編 長野県図書館協会 1991

## 庵崎 俊雄
いおざき・としお

[生没年] ？〜？

1906年海軍省文庫、1930年拓務省図書館に勤める。1933年に日本図書館協会から勤続表彰を受ける。

【参考】『図書館総覧』天野敬太郎編 文教書院 1951

## 伊木 武雄
いぎ・たけお

[生没年] ？〜？

東北帝国大学附属図書館(1917〜1922)、福島高等商業学校図書館(1922〜1924)、東北帝国大学附属図書館(1924〜1943)、東京帝国大学航空研究所図書室(1943〜1945)、東北帝国大学・東北大学附属図書館(1945〜1962)、東北福祉大学図書館(1962〜1975)。洋書目録業務を担当。1947年東北地方大学高等専門学校図書館協議会が設立した夏の「図書館実務講習会」で「洋書目録法」の講師を担当している。

【参考】「伊木武雄氏の勇退」『東北地区大学図書館協議会誌』15号 1962.11／『東北地区大学図書館協議会十年誌』東北地区大学図書館協議会 1958

## 生島 芳郎
いくしま・よしろう

[生没年] 1921〜？

1950年神戸大学経済経営研究所図書掛、のちに同研究所附属経営分析文献センター勤務。『本邦主要企業系譜図集 1-5, 総索引』(神戸大学経済経営研究所経営分析文献センター、1981-1984)などの経済文献の編纂に従事。

【参考】『図書館関係専門家事典』日外アソシエーツ編 日外アソシエーツ 1984

## 池上 勲
いけがみ・いさお

[生没年] 1911〜？

戦前から戦後にわたる38年間、長野県の(財)上伊那図書館に勤務(1933〜1971)。財政的に困難な私立図書館の運営に携わる。上伊那図書館協会母親文庫主管(1951〜1970)としてPTA母親文庫の運営にも尽力した。1958年長野県教育功労者として表彰。

【参考】『上伊那図書館閉館記念誌』上伊那図書館閉館記念誌・上伊那教育編集委員会編 上伊那図書館 2003／『簡約日本図書館先賢事典：未定稿』石井敦編著 石井敦 1995

## 池田 菊左衛門
いけだ・きくざえもん

[生没年] 1872〜1949

福島,広島,静岡各県の教員,校長,宮城県社会教育主事,同教育会主事などを経て宮城県図書館長(1921〜1931)。巡回文庫の展開,郷土童謡運動に端を発する仙台児童倶楽部などに取り組む。この間,夜間中学である私立仙台明善中学を創設,初代校長となる(1925〜1926)。1931年仙台市学務課長(〜1934)兼視学。学務課長在任中,仙台市立夜間中学の設立に際し校長事務取扱(1934〜1938)。宮城県青年団長,仙台愛国少年会連盟幹事長,伏見桃山報徳学校教員などを歴任。
【参考】『薫風:池田菊左衛門先生追悼回顧録』仙台明善会編 万葉堂書店 1974/『宮城県百科事典』河北新報社編 河北新報社 1982

## 池田 三郎
いけだ・さぶろう

[生没年] 1905〜?

北海道帝国大学附属図書館雇(1925〜1934),同館司書(1935〜1943)。日本図書館協会会員。
【参考】『近代日本図書館の歩み:地方篇』日本図書館協会編 日本図書館協会 1992

## 池田 信夫
いけだ・のぶお

[生没年] 1923?〜1995

大阪府立高津高等学校を経て1952年大阪府高等学校図書館研究会事務局長となり,1953年大阪府学校図書館連絡協議会結成に尽力。1958年大阪府学校図書館協議会発足のときに事務局長(〜1971),のちに会長(〜1986)。全国学校図書館協議会副会長(1980〜1983)などを歴任。『集団読書の指導』(全国学校図書館協議会,1987)などの著作がある。
【参考】『学校図書館五〇年史』全国学校図書館協議会『学校図書館五〇年史』編集委員会編 全国学校図書館協議会 2004/「図書館関係物故者」『図書館年鑑 1996』日本図書館協会 1996

## 池田 光政
いけだ・みつまさ

[生没年] 1609〜1682

岡山藩主。儒学を学ぶ。治政に力を注ぐとともに家臣修学のため「花畠教場」を設ける。のちに藩校となり文庫などを備えた。ほかに庶民のために手習所を各地に設けるも,のちに廃止となり,藩営の閑谷学校に書物が引き継がれた。文庫の設置は1677(延宝5)年。
【参考】『池田光政』谷口澄夫著 吉川弘文館 1961/『日本図書館史概説』岩猿敏生著 日外アソシエーツ 2007

## 伊佐早 謙
いさはや・けん

[生没年] 1858〜1930

歴史家,漢学者,教育者。米沢藩士の家に生まれる。米沢図書館建設を強く訴え,1907年「図書館財団設立趣意書」を作り広く有志者の賛同を得る。1912年には私立米沢図書館第2代館長に就任し,散逸の恐れが高い貴重な古文書,古典籍の収集に努める。特に米沢藩校興譲館旧蔵書や民間所蔵の古文書の発掘,収集,整理に尽力した。

【参考】『故伊佐早謙先生閲歴』行啓記念山形県立図書館 1930

## 石井 敦
いしい・あつし

[生没年] 1925～2009
[出身地] 神奈川県
[学歴] 1950年慶應義塾大学法学部政治学科卒業

1952年文部省図書館講習所修了。同年、日本図書館協会事務局（～1954）。1954年神奈川県教育委員会神奈川県立図書館設立準備事務局、同館の開館に伴い奉仕課に勤務。1959年神奈川県立川崎図書館（～1975）。1975年東洋大学社会学部教授（～1995）。1960年日本図書館協会中小公共図書館運営基準委員会委員として調査・研究に参加する。その報告書が『中小都市における公共図書館の運営』（日本図書館協会、1963）。1992年近代日本図書館の歩み編集委員会副委員長（～1993）として『近代日本図書館の歩み：本篇, 地方篇』（日本図書館協会, 1992-1993）の刊行に尽力する。この間、1955年図書館問題研究会、1982年図書館史研究会の設立に参画。また、日本図書館学会幹事、評議員、理事を歴任した。代表的な著作に『日本近代公共図書館史の研究』（日本図書館協会、1972）、前川恒雄との共著『図書館の発見：市民の新しい権利』（日本放送出版協会、1973, 新版：2006）、石井敦編著『簡約日本図書館先賢事典：未定稿』（石井敦、1995）などがある。図書館員が現場で直面する課題について、歴史研究をとおして図書館運動の指針を見出す方法を提唱、自ら実践した。

【参考】『転換期における図書館の課題と歴史：石井敦先生古稀記念論集』石井敦先生古稀記念論集刊行会編 緑蔭書房 1995／「石井敦先生追悼」『図書館文化史研究』27号 2010.9／『石井敦先生を語る：石井敦先生を偲ぶ会の記録』日本図書館文化史研究会編 日本図書館文化史研究会 2010

## 石井 敬三
いしい・けいぞう

[生没年] 1951？～2007

名古屋学院大学附属図書館、次いで大阪府立図書館に勤務。のちに大阪府立大学総合科学部図書室・附属図書館である総合情報センターに転じ退職。1999年から日本図書館文化史研究会事務局長を務めた（～2002）。「大阪府立図書館大原文庫蔵「現行法規大全」と森戸事件」（『図書館文化史研究』13号, 1996.12）などの論文を執筆。

【参考】石井敬三「日本図書館文化史研究会と私」『図書館文化史研究』19号 2002.9／中林隆明「石井敬三氏追悼記」『日本図書館文化史研究会ニューズレター』100号 2007.5

## 石井 藤五郎
いしい・とうごろう

[生没年] 1855～1925

1892年に東京専門学校の図書係となって以来、終世一図書館員として早稲田大学図書館の発展を支えた。1903年には日本文庫協会の幹事も務めたが、1925年同館の新館完成を目前に急死した。

【参考】高野善一「石井藤五郎伝：学の独立の裏方・一図書館員の生涯」『早稲田大学図書館紀要』9号 1968.3

## 石井 富之助
いしい・とみのすけ

[生没年] 1906〜1996

1934年小田原町図書館雇, 1940年市立図書館となり, 1946年同館館長 (〜1969)。資料提供を重視する図書館経営に批判的な立場をとり, 郷土資料の収集と保存に力点をおく経営方法を主張した。神奈川県図書館協会理事 (1947〜1969), また鶴見女子大学で図書館員の養成に従事。著作に『私論市立図書館の経営』(神奈川県図書館協会, 1972), 『図書館一代』(小田原市立図書館, 1987) などがある。

【参考】『小田原市立図書館五十年史』金原左門 [ほか] 著 小田原市立図書館編 小田原市立図書館 1983／川添猛「石井富之助」『神奈川県図書館協会の歩み』神奈川県図書館協会郷土出版委員会編 神奈川県図書館協会 2005

## 石井 秀雄
いしい・ひでお

[生没年] 1903〜1983

1938年外務省, のちに大東亜省。戦後は外務省に入省。1948年経済安定本部を経て経済企画庁, 1954年経済企画庁図書館長。専門図書館協議会参与などを歴任。

【参考】石井秀雄「今日と明日の専門図書館」『図書館雑誌』60巻8号 1966.8／増井健吉「石井秀雄さんを偲ぶ」『専門図書館』92号 1983.2／『簡約日本図書館先賢事典：未定稿』石井敦編著 石井敦 1995

## 石井 桃子
いしい・ももこ

[生没年] 1907〜2008
[出身地] 埼玉県
[学歴] 1928年日本女子大学校英文学部卒業

作家, 翻訳家, 編集者。1929年文藝春秋社, 1934年新潮社の編集を経て, 1950年から岩波書店で「岩波少年文庫」「岩波の子どもの本」などを編集。1938年犬養健邸の書庫を借り子ども図書室兼出版社白林少年館を始めるも戦局悪化のため閉鎖。1954年子どもの本の出版や児童図書館の研究のために1年間欧米を巡る。その後子どもの本の質の向上のために児童図書館の重要性を訴え, 児童図書館員の養成に尽力。1955年から1970年まで日本図書館協会「児童に対する図書奉仕研究集会」で子どもと読書に関する基調講演などを行う。1957年村岡花子, 土屋滋らと家庭文庫研究会を設立 (1964年児童図書館研究会へ合流)。1958年東京杉並区の荻窪にかつら文庫を開設。『子どもの図書館』(岩波書店, 1965) を刊行。「ポストの数ほどの図書館を」と公立児童図書館の設立を提唱, この本が契機となり全国各地で子ども文庫がつくられ, 多数の公共図書館が設置されることに繋がる。1974年松岡享子らと東京子ども図書館を設立。ミルン作『熊のプーさん』(岩波書店, 1940) の翻訳, 『ノンちゃん雲に乗る』(大地書房, 1947) をはじめ児童図書の創作, 翻訳, 評論・研究を200冊以上刊行。1996年石井桃子奨学研修助成金を設置し, 児童図書館界に貢献した。

【参考】「年譜」『石井桃子集 7』石井桃子著 岩波書店 1999／荒井督子「児童図書館員の養成に心をよせた石井桃子さん」『図書館雑誌』102巻8号 2008.8

## 石川 軍治
いしかわ・ぐんじ

[生没年] 1910〜1998

1946年静岡県富士市に佐野一夫が私立富士文庫を開設したときの初代文庫長（〜1987）。同文庫は1987年に閉館。
【参考】『静岡県人名鑑』静岡新聞社出版局編 静岡新聞社 1985／『静岡新聞』1998.12.29

## 石川 賢治
いしかわ・けんじ

[生没年]1859〜1938

1885年、郷里の山形県谷地に友人らと会員制図書館「谷地読書協会」を設立。翌年渡米し貿易業に従事する。引退後の1911年に郷里に図書館建設資金3千円を寄付する。これが端緒となって1915年に大礼記念谷地図書館が開館される。没後の1938年に遺族から石川の遺言として毎年の小作料収入、現金1万円、書籍1200冊余りが寄贈され、これをもって本格的な図書館が谷地町に建設されることになった。
【参考】『河北町の歴史 中巻』今田信一著 河北町誌編纂委員会 1966

## 石川 照勤
いしかわ・しょうきん

[生没年]1869〜1924
[出身地]下総国（千葉県）
[学歴]1890年哲学館、1893年新義派大学林卒業

1878年成田山新勝寺に入り、翌年に得度。1894年に新勝寺中興第15世貫首となる。1898年に欧米を視察した際に各国の図書館を見聞（〜1900）、帰国後の1901年千葉県で初の本格的な公共図書館、成田図書館を創設、初代館長（〜1924）。1907年日本文庫協会への多大なる貢献が認められ名誉会員に推挙される。1915年には大僧正。新勝寺の五大事業（中学校、図書館、幼稚園、感化院、高等女学校）を提唱、実施した。同館は、1988年に（財）成田仏教図書館となり現在に至る。
【参考】『図書館物語』竹林熊彦著 東亜印刷出版部 1958／『成田図書館周甲記録』成田図書館 1961／『成田図書館八十年誌』成田図書館 1981

## 石川 正作
いしかわ・しょうさく

[生没年]1865〜1940

1897年東洋社を創立。婦人雑誌『女子之友』を創刊。1934年東京書籍（株）第3代社長に就任、創立25周年の社会事業として日本初の教育資料図書館「東書文庫」を設立した（1936年開館）。
【参考】『東京書籍百年史』東京書籍株式会社百年史編纂委員会・社史編纂室編 東京書籍 2010／『出版人物事典』鈴木徹造著 出版ニュース社 1996

## 石川 武美
いしかわ・たけよし

[生没年]1887〜1961

実業家、主婦の友社創業者。1916年東京家政研究会を設立。1917年『主婦之友』を創刊。1921年社名を主婦之友社と改称。1941年（財）文化事業報国会（石川文化事業財団）を設立。1947年お茶の水図書館（2013年石川武美記念図書館）を開館。戦時中は日本出版会会長、日本出版配給（株）会社社長。戦後は東京出版販売（トーハン）社長などを歴任。
【参考】『ひとすじの道』吉田好一著 主婦の友社 2001／『石川武美全集』石川武美著 石川文化事業財団 1980

## 石川 春江
いしかわ・はるえ

[生没年]1918～1995

法政大学文学部文政学科選科の卒業論文に「勤労青少年の図書群について」(『図書館雑誌』37巻4号, 5号, 1943.4, 5)を取り上げたことから中田邦造の知遇を得, 1944年満洲開拓読書協会嘱託となるが, 上層部の内紛から東京都立日比谷図書館へ移る。戦後, 文部省教育研究所, 文民協会を経て国立国会図書館支部上野図書館に入り, 以後人文系レファレンス担当。1960年代, 死蔵されていた同館児童書の公開運動に関わる。著書に『国立国会図書館の児童書』(創林社, 1980)などがある。
【参考】石川ハルエ「宝の山に入りながら」『国立国会図書館月報』233号 1980.8／石川春江「芝富読書指導者錬成会に参加して」『みんなの図書館』147号 1989.8

## 石川 松太郎
いしかわ・まつたろう

[生没年]1926～2009

1953年川村学園短期大学講師, 1954年和洋女子大学講師, 助教授, 教授を経て, 1981年日本女子大学教授(～1995)。1971年自宅に隣接した講堂文庫を開設。往来物, 教育史, 学校沿革史に関する資料を所蔵する。講堂文庫館長, 石門心学会理事長。日本教育史研究や往来物研究に尽力。代表的な著作として『日本教科書大系往来編』全17巻(講談社, 1967-1977)などがある。
【参考】伊津野朋弘「石川松太郎先生のご定年退職にあたって」『人間研究』31号 1995.3／「『講堂文庫』を訪ねて」『葦』(日本女子大学教育学会) 15号 1989.1

## 石黒 宗吉
いしぐろ・そうきち

[生没年]1907～1987

1932年日本図書館協会に勤務。1934年帝国図書館司書。国立国会図書館司書, 閲覧課長, 国会分館長, 収集部長を経て1969年司書監。1972年に退職し文教女子短期大学教授となり, 図書館学を講じた。1982年退職。
【参考】『岡田先生を囲んで』岡田温先生喜寿記念会編 岡田温先生喜寿記念会 1979／菅原春雄「図書館学と歌を生涯に」『図書館雑誌』81巻8号 1987.8

## 石黒 直豊
いしぐろ・なおとよ

[生没年]1877～1926

秋田県の角館図書館初代館長(1920～1926)。角館中学校を設立。角館町学務委員, 角館町議, 郡会議員, 小学校卒業後の教育をおこなう角館弘道学会会長(1902～1922)などを歴任した。
【参考】『角館誌 第5巻 明治時代・大正時代編』「角館誌」編纂委員会編 「角館誌」刊行会 1973／『角館人物鑑』改訂版 倉田良秋著 倉田良秋 2000

## 石坂 荘作
いしざか・そうさく

[生没年]1870～1940

1896年に軍属身分で渡台。新聞社勤務後, 1899年基隆で度量衡器, 煙草専売の石坂商店を開業。1903年台湾初の私立職業学校, 1909年近代公共図書館「石坂文庫」などを設立。以後40年間, 実業家の傍ら「稼いだ金は社会に返す」という信念で社会

事業、教育事業に貢献、「基隆聖人」と呼ばれた。石坂文庫は、1925年私立基隆文庫、1932年基隆市立基隆図書館となり、現在も基隆市立文化センター図書館に引き継がれている。
【参考】『石坂荘作の教育事業：日本統治期台湾における地方私学教育の精華』宇治郷毅著 晃洋書房 2013

## 石崎　勝造
いしざき・かつぞう

[生没年] 1845～1920

奈良市の漢方医。各種の慈善事業に尽くし、1891年石崎文庫を開設し一般公開。同文庫は1948年廃止になり、1951年大阪府立図書館に蔵書を譲渡。
【参考】『大阪府立図書館蔵石崎文庫目録』大阪府立図書館編　大阪府立図書館 1968／田仲博章著「奈良県最初の図書館：石崎文庫」『医界風土記　近畿篇』日本医師会編　思文閣出版 1993

## 石塚　英男
いしずか・ひでお

[生没年] 1949？～1994

大日本印刷（株）（1972～1990）を退職後に（株）マルチメディア研究所を設立。電子ライブラリーコンソーシアム事務局長を兼任した。「電子図書館について：図書館をとりまく環境の変化」（『現代の図書館』29巻4号、1991.12）などの論文がある。
【参考】「ひと」『図書館雑誌』88巻6号 1994.6

## 石塚　正成
いしずか・まさなり

[生没年] 1913～1981

文部省社会教育局社会教育課（1953～1964）、図書館短期大学図書館学科教授（1965～1979）。図書館短期大学設置に尽くした。著作に『図書館通論』（明治書院、1965）、「県立図書館の現状と問題点」（『図書館界』21巻4号、1969.11）などがある。
【参考】草野正名「石塚正成先生のご業績を思う」『図書館短期大学紀要』16集 1979.9

## 石田　修
いしだ・しゅう

[生没年] 1889～？

台南製糖技師を経て、1924年咸興高等普通学校教員、1933年平壌府立図書館に入る。1941年まで館長。著作に「自然科学と図書館」（『文献報国』2巻4号、1936.11）がある。
【参考】『日本官界名鑑　昭和13年版』日本官界情報社 1937／韓国史データベース（http://db.history.go.kr/）

## 石田　清一
いしだ・せいいち

[生没年] ？～？

石川県七尾市出身。中田邦造の引きで1950年頃東京都立日比谷図書館に入る。1952年文部省社会施設課。1961年頃国立科学博物館事業部普及課長に転じ、のち一橋大学附属図書館閲覧課長。編著に中田邦造『読書学：要目遺稿』（石田清一、1983）がある。
【参考】武田虎之助「石田清一（289.1）」『図書館雑誌』46巻2号 1952.2／深井人詩「中田邦造＞紙谷・石田両先生」「加賀能登の先人」（http://tAiyomAru.exblog.jp/）

## 石田 幹之助
いしだ・みきのすけ

[生没年] 1891～1974

1924年に東洋文庫を開設するにあたって、文庫の充実に尽力した。國學院大學、日本大学で教鞭を執る。1968年日本学士院会員。1973から1974年東方学会会長。著書に『長安の春』（創元社、1941）など。
【参考】『石田幹之助著作集』石田幹之助著 六興出版 1985-1986

## 石橋 重吉
いしばし・じゅうきち

[生没年] 1871～1953

1896年福井中学校教員、その後各地の中学を転任。1928年福井高等女学校校長（～1933）を経て、福井市立図書館長（1933～1945）。郷土史の著述に専念した。
【参考】『我等の郷土と人物 第2巻』福井県文化誌刊行会編 福井県文化誌刊行会 1956／『郷土歴史人物事典 福井』第一法規出版 1985

## 石橋 百仙
いしばし・ひゃくせん

[生没年] ？～1945

岡山県小田郡川面村の蓮華寺住職。大正期、境内の禅堂を金剛窟図書館として公開。寄付金で運営し、蔵書数も少なかったが、県立図書館の巡回文庫を借りて公開していた。
【参考】『岡山県図書館一覧』岡長平著 吉備人出版 2007

## 石橋 幸男
いしばし・ゆきお

[生没年] 1934～2004

大田区立池上図書館の創設時から勤務（1956～1965）、のちに日本図書館協会事務局（1965～1974）。前川恒雄編『貸出しと閲覧』（日本図書館協会、1966）の執筆・編集のほか、資料室など協会事業に従事した。狛江市立中央図書館開設のために転職、同館の館長に就任（1974～1993）。この間、日本図書館協会評議員（1975～1977）、同施設委員会委員（1977～1989）。また、アメリカ図書館システムの視察に参加、信田昭二、砂川雄一とともに『5つの公共図書館システム』（日本図書館協会、1976）に報告を掲載。
【参考】日本図書館協会資料室所蔵資料

## 石原 紘
いしはら・ひろし

[生没年] 1910～1993

1934年東京芝浦電気に入る。1938年社内資料の索引に国際十進分類法を導入。戦時中は（財）全日本科学技術団体連合会の国際十進分類法翻訳に携わる。1946年文部省入り。1950年、国際十進分類法協会発足に参加。1971年大学学術局情報図書館課専門員で退官。相対性理論研究者で科学ジャーナリストの嚆矢、石原純の長男。
【参考】松尾重樹「石原紘氏を悼む（アゴラ）」『科学史研究（第Ⅱ期）』33巻189号 1994.3／「石原紘さんを偲んで」『情報の科学と技術』43巻11号 1993.11

## 石原 六郎
いしはら・ろくろう

[生没年]1873～1932

徳島県鴨島郡で藍商，林業，鉱山業を営む。1915年呉郷文庫を設立し，日本史，郷土資料を収集。文庫の蔵書は，1955年徳島県立図書館に移管された。
【参考】『図書館の理念と実践』藤丸昭著 原田印刷出版 1977

## 泉井 久之助
いずい・ひさのすけ

[生没年]1905～1983

言語学者。1931年京都帝国大学で教鞭を執り，1947年から教授，翌1948年には，同大学附属図書館長の職責を担っている。『言語学論攷』(敞文館，1944)，『言語構造論』(創元社，1947)など，数々の著書がある。1963年日本学術会議会員。1977年日本言語学会会長。
【参考】『泉井久之助博士著書論文目録』泉井久之助先生生誕百年記念会編 泉井久之助先生生誕百年記念会 2005／『京都大学附属図書館六十年史』京都大学附属図書館 1961

## 和泉 信平
いずみ・しんぺい

[生没年]？～1913

早稲田大学図書館。日本文庫協会幹事 (1907)。日本図書館協会創立30周年記念感謝祭で顕彰。
【参考】『簡約日本図書館先賢事典：未定稿』石井敦編著 石井敦 1995／『図書館雑誌』53号 1923.7

## 和泉 真佐子
いずみ・まさこ

[生没年]1924～2011

1953年，塚本昇次神父とともに，東京都大田区カトリック洗足教会内にカトリック点字図書館を設立(2001年ロゴス点字図書館)。論文に「50周年を迎えたロゴス点字図書館」(『視覚障害』187号，2003.9)がある。
【参考】ロゴス点字図書館(http://www.logos-lib.or.jp/)／「マライア・モニカ和泉真佐子さん追悼ミサ説教」(http://tokyo.catholic.jp/)

## 出雲路 康哉
いずもじ・こうさい

[生没年]1905～1988

1950年福井県立図書館，1979年鯖江市立図書館長。
【参考】『簡約日本図書館先賢事典：未定稿』石井敦編著 石井敦 1995

## 磯長 得三
いそなが・とくぞう

[生没年]1849～1913

東京府嘱託史を経て，東京測量社を創業。郷土の鹿児島県南大隅のために，書籍館創立を主唱。私財を投じ地元有志にも呼びかけて，1883年私立根占書籍館を設立した。
【参考】『鹿児島県図書館史：根占書籍館を中心として』鹿児島県図書館協会編［鹿児島県図書館協会］1964／『九州図書館史』西日本図書館学会編 千年書房 2000

い

## 石上 宅嗣
いそのかみの・やかつぐ

[生没年]729〜781

漢学や歌道に秀でた，奈良時代後期の公卿，文人。楷書，草書にも巧みであったらしい。晩年はひたすら仏教に心を傾け，奈良の旧邸に阿閦寺を建立し，その南東の片隅に多くの儒書を収蔵した「芸亭」を設け，好学の徒に閲覧を許した。我が国最初の公開図書館ともいうべきものである。その開設について，『続日本紀』の781（天応元）年の条に伝えられる。
【参考】『芸亭院：日本最初の公開図書館』桑原蓼軒著 芸亭院創始千二百年記念会 1962

## 板倉 太一郎
いたくら・たいちろう

[生没年]1903〜?

1919年東京市立一橋図書館を経て（〜1926），1926年私立川崎大師図書館主事，同館の創立に尽力。著作には「通俗図書館経営に関する小話」（『神奈川県図書館月報』13号，1935.3），「図書館の管理について」（同上，86号，1941.4）などがある。
【参考】岩崎巌「板倉太一郎」『神奈川県図書館史』神奈川県図書館協会図書館史編集委員会編 神奈川県立図書館 1966

## 板坂 卜斎
いたざか・ぼくさい

[生没年]1578〜1655

名は如春，通称東赤。江戸時代前期の医師。初代板坂卜斎（医師）の子。徳川家康，徳川頼宣の従医。1630（寛永7）年に江戸浅草に住み，浅草文庫と称して和漢書を公開した。家康に従軍した見聞記『板坂卜斎覚書』を著した。
【参考】『日本古典籍書誌学辞典』井上宗雄［ほか］編 岩波書店 1999／「古書への手引き 板坂卜斎覚書」『歴史読本』10巻12号 1965.12

## 市川 清流
いちかわ・せいりゅう

[生没年]1824〜1879

生年は1822年との説もある。1862年幕府の文久遣欧使節団に加わり，旅行記『尾蠅欧行漫録』を著す。維新後は政府の下級官吏になり，1872年「書籍院建設ノ儀ニ付文部省出仕市川清流建白書」を提出し近代図書館の早期建設を進言した。書籍館の開設直後は館員として勤務する。1875年官を辞し東京日日新聞社に入社するが1年で退社した。
【参考】後藤純郎「市川清流の生涯：「尾蠅欧行漫録」と書籍館の創立」『日本大学人文科学研究所研究年報』18号 1976.3／徳井賢「地域コーナーの展示について：梅原三千と市川清流」『三重県立図書館紀要』創刊号 1995.3／『磯部町史 下巻』磯部町史編纂委員会編 磯部町 1997

## 市毛 金太郎
いちげ・きんたろう

[生没年]1878〜1969

山口県室積師範学校教員兼附属小学校主事（1914〜1921）。佐野友三郎の薫陶を受け，同校に図書館科を創設する。指導テキストとして，『師範学校教程図書館学要綱』（市毛金太郎，1920）を著した。
【参考】『日本学校図書館史』塩見昇著 全国学校図書館協議会 1986

## 市島 謙吉
いちしま・けんきち

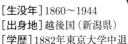

［生没年］1860〜1944
［出身地］越後国（新潟県）
［学歴］1882年東京大学中退

号は春城。越後の豪農市島家の分家である角市市島家に生まれ、東京大学時代に大隈重信の知遇を得、立憲改進党に参加。退学して郷里新潟を中心に政治活動を展開、高田新聞を発刊し、さらに新潟新聞や読売新聞の主筆として健筆を揮った。また、第1回衆議院議員選挙に地元新潟で立候補し、このときは落選するが、1894年の第4回選挙で初当選、7年余の議員生活を送る。しかし1901年に病を得たために議員を辞職、その後、東京大学時代からの盟友である高田早苗に誘われ1902年に初代早稲田大学図書館長となった。就任直後から精力的に館務をこなし、特に建築中の新図書館の参考のため、内外の図書館事情を精査、時には実際に足を運んでその建築、運営、目録法などの調査を進めた。在任中は、和漢の古典籍収集に力を注ぎ、今日に続くコレクションの礎を築くとともに、展覧会の実施、目録作成などをとおして館蔵資料の公開に努めた。1907年日本文庫協会の第3代会長に就任すると、『図書館雑誌』創刊、「日本図書館協会」への名称変更、「和漢図書目録編纂概則」を決定するなど、図書館界のさらなる発展に尽力した。また、未刊資料の翻刻を目指した国書刊行会、欧米の思想や文化の紹介を目的とした大日本文明協会の設立にも携わった。このようにジャーナリスト、政治家、出版人、図書館人として活躍したが、近世文芸、思想の研究者としても知られており、さらには古典籍、書画類だけでなく、その興味の幅は多方面にわたり、そこから得た知識、情報をもとに著された随筆集は生涯に20冊以上に及ぶという随筆家でもあった。
【参考】『春城八十年の覚書』市島春城著 早稲田大学図書館編 早稲田大学図書館 1960／藤原秀之解説・解題『市島春城随筆集 第1-11巻』クレス出版 1996／春城日誌研究会編「春城日誌 1-29」『早稲田大学図書館紀要』26-63号 1986.3-2016.3／春城日誌研究会編「市島謙吉（春城）年譜（稿）」『早稲田大学図書館紀要』57号 2010.3／藤原秀之「市島春城の生家、角市市島家の歴史について」『早稲田大学図書館紀要』62号 2015.3

## 一条 兼良
いちじょう・かねよし

［生没年］1402〜1481

室町時代の公卿。博学多識は当代随一といわれ多くの著書を残した。和漢の図書、摂関家の文書などを納めた文庫を持ち桃華坊と称した。応仁の乱で文庫の蔵書は散乱したが、『玉葉』など一条家の貴重な書は奈良に疎開していて、難を逃れた。著書に『公事根源』などがある。
【参考】『一条兼良』永島福太郎著 吉川弘文館 1959／『日本図書館史概説』岩猿敏生著 日外アソシエーツ 2007

## 一戸 岳逸
いちのへ・がくいつ

［生没年］1873〜1939

東奥日報社社員（1894〜1927）、私立青森簡易図書館開設会員（1916）。1918年自宅に児童図書館開設。1920年東宮行幸を記念し私立青森通俗図書館に改称、館則を

定め，知事に届出る。1924年鉄筋コンクリート造3階建書庫を新築。郷土資料の収集に努め，『青森寺院志』(青森通俗図書館，1934-1935)などの編纂も行った。
【参考】『青森県読書運動明治大正史：郷土創造と焚火仲間』間山洋八著 津軽書房 1981

## 市橋 長昭
いちはし・ながあき

[生没年]1773〜1814

近江国仁正寺藩(滋賀県蒲生郡)の第7代藩主。毛利高標，池田定常らと風月社を結び，相互に図書の貸借をしたといわれる。1796(寛政8)年藩校・日新館を創設，自ら図書を収集した。1808(文化5)年には蔵書中から宋元版30部を選んで昌平坂学問所に寄贈した。
【参考】『日本図書館史』補正版 小野則秋著 玄文社 1976／『先哲の学問』内藤湖南著 ちくま学芸文庫 2012

## 市橋 正晴
いちはし・まさはる

[生没年]1946〜1997

川崎市盲人図書館に勤務する傍ら，1970年結成の「視覚障害者読書権保障協議会」の事務局長として障害者サービスの発展に尽力。1996年に退職し，日本初の弱視者向け大活字本の出版社(株)大活字を設立するも，不慮の事故で他界。
【参考】『読書権ってなあに：視読協運動と市橋正晴 上・下』市橋正晴著 視覚障害者読書権保障協議会編 大活字 1998

## 市原 瀧治郎
いちはら・たきじろう

[生没年]1857〜1908

香川県の実業家。琴平町で催した国益品縦覧会の一環として，1899年私立讃岐図書館を創設した。
【参考】『讃岐人名辞書 続』磯野実編 藤田書店 1985／『香川県図書館史』熊野勝祥著 四国新聞社 1994

## 市村 新
いちむら・しん

[生没年]1913〜1987

1939年石川県立図書館嘱託，1941年同館司書，1949年館長(〜1968)。著作には「県立図書館論によせて」(『図書館雑誌』58巻4号，1964.5)，「中田邦造を語る(対談)」(同上，60巻7号，1966.7)などがある。
【参考】『回想・私と図書館』日本図書館協会編 日本図書館協会 1981／木下保「市村新元館長を悼む」『図書館雑誌』81巻5号 1987.5

## 井出 董
いで・ただし

[生没年]1884〜1928

広島やホノルルの私立中学校教師などを経て，1924年帝国図書館に勤務し，在職中に死去。没後は井出の教え子である加藤宗厚が引き継ぐ。図書館講習所で分類法の講師を務めた。
【参考】「「井出董ヲ帝国図書館司書判任官俸給制限外支給ノ件」1924年3月14日「公文雑纂・大正十三年・第十四巻・判任官俸給制限外支給一」(纂01696100)国立公文書館デジタルアーカイブ(http://www.digital.archives.go.jp/)／『私の図書館生活』加藤宗厚著 加藤宗厚 1966

## 出射 義夫
いでい・よしお

[生没年] 1908〜1984

検事。帝銀事件の調書作成に関わる。第六高等学校生時代、慈善コンサートや寄付で本を購入し、1926年自宅内に西大寺図書館設立。蔵書のほとんどは生徒向け。自伝に『検事物語』(高文堂出版社、1977) がある。
【参考】『岡山県図書館一覧』岡長平著 吉備人出版 2007／『現代日本執筆者大事典 第1巻』佃実夫 [ほか] 編 日外アソシエーツ 1978

## 伊藤 旦正
いとう・あきまさ

[生没年] 1930〜1999

大学中退後事務員、工具、鉄道員、船員などを経て、1950年品川区立図書館に勤務。著書に『年表中心江戸時代の品川 上・下』(品川区誌研究会、1967) などがある。
【参考】伊藤旦正 (執筆者略歴)「郷土資料総合目録論」『図書館雑誌』61巻7号 1967.7

## 伊藤 伊太郎
いとう・いたろう

[生没年] 1876〜1939

大橋図書館主事伊東平蔵の指導により、1909年図書館用品のカタログを発刊し、伊藤伊商店を本格的な図書館用品専門店とする。
【参考】『図書館用品御使用の栞』伊藤伊太郎編 伊藤伊商店 1926

## 伊東 尾四郎
いとう・おしろう

[生没年] 1869〜1949

中学校長などを経て福岡県立図書館初代館長 (1916〜1930)。『福岡県史資料』全12巻 (福岡県、1932-1939) や『福岡県史料叢書』全10巻 (福岡県庁史料編纂所、1948-1949) の編者で、また『小倉市誌』(小倉市役所、1921)、『京都郡誌』(京都郡、1919) ほか福岡県内5市3郡誌の編著に従事。著作に『家庭に於ける貝原益軒』(丸善、1914) などがある。
【参考】『九州図書館史』西日本図書館学会編 千年書房 2000／伊東尾四郎略歴『京都郡誌』伊東尾四郎編 美夜古文化懇話会 1975 (京都郡1919年刊の複製)

## 伊藤 一夫
いとう・かずお

[生没年] 1913?〜1971

1948年国立国会図書館入館。『日本統計総索引』(専門図書館協議会編、東洋経済新報社、1959) の編纂を担当。雑誌『参考書誌研究』(1970年創刊) の初代編集委員長。
【参考】『私の昭和史：わが人生に悔いなし：私家版』住谷雄幸著 住谷雄幸 2006／「編集後記」『参考書誌研究』3号 1971.9

## 伊藤 粂蔵
いとう・くめぞう

[生没年] ?〜?

1936年文部省図書館講習所を修了。日本大学図書館、成蹊高等学校図書館、帝国図書館に勤務。著作に「西洋中世の図書館」(『図書館雑誌』30巻10, 11号、1936.10, 11) などがある。

【参考】『簡約日本図書館先賢事典：未定稿』石井敦編著 石井敦 1995

## 伊藤 新一
いとう・しんいち

[生没年]1885～1956
[出身地]山口県
[学歴]萩の高等小学校卒業

明木(あきらぎ)小学校教員の傍ら，明木村（萩市）出身で衆議院議員も務めた滝口吉良や桜井民次郎らの尽力で，日露戦役記念として1906年に完工した明木村立図書館の創立期から1956年まで50年にわたり運営にあたった。1920年同館司書となり，1944年館長（～1956）。特産物もなく，経費も乏しい農村で冠婚葬祭などの機に寄付を乞い，それを図書購入の資金にあてるなどの図書館経営を，間宮不二雄は『図書館雑誌』「創刊50年記念特集」で顕彰した。こうした実践は農山村図書館のモデルとして内外に広く知られた。著作に『村立明木図書館経営要目』（明木図書館, 1929），『町村学校園経営ノ実際』（間宮商店, 1931）などがある。

【参考】『昭和山口県人物誌』中西輝磨著 マツノ書店 1990／『山口県立山口図書館100年のあゆみ』山口県立山口図書館編 山口県立山口図書館 2004／間宮不二雄「50年を図書館に捧げた人：伊藤新一さんをしのぶ」『図書館雑誌』50巻10号 1956.10／上野善信「伊藤新一（元明木村立図書館長）に関する一考察」『図書館学』92号 2008.3

## 伊東 善五郎
いとう・ぜんごろう

[生没年]1891～1972

幼名武次郎。滝屋（屋号）9代目。1911年個人蔵書を持ち寄り読書会結成。1915年私立青森簡易図書館発起人に加わり，初代館長に就任。1919年私立青森簡易図書館に自宅を提供。青森市会議員に当選し（1932～1955），議員活動の傍ら，青森県立図書館評議員，青森県立図書館協議会委員を歴任した（1952）。日本図書館協会創立60周年記念式典で，功労者として表彰（1951）。

【参考】『青森県立図書館史』青森県立図書館史編集委員会編 青森県立図書館 1979

## 伊藤 峻
いとう・たかし

[生没年]1935～2004

1957年大田区立池上図書館に勤務。1959年蒲田図書館，1971年には馬込図書館の開設準備に携わる。この間，秋岡梧郎，森博の薫陶を受ける。1973年多摩市立図書館初代館長に就任，公立図書館へのコンピュータ導入を初めて実現。1986年多摩市社会教育課長。1988年豊中市社会教育部次長兼岡町図書館長（～1995）。2000年石川県の松任市立図書館長（～2003）。専修大学，法政大学，東京学芸大学などで講師として図書館員養成に務める。大阪府公共図書館協会長，図書館問題研究会全国委員会事務局長などを歴任。著作には竹内悊との共編で『ストーリーテリングの実践：スペンサー・G.ショウ連続講演』（日本図書館協会, 1996）などがある。

【参考】『伊藤峻の言いたかったこと』伊藤峻さんを偲ぶ会実行委員会編 伊藤峻さんを偲ぶ会実行委員会 2004

## 伊藤 東涯
いとう・とうがい

[生没年]1670～1736

漢学者, 蔵書家。古義学の祖伊藤仁斎の長男。父の学問の祖述に努める一方で, 自らは考証に長じ, 『古学指要』『弁疑録』ほか多くの著書をなす。私塾古義堂における講学の傍ら, 先代遺稿の整理と出版に尽力した。現在も仁斎, 東涯などの古義堂遺書約1万冊は, 「古義堂文庫」として天理大学附属天理図書館に伝存。
【参考】『中村幸彦著述集 第11, 14巻』中村幸彦著 中央公論社 1982, 1983

## 伊藤 紀子
いとう・のりこ

[生没年]1949～1994

1978年岡谷市立岡谷図書館を経て松本市立あがたの森図書館（1983～1989）。調布市立北部公民館（1989～1992）。手塚英男のあがたの森文化会館における社会教育実践と伴走し, 「ひろば論」の実践者の一人として, 地域に密着した図書館活動を展開。共著に『図書館の集会・文化活動』（日本図書館協会, 1993）がある。
【参考】『学習・文化・ボランティアのまちづくり』手塚英男著 自治体研究センター 1986

## 伊東 平蔵
いとう・へいぞう

[生没年]1857～1929
[出身地]阿波国（徳島県）
[学歴]東京外国語学校（卒業は不明）

阿波藩士山内俊一の三男として生まれ, 同藩伊東八郎左衛門の養子となる。文部省や東京図書館に勤務, 1882年に図書館示諭事項の起草を担当。1886年フランスを経てイタリアに留学, ヴェネツィア商業高等学校で日本語教師を務めた。1889年に病気で帰国後, 大日本教育会附属書籍館の経営にあたり, 1900年に東京外国語学校教授に就任。1902年私立大橋図書館主事として図書館組織や規則を整備し, 日本初の日本文庫協会主催図書館事項講習会を実施した。1900年頃から東京市教育会調査部で図書館設置案を作成, 1906年東京市立日比谷図書館事務嘱託となり開設準備を担う。1908年に退職。この間の1907年には宮城県立図書館の顧問となり, 図書館事務の改善, 館舎改築の調査などを担当。1913年東京外国語学校を退職, 私立佐賀図書館副館長となり図書館経営に専念する。1917年に館長に就任。1920年に横浜市図書館に転じ, 1921年初代館長, 関東大震災で失われた同館を再建し, 1926年の退職後も後進の指導に携わった。東京, 佐賀, 横浜と活躍拠点を移しつつ, 各地で図書館活動を継続した。著作には「廿年前に於ける我が国図書館事業を顧みて」（『東京市立図書館と其事業』48号, 1928.11）などがあり, 横浜市中央図書館は伊東平蔵関係資料（日誌, 書簡, 証明書, 文書類）の複製を所蔵している。
【参考】竹内悊「先覚者の中の先覚者 伊東平蔵」『図書館を育てた人々 日本編1』日本図書館協会 1983／石山洋「生涯四度図書館を創った男：伊東平蔵」『日本古書通信』883号 2003.2／『神奈川県図書館史』神奈川県図書館協会図書館史編集委員会編 神奈川県立図書館 1966／吉田昭子「伊東平蔵とその実践的図書館思想」『Library and Information Science』67号 2012.6

## 伊藤 信
いとう・まこと

[生没年]1887～1957

郷土史家，大垣市立図書館長(1937～1949)。多くの特別文庫を設置し，貴重図書の疎開，戦災からの復興にも活躍した。著書に『濃飛文教史』(博文堂, 1937)など。
【参考】『郷土大垣の輝く先人』大垣市文教協会編 大垣市文教協会 1994／『岐阜県公共図書館の歩み：江戸時代から現在まで』小川トキ子著 岩波出版サービスセンター 2001

## 伊東 正勝
いとう・まさかつ

[生没年]1907～1984

長崎大学水産学部長を経て1952年図書館職員養成所長。1964年図書館短期大学長事務取扱(～1965)。のちに国士舘大学教授。図書館職員養成所長時代に「図書館員の教育をこう進めている」(『図書館雑誌』53巻4号, 1959.4)を報告している。
【参考】「文部省図書館職員養成所年表」『図書館研究』(図書館職員養成所図書館学会) 復刊4号 1959.6／『図書館短期大学史：十七年の歩み』図書館短期大学 1981／『簡約日本図書館先賢事典：未定稿』石井敦編著 石井敦 1995

## 伊東 弥之助
いとう・やのすけ

[生没年]1907～1988

1935年慶應義塾大学図書館に入る。1942年同大学予科(日吉)図書室係。一時藤山工業図書館に転出。1952年の日本図書館学校開設, 1961年日本十進分類法の分類切替えに対応。1962年から1964年副館長を務め, 1974年退職。近世社会経済史, 慶應義塾史についての論考多数。高鳥正夫館長の発意で, 私立大学図書館の単館史としては日本初の『慶應義塾図書館史』(慶應義塾大学三田情報センター, 1972)を執筆した。
【参考】『慶應義塾図書館史』慶應義塾大学三田情報センター 1972／伊東弥之助「惜別の賦：大学図書館の役割」『三田評論』735号 1974.3／『慶應義塾報』1339号 1988.1.25

## 伊東 祐穀
いとう・ゆうこく

[生没年]1861～1921
[出身地]肥前国(佐賀県)

統計学者。1883年内閣統計局。1900年から3年間統計学の研究のために欧米に渡り, ハンガリーでの万国統計会議に出席。帰国後は海軍大学統計学教授や関東都督府統計事務嘱託。1907年には日本文庫協会評議員を務め, 後身である日本図書館協会でも1908年から1921年まで評議員として名を連ねた。また1903年の第1回図書館事項講習会では「統計学一班」の講師を担当し, 図書館員養成にも関わった。佐賀では肥前協会幹事となり青年, 学生を指導した。1913年に佐賀の鍋島家より図書館創立委員に嘱託され, 同委員であった伊東平蔵とともに佐賀図書館の創設に尽力した。1914年の佐賀図書館開館に際して初代館長に就任。1917年には館長を退任し, 同館の顧問となった。著書には『世界年鑑』(1904年創刊, 博文館), 中島吉郎, 水町義夫との共著で『佐賀先哲叢話』(伊東祐穀, 1913)などがある。
【参考】『佐賀県立図書館60年のあゆみ』佐賀県立図書館編 佐賀県立図書館 1973／「日本

文庫協会沿革：日本文庫協会紀要」『図書館雑誌』1号 1907.10／『日本人名大事典 第3巻』平凡社 1979（1937年刊の複製）

## 伊藤 祐昭
いとう・ゆうしょう

[生没年] 1913～1997

1946年京都大学附属図書館に就職。1950年書庫掛長、以降和漢書目録掛長、庶務課総長秘書、図書館整理課長補佐、整理課長を歴任。1976年華頂女子短期大学図書館長（～1981）。著作には「幕末における一書誌学者願海：梵学津梁目録より」（『図書館界』7巻4号、1955.8）などがある。
【参考】『アナログ司書の末裔伝：図書館員は本を目でみて手でさわらなあかんよ：廣庭基介先生傘寿記念誌』花園大学図書館司書資格課程 2013

## 伊藤 四十二
いとう・よそじ

[生没年] 1909～1976

東京大学薬学部長などを経て、1964年同大学附属図書館長（～1969）。その後は静岡薬科大学長などを務めた。また日本薬学図書館協議会理事長（1956～1976）、国際ドクメンテーション連盟副会長（1966～1968）などを歴任し、内外の薬学図書館、情報活動の振興に尽力した。著作に『IFLAの組織とその活動：第31回、第32回総会に出席して』（日本図書館協会、1967）などがある。
【参考】『図書館再建50年：1928-1978』東京大学附属図書館編 東京大学附属図書館 1978／「特集 "伊藤四十二理事長を偲ぶ"」『薬学図書館』21巻2号 1976.9／『二人の東京大学附属図書館長を顧みる：第15代岸本英夫～第16代伊藤四十二両館長図書館関係論集・記録ノート』金子豊 2010

## 伊藤 亮三
いとう・りょうぞう

[生没年] 1894～1977

1922年市立名古屋図書館に勤務、1941年名古屋郷土文化会理事。1949年市立名古屋図書館第2代館長に就任。資料解題として「市立名古屋図書館蔵 郷土資料解題 1-7」（『郷土文化』（名古屋郷土文化会）創刊号-2巻2号、1946.6-1947.3）などがある。
【参考】吉川芳秋「市立名古屋図書館第二代館長伊藤亮三氏逝く」『郷土文化』32巻3号 1978.3

## 井内 慶次郎
いない・けいじろう

[生没年] 1924～2007

1947年文部省入省。戦後の教育制度の揺籃期に、社会教育局において社会教育法、図書館法、博物館法の各法案のとりまとめと成立に尽力し、今日の社会教育振興の基礎を築いた。1978年文部省事務次官、1980年国立教育会館長、1989年東京国立博物館長。全国視聴覚教育連合会長、全日本社会教育連合会会長などを歴任。『図書館法の解説』（全国学校図書館協議会編、明治図書出版、1957）の執筆を担当。共著『新・社会教育法解説』（全日本社会教育連合会、1999）などの著作がある。
【参考】「追悼井内慶次郎会長を偲んで」『視聴覚教育』62巻3号 2008.3／「追悼井内慶次郎会長を偲ぶ」『社会教育』63巻5号 2008.5

## 稲葉 宇作
いなば・うさく

[生没年] 1879〜？

東京外国語学校図書掛（1902〜1930）。1903年に開催された第1回図書館事項講習会を受講。

【参考】『簡約日本図書館先賢事典：未定稿』石井敦編著 石井敦 1995／『大橋図書館四十年史』坪谷善四郎著 博文館 1942

## 犬丸 秀雄
いぬまる・ひでお

[生没年] 1904〜1990

1933年第四高等学校講師のち教授。1940年文部事務官に転じ、1942年科学局企画課。第二次世界大戦により欧州学術文献が日本で入手困難となったため収集を建議、容れられて「科学論文題目速報事業」を開始、自身も欧州へ派遣される（1943〜1945）。並行して文献の郵送や潜水艦輸送も実施。1952年東北大学教授、1957年防衛大学校教授。著作に『日本国憲法制定の経緯』（第一法規出版, 1989）などがある。

【参考】『海表』犬丸秀雄著 白玉書房 1964／「犬丸秀雄教授略歴及び研究業績」『防衛大学校紀要 人文・社会科学編』19号 1969.9／水沢光「第二次世界大戦期における文部省の科学論文題目速報事業および翻訳事業」『科学史研究（第Ⅱ期）』52巻266号 2013.6

## 井上 角五郎
いのうえ・かくごろう

[生没年] 1860〜1938

1890年から1924年まで衆議院議員を務める一方、実業家として北海道炭鉱鉄道専務、日本製鋼所会長などを歴任した。1911年、郷里の福山に井上文庫と呼ばれる巡回文庫を設置した。文庫は、深安、沼隈、福山市内の小学校を巡回するかたちで1925年まで継続された。

【参考】『広島県公共図書館史』森田繁登編著 森田繁登 2003／『広島県大百科事典 上巻』中国新聞社広島県大百科事典刊行委員会事務局編 中国新聞社 1982

## 井上 好三郎
いのうえ・こうざぶろう

[生没年] 1881〜1943

滋賀県水口町（甲賀市）出身の実業家。1928年、ヴォーリズ建築事務所の設計で水口図書館を建築、寄付。1970年まで水口町立水口図書館として使用された。

【参考】旧水口図書館（http://kyutosyo.exblog.jp/）／『水口町志』水口町志編纂委員会編 水口町 1960

## 井上 友一
いのうえ・ともいち

[生没年] 1871〜1919

「ともかず」とも読む。明治、大正時代の内務官僚。法学博士。内務省では県治局、地方局に勤務し、地方行政に携わる。日露戦争後に地方改良運動を進めた中心人物として知られ、農山漁村まで小規模な通俗図書館建設を奨励し、「利用される図書館」「読書による国民教化」を唱導した。1915年東京府知事に着任、在職中に死去。

【参考】新藤透「地方改良運動が図書選択論に与えた影響について：特に井上友一に着目して」『日欧比較文化研究』16号 2012.10

## 井上 ひさし
いのうえ・ひさし

[生没年]1934～2010
作家。日本ペンクラブ会長, 仙台文学館館長などを歴任した。1987年蔵書を生まれ故郷の山形県川西町に寄贈して「遅筆堂文庫」を開館。1994年に劇場と川西町立図書館とともに総合複合施設川西町フレンドリープラザとなり現在に至る。
【参考】『遅筆堂文庫物語：小さな町に大きな図書館と劇場ができるまで』遠藤征広著 日外アソシエーツ 1998／川西町フレンドリープラザ（http://www.plaza-books.jp/）

## 井上 豊忠
いのうえ・ぶんちゅう

[生没年]1863～1923
出羽国（山形県）米沢の長命寺に生まれ, 1891年長井の浄土真宗法讃寺に養子に入り12世住職となる。清沢満之らとともに大谷派改革運動を起こすが失敗し, 1896年に帰郷。地域住民が誰でも利用できる社会教育施設として, 1905年法讃寺内に私立置賜郡図書館を開設した。同館は広く西置賜郡民に利用された。
【参考】『長井市史 第3巻（近現代編）』長井市史編纂委員会編 長井市 1982

## 井上 芳郎
いのうえ・よしお

[生没年]1888～1945
1928年頃臨時雇として慶應義塾図書館に入る。和漢書係に長く在籍したが, 本務の傍ら古代社会史の研究にいそしむ。主著に『シュメル・バビロン社会史』（ダイヤモンド社, 1943）がある。
【参考】『慶應義塾図書館史』慶應義塾大学三田情報センター 1972

## 猪熊 信男
いのくま・のぶお

[生没年]1882～1963
1925年宮内省図書寮御用掛（～1942）。京都御所内東山御文庫の調査や宮内省図書寮図書の整理などに活躍した。晩年は, 香川県白鳥町の自宅に恩頼堂文庫を設け, 地方文化の向上に尽力した。
【参考】小川太一郎「猪熊信男」『讃岐人物風景〈15〉』四国新聞社編 丸山学芸図書 1986／須原祥二 「猪熊信男と恩頼堂文庫について」『日本語日本文化論叢』2号 2003.3

## 猪瀬 博
いのせ・ひろし

[生没年]1927～2000
[出身地]東京府（東京都）
[学歴]東京大学第二工学部卒業, 1954年東京大学大学院修了
情報工学者。1954年東京芝浦電気, 1956年東京大学助教授, 1961年同大学教授。教育用計算機センター長（1974～1978）, 大型計算機センター長を経て（1977～1981）, 1981年同大学文献情報センター初代センター長となり大学図書館の文献目録データベース構築に着手。1986年に学術情報センターが改組すると, 1987年同センター所長。同年退官。2000年学術情報センターが国立情報学研究所に改組したときには初代所長に就任したが, 直後に死去。大学間コンピュータネットワークの実現など情報処理分野で多くの実績をあげた。OECD情報コンピュータ通信政策委員会議長（1988～1990）, 通産省産業技術審議

会会長(1990～2000),文部省学術審議会会長(1996～2000)などを歴任した。著書には『システムを創るエレクトロニクス:宇宙通信から交通制御まで』(講談社,1967),『情報の世紀を生きて』(東京大学出版会,1987)などがある。
【参考】『猪瀬博先生の思い出』猪瀬博先生追悼集刊行会編 猪瀬博先生追悼集刊行会 2001／齊藤忠夫「猪瀬博先生のご逝去を悼む」『映像情報メディア』54巻12号 2000.12

## 伊波 普猷
いは・ふゆう

[生没年]1876～1947
[出身地]沖縄県
[学歴]1906年東京帝国大学文学部卒業

1909年,開館の1年前に沖縄県立図書館長として就任し,1924年まで在任(1920年まで嘱託)。「沖縄学の祖」と呼ばれた文学者であり,図書館長としての最大の業績は,王府崩壊後,散逸の危険性のあった郷土資料を収集,整理,保管して,県立図書館を「沖縄学の拠点」(柳宗悦の評)として築いたことにある。なかでも義村,浦添両御殿の寄贈書を受け入れ,県庁が保管していた『琉球史料』5千冊を移管したことは特筆される。また,図書館を「自学自習の場」と位置づけ,一般閲覧室のほかに婦人閲覧室や,児童室,郷土資料室などをつくった。また,読書会,子ども会,エスペラント講習会の開催などに尽力し,文学,宗教,言語学,衛生学などの講演会を精力的に行った。
【参考】『歴代館長物語 戦前編』沖縄県立図書館編 沖縄県立図書館 1977／『沖縄の図書館と図書館人』山田勉著 沖縄図書館史研究会 1990

## 今井 亥三松
いまい・いさまつ

[生没年]?～1917

広島市で医院を開業。1905年広島医学図書館を設立。著書に『耳科衛生』(南江堂,1906)などがある。
【参考】『広島県公共図書館史』森田繁登編著 森田繁登 2003

## 今井 市右衛門
いまい・いちえもん

[生没年]1836～1887

函館の実業家。渡辺熊四郎,平塚時蔵らと書林魁文舎を開き,1875年新聞縦覧所を設ける。また1878年には渡辺熊四郎と函館新聞を創刊する。
【参考】『北海道史人名字彙 上巻』河野常吉編著 北海道出版企画センター 1979

## 今井 貫一
いまい・かんいち

[生没年]1870～1940
[出身地]徳島県
[学歴]1897年東京帝国大学史学科卒業

中学校教員,校長を歴任。1903年住友家の推薦を得て初代大阪図書館長に任命され,1933年の退職まで30年にわたり同館(1906年大阪府立図書館)の基礎を築くとともに,教育界からの「関西文運の枢軸を把握」するべき人物としての期待に応えた。1905年『大阪図書館和漢図書分類目録』『大阪図書館洋書目録』で同館最初の分類目録(23門分類法)を制定,開館記念日には入館無料で図書陳列を実施。1909

年、西村天囚、渡辺霞亭など大阪の文人を集めて大阪人文会を開催、大阪文化の殿堂となった。同会の主唱で懐徳堂記念会が設立、1911年館内に懐徳堂記念室が設置された（1939年寄託解除）。1912年、図書館管理法研究のため、文部省外国留学生として約1年をかけて欧米の図書館を実地に視察する。帰国後の1913年、近畿図書館倶楽部を新村出、湯浅吉郎とともに発起人として発足させ、1922年に近畿図書館協議会へと発展させる。図書館運営でも新着図書架の設置や書庫の増築などの実施、1915年提出の「通俗図書館設置計画案」でそれまでの分館設置案を撤回、大阪市に委ねるとし、府立図書館は学術方面の充実に努める方針を打ち出す。1921年には大阪市立図書館の創設に尽力。1922年十進分類による書架分類表「和漢書排列分類表」を作成、両翼増築工事に伴う休館期間を利用して全蔵書を函架排列から分類別排列に改めた。また集書方針を変更、商業の中心地として利用の多い経済商業部、理学工芸部の2部門の主題室を新設。学術図書の特別購入費を予算化し、有識者に図書選択を委嘱した。この間、1919年日本図書館協会副会長、1926年理事長を務める（～1928）。1935年大阪市立美術館長、退職後は病に倒れるまで住友家の資料編纂にあたった。

【参考】『中之島百年：大阪府立図書館のあゆみ』大阪府立中之島図書館編集委員会編 大阪府立中之島図書館百周年記念事業実行委員会 2004／「当館初代館長今井貫一の事蹟」大阪府立中之島図書館大阪史料・古典籍室小展示資料集 1997（https://www.library.pref.osaka.jp/）／『住友の歴史 上・下』朝尾直弘監修 住友史料館編 思文閣出版 2013-2014／今井貫一「図書館経営の卅年」『大大阪』10巻1号 1934.1

## 今井 太郎右衛門
いまい・たろうえもん

[生没年] 1824～1877

大黒屋太郎右衛門とも。長州藩士今井家の養子。今井家は京にあって藩の金銭出納をつかさどり、太郎右衛門は討幕志士との交流があった。明治以降は書肆大黒屋を経営。1872年、京都府に村上勘兵衛、梅辻平格、三国幽眠とともに公共の図書閲覧所開設を願い出た。認められ集書会社ができる。集書会社は京都府設立の集書院の経営にあたった。

【参考】『近世日本文庫史』竹林熊彦著 日本図書館協会 1978（大雅堂1943年刊の複製）

## 今澤 慈海
いまざわ・じかい

[生没年] 1882～1968
[出身地] 愛媛県
[学歴] 1907年東京帝国大学哲学論理学科卒業、同年大学院入学（修了年は不明）

1908年に東京市に就職し、同年日比谷図書館専任となる。就職時は英国人ゴルドン夫人寄託の日英文庫約10万冊の洋書の分類、整理にあたる。1913年から主事補を務め、1915年の組織改正を機に東京市立日比谷図書館館頭に就任、中央図書館長として20館に近い分館を統括し、開架の促進、館外貸出、同盟貸附（相互利用）の実施、児童サービスやレファレンスサービスの充実、選書や図書館業務の合理的な運営などによりその発展に貢献した。また、1923年の関東大震災により被災した深川、京橋、一橋の3館を中心とした復興計画の策定を主導して、近代的な図書館

建築を実現。1921年頃から東京市立図書館規模拡張組織変更計画の検討を開始し、1924年頃に提案したが、予算の関係で思うように実現せず、1931年に退任。この時期は、東京市立図書館の黄金期と呼ばれる。日比谷図書館退職後は成田中学校長を経て、1948年成田図書館長に就任(～1968)。1921年文部省図書館教習所開所以来講師として、後進を育成。日本図書館協会副会長(1916～1918)を経て会長(1920～1922)、専務理事(1923～1926)などを歴任、図書館界の発展に尽力した。すべての東京市立図書館で児童奉仕を実施させ、その重要性を説き、竹貫直人(佳水)との共著で『児童図書館の研究』(博文館、1918)を発表。また、『図書館経営の理論及実際』(叢文閣、1926)など多数の著作があり、仏教研究の分野では『梵文典：表解詳説』(大本山成田山新勝寺、1958)を著した。成田山仏教図書館は今澤慈海文庫を所蔵している。
【参考】『今澤慈海先生追悼録』成田山教育文化福祉財団 1969／細谷義昌、関野真吉「今澤慈海著作年表(稿)」『ひびや』130号 1980.3／吉田昭子「東京市立図書館規模拡張組織変更計画：関東大震災前後の東京市立図書館」『Library and Information Science』75号 2016.6／山梨あや「今澤慈海の図書館論」『生涯学習研究e事典』2006（http://ejiten.javea.or.jp/)／『近代日本における読書と社会教育』山梨あや著 法政大学出版局 2011／国枝裕子「今澤慈海の学校図書館論」『神戸大学発達科学部研究紀要』14巻1号 2006.10

## 井本 健作
いもと・けんさく

[生没年]1883～1964

旧姓青木。中学校教員などの傍ら、小説の執筆を続ける。1920年法政大学予科教授、1935年文学部教授、図書館長(1945～1952)。戦後同大学の図書館の充実に努力するとともに、市民への図書館開放を目的に日曜開館を実施した(～1952)。
【参考】『法政大学図書館一〇〇年史』法政大学図書館 2006／『青木健作の人と作品：新南陽市の生んだ作家』青木秋雄、青木恵美子著［青木秋雄］1982

## 岩井 大慧
いわい・ひろさと

[生没年]1891～1971

東洋史学者。駒澤大学教授(1945～1959)、東洋文庫長(1948～1965)。著書に『支那史書に現はれたる日本』(岩波書店、1935)、『西蔵・印度の文化』(日光書院、1942)、『日支仏教史論攷』(東洋文庫、1957)などがある。
【参考】『岩井博士古希記念典籍論集』岩井博士古希記念事業会編 岩井博士古希記念事業会 1963／『東洋文庫八十年史Ⅰ：沿革と名品』東洋文庫編 東洋文庫 2007

## 岩城 次郎
いわき・じろう

[生没年]1907～1970

山口県の宇部市立図書館長(1951～1966)として、同館の復興に尽くし、彫刻展開催や読書会振興など幾多の功績を挙げた。
【参考】『人事興信録』第24版 人事興信所編 人事興信所 1969／『山口県図書館史稿』升井卓彌著 升井卓彌 1990

## 岩倉 規夫
いわくら・のりお

[生没年]1913～1989

内務省、内閣、総理府の要職を歴任し、1952年国立国会図書館支部内閣文庫長。1956年総理府勤務ののち、1971年設置の国立公文書館初代館長に就任。公文書の公開の基礎を作った。1981年退職。著作には、『近代文書学への展開』(大久保利謙、岩倉規夫編、柏書房、1982）、『読書清興』(汲古書院、1982）、『読書清興 続』(汲古書院、1991）などがある。
【参考】『回想岩倉規夫』岩倉規夫先生追悼録刊行会 1991

## 岩佐 貫三
いわさ・かんぞう

[生没年] 1912～1997

別名憲一。立正佼成会付属佼成図書館長。東洋大学東洋学研究所員。陰陽道、東洋思想関係の著作が多数ある。
【参考】『現代日本執筆者大事典 第1巻』佃実夫［ほか］編 日外アソシエーツ 1978

## 岩崎 久彌
いわさき・ひさや

[生没年] 1865～1955

三菱第3代社長（1893～1916）。1924年、東京の北区駒込に東洋文庫を設立、ここに1917年購入したG.E.モリソンの蔵書約2万4千冊、および今日の国宝・重要文化財を含む岩崎文庫約3万8千冊を寄贈して広く研究者の閲覧に供し、東洋学の発展を後押しした。
【参考】『岩崎久彌伝』岩崎久彌伝編纂委員会編 岩崎久彌伝編纂委員会 1961／『東洋文庫八十年史 I：沿革と名品』東洋文庫編 東洋文庫 2007

## 岩崎 彌之助
いわさき・やのすけ

[生没年] 1851～1908

三菱第2代社長。1887年頃から恩師である重野安繹の研究を援助するため古典籍の収集を始め、静嘉堂文庫を創設（1892）。
【参考】『静嘉堂文庫略史』静嘉堂文庫編［静嘉堂文庫］1924／静嘉堂文庫美術館（http://www.seikado.or.jp/）

## 岩瀬 亀之進
いわせ・かめのしん

[生没年] ？～？

1916年徳島県立光慶図書館司書、1921年同館初の専任館長となり、館報に「通俗図書館経営論」や「農村振興と図書館」などを執筆。1924年休職。翌年、学術研究並びに社会教育視察のため欧米各国を外遊。帰国後は、復職することなく消息不明。
【参考】「岩瀬前館長の消息」『徳島県立光慶図書館報』29号 1925.1／『徳島県立図書館七十年史』徳島県立図書館編 徳島県立図書館 1987

## 岩瀬 弥助
いわせ・やすけ

[生没年] 1867～1920

愛知県西尾（西尾市）の須田町にあった肥料商の4代目。家業と株式投資で財をなす。1903年頃より新刊書と古書の大量購入を始める。1908年私立岩瀬文庫を開館。
【参考】『愛知県史 別編 文化財4（典籍）』愛知県史編さん委員会編 愛知県 2015／『こんな本があった！江戸珍奇本の世界』塩村耕著 家の光協会 2007

## 岩田 實
いわた・みのる

1919年南満洲鉄道(株)入社、会社図書館に配属。1921年開原簡易図書館を皮切りに満鉄沿線設置の満鉄図書館に勤務。1947年学習院図書館戸山分館に勤務(～1958)。1938年図書館勤続功労者表彰を受賞。
【参考】岩田實「柿沼介先生追憶」『図書館雑誌』66巻2号 1972.2

## 岩谷 榮太郎
いわたに・えいたろう

[生没年]1864～?

姫路市立西高等小学校に記念図書館を企画、のちに姫路文庫開設。私立姫路図書館長。姫路市教育会幹事、副会長、図書館部長。小学校長を歴任。著作には『日本修身書』(武内彌三郎、1892)、資料調査員として関わった『姫路紀要』(姫路紀要編纂会、1912)などがある。文部大臣図書館関係勤続者表彰を受ける(1940)。
【参考】「姫路城内陸軍省用地使用許可の件」1911年10月-11月「陸軍省-大日記乙輯-M44-2-10」(C02031331600) アジア歴史資料センターデジタルアーカイブ(https://www.jacar.archives.go.jp/)／『明治聖代教育家銘鑑 第1編』斎木織三郎編 教育実生会 1912／『姫路紀要』姫路紀要編纂会編 姫路紀要編纂会 1912／『姫路百紳士』神田爾郎編著 神田爾郎 1916

## 岩内 誠一
いわない・せいいち

[生没年]1870～?

京都市生祥(せいしょう)尋常高等小学校校長。1902年同校に生祥児童文庫を創設した。関西文庫協会創設時からの会員でもあった。
【参考】埜上衛「京都市の小学校図書室史の覚書」『芸亭』10号 1970.4／『日本学校図書館史』塩見昇著 全国学校図書館協議会 1986／「庁規・位勲・賞罰」(簿冊番号：大10-0003)大正10年度(京都府立総合資料館所蔵文書)

## 岩橋 武夫
いわはし・たけお

[生没年]1898～1954
[出身地]大阪府
[学歴]1923年関西学院卒業

早稲田大学在学中に失明し中退、関西学院卒業後の1923年大阪市立盲学校教員となるがイギリスへ留学。帰国後の1928年関西学院講師、のちに教授(～1944)。この間の1922年自宅で点字図書出版に着手。1931年大阪盲人協会初代会長。1932年自宅で点字図書貸出事業を開始。1935年大阪に日本最初の盲人福祉施設ライトハウスを設立(1960年日本ライトハウス)。また、ヘレン・ケラーを招き身体障害者福祉法(1949年公布)の成立に尽力した。著作に『光は闇より』(ライト・ハウス出版部、1948)などがある。
【参考】『岩橋武夫：義務ゆえの道行』関宏之著 日本盲人福祉研究会 1983／室田保夫「岩橋武夫研究覚書：その歩みと業績を中心に」『関西学院大学人権研究』13号 2009.3／『日本ライトハウス40年史』日本ライトハウス[編] 日本ライトハウス 1962

## 岩淵 泰郎
いわぶち・やすお

[生没年]1931～2004

1954年東京学芸大学附属図書館、1979年

山口大学附属図書館を経て，1980年東洋大学社会学部。1981年同大学教授。著作には『和漢書目録のつくり方』（岩淵泰郎編，日本図書館協会，1969）などがある。
【参考】橋本典尚「情報図書館学教育と情報組織研究のパイオニア図書館学・岩淵泰郎（1931～2004）のドキュメンテーション軌跡2013」『短期大学図書館研究』33号 2014.3

## 【う】

### 宇井 儀一
うい・ぎいち

[生没年] 1905～？
外務省に勤務，戦後福井県，秋田県を経て神奈川県に勤務し民生部長などを歴任。1957年神奈川県立図書館初代専任館長（～1963）。1959年神奈川県図書館協会長となり県内の図書館活動に力を尽くす。また，1960年にスウェーデンにおいて開催された第26回国際図書館連盟（IFLA）総会に日本図書館協会代表として出席している。
【参考】木村武子「宇井儀一」『神奈川県図書館史』神奈川県図書館協会図書館史編集委員会編 神奈川県立図書館 1966

### 上杉 直三郎
うえすぎ・なおさぶろう

[生没年] 1886～？
小学校教員となったのち，1910年朝鮮へ渡り翌年京城女子技芸学校，1912年朝鮮総督府済生院（社会事業施設）に勤める。1921年京城府庁に入り翌年開館の京城府立図書館創設の任にあたり図書館長，のち同府人事相談所主幹。1927年の図書館新館建設にも尽力。1929年京城日報社に転じ6年後，開城府立博物館長兼図書館長として創設の任にあたり1931年開館。1935年京城府会議員となり終戦時まで務める。朝鮮図書館研究会評議員などを歴任。
【参考】『新日本人物大系 下巻』東方経済学会 1936／中村道冏［ほか］「朝鮮・満州の図書館を語る」『図書館雑誌』58巻9号 1965.8

### 上杉 憲実
うえすぎ・のりざね

[生没年] 1410～1466
室町時代前期の武将。1419（応永26）年関東管領。儒教や易に通じ，下野（栃木県）の足利学校を再興。鎌倉円覚寺の禅僧・快元を庠主（校長）に招く。『尚書正義』『礼記正義』をはじめ宋版の書籍などを寄進。1446（文安3）年学規三か条を定め，足利学校で教えるべき学問を三註，四書，六経，列子，荘子，史記，文選のみと限定した。
【参考】『国史大辞典 第2巻』国史大辞典編集委員会編 吉川弘文館 1980／『足利学校：その起源と変遷』前澤輝政著 毎日新聞社 2003／『足利学校の研究』増補新訂 新装版 川瀬一馬著 吉川弘文館 2015

### 植田 秋作
うえだ・しゅうさく

[生没年] 1906～？
1922年東京市立京橋図書館などを経て，1938年麴町区役所。戦後は大田区役所。1952年大田区教育委員会初代教育長（～1958），1958年同区助役（～1966）。大田区の教育長を務めていたときに，京橋図書館で上司だった秋岡梧郎を大田区立池上図書館建設のための顧問に迎えた。著作

には、「実業図書室の経験」(『東京市立図書館と其事業』66号、69号、1935.3、1937.2)などがある。
【参考】奥泉和久「森博、図書館実践とその思想」『人物でたどる日本の図書館の歴史』小川徹[ほか]著 青弓社 2016

## 上田 辰之助
うえだ・たつのすけ

[生没年]1892〜1956

1922年東京商科大学講師、1931年同大学教授。1949年一橋大学と改称、同大学教授。(財)大倉山文化科学研究所理事長および所長(1945〜1951)。神奈川県図書館協会の設立に伴い会長(1947〜1950)などを歴任。
【参考】『神奈川県図書館史』神奈川県図書館協会図書館史編纂委員会編 神奈川県立図書館 1966／『上田辰之助著作集』上田辰之助[著] みすず書房 1987-1996

## 上野 茂
うえの・しげる

[生没年]1913〜1987

1941年埼玉県立松山中学校教員、1950年埼玉県教育委員を経て1957年埼玉県立図書館長、熊谷図書館長、川越図書館長を歴任。1976年の退職まで、埼玉県立図書館の新館建設(1960)、文書館(1969)、埼玉県立熊谷図書館(1970)、川越図書館(1975)の各館の設置、新設に尽力した。
【参考】『思い出の図書館』上野茂編著 上野茂 1978／「吉本富男元館長オーラル・ヒストリー(1)文書館創造のころ」『文書館紀要』(埼玉県立文書館)13号 2000.3

## 植野 武雄
うえの・たけお

[生没年]1897〜1949

1922年上海東亜同文書院図書館を経て、1929年南満洲鉄道(株)に入社、大連図書館に配属。1930年奉天図書館、1942年大連図書館に勤務。1944年満鉄参事に昇進。
【参考】植野武雄「衛藤利夫先生と奉天図書館と私」『満洲読書新報』57号 1942.2

## 上羽 勝衛
うえば・かつえ

[生没年]1843〜1916

熊本洋学校教師、県学務課長、各郡長などを歴任。1887年菊池書籍館を創立したが、経営不振のため1895年廃館。
【参考】『九州図書館史』西日本図書学会編 千年書房 2000／「くまもとの偉人(熊本県近代文化功労者)上羽勝衛」熊本県教育委員会(http://kyouiku.higo.ed.jp/)

## 上原 権藏
うえはら・ごんぞう

[生没年]？〜？

山口県都濃郡の豪農、醤油醸造業。また村、郡議員や下松銀行役員を務めた。自身の還暦記念に末武村立花岡文庫を寄付。1912年に設立。
【参考】「花岡文庫の設立：上原権藏氏の特心」『防長新聞』1911.7.14／『山口県図書館史稿』升井卓彌著 升井卓彌 1990

## 植松 安
うえまつ・やすし

[生没年]1885〜1946

[出身地]東京府（東京都）
[学歴]1908年東京帝国大学卒業

植松家は，曾祖父有信以来の本居国学を家学として継承し，自身も生涯を通して上代文学への関心が高かった。1914年，東京帝国大学文科大学助教授兼司書官に就任，これを契機に図書館学研究の領域にも踏み込む。1923年の関東大震災では，東京帝国大学附属図書館も甚大な被害をこうむったが，姉崎正治館長のもとで復興に尽力。震災翌月に寄贈申し出のあった南葵文庫の受入にも関わった。1929年，台北帝国大学に文政学部講師として赴任，翌年教授となり国語・国文学関係科目を担当。敗戦の翌年，台北からの引揚げ船の中で死去。主な著作には，『教育と図書館』（目黒書店，1917），『書庫の起源』（間宮商店，1927），『本邦書誌学概論』（図書館事業研究会，1929）などがあり，ほかに古典文学の校注多数。
【参考】中里龍瑛「東大図書館の復興に努力 植松安」『図書館を育てた人々 日本編Ⅰ』石井敦編 日本図書館協会 1983

## 植村 達男
うえむら・たつお

[生没年]1941～2010

三井住友海上火災保険情報センター長，2004年神戸大学東京オフィスの初代コーディネーター。著作に『時間創造の達人』（丸善，1996）などがある。
【参考】『現代日本人名録 2002 1』日外アソシエーツ編 日外アソシエーツ 2002

## 植村 長三郎
うえむら・ちょうざぶろう

[生没年]1903～1994

1925年図書館講習所修了。山梨高等工業学校図書館を皮切りに，九州，京都，東京の帝国大学附属図書館で司書を歴任。1945年外務省図書館，1947年衆議院調査課を経て1948年から国立国会図書館。目録第一課長，索引課長など受入整理系の課長を歴任し，1967年司書監となり1969年退職。のち中部女子短期大学教授。『新制学校の図書館運営法』（文徳社，1948）や『図書館学・書誌学辞典』（有隣堂印刷出版部，1967）などの著作がある。
【参考】『日本官界名鑑』第20版 日本官界情報社 1968

## 魚落 源治
うおおち・げんじ

[生没年]1875～?

1916年東京高等蚕糸学校図書館，東京繊維専門学校（～1946）。1938年日本図書館協会図書館勤続功労者表彰（20年以上）を受けている。
【参考】『図書館総覧』天野敬太郎編 文教書院 1951／『簡約日本図書館先賢事典：未定稿』石井敦編著 石井敦 1995／「大学図書館きのうの話 第5回」東京農工大学附属図書館（http://www.ne.jp/asahi/bunko/enkaku/kinou1.html#k05）

## 鵜飼 定吉
うかい・さだきち

[生没年]1862～1935

1905年滋賀県野洲郡（守山市）中洲村の自宅の一室を開放して鵜飼文庫を設立。定吉の死去を機に閉庫。
【参考】『近江の先覚 第2集』滋賀県教育会編 滋賀県教育会 1997／『滋賀の図書館：歴史と現状』平田守衛著 平田守衛 1980

## 浮田 和民
うきた・かずたみ

[生没年] 1859～1946

明治後期から大正期の政治学者。1900年東京専門学校図書館初代館長（～1902）。館長に就任以来, 従来の図書目録をカードシステムに改め検索上の便をはかるなど, 図書館の拡張, 改良に力を注ぐ。

【参考】『早稲田大学図書館史：資料と写真で見る100年』早稲田大学図書館編 早稲田大学図書館 1990

## 鵜沢 忠
うざわ・ただし

[生没年] 1900～1945

日本青年館図書館主任を経て, 1932年千葉県銚子の公正会主事並びに図書館長（～1937）, 千葉県図書館協会理事など。1939年横浜市図書館第4代館長（～1945）。病を押して戦時下の図書館運営に携わったが, 病死。「空襲下に文化を護るものは誰か：決戦下の図書館防衛を中心に」（『図書館雑誌』37巻9号, 1943.9）などの著作がある。

【参考】『千葉県図書館史』千葉県図書館史編纂委員会編 千葉県立中央図書館 1968／『横浜の本と文化：横浜市中央図書館開館記念誌』横浜市中央図書館開館記念誌編集委員会編 横浜市中央図書館 1994

## 氏家 晋
うじいえ・すすむ

[生没年] 1828～1889

福島県初の共立学校観海堂の初代校長。私財の和漢文書は学校に寄贈され, 現在「氏家文庫」と称され, 新地町教育委員会にて保管。

【参考】『新地町史 歴史編』新地町史編纂委員会編 1999／『観海堂』新地町教育委員会 [2009]

## 歌原 恒
うたはら・ひさし

[生没年] 1875～1942

号は蒼苔。俳人。正岡子規の母の従兄弟で子規に師事。第一高等学校中退後, 松山中学で教員。1908年朝鮮に渡り農園経営。その傍ら1915年大邱府立図書館（主任）となり1937年まで勤めた。1936年かつぎ吟社を結び『かつぎ』を刊行。1939年『朝鮮民報』の俳壇選者。1941年帰郷。著書に『俳句に現はれたる植物』（歌原恒, 1932）がある。

【参考】『歌原蒼苔句集：今と昔の蒼苔句集』歌原蒼苔著 歌原昇 1983

## 内田 俊男
うちだ・としお

[生没年] 1922～？

茨城県立図書館第12代館長（1976～1980）。館外奉仕や読書会, PTA母親文庫の推進など市町村読書振興に尽力。

【参考】『豊かな人間性を求めて』内田俊男著 [内田俊男] 1982／『茨城県立図書館100年のあゆみ：草創期から平成の新県立図書館までの記録：1903-2003』茨城県立図書館編 茨城県立図書館 2003／『茨城人事録』茨城新聞社編 茨城新聞社 1980

## 内田 孫三
うちだ・まごぞう

[生没年] 1899～？

1920年大阪市立大学図書館，1923年岐阜高等農林学校図書館，岐阜大学農学部，同大学附属図書館。1980年揖斐川町立図書館長。「協議会十年間の回顧」(『東海地区大学図書館協議会誌』6号，1960.10)などの著作がある。
【参考】『図書館総覧』天野敬太郎編 文教書院 1951／『簡約日本図書館先賢事典：未定稿』石井敦編著 石井敦 1995

## 内田 魯庵
うちだ・ろあん

[生没年]1868～1929

本名貢。明治期の評論家，翻訳家，小説家。1901年丸善(株)書籍部顧問として入社。1907年日本文庫協会が『図書館雑誌』創刊の際に，雑誌発行費を丸善が当分の間補助することに尽力。この年，日本文庫協会特別会員，1908年から編集委員，のちに日本図書館協会評議員(1913～1927)。1923年関東大震災で数多くの図書を焼失したことを追懐し「永遠に償はれない文化的大損失」を『東京日日新聞』に連載(1923)。
【参考】『内田魯庵伝』野村喬著 リブロポート 1994／『近代日本図書館の歩み：本篇』日本図書館協会編 日本図書館協会 1993

## 宇原 郁世
うはら・いくよ

[生没年]1947～2006

岡山市の公立小中学校司書として勤務(1968～2006)。1985年の学校図書館問題研究会結成に尽力。同会事務局長(1985～1992)。1993年，学校図書館に専門職員配置を目指す情報交流紙『ぱっちわーく』創刊に関わる。日本図書館協会理事，日本図書館研究会理事などを歴任，学校図書館界の発展に尽くした。共著に『学校図書館を育てる』(教育史料出版会，1994)などがある。
【参考】『つむぎ合う心：宇原郁世追悼集』綾野静子責任編集 宇原さんを偲ぶ会準備会 2007

## 梅木 幸吉
うめき・こうきち

[生没年]1906～1993

1928年より小学校，旧制中学校，女学校，新制高等学校，別府大学文学部で教職に就く。著書に『佐伯文庫の研究』(梅木幸吉，1979)，『大分県図書館史』(梅木幸吉，1986)など。
【参考】「別府市の梅木さんが「佐伯文庫の研究」を自費出版」『西日本新聞』1990.1.6夕刊

## 梅辻 平格
うめつじ・へいかく

[生没年]1826～1901

号は秋漁。幕末，明治期の漢学者。1872年，京都府に村上勘兵衛，今井太郎右衛門，三国幽眠とともに公共の図書閲覧所開設を願い出た。認められ集書会社ができる。集書会社は京都府設立の集書院の経営にあたった。
【参考】『近世日本文庫史』竹林熊彦著 日本図書館協会 1978(大雅堂1943年刊の複製)／『日本人名大事典』平凡社 1979(1937年刊の複製)

## 裏川 吉太郎
うらかわ・きちたろう

[生没年]？～？

筆名裏川大無(たいむ)。1928年台北帝国大学附属図書館司書。1937年神戸市立図書館に勤務。1942年旅順高等学校図書課。1944年華北方面に転職。著作に『神戸市図書館施設の拡充』(同好, 1940), 趣味の創刊号コレクションを活かした「台湾雑誌興亡史」(『台湾時報』183-188, 191-193号, 1935.2-7, 10-12) がある。
【参考】落合重信「泥酔:故裏川吉太郎氏のことなど」『歴史と神戸』20巻5号 1981.10／「全国に亘って雑誌創刊号を蒐集」『台湾日日新報』11288号 1931.9.14

## 裏田 武夫
うらた・たけお

[生没年] 1924～1986
[出身地] 新潟県
[学歴] 1949年東京大学文学部教育学科卒業, 1951年東京大学大学院(旧制)満期修了, イリノイ大学大学院ライブラリー・スクール留学 (1951～1952)

東京大学附属図書館勤務を経て, 東京大学教育学部講師 (1953), 助教授 (1960), 教授 (1971～1985)。1953年教育学部図書館学講座開設に尽力した。この間, 同大学医学部図書館副館長 (1960～1966), 同大学附属図書館長 (1981～1985) を務める。のちに福島大学教育学部教授 (1985～1986)。日本図書館学会会長 (1983～1986年度)。日本図書館協会では図書館学教育部会長として常務理事, 評議員も務め, 図書館関係団体などの委員を歴任, 国の各審議会委員として図書館行政にも関与した。また相模女子大学 (1960～1975) などの大学で図書館員の養成にも尽力した。著書には小川剛との共編で『図書館法成立史資料』(日本図書館協会, 1986) などがある。
【参考】『図書館学の創造』裏田武夫著 裏田武夫先生著作集刊行会編 日本図書館協会 1987

## 占部 百太郎
うらべ・ひゃくたろう

[生没年] 1869～1945

『時事新報』『日刊世界之日本』記者の後, 慶應義塾大学部教務係や予科教員を経て, 1912年に大学部文学科教授。1914年政治科教授に転じる (～1940)。1921年から1923年慶應義塾図書館第2代監督(館長)として組織的な資料収集を提唱し, 関東大震災の折には図書館が焼失した大学の教員に同館を開放した。
【参考】『慶應義塾出身者名流列伝』三田商業研究会 1909／『福沢諭吉とその門下書誌』丸山信編著 慶応通信 1970／『慶應義塾図書館史』慶應義塾大学三田情報センター 1972

## 浦山 助太郎
うらやま・すけたろう

[生没年] 1865～1966

電力産業界の重鎮, 政治家。教育に関する関心が深く, 明治後期の私立青森図書館の建設運動に参画。1934年には八戸市立図書館の書庫を寄付した。書庫は2階鉄筋コンクリート造で翌年落成。
【参考】『青森県図書館運動史』間山洋八著 津軽書房 1967／『青森県人名事典』東奥日報社編 東奥日報社 2002

## 漆畑 弥一
うるしはた・やいち

[生没年] 1907～1984

1929年市立名古屋図書館, 1941年静岡県立葵文庫, のちに常葉学園短期大学 (1971～1981)。郷土史家として知られる。

【参考】『静岡県人名鑑』静岡新聞社出版局編 静岡新聞社 1985

## 【え】

### 江沢 金五郎
えざわ・きんごろう

[生没年]1852〜1906

時計、貴金属商で、東京銀座天賞堂の店主。1897年弟の江沢富吉と第2代江沢金五郎により郷里の千葉県夷隅郡大多喜町に建物、図書が寄附、天賞文庫（大多喜町立大多喜図書館天賞文庫）と命名された。

【参考】『大多喜図書館天賞文庫百年のあゆみ』記念事業協力委員会[ほか]編 大多喜町 1997／『千葉県夷隅郡誌』夷隅郡編 臨川書店 1986（夷隅郡役所1923年刊の複製）

### 枝吉 勇
えだよし・いさむ

[生没年]1904〜1985

1930年南満洲鉄道（株）に入社。東亜研究所、満鉄調査部総務課長を歴任し調査員として活躍、1943年満鉄調査部事件に連座。その後東京に戻り1947年経済安定本部統計課勤務。1948年国立国会図書館に入り、調査及び立法考査局次長として草創期の組織づくりに尽力した。1957年から専門調査員、1958年春秋会事件を受け管理部長となり対応。その間中根秀雄副館長の死去で副館長代理も兼任。翌年調査及び立法考査局長となるも事件の余波により1960年収集部司書監。1967年退職し、のち（財）経済調査会理事長となる。

【参考】『調査屋流転』枝吉勇著［枝吉勇］ 1981／書物蔵「真相はかうだ！：藤岡淳吉の日本焚書は片隅で／『印度資源論』のホンタウの訳者は」『文献継承』23号 2013.10

### 衛藤 利夫
えとう・としお

[生没年]1883〜1953
[出身地]熊本県
[学歴]1912年東京帝国大学文学部選科修了

1915年東京帝国大学図書館司書。1919年南満洲鉄道（株）大連図書館司書，1920年満鉄奉天簡易図書館主事，1922年奉天図書館長（〜1942）。同じ時期に「満洲」に渡った柿沼介満鉄大連図書館長とともに、いわば社業の範囲を超える植民地図書館としての満鉄附属地図書館を築く。「静」の柿沼に対し「動」の衛藤は、国策会社満鉄の資金力と強烈な個性で「村の図書館」を東亜資料の一大コレクションを持つ蔵書数約13万冊の大図書館に仕立て挙げた。1931年の満洲事変では、軍と協力して「四庫全書」を守り、広く「陣中文庫」をよびかけ、満洲関係の件名目録の編纂など、「時局」と図書館とを結びつけた。同時に「満洲国」建国工作にも参画、官吏養成を目的とした大同学院の講師を務めるなど満洲人脈と深く係わり、時局的文章も多く執筆した。1943年日本図書館協会常務理事、1946年には理事長に就任、「協会は誰れのものか：会員の一人々々に訴う」（『図書館雑誌』41巻2号，1947.4-9）などを掲げ、図書館界再建に尽力（〜1949）。敗戦の責任を明治以来の功利主義的教育の在り方、自己教育の場である図書館への無理解に求め、図書館協会の徹底した民主化のもとに、図書館発展の基盤は整ったと説いた。著書には『韃靼』（中央公論

社, 1992) があり, 代表的な著作は, 丸山泰通, 田中隆子編『衛藤利夫』(日本図書館協会, 1980) に収録されている。
【参考】柿沼介「名誉会員故衛藤利夫氏を偲ぶ」『図書館雑誌』47巻8号 1953.8／田中隆子「協会再建の大恩人 衛藤利夫」『図書館を育てた人々 日本編1』石井敦編 日本図書館協会 1983／『近代日本図書館の歩み：本篇』日本図書館協会編 日本図書館協会 1993／『図書館をめぐる日中の近代：友好と対立のはざまで』小黒浩司著 青弓社 2016

## 榎 一雄
えのき・かずお

[生没年] 1913～1989

東洋史学者。東京大学教授 (1955～1974), 東洋文庫長 (1974～1984), 同文庫理事長 (1985～1989)。編著書に『邪馬台国』(至文堂, 1960),『東西文明の交流』(講談社, 1977),『ヨーロッパとアジア』(大東出版社, 1983) などがある。
【参考】『東洋史論叢：榎博士還暦記念』榎博士還暦記念東洋史論叢編纂委員会編 山川出版社 1975／『東文庫八十年史Ⅰ：沿革と名品』東洋文庫編 東洋文庫 2007

## 榎薗 高雄
えのきぞの・たかお

[生没年] 1914～2002

戦後, 中学校教員を務め国語を担当しながら学校図書館にも携わる。1963年から3年間, 鹿児島県立図書館で久保田彦穂館長のもと館内奉仕課長となり,「母と子の20分間読書運動」を担当する。図書館を離れた後も読書運動に関わる。
【参考】『読書十話』榎薗高雄著 榎薗高雄 1978

## 江袋 文男
えぶくろ・ふみお

[生没年] 1915～1989

東京市の小学校訓導を経て, 1945年埼玉県立熊谷高等女学校教諭。1951年埼玉県教育委員会事務局職員, 1965年社会教育課長として埼玉県の社会教育行政の推進にあたる。1969年埼玉県立図書館長, 1974年熊谷図書館長, 1976年埼玉県立博物館長を歴任 (～1980)。この間, 1973年日本図書館協会常務理事。著作には『秩父騒動』(秩父新聞出版部, 1950) がある。
【参考】『松庵人生雑録』江袋文男著 江袋文男 1980／『埼玉人物事典』埼玉県教育委員会編 埼玉県 1998

## 遠藤 源六
えんどう・げんろく

[生没年] 1872～1971

明治大学法学部教授, 図書館長 (1925～1941)。行政裁判所長官, 枢密顧問官。
【参考】『明治大学図書館史：図書館創設120年記念 年譜編』明治大学図書館120年史編集委員会編 明治大学図書館 2008

## 遠藤 董
えんどう・ただす

[生没年] 1853～1945

高等小学校の校長を長年務めたのち, 私財を投じて鳥取女学校, 鳥取聾啞学校を設立した。鳥取の地域教育の功労者。因幡高等小学校内につくった文庫をもとに, 1907年に私立鳥取図書館を設立。1918年にこれを市に寄付して市立鳥取図書館とし, 同館が県立図書館建設のため廃止される1929年まで館長事務取扱を務めた。

【参考】高多彬臣「遠藤董と鳥取県立図書館の創立」『鳥取女子短期大学研究紀要』41号 2000.6／『遠藤董と盲・ろう教育』塩田健夫著 今井書店出版企画室 2008

## 【お】

### 扇元 久栄
おうぎもと・ひさえ

[生没年]1931～2009

1957年文部省図書館職員養成所を卒業。農林省家畜衛生試験場図書館に勤務(～1971)。1972年東京から仙台へ移り、文庫活動に参加。1982年「仙台にもっと図書館をつくる会」代表(～1995)。読みきかせボランティア養成の講師などを務める。その後東京に居住。

【参考】『図書館づくり運動実践記：三つの報告と新・図書館づくり運動論』扇元久栄[ほか]著 緑風出版 1997

### 近江 晶
おうみ・あきら

[生没年]1931～2004

新日本製鉄(株)、(株)日鉄技術情報センターで情報管理などに携わる。退職後は帝京平成大学。情報科学技術協会会長(2001～2003)などを歴任。

【参考】権藤卓也「近江晶さんを偲んで」『情報の科学と技術』54巻6号 2004.6／『社団法人情報科学技術協会五十年史』[情報科学技術協会編] 情報科学技術協会 2000

### 大石 誠之助
おおいし・せいのすけ

[生没年]1867～1911

和歌山県新宮の社会主義者、医師。1906年新聞雑誌図書縦覧所を地元新聞記者らと設立。1910年の大逆事件で検挙され、翌年死刑となる。

【参考】『大石誠之助小伝』浜畑栄造著 荒尾成文堂 1972／小黒浩司「新宮市立図書館長浜畑栄造更迭始末」『人物でたどる日本の図書館の歴史』小川徹[ほか]著 青弓社 2016

### 大岩 好昭
おおいわ・よしあき

[生没年]1926～2010

戦後復員して千葉県市原郡(市原市)の市原実業学校の助教となるが、新学制実施のため廃校。家事に従事していたとき、牛久町読書倶楽部を結成。その際に千葉県立図書館長廿日出逸暁の指導を受け、そのことがきっかけで1949年に千葉県立図書館に職を得、移動図書館「ひかり号」の準備段階から運営と普及に携わる。館外奉仕課長、庶務課長を経て1975年同館副館長、1981年館長(～1983)。『動く図書館：自動車文庫の実態』(文部省社会教育局、1961)などを分担執筆。

【参考】『来し方 移動図書館と共に』大岩好昭著 里岬 1999／『文化の朝は移動図書館ひかりから：千葉県立中央図書館ひかり号研究』日本図書館研究会オーラルヒストリー研究グループ編 日本図書館研究会 2017

### 大内 直之
おおうち・なおゆき

[生没年]1911～200？

1931年図書館講習所修了。1933年から南満洲鉄道（株）奉天図書館，東亜経済調査局を経て1948年国立国会図書館に入館。洋書整理で活躍した。1977年に整理部整理第二課長で退職。のち，梅光女学院大学で目録法を講義。用語「記述目録法」の最初の使用者とされる。著書に『洋書の目録』(理想社, 1952)，共訳書に『議会図書館記述目録規則』増訂版（日本図書館協会, 1961），『英米目録規則』（日本図書館協会, 1968）など。
【参考】大内直之「満鉄資料の接収」『現代の図書館』24巻2号 1986.6／『戦前期「外地」で活動した図書館員に関する総合的研究』岡村敬二編著 岡村敬二 2012

## 大江 匡房
おおえの・まさふさ

[生没年]1041〜1111

平安時代の貴族，学者，歌人。大江家が歴代収集してきた書物，文書類を，文倉を建てて安置した。千草文庫，江家文庫ともいわれた。1153（仁平3）年の京の大火で焼亡した。
【参考】『日本図書館史』補正版 小野則秋著 玄文社 1973

## 大垣 友雄
おおがき・ともお

[生没年]1902〜1982

市立函館図書館司書（1928〜1945）。読書会を主な活動とする函館文庫を設ける（1946〜1950）。日本民芸協会北海道支部やチャーチル会（日曜画家の集まり）の活動にも携わる。
【参考】藤島隆「市立函館図書館の二人：佐藤真と大垣友雄」『北の文庫』30号 2001.6

## 大河原 生二
おおかわら・せいじ

[生没年]？〜？

岡山県邑久郡の小学校長を歴任後，1918年岡山市立図書館開館時に事務員となり，貞松修蔵館長のもとで実務を担当。同市内の県立図書館と差別化すべくサービスを展開。1922年三輪自転車を用い「持回文庫」（岡山婦人読書会向け有料宅配サービス）を創始。1923年同館を退職し，のち同市内に書店，生文堂を開業。
【参考】書物蔵「動く図書館員・楠田五郎太の前半生」『文献継承』24号 2014.6

## 大河原 濟
おおかわら・わたる

[生没年]1918〜1999

1948年 神奈川県立金沢文庫（〜1950），1951年横浜市立大学図書館，本館を経て医学部分館。洋書の整理に従事。神奈川県図書館協会では，館種を越えた協力態勢づくりに尽力。1978年大仏次郎記念館資料室。大仏次郎の旧蔵書の整理にあたる。1983年横浜女子短期大学図書館長（〜1993）。
【参考】新谷迪子「大河原濟」『神奈川県図書館協会の歩み』神奈川県図書館協会郷土出版委員会編 神奈川県図書館協会 2008

## 大城戸 宗重
おおきど・むねしげ

[生没年]1855〜1921

石川県出身。二松学舎塾頭を務めたのち，官途に就き，1881年東京図書館書記，1885年兼任東京博物館詰，1886年より内閣記

録局図書課勤務。日本文庫協会の発起に関わる。のち東京府に転出し,府県の参事官や朝鮮総督府秘書官などを務めた。
【参考】『内閣文庫百年史』増補版 国立公文書館編 汲古書院 1986／『近代日本図書館の歩み：本篇』日本図書館協会編 日本図書館協会 1993／町泉寿郎「大城戸宗重について」『三島中洲研究』1号 2006.3

## 大久保 乙彦
おおくぼ・おとひこ

[生没年]1928～1989

都立日比谷図書館に勤務。のちに日本近代文学館(1964～1988)。この間の1972年に同館資料部長,1981年事務局長。退職後は同館理事,東京子ども図書館評議員などを歴任。
【参考】『追悼・大久保乙彦』紅野敏郎,保昌正夫編 大久保和子 1990

## 大久保 堅磐
おおくぼ・かきわ

[生没年]1859～1928

「かたいわ」とも読む。神宮文庫主管。伊勢国(三重県)三重郡朝日村に生れ,1876年神宮教院教導職試補,1900年神宮権禰宜,1923年退職。『神都名勝誌』(吉川半七,1895)校訂者の一人。没年を1927年とするものもある。
【参考】『神道人名辞典』神社新報社編 神社新報社 1986／『校訂伊勢度会人物誌』川端義夫[編] 楠木博 1975

## 大倉 邦彦
おおくら・くにひこ

[生没年]1882～1971

1906年大倉洋紙店(新生紙パルプ商事)に入社し婿養子となり社長を継ぐ。1921年頃から日本の思想問題に関心を抱き「精神文化図書館」を構想。1926年秘書の原田三千夫を伴って1年弱洋行し図書館を視察。1932年大倉精神文化研究所を創立した。同研究所図書部は公共図書館的機能も果たし,1951年から1960年にかけて国立国会図書館支部文化科学図書館とされた(のち研究所に復帰)。原田三千夫は国会図書館総務部長となり1965年退官。
【参考】「特集・大倉邦彦の図書館事業」『大倉山論集』52号 2006.3

## 大越 謹吾
おおごし・きんご

[生没年]1907～1986

1924年東京高等工業学校(のちに東京工業大学)図書館(～1969),1939年に同館司書,1965年同館事務長補佐。学術奨励審議会・学術用語分科審議会・図書館学用語専門部会専門委員として,文部省編『学術用語集：図書館学編』(大日本図書,1958)の作成に関与した。
【参考】『簡約日本図書館先賢事典：未定稿』石井敦編著 石井敦 1995

## 大佐 三四五
おおさ・みよご

[生没年]1899～1967
[出身地]京都府
[学歴]1921年同志社大学卒業,1928年コロンビア大学大学院修了

1921年南満洲鉄道(株)入社,大連図書館。1926年海外留学,欧州各国図書館を視察(～1928)。1930年撫順図書館長を経て,1936年大連図書館主任。1941年北支那開

発(株)。1946年米国赤十字米軍将校倶楽部図書館長。1947年京都府社会教育課長、1948年京都府総務部文書課長。1949年京都学芸大学図書館事務長。1961年松下電器社史編纂室。1964年アメリカ議会図書館勤務。戦前における洋書目録法の第一人者であった。また占領期に在京図書館関係者が結成し、文部省や民間情報教育局(CIE)図書館担当官と懇談を行っていた金曜会で通訳を務めた。戦後は大学図書館の発展にも貢献した。著書に『洋書目録法の理論と実際』(日本図書館協会、1937)、『図書館学の展開』(丸善、1954)、『資料の整理と目録の作成』(山本書店、1958)など。
【参考】谷口寛一郎「図書館学究大佐三四五君を憶う」『図書館界』19巻5号 1968.1／鞆谷純一「満鉄図書館と大佐三四五」『日本大学大学院総合社会情報研究科紀要』5号 2004.7／鞆谷純一「満鉄図書館時代の大佐三四五」『戦前期「外地」で活動した図書館員に関する総合的研究』岡村敬二編著 岡村敬二 2012

## 大澤 羊次郎
おおさわ・ようじろう

[生没年]1895～?

1920年桐生高等工業学校図書課、1924年書記、1936年課長。1946年に退職。『桐生高等工業学校二十五年史』(桐生高等工業学校、1942)の図書課を執筆した。
【参考】『桐生高等工業学校二十五年史』桐生高等工業学校 1942／『簡約日本図書館先賢事典:未定稿』石井敦編著 石井敦 1995

## 大重 斉
おおしげ・いつき

[生没年]?～1900

内閣書記官室記録課(内閣文庫)勤務。日本文庫協会第6期の幹事(1898)。同協会で「金沢文庫及び足利学校の歴史」(1897)と「我国文庫の沿革」(1898)の講演を行う。
【参考】「日本文庫協会沿革」『図書館雑誌』1号 1907.10／「大重斉君を悼む(彙報)」『史学雑誌』11編5号 1900.5

## 大信田 落花
おおしだ・らっか

[生没年]1889～1943

本名勇八(8代目)、幼名金次郎、俳号公孫樹。盛岡の呉服商「泉屋」次男。上京し1906年、石川啄木と同人誌『小天地』を出版。泉鏡花に傾倒し、鏡花著作目録の作成から書誌活動に入る。1914年日本図書館協会入会。1922年出版年鑑を発行すべく著作年報社を起こし、雑誌『図書及図書館』を刊行。「図書館学講義録」などを企画するも、破たん。1928年頃から書誌学者、斎藤昌三のもとで『現代筆禍文献大年表』(粋古堂書店、1932)などの作成に従事した。
【参考】『啄木その周辺』浦田敬三著 熊谷印刷出版部 1977／『古本屋の回想』八木福次郎著 東京堂出版 1994／『角川日本姓氏歴史人物大辞典 第3巻』竹内理三[ほか]編 角川書店 1998

## 大島 一郎
おおしま・いちろう

[生没年]1903～?

1928年時事新報退社、同年新愛知新聞社参事。中部日本新聞社会長、愛知図書館協会会長。著作には「文化センターの実現」(『愛知図書館協会会報』6号、1952.8)などがある。

【参考】『新聞人名辞典』日本図書センター 1988(『昭和新聞名家録』新聞研究所1930年刊の複製)

## 大島 仁平
おおしま・にへい

[生没年]1901～?

井上日召の盟友。1941年企画院嘱託のち軍需省。戦後衆議院を経て1948年国立国会図書館入館。官庁資料課長などを歴任し1955年科学技術資料考査課長。PBレポートの導入に尽力し科学図書館新設を提唱したが、自身仕掛け人といわれた1959年の春秋会事件で主任司書に外される。そのまま1967年司書監で退職。著作に「科学図書館の設置について」(『山陽技術雑誌』12巻2号、1958.9)などがある。

【参考】『調査屋流転』枝吉勇著[枝吉勇]1981／嶋崎幸太郎「マイクログラフィックスシステムの現況と戦後の歴史」『科学技術文献サービス』104号 1994.7／『一人一殺』井上日召著 日本週報社 1953

## 太田 栄次郎
おおた・えいじろう

[生没年]1881～1951

本名栄治郎。1911年帝国図書館司書。1922年維新史料編纂官兼任。1924年同館長代理。1929年司書官を辞し1945年まで同館嘱託。洋書整理担当で、松本喜一館長就任時の内紛を収めたが報われなかった。1921年から図書館員教習所(のち図書館講習所)で洋書目録法を教え、太田為三郎の後を受けて1934年から和漢書目録法も担当、1947年まで講義した。高橋好三と共編の総合目録『外国学術雑誌目録』(学術研究会議、1923)は米国『ライブラリー・ジャーナル』で評価された。1936年公立図書館司書検定試験委員。建築史学の太田博太郎は息子。

【参考】藤代清吉「太田栄次郎先生」『インフォメーションプラザ』3号 1979.4／『図書館随想』青山大作著 青山イト 1987

## 大田 栄太郎
おおた・えいたろう

[生没年]1899～1988

日本大学図書館、帝国図書館勤務を経て、富山県立図書館長(1945～1946)、方言学者でもあり、富山大学で方言学の講師などを歴任。戦時下の1945年、富山県立図書館の蔵書約6万5千冊を郊外へ疎開の指揮をとり、富山大空襲から主要蔵書を守った。

【参考】『越中の方言』北日本新聞社 1970／『大田栄太郎文庫目録』富山県立図書館編 富山県立図書館 1992

## 太田 重弘
おおた・しげひろ

[生没年]1905～1973

東京大学経済学部研究室図書係長。『社史・実業家伝記目録』(東京大学経済学部、1964-1971)、『明治文献目録:経済学とその周辺』(東京大学経済学部、1969)などを編纂した。

【参考】『図書館再建50年:1928-1978』東京大学附属図書館編 東京大学附属図書館 1978

## 太田 台之丞
おおた・だいのじょう

[生没年]?～1945

号は江南。山陰新聞主筆を務める傍ら、1909年から1918年まで私立松江図書館の

館長事務取扱を兼務した。1919年に太田ら3名が同館を松江市に寄付して市立松江図書館とし、これが現在の島根県立図書館の原形となった。
【参考】『松江図書館五十季史』太田直行著 島根県立松江図書館 1949

## 太田 為三郎
おおた・ためさぶろう

[生没年]1864〜1936
[出身地]江戸(東京都)
[学歴]大学予備門退学

1865年生まれと伝える説もある。1887年長崎県の中学玖島学館に1889年まで英語教師として勤務したのち、同年から東京図書館傭員となる。1892年日本文庫協会創立時のメンバーとなり、『和漢書目録編纂目録規則』原案を作成し、修補の上、会員に配布した。1895年からは『日本医事雑誌索引』(吐鳳堂)を刊行した。1901年『日本随筆索引』(東陽堂)刊行。序文は、親しく交際のあった東京帝国大学附属図書館長を務めた和田万吉が書いた。その後1932年に『日本随筆索引 続』(岩波書店)、このほか、起稿から完成まで15年をかけ、1912年『帝国地名辞典』(三省堂)を刊行するなど、ほぼ独力でレファレンスツールの整備に尽力した。1913年から1914年まで日本図書館協会会長を務めた。1914年に台湾総督府図書館が設立されると同館に赴任。当初は嘱託として初代館長の隈本繁吉を補佐し、1916年から1921年の間、2代目館長となった。健康を害して辞任し、帰国後、東京商科大学図書館幹事(嘱託)となる。また、1921年に開設された図書館講習所で「和漢目録法及演習」を担当し、以後1929年まで講師を務めた。教え子らにより結成された芸艸会からは『書籙研幾編：太田先生記念』(1934)などが刊行された。1923年再び日本図書館協会会長になるも、翌年辞任。長年の研究であり、図書館講習所の講義内容をまとめた『和漢図書目録法』(日本図書館協会、1932)が刊行される。
【参考】石山洋「中身の充実に努力 太田為三郎」『図書館を育てた人々 日本編Ⅰ』石井敦編 日本図書館協会 1983／『源流から辿る近代図書館』石山洋著 日外アソシエーツ 2015／波多野賢一「太田為三郎先生伝」『図書館雑誌』36巻3号 1942.3

## 太田 道灌
おおた・どうかん

[生没年]1432〜1486

室町時代の武将。学問にも造詣が深く、その居城である江戸城内に静勝軒文庫を設けていた。1486(文明18)年、仕えていた相模の守護上杉定正に討たれ、蔵書は散逸した。
【参考】『日本図書館史概説』岩猿敏生著 日外アソシエーツ 2007

## 太田 直行
おおた・なおゆき

[生没年]1890〜1984

号は柿葉。松江商業会議所(のちに商工会議所)に勤務し、専務理事を務める一方、俳人・民芸運動家としても活躍。1931年に島根民芸協会を設立して代表となる。1947年より県立松江図書館長を務め、『松江図書館五十年季史』(島根県立松江図書館、1949)を執筆。

【参考】『島根民藝録・出雲新風土記』太田直行著 冬夏書房 1987／『島根県大百科事典 上巻』島根県大百科事典編集委員会編 山陰中央新報社 1982

## 太田 盛雄
おおた・もりお

［生没年］1902〜1978

1930年行啓記念山形県立図書館に司書として就職。1951年山形県立図書館創立40周年記念式で県教育委員会より永年勤続者として表彰される。1955年頃に退職。
【参考】『山形県立図書館要覧 昭和26年3月、昭和28年5月』山形県立図書館 1951, 1953／『五十年のあゆみ：山形県立図書館五十周年略年譜』山形県立図書館編 山形県立図書館 1962

## 太田 臨一郎
おおた・りんいちろう

［生没年］1902〜2004

筆名おも四郎など。1928年時事新報社に入る。1936年同社解散に伴い慶應出版社編集長に招聘され1951年解散まで勤める。のち東京高等女学校教諭（定時制主事）などを経て慶應義塾大学図書館に定年まで勤務（1954〜1970）。同館では親炙していた幸田成友の旧蔵書を整理し、月報の編集、貴重書係なども兼務した。著書に『日本服制史』（文化出版局, 1989, 3冊）などがある。
【参考】『太田臨一郎君文稿目録』丸山信編 太田臨一郎君慰労会［1970］／稲村徹元「太田臨一郎氏：専門家訪問」『書誌索引展望』1巻2号 1977.7／森まゆみ「下町弁といっても下谷と深川ではちょっとちがう 太田臨一郎さん」『東京』11巻128号 1993.8

## 大谷 武男
おおたに・たけお

［生没年］1900〜1999

筆名大谷健夫。大豆調査の調査助手などを経て、1927年南満洲鉄道（株）大連図書館。文学の同人活動にも熱中。戦後、中国側に留用され大連、天水、重慶を転々とし、重慶の善本研究所を最後に1955年帰国。引揚げ後は平凡社に勤務。著書に歴史小説『天を射る』（三一書房, 1960）がある。
【参考】大谷健夫「思い出すことなど その1-3」『作文』168-170号 1988.5-1990.1

## 大谷 仁兵衛
おおたに・にへい

［生没年］1865〜1956

出版人。滋賀県高島郡（高島市）三谷村栗田家の生まれ。京都の出版書店大谷家に奉公して、入籍した。のちに東京の帝国地方行政学会の経営にあたる。1922年郷里の三谷小学校椋川分校建設のために寄付、校舎の裏に不老文庫を置いた。
【参考】『滋賀県百科事典』滋賀県百科事典刊行会編 大和書房 1984／『日本の創業者：近現代起業家人名事典』日外アソシエーツ編 日外アソシエーツ 2010

## 大塚 明郎
おおつか・はるお

［生没年］1899〜1994

東京教育大学教授、同光学研究所長、科学技術館長など。1957年日本科学技術情報センター設立委員。1961年日本ドクメンテーション協会設立発起人代表、初代会長。1973年まで13年間会長をつとめる。

1973年日本科学技術情報センター丹羽賞（功労賞）を受賞。
【参考】『社団法人情報科学技術協会五十年史』［情報科学技術協会］編　情報科学技術協会 2000／「大塚明郎氏を偲んで」『情報の科学と技術』44巻8号 1994.8

## 大槻 文彦
おおつき・ふみひこ

[生没年]1847〜1928

蘭学、英学を極めた国語学者。1872年文部省に出仕し、『英和対訳辞書』の編集に従い、1875年には、同省から国語辞書の編纂を命じられ、1891年近代的な辞書の嚆矢ともいうべき『言海』が完成。宮城尋常中学校長のときに宮城書籍館長を兼任（1892〜1895）。『広日本文典』（大槻文彦, 1897），『口語法』（大槻文彦, 1916）などの著書がある。1911年帝国学士院会員。
【参考】『宮城県図書館百年史：1881〜1981』宮城県図書館 1984／『言葉の海へ』髙田宏著　新潮社 1978

## 大藤 時彦
おおとう・ときひこ

[生没年]1902〜1990

民俗学者。大橋図書館司書（1926〜1937）。成城大学教授（1959〜1973）。この間柳田國男の民間伝承の会同人。同会が日本民俗学会と改称後に代表となる。
【参考】『日本史研究者辞典』日本歴史学会編　吉川弘文館 1996／『民俗学覚書』大藤時彦著　大藤時彦名誉教授頌寿記念会 1973

## 大西 伍一
おおにし・ごいち

[生没年]1898〜1992

戦前は小学校教員を経て農民自治会運動，大日本連合青年団嘱託など。1946年東京高等農林専門学校（のちに東京農工大学）図書館事務担当，1961年東京都の府中市立図書館初代館長（〜1968）。府中市立図書館友の会の設立（1962）と活動を支援。新館開館（1967）に尽力。多数の著作があるが，図書館関係では入館票の廃止を提案した「99人の善人のために：府中市立図書館」（『図書館雑誌』62巻2号, 1968.2）などがある。
【参考】嵩原安一「府中市立図書館の草創期：大西伍一館長のこと」『いま，市民の図書館は何をすべきか：前川恒雄さんの古稀を祝して』出版ニュース社 2001／小黒浩司「府中市立図書館長大西伍一」『図書館人物伝：図書館を育てた20人の功績と生涯』日本図書館文化史研究会編　日外アソシエーツ 2007

## 大西 寛
おおにし・ひろし

[生没年]1912〜1988

1946年帝国図書館入館，引き続き国立国会図書館に勤務。同館目録課課長補佐，アジア・アフリカ課長などを歴任。和書，漢籍に明るく，日本図書館協会文献情報活動委員なども務めた。
【参考】「訃報」『図書館雑誌』82巻11号 1988.11

## 大野 史朗
おおの・しろう

[生没年]1891〜？

1918年東京農業大学助手、のちに同大学図書館 (1920〜1961)。この間、1923年司書、1936年主事、1944年館長代理、1956年館長。私立大学図書館協会の創設を提唱、育成発展に寄与。著作に『農業事物起源集成』(丸山舎書店、1935) などがある。
【参考】「かがやく人々」『図書館雑誌』45年11・12号 1951.12／『私立大学図書館協会50年史 本文篇』私立大学図書館協会50年史編集委員会編 私立大学図書館協会 1993／『簡約日本図書館先賢事典：未定稿』石井敦編著 石井敦 1995

## 大野沢 緑郎
おおのざわ・ろくろう

[生没年] 1914〜1989

1933年東京市立日比谷図書館、1937年南満洲鉄道(株)新京図書館、哈爾浜(ハルピン)工業大学附属図書館司書などののち、シベリア抑留。1948年復員後は、1949年山形大学図書館農学部分館、1950年跡見学園図書館勤務。1955年神奈川県立図書館。同館では、県立川崎図書館準備事務局業務課長となり、開館のために尽力する。1927年神奈川県立図書館内奉仕部長 (〜1973)。退職後は鶴見大学、関東学院大学、東洋大学の図書館学講座を担当する。著作に詩集『遙かな日の黄昏』(花神社、1985) などがある。
【参考】細田弘之「大野沢緑郎の思い出」『朱夏』12号 1999.4

## 大野屋 惣八
おおのや・そうはち

[生没年] 1728〜1811

姓は江口、通称新六、号は胡月堂。江戸時代中期から後期の貸本屋、蔵書家。名古屋にて酒屋、薬屋を営んだのち、1767(明和4)年貸本屋を創業。「大惣」の名で知られる。三棟の書物蔵を有した当時最大の貸本屋。蔵書の主体は通俗本で、漢籍も揃え、幅広い客層を有した。4代にわたって続いたが、1899年廃業。蔵書は帝国図書館、東京文理科大学図書館などに四散。
【参考】『日本古典籍書誌学辞典』井上宗雄[ほか]編 岩波書店 1999／長友千代治「貸本屋史上の大惣：公共図書館の原点」『東海地区大学図書館協議会誌』53号 2008.12

## 大橋 五男
おおはし・かずお

[生没年] 1881〜1963

視覚障害のハンディを背負いながらも牧師として活動し、近江兄弟社の構成員でもあった。1940年近江兄弟社図書館設立時には副館長、1943年館長に就任。1955年まで常任顧問として同館の発展に寄与した。
【参考】『あめにたから 盲人牧師大橋五男の生涯』大橋五男著 大橋寛政編 大橋寛政 1964

## 大橋 一二
おおはし・くにゆき

[生没年] 1923〜1997

1948年大阪大学附属図書館理学部分館、1953年奈良県立奈良図書館、1958年滋賀県立図書館、1979年園田学園女子大学講師兼図書課長など。著書に『読書会のすすめ方』(明治書院、1980) がある。
【参考】『回想・私と図書館』日本図書館協会編 日本図書館協会 1992

## 大橋 佐平
おおはし・さへい

［生没年］1835～1901
［出身地］越後国（新潟県）

当初，故郷長岡で出版社を経営し新聞を発行していた。1886年上京し1887年に博文館を起こすと各種学術雑誌から優れた論文を選んで『日本大家論集』を発刊，ベストセラーとなった。1891年取次部門として東京堂，1893年広告会社の内外通信社など関連会社を創業，1895年日本初の総合雑誌『太陽』を創刊，日本最大の出版社として隆盛を誇った。欧米各国の出版事情を視察した際（1893），各地の図書館を視察，出版事業の成功を社会に還元するため，博文館15周年記念事業として私立大橋図書館の設立を計画したが，志半ばで没した。翌1902年に同館が開館。1964年（財）三康文化研究附属三康図書館となり現在に至る。
【参考】『大橋佐平翁伝』坪谷善四郎著 博文館 1932／鶴巻武則「大橋佐平，新太郎」『新潟県人物群像 4 興』新潟日報事業社 1988／『竜の如く 出版王大橋佐平の生涯』稲川明雄著 博文館新社 2005

## 大橋 新太郎
おおはし・しんたろう

［生没年］1863～1944

大橋佐平の長男で博文館を継ぐ。1902年大橋図書館を設立。1923年関東大震災で全焼するが，1926年再開館。私財を投じ同館の運営にあたる。貴族院議員，東京商工会議所副会頭，日本工業倶楽部理事長などを歴任。
【参考】『大橋新太郎伝』坪谷善四郎著 博文館新社 1985

## 大橋 正行
おおはし・まさゆき

［生没年］？～1985

配炭公団四国配炭局長，大和石炭社長，大和興業社長などを歴任。1977年坂出市に土地を寄付。この土地が財源になり，1979年坂出市立大橋記念図書館が完成。
【参考】「広大な塩田跡地を 大橋ご夫妻寄贈 児童図書館など建設」『広報さかいで』722号 1977.10／「大橋正行氏」『四国新聞』1985.2.26

## 大原 孫三郎
おおはら・まごさぶろう

［生没年］1880～1943

実業家。倉敷紡績社長などを歴任。1919年大阪市に大原社会問題研究所，1921年岡山県倉敷町に大原農業研究所附属図書館を設立，蔵書の充実に努力した。
【参考】『岡山県図書館一覧』岡長平著 吉備人出版 2007／『大原孫三郎：善意と戦略の経営者』兼田麗子著 中公新書 2012

## 大宮 長司
おおみや・ちょうじ

［生没年］1901？～？

労働運動家。東京に城北労働者文化クラブを運営しながら，1931年西巣鴨にプロレタリア図書館を併設。布施辰治などを顧問にすえ，1932年プロレタリア文化連盟（コップ）加盟。220名の会員を擁し，童話会，紙芝居上演なども行った。同年検挙され，館名を共立図書雑誌回読会に改称した。1933年コップ除名。
【参考】『豊島区史 通史編4』豊島区 1992／「紙芝居で子供に「赤」を植付く」『読売新

聞』1932.11.11

## 大村 武一
おおむら・ぶいち

[生没年]1908〜1980

山口県立萩図書館司書，山口県立萩中学校の嘱託教師などを経て，萩市立図書館長（1949〜1950），山口県立萩図書館長（1950〜1955）を務める。その後，国立国会図書館長金森徳次郎の仲立ちにより福島県の会津図書館長に招聘された（1955）。会津では「全会津読書会連絡会」の結成など読書活動の振興に努め，自動車文庫の運行にも力を注いだ。新図書館の完成（1969）をみて退職，晩年は会津の地で古典文学講座の講師などを務めた。著作に『涙松集註釈』（大村武一註，山口県立萩図書館，1931）などがある。
【参考】『図書館100年の歩み』萩市立図書館編 萩市立図書館 2001／『萩ゆかりの人たち・その一冊』萩市立図書館編 萩市立図書館 2001／『山口県立山口図書館100年のあゆみ』山口県立山口図書館編 山口県立山口図書館 2004

## 大宅 壮一
おおや・そういち

[生没年]1900〜1970

戦後日本を代表する評論家。1944年東京都杉並区の八幡山に居を定め，1951年大宅資料室（雑草文庫）を創設して知人に開放した。「蔵書は多くの人が共有して利用できるものにしたい」との遺言にもとづいて，1971年日本で初の雑誌図書館で会員制の（財）大宅文庫を設立。1978年大宅壮一文庫，2012年公益法人となり現在に至る。1982年第30回菊池寛賞を受賞。
【参考】『大宅壮一全集 別巻』大宅壮一著 蒼洋社 1982／大宅壮一文庫（http://www.oya-bunko.or.jp/）

## 大山 綱憲
おおやま・つなのり

[生没年]1906〜1979

戦前は台北帝国大学司書。戦後は連合国軍司書，司書主任。関西大学図書館講習所講師（1949〜1955），明石短期大学教授（1971〜1979）。著作には『図書分類に於ける理論と方法』（三和書房，1953）のほか分類法関係の著作や論文が多い。
【参考】著者略歴『図書分類に於ける理論と方法』大山綱憲著 三和書房 1953

## 大山 利
おおやま・とおる

[生没年]1912〜1968

1928年浦和高等学校雇となり図書室勤務。上司である遠藤哲嶺の紹介で1942年日本図書館協会主事となり図書優先配給事業に従事。戦後は，1946年東京都立日比谷図書館勤務。機関誌『読書』の編集を担当したが1948年中田邦造館長の退任時に退職。一時日本図書館協会に復職し『読書相談』（1949年創刊）の編集も担当したが1950年退職。翌年図書館資料社を自宅に創業し『図書館年鑑 1952年版』を出版。さらに1952年教育学者の海後宗臣に誘り講座もの『図書館学講座』を企画，2年後春陽堂から第1期のみ刊行。1953年には小河内芳子，森崎震二，渡辺茂男らに呼びかけ，児童図書館研究会を発足させた。1955年頃図書館界を離れ1957年から新聞配達業に従事。

【参考】「草創期の児童図書館研究会(1)」『こどもの図書館』31巻11号 1984.11／七条美喜子「初期選定のころ」『図書館雑誌』73巻11号 1979.11

## 岡 逸平
おか・いつへい

[生没年]1854～?

三重県渡会郡神原村村長(1892～1918)。この間県議会,郡議会議員となる。1914年私立神原第一,第二簡易図書館が設立されたときに館長となり,蔵書の充実,利用の促進に務めた。
【参考】『近代日本図書館の歩み:地方篇』日本図書館協会編 日本図書館協会 1992／『南勢町誌 下巻』南勢町誌編集委員会編 三重県渡会郡南勢町 2004

## 岡 千仭
おか・せんじん

[生没年]1833～1914

幼名慶輔,のちに啓輔などと名を変え,1868(慶応4)年より千仭と改める。号は鹿門。幕末,明治期の漢学者。1864(元治元)年私塾である鹿門精舎を開いたほか,江戸の順造館教授,養賢堂学問方などを経たのち,仙台藩議事局の開設に際し議員となり学校設立を唱えるも賛同を得られず,自ら学校の創設に取り組む。1869年に開いた私塾の麟経堂は1873年片平丁小学校となり現在に続く。その後,東京府中学,文部省編輯寮などに出仕。1878年東京府書籍館。1879年同館幹事。1880年同館の文部省移管に際し辞任。以後官に仕えることはなかった。著書に『千台史料』『尊攘紀事』などがある。
【参考】『鹿門岡千仭の生涯』宇野量介著 岡

広 1975／『宮城県教育百年史 第1巻(明治編)』宮城県教育委員会編 ぎょうせい 1976

## 岡 正雄
おか・まさお

[生没年]1882～1948

1918年明治記念新潟県立図書館長(事務取扱)(～1919)。新潟県学務課長,理事官を兼任。1918年日本図書館協会新潟県支部の設立に貢献し,初代支部長となった。また同年新潟県での全国図書館大会の開催にも尽力。その後,富山県や熊本県などの知事を歴任した。
【参考】『日本の歴代知事 第2巻上』歴代知事編纂会編 歴代知事編纂会 1981／『新潟県立新潟図書館50年史』新潟県立新潟図書館編 新潟県立新潟図書館 1965

## 岡崎 袈裟男
おかざき・けさお

[生没年]1881～1969

長野県神川村(かんがわ)(上田市)の神川小学校校長のとき(1915～1925),山本鼎に理解を示し同校で日本最初の児童自由画展を開いた。上田図書館長(1925～1944)。設立間もない図書館の館長として,夜間開館,児童サービス,巡回文庫など積極的な活動を行った。1939年「県下表彰図書館員及び図書館事業功労者」表彰。
【参考】『学道九十年』神川小学校創立九十周年記念行事編 神川小学校創立九十周年記念行事 1988／猪坂直一「岡崎翁の思い出」『信州民報』1969.5.9

## 岡崎 賢次
おかざき・けんじ

[生没年] ？～1997

1931年図書館講習所を修了し大倉精神文化研究所所員となる。1938年同所図書部主任。1948年所員の生活の足しにとの大倉邦彦の発案で、牟田直らと特殊洋紙販売（有）五輪堂を共同経営。文房具のほか図書ラベル、目録カードも扱うようになり、折からの学校図書館新設に伴い社業が発展。1950年銀座鳩居堂に進出し、（株）五輪堂洋紙店と名を変え、1962年に中央カード製作所を設立。1964年大倉洋紙店と合併。

【参考】「特集・大倉邦彦の図書館事業」『大倉山論集』52号 2006.3／『図書館情報大学同窓会橘会八十年記念誌』図書館情報大学同窓会橘会八十年記念誌編集委員会 2002

## 小笠原 淳
おがさわら・じゅん

[生没年] 1912～1986

開業医。「静岡豆本」を自ら製作するとともに、豆本の収集家。自身のコレクションをもとにして、1967年に豆本の図書館である現代豆本館を居住地の静岡県藤枝市に開設し、館長となる。同館には喫茶店を併設していた。

【参考】小笠原淳「豆本の楽しみ」『本とその周辺』文化出版局編集部編 文化出版局 1977／『私の稀覯本：豆本とその周辺』今井田勲著 丸ノ内出版 1976

## 小笠原 忠統
おがさわら・ただむね

[生没年] 1919～1996

小笠原流礼法宗家。1952年から1964年まで松本市立図書館長を務めた。館長在任中は、図書館と縁遠い不読者層に積極的に働きかけるため館外サービスとして青年団や婦人会などと読書会を始めた。自ら参加して読書会を指導、松本市や周辺の東筑摩郡だけでなく県下各地に読書会が生まれた。読書会相互の連絡と研究のため1954年長野県読書大会が開催され、1955年長野県読書会連絡会が誕生した。在任中は、松筑図書館協会会長や長野県図書館協会理事などを歴任。信州大学で行われた司書・司書補講習では「図書館対外活動」の講師を務めた。のちに、相模女子大学教授。

【参考】『松本読書会乃歩み』松本市読書会編集委員会編 松本市読書会連絡会 1959／『小笠原流礼法入門』小笠原忠統著 日本文芸社 1991

## 岡島 幹雄
おかじま・みきお

[生没年] 1898～1976

小学校長を経て、徳島県立光慶図書館長（1945～1947）。空襲を予想して図書の疎開を実行し、特に最貴重書である阿波国文庫の疎開は自ら荷車の先頭を引いた。のちに徳島市教育長に就任。

【参考】『図書館の理念と実践』藤丸昭著 原田印刷出版 1977

## 岡積 聖
おかずみ・ひじり

[生没年] 1895～1973

1927年文部省図書館講習所を修了。同年鹿児島県立図書館（～1955）。

【参考】『簡約日本図書館先賢事典：未定稿』

石井敦編著 石井敦 1995

## 岡田 伊左衛門
おかだ・いざえもん

[生没年] 1892〜?
地主で大阪農工銀行監査役などを歴任。大阪の銀行界で知られた。1911年岡田文庫を設立。
【参考】『日本産業人名資料事典 II 第1巻』日本図書センター 2002（「財界フースヒー」（通俗経済社1931年刊の複製）／『近代日本図書館の歩み：地方篇』日本図書館協会編 日本図書館協会 1992

## 岡田 一郎
おかだ・いちろう

[生没年] 1915〜1988
中学校教員、鳥取県視学を務めたのち、1947年から1949年まで県立鳥取図書館長。辞任後は鹿野町助役、大山観光開発会社企画室長を経て郷里の鹿野町長を4期にわたって務めた。
【参考】『鳥取文芸』18号 1996.12

## 岡田 健蔵
おかだ・けんぞう

[生没年] 1883〜1944
[出身地] 北海道
[学歴] 函館区の公立弥生小学校高等科退学
大工の棟梁の長男として生まれたが、父を早くに亡くし小学校を3年で終えて丁稚奉公に出る。20歳の頃洋式蝋燭製造販売業を立ち上げる。この時製造方法を研究するため、図書館の必要性を痛感する。これが契機となり1907年私有の蔵書、寄贈図書などからなる「函館毎日新聞緑叢会附属図書室」の開設を任される。自宅で公開したが、その後大火で大半を失う。1909年函館公園内の施設内に「私立函館図書館」設置が認められる。一方で、函館市議会議員となり図書館建設や小学校などの施設の不燃質化の必要性を訴える。地元財閥の相馬哲平の協力を得て1915年北海道初の鉄筋コンクリート建築物として書庫が完成する。1927年市に移管され、市立函館図書館嘱託職員となる。1927年図書館本館も地元財界人小熊幸一郎の寄付で鉄筋コンクリート建築として完成する。1930年図書館長。1934年の函館大火では市内の3分の1にあたる2万4千戸を失うが、不燃質化した書庫のおかげで「啄木日記」などの資料が守られる。資料収集では北方関係、絵葉書などの収集に精魂を込めた。時には個人で借金をしてその資料を入手したとの逸話も残る。貴重な資料群は今日この図書館の高い評価につながっている。資料整理でも辞書体目録を用いるなど先駆的な取り組みを展開した。「純正不曲」「無私無欲」の人といわれ、赤貧の生活をしながら生涯を図書館に賭け、市民はその彼を支えた。1944年病に倒れ「図書館葬」が本館で執り行われ大勢の市民が弔問に訪れた。
【参考】『岡田健蔵伝』坂本龍三著 講談社出版サービスセンター 1998／「岡田健蔵へのオマージュ1, 2」『北の文庫』31, 32号 2001.6, 8／『岡田健蔵と函館図書館』田畑幸三郎著 函館文化会 1983／『函館図書館創立六〇年記念 岡田健蔵先生論集』岡田健蔵著 図書裡会 1969

## 岡田 俊太郎
おかだ・しゅんたろう

[生没年] 1868〜1917

広島藩士の家に生まれる。1900年父祖伝来の蔵書を梅下書屋と称し一般公開。1901年広島市に私立広島図書館を発足。
【参考】『日本人名大辞典』講談社 2001／『広島県公共図書館史』森田繁登編著 森田繁登 2003

## 岡田 庄太郎
おかだ・しょうたろう

[生没年] 1881〜？

愛知県安城町役場書記、町議会議員などを経て、安城町農会幹事。1928年町農会において農業図書館の建設を発議、1931年（財）安城図書館開館後は町農会幹事を務めながら書記として運営に尽力、1941年同館館長に就任。
【参考】『安城図書館誌』安城市中央図書館編 安城市中央図書館 1986

## 岡田 温
おかだ・ならう

[生没年] 1902〜2001
[出身地] 宮城県
[学歴] 1928年東京帝国大学文学部社会学科卒業

帝国図書館に入館。館長松本喜一を助け、1940年司書官。松本が病気となった戦中期には事実上の副館長格で、接収図書の整理、蔵書の疎開などを指揮した。1946年帝国図書館長。占領期当初、連合国軍最高司令官総司令部（GHQ/SCAP）社会教育担当キーニーと戦後図書館復興のプランを練ったが、国立国会図書館法の成立で頓挫。同館への国立図書館（帝国図書館が1947年に改称）の吸収合併に反対していたが、館長金森徳次郎の説得で1948年同館整理局長に転じ、以後、受入整理部長として部下の山下信庸らとともに戦後納本制度の確立に尽力した。日本図書館協会目録委員会委員長として『日本目録規則1952年版』（日本図書館協会, 1953）を成立させたりもしたが、春秋会事件（1958）の余波で1959年、スタッフ職の司書監となる。退官後の1965年に図書館短期大学学長となり、文献情報科新設への布石を打つなどした。1969年東洋大学教授、1975年鶴見大学教授兼図書館長を歴任。1929年の図書館講習所講師以来、鶴見大学を1980年に退職するまで多くの図書館人を育て、その相談相手ともなった。1947年帝国図書館附属図書館職員養成所の新設にも関与。著書に『図書館』（三省堂出版, 1949）など、共編に『図書館年鑑』（図書館資料社, 1951）、『出版事典』（出版ニュース社, 1971）がある。日本出版学会にも参加。図書館学者岡田靖は息子。
【参考】『岡田先生を囲んで』岡田温先生喜寿記念会編 岡田温先生喜寿記念会 1979／岡田温「斯くして国立国会図書館は生まれ出た」『国立国会図書館月報』329号 1988.8／『百福自集』岡田温先生卒寿記念会編 岡田温先生卒寿記念会 1992

## 岡野 喜太郎
おかの・きたろう

[生没年] 1864〜1965

1887年静岡県駿東郡（沼津市）に貯蓄組合「共同社」（スルガ銀行）を設立。1962年沼津市立駿河図書館新築の際に多額の寄付

をした。
【参考】『静岡大百科事典』静岡新聞社出版局編 静岡新聞社 1978／『沼津市史 通史編 現代』沼津市史編さん委員会 沼津市教育委員会編 沼津市 2009

## 岡野 他家夫
おかの・たけお

[生没年] 1901～1989

1926年東京帝国大学図書館司書。明治の文学, 歴史研究のため資料文献類の調査収集をはじめ, 戦時中は統制団体の日本出版会参事などを歴任。戦後は3年間の公職追放ののち, 日本大学教授, 国士舘大学教授（1966～1981）。『明治文化史』全14巻（開国百年記念文化事業会編, 洋々社, 1953-1957）の編集などほか,『明治文学研究文献総覧』(冨山房, 1944),『日本近代文献と書誌』(原書房, 1981) など多数の著書がある。
【参考】稲岡勝「専門家訪問『明治文学研究文献総覧』の岡野他家夫氏」『書誌索引展望』5巻1号 1981.2

## 岡部 史郎
おかべ・しろう

[生没年] 1910～1975

1932年内務省入省。人事院法制局長, 行政管理庁行政管理局長を経て, 1959年から1970年まで国立国会図書館副館長。金森徳次郎館長辞任後の館長不在の時期を含めて各種対応を行い新庁舎建設や機構整備を主導。1961年から1963年まで日本図書館協会理事長。論文に「図書館管理論序章：行政学的アプローチ」(『図書館研究シリーズ』4号, 1961.3) などがある。
【参考】岡部史郎「1961年の回顧と新しい年の展望」『国立国会図書館月報』9号 1961.12／『国立国会図書館五十年史 本編』国立国会図書館五十年史編纂委員会編 国立国会図書館 1999

## 岡村 一郎
おかむら・いちろう

[生没年] 1912～1991

『ダイヤモンド』編集記者（1929～1939）を経て, 1945年川越市立図書館, 同館長（1962～1974）。川越市文化財審議委員, 川越地方史研究会長などを歴任し, 川越の地方史研究に精力的に取り組む。『川越市立図書館郷土資料目録』(川越市立図書館, 1965) の編纂や『川越歴史点描』(川越地方史研究会, 1978) など川越の歴史に関する著作多数。
【参考】『埼玉人物事典』埼玉県教育委員会編 埼玉県 1998

## 岡村 千曳
おかむら・ちびき

[生没年] 1882～1964

早稲田大学教授, 同大学図書館長（1947～1953）。館長在任中は, のちに重要文化財に指定される「大槻玄沢関係資料」など洋学関係資料の蒐集に尽力した。また, 1953年の日本図書館学会設立にあたっては, 発起人にその名を連ねている。
【参考】『紅毛文化史話』岡村千曳著 創元社 1953／柴田光彦「故岡村千曳先生略伝」『早稲田大学図書館紀要』6号 1964.3／柴田光彦「表紙解説 岡村千曳」『ふみくら 早稲田大学図書館報』50号 1995.4

## 岡本 孝正
おかもと・たかまさ

[生没年] 1894〜？

小学校、中学校、高等女学校教員を経て、1945年横浜市図書館館長事務を代行、館長心得、1951年館長（〜1954）。接収されていた同館の返還運動をはじめ、神奈川県図書館協会再建に力を尽くす。のちに協会長となり神奈川県立図書館設立運動を率先する。著作には、「県立図書館運動成功の喜び」（『神奈川図書館協会報』16号, 1952.9) などがある。

【参考】熊原政男「岡本孝正」『神奈川県図書館史』神奈川県図書館協会図書館史編集委員会編 神奈川県立図書館 1966／『横浜市図書館60年の歩み』横浜市図書館 1981

## 小川 恭一
おがわ・きょういち

[生没年] 1925〜2007

東京生まれ。1943年慶應義塾大学在学中に三田村鳶魚に師事し、鳶魚から江戸城関係の記録、写本類を譲渡される。帝国図書館に数年勤務ののち、会社員に転じる。1980年代より江戸幕府制度史研究を再開。『江戸幕府旗本人名事典』（原書房, 1989）などの著作がある。

【参考】『江戸城のトイレ、将軍のおまる：小川恭一翁柳営談』小川恭一著 講談社 2007

## 小川 謙三
おがわ・けんぞう

[生没年] 1862〜1931

小学校教員を経て1903年福島県の会津図書館書記（〜1903）。同館館長事務取扱（1903〜1918）、館長兼司書（1918〜1931）。第1回図書館事項講習会に参加（1903）、1910年若松市史編纂員。筆耕された旧藩主松平家の資料は、原本が戦災により失われた後の貴重な資料となっている。1928年文部大臣表彰（社会教育功労者）。

【参考】『会津若松市立会津図書館百年誌』会津若松市立会津図書館編 会津若松市立会津図書館 2004

## 小河 次吉
おがわ・じきち

[生没年] 1900〜1931

1921年金沢高等工業学校図書館、1927年理化学研究所図書館、司法省図書館を経て、1930年金沢市立図書館長（〜1931）。著作に『英和図書及び図書館語彙』（丙午出版社, 1927) がある。

【参考】『金沢市立図書館六十年誌』金沢市立図書館編 金沢市立図書館 1994／『簡約日本図書館先賢事典：未定稿』石井敦編著 石井敦 1995

## 小川 寿一
おがわ・じゅいち

[生没年] 1907〜1993

国文学者。日本女子美術学校の専門部教授だったが、1940年京都帝国大学司書を兼務したのをきっかけに図書館学にめざめ、図書館における日本主義を提唱。盟友、三田全信とともに1941年日本図書館学会（戦後の同名団体とは無関係）を結成、池坊華道図書館（のち文庫）の館長となる。1943年京都帝国大学農学部農林経済学科。戦後は古典の知識を生かして観光学に転じ、大阪成蹊女子短期大学、大阪産業大学、近畿大学などに勤務。編著に宋

希璟著『老松堂日本行録』(太洋社, 1933),『秘書必携辞典』(東京堂出版, 1981) などがある。
【参考】書物蔵「ホンモノの「日本図書館学会」と「日本図書館研究会」」『文献継承』16号 2010.5

お

## 小川 昂
おがわ・たかし

[生没年] 1912〜2008

1939年に日本放送協会の音楽ライブラリー勤務。戦後, 民音音楽資料館の開設に携わる。『洋楽索引 上・下』(民音音楽資料館, 1975, 1981) といった音楽関係のレファレンスツールを編纂した。
【参考】松下均「小川昂氏 専門家訪問」『書誌索引展望』2巻3号 1978.5

## 小川 剛
おがわ・たけし

[生没年] 1934〜2005

1963年鶴見女子大学図書館, 1966年鶴見女子大学文学部講師, 1968年弘前大学教育学部助教授, 1976年お茶の水女子大学教育学部助教授, のちに教授。著作には, 裏田武夫との共編『図書館法成立史資料』(日本図書館協会, 1968), 近代日本図書館の通史を執筆した『日本近代教育百年史 第7, 8巻』(国立教育研究所, 1974) などがある。
【参考】『図書館関係専門家事典』日外アソシエーツ編 日外アソシエーツ 1984

## 小川 益蔵
おがわ・ますぞう

[生没年] 1903〜?

1921年成田図書館。1926年文部省図書館講習所修了。1934年同館司書(〜1946), 1946年嘱託(〜1976)。嘱託を含め約55年成田図書館に勤務。千葉県内の図書館振興に尽力したことから日本図書館協会, 千葉県図書館協会から数回にわたり表彰を受ける。
【参考】『成田図書館周甲記録』成田図書館 1961/『成田図書館八十年誌』成田図書館 1981

## 小川 霊道
おがわ・れいどう

[生没年] 1890〜1965

1920年駒澤大学図書館図書係(主事), 1942年館長(〜1960)。『禅籍目録』(駒澤大学図書館, 1928) の編纂に従事し, その改訂版『新纂禅籍目録』(駒澤大学図書館, 1962), 並びに追補 (1964) の編纂を主導した。
【参考】『駒澤大学八十年史』駒澤大学八十年史編纂委員会編 駒沢大学八十年史編纂委員会 1962

## 沖 荘蔵
おき・しょうぞう

[生没年] 1853〜1938

日露戦争の特別任務者沖禎介の父で, 1877年平戸区裁判所誌の司法省, 十五等出仕を振り出しに長崎, 熊本, 那覇などの各裁判所に勤務。貝類の研究者でもあった。長男の功績を記念して, 1914年沖禎介記念図書館を設立した(のちに市立平戸図書館)。
【参考】黒田徳米「故沖荘蔵氏」『ヴヰナス』9巻2号 1939.7/「平戸図書館設立の礎 第5回 沖荘蔵 偉人紀行」『佐賀新聞』2014.10.6 (http://www.saga-s.co.jp/)

## 小木曽 旭晃
おぎそ・きょくこう

[生没年] 1882〜1973

本名周二。ジャーナリスト。小学生のときに全聾となり以降講義録で学習をした。1913年岐阜通俗図書館を開設。1958年にはヘレンケラー賞を受ける。

【参考】『旭晃偲び草』旭晃偲び草刊行会編 生活と文化社 1975

## 沖野 岩三郎
おきの・いわさぶろう

[生没年] 1876〜1956

1900年和歌山県日高郡の寒川小学校長。その後、和歌山市に出て洗礼を受け、1903年私立和歌山図書館を創設、翌年図書館を閉鎖し上京。牧師や文学者として活躍した。蔵書は、1908年和歌山県立図書館に引き継がれた。

【参考】『70年の歩み：和歌山県立図書館沿革小誌』池浦正春編 和歌山県立図書館 1976／『沖野岩三郎自伝：その前半生』沖野岩三郎先生顕彰事業実行委員会編 沖野岩三郎先生顕彰事業実行委員会 1983

## 荻原 直正
おぎはら・なおまさ

[生没年] 1886〜1961

1924年鳥取新報に入社。同編集長を経て「たくみ」東京支店長。1937年から県立鳥取図書館嘱託となり、鳥取池田家資料の整理などに携わるほか、鳥取史談会や郷土史研究会の活動においても重要な役割を果たした。郷土史に関する著作が多数ある。

【参考】『鳥取県大百科事典』新日本海新聞社 鳥取県大百科事典編集委員会編 新日本海新聞社 1984

## 荻山 秀雄
おぎやま・ひでお

[生没年] 1881〜1956

1912年京都帝国大学附属図書館嘱託。1914年李王職図書掛嘱託として朝鮮に渡り、朝鮮総督府図書館の設立に関わる。1923年同館開館と同時に館長。1945年米軍政庁によって追放される。日本引揚げ後は都立日比谷図書館に勤務し青年館員の教育にあたった。1948年愛媛県立図書館長（〜1950）。

【参考】宇治郷毅「近代韓国図書館史の研究：植民地期を中心に」『参考書誌研究』34号 1988.7／『図書館の近代：私論・図書館はこうして大きくなった』東條文規著 ポット出版 1999

## 奥泉 栄三郎
おくいずみ・えいざぶろう

[生没年] 1940〜2013

1973年慶應義塾大学大学院の図書館・情報学専攻を修了。1974年慶應義塾大学研究・教育情報センターから交換研修生としてメリーランド大学図書館に派遣され、翌年同館司書となり、同館プランゲ文庫の整理、調査、紹介を精力的に行った。1984年にシカゴ大学図書館東アジアコレクション日本研究主任司書へ転じ、蔵書構築、研究支援を担当。2003年からは文生書院の『初期在北米日本人の記録』シリーズで希少な図書・資料の復刻を監修した。

【参考】「奥泉栄三郎先生追悼特集」『戦後教育史研究』27号 2014.3

## 奥田 勝正
おくだ・かつまさ

[生没年]1896～?

東京市立図書館に勤務。牛込図書館主任（1913～1931）などを務めたのち，大橋図書館に転職（1931～1943）。この間の1940年に司書（目録掛長）。1942年休職後に退職。東京市立図書館に勤務していたときに「小説と戯曲の索引」（『市立図書館と其事業』38号附録，1926.10）など，大橋図書館に移ってからは「図書館の制裁規定のいろいろ」（『坪谷先生喜寿記念著作集』大橋図書館，1938）などの著作がある。
【参考】三康文化研究所附属三康図書館所蔵文書／『簡約日本図書館先賢事典：未定稿』石井敦編著 石井敦 1995

## 奥田 啓市
おくだ・けいいち

[生没年]1880～?

1911年東京市立浅草簡易図書館（～1912），1913年浅草図書館（～1915），のちに長崎県立長崎図書館に司書として勤務（1915～1921）。鹿児島県立図書館第2代館長（1921～1944）。
【参考】『東京市職員録』明治44年-大正4年現在 1911-1915／『県立長崎図書館50年史』県立長崎図書館編 県立長崎図書館 1963／『鹿児島県立図書館史』鹿児島県立図書館 1990

## 奥津 幸三郎
おくつ・こうざぶろう

[生没年]1884～?

臼杵海産配取締役，白陽新聞社長などを歴任。青年時代，大分県臼杵の自宅に青年団のための七星文庫を開設した。

【参考】『大分県図書館史』梅木幸吉著 梅木幸吉 1986／『近代臼杵人物事典』河野満三編著 近代臼杵人物事典編纂室 2002

## 奥野 三郎
おくの・さぶろう

[生没年]1907～?

図書館講習所を卒業して，1925年前橋市立図書館職員（～1942），1953年に群馬県立図書館に入り，館内奉仕係長，次長を歴任（～1965）。
【参考】『前橋市立図書館80年小史』前橋市立図書館編 前橋市立図書館 1997／『群馬県図書館協会職員録』昭和34年度 群馬県図書館協会 1959

## 奥村 藤嗣
おくむら・ふじつぐ

[生没年]1903～1987

明治大学図書館司書，司書長（1944～1969），日本図書館協会理事，実践女子短期大学講師などを歴任。
【参考】片山昭蔵「奥村藤嗣司書長の思い出」『大学史紀要・紫紺の歴程』（明治大学大学史料委員会）1号 1997.3／『実践女子短期大学奥村藤嗣文庫目録』実践女子短期大学図書館 1986

## 小倉 親雄
おぐら・ちかお

[生没年]1913～1991
[出身地]鳥取県
[学歴]1936年京都帝国大学文学部卒業，1949年京都大学大学院文学研究科退学

1936年朝鮮総督府図書館事務常勤嘱託。1943年陸軍士官学校教授。1946年京都市史編纂員嘱託。1948年同志社大学図書

館司書。1949年京都大学附属図書館事務長。1956年京都大学教育学部助教授になり、図書館学講座を担当した。1957年から1年余りアメリカ合衆国に留学。1969年教授、教育学部長事務取扱（1970～1971）、同学部長（1972～1974）。1977年同大学定年退職後は、ノートルダム女子大学教授（～1989）。日本図書館研究会理事（1950～1987）としても活躍し、編集委員長（1957～1961）や理事長（1953～1957, 1961～1963）を務めた。著書に、メルヴィル・デューイを中心に論じた『アメリカ図書館思想の研究』（日本図書館協会, 1977）などがある。
【参考】『京都大学教育学部四十年記念誌』京都大学教育学部四十年記念誌編集委員会編 京都大学教育学部 1989／青木次彦［ほか］「追悼・小倉親雄先生」『図書館界』43巻6号 1992.3

## 小笹 国雄
おざさ・くにお

[生没年]1871～1928

1924年大阪市立清水谷図書館長（西野田、阿波座、御蔵跡の3館兼任）、1925年今宮図書館長、1926年には城東図書館長も兼任。在職中に死去。
【参考】『大阪人名資料事典 第1巻』日本図書センター 2003（文明社1913年刊の複製）／『大阪市立図書館報』24号 1929.3

## 長田 富作
おさだ・とみさく

[生没年]1880～1970
[出身地]石川県
[学歴]1906年広島高等師範学校卒業

佐賀県などの高等学校長を経て、1928年

大阪府立図書館司書、1933年第2代館長。1947年に退職するまで、第二次世界大戦下の困難な時期の同館を支えた。もともとは書誌学分野の研究者で館長在任中も「恭仁山荘善本展」（内藤湖南博士蔵善本展）など稀覯書の展示および研究に力を注いだ。また、1941年日米戦争の開始以後は閲覧禁止図書取扱いをめぐる抵抗や、貴重図書の疎開に図書館人としての気骨を示した。1933年には出身地の石川県鳳至郡宇出津町の土地を町立図書館建設用に寄付を申し出るなど、書籍研究と図書館を愛した清廉な人であった。1946年「図書館振興策」を作成、公表し戦後の図書館復興に強い意思を示すが、戦前に中央図書館制度を実施したことなどにより連合国軍最高司令官総司令部（GHQ/SCAP）民間情報教育局（CIE）担当者の賛同を得られず、館長退任につながった。『正平版論語の研究』（同人会, 1935）などの著作がある。
【参考】『中之島百年：大阪府立図書館のあゆみ』大阪府立中之島図書館編集委員会編 大阪府立中之島図書館百周年記念事業実行委員会 2004／「70周年記念座談会」『大阪府立中之島図書館紀要』11号 1975.3／原登久雄「人物紹介・長田富作」『桃山学院年史紀要』25号 2006.3／『図書館法成立史資料』裏田武夫, 小川剛編 日本図書館協会 1968

## 小沢 理吉
おざわ・りきち

[生没年]1883～1929

明治、大正期の実業家。文芸趣味があり多数の書籍を所蔵していたが、1911年にそれらを山形県鶴岡町の自宅に陳列、私立鶴岡図書館と名付けて開館した。1915年に図書館の維持が困難になり、蔵書と

備品を新設の鶴岡町立図書館に委譲した。
【参考】『新編 庄内人名辞典』庄内人名辞典刊行会編 庄内人名辞典刊行会 1986

## 小津 久足
おず・ひさたり

[生没年] 1804〜1858

号は桂窓。伊勢国(三重県)松坂の豪商小津家6代目当主，江戸店の屋号は湯浅屋。14歳で本居春庭に入門，滝沢馬琴の有力な支援者でもあった。近世屈指の蔵書家で，1836〜1840(天保7〜11)年頃文庫を設けて西荘(せいそう)文庫と称す。その蔵書は質量ともに優れ，散佚物語『あさぢが露』，きりしたん版『落葉集』ほか数々の稀覯書を含む。自身も40種に余る紀行文を執筆。
【参考】『小津久足紀行集 1, 2』高倉一紀 [ほか] 編 皇學館大学神道研究所 2013-2015

## 小田 泰正
おだ・やすまさ

[生没年] 1913〜1993
[出身地] 東京府(東京都)
[学歴] 1937年東京文理科大学国史科卒業

1940年帝国図書館入館。1955年国立国会図書館支部上野図書館参考課長，1956年一般考査部考査書誌課長。1959年米国視察。以後，アメリカ議会図書館を範とする。1960年代半ばには読書案内の位置づけをめぐり前川恒雄とも論争。1965年整理部長，1969年司書監で業務機械化準備室長(1973年から業務機械化室長)となり，Japan MARC開発を主導。1978年調査企画室付専門調査員兼務で定年を迎え，同年京都産業大学理学部教授に転じた。編著書に『レファレンス・ワーク』(日本図書館協会, 1966)，『ライブラリー・オートメーションの原点』(ライブラリー・オートメーション研究会, 1991)などがある。Japan MARCの生みの親とも呼ばれた。
【参考】『情報技術と図書館：小田泰正先生追悼論文集』『小田泰正先生追悼論文集』編集委員会編 『小田泰正先生追悼論文集』刊行会 1995

## 小谷 誠一
おたに・せいいち

[生没年] 1895〜1979
[出身地] 東京府(東京都)
[学歴] 1924年文部省図書館員教習所修了

東京市立図書館に勤務(〜1936)。この間に一橋図書館(1919〜1921)，1921年に同館主任，1922年日比谷図書館(〜1929)，1930年駿河台図書館主任(〜1931)。1932年日比谷図書館に戻り，1937年に大橋図書館へ転出(〜1949)。この間1944年主事代理，1945年主事，1948年館長代理，同年館長。東京市立図書館に勤務していたときに「日比谷図書館における参考事務」(『図書館雑誌』55号, 1924.3)をはじめ『市立図書館と其事業』『図書館雑誌』に多くの論考を発表するなど，同館におけるレファレンスサービスの普及，促進に尽力した。大橋図書館に移ってからは「館界人物誌」(『坪谷先生喜寿記念著作集』大橋図書館, 1938)などの著作がある。
【参考】三康文化研究所附属三康図書館所蔵文書／『大橋図書館四十年史』坪谷善四郎著 博文館 1942／『簡約日本図書館先賢事典：未定稿』石井敦編著 石井敦 1995

## 落合 重信
おちあい・しげのぶ

[生没年] 1912〜1995

1937年神戸市立図書館，神戸市文化課を経て，1958年神戸市史編纂室勤務。1962年神戸史学会を創設し，代表。機関誌『歴史と神戸』の創刊（1962）に尽力。青年図書館員聯盟に加入し，「書名主記入論・当今目録法思潮に対する疑義」（『図書館論叢 第1輯』，日本図書館協会，1942）により，当時図書館界で論争になっていた「主記入論争」に一石を投じた。後に『書名主記入論』（日本図書館研究会，1970）として復刻。著作には『神戸の歴史 通史編』（後藤書店，1989）ほか歴史関係の著作多数。
【参考】櫻井幡雄「落合重信さんのこと」『歴史と神戸』41巻6号 2002.12

## 乙部 泉三郎
おとべ・せんざぶろう

[生没年]1897～1977
[出身地]東京府（東京都）
[学歴]1922年東京帝国大学文学部教育学科卒業

1922年南満洲鉄道（株）奉天図書館司書，1923年同撫順図書館長を経て，1926年日本青年館図書館主任嘱託を務めた。1929年県立長野図書館開館に伴い司書として赴任，1932年館長に着任した。図書館と県民との結合を目指し，農山村地域には青年団を組織し簡易図書館建設を推進，読書会の結成を奨励，司書による読書指導を活発に行い，農山村の文化発展を目指した。時局下には「時局文庫」の経営をはじめとする国益優先の読書指導を実施し，また戦況の悪化に際しては，帝国図書館蔵書の疎開先に同館を提供した。1949年に退職，以降は泉式全音速記術を考案し普及に努め，長野の郷土史研究も行い著作を多数発表している。著書には『農村図書館の採るべき道』（県立長野図書館，1936），『図書館の実際的経営』（東洋図書，1939）などがある。
【参考】『いずみ：乙部泉三郎先生遺稿と追想』乙部泉三郎先生追悼集編集委員会編 乙部泉三郎先生追悼集編集委員会 1978／叶沢清介「乙部泉三郎：長野の図書館の歴史を切り拓いた人」『図書館雑誌』77巻7号 1983.7／『近代日本における読書と社会教育：図書館を中心とした教育活動の成立と展開』山梨あや著 法政大学出版局 2011

## 尾中 郁太
おなか・いくた

[生没年]1866～1942

山口県佐波郡中関村の有力者。実弟の日露戦争戦死を記念して図書館建設費を村に寄付。1904年中関小学校内に中関村立華南図書館を設立。火災後の再建にも芳志した。
【参考】『山口県図書館史稿』升井卓彌著 升井卓彌 1990

## 小長谷 恵吉
おながや・けいきち

[生没年]1865～1944

1904年帝国図書館司書，1916年太田為三郎の招請により台湾総督府図書館建設に参画。1921年太田とともに帰京，東京商科大学の目録編纂事務嘱託。メンガー文庫，ギールケ文庫目録を完成。1938年に同大学辞職。著作に『日本国見在書目録解説稿』（くにたち本の会，1936）がある。
【参考】「小長谷恵吉氏年譜」『日本国見在書目録解説稿』小長谷恵吉著 小宮山出版 1976

## 小梛 精以知
おなぎ・せいいち

[生没年] 1911～1992

1931年図書館講習所修了。兵役後, 本のことでは同じだからと1933年神田神保町の大手古書店・一誠堂書店に入り番頭格となる。作家や研究者の文献調査に長年協力し, 松本清張などの電話レファレンスにも応じていた。著書に『人脈覚え書』(日本古書通信社, 1988) などがあり, 小出昌洋 (森銑三門下), 馬場萬夫 (国立国会図書館), 深井人詩 (早稲田大学図書館) らとの座談に「収集調査のための文献：人物文献をめぐって (上) (下)」(『日本古書通信』51巻8号, 9号, 1986.8, 9) がある。
【参考】『古本屋群雄伝』青木正美著 筑摩書房 2008

## 尾鍋 秀雄
おなべ・ひでお

[生没年] 1880～1973

1922年三重県津市の私立励精中学校校長を経て (～1935), 1936年三重県立図書館初代館長を務める (～1943)。
【参考】『三重県立図書館30年史』三重県立図書館編 三重県立図書館 1967／『伊勢年鑑 昭和14年度附録』伊勢新聞社 1938／『励精・津商業 続』励精六十五年・津商三十周年記念事業委員会 1984

## 鬼塚 明治
おにづか・めいじ

[生没年] 1902？～1978

国語国字運動家。戦中は島田春雄らと「日本国語会」を作り漢字制限に反対。貴族院記録部, 参議院事務局副参事を経て1948年から退職の1959年まで国立国会図書館の印刷カード課長を勤め, 鬼塚式カード仕分器を考案。共著に『学校のフォークダンス』(世界書院, 1960) がある。
【参考】『読売新聞』1978.6.6／『国立国会図書館五十年史 資料編』国立国会図書館五十年史編纂委員会編 国立国会図書館 2001

## 小貫山 易三
おぬきやま・えきぞう

[生没年] 1903～1972

1927年秋田県立秋田図書館。1941年秋田県庁 (～1963)。1940年文部省大臣表彰, 1942年秋田県図書館協会図書館功労者表彰受賞。
【参考】『簡約日本図書館先賢事典：未定稿』石井敦編著 石井敦 1995／『秋田図書館報』34, 37号 1941.3, 1942.11

## 小野 梓
おの・あずさ

[生没年] 1852～1886

明治前期の政治家。大隈重信と協議して早稲田大学の前身である東京専門学校を設立。1871年から米英に留学, 1874年に帰国後, 共存同衆の中心人物として活躍。1879年東京市京橋区に共存同衆文庫を開設, 会員の閲覧に供した。
【参考】『小野梓全集 別冊』小野梓著 早稲田大学大学史編輯所編 早稲田大学出版部 1982

## 小野 桜山
おの・おうざん

[生没年] 1854～1937

備後出身の文人。1887年大分県耶馬渓の景勝に魅せられ同地に永住。1893年耶馬

渓文庫を起こし，全国をまわって1万巻の稀覯書，珍書を収集。現在は耶馬渓風物館。
【参考】『大分県図書館史』梅木幸吉著 梅木幸吉 1986／荒見悟「耶馬渓文庫と小野桜山」『西日本文化』401号 2004.5

## 小野 小野三
おの・おのぞう

[生没年] 1871～1937

岐阜県の民権運動機関紙，濃飛日報社の記者。1889年新聞縦覧所を設立。
【参考】『岐阜県公共図書館の歩み：江戸時代から現在まで』小川トキ子著 岩波出版サービスセンター 2001／『日本人名大辞典』講談社 2001

## 小野 源蔵
おの・げんぞう

[生没年] 1889～1957

旧姓畠山。東京帝国大学附属図書館司書官（1931～1940）。著作に「図書館運用の形式と其の内容」（『図書館雑誌』28年9号，1934.9）などがある。教育評論家として著名。
【参考】『図書館再建50年：1928-1978』東京大学附属図書館編 東京大学附属図書館 1978／「五城目の誇りすばらしい先輩たち Web版」3集（秋田県五城目町）〈http://www.town.gojome.AkitA.jp/〉

## 小野 相司
おの・そうじ

[生没年] 1903～1973

1925年文部省図書館員教習所を修了。東京市立図書館に勤務。本所図書館（1926～1929），月島図書館主任（1930～1939），小石川図書館主任（1940～1942），都立氷川図書館館長主事補（1943）が確認できる。戦後は世田谷区立世田谷図書館長。
【参考】『簡約日本図書館先賢事典：未定稿』石井敦編著 石井敦 1995／『東京市職員録』大正15年-昭和17年現在 1926-1942／『東京都教育関係職員録』昭和18年現在 1944／『都政人名鑑 1959年版』都政新報出版部編 都政新報社 1958

## 小野 則秋
おの・のりあき

[生没年] 1906～1987
[出身地] 大分県
[学歴] 私立跡田中学中退

小学校教員を経て1933年福岡県の八幡市立図書館司書。この頃九州大学附属図書館司書官竹林熊彦と相識り，その縁で1935年より同志社大学図書館司書。1944年同館主任，1945年整理課長，1955年館長補佐兼務。1963年同志社史資料編集主任，1971年総長室付部長。この間，1952年より文学部講師兼務，および他大学の非常勤講師を務めた。1971年同志社大学を退職し同年仏教大学専任講師，のちに教授。1973年同大学図書館長（～1976），1977年京都外国語大学教授（～1980）。36歳にして早くも『日本文庫史』（教育図書，1942）を公刊し日本図書館協会総裁賞を受賞，翌年には『日本蔵書印考』（文友堂書店，1943），さらに翌年には『日本文庫史研究 上巻（古代中世篇）』（大雅堂，1944）を発表。40歳に満たずして日本図書館史研究の第一人者となる。研究者であるとともにまた実践の人でもあった。日中戦に引き続き日

米戦の危機が迫っていた1941年「同志社大学図書館学研究会」を創設する。日米開戦後も原則として毎月1回研究会を開催。最後の研究会（第38回）は敗戦の年であった。敗戦後の図書館復興のためにはまず司書の養成教育が必要と考え，同研究会の主催で1946年から同志社大学図書館学講習所を開設，年間100時間の講義で翌年第1期修了生19名を送り出す。講習所は1950年度まで5期にわたって修了生を出すが，1950年の図書館法公布にともない，同志社大学図書館司書課程に引き継がれ，今日に至っている。
【参考】『小野則秋図書館学論文集：古稀記念』古希記念小野則秋先生論文集刊行会 1978／「小野則秋先生略歴・主たる業績一覧」『図書館界』39巻2号 1987.7

## 小野 正文
おの・まさふみ

[生没年]1913〜2007

青森県師範学校教員などを経て，青森県社会教育課長（1951〜1955），青森県立図書館長（1954〜1963）。米国国務省の招きで図書館事情視察（1959），青森中央短期大学教授，のちに同学長として司書課程の科目を担当する（1973〜1975，1978〜1990）。青森県立図書館長として『青森県立図書館史』（青森県立図書館，1979）の監修に関わった。また，『太宰治をどう読むか』（弘文堂，1962）などの太宰治研究でも知られた。
【参考】「略年譜」「著作目録」『小野正文を偲ぶ』弘前ペンクラブ編 未知谷 2009

## 小野 泰博
おの・やすひろ

[生没年]1927〜1990

東京大学医学部研究生を経て図書館短期大学助教授。図書館情報大学教授在任中に死去。日本図書館協会組織委員会委員，評議員などを歴任。宗教学者として知られ，精神医学に関する著作も多い。図書館学に関する代表的な著作は『図書館学の原泉：小野泰博図書館学論文集』（小野泰博先生図書館学論文集刊行会，1991）に収録されている。
【参考】『図書館関係専門家事典』日外アソシエーツ編 日外アソシエーツ 1984／著者略歴『谷口雅治とその時代』小野泰博著 東京堂出版 1995

## 小野山 竜心
おのやま・りゅうしん

[生没年]？〜1912

山口県玖珂郡神代村の明照寺住職。1907年私立明照寺図書室を設立。海水浴遊覧者や地方青年児童を対象とした。盛時には蔵書数4千冊を超えた。
【参考】『山口県図書館史稿』升井卓彌著 升井卓彌 1990／『郷土史・由宇ノート：村田昭輔著作集』村田昭輔著 文洋社 2009

## 小畑 渉
おばた・わたる

[生没年]1909〜1958

同志社大学図書館司書（1940〜1958）。著作に『図書館統計法入門』（京都出版，1950），『図書館の統計』（蘭書房，1953）がある。
【参考】小野則秋「小畑渉君の死を悼む」『同

志社大学図書館学会だより』13号 1958.6／小野則秋「物故者紹介 小畑渉氏」『京都図書館協会会報』82号 1967.10／宇治郷毅「同志社が生んだ図書館人：同志社図書館山脈の源流と先駆者達」『同志社大学図書館学年報』38号 2013.3

## 尾原 淳夫
おばら・すなお

[生没年]1916～1991

小学校，中学校，高校の教員を経て，1950年大阪市教育委員会指導主事。1969年大阪市立第二工芸高等学校長，1974年東淀工業高等学校長。1977年甲南大学教授。戦後の学校図書館運動に尽力し，1949年大阪市立高等学校図書館研究会を創設。1958年全国学校図書館担当指導主事協議会会長。著書に『学校図書館論』（学芸図書，1977）など。
【参考】池田信夫「学校図書館の父・尾原淳夫先生」『図書館界』43巻3号 1991.9

## 小尾 範治
おび・はんじ

[生没年]1885～1964

1924年文部省普通学務局第四課長，社会教育課長，1929年社会教育局成人教育課長，1932年同局青年教育課長。1924年から図書館令改正時（1933）を含め約10年にわたり社会教育行政の中心的な役割を担う。日本図書館協会評議員（1926～1930）などを歴任。著作に『社会教育思潮』（南光社，1931），『社会教育の展望』（青年教育普及会，1932），『社会教育概論』（大日本図書，1936）などがある。
【参考】林部一二「行政社会教育論者としての小尾範治」『社会教育』34巻4号 1979.4

## 小山田 与清
おやまだ・ともきよ

[生没年]1783～1847

字は将曹ほか，号は松屋，擁書楼など。江戸時代後期の国学者にして蔵書家。見沼通船方の高田家の養子となり，家業に勤しむとともに学事に励み，多くの書籍を収集した。晩年は本姓である小山田を名乗り，水戸藩の徳川斉昭に招かれ同藩の彰考館に出仕，2万巻を超える蔵書を献じたが，その多くが1945年の戦災により焼失した。高田家に遺されていた蔵書の一部が，1907年早稲田大学図書館に寄託（のち寄贈）され今日に至っている。
【参考】『小山田与清』紀淑雄著 裳華房 1897／松本智子編「早稲田大学図書館蔵『松屋蔵書目録』翻刻」『早稲田大学図書館紀要』57号 2010.3

## 居石 正文
おりいし・まさふみ

[生没年]1912～1989

1947年戦後初の高松市議会議員に当選。1949年初代高松市立図書館長に就任。一時辞任するも単独館建設に尽力し（1950年開館），1953年再度図書館長に就任。この間，香川県図書館協会理事長。香川大学などで司書養成講習の講師を歴任。1985年香川県図書館学会の結成を呼び掛け，初代会長。1986年，市制100周年記念事業に新高松市立図書館建設を強く推し，実現に奔走する（1992年開館）。
【参考】『図書館学研究要録』居石正文著 香川県図書館学会 1985／「故居石正文前会長追悼号」『香川県図書館学会会報』10号 1990.11

## 折田 兼至
おりた・かねたか

[生没年] 1858〜1923

鹿児島県会議員, 衆議院議員を経て実業家。1882年鹿児島県知覧に新聞縦覧所を設けた。
【参考】『日本人名大事典』講談社 2001／『九州図書館史』西日本図書館学会編 千年書房 2000

# 【か】

## 甲斐 美和
かい・みわ

[生没年] 1913〜2011

アメリカ合衆国生まれ。第二次世界大戦で日本人収容所に隔離される。戦後, それまでの有望なピアニストのキャリアを捨て, コロンビア大学で, 日本研究のライブラリアンとして活躍。
【参考】Keene, Donald., "Memories of Miss Miwa Kai (1913-2011)," *Journal of East Asian libraries* No.154, 2012.2／奥平康弘「あるライブラリアンの軌跡」『図書』762号 2013.8

## 海後 宗臣
かいご・ときおみ

[生没年] 1901〜1987

教育学者。日本図書館学会初代会長 (1954〜1962)。『海後宗臣著作集』全10巻 (東京書籍, 1980〜1981) に代表的な著作が収められ, 図書館関係の著作としては「『明治以降教育文献総合目録』の刊行を喜ぶ」(『図書館雑誌』44年9・10号, 1950.10),「発刊のことば」(『図書館学会年報』1巻, 1954.11) などがある。
【参考】岡田温「海後宗臣先生の御逝去を悼みて」『図書館学会年報』33巻4号 1987.12

## 加賀美 光章
かがみ・みつあき

[生没年] 1711〜1782

江戸時代後期の国学者。28歳で家名を継ぎ, 甲斐国小河原村 (山梨県甲府市) の山王神社の祠官となり, 塾を開き環松亭と称す。書庫の設置を思い立ち, 基金を集め邸内に山王神社文庫をつくる。
【参考】『山梨百科事典』増補改訂版 山梨日日新聞社編 山梨日日新聞社 1989／『近代日本図書館の歩み：地方篇』日本図書館協会編 日本図書館協会 1992

## 賀川 豊彦
かがわ・とよひこ

[生没年] 1888〜1960

新潟県で起きた木崎争議の際に, 無産農民学校協会長に就任 (本人は現地未着任)。同協会により「無産階級ノ知識宝庫トス」ることを目的とした農民組合図書館が設置予定だったが, 協会解散により立ち消えた。
【参考】『近代日本図書館の歩み：地方篇』日本図書館協会編 日本図書館協会 1992／『人物書誌大系25 賀川豊彦』米沢和一郎編 日外アソシエーツ 1992

## 柿沼 介
かきぬま・かたし

[生没年] 1884〜1971

1913年東京市立日比谷図書館。1919年南満洲鉄道（株）入社，満鉄大連図書館長（1926〜1940）として欧文中国関係図書，府県志類，ロス文庫，オゾ文庫などの資料収集に努めた。戦後は，国立国会図書館で議事録索引や図書館学資料室の充実に貢献した。遺稿集に『剰語』（剰語刊行会, 1972）がある。
【参考】岩田実［ほか］「故柿沼介追悼」『図書館雑誌』66巻2巻 1972.2／青木実「柿沼介と満鉄図書館」『彷書月刊』4巻6号 1988.6

## 蔭山 秋穂
かげやま・あきほ

[生没年] 1891〜？

郷土史家（水戸学・水戸藩）。中村彝などと白牙会会員として活躍。茨城県立図書館事務取扱（1933〜1955）。日本図書館協会会員。著作に『水戸義公と烈公』（三教書院, 1940），『水戸烈公詩歌文集』（徳川斉昭著, 蔭山秋穂編註, 明文社, 1943）などがある。
【参考】『茨城県立図書館100年のあゆみ：草創期から平成の新県立図書館までの記録：1903-2003』茨城県立図書館編 茨城県立図書館 2003／『茨城紳士録』昭和34年度版 いばらき新聞社 1958

## 鹿児島 達雄
かごしま・たつお

[生没年] 1930〜1999

鎌倉市図書館に司書として採用され, 1972年同中央図書館長（〜1986）。1986年鎌倉市文学館副館長, 1989年文学資料担当技監（〜1990）。神奈川県図書館協会では「神奈川県の図書館地域計画」（1970）の策定などに尽力した。また関東学院大学で図書館員の養成に従事。著作に『現代鎌倉文士』（かまくら春秋社, 1984）などがある。
【参考】『鎌倉図書館百年史』鎌倉市図書館開館百周年記念事業実行委員会編 鎌倉市教育委員会 2011／相原典夫「鹿児島達雄」『神奈川県図書館協会の歩み 2』神奈川県図書館協会郷土・出版委員会編 神奈川県図書館協会 2008

## 笠井 強
かさい・つよし

[生没年] 1920〜2009

海軍航空隊から復員後, 大阪で不動産貸付業を営む。1980年故郷の徳島県吉野町に図書館建設費と運営費を寄付。その結果, 1982年吉野町立笠井図書館が開館。
【参考】『羅針盤』笠井強著［笠井強］2005

## 笠木 二郎
かさぎ・じろう

[生没年] 1910〜1980

1937年図書館講習所修了。1945年図書館講習所講師。帝国図書館, 国立国会図書館に勤務。1975年同館司書監。同年, 青山学院大学図書館司書。1952年には東京学芸大学非常勤講師も務めた。
【参考】『笠木文庫目録』図書館情報大学附属

図書館編 図書館情報大学附属図書館 1987

## 笠師 昇
かさし・のぼる

[生没年]1918〜2014

1948年七尾市立図書館、1968年同館館長（〜1975）。日本図書館協会におけるPTA母親文庫調査や中小公共図書館の運営、市立図書館振興プロジェクトの委員として参加。七尾市議会議員などを務めた。著作に『本のある生活』（北国出版社、1975）などがある。
【参考】『回想・私と図書館』日本図書館協会編 日本図書館協会 1981

## 鹿島 知二郎
かしま・ともじろう

[生没年]1882〜1963

横浜市図書館使丁（1922〜1927）のとき館長の伊東平蔵から図書修理・製本の指導を受ける。新館発足時に装幀工（1927〜1950）。退職後も最晩年まで出向した。子の鹿島勝八郎は、父から技術を受け継ぎ横浜市立大学図書館で技術員として製本業務に従事（1955〜1966）、1966年独立して鹿島製本所（鹿島メディアバインド（株））を設立。
【参考】『横浜の本と文化：横浜市中央図書館開館記念誌』横浜市中央図書館開館記念誌編集委員会編 横浜市中央図書館 1994／鹿島知二郎「製本生活三十年」『神奈川県図書館報』3号 1950.8／鹿島博氏から聞き取り

## 鹿島 則泰
かしま・のりやす

[生没年]1867〜？

[出身地]常陸国（茨城県）
[学歴]1888年帝国大学文科大学附属古典講習科国書課卒業

伊勢神宮大宮司鹿島則文の長男。大学を卒業後、熊本済々黌、秋田県尋常師範学校、鹿島神宮宮司、茨城県皇典講究分所長などを経て、1906年から帝国図書館司書となる。江戸期の文献に造詣が深く、同館の目録掛として和漢古書の蒐集、目録編纂に従事した。帝国図書館における江戸時代の政治、文学、演劇、音曲、遊芸関係資料の系統的収集は、彼の功績によるものとされている。1923年行政整理のため退職。同日、事務嘱託として採用され1938年まで勤務。1921年に設置された図書館講習所では「日本書誌学」などの講義を担当した。帝国図書館を退いた後は、岡山の子息のもとにあり、戦時中に没したと伝えられるが、詳細はわかっていない。
【参考】岡田温「旧上野図書館の収集方針とその蔵書」『図書館研究シリーズ』5号 1961.12／西村正守「鹿島則泰覚書」『図書館学会年報』25巻1号 1979.3／『日本における書籍蒐蔵の歴史』川瀬一馬著 ぺりかん社 1999

## 加治屋 哲
かじや・てつ

[生没年]1886〜1966

教員や社会教育主事として鹿児島県や大阪府に勤める。鹿児島県立図書館長（1944〜1947）。1946年開催の文部省主催全国中央図書館長会議に、九州地区代表として出席。
【参考】『加治屋哲回顧録』加治屋哲著 加治屋哲回顧録刊行会 1967／『鹿児島県立図書館史』鹿児島県立図書館 1990

## 柏木　直平
かしわぎ・なおへい

[生没年]1869～1923

1897年徳島県阿波郡の五明尋常小学校長になり，1902年校内に五明文庫を創設して一般公開。1905年退職し文庫運営に専念。1911年徳島市に移転し，五角の建物を構えた。
【参考】竹林熊彦「図書館の畸人変物物語：柏木直平のこと」『土』54号 1958.9／『図書館の理念と実践』藤丸昭著 原田印刷出版 1977

## 柏原　堯
かしわばら・たかし

[生没年]？～？

通称バラさん。築地小劇場に参加。1929年から東京市立京橋図書館において児童サービス専任。1935年退職後小河内芳子が後任となる。1940年頃「満洲帝国」国立中央図書館籌備処。のち知床半島で郵便配達に従事。
【参考】秋岡梧郎「パイオニアとしての小河内芳子さん」『児童図書館と私：どくしょのよろこびを 下』小河内芳子著 日外アソシエーツ 1981／「ばらおじちゃん」『八十八夜話：月日は流れわたしは残る』彌吉光長著 彌吉光長先生の米寿をお祝いする会 1988

## 片岡　謹也
かたおか・きんや

[生没年]1875～1945

秋田県立秋田図書館（1902～1945）。1940年文部省大臣表彰，1942年秋田県図書館協会図書館功労者表彰などを受賞。
【参考】『簡約日本図書館先賢事典：未定稿』石井敦編著 石井敦 1995／『秋田図書館報』34, 37号 1941.3, 1942.11／片岡謹也「体験三四年の図書哲学」『新聞集成昭和編年史 昭和10年度版』大正昭和新聞研究会 1967

## 片岡　小五郎
かたおか・こごろう

[生没年]1882～1929

千葉県下の小学校訓導，校長。地方学事視察のため4県に出張。千葉県に戻り郡視学などを経て，1924年千葉県立図書館司書（～1929）。創設期の県立図書館の体系を整備，館舎新築の議を提唱し，東奔西走して世論を喚起した。また，千葉県図書館協会の創設に携わり，理事（1926～1929）を務めたが病死。「日本図書館協会発展の方策」（『図書館雑誌』21年1号，1927.1）などの著作がある。
【参考】「故本館司書片岡小五郎君の閲歴」『千葉県図書館協会報』5号 1929.11／『千葉県図書館史』千葉県図書館史編纂委員会編 千葉県立中央図書館 1968

## 片口　安太郎
かたくち・やすたろう

[生没年]1872～1967

号は江東，漢詩人。富山県の小杉銀行の頭取，県議などを歴任したのち，小杉図書館長（1940～1958）。富山県立図書館の創設に尽力したほか，町立小杉図書館の設立を提唱し，多数の蔵書を寄贈。
【参考】『江東百絶』江東片口翁詩碑建設会編 江東片口翁詩碑建設会 1958／近江善重「片口安太郎翁」『富山県図書館協会創立70周年記念誌』富山県図書館協会 1981

## 片山 信太郎
かたやま・しんたろう

[生没年] ？～1923

1898年第四高等学校に乗杉嘉壽と同じ年に入学（卒業は確認できず）。1900年京都帝国大学附属図書館に勤務（～1907）。在職中に，第1回図書館事項講習会を受講（1903）。本講習を文部省主宰とすることを望む動きのなかで，「図書館員の養成は今日の急務なり」を『図書館雑誌』（6号, 1909.7）に寄稿。1908年東京市立日比谷図書館の開館から勤務。1912年鹿児島県立図書館初代館長に就任，移転を機に新着棚を持つ出納台を配置するなど施設を拡充した。同館は桜島大正大噴火をきっかけに館外貸出を開始（1914）。危機管理を訴えるとともに噴火資料，標本の収集，展示などを行った。その後，閲覧料無料化（1920）。1921年大阪市立図書館初代館長に就任，経営基盤を整備したが病に倒れた。

【参考】『京都大学附属図書館六十年史』京都大学附属図書館編 京都大学附属図書館 1961／『東京市立日比谷図書館一覧』自明治41年至明治42年-自明治44年至明治45年 1909-1912／『鹿児島県立図書館史』鹿児島県立図書館 1990／『大阪市立図書館50年史』大阪市立中央図書館 1942

## 片山 竹之助
かたやま・たけのすけ

[生没年] 1871～？

1900年和歌山県那賀郡三谷小学校長，1915年岩出小学校長。疾病のため退職し，1918年和歌山県立図書館司書。和漢の学に通じ，同館に古文書の写本を遺した。原著書に，『安楽川村方言訛語集』（藪重孝編，山田謄写堂, 1931）がある。

【参考】『和歌山県紳士名鑑 那賀郡之部』山崎順平編 那賀郡紳士名鑑編纂所 1924

## 片山 侃
かたやま・つよし

[生没年] ？～？

滋賀県伊香郡七郷村村長。1907年淡海（おうみ）図書館を設立した。

【参考】『滋賀県の図書館：歴史と現状』平田守衛著 平田守衛 1980／『近江伊香郡志 中巻』伊香郡郷土史編纂会編 名著出版 1972（江北図書館1957-1958年刊の複製）

## 勝家 清勝
かついえ・きよかつ

[生没年] 1897～1950

1935年南満洲鉄道（株）沙河口図書館長。1938年に満洲読書同好会を組織し，翌年より『満洲読書新報』を発行。著書に『満鉄沙河口図書館沿革史』（[満鉄沙河口図書館], 1937）がある。

【参考】西原和海「解題 『満洲読書新報』の軌跡」『満洲読書新報 別冊 解題・総目次・索引』満洲読書同好会編 緑蔭書房 1993

## 加藤 宗厚
かとう・しゅうこう

[生没年] 1895～1981
[出身地] 愛知県
[学歴] 1922年曹洞宗大学卒業

1902年長崎県で禅寺を営む叔父に引き取られ，1908年に得度し，宗厚と命名。小学校の教師となる。1918年に上京して小

学校教師。1924年文部省図書館教習所に入り、1925年に修了。帝国図書館に入館し、図書館学の研鑽を積んだ。1929年から図書館講習所の講師を兼任し「図書分類法」などを担当した。1940年富山県立図書館長。1944年東京都立深川図書館長。1947年図書館職員養成所講師、同年文部省事務嘱託。1948年国立図書館長。1949年国立図書館が廃止されると新たに設置された国立国会図書館支部上野図書館長（〜1958）。同館退職後は、駒澤大学教授（1959〜1971）、同大学図書館長を務めた。（1960〜1971）。帝国図書館では1900年以来件名目録を作成していたが、確たる規定がなかったことに着目、1929年「和漢図書件名標目」を『圕研究』に連載。これが翌1930年に『日本件名標目表』（間宮商店）として結実、1944年に青年図書館員聯盟件名標目委員会によって改訂版が同商店から刊行される。戦後は、『学校図書館の手引』（師範学校教科書、1948）の編集委員として執筆を担当。同書に連合国軍最高司令官総司令部（GHQ/SCAP）民間情報教育局（CIE）図書館担当官によってデューイ十進分類法（DC）の導入が指示された際、当時まだ普及率が高くないなか日本十進分類法の採用を主張した。日本図書館協会常務理事（1947〜1948年度）、同協会分類委員会、［整理］技術委員会の委員長などを歴任。分類の大家として知られ『図書分類法要説』改訂増補版（理想社、1959）、『正法眼蔵要語索引 上・下』（理想社、1962-1963）のほか多数の著書がある。
【参考】『喜寿記念図書館関係論文集』加藤宗厚著 加藤宗厚先生喜寿記念会 1971／『最後の国立図書館長』加藤宗厚著 公論社 1976／石山洋「加藤宗厚先生を偲ぶ」『図書館界』

33巻5号 1982.1／『図書館随想』青山大作著 青山イト 1987

## 加藤 清之助
かとう・せいのすけ

［生没年］1884〜1930

1903年貴族院庶務課図書係雇となり、1918年貴族院属、1928年に日本図書館協会から勤続25年を表彰される。
【参考】「勤続二十五年を表彰されし人々」『図書館雑誌』23巻3号 1929.3／『簡約日本図書館先賢事典：未定稿』石井敦編著 石井敦 1995

## 加藤 忠雄
かとう・ただお

［生没年］1896〜1981

秋田県立秋田図書館司書を経て（1923〜1924）、静岡県立葵文庫司書（1924〜1940）、同館長（1940〜1956）。退職後は（財）駿府博物館理事などを歴任。
【参考】『静岡の歴史と人物：加藤忠雄著作集』加藤忠雄著 黒澤脩［ほか］編 加藤忠雄著作集刊行会 1985

## 加藤 花子
かとう・はなこ

［生没年］？〜？

1922年アメリカ合衆国のプラット・インスティテュートのライブラリースクールを卒業。日本で最初にアメリカのライブラリースクールで正規の学生として在籍、卒業。1924年、帰国後東京帝国大学附属図書館。1926年頃まで勤務。
【参考】宮崎真紀子「日本最初の女性図書館学留学生」『図書館文化史研究』24号 2007.9

## 加藤 弘
かとう・ひろし

[生没年] 1936〜2005

1958年大田区立池上図書館に勤務。1963年洗足池図書館, 1972年六郷図書館開館準備室, 同図書館, 1974年入新井図書館開館準備室, 同図書館, 1976年大森図書館開館準備室, 同図書館, 1977年大田図書館, 1983年浜竹図書館長, 1986年下丸子図書館長, 1989年大田図書館, 1993年大森西図書館長 (〜1995)。東京都公立図書館参考事務連絡会幹事として『中小図書館のための基本参考図書』(東京都公立図書館参考事務連絡会編, 日本図書館協会, 1968) の作成に携わる。1977年図書館問題研究会委員長 (〜1978)。1990年図書館法施行40周年記念文部大臣表彰を受賞。
【参考】『図書館関係専門家事典』日外アソシエーツ編 日外アソシエーツ 1984

## 加藤 歩簫
かとう・ほしょう

[生没年] 1743〜1827

本名貴雄, 通称小三郎。1773 (安永2) 年雲橋社を創立して飛騨俳壇の門を開く。1784 (天明4) 年に雲橋社文庫を設け, 一般に公開する。
【参考】『雲橋社関係資料目録』高山市郷土館編 高山市郷土館 1994／『濃飛人物史』岐阜県歴史教育研究会編 濃飛人物史刊行会 1980

## 加藤 増夫
かとう・ますお

[生没年] 1895〜1973

1924年香川県教育会図書館, 1934年香川県立図書館, 1942年同館長事務取扱。1943年高松女子商業学校教員。香川県文化功労者。著書に『讃岐郷土玩具考』(香川県教育図書出版, 1932) など。
【参考】小川太一郎「加藤増夫:玩具研究ではピカ一」『讃岐人物風景〈18〉』四国新聞社編 丸山学芸図書 1988

## 加藤 萬作
かとう・まんさく

[生没年] ?〜1927

海軍文庫, 早稲田大学図書館, 文部省図書整理の委嘱, 東京帝国大学嘱託を経て成田図書館 (1917〜1919)。その後東京帝国大学法学部図書館, 法政大学図書館。日本文庫協会幹事 (1903, 1907), 日本図書館協会評議員 (1913) などを歴任。
【参考】『図書館総覧』天野敬太郎編 文教書院 1951／『成田図書館周甲記録』成田図書館 1961／『成田図書館八十年誌』成田図書館 1981

## 加藤 与次兵衛
かとう・よじべえ

[生没年] 1893〜1975

1922年松江高等学校ドイツ語教授, 1936年大阪府視学官, 1944年広島青年師範学校校長などを経て, 福井県立図書館初代館長 (1950〜1955)。
【参考】『足羽町史』足羽町史編纂委員会編 福井市 1976

## 加藤 六蔵
かとう・ろくぞう

[生没年] 1913?〜?

新京資料室連合会に関与。1948年国立国

会図書館支部図書館部に入る。支部会計検査院図書館主任の守屋壯平に物品会計規則（1889年公布）改正の動きがあると聞き，1954年物品会計法案の物品分類にいったんは「図書」を立項させることに成功するも，翌年担当官が津吉伊定に替わり白紙に。1956年現行の物品管理法が成立し図書館資料の官庁会計上の地位は同じままとなった。1978年頃収集部司書監で退官。
【参考】加藤六蔵「物品管理法の成立をめぐって」『支部図書館外史』支部図書館館友会 1970／小林昌樹「物品管理」『図書館情報学ハンドブック』第2版 図書館情報学ハンドブック編集委員会編 丸善 1999

## 葛野 勉
かどの・つとむ

[生没年] 1906～1988

豊中市立図書館長（1947～1963）。1950年「動く図書館」（自動車図書館）を開始。大阪公共図書館協会設立時の副会長などを歴任。共同執筆に「本を運ぶ「虹の橋」」（『動く図書館：自動車文庫の実態』文部省社会教育局，1961）がある。
【参考】『資料集・豊中の図書館50年』豊中市立岡町図書館編 豊中市立岡町図書館 1996／『大阪公共図書館協会々報』創刊号 1953.4／葛野雅司氏からの聞き取り

## 金中 利和
かなか・としかず

[生没年] 1934～2011

1957年紀伊國屋書店へ入る。外務省大臣官房調査課を経て1961年国立国会図書館入館。1963年から1966年にかけてオーストラリア国立大学図書館，1968年から翌年にはメキシコ大学院大学図書館へ派遣。1980年電子計算課長を始めに，会計課長，収集部長，図書部長などを歴任。1992年調査及び立法考査局長となり1994年退官。共著に『NDC入門』（日本図書館協会，1982）がある。日本図書館協会で分類委員会委員長も務めた。
【参考】『図書館関係専門家事典』日外アソシエーツ編 日外アソシエーツ 1984／金中利和「ジャパンライブラリースクールの創設の経緯」『教育学雑誌』43号 2008.3

## 仮名垣 魯文
かながき・ろぶん

[生没年] 1827～1894

本名野崎文蔵。幕末から明治初期の戯作者，新聞記者。その傍ら引き札（広告ビラ）書きの内職もした。1872年『新聞雑誌』に「和漢書類西洋翻訳来読貸観所告條」を記す。
【参考】『近世日本文庫史』竹林熊彦著 日本図書館協会 1978（大雅堂1943年刊の複製）

## 金森 好子
かなもり・こうこ

[生没年] 1932～2005

1952年福島県郡山市の自宅にクローバー子供図書館を開設。1963年同館は郡山精神病院の事業となり館長に就任（～1996）。東北各地の家庭文庫，地域文庫へ団体貸出を行う。多彩な活動により地域の文化拠点ともなった。1994年（財）金森和心会クローバー子供図書館。1998年団体貸出と針生ヶ丘病院内移動図書館を実施。没後の2007年新しいクローバー子供図書館として個人貸出を再開する。郡山市立図書館協議会委員，郡山子どもの本をひろ

める会顧問。1956年文部大臣奨励賞など数多くの賞を受賞。
【参考】「特集 金森さんとクローバー子供図書館」『こどもの図書館』53巻10号 2006.10

## 金森 徳次郎
かなもり・とくじろう

[生没年] 1886〜1959
[出身地] 愛知県
[学歴] 1912年東京帝国大学法科大学卒業

1912年に大蔵省に入り1914年法制局に転じ、1934年に法制局長官となるも天皇機関説事件で1936年に辞任。1946年吉田茂内閣で憲法担当大臣。1948年国立国会図書館の初代館長に就任。中井正一の副館長就任に国会内で異論のあるなか、彼を迎えるとの判断を行った。同館幹部の人事で、入江俊郎（法制局）、牧野英一（東京大学）などの官僚や学者を議員サービスの専門職員（専門調査員）として採用し、図書館界から、同館の成立に疑問を呈した岡田温（国立図書館長）を局長に招いた。名士として図書館や読書についての執筆や講演を積極的に行う。1950年には、読書雑誌『読書春秋』を刊行するために春秋会の初代会長に就任し、同誌に随筆を毎号のように寄稿した。のちに同会は同館の刊行物の販売などに業務を広げた。1958年に国会で同館と春秋会の関係が問題視され（春秋会事件）、不正は認められないと決着するが同館の運営、人事に刷新が求められ、1959年に館長辞任。後年、この事件を含めて金森が同館内では一種のタブーとなったという。日本図書館協会会長（1948〜1959）や日本点字図書館の初代理事長（1950〜1958）を務めている。
【参考】鈴木宏宗「国立国会図書館長としての金森徳次郎」『図書館文化史研究』25号 2004.9／中林隆明「大倉精神文化研究所と国立国会図書館：支部図書館制度の中の大倉山文化科学図書館（1951〜60）」『大倉山論集』52号 2006.3／春山明哲「金森徳次郎と草創期の国立国会図書館：戦後日本におけるある「ライブラリアンシップ」の誕生」『現代日本の図書館構想：戦後改革とその展開』今まど子, 髙山正也編著 勉誠出版 2013

## 金田 眉丈
かねだ・びじょう

[生没年] 1817〜1913

富山県高岡市で呉服商などを営んだ実業家で俳人。1927年に創設の（財）眉丈文庫の基金提供者。遺族が市内職人などのために、一般公開を目的とした「眉丈文庫」を設立し、現在も金田澄子らにより公開中。
【参考】「ふるさとまち自慢眉丈文庫」『北日本新聞』2011.12.2

## 叶沢 清介
かのうざわ・せいすけ

[生没年] 1906〜2000
[出身地] 福島県
[学歴] 1938年日本大学高等師範部国語漢文科卒業

1929年文部省図書館講習所卒業、同年県立長野図書館司書。乙部泉三郎のもとで開館準備にあたる。1934年栃木県教育会図書館司書として勤務。栃木県教育会創立50周年記念事業として建設される新教育会館内の図書館開設に従事する。同館開館3か月前（1935）に日本赤十字社図書館主任に赴任、副社長の徳川圀順をはじめ政財界要人と交流を深める。1942年には内閣技術院科学資料課参技官（〜1945）。

戦後、技術院は解体され、文部省科学教育局科学資料調査課科学教育調査班班長。1947年文部省に迷信調査協議会が設置され、幹事となり『雷になった神主』(出水書園、1949)の編著など迷信調査に尽力した。1949年信州大学厚生課長を経て、同年県立長野図書館長に就任。1950年には信州大学教育学部附属長野小学校PTA教養部長であったことから、PTA母親文庫を実施。1961年には利用者が最高9万人に達する。1952年には県立長野図書館の運営方針を発表し、参考調査係の充実、館内奉仕の部門制化など県立図書館の運営に尽力する。1961年日本図書館協会理事。1963年同協会郷土の資料委員会初代委員長(～1966)。1966年事務局長となり(～1978)、公共図書館振興プロジェクトの推進、『市民の図書館』(日本図書館協会、1970)の刊行、同協会会館の建設(1973年竣工)などに尽力する。以後、同協会顧問、日本出版学会常任理事などを歴任。著作には、『図書館、そしてPTA母親文庫』(日本図書館協会、1990)、『読書運動』(日本図書館協会、1974)など、読書運動や出版文化に関するものが多数ある。
【参考】石川敬史「叶沢清介の図書館づくり：PTA母親文庫まで」『図書館人物伝：図書館を育てた20人の功績と生涯』日本図書館文化史研究会編 日外アソシエーツ 2007／『近代日本図書館の歩み：地方篇』日本図書館協会編 日本図書館協会 1992／『長野県人名鑑』信濃毎日新聞社開発局出版部編 信濃毎日新聞社 1974

## 鎌田 勝太郎
かまた・かつたろう

[生没年] 1864～1942

名は正康。愛媛県坂出市の商家に生まれ実業家、政治家として成功。1918年に地域の育英、社会慈善事業を目指して鎌田共済会を創設。1922年鎌田共済会図書館を設立し、巡回文庫や読書会活動を展開した。
【参考】『淡翁鎌田勝太郎伝』近藤末義編 鎌田勝太郎翁顕彰会 1974／『香川県図書館史』熊野勝祥著 香川県図書館学会 1994

## 蒲池 正夫
かまち・まさお

[生没年] 1907～1975
[出身地] 熊本県
[学歴] 1924年広島高等学校中退

闘病生活ののちに、1937年広島高等工業学校図書館(～1938)などを経て、1946年徳島新聞社。政経部長、文化部長などを歴任し、1949年徳島県立図書館長(～1962)。同館の再建や運営に対して1954年第1回中井正一賞受賞。1957年アメリカ合衆国国務省の招聘で図書館事情研究のため渡米。また、徳島県美術家協会、阿波学会などの文化団体を組織する。1962年熊本県立図書館長(～1967)。熊本県文化懇話会結成など文化振興に尽くす。1968年鹿児島短期大学教授。この間、1954年日本図書館学会創立に参画(理事)、1956年日本読書学会理事、1959年全国公共図書館協議会会長を務める。1970年熊本県教育委員、1973年熊本県教育委員長などを歴任。
【参考】『蒲池正夫選集』蒲池正夫著 蒲池正夫顕彰会 1980／新孝一「徳島時代の蒲池正夫：憲法記念館のころ」『図書館学』82号 2003.3／植村芳浩「熊本時代の蒲池正夫」『図書館学』82号 2003.3／福田哲「蒲池正夫氏略歴」『図書館雑誌』70巻3号 1976.3

## 神尾 達夫
かみお・たつお

[生没年]1940～2004

1964年日本経済新聞社，1986年データバンク局記事情報局部長。1993年日経リサーチ企業調査局長，のちに取締役。

【参考】『日本経済新聞』2004.7.27／『現代日本人名録 2002 2』日外アソシエーツ編 日外アソシエーツ 2002

## 神本 光吉
かみもと・みつよし

[生没年]1927～1981

小学校，中学校教員などを経て，1951年文部省図書館職員養成所卒業。1953年山口県立山口図書館司書。1955年東京学芸大学附属図書館主任司書。1958年司書係長，1964年参考係長。1964年法政大学専任講師，1966年助教授，1980年教授。著作に『図書館学教育論』(法政大学文学部，1974) がある。

【参考】「神本光吉先生略歴・主要業績」『法政大学文学部紀要』27号 1982.3

## 神谷 富蔵
かみや・とみぞう

[生没年]？～？

東京市立図書館に勤務。四谷図書館主任 (1920～1924)，麻布図書館主任 (1925～1929)，駿河台図書館 (1930)，麻布図書館主任 (1931～1936)，王子図書館長 (1937～1938)，淀橋図書館長 (1939～1942) が確認できる。

【参考】『東京市職員録』大正9年-昭和17年現在 1920-1942／『簡約日本図書館先賢事典：未定稿』石井敦編著 石井敦 1995

## 上山 満之進
かみやま・みつのしん

[生没年]1869～1938

台湾総督，枢密院顧問官などを歴任。故郷である山口県防府市に図書館建設を計画。没後は遺族が遺志を引き継ぎ，1941年市立三哲文庫を開館。

【参考】『山口県図書館史稿』升井卓彌著 升井卓彌 1990／『上山満之進略伝：防府図書館の前身「三哲文庫」創設者』児玉識著 防府市立防府図書館 2015

## 亀田 憲六
かめだ・けんろく

[生没年]？～？

読売新聞読書会の古参会員。1926年東京市麻布区に「東京相互書園」を開設。1928年文部省の認可を受け(社)東京移動図書館と改称，設立代表者となる。理事長は三輪田元道(教育家)。同年内幸町の大阪ビルに移転。商社や官庁街の勤め人に大衆小説などを貸出して好評を博し，会員も500名ほどに増加したが1937年頃に芝の女子会館へ移転し，1939年頃活動を停止。

【参考】「読書生としての佐々木照山氏 相互書園に加入し同園を激励す」『読売新聞』1926.8.22／「公認移動図書館」『読売新聞』1928.1.27／「全国主要図書館一覧」『出版年鑑 昭和15年版』東京堂 1940

## 柄崎 常雄
からさき・つねお

[生没年]1904～1937

富山県福光町立図書館司書 (1924～1937)。砺波図書館協会の結成などに尽力。

【参考】石崎俊彦「故・柄崎司書」『富山県図

書館協会創立50周年記念誌』富山県図書館協会 1981

## 柄沢 日出雄
からさわ・ひでお

[生没年]1901～1985

1944年慶應義塾高等部（旧制大学専門部）教授から同大学図書館主事となり，戦時期の同館の実務を指揮。彼の事前準備により図書館は翌年5月の空襲での全焼を免れた。一方，1943年同大学が購入した寶玲文庫（フランク・ホーレーが集めた日本古典籍）の戦後返還に苦慮。1952年副館長兼経済学部教授。1962年退職。
【参考】武田虎之助「柄沢日出雄（289.1）」『図書館雑誌』46巻2号 1952.2／『慶應義塾報』1244号 1986.1

## 狩谷 棭斎
かりや・えきさい

[生没年]1775～1835

考証家，蔵書家。弘前藩御用達の米穀商津軽屋，20歳頃から屋代弘賢に師事。鑑別（資料批判），校勘（本文批判），考証（内容批判）を中心とする校勘学を大成して，日本書誌学の発展に多大な貢献を果たした。また和漢稀書の収集家としても知られ，晩年は「実事求是書屋」の家号を用いる。『日本国見在書目証注稿』，唐本の模刻ほか著作多数。
【参考】『狩谷棭斎』梅谷文夫著 吉川弘文館 1994

## 河合 謙三郎
かわい・けんざぶろう

[生没年]1871～？

1881年に東京図書館に出納掛見習で入り，帝国図書館後も続けて出納に携わり，1923年には出納掛主任となる。1922年に日本図書館協会から20年以上（33年1か月）勤続表彰を受ける。
【参考】『図書館総覧』天野敬太郎編 文教書院 1951／西村正守「帝国図書館出納員略史」『図書館研究シリーズ』17号 1976.2

## 河合 博
かわい・ひろし

[生没年]1904～1989？
[出身地]秋田県
[学歴]1928年東京帝国大学法学部法律学科卒業

1934年東京帝国大学附属図書館に入職，1935年司書官（～1950，法学部助教授兼任）。この間，1937年にロックフェラー財団フェローとして日本で初めて渡米，大学図書館の経営を学ぶ。文部省編『学校図書館の手引』（師範学校教科書，1948）の編集委員や日本図書館協会の社団法人化の発起人の一人になるなど，戦後図書館改革に尽力した。退官後は，1951年弁護士登録，以後は弁護士として活動した。著作には「米国図書館界雑感（1）（2）」（『図書館雑誌』第34年6，7号，1940.6，7），「大学の部局図書室」（ロバート・ビー・ダウンズ著，河合博訳『図書館雑誌』42巻4号，1948.12）などがある。法律学関係では，F.W.メイトランド著，河合博訳『イギリス私法の淵源：Forms of action』（東京大学出版会，1979）などがある。
【参考】『図書館再建50年：1928-1978』東京大学附属図書館編 東京大学附属図書館 1978／『日本紳士録』第70版 交詢社出版局 1988／中村百合子『占領下日本の学校図書館改革：アメリカの学校図書館の受容』慶應義塾

大学出版会 2009

## 川口 鉄男
かわぐち・てつお

[生没年] 1923～1982

1947年戸畑専門学校,八幡大学に昇格後も図書館主任,司書長として35年にわたり今日の図書館業務のシステムを確立。1960年から図書館学の講師を兼ね,その後助教授,教授となり,司書教諭および司書養成課程の開設を実現した。別府大学,九州産業大学などの講師を兼任し,九州大学文学部にも出講した。著書には『資料組織化論:情報管理の基盤としての図書館の知恵』(精文館, 1968) などがある。
【参考】「川口鉄男教授追悼号」『八幡大学論集』33巻3号 1982.12

## 川﨑 操
かわさき・みさお

[生没年] 1904～1977

東京商科大学 (のちに一橋大学) 附属図書館勤務 (1923～1966)。1933年「くにたち本の会」を結成して『書物の周囲』(創刊号-3年1.2号, 1934-1936) を発行。退職後学園史業務に従事し,『一橋大学附属図書館史』(一橋大学, 1975) の「図書館沿革概説稿」や『一橋大学年譜 Ⅰ』(一橋大学, 1976) を作成。
【参考】大場高志「川﨑操:一橋大学附属図書館伝説の事務長」『一橋大学附属図書館研究開発室年報』1号 2013.3／青野伊予児「故川﨑操氏追悼」『図書館雑誌』72巻5号 1978.5

## 川崎舎 竹郎
かわさきや・ちくろう

[生没年] 1822～1879

高松の実業家。自由民権運動を啓蒙し,自費で新聞閲覧所を設立した。
【参考】『新修高松史Ⅱ』高松市史編修室編 高松市役所 1966／『香川県「郷土の先覚」読本』市原輝士著 丸山学芸図書 1995

## 川瀬 一馬
かわせ・かずま

[生没年] 1906～1999

昭和期の書誌学,国文学者。特に,古典籍や古活字版の研究で知られている。安田家第2代安田善次郎が創設した安田文庫の充実のため,貴重な古写経や古活字本を精力的に収集したほか,大東急記念文庫,五島美術館の理事,龍門文庫理事長などを歴任した。著書には『古活字版之研究』(安田文庫, 1937),『古辞書の研究』(大日本雄弁会講談社, 1955) など多数ある。
【参考】川瀬一馬「川瀬一馬書誌学関係著作論文略目録」『書誌学』6号 1966.12

## 川添 キシ
かわぞえ・きし

[生没年] 1929？～2002

東京都立青山高校司書教諭。都立高校司書懇談会の世話人などを務め,1960年都立高校への司書教諭の専任配置を当局に働きかけるなど学校図書館の充実に尽力した。
【参考】『学校図書館五〇年史』全国学校図書館協議会『学校図書館五〇年史』編集委員会編 全国学校図書館協議会 2004／『近代日本図書館の歩み:本篇』日本図書館協会編 日

本図書館協会 1993

## 川田 豊太郎
かわだ・とよたろう

[生没年]1869～1949

高知県佐川町会議員や県郵便局長会長などを歴任。1910年邸内に川田文庫を設立して一般開放した。同文庫は1925年、田中光顕の寄贈を受け、（財）青山会の経営に移して青山（せいざん）文庫と改称。
【参考】「ふるさとの先人64 県下初の私立図書館創設 川田豊太郎」『高知新聞』1998.9.12／吉野忠「高知県における図書館の発達（3）」『高知大学教育学部研究報告 第1部』23号 1972.3

## 河内 義一
かわち・ぎいち

[生没年]1921～？

1958年茨城県立図書館長（～1964）。1959年からPTA母親文庫を開始、1960年から「母と子の20分間読書運動」を取り入れ、教育事務所と連携して継続した。また茨城県郷土文化研究会の創設、出版事業、郷土資料の充実に尽力した。著作に『茨城県共同巡回文庫のしおり：附館外奉仕の三本の柱』（茨城県立図書館, 1963）などがある。
【参考】『茨城県立図書館100年のあゆみ：草創期から平成の新県立図書館までの記録：1903-2003』茨城県立図書館編 茨城県立図書館 2003／『茨城人事録』茨城新聞社編 茨城新聞社 1980

## 川名 正義
かわな・まさよし

[生没年]1903～1983

千葉県館山病院第3代院長。安房医師会長（1944）、千葉県医師会長（1947）などを歴任。千葉県立図書館安房館山分館設置（1954）を働きかけ、のちに館山市立図書館長（1957～1978）。千葉県図書館協議会委員などを務め（1959～1978）、県立図書館移動図書館「ひかり号」の存続、分館の維持にも尽力した。
【参考】『千葉県図書館史』千葉県図書館史編纂委員会編 千葉県立中央図書館 1968／『文化の朝は移動図書館ひかりから：千葉県立中央図書館ひかり号研究』日本図書館研究会オーラルヒストリー研究グループ編著 日本図書館研究会 2017

## 川原 和子
かわはら・かずこ

[生没年]1928～1998

名古屋大学経済学部、同大学附属図書館勤務（1950～1988）。1968年より経済資料協議会理事を長期にわたり務める。『経済学文献季報』（1956年創刊）編集担当および電算化に尽力。
【参考】『女性司書の足あと：回想の川原和子』川原さんを追悼する会編 川原さんを追悼する会 2008

## 川原 幸作
かわはら・こうさく

[生没年]1895～1966

富山県社会教育課職員を経て富山県立図書館書記（1940～1942）。津沢町、砺中町の町長などを歴任。富山県図書館協会、富

山県立図書館の設立に尽力した。
【参考】中島正文「川原さんへの追憶」『富山県図書館協会創立50周年記念誌』富山県図書館協会 1981

## 川辺 甚松
かわべ・じんまつ

[生没年] 1908〜1952

1942年石川県鳳至郡住吉村国民学校に赴任。同年満洲開拓団青少年読書指導者として渡満。戦後は1949年住吉村立小学校に勤務、読書、読書会を通じ青年の指導、農村の振興に尽力した。
【参考】『文化の雄』石川県鳳至郡住吉村川辺甚松先生顕彰会編 石川県鳳至郡住吉村川辺甚松先生顕彰会 1953／追悼記事『石川読書通信』27号 1953.3

## 川村 源七
かわむら・げんしち

[生没年] 1903〜1983
[出身地] 高知県
[学歴] 1924年成器商業学校卒業

大阪の夜間学校に通いながら弁護士の書生生活を送った後、1927年より高知県内の小学校に教員として勤務し、図書の充実に力を入れる。梼原村で作成した図書館計画が評価され、1940年高知県立図書館司書になる。1946年館長（〜1961）。県立図書館では、戦災に遭った同館の復興や全国初の自動車巡回文庫の導入を果たした。大変な読書家であり、自らを「文化の便利屋」と称し、民俗学、郷土史研究者としても活躍した。著書に、『町村図書館と読書会』（高知県教育委員会事務局、1949）や自伝『教育へんろ』（高知市立市民図書館、1965）など。
【参考】「36年度受賞（郷土史）川村源七」『文化賞に輝く人々 昭和25年〜昭和54年』高知県文化賞に輝く人々編集委員会編 高知県教育委員会 1980／「元県立図書館長 川村源七氏が死去」『高知新聞』1983.2.9／『高知県人名事典』新版『高知県人名事典新版』刊行委員会編 高知新聞社 1999

## 川本 宇之介
かわもと・うのすけ

[生没年] 1888〜1960
[出身地] 兵庫県
[学歴] 1915年東京帝国大学文科大学哲学科教育学専攻卒業

1916年東京市教育課勤務、同市視学兼務。1917年東京高等工業学校附属工業補習学校（夜間）の授業嘱託。1920年文部省に移り、普通学務局第四課嘱託。乗杉嘉壽課長のもとで図書館、社会教育および特殊教育（盲聾教育）の調査研究に従事。『社会と教化』（社会教育研究会）編集主任。1921年図書館員教習所創設に参画、主任講師を務めた。1922年留学（〜1924）。帰国後パーキンス盲学校図書館をモデルとする特殊教育における学校図書館の導入を目指した。1924年から東京聾啞学校、東京盲学校教員を兼務。1949年国立聾教育学校長就任。1951年東京教育大学教育学部に全国で初めての特殊教育学科の創設に尽力。著作に、『公民教育の理論及実際』（大同館、1915）,『都市教育の研究』（東京市市政調査会、1926）などがあるが、『社会教育の体系と施設経営』（最新教育研究会、1931）は、体系編と経営編の2冊から成り、「自由意志に基づく自己教育」と「教育的並に文化的デモクラシー」を重視した社会教育論を構築、その原理を実現する機関の中心に図書館を位置づけた。

【参考】高橋正教「川本宇之介の社会教育論」『近代日本社会教育論の探求』小川利夫, 新海英行編 大空社 1992／日高幸男「社会教育の学的体系化をめざした川本宇之介」『社会教育』34巻3号 1979.3／野口武悟「川本宇之介の盲啞学校図書館に関する理論と実践」『学校図書館学研究』7巻, 2005.3／山口源治郎「草創期社会教育行政と公共図書館論：川本宇之介の図書館論をめぐって」『公立図書館の思想と実践』森耕一追悼事業会編 森耕一追悼事業会 1993

## 菅 菊太郎
かん・きくたろう

[生没年]1875～1950

松山農学校長を経て, 1940年愛媛県立図書館事務嘱託, 俳諧文庫の事務を担当。1942年同館館長事務取扱。初の専任館長として, 集会活動や読書指導を推進した(～1948)。戦後は連合国軍最高司令官総司令部(GHQ/SCAP)に建物を接収された図書館の再開に奔走。農学者としても活躍した。
【参考】天野奈緒也「図書館人としての菅菊太郎」『伊予史談』351号 2008.10

## 菅 正信
かん・まさよし

[生没年]1878～1936

愛媛県好藤村村長(1914～1928)。今西林三郎の寄付を得, 村内篤志家の協力によって青年団巡回文庫を設け, 一般に巡回して読書趣味の涵養を図った。
【参考】『広見町誌』広見町誌編さん委員会編 広見町 1985

## 菅 まゆみ
かん・まゆみ

[生没年]1951～1986

1973年から司書として東京都羽村町立羽村図書館の設立, 児童サービスおよび館運営に尽力する。1980年同町学務課に司書として異動, 学校図書館活動を支える。1981年浦安市立図書館。司書, 奉仕係長, 副館長を歴任。1979年日本図書館協会カリフォルニア図書館視察団参加, 1977年東京都補助金復活要望書作成プロジェクトや1980年以後児童図書館研究会, 日本図書館協会の子ども文庫調査を推進。1982年同協会町村図書館活動振興方策検討臨時委員などを歴任した。
【参考】『こどもの図書館とともに』児童図書館研究会菅まゆみ記念文集作成実行委員会編 児童図書館研究会菅まゆみ記念文集作成実行委員会 1987

## 菅野 義之助
かんの・ぎのすけ

[生没年]1874～1943

岩手県立図書館長(1936～1943)。郷土史の研究にも力を注ぎ, 著作に『奥羽切支丹史』(岩手県学校生活協同組合出版部, 1950)がある。
【参考】『創立60周年記念岩手県立図書館職員名簿』岩手県立図書館編 岩手県立図書館 1982／『岩手人名辞典』浦田敬三著 新渡戸基金 2009

## 菅野 青顔
かんの・せいがん

[生没年]1903～1990
[出身地]宮城県

[学歴］1917年本吉郡立水産学校中退

本名千助。『大気新聞』文芸部長などを経て1941年気仙沼町立気仙沼図書館事務嘱託（〜1949），1949年同館初の専任館長（〜1964），1964年非常勤嘱託館長（〜1978）。この間の1953年に同館は市立となる。早い時期から開架制による図書館運営を実施。戦時中は警察からの資料の廃棄指示に従わず，戦後の出版物没収命令にも従わず，図書館の自由を守った。「気仙沼町図書館維持後援会」をつくり資料購入のための寄付を呼びかけ（1946），高校生による自主組織「気仙沼図書館友の会」の結成を支援した（1951）。全国図書館大会では県費による県庁所在地以外への小図書館設立を唱えた（1958）ほか，児童向け館報『やまびこ』の発行（1954年頃），離島（気仙沼大島）を含む自動車文庫サービス（1971年開始），緑陰図書館（1972年開始），船上で読書会を行う「洋上図書館」（1974）など利用拡大に取り組んだ。北日本図書館協議会理事などを歴任。

［参考］『図書館80年のあゆみ』気仙沼市立図書館編 気仙沼市立図書館 1996／『追悼・菅野青顔を語る』西田耕三編 菅野青顔追悼集刊行委員会 1990／『気仙沼市史 Ⅵ教育・文化編』気仙沼市史編さん委員会編 気仙沼市 1992

## 菅野 退輔
かんの・たいすけ

［生没年］1851〜1924

1889年海軍中央文庫主査，1893年海軍軍令部海軍文庫主幹，1895年退職。同文庫で錦織精之進と辞書体目録の導入を行い，『Catalogue of books in English language ＝ 海軍図書目録 英書之部』（Imperial Naval Library, 1893）を編集。ともに日本文庫協会第2期（1893）の幹事を務める。

［参考］「懐古座談会」『図書館雑誌』25年1号 1931.1／『簡約日本図書館先賢事典：未定稿』石井敦編著 石井敦 1995

## 神波 武夫
かんば・たけお

［生没年］1890〜1968
［出身地］鳥取県
［学歴］1923年神戸仏語学校卒業

1911年に臨時職員として神戸市立図書館に入る。1919年に同館書記，1921年に書記兼司書となり，1935年には鳥取県立鳥取図書館から転任した森清と中心になり，旧分類から日本十進分類法への切り替えを実施した。1937年3月伊達友俊館長の退任から7月寺沢智了館長就任までの間館長事務取扱を務めるなど，長年にわたって同館の主導的な職員として活躍した。1943年神戸市立図書館を退職し，川西機械製作所図書主任となる。1946年宝塚文芸図書館に勤務（〜1949）。青年図書館員聯盟に1927年の創設時から参加，評議員や理事員を歴任し1940年理事員首席を務めた（〜1942）。著書に『基本的参考図書目録』（神波武夫編，青年図書館員聯盟，1929）があるほか，青年図書館員聯盟で『日本件名標目表』第2版（間宮不二雄編，宝塚文芸図書館，1944）の編集に関わったことも特筆される。

［参考］戸沢信義「神波武夫さんの思い出」『図書館界』20巻5号 1969.1／『神戸市立図書館60年史』神戸市立図書館 1971

## 【き】

### 菊岡 俱也
きくおか・ともや

[生没年] 1937～2006

1960年建設省建築研究所企画調査課入り。図書係となり所員の古川修（建築学）の影響で建築・建設産業史をライフワークとする。1973年退官し（財）日本建築センター調査部資料課長に転じ、さらに1979年独立して建設文化研究所を起こす。以後清水建設、森ビルなどの社史編纂に協力。2002年東日本建設業保障（株）建設産業図書館長（初代）。多くの著述があるが『建築・都市・住宅・土木情報アクセスブック』（学芸出版社、1994）は山本夏彦に『週刊新潮』（39巻23号、1994.6）で紹介されるなど好評だった。
【参考】『回想・菊岡俱也』菊岡俱也回想録編纂委員会編 菊岡俱也回想録編纂委員会 2006／『菊岡俱也著作目録』菊岡俱也、田中良寿編 菊岡俱也著作目録編纂委員会 2006

### 鞠谷 安太郎
きくたに・やすたろう

[生没年] 1883～1933

神戸高等商業高校（のちに神戸商業大学）図書館に勤務。青年図書館員聯盟では1927年の創設時から中心メンバーの一人であり、1931年から翌年まで理事員首席を務める。とくに目録法に造詣が深く、中島猶次郎との共編『目録編成法』（間宮商店、1926）は全国専門高等学校図書館協議会の標準目録法案として作成された。1932年依願免官で神戸商業大学嘱託となるが、体調を崩し翌年死去する。
【参考】「鞠谷安太郎氏」『青年図書館員聯盟会報』6巻6号 1933.12

### 菊池 謙二郎
きくち・けんじろう

[生没年] 1867～1945

教育家、水戸学研究者。1908年水戸中学校校長に着任、同年茨城県立図書館館長事務取扱（～1914）。任期中の1911年に全国図書館大会を開催。著作に『新体皇国史綱』（成美堂書店、1898）、『藤田東湖伝』（金港堂、1899）などがある。
【参考】『茨城県立図書館100年のあゆみ：草創期から平成の新県立図書館までの記録：1903-2003』茨城県立図書館編 茨城県立図書館 2003／『茨城県大百科事典』茨城新聞社編 茨城新聞社 1981

### 菊池 幸次郎
きくち・こうじろう

[生没年] 1871～1955

札幌、八戸の旧制中学、千葉県茂原農学校を経て、北津軽郡農学校長（のちに県立農学校長）、北津軽郡報徳会会長に就任。1917年会長として、ブリタニカ百科事典や資金を提供し報徳会図書館設立に尽力した。五所川原大火（1944）で図書館が休業状態になると、蔵書を農学校の大東農園に移し学生による活用を図った。
【参考】『青森県立図書館史』青森県立図書館史編集委員会編 青森県立図書館 1979

## 菊池 孝
きくち・たかし

[生没年] ？～？

茨城県立図書館初代専任館長(1903～1908)として、開館準備や同館規則の整備などを行い、館外貸出、夏季夜間開館を進め、巡回書庫を県内3郡で開始した(1907)。著作に「図書館風土記：茨城県の巻」(『図書館雑誌』47巻11号、1953.11) などがある。

【参考】『茨城県立図書館100年の歩み：草創期から平成の新県立図書館までの記録：1903-2003』茨城県立図書館編 茨城県立図書館 2003

## 菊池 租
きくち・みつぎ

[生没年] 1904～1984
[出身地] 佐賀県
[学歴] 1930年東京帝国大学文学部大学院満了、1932年九州帝国大学文学部大学院満了

九州帝国大学副手、助手を経て1934年福岡県立図書館司書、1937年対中国文化事業として北京に設立されていた北京近代科学図書館司書。その後1943年(財)国際文化振興会調査部満支課長、1944年同上海資料主任(～1945)。敗戦後1948年福岡県立図書館長(～1964)。新しく公布された図書館法に対して館界では雑多な意見が噴出したのに対して、民主主義社会における公共図書館のあるべき姿を学問的に考えるため、『日本図書館学会年報』(1号、1954.11)に「図書館学のAkademie性について」を、『図書館学』(2号、1954.6)に「英国の図書館法について」を発表。1965年九州産業大学教授、1968年同大学附属図書館副館長、1971年館長。また、1953年

設立された西日本図書館学会の生みの親であり、木村秀明とともに終生同会を支えた。

【参考】『菊池租図書館学論集』菊池租著 菊池租図書館学論集刊行会 1986／相戸敏夫[ほか]「追悼菊池租先生」『図書館学』46号 1985.5

## 岸 美雪
きし・みゆき

[生没年] 1959～2013

1985年国立国会図書館入館。同館機構改革で1986年に成立した図書館協力部において協力事業に従事。同館支部国際子ども図書館企画協力課長を最後に研究職へ転身を図るも病没。共編著に丸山昭二郎[ほか]編『情報アクセスのすべて』増補改訂版(日本図書館協会、1992) などがある。

【参考】「告知板 ひと〈訃報〉」『図書館雑誌』107巻6号 2013.6

## 岸本 英夫
きしもと・ひでお

[生没年] 1903～1964
[出身地] 兵庫県
[学歴] 1926年東京帝国大学文学部宗教学宗教史学科卒業

宗教学者。1930年米国のハーバード大学に留学、1931年同大学講師となり、日本文化史、日本宗教史、日本語学などを講義。1933年シカゴ大学の講師も務めた。1934年帰国、東京帝国大学文学部講師となる。1945年助教授、1947年教授となり宗教学宗教史講座を担当。1960年東京大学附属図書館長(～1964)。同館の近代化(岸本改革)を推進し、全国の大学図書館の改革に影響を及ぼした。著作に『東京大学附

属図書館改善計画の趣意とその経過』(東京大学附属図書館, 1963),東京大学附属図書館編『大学図書館の近代化をめざして:東京大学附属図書館改善記念論集 第2集(前東京大学附属図書館長岸本英夫教授図書館関係論集)』(東京大学附属図書館, 1964),『岸本英夫集』全6巻(渓声社, 1975〜1976)などがある。
【参考】『図書館再建50年:1928-1978』東京大学附属図書館編 東京大学附属図書館 1978/『東京大学百年史 部局史4』東京大学出版会 1987/『元東京大学附属図書館長岸本英夫図書館関係論集・記録ノート』金子豊編 金子豊 2007

## 喜早 彦太
きそう・ひこた

[生没年] 1867〜1927

生年を1869年とする説もある。山形県楯岡の実業家。楯岡銀行, 喜早倉庫, 喜早運送店を創業し地域の金融, 運輸, 産業の発展に貢献した。一方で東京遊学中に東京書籍館を利用し図書館の重要性を知り, 多額の私財を投じて1920年に(財)喜早図書館を開設した。その後喜早家により楯岡町に寄贈され, 楯岡町立図書館, 村山市立図書館となり現在に至っている。
【参考】『村山市史 近現代編 上巻』村山市史編さん委員会編 村山市 1999

## 北川 弥三松
きたがわ・やさまつ

[生没年] ?〜?

国鉄岐阜駅長。矢橋亮吉から土地, 資金, 経費の支援を受け, 儒者三宅椣台の蔵書を中心に1923年岐阜簡易図書館を開館。
【参考】『地方発達史と其の人物 岐阜県の巻』鈴木善作著 郷土研究社 1937/『近代日本図書館の歩み:地方篇』日本図書館協会編 日本図書館協会 1992

## 北島 金次
きたじま・きんじ

[生没年] 1896〜?

東京市立図書館に勤務。中和図書館主任(1927〜1930), 麻布図書館主任(1937), 同館館長(1938〜1942), 都立王子図書館長(1943)が確認できる。
【参考】『簡約日本図書館先賢事典:未定稿』石井敦編著 石井敦 1995/『東京市職員録』昭和2年-昭和17年現在 1927-1942/『東京都教育関係職員録』昭和18年現在 1944

## 北嶋 武彦
きたじま・たけひこ

[生没年] 1921〜2013

1950年に国立国会図書館入館, 1955年文部省図書館職員養成所教官を経て(〜1962), 東京学芸大学助教授, 教授(1962〜1985)。大正大学教授(1985〜1994)。日本図書館学会常任理事(1957〜1961, 1965〜1967), 日本図書館協会図書館学教育部会長(1981〜1983)などを歴任。著作には『参考業務』(理想社, 1994), 『図書館奉仕論』(理想社, 1969), 『学校図書館通論』(学芸図書, 1964)などがある。
【参考】『図書館情報学教育の戦後史』根本彰監修 中村百合子[ほか]編著 ミネルヴァ書房 2015/『図書館関係専門家事典』日外アソシエーツ編 日外アソシエーツ 1984

## 北園 克衛
きたぞの・かつえ

[生没年] 1902～1978

本名橋本健吉。モダニズム詩人。親交のあった洋画家で歯科医だった中原実の一族が経営する日本歯科医学専門学校（のちに日本歯科大学）の図書館に1935年招聘され、死去まで図書館長だった。この職を得て北園は「VOU」倶楽部の活動や紀伊國屋書店PR誌『机』(1952-1960) 編集などに活躍した。
【参考】中原泉「図書館長の橋本健吉は詩人北園克衛だった（一枚の写真）」『日本歯科大学校友会・歯学会会報』41巻3号 2016.2

## 木田橋 喜代愼
きだはし・きよなり

[生没年] 1908～2001

小樽高等商業学校の図書館 (1923～1947)、札幌医科大学附属図書館 (1951～1967)、北海学園大学附属図書館 (1967～1972) に勤務。1972年の北海学園大学図書館学課程創設に関わり、講師を経て、初代教授となった。北海道図書館研究会でも活躍し、長期にわたって代表を務めた。
【参考】「上野豊次郎教授 橋本俊彦教授 木田橋喜代愼教授退職記念号」『北海学園大学学園論集』60号 1988.8

## 北畑 静子
きたはた・しずこ

[生没年] 1923～1990

本名静。ロシア児童文学の翻訳家。連合国軍最高司令官総司令部 (GHQ/SCAP) 民事検閲局を経て1953年国立国会図書館国会分館に入る。1958年同館支部上野図書館への転属で石川春江を知り児童書に開眼。1961年同支部蔵書の永田町本館移転以降、長く洋書受入れ担当。勤務の傍らソ連の児童文学を多数翻訳。1986年館内につくった児童書研究会「かば：児童書を語る会」からはのちに同館支部国際子ども図書館設立時 (2000) のスタッフが出た。
【参考】北畑静子「30余年をふりかえって」『国立国会図書館月報』300号 1986.3／「北畑静子氏追悼」『日本児童文学』36巻11号 1990.11／『20世紀日本人名事典 あ～せ』日外アソシエーツ編 日外アソシエーツ 2004

## 北畠 貞顕
きたばたけ・さだあき

[生没年] 1870～?

京都府立図書館第5代館長 (1916～1940)。歴代で最長在任期間。この間、個人貸出実施、『京都図書館和漢図書分類目録』(京都府立図書館, 1913, 1917) を編纂。著作に「日曜学校に採用すべきお伽噺の種類」(『日曜学校講習会講義録 第3回』多田澄円編, 学務部, 1919) などがある。
【参考】『京都府中央図書館報』1-81号 1935.4-1942.1／『近代日本図書館の歩み：地方篇』日本図書館協会編 日本図書館協会 1992

## 北村 清
きたむら・きよし

[生没年] 1892～1944

千葉医科大学附属図書館司書。官立医科大学附属図書館協議会結成に尽力する。著作に「医科大学附属図書館協議会の近業」(『図書館雑誌』36巻7号, 1942.7) などがある。
【参考】『簡約日本図書館先賢事典：未定稿』

石井敦編著 石井敦 1995／吉岡孝治郎「医科大学附属図書館協議会の思い出」『医学図書館』4巻4号 1957.10

## 喜多村 進
きたむら・すすむ

[生没年] 1889〜1958

青山学院図書室，南葵文庫，東京帝国大学附属図書館，南葵音楽図書館を経て，1933年和歌山県立図書館司書となり（〜1952），戦前戦後の同館の基礎を開いた。文学者としても活躍し，著書に『紀州萬華鏡』（津田源兵衛書店，1936）などがある。
【参考】『70年の歩み：和歌山県立図書館沿革小誌』池浦正春編 和歌山県立図書館 1976／須山高明「喜多村進考：帰郷後の活動を中心として」『和歌山県立博物館紀要』11号 2005.3

## 北村 益
きたむら・ます

[生没年] 1868〜1951

1889年湊要之助とともに士族の子弟を教育した八戸青年会（私塾）の設立に関わり会長に就任，図書局を設け，実学書や啓蒙書を収集した。1893年八戸書籍縦覧所の運営委託を受ける。1895年公開図書館開設。八戸新聞社社長（1905），八戸町長（1907〜1913，1918〜1923），舘村村長（1915〜1918）。北村の蔵書は八戸市立図書館に百仙洞文庫として収蔵。
【参考】『八戸市立図書館百年史』八戸市立図書館百年史編集委員会編 八戸市立図書館 1974

## 北村 泰子
きたむら・やすこ

[生没年] 1915〜1973

1950年東京都教育庁文書課などを経て，東京都立日比谷図書館では児童担当として勤務。1962年から同館整理課長，奉仕課長を歴任。著作に「図書館活動の問題点：市民サービスとの関連で」（『都市問題』56巻2号，1965.2）などがある。
【参考】『都政人名鑑 1962年版』都政新報社 1961

## 北村 幸子
きたむら・ゆきこ

[生没年] 1945〜2013

奈良県公立小学校勤務（1969〜1975）。大阪府羽曳野市立小学校に学校司書として勤務（1996〜2001）。1991年「学校図書館を考える会・近畿」を設立。同会事務局長（1991〜2000），代表（2001〜2010）。全国の「学校図書館を考える会」の運動を牽引した。共著に『学校図書館メディアと読書教育』（教育史料出版会，2007）などがある。
【参考】『学んだ，広げた，「学校図書館」』学校図書館を考える会・近畿編 学校図書館を考える会・近畿 2012

## 橘井 清五郎
きつい・せいごろう

[生没年] 1876〜1947

1898年東京地学協会嘱託として編集，文庫事務に従事，1903年南葵文庫掌書，次いで掌書長。1913年外遊しロンドン大学で図書館講習を受講（〜1914）。1917年南葵文庫主幹（〜1924）。1924年清明文庫創

設委員,開設後に主幹。1926年宮内省図書寮嘱託。日本図書館協会評議員(1913～1923),理事(1924～1929)などを歴任。著作に『西洋書誌学要略』(図書館事業研究会,1932)などがある,

【参考】勤続表彰者の略歴『図書館雑誌』112号 1929.3／坪谷善四郎「日本図書館界の五長老を悼む」『図書館雑誌』42巻2号 1948.4・5

## 吉川 尚
きっかわ・たかし

[生没年] 1902～1979

1928年に文部省,1934年帝国図書館勤務。この間,1941年に図書館講習所講師。1944年三菱重工業熊本航空機製作所,1951年熊本大学図書館事務長。1964年退職。熊本商科大学で図書館学を教える。

【参考】『簡約日本図書館先賢事典：未定稿』石井敦編著 石井敦 1995

## 木寺 清一
きてら・せいいち

[生没年] 1908～1984
[出身地] 大阪府
[学歴] 1930年関西大学専門部英文科退学

1929年大阪商科大学図書係,1934年関西大学図書館書記,1940年京都帝国大学附属図書館司書。1943年には上海自然科学研究所図書室主任。敗戦後は,1946年大阪帝国大学工学部図書館,1948年同大学附属図書館。1952年大阪府立図書館司書部長。戦前に大阪を中心に結成されていた青年図書館員聯盟に参加。戦後中国から帰国後今後の生き方に悩んでいたが,1946年大阪で結成された日本図書館研究会に参加。1964年以後関東に転ずるまで理事,この間1957年から1960年まで理事長を務めた。1964年より図書館短期大学助教授,1967年教授。1975年常磐学園短期大学教授。1983年退職。著書には『図書館経営実務入門』(京都出版,1949),埴岡信夫との共編で『レファレンス手引：参考係員のための実務便覧』(日本図書館研究会,1954)などがある。

【参考】「木寺清一先生略歴」『図書館界』36巻2号,1984.7

## 鬼頭 梓
きとう・あずさ

[生没年] 1926～2008

1950年前川国男建築設計事務所(～1964),1964年鬼頭梓設計事務所設立。1992年新日本建築家協会会長(～1997)。作品には,1968年東京経済大学図書館・研究棟,1973年日野市立中央図書館,山口県立山口図書館,1977年同志社女子大学図書館,1981年神戸市立中央図書館,1982年関西大学総合図書館など。図書館建築のあるべきすがたを提案した。著作に『図書館建築作品集』(鬼頭梓設計事務所,1984)などがある。

【参考】『建築家の自由：鬼頭梓と図書館建築』鬼頭梓,鬼頭梓の本をつくる会編著 建築ジャーナル 2008

## 紀 正之
きの・まさゆき

[生没年] 1900～?

1918年盛岡高等農林学校図書館,1949年岩手大学図書館事務長(～1964)。

【参考】『簡約日本図書館先賢事典：未定稿』石井敦編著 石井敦 1995

## 木下 秀夫
きのした・ひでお

[生没年] 1906～1999

富山県の高校教諭，県立高校長などを経て，富山県立図書館長（1956～1960）。「雨に傘，町に図書館」を標榜し，図書館未設置町村における図書館設置促進に邁進した。
【参考】木下秀夫「在館四年の思い出」『富山県図書館協会創立50周年記念誌』富山県図書館協会 1981／『わが郷土富山県』木下秀夫著 清水書院 1949

## 木原 乾輔
きはら・けんすけ

[生没年] 1900～1965

旧姓鬼原。1914年製本業鬼原正三堂を創業。同社はのち図書館用品を扱うようになり，1948年木原正三堂，1986年キハラ（株）となる。
【参考】『図書館とともに：キハラ100年の歩み』キハラ100周年記念誌編集委員会企画・編集 キハラ 2014

## 木村 蒹葭堂
きむら・けんかどう

[生没年] 1736～1802

名は孔恭。江戸時代の本草学者，大坂の人。浪速の知の巨人ともいわれた。邸内の蒹葭堂に収蔵した書画典籍類は全国に知られ訪問客が絶えなかった。著書には『山海名産図会』などがある。
【参考】『木村蒹葭堂研究：水の中央に在り』水田紀久著 岩波書店 2002／『日本図書館史』補正版 小野則秋著 玄文社 1973

## 木村 時習
きむら・じしゅう

[生没年] 1850～1928

1886年栃木新聞縦覧所を設立。
【参考】『教育に光をかかげた人びと』栃木県連合教育会文化部編 栃木県連合教育会 1965／『近代日本図書館の歩み：地方篇』日本図書館協会編 日本図書館協会 1992

## 木村 小舟
きむら・しょうしゅう

[生没年] 1881～1954

少年雑誌編集者で童話作家。巌谷小波門。1900年博文館入社，1913年岐阜通俗図書館を開設。著書に『明治少年文化史話』（童話春秋社，1949）など多数あり。
【参考】『木村小舟：富加の文学者 第1-8集』木村小舟を語る会編 2005-2009／『岐阜県公共図書館の歩み：江戸時代から現在まで』小川トキ子著 岩波出版サービスセンター 2001／『木村小舟と『少年世界』』飯干陽著 あずさ書店 1992

## 木村 秀明
きむら・ひであき

[生没年] 1922～2002

1947年福岡市の女子高校教諭，翌年西南学院大学司書を経て1951年福岡県立図書館司書。1957年資料課長，1964年福岡県立文化会館資料課長，奉仕課長，1974年図書部長。1978年同館退職後，1983年八幡大学法経学部教授，1993年同大学退職後は西日本図書館学会の役員を担当，同学会を支えた。
【参考】『図書館人生五十年』木村秀明著 木村秀明 1998／「木村秀明先生追悼号」『図書館学』81号 2002.9／福永義臣「木村秀明先

生著作目録」同上 82号 2003.3

## 姜 辰国
きょう・しんこく

[生没年] ？〜？

京城府立図書館鍾路分館司書。朝鮮図書館研究会理事。1930年代に農村図書館の設置を提唱し，一定の浸透を見た。戦後は農林部農地局長となって農政一般に転じた。論文に「農村文庫建設の急務」（『朝鮮之図書館』5巻6号, 6巻1号, 1936.12-1937.7）などがある。
【参考】宇治郷毅「近代韓国図書館史の研究」『参考書誌研究』34号 1988.7

## 清浦 奎吾
きようら・けいご

[生没年] 1850〜1942

司法官僚を経て政治家となり内閣総理大臣。図書館創立資金と蔵書を寄付し，1908年熊本県立鹿本中学校に清浦文庫を開館。公共図書館としての性格を兼ね備えていた。1923年県立清浦文庫と改称。
【参考】『九州図書館史』西日本図書館学会編 千年書房 2000／「熊本県立鹿本商工高等学校奎堂文庫展示資料室」(http://sakura1.higo.ed.jp/)

## 清川 陸男
きよかわ・むつお

[生没年] 1877〜1954

新潟医学専門学校書記図書掛（1911〜1922），新潟医科大学図書館書記（1922〜1931），名古屋医科大学図書館司書（1931〜1941）。1927年結成の官立医科大学附属図書館協議会創設に尽力，同年第1回協議会を新潟医科大学で開催，会則を制定する。1931年刊行した日本初の大学総合目録『医科大学共同学術雑誌目録』（医科大学附属図書館協議会）の作成を牽引，1935年名古屋医科大学で第9回協議会を開催した。
【参考】中野美智子「第1回JMLA協議会を開催した新潟医科大学」『医学図書館』47巻4号 2000.12

## 清 信重
きよし・のぶしげ

[生没年] 1911〜2002

岐阜新聞社，岐阜合同新聞社などを経て，1950年岐阜県立図書館，のちに館長。1961年岐阜県教育委員会社会教育課長などを歴任。
【参考】『岐阜県人事名鑑』岐阜民友新聞社編 岐阜民友新聞社 1962／著者略歴『ふるさと岐阜の物語 大正編』清信重著 清信重 1995

## 金城 朝永
きんじょう・ちょうえい

[生没年] 1902〜1955

1926年大橋図書館司書（〜1930）。伊波普猷を中心とする「南島談話会」の会務や『南島談話』の創刊に関わる。『那覇方言概説』（三省堂, 1944）の刊行など沖縄研究の著作多数。
【参考】「金城朝永年譜」『金城朝永全集 下巻』金城朝永著 沖縄タイムス社 1974

## 【く】

### 九鬼 隆一
くき・りゅういち

[生没年]1852〜1931

明治から昭和初期にかけての官僚，政治家。1872年文部省出仕，教育・文化行政に携わる。1888年宮内省に転じ，1889年初代帝国博物館総長。1882年文部少輔のときに各府県学務課長らを招集して学事の諮問をなし教育行政について訓示，図書館についても言及した。これが示諭事項と題して配布された。
【参考】『九鬼隆一の研究：隆一・波津子・周造』髙橋眞司著 未来社 2008／『学事諮問会と文部省示諭』国立教育研究所編 国立教育研究所 1979

### 日下部 武六
くさかべ・たけろく

[生没年]1877〜1934

岐阜県武儀郡の菅田郵便局長，郡会議員，菅田銀行頭取など。1907年私財を投じて菅田町立図書館を設立。1923年にも再び寄付をして同館を新築した。
【参考】『ふるさとの歴史を歩く2』長尾政紀著 まつ出版 2013／『岐阜県公共図書館の歩み：江戸時代から現在まで』小川トキ子著 岩波出版サービスセンター 2001

### 草野 正名
くさの・まさな

[生没年]1912〜2011

文部省教学局(1938〜1942)，千葉外事専門学校教授(1943〜1948)などを経て，1950年埼玉県立図書館，1960年専門員。同館の改築やレファレンスサービスを牽引する。1956年より埼玉大学教育学部非常勤講師として司書教諭科目を担当(〜1979)。1965年図書館短期大学教授，1980年国士舘大学教授を歴任。
【参考】小野泰博「草野正名先生の業績について」『図書館短期大学紀要』17号 1980.3

### 楠田 五郎太
くすだ・ごろうた

[生没年]1908〜1945
[出身地]岡山県
[学歴]岡山市立岡山市実業専修学校(卒業は不明)

1927年岡山市立岡山図書館を起点に，1936年兵庫県巡回文庫，1939年樺太庁図書館，その後1940年上海日本近代科学図書館，1942年「満洲国」新京特別市立図書館において，館外サービス活動を中心に，映画会や展覧会などの企画展示事業，積極的な広報活動を組み合わせた「動く図書館」を推し進めた。昭和戦前期に図書館界の革新と資料組織化ツールの標準化を目指して結成された青年図書館員聯盟の有力なメンバーの一人でもあり，その評議員を第9期から第13期(1937〜1942)まで務めた。同聯盟唯一の地方支部であった岡山県支部の発足(1935)は，楠田の尽力による。1945年に満洲出版文化研究所に移ったことを最後に，その消息が長らく不明であったが，大戦末期，旧満洲における対ソ戦の混乱の中で，非命に倒れたらしいということが遺族からの聞き取りで判明した。著作に『動く図書館の研究』(研文

館, 1935) がある。
【参考】高橋勝次郎「圕界ヲ射ルモノ：岡山婦人読書会ト聯盟支部設立」『圕研究』8巻3号 1935.7／よねい・かついちろう「楠田五郎太「紙魚雑記」三篇：『新京図書館月報』から」『図書館文化史研究』32号 2015.9／よねい・かついちろう「インタビュー記録・楠田五郎太の想い出：付：楠田五郎太関係年譜」『文献継承』27号 2015.10／書物蔵「動く図書館員・楠田五郎太の前半生」『文献継承』24号 2014.6

## 楠瀬 洋吉
くすのせ・ようきち

[生没年] 1902〜1990

高知県立城北中学校（旧制）教員などを経て，県立高知追手前高等学校長（〜1961）。私設図書館，塩見文庫（のちに小津図書館）館長（1966〜1990）。『永平寺の造園覚書』（小津図書館，1980）などを出版している。
【参考】『楠瀬洋吉先生を偲ぶ』楠瀬洋吉先生を偲ぶ会編 楠瀬洋吉先生を偲ぶ会 1991／『高知県人名事典』新版　『高知県人名事典新版』刊行委員会編　高知新聞社 1999

## 楠山 多鶴馬
くすやま・たずま

[生没年] 1870〜？

時事新報社に勤め，1918年頃慶應義塾大学図書館へ入り，のち和漢書整理担当。博学と綿密さで知られ，1928年頃計画された『慶應義塾図書館和漢図書分類目録』を担当し，同館退任の1944年でも完結しないほどだった。1920年代の『三田評論』で海外文化事情を多数執筆。
【参考】『慶應義塾図書館史』慶應義塾大学三田情報センター 1972

## 沓掛 伊佐吉
くつかけ・いさきち

[生没年] 1911〜1973

1932年文部省図書館講習所修了。同年東京市立駿河台図書館，1937年両国図書館，1946年日本海事振興会調査部，1950年横浜市図書館，1954年神奈川県立図書館を経て1967年神奈川県立金沢文庫長（〜1969）。神奈川県立図書館の創設とその後の運営に参画し，県立図書館の資料構成，郷土資料の構築に深く携わる。書誌学，読書学関連に造詣が深く，県外の図書館員や図書館以外の人との交流も多かった。文部省図書館職員養成所，鶴見女子大学などで，図書館員養成に従事。著書には『図書の受入・保管・払出』（日本図書館協会，1967）などがある。
【参考】池田孝「沓掛伊佐吉」『神奈川県図書館協会の歩み』神奈川県図書館協会郷土出版委員会編　神奈川県図書館協会 2005／「沓掛伊佐吉略年譜」『沓掛伊佐吉著作集 書物文化史考』沓掛伊佐吉著　池田孝［ほか］編　八潮書店 1982

## 朽木 綱泰
くつき・つなひろ

[生没年] 1769〜1852

幕臣として勤める傍ら国書を中心に書籍を蒐集し，江戸小石川の邸内に朽木文庫を創設，喜んで蔵書を貸与した。蔵書目録に『朽木文庫書目』『朽木家蔵書目録』がある。蔵書印は「朽木文庫」。
【参考】『朽木文庫書目』朝倉治彦監修　ゆまに書房 2004

## 国沢 照光
くにさわ・てるみつ

[生没年] 1886〜1946

大阪市立図書館長（1942〜1946）。
【参考】『大阪市立図書館50年史』大阪市立中央図書館編 大阪市立中央図書館 1972

## 国司 昴相
くにし・こうしょう

[生没年] 1873〜？

別称昭快。大阪府豊能郡細河村久安寺の住職。1899年境内に国司図書館を開設。
【参考】『現代仏教家人名辞典』現代仏教家人名辞典刊行会編 現代仏教家人名辞典刊行会 1917／『新修池田市史』池田市史編纂委員会編 池田市 2009

## 久保 市三郎
くぼ・いちさぶろう

[生没年] 1867〜1956

旧姓小沢。福澤諭吉の愛弟子。1893年に栃木県の旧家久保家のスミと結婚、養子となり、栃木県で地方開発に尽力する。1946年栃木県社会教育協会会長として、県立図書館設立に関する意見書を提出した。
【参考】『栃木県歴史人物事典』栃木県歴史人物事典編纂委員会編 下野新聞社 1995／『久保市三郎翁伝記』宇南山照順、平沢八郎著 青山直義編 久保市三郎翁伝記刊行会 1957

## 久保 七郎
くぼ・しちろう

[生没年] 1884〜1975
[出身地] 東京府（東京都）
[学歴] 第七高等学校造士館中退

1912年東京市立図書館。同年京橋簡易図書館, 1915年京橋図書館主任。1922年京橋会館内に安全開架式を採用した新館を開設するが, 関東大震災により罹災。震災後は, 東京市社会教育課に移り図書館復興計画に参画, 中心的な役割を果たす。1926年衆議院図書館に転出して館長となり, 帝国議会図書館の整備に尽力した（〜1944）。戦後一度は引退したが, 地域の要請で1946年, 62歳のときに東京都立青梅図書館長に就任（〜1955）。1949年「読者と青梅図書館の会」を発足させ, リヤカーを改造した訪問図書館を開始, 1953年には移動図書館を開設するなど, 地域社会との連携によって多摩地域の読書普及を活性化させるなど図書館経営の新生面を切り開いた。著作は少なく, 戦前では談話を元にまとめられた「京橋図書館の復旧に際して」（『東京市立図書館と其事業』53号, 1929.10）, 戦後では「ブックモビルとともに村々に子等を訪ねて」（『学校図書館』57号, 1955.8）がある程度。
【参考】『東京の近代図書館史』佐藤政孝著 新風舎 1998／『秋岡梧郎著作集：図書館理念と実践の軌跡』秋岡梧郎著作集刊行会編 日本図書館協会 1988／相馬民子「帝国議会衆議院図書館における久保七郎の活動について」『びぶろす』45巻2号 1994.2

## 久保田 彦穂
くぼた・ひこほ

[生没年] 1905〜1987
[出身地] 長野県
[学歴] 1930年法政大学卒業

筆名椋鳩十。大学卒業後は鹿児島へ赴き, 種子島の小学校で代用教員となったのち, 加治木高等女学校の教師となる（1930〜1947）。1933年に小説『山窩調』を自費出版し, その後, 児童文学作家としても

活躍している。1947年に鹿児島県立図書館長となり，児童文庫の充実，自動車文庫や農業文庫の創設に尽力した。就任後間もなく，連合国軍最高司令官総司令部（GHQ/SCAP）により軍国主義的な図書の排斥を命じられたが，公共図書館の使命を主張することで資料を失わずに済ませたという。「母と子の20分間読書運動」を提唱し，1960年より鹿児島県下で実施，全国へ広まる。1967年に県立図書館長を退任後，鹿児島女子短期大学教授に就任。児童文学や司書課程科目を担当し，1978年に退職。
【参考】『合本・母と子の20分間読書』椋鳩十著 あすなろ書房 1971／『心に炎を：読書論』椋鳩十著 理想社 1983／『鹿児島県立図書館史』鹿児島県立図書館 1990

## 熊岡 敬三
くまおか・けいぞう

[生没年] ? ～ ?
1919年日本大学，のちに日本大学図書館。東京私立大学図書館協議会の結成に参加。
【参考】『簡約日本図書館先賢事典：未定稿』石井敦編著 石井敦 1995

## 熊代 強
くましろ・つよし

[生没年] 1900～1970
1932年県立長野図書館司書。1936年千葉県立図書館司書。1939年和歌山県立図書館長（～1954），館報に「生活に読書」など短い記事を書いている。
【参考】『大衆人事録：近畿・中国・四国・九州篇』第14版 帝国秘密探偵社編 帝国秘密探偵社 1943／『寄稿者名簿・略歴』『圕研究』総索引3号 1944.12

## 熊田 源太郎
くまた・げんたろう

[生没年] 1886～1935
1923年石川県能美郡湊村に呉竹文庫を創設。湊村村長も務めた（1923～1927, 1934～1935）。
【参考】中田邦造「故熊田源太郎氏の印象の二三」『石川県立図書館月報』130号附録 1935.1／『石川県人名事典 現代編9』石川出版社 2005

## 熊野 勝祥
くまの・かつよし

[生没年] 1920～2011
1949年私立天理図書館での学校図書館講習協議会に参加。以後，中学校社会科教員として学校図書館の普及充実に邁進。1961年香川県学校図書館協議会事務局長。1980年高松市立栗林小学校校長を退職。四国学院大学，香川大学非常勤講師。1990年香川県図書館学会会長。1953年「中学校件名標目表」「社会科件名索引」の業績により日本図書館協会第1回中井記念賞を受賞。浩瀚な『香川県図書館史』（香川県図書館学会, 1994）のほか，県教育史関係の著書多数。
【参考】東條文規「図書館人としての熊野勝祥」『短期大学図書館研究』31号 2012.3／「故熊野勝祥前会長追悼号」『香川県図書館学会会報』53号 2012.6

## 熊原 政男
くまはら・まさお

[生没年] 1908～1980
[出身地] 岐阜県
[学歴] 1929年文部省図書館講習所卒業

駒澤大学書記を経て，1930年神奈川県立金沢文庫司書，1936年神奈川県社会教育課主事補として出向。1945年金沢文庫に戻り司書，1946年文庫長事務取扱。1947年第2代文庫長となる（～1967）。初代金沢文庫長関靖のもと，同文庫再興のための調査，研究に専念。一方，同文庫には公共図書館としての運営が課せられ，県の中央館としての機能が求められたことから（中央図書館制度），神奈川県図書館協会との一体的活動を進める。戦後はいち早く神奈川県図書館界の発展のために，神奈川県図書館協会の再興を果たす。また，長年の懸案であった県立図書館設立について新聞紙上に早期建設を訴えた。退職後は，神奈川県史編集室嘱託（古文書解説），鎌倉市文化財専門委員，横浜市民生委員などを歴任した。著作に「金沢文庫書誌の研究」(『金沢文庫研究紀要』1号，1949)，『鎌倉の茶』(河原書店，1948)，『登山の夜明け』(朋文堂，1959) などがある。
【参考】小林恒男「熊原政男」『神奈川県図書館協会の歩み 2』神奈川県図書館協会郷土・出版委員会編 神奈川県図書館協会 2008

## 久米 邦武
くめ・くにたけ

[生没年] 1839～1931

歴史学者。肥前佐賀藩（佐賀県）の生まれ。1863（文久3）年江戸昌平坂学問所に入学するが翌年退学，藩主鍋島直正の近習となる。1871年岩倉具視遣外使節に随行（～1873），欧米12か国を歴訪。1878年その公式記録『特命全権大使米欧回覧実記 1-5』(全100巻，5編5冊) を編集刊行した。ここには欧米各国の都市に図書館が整備されていることが記されている。

【参考】『特命全権大使米欧回覧実記 1-5』久米邦武編 田中彰校註 岩波書店 1985／『久米邦武歴史著作集 別巻 久米邦武の研究』大久保利謙編 吉川弘文館 1991

## 久米井 束
くめい・つがね

[生没年] 1898～1989

大正期に香川県内の小学校で教職に就き，児童詩教育，作文教育，文学教育に熱心に取り組む。のちに東京に移ってからも教職を続け，戦後，港区立氷川小学校の校長になると，学校図書館の設置と経営に注力する。1950年には全国に先駆けて専任の図書係（増村王子）を置く。また，同年に発足した全国学校図書館協議会の初代会長に就任し（1950～1951年度），同協議会の事務局も1952年まで氷川小学校内に置かれた。1957年の日本文学教育連盟結成にも参画し，のちに同連盟の会長を務めた。

【参考】佐野友彦［ほか］「全国SLA初代会長久米井束先生を悼む」『学校図書館』466号 1989.8

## 倉岡 勝彦
くらおか・かつひこ

[生没年] 1864～？

各地の警察署長を歴任。1908年名古屋警察署長を退官後，名古屋市中区南大津町に名古屋通俗図書館を設立。愛知県図書館協会幹事。

【参考】『愛知県実業録』愛知県実業録刊行会 1929／『中京名鑑』名古屋毎日新聞社編 名古屋毎日新聞社 1936

## 倉田 卓次
くらた・たくじ

[生没年] 1922～2011

判事のち公証人。1948年, 国立国会図書館に半年ほど勤務。議員立法への期待から調査員志望で入ったが受入整理部に配属され, 当時充実していた図書館学研修を柿沼介などから受けた。その後法曹界に転じ交通事故裁判の権威となる。読書家, 蔵書家で著書も多数。奇書『家畜人ヤプー』(都市出版社, 1970) の著者, 沼正三に擬せられたこともある。

【参考】「国会図書館時代」『裁判官の戦後史』倉田卓次著 悠々社 1993／「家畜人ヤプー事件」『裁判官の戦後史 続々』倉田卓次著 悠々社 2006／「倉田卓次先生を偲んで」『判例タイムズ』62巻12号 2011.6

## 倉田 績
くらた・つむぐ

[生没年] 1827～1919

漢学者。1858年和歌山城下に家塾を開く。1873年和歌山水門吹上神社祠官。1890年竈山神社宮司。国学, 漢学, 仏書, 郷土資料にわたる約1万冊を蔵した。蔵書は, 1950年和歌山県立図書館に移管された。

【参考】『70年の歩み: 和歌山県立図書館沿革小誌』池浦正春編 和歌山県立図書館 1976／田中敬忠「碩儒学者: 倉田績」『郷土文化のかおり: 先覚文化功労者小伝集』和歌山文化協会編 和歌山文化協会 1984

## 栗原 嘉一郎
くりはら・かいちろう

[生没年] 1931～2011

建築家。1959年大阪市立大学講師, 1963年助教授, 1970年教授。1974年筑波大学教授(～1995), 1995年工学院大学教授(～1999)。1995年に(株)栗原研究室を設立。堺市立図書館(1971), 同志社大学図書館(1974), 筑波大学中央図書館(1980) などの作品がある。1963年日本図書館協会施設委員会委員, 1979年同委員会委員長(～1994)。著書には『欧米の図書館: 建築と運営の水準を探る』(丸善, 1995) などがある。

【参考】著者略歴『地域に対する公共図書館網計画』栗原嘉一郎著 日本図書館協会 1999／「ひと」『図書館雑誌』105巻10号 2011.10

## 栗原 均
くりはら・ひとし

[生没年] 1926～2011
[出身地] 兵庫県
[学歴] 1953年同志社大学商学部卒業

1948年大阪府立図書館に採用され, 巡回文庫, 閲覧, 参考事務, 資料整理などの業務に従事。1972年堺市立図書館長に転任, 1977年大阪府立中之島図書館主幹に復帰, 第63回全国図書館大会(大阪・京都)開催を担当。1978年日本図書館協会事務局長(～1993)。事務局長就任後は, 図書議員連盟発足(1978), 図書館流通センター創立(1979), 日本図書コード委員会発足(1980), ジャパン・マークの頒布(1981),「図書館事業振興法(仮称)」の立法化(1982年頃), 図書館建築賞の創設(1985), 国際図書館連盟(IFLA)東京大会の開催(1986), 協会監修の「標準MARC」データ作成(書籍データセンター, 1988), 日本図書館協会創立百周年記念事業(1992) などに主導的な役割を果たした。1993年同協会理事長に就任

(〜2001)。この間、全日本図書館員組合大阪支部担当（1950年頃）、図書館問題研究会結成大会に協力（1955）、同研究会委員長（1970〜1972）、日本図書館研究会理事（1971〜1978）、日本図書館協会評議員（1971〜1974）、監事（1975〜1978）、件名標目委員会委員（1961〜1964）、大阪公共図書館協会会長（1973〜1977）などを歴任。桃山学院大学、甲南大学の図書館学非常勤講師を務めた。
【参考】栗原均「栗原均：異色の図書館人。関西の現場から図書館協会へ 経営手腕を発揮」『ず・ぼん』9号 2004.4／日本図書館協会資料室所蔵資料

## 厨川 肇
くりやがわ・ただし

[生没年] 1878〜1940

山口県立山口図書館第2代館長（1921〜1940）。館長在籍中に県内図書館数は261館を数え全国最多となった。抄訳に『通俗図書館図書選択法』（山口県中央図書館、1937）がある。
【参考】『山口県立山口図書館100年のあゆみ』山口県立山口図書館編 山口県立山口図書館 2004

## 黒川 春村
くろかわ・はるむら

[生没年] 1799〜1866

江戸時代末期の国文学者。黒川真頼（1829〜1906）、黒川真道（1866〜1925）が黒川家を継ぎ、黒川文庫8万冊余を所有していたが、関東大震災でその3分の2を失う。残った蔵書は家族により売却され、現在7大学で所蔵している。
【参考】『日本図書館史』補正版 小野則秋著 玄文社 1976／『黒川文庫目録』実践女子大学図書館 1967

## 黒川 文哲
くろかわ・ぶんてつ

[生没年] 1848〜1916

大分県直入郡の医師、篤志家。自己の蔵書を一般閲覧に供したのち、1909年直入郡教育衛生会の事業として、私立竹田文庫を創設。1946年竹田町に移管され、現在は竹田市立竹田図書館。
【参考】『偉大なるその生涯 黒川文哲先生伝』北村清士著 竹田市立竹田図書館 1969／『大分県図書館史』梅木幸吉著 梅木幸吉 1986

## 黒木 努
くろき・つとむ

[生没年] 1935〜1981

1960年京都学芸大学図書館、1963年文部省調査局調査課、1965年図書館短期大学助手。1968年国立教育研究所、1970年静岡女子短期大学講師を経て1975年図書館短期大学助教授、のちに図書館情報大学助教授（〜1981）。『政府刊行物概説』（帝国地方行政学会、1972）などの著書がある。
【参考】小野泰博「黒木努氏逝去さる」『図書館学会年報』27巻4号 1981.12／加納正巳「黒木努氏を悼む」『図書館雑誌』75巻9号 1981.9

## 黒﨑 義博
くろさき・よしひろ

[生没年] 1928〜2004

1946年岡山市図書館司書補。1960年日本図書館協会中小公共図書館運営基準作成のため現地委員として調査に参加。1983

年岡山市立中央図書館長。1987年退職後も, 日本図書館協会評議員, 理事などを務め, 図書館振興に尽力する。
【参考】『図書館道 黒﨑義博追悼集』黒﨑義博追悼集編集委員会編 黒﨑義博さんを偲ぶ会 2005

## 黒沢 貞次郎
くろさわ・ていじろう

[生没年] 1875～1953

渡米してタイプライターの技術を学び, かなタイプを開発した。1901年に帰国し, 黒沢商店を創業, タイプライターを中心に事務機器類の輸入, 製造, 販売を行い, 図書館用品も手がけ, わが国図書館用品店の草分け的存在となる。
【参考】『大田区史 下巻』大田区史編さん委員会編集 大田区 1996／「特集田園都市：蒲田工場村の記録」『史誌』31号 1989.7

## 黒澤 正彦
くろさわ・まさひこ

[生没年] 1920～1990

三菱鉱業大宮研究所, 内閣技術院を経て1945年文部省大学学術局。1956年日本科学技術情報センター（JICST）設立準備室, 翌年設立後は, 情報部, 調査部長, 業務部長, 参事などを歴任（～1980）。JOIS（JICST On-line Information System/Service）の幕開けに尽力した。その後は東京理科大学図書館野田分館事務長, 山梨学院大学講師。著書に西村徹との共編『マークをうまく使うには：機械可読目録入門』（三洋出版貿易, 1985）がある。
【参考】笹本光雄「故黒澤正彦先生を偲んで」『情報の科学と技術』40巻4号 1990.9

## 黒住 武
くろずみ・たけし

[生没年] 1921～1995

戦後, 東京大学附属図書館に入る。1960年以降, 岸本英夫館長のもとで図書館の改善に取り組む。東京大学紛争時には図書館の建物と蔵書とをともに守り抜く。1969年の第1回日米大学図書館会議の開催にも活躍。1974年に鹿児島大学, 1977年に東京工業大学へ異動し各図書館で分館建設や電算化に従事, 定年後は和洋女子大学で新館建設などに携わる。
【参考】黒住武「東大図書館回想」『学徒出陣から五十年』東大十八史会編 揺籃社 1994

## 黒田 一之
くろだ・かずゆき

[生没年] 1925～2010

1947年（株）新人社編集部を経て1951年東京都立日比谷図書館。同館在職中に日本図書館協会中小公共図書館運営基準委員会委員を務めた。1962年仙台市民図書館。1979年仙台文化出版社を創設。著作には嵩原安一との共著「専門性と司書職制度の現状：公共図書館の場合を読んで」（『図書館雑誌』64巻10号, 1970.10）などがある。
【参考】『図書館関係専門家事典』日外アソシエーツ編 日外アソシエーツ 1984／「追悼黒田一之さん」『みんなの図書館』412号 2011.8

## 桑原 善作
くわばら・ぜんさく

[生没年] 1908～2002

内閣嘱託, 文部省を経て1946年鶴岡市立図書館長（～1949）。福島県立図書館長

(1949〜1966)。開架式閲覧制の採用,自動車文庫の巡回開始,新館建設などに取り組む。北日本図書館連盟理事長（1955〜1960）。全国公共図書館協議会会長（兼日本図書館協会公共図書館部会長）。のちに順天堂大学図書館副館長。日本医学図書館協会事務局長（1974〜1981）。歴史学者朝河貫一の研究家。
【参考】『福島県図書館人名鑑』福島図書館研究所編 福島図書館研究所 1999／菅野俊之「桑原善作の光と陰」『福島図書館研究所通信』7号 2007.3

## 桑原 伸介
くわばら・のぶすけ

[生没年]1918〜2002

国立国会図書館支部上野図書館入館ののち,1964年以降憲政資料室に長く勤務。1990年非常勤で退職。近代政治史料関連の記事を多数執筆。編著に『津田真道全集』（みすず書房, 2001）などがある。
【参考】桑原伸介「先生と憲政資料室と」『みすず』38巻3号 1996.3／『日本古文書学講座11（近代編3）』雄山閣出版 1979

# 【こ】

## 肥塚 麒一
こいずか・きいち

[生没年]1881〜？

東京市立図書館に勤務。1908年日比谷図書館,その後深川図書館（1910〜1911）,同館主事補（1912〜1914）,一橋図書館主任（1915〜1917）,日本橋図書館主任（1919〜1921）が確認できる。その後,帝国図書館嘱託（1929〜1941）。深川図書館時代,首席事務員として半開架を実施。東京府知事や衆議院議員で西園寺内閣のときに副議長をつとめた父肥塚龍の伝記『肥塚龍自叙伝』（肥塚麒一, 1922）を編集,刊行している。
【参考】『東京市職員録』明治41年-大正10年現在 1908-1921／『東京市立深川図書館一覧第1年報』東京市立深川図書館 1910／『簡約日本図書館先賢事典：未定稿』石井敦編著 石井敦 1995

## 小泉 順三
こいずみ・じゅんぞう

[生没年]1903〜1980

鳥取県の米子信用組合に勤務していた1929年に,同僚と会員制図書館「同栄文庫」を設立した。この文庫には地域の青年知識人が参加し,3千冊の蔵書を持つまでになったが1932年に解散した。その後,1958年に米子北高等学校を設立するなど教育者,実業家として活躍した。
【参考】『図書館の賑わうまちに』松尾陽吉著 [松尾陽吉] 1993

## 小出 憲宗
こいで・のりむね

[生没年]1902〜1981

1936年佐賀県立図書館司書,戦後は1946年同館館長（〜1959）。1952年の日本図書館学会設立発起人の一人。1971年西日本図書館学会佐賀県支部結成の際は顧問となる。1951年の図書館専門職員九州大学養成所では講師を担当した。
【参考】『佐賀県立図書館60年のあゆみ』佐賀県立図書館編 佐賀県立図書館 1973／『九州図書館史』西日本図書館学会編 千年書房

2000／「学内図書館めぐり：中央図書館の沿革 (8)：戦後の図書館 (3)」『図書館情報：九州大学附属図書館月報』2巻8号 1966.8

## 纐纈 秋三郎
こうけつ・あきさぶろう

[生没年] 1873～1939

1906年岐阜県恵那郡蛭川村村長。1910年蛭川村立済美図書館設立に尽力。のちに県会議員などを歴任。
【参考】『纐纈翁回顧録』岐阜県恵那郡蛭川村役場編 岐阜県恵那郡蛭川村役場 1940

## 上里 美須丸
こうざと・みすまる

[生没年] 1909～1982

東亜研究所兼務陸軍経理学校教授などを経て1948年国立国会図書館に入館。管理部人事課長,支部図書館部長などを歴任。1960年に千葉県立中央図書館長となり、1967年「司書講習等の改善に関することについての会議」にメンバーとして参加した。和洋女子大学教授,日本図書館協会監事も務めた。
【参考】『千葉県図書館史』千葉県図書館史編纂委員会編 千葉県立中央図書館 1968／根本彰「「司書講習等の改善に関することについて (報告)」(1967) の解説」『日本図書館情報学会誌』53巻3号 2007.9／『うたかた』上里政子著 上里美須丸 1952

## 神代 種亮
こうじろ・たねあき

[生没年] 1883～1935

名は「たねすけ」とも読む。号は帚葉。校正者。書物研究家。郷里島根県の小学校教師を辞めて1911年上京し海軍図書館、筆写生として慶應義塾図書館、古書肆一誠堂編集部などに勤務しつつ独学。森鷗外, 永井荷風らの著書校正を手がけ、「校正の神様」といわれた。書物研究誌『書物往来』, 校正研究誌『校正往来』なども創刊。明治文化研究会の同人でもあった。
【参考】『出版文化人物事典：江戸から近現代・出版人1600人』日外アソシエーツ編 日外アソシエーツ 2013

## 高津 半造
こうず・はんぞう

[生没年] 1877～1930

香川県の小学校准訓導から校長, 視学を経て、1916年徳島県立三好高等女学校長 (～1930)。校内に婦人図書館を設け、鉄筋コンクリート3階建の書庫を建設した。
【参考】鞆谷純一「三好高等女学校婦人図書館：学校図書館の先覚者・高津半造」『図書館文化史研究』23号 2006.9

## 河野 一平
こうの・いっぺい

[生没年] ？～？

学校教育に従事し青年会などを指導。1923年宮崎県立都城図書館。1928年に図書館功労者として文部大臣表彰を受賞。のちに都城市立図書館。
【参考】『簡約日本図書館先賢事典：未定稿』石井敦編著 石井敦 1995／『図書館雑誌』22年12号 1928.12

## 河野 寛治
こうの・かんじ

[生没年] 1881～1936

[出身地]岡山県
[学歴]1907年早稲田大学卒業

大学卒業後,各地で新聞記者としての経歴を積み,1914年から『鳥取新報』の主筆を務めた。1930年に新設された県立鳥取図書館の主任司書に転じ,草創期の同館を実質的に主導した。同館の分類としていち早く日本十進分類法を採用,考案者の森清を職員として招いた。また,『館報』で自らの考えを発信する一方,地域の名士からなる「読書倶楽部」,一般利用者からなる「館友会」,地域の子どもを集めた「子どものための会」の3つの組織をつくり,それぞれ定例会などの活動を行った。鳥取図書館の食堂には新聞記者,医者,教員といった地域のリベラルな文化人が集まって議論を交わす「図書館の屋根の下」と呼ばれるグループが形成された。こうした一連の活動は,地域のさまざまな分野を糾合した文化活動として評価することができる。1935年に鳥取図書館長となり,県内で町村立図書館の整備に向けた準備を進めたが,翌年病死した。
【参考】『鳥取県大百科事典』新日本海新聞社鳥取県大百科事典編集委員会編 新日本海新聞社 1984／『図書館の屋根の下で』津村光洋著 津村光洋 2009

## 河野 常吉
こうの・つねきち

[生没年]1862～1930

1894年北海道庁嘱託。北海道史編纂主任(1915～1924),市立小樽図書館長(1924～1926)。『小樽市史』や『室蘭市史』などの編纂を手がけた(いずれも没後に完成,刊行)。北海道の歴史や地理に関する著作が多い。

【参考】『文化の黎明 下』北海道総務部文書課編 北海道 1967

## 河野 不二
こうの・ふじ

[生没年]1899～1955

文部省図書館講習所の卒業生。中木美智枝に続く2番目の女性雇として1925年帝国図書館に入館。のち,女性で初めての司書となる。1927年退職。以後母校東京女子大学図書館に勤務した。市河三喜の夫人。
【参考】『図書館職員養成所同窓会三十年記念誌』図書館職員養成所同窓会編 図書館職員養成所同窓会 1953／西村正守「帝国図書館婦人職員略史」『図書館研究シリーズ』17号 1976.2

## 河本 一阿
こうもと・いちあ

[生没年]1728～1796

号は侗居。江戸時代後期の岡山の豪商,町役人。多くの書物を収集,経誼堂を創立,庶民に公開した。庶民の子弟の学び舎で図書館であった。その子立軒のときに完成。宝暦(1751～1763)頃から文化年間(1804～1817)の初め頃まで存在していた。
【参考】『日本図書館史概説』岩猿敏生著 日外アソシエーツ 2007／『岡山県歴史人物事典』岡山県歴史人物事典編纂委員会編 山陽新聞社 1994

## 河本 一夫
こうもと・かずお

[生没年]1896～1976

1921年岡山県立図書館司書。翌年,同館

「岡山県図書相談所」の専任となる。1942年の『岡山県図書群解説目録』（岡山県立中央図書館）をめぐって、進昌三（明治大学司書）と、『図書館雑誌』誌上で論争した。1943年退職。郷土研究家として著書数冊がある。
【参考】吉岡三平「河本一夫」『岡山県大百科事典』山陽新聞社 1980

## 粉川 忠
こがわ・ただし

[生没年]1907～1989

茨城師範学校在学中に「ファウスト」に感銘を受け、ゲーテ資料の収集をはじめる。1932年粉川ゲーテ文庫を創設。1949年（財）東京ゲーテ協会設立。1952年渋谷にゲーテ記念館を建設。1987年北区西ヶ原に新館を建設して移転。阿刀田高『ナポレオン狂』（講談社、1979）、『夜の旅人』（1983、文藝春秋）のモデルといわれる。映画評論などで知られる粉川哲夫は父の跡を継いでゲーテ記念館館長となる。
【参考】粉川忠「ゲーテ文献の収集」『この人・その事業 第7』週刊時事編集部編 時事通信社 1968／粉川哲夫「東京ゲーテ記念館記念館だより」『学士会会報』867号 2007.11

## 国分 剛二
こくぶ・ごうじ

[生没年]1892～1958

山形県鶴岡生まれ。1919年雇員として慶應義塾図書館に入り、1924年事務員に昇格。館長田中一貞の引きで館員（筆写生）となった元庄内藩士の羽柴雄輔らとともに館内庄内閣を形成し庄内地方資料の収集に意を用いたが、これが全国郷土史誌の収集に発展、学外公開制だったため広く利用された。森銑三らの三古会にも参加し、郷土史関係の論文多数。『図書館雑誌』（34巻9号、1940.9）では「日本十進分類法」導入に反対した。
【参考】『慶應義塾図書館史』慶應義塾大学三田情報センター 1972／倉持隆「慶應義塾図書館の庄内関係資料を掘り起こす」『Medianet』17号 2010.11

## 小河内 芳子
こごうち・よしこ

[生没年]1908～2010
[出身地]三重県
[学歴]1927年日本女子大学校国文科中退

1929年文部省図書館講習所で今澤慈海の講義「図書館管理法」を受け、児童図書館活動に対する眼を開かれる。1930年東京市立京橋図書館、目録分類担当、1935年から児童室専任。「中間読物目録」作成、子ども会などを行う。1937年氷川図書館へ転任（～1941）。1943年から1948年まで東京郊外の傷痍軍人武蔵療養所に勤務。戦後秋岡梧郎の推薦で1948年品川区立図書館に復帰。1957年大崎分館（独立児童図書館）へ移り児童図書館サービスに専念。1960年頃にストーリーテリングを始め、1960年日本で最初の紙芝居の個人貸出を始める。1963年品川図書館へ移り大井児童図書館、荏原分館（独立児童図書館）、大崎分館、本館児童室を総括。1968年退職。この間、1953年児童図書館研究会を設立。代表（のちに会長と改称）となり1982年まで30年間務める。1956年日本図書館協会に公共図書館部会児童図書館分科会を発足させ、1959年「児童に対する図書館奉仕全国研究集会」を分科会主催

で毎年開催することに尽力（1980年から隔年）。1967年婦人司書の会が設立され初代会長，1968年国立国会図書館の児童図書の公開閲覧を要望する会を結成し会長となる。1970年横浜市の自宅に家庭文庫「ぽぷら文庫」（のちにポプラ文庫）を開設し5年間主宰する。1980年日本図書館協会に児童青少年委員会を設置，児童図書館員養成講座（のちに児童図書館員養成専門講座）の開設，企画，運営，講師も務める。子どもの読書と児童図書館に関する研究，全国各地での講演などを行い，児童図書館サービスの充実発展に尽力。『公共図書館とともにくらして』（いづみ書房，1980），『児童図書館と私 上・下巻』（日外アソシエーツ，1981）など多数の著書がある。
【参考】『小河内芳子追悼文集』児童図書館研究会編 児童図書館研究会 2012

## 小島 軍造
こじま・ぐんぞう

[生没年] 1901～1980

京城帝国大学講師，教授。1946年帰国して，高崎市立図書館長。高崎市助役ののち，1948年から群馬県初代教育長。1953年国際基督教大学教授（～1971）。
【参考】『群馬県人名大事典』上毛新聞社 1982／『群馬県教育史 戦後編上』戦後における群馬県教育史研究編さん委員会編 群馬県教育委員会 1966

## 小島 惟孝
こじま・ただたか

[生没年] 1935～2011

1960年墨田区立緑図書館，1980年同館館長（～1996）。日本図書館協会図書館員の問題調査研究委員会委員として図書館員の専門性，倫理について調査研究を重ねた。墨田区に関する錦絵，地図，古書などの資料収集に努めるとともに，『墨田区図書館叢書』（墨田区立図書館，1979-1993）の編集などにより地域資料サービスの基礎を創った。著書には『墨田史跡散歩』（学生社，1979）などがある。
【参考】『回想・私と図書館 2』日本図書館協会編 日本図書館協会 1992／『図書館関係専門家事典』日外アソシエーツ編 日外アソシエーツ 1984

## 越村 捨次郎
こしむら・すてじろう

[生没年] 1901～?

二・二六事件に関与。衛藤利夫の知人。1946年日本図書館協会配給部長。
【参考】越村捨次郎「図書斡旋配給事業と館界に望む事」『図書館雑誌』40年4号 1947.1／『公共図書館サービス・運動の歴史 1：そのルーツから戦後にかけて』小川徹［ほか］著 日本図書館協会 2006

## 児玉 源太郎
こだま・げんたろう

[生没年] 1852～1906

陸軍大将，参謀総長などを歴任した陸軍軍人。地元徳山（山口県周南市）に，1903年「児玉文庫」を開庫。藩校興譲館の蔵書も引き継ぎ，1941年には4万2千余冊の蔵書冊数を記録するが，1945年の空襲で焼失した。
【参考】『児玉源太郎資料展』周南市立中央図書館編 周南市立中央図書館 2003／『児玉源太郎と徳山』小川宣著 小川宣 2003／『児玉源太郎とその時代展』徳山市美術博物館編 徳山市美術博物館 1999

## 小寺 謙吉
こでら・けんきち

[生没年] 1877〜1949

1908年衆議院議員（〜1930），1912年三田学園創設，1947年神戸市長。早稲田大学図書館への洋書約3万5千冊をはじめ，東京帝国大学，慶應義塾大学，法政大学，中央大学に多くの図書を寄贈して支援に努めた。

【参考】「衆議院議員小寺謙吉君」『現代有馬郡人物史』三丹新報社 1917／『小寺謙吉先生小伝』小寺謙吉先生小伝委員会編 三田学園 1962／中西裕「小寺謙吉と小寺文庫寄贈の経緯」『早稲田大学図書館紀要』35号 1992.1

## 後藤 純郎
ごとう・すみお

[生没年] 1924〜2002

東京都立日比谷図書館（1946〜1949），日本大学図書館（1950〜1954）を経て，日本大学文学部講師，助教授，文理学部教授（1967〜1994）。著作には『分類と目録』（後藤純郎編，日本図書館協会，1974），「市川清流の生涯：「尾蠅欧行漫録」と書籍館の創立」（『日本大学人文科学研究所研究紀要』18号，1976.3）などがある。

【参考】『図書館関係専門家事典』日外アソシエーツ編 日外アソシエーツ 1984

## 後藤 総一郎
ごとう・そういちろう

[生没年] 1933〜2003

明治大学政治経済学部教授，理事，図書館長（1996〜1999）。岩手県遠野市立遠野物語研究所所長などを歴任。

【参考】『常民史学への視座』後藤総一郎先生追悼集刊行会 2004

## 五藤 正形
ごとう・まさなり

[生没年] 1866〜1936

高知県議会議員，貴族院多額納税議員などを歴任。1904年読書修養のため，自宅内に私立図書館である土佐図書倶楽部を設立。また同名の雑誌を発行して読書の奨励研究の発表機関とした。芸術など県文化の発展にも貢献。

【参考】「彙報 五藤正形氏」『土佐史談』58号 1937.3

## 琴陵 光熙
ことおか・てるさと

[生没年] 1875〜1946

1898年香川県金刀比羅宮宮司。境内の整備に努め，史料の整理や宝物を増補した。1923年金刀比羅宮図書館を開館して一般公開。

【参考】『金刀比羅宮』琴陵光重著 学生社 1970／小川太一郎「琴陵光熙：金刀比羅宮の近代化に努める」『讃岐人物風景〈18〉』四国新聞社編 丸山学芸図書 1988

## 小西 平兵衛
こにし・へいべい

[生没年] ？〜？

大阪市在住の貿易業者。出身地の大阪府豊能郡細河村に細河文庫を寄付，1911年に設立された。

【参考】『近代日本図書館の歩み：地方篇』日本図書館協会編 日本図書館協会 1992／『新修池田市史』池田市史編纂委員会編 池田市 2009

## 小林 一三
こばやし・いちぞう

[生没年] 1873〜1957

号は逸翁。1888年三井銀行, 1907年箕面有馬電気軌道設立, 1927年阪神急行電鉄社長, 1929年阪急百貨店設立。第2次近衛内閣商工大臣。宝塚劇場を設立。1915年に宝塚温泉内図書室を開設した(1932年宝塚文芸図書館を経て, 1949年池田文庫)。『逸翁自叙伝:青春そして阪急を語る』(阪急電鉄, 2000)などの多数の著作がある。
【参考】『小林一三伝』三宅晴輝著 東洋書館 1954

## 小林 吉三郎
こばやし・きちさぶろう

[生没年] 1921〜1973

三菱電機研究所, のちに三菱電機中央研究所研究管理部情報処理専門課長。技術情報活動研究会の発起人の一人で世話役。日本科学技術情報センターの技術委員会のメンバーとして提言などを行う。日本ドクメンテーション協会理事などを歴任。情報活動, 情報検索の諸問題などに関する研究を進めた。著作には「企業の研究所における情報ニーズのとらえ方」(『情報管理』16巻5号, 1973.8)などがある。
【参考】園田耕一「故小林吉三郎氏の功績をしのんで」『情報管理』16巻9号 1973.12

## 小林 堅三
こばやし・けんぞう

[生没年] 1877〜1941

早稲田大学図書館員。27歳の時, 郷里の先輩である市島謙吉の周旋で早稲田大学図書館に職を得, その後は, 市島館長のもとで図書館の事務全般を担当した。また, 1939年からは日本図書館協会理事として, その運営に携わった。
【参考】金子宏二「小林堅三 早稲田大学越佐会群像 9」『新潟日報』2012.5.23

## 小林 重幸
こばやし・しげゆき

[生没年] 1906〜1994
[出身地] 長野県
[学歴] 東京文理科大学卒業

奈良県女子師範学校, 長野県長野師範学校などの教員を経て, 戦後は奈良県社会教育課長, 観光課長, 秘書課長, 民生部長などを歴任。奈良県立図書館長, 奈良県立田原本高校長から, 1957年に滋賀県立図書館長に就任。移動図書館の充実や読書グループの育成などに取り組むとともに, 農村部の女性たちに焦点をあてた「本を読むお母さん運動」を全県的に展開するなど, 公共図書館の整備が遅れていた滋賀県において県立図書館の館外奉仕活動と読書運動に力を注いだ。その後は彦根市教育長を長く勤め(1964〜1980), 移動図書館の創設や市立図書館の新築移転などに尽力した。日本図書館協会顧問。著書に『湖の光』(小林重幸, 1989)がある。
【参考】『彦根教育を拓く:小林重幸先生の思い出』小林先生追想録刊行会[編] 小林先生追想録刊行会 2001/『滋賀県立図書館創立50周年記念誌』滋賀県立図書館創立50周年記念誌編集委員会編 滋賀県立図書館 1994

## 小林 杖吉
こばやし・じょうきち

[生没年] ?〜?

郷土史家。1912年兵庫県伊丹に私立伊丹図書館を設立。1936年以降休館し1941年に廃止。伊丹市に蔵書を寄贈したが、戦中戦後の混乱期に散逸した。
【参考】『伊丹市史 第3巻』伊丹市史編纂専門委員会編 伊丹市史編纂専門委員会 1972/『近代日本図書館の歩み:地方篇』日本図書館協会編 日本図書館協会 1992

## 小林 新造
こばやし・しんぞう

[生没年] ?~1911
明治初年に出版に関与したといわれ、1877年から本格的に出版を開始。1885年東京京橋の南伝馬町に、学術書や翻訳書を貸出す新方式の貸本屋いろは屋を開業した。
【参考】浅岡邦雄「「いろは屋貸本店」考」『貸本文化』19号 2001.9

## 小林 忠雄
こばやし・ただお

[生没年] 1900~1964
長野県伊那富小校長を経て伊那小学校校長。同校在任中に、上伊那教育会会長(1947~1954)と同時に同教育会関与の(財)上伊那図書館長を務めた(1947~1956)。長野県図書館協会の発足時(1950)には準備委員として学校図書館の加入に尽力した。1961年まで理事、その後顧問を歴任。
【参考】『冬山のいのち:小林忠雄遺稿集』小林忠雄遺稿集「冬山のいのち」刊行会編 小林忠雄遺稿集「冬山のいのち」刊行会 1976

## 小林 藤吉
こばやし・とうきち

[生没年] 1886~?
1919年行啓記念山形県立図書館に司書として就職。1923年宮城県図書館司書、仙台図書館懇話会世話人などを務める。1929年に台湾の台中州立図書館。現地で図書館啓蒙活動に携わる。1936年文部省に移る。
【参考】小林藤吉「図書館を中心とした山形県の童話会」『図書館雑誌』57号 1924.5/『台中州立図書館一覧 昭和4年9月編、昭和5年9月編』台中州立図書館 1929, 1930/『宮城県図書館創立五十周年記念誌』宮城県図書館 1931/『図書館総覧』天野敬太郎編 文教書院 1951

## 小林 花子
こばやし・はなこ

[生没年] 1913~1997
1934年文部省図書館講習所修了後、東京商科大学附属図書館の雇員。1936年同大学退職後、三井文庫を経て、帝国図書館、国立国会図書館に勤務。『師守記』や『師郷記』などの古典籍の校訂を行い、『国立国会図書館所蔵貴重書解題 第2巻』(国立国会図書館, 1970)の刊行などに従事した。
【参考】小林花子「思い出の中から」『書誌学』28号 1981.7

## 小林 宏
こばやし・ひろし

[生没年] 1925~2006
[出身地] 栃木県
[学歴] 京都帝国大学文学部フランス文学科卒業

1950年より栃木県立図書館勤務、1964年フランス政府給費留学生として渡仏、国立高等図書館学校で研修。1980年栃木県立足利図書館長(~1982)。1982年作新学院女子短期大学助教授、のちに教授(~1995)。

1970年の日仏図書館研究会設立の中心となり，幹事長を務め，1991年会長となる（～2003）。ほか日本図書館協会評議員（1968～1981），監事（1981～1988）などを務める。著作に「利用者だけの力で著者を招く：栃木県立図書館読書会の「著者を囲む会」」（『図書館雑誌』52巻6号，1958.6），『図書館』（アンドレ・マソン，ポール・サルヴァン共著，白水社，1969）の翻訳，『フランスの図書館』（全国公共図書館協議会，1981），「栃木県における公共図書館と司書職の形成」（『作新学院女子短期大学紀要』11号，1987）などがある。
【参考】『図書館・日仏の出会い』小林宏著 日仏図書館情報学会 2004／『図書館の秋・雨だれの秋』小林宏著 アイアールディー企画 2006／波多野宏之「図書館と文学：評伝 小林宏 その1」『日仏図書館情報研究』32号 2006.12

## 小林 胖
こばやし・ゆたか

[生没年] 1917～1980

1952年東京慈恵会医科大学図書館主任司書となり（～1957），日本科学技術情報センターにも勤務（1957～1971）。さらに慶應義塾大学文学部図書館学科教授に転じた（1971～1980）。国際ドキュメンテーション連盟研究委員会委員も務めた（1965～1980）。
【参考】「小林胖君略歴・著作目録」『Library and Information Science』18号 1981.3／『つづれ草：或るライブラリアンの面影』小林明子編 小林明子 1981

## 小牧 猛
こまき・たけし

[生没年] 1880～1942

1901年高知商業学校，1916年高知実科高等女学校。1917年高知県立図書館司書（～1940）。高知県立図書館の生き字引として敬愛された。
【参考】川村源七「小牧猛氏略伝」『高知県立図書館報』193号 1942.4／松山白洋「彙報 小牧猛君を懐ふ」『土佐史談』78号 1942.12

## 小松 正一
こまつ・しょういち

[生没年] 1912～1990

東京商科大学附属図書館勤務（1924～1961）ののち，一橋大学商学部事務長（1961～1968），同経済研究所事務長（1968～1972）を歴任。論文には「公共図書館とBook Wagon」（『学友会雑誌』（文部省図書館講習所学友会）5号，1935.3）などがある。
【参考】「会員名簿」『図書館職員養成所同窓会三十年記念誌』図書館職員養成所同窓会 1953

## 小松原 英太郎
こまつばら・えいたろう

[生没年] 1852～1919

明治，大正期の内務官僚，教育行政官。評論新聞，朝野新聞，山陽新報で活躍後，1880年外務省を経て1887年内務省に転じ1899年内務次官。1908年第二次桂太郎内閣時に文部大臣。1910年地方長官に宛て訓令を発し「図書館設立ニ関スル注意事項」を付す。同年図書館令を改正，1911年文部省に通俗教育調査委員会を設置するなど，全国に図書館設置を奨励，地方改良運

動や青年団運動に組み込んだ国民教化策を実施した。
【参考】『図説 教育人物事典 日本教育史のなかの教育者群像 下』唐沢富太郎編著 ぎょうせい 1984／『小松原英太郎君事略：伝記・小松原英太郎』小松原英太郎君伝記編纂実行委員会編 大空社 1988（東京印刷 1924年刊の複製）

## 小見山 寿海
こみやま・ひさうみ

[生没年]1890〜1950

早稲田大学卒業後，静岡高等学校（旧制）助教授，日本大学教授など。著作に『書誌学』（芸艸会，1931）などがある。
【参考】『簡約日本図書館先賢事典：未定稿』石井敦編著 石井敦 1995／「寄稿者名簿・略歴」『圕研究』3号 総索引 1944.12

## 小室 重弘
こむろ・しげひろ

[生没年]1858〜1908

明治期のジャーナリスト，政治家。衆議院議員。1896年衆議院（第9回帝国議会）に鈴木充美らと「帝国図書館設立ノ建議」案を提出。翌年の「帝国図書館官制」公布の契機となる。
【参考】『近世日本文庫史』竹林熊彦著 大雅堂 1943

## 小山 公英
こやま・きみひで

[生没年]1899〜1945

司法省図書館勤務。1942年に日本図書館協会から20年以上の図書館勤続功労者の表彰を受ける。

【参考】『図書館総覧』天野敬太郎編 文教書院 1951／『簡約日本図書館先賢事典：未定稿』石井敦編著 石井敦 1995

## 小山 隆
こやま・たかし

[生没年]1900〜1983

社会学者。戦前期に文部省文化課長を経て，東洋大学教授などを歴任。(社)日本図書館協会理事(1941〜1944)。著作に「良書の選択とその普及について」(『図書時報』33号，1939.12)，『社会生活』(三省堂，1950)などがある。
【参考】『講談社 日本人名大辞典』上田正昭[ほか]監修 講談社，2001

## 金光 鑑太郎
こんこう・かがみたろう

[生没年]1909〜1991
[出身地]岡山県
[学歴]1928年金光教教義講究所卒業

号は碧水。金光教（本部教庁岡山県）3代教主金光攝胤の長男に生まれる。社会教育や赤十字活動はもとより，文化にも心を寄せ，戦争中に「この戦争は勝っても負けても，日本の国は荒野の原になるだろう。そのとき必要なのは文化の殿堂…図書館」と願い，金光図書館設立に尽力する。1943年図書館設立と同時に初代館長となり（〜1952），新しい図書館運営の模範を示した。1948年創刊の館報『土』は，多くの著名人の執筆を得て，一躍金光図書館の名を全国的にした。戦後まもなく，県内各所を会場に「岡山県図書館懇話会」を開催し，1951年の岡山県図書館協会設立に尽力するなど岡山県図書館運動を推進した。1951年日本図書館協会顧問に推

挙される。1963年4代教主に就任。「世のお役に立つ」図書館という創立の理念は現在も引き継がれ，全国どこからでも利用することができるなど，私立図書館として希有な活動を行っている。また，歌集『土』19冊を残した。
【参考】『いのちの今 金光鑑太郎こころと人』金光図書館 1992(『土』別冊)／金光和道「金光鑑太郎」『岡山県歴史人物事典』山陽新聞社 1994

## 近藤 清石
### こんどう・きよし

[生没年]1833〜1916

郷土史家。萩の豪商大玉家に生まれ，萩藩士近藤家の養子となる。萩藩で古記録の調査に携わる。明治になり山口県に出仕，地誌，旧記録の編纂に尽力。山口県立山口図書館の郷土資料の収集に貢献した。著書には『大内氏実録』(中元荘作[ほか]，1885)などがある。
【参考】『防長人物誌』増補版 マツノ書店 1984(防長史談会1933年刊の複製)／『山口県立山口図書館100年のあゆみ』山口県立山口図書館編 山口県立山口図書館 2004

## 近藤 小八郎
### こんどう・こはちろう

[生没年]1871〜？

徳島県海部郡の小学校訓導，校長(〜1916)。1908年地元の青少年に読書習慣をつけさせるため，善蔵寺に図書を集めて大里文庫を開設。
【参考】「教育者 近藤小八郎」『海部の人物 第1集』海部郡教育研究所編 海部郡教育研究所 1968／『阿波人物志』藤井喬著 原田印刷出版 1973

## 近藤 駒太郎
### こんどう・こまたろう

[生没年]1915〜1990

1934年近藤駒太郎商店を創業し，1944年株式会社に改組，大和屋繊維工業の社長に就任。1961年日本輸出縫製工業協同組合理事などを務め，1981年大阪商工会議所副会頭。専門図書館協議会関西地区協議会会長(1984〜1990)，専門図書館協議会副会長(1985〜1990)などを歴任。
【参考】『専門図書館』103-130号 1985.4-1999.9／『近駒さん：「日米経済摩擦のはしり」を闘い抜いた男』中矢忠雄著 現代創造社 1990

## 近藤 三郎
### こんどう・さぶろう

[生没年]1901〜1963

1918年神戸高等商業学校，神戸商業大学を経て，1949年神戸大学に勤務。同大学附属図書館六甲台分館図書掛長，附属図書館洋書掛長，同御影分館事務主任を歴任した。
【参考】『神戸高等商業学校一覧』大正7年-昭和3年 1919-1928／『神戸商業大学一覧』昭和5年-昭和16年 1930-1941／『神戸大学 学報』10-85号 1950.10-1963.3

## 近藤 正斎
### こんどう・せいさい

[生没年]1771〜1829

名は守重，通称重蔵，号は正斎。江戸時代後期の北方探検家，書誌学者。1808(文化5)年より紅葉山文庫の書物奉行。同文庫蔵書の中から徳川家康の命で書写されたものを「慶長御写本」として別置，貴重

書として扱うよう提唱。『外蕃通書』『外蕃通考』『右文故事』なども著した。1819（文政2）年に大阪弓奉行に転じる。1822（文政5）年金沢文庫再興を企図して『金沢文庫考』を著す。
【参考】『近藤重蔵と近藤富蔵』谷本晃久著 山川出版社 2017／『日本古典籍書誌学辞典』井上宗雄［ほか］編 岩波書店 1999／柳田直美「徳川家康の文蔵と紅葉山文庫」『大日光』83号 2013.6

## 近藤 正種
こんどう・まさかず

[生没年] 1897～？

1919年東京帝国大学工学部図書館（～1960）。
【参考】『簡約日本図書館先賢事典：未定稿』石井敦編著 石井敦 1995

## 今野 保夫
こんの・やすお

[生没年] 1912～？

1932年文部省図書館講習所修了。東京商工会議所図書館に勤務。1955年同館館長。「現今に於けるパンフレットの傾向」（『図書館研究』12巻2号, 1936.4）などの著作がある。
【参考】『簡約日本図書館先賢事典：未定稿』石井敦編著 石井敦 1995

# 【さ】

## 斎藤 敏
さいとう・さとし

[生没年] 1898～1986

1947年日本大学教授, 同大学図書館長兼務（1947～1963）。東京都図書館協会会長（1962～1976）, 日本図書館協会理事長（1963～1977）などを歴任。専門はアメリカ憲法研究。図書館関係の論文に「大学図書館における諸問題」（『私立大学図書館協会会報』42号, 1966.5）などがある。
【参考】叶沢清介「斎藤敏先生の逝去を悼む」『図書館雑誌』80巻6号 1986.6

## 西藤 寿太郎
さいとう・じゅたろう

[生没年] 1908～1982

1933年に大阪市役所に入職, 大阪市立図書館に勤務する。戦後は大阪市教育委員会文化係長, 児童文化会館長を経て1959年に大阪市立図書館長に就任, 新中央図書館づくりに従事, 初代の中央図書館長（1960～1968）。退職後は帝塚山学院大学教授として司書養成に携わる。日本図書館研究会理事（1947～1952, 1957～1961）などを歴任。著書に『小中高等学校における図書館活用の指導』（綜文館, 1949）がある。
【参考】尾原淳夫「館界の巨星また一つ堕つ：西藤寿太郎先生の足跡に憶う」『図書館界』33巻6号 1982.3

## 斎藤 尚吾
さいとう・しょうご

[生没年]1914～2001
[出身地]東京府（東京都）
[学歴]1934年青山師範学校卒業

1945年農村青少年図書館運動としてみずほ文庫を設立。1955年東京都学校図書館協議会理事となる。1962年東京都小金井第二小学校で親子読書の会をつくり、母親文集「おやこどくしょ」を発行。1963年練馬区立北町小学校で全校読書「学校と家庭を結ぶ親子読書」に取り組む。1965年から親子読書研究集会を毎年開催、1967年日本親子読書センターを創設、初代代表（1987年辞退）。1967年おやこ文庫たんぽぽを自宅の保谷市ひばりが丘団地に開設した。1976年転居先の千葉県柏市の自宅で柏たんぽぽ文庫を開設する（1994年閉庫）。地域の子ども文化を創り出すという視点から手づくりの読書運動、文庫、文庫連絡会活動、図書館づくりを展開した。
【参考】『點燈集：読書運動の旅』斎藤尚吾著 書肆にしかわ 1988／『タンポポの種を蒔いた人：斎藤尚吾追悼集：2002』書肆にしかわ 2003

## 斎藤 隆夫
さいとう・たかお

[生没年]1937～2010

1966年日野市立図書館勤務、1987年同館館長（～1998）。この間、東京都市町村立図書館長協議会会長（1996～1998）、東京都公立図書館長協議会副会長（1996～1998）、新日比谷図書館基本構想検討委員会委員（1996～1997）を歴任した。著作に「日野市立図書館の目差したもの」（『図書館雑誌』68巻6号、1974.6）などがある。

【参考】「斎藤隆夫さんを偲ぶ会」（2011）配布資料より

## 斎藤 毅
さいとう・つよし

[生没年]1913～1977

東京帝国大学卒業。満洲の建国大学助教授などを経て1947年衆議院事務嘱託、1948年から国立国会図書館勤務。1959年から総務課長、閲覧部長、総務部長を歴任し、1970年から1973年まで副館長。1973年図書館短期大学学長（第3代）に就任。図書館短期大学の大学昇格や筑波研究学園都市移転に力を注ぎ、在職中死去。著作には、L.R.マツコルビン著『現代の図書館：図書館協力計画への手引き』（河出書房、1953）の翻訳などがある。
【参考】弥吉光長「故斎藤毅先生を追悼して」『図書館雑誌』72巻1号 1978.1／服部金太郎「故斎藤毅図書館短期大学長の人となりと業績について」『図書館短期大学紀要』15号 1978.9

## 齋藤 文男
さいとう・ふみお

[生没年]1950～2013

東京都立図書館司書として都立中央図書館、多摩図書館に勤務（1974～2000）。1994年には「三多摩レファレンス探検隊」の発足に参加、「シェルパ齋藤」として指導的役割を果たす。2000年富士大学教授に就任し、レファレンス実践の研究、東北地方を中心に公共図書館の発展に寄与した。主な著作に、藤村せつ子との共著『実践型レファレンス・サービス入門』（日本図書館協会、2004）がある。
【参考】『齋藤文男さんを偲ぶ：実践・教育・

研究』齋藤文男さんを偲ぶ会実行委員会編 齋藤文男さんを偲ぶ会実行委員会 2014

## 斎藤 茂八
さいとう・もはち

[生没年]1885〜1964

1911年私立熊谷図書館設立発起人,評議員。1912年壬子倶楽部を結成。1913年熊谷町会議員,1921年同町長,1936年埼玉県会議員,1939年熊谷市長などを歴任。この間,1922年熊谷町立図書館長(〜1942),1923年埼玉県図書館協会会長。郷土史の研究にも尽力。埼玉県薬剤師会会長なども務める。
【参考】『熊谷の先覚者』第22回国民体育大会熊谷市実行委員会 1967／『熊谷市立図書館史:草案』熊谷市立熊谷図書館[編]熊谷市立熊谷図書館 1957／『埼玉県立浦和図書館50年史』埼玉県立浦和図書館 1972／『埼玉人物事典』埼玉県教育委員会編 埼玉県 1998

## 齋藤 勇見彦
さいとう・ゆみひこ

[生没年]?〜1917

1882年陸軍教導団文書掛,戸山学校仏語教授などを経て,紀州徳川家職員。1896年徳川頼倫に随行して3年間欧米を視察,帰国後に南葵文庫の創設に関わる。日本文庫協会評議員(1907),日本図書館協会評議員(1908〜1917)などを歴任。『紀藩士著述目録』(南葵文庫,1908)の編集などに従事した。
【参考】「齋藤勇見彦氏略伝」『図書館雑誌』33号 1928.2

## 佐伯 利麿
さえき・としまろ

[生没年]1844〜1920

幕末,明治期の国学者。1864(元治元)年石見国(島根県)津和野藩養老館の本学素読係,のちに皇典少助教,1868(慶応4)年明治天皇即位新式取調御用など。1882年東京大学から日本古今法制書編輯を嘱託。のちに東京帝国大学図書館(1886〜1914)。1900年日本文庫協会幹事。
【参考】『近代日本図書館の歩み:本篇』日本図書館協会編 日本図書館協会 1993／『簡約日本図書館先賢事典:未定稿』石井敦編著 石井敦 1995／『日本人名大事典 第3巻』平凡社 1979(1937年刊の複製)

## 酒井 悌
さかい・やすし

[生没年]1913〜1992
[出身地]徳島県
[学歴]1939年大東文化学院研究科修了

1939年外務省留学生として北京に留学。1940年国立師範大学,1944年輔仁大学,1945年国立北京大学副教授。1947年参議院調査部。1948年から国立国会図書館に勤務。マイクロフィルムの利用推進や支部図書館制度の確立に尽力。専門図書館協議会の創設にも関わる。連絡部長,参考書誌部長,総務部長を歴任し,1977年から副館長。翌年,岸田実館長と協力して図書議員連盟の成立に尽力。1980年退職。1980年から金沢工業大学図書館長(のちにライブラリーセンター長)となり同館にサブジェクトライブラリアン制度を導入。1982年全国学校図書館協議会会長などを歴任。米軍施政下の沖縄県図書館界への援助にも関わった。

【参考】『酒井悌博士記念集』酒井悌博士記念集編集委員会編 金沢工業大学ライブラリーセンター 1994／『図書館関係専門家事典』日外アソシエーツ編 日外アソシエーツ 1984／「酒井悌先生追悼」『学校図書館』498号 1992.4／中森強「故酒井悌氏の業績を偲んで」『びぶろす』43巻4号 1992.4

## 坂川 勝春
さかがわ・かつはる

[生没年]1916〜?

1941年より県立鳥取図書館司書。気高分館長、八頭分館長を経て1965年より倉吉分館長となる。倉吉分館では「古文書を読む会」、教育懇話会、鳥取県中部図書館協会を組織し、同館の活動を活性化させた。

【参考】『図書館と子供の読書』坂川勝春著 坂川勝春 1974

## 榊田 清兵衛
さかきだ・せいべい

[生没年]1864〜1929

1896年、秋田県会議員の有志が県立図書館の設立を建議したときの中心人物で、自身の蔵書を仙北郡立図書館に寄贈、郡立図書館の基礎を固めた。

【参考】『秋田県立秋田図書館沿革誌：昭和36年度版』秋田県立秋田図書館編 秋田県立秋田図書館 1961

## 坂田 ハツ
さかた・はつ

[生没年]1897〜?

三菱(資)資料課、三菱経済研究所図書館(1932〜1959)。1942年日本図書館協会図書館勤続功労者表彰(20年以上)を受けている。

【参考】『図書館総覧』天野敬太郎編 文教書院 1951／『簡約日本図書館先賢事典：未定稿』石井敦編著 石井敦 1995

## 阪谷 俊作
さかたに・しゅんさく

[生没年]1892〜1977
[出身地]東京府(東京都)
[学歴]1918年京都帝国大学国文科卒業、同年東京帝国大学大学院で書誌学専攻

東京帝国大学附属図書館に在職中、和田万吉館長の推薦で、1923年新設開館の市立名古屋図書館の初代館長に就任。当時県立図書館が未設置であったことから県内の中心館として尽力した。講演会、展覧会などの文化事業、子ども向けお話会の開催、児童大会に巌谷小波らの著名人を招き口演童話の普及に貢献。児童図書研究会を設置し、優良児童図書目録を発行。青年巡回文庫、教員文庫を開始し、点字文庫を早い時期に開設した。愛知県図書館協会の設立を提唱、会長に就いて県内公共図書館の組織化を進めた。敗戦の翌年に名古屋郷土文化会を設立、地域文化にも貢献。28年間在籍して1948年退職、同年国立国会図書館に転じる(〜1956)。1957年白梅学園短期大学教授(〜1975)。著書に『祖母百談：ばばさまのおはなし』(阪谷俊作, 1942)などがある。

【参考】『鶴舞図書館四十年史』名古屋市鶴舞中央図書館 1963／前川芳久「市立名古屋図書館における阪谷俊作館長の業績および著作目録」『中部図書館情報学会誌』50号 2010.3／吉川芳秋「初代市立名古屋図書館長・郷土文化会創設者阪谷先生逝く」『郷土文化』(名古屋郷土文化会)119号 1977.10

## 坂西 志保
さかにし・しほ

[生没年] 1896～1976

横浜の関東学院で英語の教師を務め, 1922年に渡米。ホリンズ大学助教授などを経てアメリカ議会図書館で日本語資料の整理にあたる (1930～1942)。のちにオリエンタリア部日本語課長など。1942年に帰国, 外務省嘱託。戦後は連合国軍最高司令官総司令部 (GHQ/SCAP) 勤務を経て, 参議院外務専門委員, 憲法調査会委員, 国家公安委員 (1964～1974) などを歴任した。評論など多数の著書がある。

【参考】『坂西志保さん』『坂西志保さん』編集世話人会編 国際文化会館 1977

## 阪本 一郎
さかもと・いちろう

[生没年] 1904～1987
[出身地] 奈良県
[学歴] 東京文理科大学教育心理学科卒業, 同大学研究科修了

1927年に東京青山師範学校の教員となり, 英語を担当した。同じ頃, アメリカ合衆国・コロンビア大学教授ソーンダイクの研究に魅せられ, 日本語の標準基本語彙の作成に向けた研究に注力する。戦時中は中国南部で従軍し, 1946年に復員した。戦後は, 文部省編『学校図書館の手引』(師範学校教科書, 1948) の編集委員に選ばれたのを契機に, 学校図書館や読書心理の研究にシフトし, これらの研究を牽引していく。連合国軍最高司令官総司令部 (GHQ/SCAP) の民間情報教育局 (CIE) と文部省の共催で開講された教育指導者講習会 (IFEL) の講師の一人に任じられ,

また, 1949年に発足した東京学芸大学では教授として, 学校図書館や読書指導などに関する科目を担当。のちに日本女子大学教授。1952年には全国学校図書館協議会の第2代会長に就任し (～1955年度), 1954年の「学校図書館法」施行とともに設置された文部大臣の諮問機関学校図書館審議会では副会長を務めた。1956年には日本読書学会の創設に参画し, 1960年から第2代会長。1976年には長年の読書科学研究の功績に対して国際読書学会より「国際読書功労賞」が贈られている。

【参考】阪本一郎「『読書科学』100号記念号に寄せて」『読書科学』26巻2号 1982.7／『学校図書館50年史年表』全国学校図書館協議会編 全国学校図書館協議会 2001

## 坂本 嘉治馬
さかもと・かじま

[生没年] 1866～1938

1886年冨山房を創業し, 各種の辞書, 専門書などを出版。1929年郷里である高知県宿毛町に, 私立坂本図書館を設立した。没後, 図書館は町に寄付された。

【参考】『宿毛人物史』宿毛明治100年史 (人物篇) 編集部編 宿毛明治100年祭施行協賛会 1968／『宿毛市史』宿毛市史編纂委員会編 宿毛市教育委員会 1977

## 坂本 主計
さかもと・かずえ

[生没年] ？～？

県立長野図書館司書 (1931～1940)。1934年信濃教育会の青少年読物調査委員に委嘱される。

【参考】『県立長野図書館十年史』県立長野図書館編 県立長野図書館 1939／『簡約日本図

書館先賢事典：未定稿』石井敦編著 石井敦 1995

## 坂本 章三
さかもと・しょうぞう

［生没年］1876～1946
県立徳島中学校教員，徳島県立光慶図書館書記，農商務省図書館主任などを経て，徳島県立光慶図書館長（1927～1938）。館長として辣腕を振い，阿波国文庫やモラエス文庫を整備し，全蔵書を日本十進分類法に変更。図書館利用の普及にも努めた。
【参考】藤丸昭「坂本章三」『徳島の百人』徳島の百人編集委員会編 徳島市中央公民館 1968／『図書館の理念と実践』藤丸昭著 原田印刷出版 1977

## 阪本 猷
さかもと・ゆう

［生没年］1891～1942
奈良県吉野郡の素封家に生まれ，1934年奈良信託銀行（株）社長。1938年，書誌学者の川瀬一馬に誘われて奈良県下の古写経の調査に出かけ，これを契機に古書の蒐集に打ち込む。1千点を超える善本を集め龍門文庫と称した。1959年遺族らによって（財）阪本龍門文庫設立。
【参考】『橡の葉』阪本千代編 阪本千代 1944／『龍門文庫：知られざる奈良の至宝：特別陳列』奈良国立博物館編 奈良国立博物館 2002

## 阪本 四方太
さかもと・よもた

［生没年］1873～1917
本姓坂本，名は「しほうだ」とも読む。1900年に東京帝国大学の助手兼附属図書館司書，1908年助教授兼司書官となり，附属図書館の整備に尽力した。また，1902年に日本文庫協会の幹事，1906年には同評議員となり3期これを務める。正岡子規の高弟であり，雑誌『ホトトギス』の選者を務めるなど俳人としても活躍したが早世した。
【参考】『阪本四方太』鳥取県立図書館編 鳥取県立図書館 2013

## 坂本 龍三
さかもと・りゅうぞう

［生没年］1927～2009
1958年北海道学芸大学附属図書館勤務を経て，1967年北海道武蔵女子短期大学講師，1971年助教授，1978年教授，1996年附属図書館長（～1998）。1998年北広島市図書館開設時には初代館長（～2003）。道内の図書館職員の育成に尽力し，図書館史を掘り起こし多くの研究論文を発表，なかでも函館図書館創設者の岡田健蔵研究に大きな足跡を残し，1998年に『岡田健蔵伝』（講談社出版サービスセンター，1998）を著した。
【参考】「追悼 坂本龍三先生」『北の文庫』51号 2010.1

## 桜井 市作
さくらい・いちさく

［生没年］1872～1921
1904年新潟市の積善組合代表専務理事に就任，個人として巡回文庫を組合に寄付。県内の数か所を拠点に図書を巡回して，県立図書館などの設立を促した。『新潟新聞』に「図書館経営私見」（1909.1.1）を掲

載。のちに新潟市長を務めた。
【参考】『図書館物語』竹林熊彦著 東亜印刷出版部 1958

## 桜井 菊次郎
さくらい・きくじろう

[生没年] 1866～1959

小学校長退職ののち，前橋市立図書館長（1922～1927）。著作に「噫金山図書館長葉住利蔵君」（『上毛及上毛人』115号, 1926.11），「退職の御挨拶」（『前橋市立図書館報』95号, 1927.10）などがある。
【参考】『群馬県人名大事典』上毛新聞社 1982／『前橋市立図書館80年小史』前橋市立図書館編 前橋市立図書館 1997

## 桜井 宣隆
さくらい・のぶたか

[生没年] 1926～2013

国立国会図書館に就職後，図書館短期大学の創立時に岡田温の引きで教員となる。論文に「Library Serviceと図書館奉仕との間隙」（『図書館短期大学紀要』12号, 1977.1）などがある。藤尾正人の義弟。
【参考】『図書館関係専門家事典』日外アソシエーツ編 日外アソシエーツ 1984／『主をほめまつれ：国立国会図書館聖書研究会60周年記念文集：1948-2008』国立国会図書館聖書研究会 2009

## 桜井 義之
さくらい・よしゆき

[生没年] 1904～1989

吉野作造に師事し，その縁で1928年京城帝国大学法文学部助手（経済史専攻）。1932年頃朝鮮研究を志し関連文献を自ら収集し，解題書誌『明治年間朝鮮研究文献誌』（書物同好会, 1941）に結実した。1941年朝鮮総督府文書課調査係主査（嘱託）となり雑誌『朝鮮』を編集。1950年東京都立大学附属図書館事務長，1956年同大学専任講師（図書館学・書誌学）を兼任，1968年作新学院女子短期大学教授。著書に『朝鮮研究文献誌』[増補]（龍渓書舎, 1988-1992）などがある。
【参考】『桜井義之文庫目録』東京経済大学図書館編 東京経済大学図書館 1992／『青丘餘録』桜井義之著 桜井義之 1980

## 桜木 章
さくらぎ・あきら

[生没年] 1876～？

旧姓沢田。1899年東京帝国大学附属図書館，1908年同館司書（～1911）。
【参考】『簡約日本図書館先賢事典：未定稿』石井敦編著 石井敦 1995

## 笹岡 民次郎
ささおか・たみじろう

[生没年] 1870～1941？

1889年東京図書館雇，1894年東京美術学校庶務課雇，のちに文庫掛創設に際し文庫掛員。1897年京都帝国大学に将来図書館が創設されることを想定して書記に任命され庶務課（～1899）。1899年附属図書館勤務兼庶務課（～1936），以後，38年間一貫して同館の洋書目録作成の責任者として勤務し，その間の1924年には，高等官六等を以って待遇され，司書官に次ぎ，洋書目録に関しては全国の大学図書館員にその名を知られる存在となった。1930年定年退官，嘱託として再就職，1939年完全

に退職。著作には「レオン・パジェスの著書一覧」(『日本図書目録』レオン・パジェス著, 更生閣, 1927) などがある。
【参考】『アナログ司書の末裔伝：図書館員は本を目でみて手でさわらなあかんよ：廣庭基介先生傘寿記念誌』花園大学図書館司書資格課程 2013

## 佐々木 乾三
ささき・けんぞう

[生没年] 1904～2000

1932年名古屋市南久屋小学校訓導を経て, 1934年京都帝国大学附属図書館に就職。1942年同館閲覧掛主任, 1946年洋書目録掛主任, 1961年整理課洋書目録掛長, 1962年整理課長補佐, 教育学部非常勤講師, 1965年整理課長 (～1966)。1966年京都文教短期大学図書館 (～1981)。著作には「図書館倫理」(『図書館の学と歴史：京都図書館協会十周年記念論集』京都図書館協会十周年記念論集編集委員会編, 京都図書館協会, 1958) などがある。
【参考】『愛と念：佐々木乾三遺稿集』佐々木乾三著 尾崎善久編 佐々木乾三 2001／『アナログ司書の末裔伝：図書館員は本を目でみて手でさわらなあかんよ：廣庭基介先生傘寿記念誌』花園大学図書館司書資格課程 2013

## 佐々木 敏雄
ささき・としお

[生没年] 1924～1986

1963年東京大学農学部図書掛長, 1983年図書館情報大学助教授, 1984年教授。著作に「農学における二次情報活動」(『医学図書館』18巻2号, 1971) などがある。日本農学図書館協議会の創立に尽力した。
【参考】葛城詔「佐々木敏雄先生の急逝を悼

む」『図書館雑誌』81巻3号 1987.3

## 佐佐木 信綱
ささき・のぶつな

[生没年] 1872～1963

歌人。国文学者。1932年, 還暦記念として故郷である三重県鈴鹿郡 (鈴鹿市) 石薬師村に石薬師文庫を寄贈した。文庫開設に際して「これのふぐら良き文庫たれ故郷の里人のために若人のために」という歌を詠んだ。
【参考】鈴鹿市・佐佐木信綱記念館 (http://www.city.suzuka.mie.jp/)

## 佐々木 慶成
ささき・よしなり

[生没年] 1885～1959

富山県福野町の西方寺住職。1919年に福野授眼蔵仏教図書館を創設 (1949年町へ移管), 福野町立授眼図書館長 (1919～1959)。図書館職員の養成, 地区の図書館振興などに尽力。
【参考】田辺英秀「故佐々木館長をしのびて」『富山県図書館協会創立50周年記念誌』富山県図書館協会 1981

## 佐々木 良太郎
ささき・りょうたろう

[生没年] 1876～1946

1909年慶應義塾大学図書館に入り, 1946年休職後没するまで勤務。同館の生き字引と言われた。1938年, 1942年日本図書館協会勤続功労賞。
【参考】伊東弥之助「佐々木良太郎氏の思い出」『塾監局小史』慶應義塾職員会 1960／『慶應義塾図書館史』慶應義塾大学三田情報

センター 1972

## 笹嶋 弘夫
ささじま・ひろお

[生没年]？〜1987

岩手県立図書館係長(1947〜1963)，同館司書監兼奉仕課長(1967〜1980)。
【参考】『創立60周年記念岩手県立図書館職員名簿』岩手県立図書館編 岩手県立図書館 1982

## 佐治 繁一
さじ・しげいち

[生没年]1875〜1937

神戸市立図書館(1913〜1937)に勤務。
【参考】「寄稿者名簿・略歴」『圕研究』総索引3号 1944.12／『簡約日本図書館先賢事典：未定稿』石井敦編著 石井敦 1995

## 貞閑 晴
さだか・はる

[生没年]1919〜2007

1949年東京都教育庁庶務課勤務などを経て，1964年には東京オリンピック女子選手村村長を務めた。1972年東京都立日比谷図書館長，1973年東京都立中央図書館長を歴任(〜1976)。著作に「女性図書館長の経験から」(『現代の図書館』24巻4号，1986.12)などがある。
【参考】『都政人名鑑 '75』都政新報社 1974

## 貞方 弥三郎
さだかた・やさぶろう

[生没年]1868〜1957

朱子学者，楠本泰山の門弟。長崎県北松浦郡柳村の青年会長。1910年に私財を投じて柳図書館を設立。同館は数年後村に譲渡された。
【参考】柴田篤「貞方弥三郎と柳浦文集」『中国哲学論集』11号 1985.10／『九州図書館史』西日本図書館学会編 千年書房 2000

## 佐竹 義継
さたけ・よしつぐ

[生没年]1881〜1931

1905年京都帝国大学附属図書館勤務を経て，1910年南満洲鉄道(株)に入社。地方課教育係，学務課図書館係時代に満鉄図書閲覧場の設置や巡回書庫の運用に尽力。1930年満鉄退職。
【参考】衛藤利夫「満鉄図書館育ての親，佐竹さんの思出」『満鉄教育回顧三十年』荒川隆三編 満鉄地方部 1937

## 貞松 修蔵
さだまつ・しゅうぞう

[生没年]1874〜1938
[出身地]長崎県
[学歴]1900年東京高等師範学校卒業

熊本県師範学校では英語の教師と図書係を兼務し，藩校時習館の図書整理などに従事。1916年岡山市視学，1919年市立岡山図書館長事務取扱(〜1920)。静岡県社会教育主事(1920〜1924)，のちに1924年静岡県立葵文庫初代文庫長(〜1936)。県立図書館設立計画に関与，当初の図書館設計を木造から鉄筋コンクリート造に変更し，戦災による類焼を免れた。『葵文庫ト其事業』の創刊(1926)，同文庫の稀覯書でフランスの百科全書の邦訳『厚生新論』を復刊(1937)するなど館所蔵資料の刊行にも尽力した。また，「公文書と図

書館：都市に完全なる図書館設立の提唱」(『葵文庫ト其事業』38号,1929.8)によって,図書館における公文書の保存と公開について問題提起した。著作には『駿豆伝説物語：PK放送』(静岡文化協会,1933)や『沼津兵学校及び同校附属小学校に就て』(帝国教育会,1929),『静岡徳川藩の学校教育に就て』(静岡県立葵文庫,1931)などがある。
【参考】『前静岡県立葵文庫長貞松修蔵氏記念録』貞松修蔵氏功労記念会 1939／鈴木正路「その頃図書館にこの人ありき：初代文庫長貞松修蔵のこと」『葵』20号 1986.2／青木祐一「静岡県立葵文庫とその事業：アーカイブズの視点から」『研究年報』(学習院大学文学部)59号 2012.3

## 佐藤 勝雄
さとう・かつお

[生没年]1885〜?

石川尋常高等小学校校長を経て(1927〜1928),青森県立図書館司書となり(1928〜1933),『東奥日報』に「図書館について」を寄稿(1928)。間宮不二雄に「日本十進分類法」の出版を促し,刊行とともに同館で採用した。また,『津軽見聞記：宝暦』(青森県立図書館,1930)などの郷土資料編纂を行い,青森県立図書館叢書として刊行。上清水小学校(北海道),青森県教育会を経て,戦後も郷土資料を編纂する青森県叢書刊行会主事を務めた。
【参考】佐藤勝雄「図書館回顧」『教育こうほう』3巻4号 1953.7

## 佐藤 正吉
さとう・しょうきち

[生没年]1900〜1984

1918年頃から鉄道省に勤務。1925年山形県の光丘文庫開館時に職員として就職し,在職中に司書資格を取得した。以降司書として勤務し,特に視覚障害者のための点字図書の製作,貸出,盲人巡回文庫の実施,光丘文庫点字読書会の発足などに尽力した。1958年退職後も酒田点字読書会副会長を務めた。
【参考】「創立30周年記念 光丘文庫・光丘図書館を語る座談会」『館報こうきゅう』47号 1980.1

## 佐藤 錠太郎
さとう・じょうたろう

[生没年]1875〜1960

「ていたろう」とも読む。小学校長退職ののち,1923年から前橋市立図書館司書,同館長(1930〜1940)。著作に「前橋市立圖館外帯出制度」(『圕研究』10巻2号,1937.4),「全国図書館長会議と郷土研究資料尊の挙」(『上毛及上毛人』175号,1931.11),「前橋市立図書館だより」(同上,176号,1931.12)などがある。
【参考】『群馬県人名大事典』上毛新聞社 1982／『群馬県教育史 別巻 人物編』群馬県教育センター編 群馬県教育委員会 1981／『前橋市立図書館80年小史』前橋市立図書館編 前橋市立図書館 1997

## 佐藤 忠恕
さとう・ただよし

[生没年]1904〜1982

1926年明治大学図書館,1934年文部省国民精神文化研究所図書館,1946年武蔵野市立図書館長(〜1961)。1954年日本図書館協会が「図書館の自由に関する宣言」を起草,採択した時の図書館憲章委員会

の議長。著書に『青少年の読書施設』(大日本出版, 1943)などがある。
【参考】「佐藤忠恕氏を追悼する」『季刊としょかん批評』1号 1982.12／鈴木嘉美「故佐藤忠恕先生を偲んで」『図書館雑誌』77巻2号 1983.2

## 佐藤 仁
さとう・ひとし

[生没年] 1927～1975

1948年横浜工業専門学校卒業。1949年国立国会図書館建築部に入り庁舎の立案に携わる。数少ない図書館建築の専門家となり, 1963年から母校の横浜国立大学で図書館建築計画学を講じた。日本図書館協会施設委員会委員などを歴任。日野市立多摩平児童図書館(1971竣工)などを設計。著作に『図書館施設の建築計画に関する研究』(佐藤仁, 1966), 西川馨との共著に『公共図書館』(井上書院, 1974)がある。
【参考】「故・佐藤仁氏追悼」『図書館雑誌』70巻3号 1976.3

## 佐藤 眞
さとう・まこと

[生没年] 1907～1991

東北帝国大学附属図書館雇(1927～1929), 市立函館図書館司書を経て(1930～1942), 1943年(財)興風会図書館部主任(館長)。日本図書館協会理事(1957～1964)。千葉県教育功労者, 野田市文化功労者として表彰。著作に『中小図書館の経営』(理想社, 1951)がある。
【参考】藤島隆著「市立函館図書館の二人：佐藤真と大垣友雄」『北の文庫』30号 2001.6

## 佐藤 政孝
さとう・まさたか

[生没年] 1925～2004

1949年東京都立日比谷図書館, 1978年東京都立中央図書館管理部長に就任。その後, 東京都立日比谷図書館長, 杉並区立中央図書館長などを歴任。1984年より鶴見大学, 実践女子大学などで非常勤講師を務める。著作に『図書館発達史』(みずうみ書房, 1986)などがある。
【参考】『東京の近代図書館史』佐藤政孝著 新風舎 1998

## 里内 勝治郎
さとうち・かつじろう

[生没年] 1877～1956

私立里内文庫図書館主事(1908～1946)。1941年日本図書館協会滋賀支部評議員, 滋賀県図書館協会評議員, 『近江栗太郡志』史料蒐集委員(1921～1926)。自身が設立した里内文庫では, 地元小学校での児童文庫開設, 巡回文庫を開始するなど, 地域と図書館を結ぶ活動に力を注いだ。
【参考】『里内文庫資料目録』里内文庫資料調査会編 栗東歴史民俗博物館 2005／大西稔子「里内文庫と文庫主里内勝治郎」『大倉山論集』55号 2009.3

## 佐野 一夫
さの・かずお

[生没年] 1904～1973

1933年佐野鉄工所の事業を継承, 1944年株式会社に改組, 取締役社長。1946年富士文庫を設立。1987年文庫を閉館して, 蔵書5万冊を富士市に寄贈。1990年富士市立富士文庫が開館。

【参考】『郷土の先達 第2輯』富士市立図書館 1977／『静岡県人名鑑：静岡県紳士録』池田一夫編 静岡通信社 1957／『富士文庫寄贈図書展』富士市立博物館編 富士市立博物館 1988

## 佐野 早苗
さの・さなえ

[生没年] ？～1929

1904年京都帝国大学附属図書館, 1908年神戸高等商業学校図書課。1909年奈良県立戦捷紀念図書館, 創設から10年間を主任司書として活躍, 同館の基盤づくりをした。その後, 大阪府立図書館司書に転じ在職中に死去。著作に「図書館之職分」(『好学雑誌』60号, 1908.6) などがある。
【参考】辰巳雅彦著「図書館風土記・人物編14 奈良県の巻」『図書館雑誌』61巻11号 1967.11／「会員異動」『図書館雑誌』118号 1929.9

## 佐野 捨一
さの・すていち

[生没年] 1902～？

佐賀高等学校助教授兼書記, 日本大学大阪専門学校助教授, 第六高等学校三級教官兼書記, 岡山大学附属図書館司書係長, 岡山理科大学図書館事務長。著作に『世界図書館年表』(岡山理科大学, 1977), 『永遠のねがい』(佐野捨一, 1985) などがある。
【参考】『藻汐草 第1-7集』佐野捨一編著 佐野捨一 1976-1982

## 佐野 友三郎
さの・ともさぶろう

[生没年] 1864～1920
[出身地] 武蔵国（埼玉県）
[学歴] 1890年東京帝国大学中退

山形県米沢中学教員などを経て, 1895年台湾総督府事務官, 1899年休職。1900年秋田県立秋田図書館長（～1903）。秋田での在職期間はわずかであったが, 1902年に初めて巡回文庫を実施, 郡立図書館図書購入費の県費補助, 郷土資料の収集と保存に尽力した。1903年山口県立山口図書館長（～1920）。同年, 新聞雑誌閲覧席と児童閲覧席を同居させて開館, 直後に夜間開館を開始した。海外の文献によって欧米の図書館について学び, 県立図書館でのサービスの充実とともに, 巡回書庫を回付（1904）, 県内各地に図書館の設置をめざした。館報『山口県立山口図書館報告』を創刊（1905）。普通閲覧室に公開書架を設置（1907）。多くの図書, 雑誌の寄贈を得, 地域資料にも目を配り, 蔵書は外国書とも着実に増加していった。巡回書庫回付の刺激により県内各地に公私立図書館ができはじめた1909年, 県内図書館関係者大会を開催, 山口県図書館協会を設立した（1917年日本図書館協会山口支部）。1915年アメリカ合衆国に渡り, 各地の図書館を見学。1918年煉瓦造り書庫を新築した。しばしば日本図書館協会の会合にも出席し, 佐野考案の十進分類法は標準分類法として採用された（1919）。1920年には新聞雑誌閲覧と兼用だった児童室が独立した。度々他館へ転出する話があったが, いずれも不調に終わる。1914年に受

洗。1915年から持病に悩まされ、体調不良を抱えながらも職務を全う、図書館のあるべき姿を追求し、トップクラスのサービスを実現した。著書には『米国図書館事情』(金港堂書籍, 1920)、ディクソン著『ディクソン英文典直訳』(攻玉社, 1887)の翻訳があり、「通俗図書館の経営」(『山口県立山口図書館報告』20号, 1915.3) など代表的な著作は、石井敦編『佐野友三郎』(日本図書館協会, 1981) に収録されている。
【参考】『初代館長佐野友三郎氏の業績』山口県立山口図書館 1943／『日本近代公共図書館史の研究』石井敦著 日本図書館協会 1972／山口源治郎「佐野友三郎論：通俗図書館を中心として 上・下」『図書館界』36巻1, 2, 4号 1984.5-11／小川徹「佐野友三郎伝」『人物でたどる日本の図書館の歴史』小川徹[ほか]著 青弓社 2016

## 佐野 友彦
さの・ともひこ

[生没年] 1925〜1996

1947年世田谷区立梅丘中学校。1954年全国学校図書館協議会の創立に参画。1973年同会事務局長(〜1992)。戦後初期の学校図書館運動に尽力。
【参考】「佐野友彦先生の横顔」『学校図書館』554号 1996.12

## 佐野 真
さの・まこと

[生没年] 1937〜2002

1958年町田市立図書館、1961年学習院大学図書館、1993年就職部長。学習院女子短期大学講師も務めた。著作(共著)に『書誌作成マニュアル』(日本索引家協会編、日外アソシエーツ, 1980) などがある。
【参考】『図書館関係専門家事典』日外アソシエーツ編 日外アソシエーツ 1984／『現代日本人名録 2002 1』日外アソシエーツ編 日外アソシエーツ 2002

## 佐村 八郎
さむら・はちろう

[生没年] 1865〜1914

号は徹石。書誌編纂家。山口県生まれ。1891年上京。東京府立第一中学校などの教員。その傍ら国初以来慶応年間までの日本書籍1万5千点を解題し『国書解題』(六合出版)として1897年から分冊出版。さらに1904年に増訂版を出す。編纂の際には帝国図書館や東京帝国大学附属図書館から「特待優遇」を受けたという。
【参考】「序文」「凡例」『国書解題』増訂改版 佐村八郎著 六合館 1926／大江誠堂「佐村八郎氏を悼む」『東洋哲学』21巻5号 1914.5

## 澤 壽郎
さわ・じゅろう

[生没年] 1903〜1988

筆名松谷文吾。雑誌の編集者などを経て鎌倉市役所、1951年鎌倉市教育課長、1952年同社会教育課長、1953年鎌倉市図書館長(〜1968)。著作には『鎌倉の古版絵図』(鎌倉市教育委員会, 1965)、『図説鎌倉回顧』(鎌倉市, 1969)、編集には『鎌倉近世史料 1-11巻』(鎌倉市教育委員会, 1967-1987) などがある。
【参考】『鎌倉図書館百年史』鎌倉市図書館開館百周年記念事業実行委員会編 鎌倉市教育委員会 2011／鹿児島達雄「沢寿郎」『神奈川県図書館協会の歩み』神奈川県図書館協会郷土出版委員会編 神奈川県図書館協会 2005

## 澤 利政
さわ・としまさ

[生没年] 1927～2011

小学校, 中学校, 高等学校の教師。西宮市や兵庫県の教育委員会事務局などを経て西宮市の公立小学校を定年退職。この間司書教諭, 学校図書館担当指導主事, 全国学校図書館協議会副会長（1986～1980）ほかを歴任。『兵庫県学校図書館史』（規文堂, 1991）などの著作がある。
【参考】著者略歴『学びを豊かにする学校図書館』澤利政著 関西学院大学出版部 2004／『学校図書館五〇年史』全国学校図書館協議会『学校図書館五〇年史』編集委員会編 全国学校図書館協議会 2004

## 沢井 常四郎
さわい・つねしろう

[生没年] 1871～1949

広島県の小学校, 中学校, 女子師範学校の教師。定年後の1928年三原町立図書館初代館長。同館の創設と発展に尽くした。郷土史家としても知られ, 著作には『経学者平賀晋民先生』（沢井常四郎, 1930）などがある。
【参考】『三原の歴史と人物』中国観光地誌社編 中国観光地誌社 1977／『広島県公共図書館史』森田繁登編著 森田繁登 2003

## 沢島 正治
さわしま・まさじ

[生没年] ？～？

1931年日本大学, 1932年日本大学図書館。
【参考】『簡約日本図書館先賢事典：未定稿』石井敦編著 石井敦 1995

## 沢田 兼吉
さわだ・かねよし

[生没年] 1883～1950

1908年台湾総督府農事試験場に勤務。1922年殖産局植物検疫所および農務課に転任。翌年高等農林学校（のちに台北帝国大学）講師, 教授。1931年台北帝国大学附属図書館司書官に任ぜられ, 疫学を応用した書庫管理を主導し科学的資料保存の先駆となる。1933年台湾愛書会にも参加。著書に『書病攷』（台湾三省堂, 1942）がある。
【参考】書物蔵「愛書のうてなに咲いた科学の華」『文献継承』20号 2012.3／Kutsuma Masanori「司書官でもあった菌学者, 澤田兼吉が著した本」「Discomycetes etc.」(http://chawantake.sakura.ne.jp/)

## 澤本 孝久
さわもと・たかひさ

[生没年] 1912～1994

1943年宮内省帝室林野局勤務（～1945）。1946年連合軍軍政部・札幌CIE図書館勤務を経て, 慶應義塾大学文学部図書館学科の主任補佐, 助教授, 教授を務めた（1951～1977）。三田図書館・情報学会会長（1976～1990）, 日本農学図書館協議会会長（1976～1994）などを歴任。
【参考】「澤本孝久前会長略歴・著作目録」『Library and Information Science』32号 1995.3／「故澤本孝久会長略歴, 澤本孝久先生の御業績目録と年譜」『日本農学図書館協議会会報』97号 1995

## 沢柳 政太郎
さわやなぎ・まさたろう

[生没年] 1865～1927

文部官僚。1911年京都大学総長就任、1914年辞任。帝国教育会会長を務め、1917年成城小学校を創立。読書科を特設、自学重視から学校図書館を設置した。著作に『実際的教育学』(同文館、1909)などがある。
【参考】『沢柳政太郎全集 別巻1』沢柳政太郎著 成城学園沢柳政太郎全集刊行会編 国土社 1979

## 三城 長二
さんじょう・ちょうじ

[生没年]1902～1932

北海道帝国大学附属図書館雇(1920～1923)、同館司書(1924～1932)。日本図書館協会、青年図書館員聯盟会員。著作に「受入番号順配列に代るべき展開記号表」(『図書館雑誌』22巻3号、1928.3)、「ローマ字日本著者表」(『圕研究』1巻4号、1928.10)などがある。
【参考】『楡の落葉』三城テツ 1932

## 三田 全信
さんだ・ぜんしん

[生没年]1903～1982

僧侶。1940年京都帝国大学附属図書館勤務時に竹林熊彦のもとで働いたのをきっかけに図書館学にめざめ、盟友、小川寿一と共に1941年日本図書館学会(戦後の同名団体とは無関係)を結成。住職を務める光念寺に日本図書館学研究所を開設し、機関誌『日本図書館学』を発行。戦後は仏教史研究に戻った。著書に『成立史的法然上人諸伝の研究』(光念寺出版部、1966)などがある。
【参考】書物蔵「ホンモノの「日本図書館学会」と「日本図書館研究会」」『文献継承』16号 2010.5

# 【し】

## 椎名 六郎
しいな・ろくろう

[生没年]1896～1976
[出身地]香川県
[学歴]1921年大谷大学文学部卒業

1921年香川県明善高等女学校教員。1941年香川県社会教育主事。1943年香川県立図書館初の専任館長に就任(～1956)。1948年全国に先駆けて県立図書館を復興開館、戦災から復興、戦後の躍進期へと県下の図書館界を牽引した。1949年香川県図書館協会設立(初代会長)、1952年香川県学校図書館協議会設立に尽力。同時に香川大学、愛媛大学などで司書養成講習会を開催、専門職員の育成に取り組み、椎名を中心に「香川学派」と呼ばれるようになる。1953年日本図書館学会設立を主導し、精力的に研究成果を発表。1956年からは国立国会図書館調査員としてさらに図書館学研究に勤しむ。その成果は『図書館学概論』(学芸図書、1960)に結実。「図書館は情報伝達の媒介機関である」という椎名理論は、「情報科学に基礎を置く図書館学を、日本で初めて提唱」(岩猿敏生)したもので、高く評価されている。その後も、研究と後進の指導に情熱を燃やし続け、1966年からは奥州大学教授をはじめ、各地の大学で教壇に立った。この間、日本図書館協会の評議員、理事、参与、顧問を歴任。著書には『新図書館学概論』(学芸図書、1973)などがある。
【参考】『椎名六郎先生図書館学論文集』椎名六郎著 椎名六郎先生顕彰会 1978／田山泰三

「図書館学の巨人 椎名六郎 上, 下」『香川県図書館学会会報』43-44号 2007.6-12

## 椎野 正之
しいの・まさゆき

[生没年]1918？〜1998

東京都立日本橋高校教諭。1948年文部省が諮問機関として学校図書館協議会を設置したときの委員で,「学校図書館基準」作成委員。弘前大学助教授を経て1980年大正大学教授。学校図書館関係の論文が多数ある。
【参考】『近代日本図書館の歩み：本篇』日本図書館協会編 日本図書館協会 1993／『弘前大学国語国文学会報』21号 1980.6

## 塩谷 八重(しおたに・やえ)
→土田 八重(つちだ・やえ)を見よ

## 塩野 正三
しおの・まさみ

[生没年]1916〜1993

樺太庁図書館司書(1939〜1945), 南樺太日本人図書館長(1945〜1947)。札幌医科大学附属図書館事務長(1967〜1971), 札幌大学図書課長(1973〜1982), 札幌大学女子短期大学部教員(1976〜1987)。著作に「樺太における公共図書館発達史序説(その1, 2)」(『札幌大学女子短期大学紀要』1, 6号, 1983.2, 1985.9) などがある。
【参考】鈴木仁「南樺太における図書館の歴史」『北の文庫』54号 2011.9

## 塩見 悦
しおみ・えつ

[生没年]1918〜1951

京都府福知山, 綾部, 舞鶴の小学校で教鞭を執ったのちに福知山市立図書館(1946〜1951)。独立館として発足後, 館外貸出の実施などによって利用を促進し, 将来を嘱望されたが33歳で病死。没後市は同館館長に昇格させた。石井敦は「京都府内で最初の女性館長(日本でも最初か)」とする。
【参考】佐藤頼雄「塩見悦女史」『京都図書館協会々報』82号 1967.10／『簡約日本図書館先賢事典：未定稿』石井敦編著 石井敦 1995

## 塩見 俊二
しおみ・しゅんじ

[生没年]1907〜1980

台湾総督府(1931〜1946)。参議院議員(1956〜1979)。自治大臣(1968〜1970)。1972年厚生大臣。同年私設図書館塩見文庫設立。1991年高知県に寄贈。1993年小津青少年ふれあいセンターとしてオープン, 2005年から特定非営利活動法人高知県生涯学習支援センターが閲覧を管理する。
【参考】『政治家人名事典 明治〜昭和』日外アソシエーツ 2003／「塩見文庫」高知県 (http://www.pref.kochi.lg.jp/)

## 鹿田 静七(2代目)
しかた・せいしち

[生没年]1846〜1905

号は古井(こたん)。大阪府安土町の古書肆, 鹿田松雲堂主人。1890年古書籍販売目録『書籍月報』を創刊(『古典聚目』と改題, 1943年まで続刊)。大阪図書館開館を祝して

当代随一の稀覯書『正平版論語』初刻本を同館に寄贈した。以来、多くの古典籍を収集し、同館に収めるなど書物文化の発展に貢献したが、第二次世界大戦の災禍により閉店。
【参考】『なにわ古書肆鹿田松雲堂五代のあゆみ』四元弥寿著 飯倉洋一［ほか］編 和泉書院 2012／『中之島100年：大阪府立図書館のあゆみ』大阪府立中之島図書館編集委員会編 大阪府立中之島図書館百周年記念事業実行委員会 2004

## 色井 秀譲
しきい・しゅうじょう

[生没年] 1905～1990

天台真盛宗管長、天台真宗総本山西教寺貫主。1943年三重県立図書館第2代館長（～1946）。1966年高田短期大学教授。仏教関係の著書多数。
【参考】著者紹介『戒灌頂の入門的研究』色井秀譲著 東方出版 1989／色井秀譲「県立図書館事始」『三重県立図書館30年史』三重県立図書館編 三重県立図書館 1967

## 重野 安繹
しげの・やすつぐ

[生没年] 1827～1910

歴史学者、漢学者。明治維新後は、修史局、修史館で修史事業に携わる。1890年貴族院勅選議員。1896年貴族院（第9回帝国議会）に外山正一とともに「帝国図書館ヲ設立スルノ建議」を発議。翌年の「帝国図書館官制」公布の契機となる。また、岩崎彌之助のために静嘉堂文庫設立に尽力、初代文庫長となる。
【参考】『近世日本文庫史』竹林熊彦著 大雅堂 1943／「近代日本人の肖像」国立国会図書館（http://www.ndl.go.jp/）

## 重久 篤太郎
しげひさ・とくたろう

[生没年] 1903～1984

1929年京都帝国大学附属図書館事務嘱託（～1941）、同志社高等商業学校教授などを経て、1941年東北帝国大学司書官（～1949）。1950年京都市立美術大学助教授、図書館長（～1953）、1953年教授（～1969）。その後大手前女子大学教授（1969～1970）、金蘭短期大学教授（1971～1983）。1947年の東北地方大学高等専門学校図書館協議会の設立と育成に尽力。図書館関係の著作には、天野敬太郎との共編「明治文化関係欧米人名録」（『圕研究』10巻4号、1937.10）などがある。
【参考】「略年譜・主要著作目録」『明治文化と西洋人：重久篤太郎著作集』重久篤太郎著 思文閣出版 1987／「重久篤太郎先生略年譜・著書論文目録抄」『英学史研究』17号 1984.10／『東北地区大学図書館協議会十年誌』東北地区大学図書館協議会 1958

## 重本 多喜津
しげもと・たきつ

[生没年] 1857～1943

山口県豊浦郡の豊東小学校長。1908年私立重本文庫を校友会員と協力して設立した。郷土史家でもあり、『豊東村史』（豊東村、1930）などを編纂した。
【参考】『山口県図書館史稿』升井卓彌著 升井卓彌 1990／『角川日本姓氏歴史人物大辞典：山口県』竹内理三編 角川書店 1991

## 志智 嘉九郎
しち・かくろう

[生没年] 1909～1995

[出身地] 兵庫県
[学歴] 1934年東京帝国大学文学部支那哲学支那文学科卒業

筆名志智 嘉(よみす)、草香新之助、江井洋三。中学校教員を経て、1940年興亜院華北連絡部、在北京日本大使館調査官。引揚げ後1948年神戸市立図書館長となり、来日米国図書館人らの示唆もあってレファレンス・サービスを一から構築。その延長で1958年日本図書館協会公共図書館部会参考事務分科会会長(初代)となり、『戦後国内重要ニュース索引』(赤石出版, 1960)、『全国公共図書館逐次刊行物総合目録』(国立国会図書館, 1963-1968)といったツールの開発や「参考事務規程」(参考事務分科会, 1961)制定などを主導したが、これらはのちに『図書館白書 1980(戦後公共図書館の歩み)』(日本図書館協会, 1980)で批判されることとなった。1964年館長退任後, 園田学園女子大学教授などを歴任。日本図書館協会参与, 顧問。編著書に『中国の性格』(華北学会, 1942)、『レファレンス』(文部省, 1954)、『レファレンス・ワーク』(赤石出版, 1962)など。囲碁史の研究もした。
[参考] 伊藤昭治「追悼・志智嘉九郎氏」『図書館界』47巻4号 1995.11/伊藤昭治「志智嘉九郎の業績について」『図書館人物伝:図書館を育てた20人の功績と生涯』日本図書館文化史研究会編 日外アソシエーツ 2007/『りべる:黎明期の参考事務』志智嘉九郎編著 志智嘉九郎 1986/『空論集』志智嘉九郎著 志智嘉九郎 1969

## 品田 豊治
しなだ・とよじ

[生没年] 1913～1994

金森徳次郎が憲法担当の国務大臣だった時の秘書官。金森の国立国会図書館入りに伴い館長次室長(秘書)。金森退任と同時に退官。のち上智大学教授。訳書にアルバート・シュペール『ナチス狂気の内幕』(読売新聞社, 1970, 改題版:中央公論新社, 2001)、論述に「金森徳次郎さん」(『産業新潮』22巻5号1973.4)がある。
[参考] 『品田家は13人!!』品田豊治, 品田みすえ著 日本教文社 1970

## 芝 盛雄
しば・もりお

[生没年] 1923～?

1948年に国立国会図書館に入る。上野図書館の江戸幕府旧蔵の蘭書発見に関わるとともに, 同僚の朝倉治彦, 桑原伸介, 吉田邦輔と, 同館の乙部図書(明治期から閲覧に提供されていなかった資料)を中心に明治中後期の小冊子を明治文化資料叢書刊行会編『明治文化資料叢書』全12巻(風間書房, 1972-1975)で紹介刊行した。退職後1965年に清水書院で教科書編修などに携わる。
[参考] 芝盛雄「雑事片々」『学徒出陣から五十年』東大十八史会編 揺籃社 1994/『第48回国会衆議院議員運営委員会図書館運営小委員会議録 第2号』衆議院事務局 1965.2.25

## 柴田 定吉
しばた・さだきち

[生没年] 1888～1963

札幌農学校図書館雇(1903～1912)、東北帝国大学農科大学書記(1913～1922)、北海道帝国大学司書(1922～1925)、同大学附属図書館司書官(1926～1948)、同館事務部長(1949～1952)。日本図書館協会, 青年図書館員聯盟会員。樺太, 千島, 北海

道地図などに関する著作が多い。
【参考】藤島隆編「柴田定吉書誌」『北の文庫』58号 2012.12

## 澁川 驍
しぶかわ・ぎょう

[生没年]1905〜1993

本名山崎武雄。小説家。東京帝国大学図書館、国立国会図書館を経て、東海大学教授。小説、文芸評論など多数の著作がある。
【参考】『書庫のキャレル：文学者と図書館』澁川驍著 制作同人社 1997

## 渋沢 栄造
しぶざわ・えいぞう

[生没年]？〜？

尾道小学校総理として文部大臣表彰を受けたのを機に、かねてから考えていた図書館設立を提案。市民有志から基金を集め、1906年私塾の玉成館跡に私立尾道図書館を設立した。1912年に同館を市に提供して市立図書館設立を請願し、これが3年後の尾道市立図書館設立へとつながった。
【参考】『広島県公共図書館史』森田繁登編著 森田繁登 2003

## 渋田 利右衛門
しぶた・りえもん

[生没年]1817〜1858

北海道箱館（函館市）の商人。自宅に渋田文庫を設け蔵書を公開（1844〜1848），書籍受払簿を備え希望者に貸与した。勝海舟との親交は有名。
【参考】『渋田利右衛門の研究』白山友正著 北海道経済史研究所 1973

## 渋谷 国忠
しぶや・くにただ

[生没年]1906〜1969
[出身地]長野県
[学歴]1928年明治学院高等部卒業

筆名竹越三男。1928年，横浜市立図書館に勤務（〜1943）。この間1936年司書，1939年館長事務取扱。1943年，前橋市立図書館長（〜1966）。1946年同館に前橋市民大学を開き県内文化人を招く。1953年家庭文庫を開始，同年前橋図書館後援会を発足。論客として知られ，戦前は「図書館読書指導の基礎概念」（『図書館雑誌』37年1号，1943.1）で「読書自由論」を主張，中田邦造と論争を戦わせた。また戦後は「図書館，公民館の義務設置への展望」（『図書館雑誌』52巻5-6号，1958.5-6）などにより図書館法改正を推進する立場をとった。「「読書運動研究会報告」批判」（『図書館雑誌』60巻7号，1966.7），『昭和二十年の前橋市立図書館：第七代館長渋谷国忠の残した事務日誌』（金子紘一復刻，前橋市立図書館，2002）などの著作がある。また萩原朔太郎の研究者としても知られ，同館での資料収集を進めるとともに『萩原朔太郎論』（思潮社，1971）や竹越三男としての著作も多数ある。
【参考】丸山政三「文化編集者・渋谷国忠先生」『図書館雑誌』64巻3号 1970.3／細谷重義「渋谷国忠さんを偲んで」同上／『前橋市立図書館80年小史』前橋市立図書館編 前橋市立図書館 1997／石井敦「神奈川県内における横浜市図書館司書渋谷国忠の活動」『神奈川県図書館学会誌』73・74号 1999.11

## 島 文次郎
しま・ぶんじろう

[生没年]1871～1945
[出身地]長崎県
[学歴]1896年東京帝国大学文科大学英文科卒，大学院入学（修了年は不明）

1897年東京帝国大学大学院在学中，京都帝国大学より将来館長補任の含みで「図書館に関する事項研究」の委嘱を受ける。1899年に京都帝国大学法科大学助教授，附属図書館長。同年図書館開館。1900年関西文庫協会設立，同会規則に図書館学（ビブリオテックス・ヴィセンシャフト）の語を使用。1901年わが国最初の図書館専門の雑誌『東壁』（季刊）を発行。京都市民の図書館活動に対する啓蒙のために善本，珍本の展観を頻繁に開催。自ら関西地方，中部地方まで蔵書家や寺社の資料を調査し，寄贈を促したり，関西文庫協会への参加を呼び掛けるなど率先して活動した。1908年には九日会という読書会を立ち上げ，その催しにはは新聞記者であった内藤湖南をはじめ，富岡鉄斎の子息の謙蔵，歌人作家の高安月郊，薄田泣菫，画家の鹿子木孟郎，第三高等学校教授の厨川白村らと親しく訪書して回った。一方，京都帝国大学総長木下広次とともに同大学図書館の市民公開を主張するも反対されて挫折。1906年京都帝国大学に文科大学が設立され，同大学助教授に任じられ図書館長に補任。1910年図書館長を免ぜられ，第三高等学校講師および京都帝国大学文科大学助教授を兼任。1912年第三高等学校教授（～1923），兼任として文科大学教授となる。1918年英米仏へ留学（～1920）。1921年京都帝国大学教授を退官，講師となる。1923年京都女子専門学校専任講師（～1943）。著書には『演劇十講』（金刺芳流堂［ほか］，1902），『英国戯曲略史』（宝文堂，1903）などがある。
【参考】『京都大学附属図書館六十年史』京都大学附属図書館 1961／中西信太郎「島文次郎先生の思い出」『Albion』NS.2号 1953.3／廣庭基介「図書館運動の先駆者としての島文次郎」『図書館界』13巻5号 1961.10／廣庭基介「関西文庫協会の創設者 島文次郎」『図書館を育てた人々：日本編1』石井敦編 日本図書館協会 1983

## 島尾 敏雄
しまお・としお

[生没年]1917～1986

作家。奄美日米文化会館長（1957～1958）を経て，鹿児島県立図書館奄美分館長（1958～1975）。1958年奄美郷土研究会を組織，世話人。
【参考】井谷泰彦「『道の島』に本を担いで：奄美の図書館長・島尾敏雄」『図書館人物伝：図書館を育てた20人の功績と生涯』日本図書館文化史研究会編 日外アソシエーツ 2007

## 島崎 末平
しまざき・すえへい

[生没年]1886～1939

1915年宮内省臨時編修局雇，中山侯爵家図書整理嘱託。1917年東京帝国大学附属図書館司書。1924年京城第二高等普通学校講師，翌年朝鮮総督府図書館司書。同館では初代館長荻山秀雄を助けた。1938年執務中に倒れ翌年死去。死去直前京城帝国大学司書官を兼務。日本図書館協会幹事（1921～1923）。論文に「本邦書誌学

の概念」(『文献報国』2巻4号, 1936.11) などがある。
【参考】「島崎末平氏の追憶」『文献報国』47号 1940.5

## 島田 邦平
しまだ・くにへい

[生没年]？～？
東京市立図書館に勤務。小石川図書館 (1911～1921)、1915年に同館主任、一橋図書館主任 (1922～1929) が確認できる。一橋図書館のときに関東大震災に遭遇し、利用者の救助にあたった。また、被災した東京市立深川、京橋、一橋3館の復興図書館計画に参画、中心的な役割を果たしたが、著作や図書館員の姿を伝える資料はほとんど残っていない。
【参考】『千代田図書館八十年史』千代田図書館編 千代田図書館 1968／『秋岡梧郎著作集：図書館理念と実践の軌跡』秋岡梧郎著作集刊行会編 日本図書館協会 1988／『東京市職員録』明治44年-昭和4年現在 1911-1929

## 島袋 全発
しまぶくろ・ぜんぱつ

[生没年] 1888～1953
沖縄県生まれ。1935年に伊波普猷、真境名安興の後を受け第3代の沖縄県立図書館長に就任。図書館を図書文献や資料の収集保存と整理だけでなく、講習会や展覧会を通じて社会教育の附帯施設として、利用者へ開放するとともに、郷土沖縄文化の重要性を訴えて、県民への啓蒙のため積極的に社会に関わった。方言論争により1940年に県立図書館長を辞する。著作には『沖縄童謡集』(平凡社、1972) などがある。

【参考】『島袋全発著作集』島袋全発遺稿刊行会編 おきなわ社 1956

## 島本 玄誠
しまもと・げんせい

[生没年] 1868～1946
和歌山県の甘露寺の徒弟を経て1896年住職。1912年浄土宗700年の御忌記念事業として、境内に甘露寺記念図書館を創設。館内で地元青少年を教育し、読書閲覧の便を与えた。
【参考】「甘露寺記念図書館」『[和歌山県立図書館]図書館報』4号 1921.10／『貴志川町史 第3巻』貴志川町史編集委員会編 貴志川町 1981

## 清水 正三
しみず・しょうぞう

[生没年] 1918～1999
[出身地] 東京府 (東京都)
[学歴] 1940年中央大学専門部卒業
1938年東京市立氷川図書館, 日本橋図書館を経て、1940年深川図書館。1945年都立日比谷図書館要員となり、図書の疎開作業に従事。その後, 京橋図書館, 深川図書館を経て、1947年都立小岩図書館長 (1950年都から区に移管され, 江戸川区立図書館)。1951年江戸川区立松江図書館長を兼務。同年慶應義塾大学で図書館指導者講習会 (第2回) を受講, 司書資格取得。1959年中央区立京橋図書館長。1973年都立中央図書館資料部長 (～1975)。1959年「アメリカ図書館研究調査団」に公共図書館の代表として派遣された。1960年には中小公共図書館運営基準委員会の委員長

を務め, 1963年『中小都市における公共図書館の運営』(日本図書館協会) を刊行。このレポートはその後の公共図書館の方向を定めたと評価されている。1969年には, 東京都図書館振興対策プロジェクトチームに参加, 1970年に報告書『図書館政策の課題と対策』が公表され, 東京都の中期計画 (1971～1976) に組み込まれた。後進の育成にもあたり, 1956年文部省図書館職員養成所講師 (～1960), 1976年立教大学文学部教授 (～1983), 慶應義塾大学, 大東文化大学, 図書館情報大学などの非常勤講師を務めた。この間, 1959年日本図書館協会常務理事 (～1984), 1963年『図書館雑誌』編集委員会委員長 (～1970), 1973年出版委員会委員長 (～1983) など。また, 1960年から図書館問題研究会委員長も務めた (～1970)。『戦争と図書館』(白石書店, 1985) を編集, 『公共図書館の管理』(日本図書館協会, 1971) などの著書がある。
【参考】『清水正三さんを語る:清水正三さんをしのぶ会記録』「清水正三さんをしのぶ会」実行委員会編 「清水正三さんをしのぶ会」実行委員会 2000／森崎震二 [ほか]「公共図書館の誕生を支える:図書館長清水正三のあゆみ 1-6」『みんなの図書館』180-185号 1992.5-10／山口源治郎「清水正三氏と図書館史研究」『図書館文化史研究』16号 1999.12

## 清水 甚三
しみず・じんぞう

[生没年] 1887～1975

帝国図書館勤務ののち, 1939年東京帝国大学法学部図書館。1960年退職。1942年に日本図書館協会から20年以上の図書館勤続功労者の表彰を受ける。
【参考】『簡約日本図書館先賢事典:未定稿』

石井敦編著 石井敦 1995／『図書館総覧』天野敬太郎編 文教書院 1951

## 清水 末寿
しみず・すえじゅ

[生没年] 1931～2004

一橋大学附属図書館および同大学経済研究所資料室 (1957～1982), その後広島大学附属図書館 (1982～1986), 東京大学総合図書館 (1986～1989), 東洋英和女学院図書館 (1989～1996) に勤務。著作には「Mechanics' Institution:成立の背景とその図書館」(『図書館界』21巻2号, 1969.7) などがある。
【参考】『文献の海を越えて:大学図書館の39年:清水末寿著作集』清水末寿 [著] 清水和子 2004

## 清水 彦介
しみず・ひこすけ

[生没年] 1821～1895

米沢藩士曽根俊徳の次男に生まれ, 1847年清水家を継ぐ。江戸の古賀侗庵の私塾に学び, 洋学を学ぶ。維新直後は米沢で藩, 山形県の要職に就くが, その傍ら西洋文化に興味を抱き積極的に図書, 雑誌を収集し, 図書館の文献も多く集めた。1892年頃に「米沢文庫設立案」(『天雷子 続三』所収) を著し, 米沢の図書館設立の具体的な構想を明らかにした。
【参考】境沢和男「清水彦介」『米沢市史資料 第12号 続米沢人国記 近現代篇』米沢市史編さん委員会編 米沢市史編さん委員会 1983

## 清水 正男
しみず・まさお

[生没年] 1914〜2014

信州大学 (1950〜1980), 松商学園短期大学学長 (1980〜1982)。学校図書館の歴史, 視聴覚資料, 教育における機能など, 学校図書館に関する論文が多い。「わが国における学校図書館発展の研究」(1977)で教育学博士。

【参考】『信州大学教育学部三十年誌』信州大学教育学部三十年誌刊行会編 信州大学教育学部三十年誌刊行会 1982

## 清水 了
しみず・りょう

[生没年] 1904〜?

1926年法政大学図書館, 1934年同館主任, 1939年応召。戦後は1950年大分大学図書館事務長。

【参考】『簡約日本図書館先賢事典:未定稿』石井敦編著 石井敦 1995

## 志村 尚夫
しむら・ひさお

[生没年] 1930〜2003

1962年東京大学附属図書館, 1970年図書館短期大学講師, 1975年助教授, 1981年図書館情報大学助教授, のちに教授 (〜1996)。1996年十文字学園女子大学教授 (〜2001)。『概説標準目録法:目録原則からコンピュータ目録まで』(ぎょうせい, 1982) などの著書がある。

【参考】加藤信哉「恩師志村尚夫先生を偲んで」『日本図書館情報学会誌』59巻1号 2013.3

## 示野 昇
しめの・のぼる

[生没年] 1915〜1996

高知県の高校教諭などを経て1958年高知県教育委員会指導主事, 県学校図書館協議会の事務局長も務め, 専任司書教諭の部分配置に尽力した。1961年高知県立図書館長 (〜1971, 1973〜1976)。

【参考】「時の人 新県立図書館長となった示野昇」『高知新聞』1961.10.2/『高知県SLA50年史』高知県学校図書館協議会編 高知県学校図書館協議会 2007

## 霜島 新七
しもじま・しんしち

[生没年] 1881〜1951

小学校長や高等女学校校長, 神奈川県社会事業主事などを歴任。1930年には同窓会, 小学校, 青年団を連合して私立都田図書館を設立。また1937年私立鵠沼図書館設立, 1948年には藤沢市立図書館創業の任にあたる。神奈川県図書館協会理事。著作に「農村と読書小感」(『神奈川県図書館月報』11, 12号, 1936.1, 2) などがある。

【参考】熊原政男「霜島新七」『神奈川県図書館史』神奈川県図書館協会図書館史編集委員会編 神奈川県立図書館 1966

## 下村 長蔵
しもむら・ちょうぞう

[生没年] 1856〜1921

1887年, 札幌で味噌, 醤油の醸造販売を始める。1892年旭川に移る。1918年 (財) 下村育英財団を設立して青少年の育成をはかる。同年秋に自宅を開放して下村文庫を始める。

【参考】『文化の黎明 下』北海道総務部文書課編集 北海道 1967

## 庄司 浅水
しょうじ・せんすい

[生没年] 1903～1991

本名喜蔵。書物研究家、ノンフィクション作家。草人堂で製本と装丁を学ぶ。1925年から1932年に南葵音楽図書館に装潢匠（製本の担当）として勤務。『書籍装釘の歴史と実際』（ぐろりあそさえて、1929）刊行後、書物関係の図書を著わす。晩年に京都外国語大学専任講師となり、司書課程の授業で書誌学の講義を行う。
【参考】平井紀子「専門家訪問 庄司浅水氏」『書誌索引展望』4巻1号 1980.2／鈴木宏宗「庄司浅水の若いころについてのメモ」『文献継承』30号 2017.5

## 東海林 太郎
しょうじ・たろう

[生没年] 1898～1972

昭和期に活躍した歌手。1923年南満洲鉄道（株）に入社。鉄嶺図書館長（1927～1930）を務め満鉄を退社。1934年「赤城の子守歌」「国境の町」が大ヒットする。
【参考】『国境の町』菊池清麿著 北方新社 2006

## 荘田 平五郎
しょうだ・へいごろう

[生没年] 1847～1922

慶應義塾教師を経て、1875年三菱に入って財界で活躍、ロンドン駐在中に図書館を理解。1918年郷土の大分県臼杵のため、私財を投じ（財）臼杵図書館を創設。1947年臼杵市立図書館となる。
【参考】『大分百科事典』大分放送大分百科事典刊行本部編 大分放送 1980／『大分県図書館史』梅木幸吉著 梅木幸吉 1986

## 庄野 新
しょうの・あらた

[生没年] 1923～1999

ロシア史研究者。1950年国立国会図書館入り。一般考査部で社会科学系レファレンス担当。ロシア史研究の執筆多数。同館発行の雑誌『参考書誌研究』（1970年創刊）の名づけ親。著書に『「運び」の社会史』（白桃書房、1996）などがある。図書館史では「国立国会図書館の洋書：その成り立ちのあらまし」（『国立国会図書館月報』300号、1986.3）がある。
【参考】鈴木平八郎「「参考書誌研究」創刊のころ」『参考書誌研究』31号 1986.3

## 白石 等
しらいし・ひとし

[生没年] 1931～1991

1953年より今治市の小学校、中学校勤務を経て、1976年愛媛県立図書館普及係長。1980年今治市立立花中学校勤務。学校図書館に力を入れ、生活単元方式による読書の創造と経営を打ち出した。著書に『愛媛の読書運動：家庭・学校・地域における読書生活のあゆみ』（青葉書店、1982）がある。
【参考】「白石等」『広報あさくら』（朝倉村中央公民館）290号 1991.3.15

## 白崎 良弥
しらさき・りょうや

[生没年] 1875〜1953

山形県酒田の郷土史家。本間光弥と親交が深く、光丘文庫開館に尽力した。1928年光丘文庫長に就任。在職中は郷土資料を収集、郷土資料室を付設し博物館的役割も担うようにした。さらに文化事業振興のために酒田文化協会を併設するなど、光丘文庫を全国でも特色のある図書館に育てた。1946年退職。山形県図書館協会理事も務めた。
【参考】佐藤公太郎「人物素描 郷土の図書館につくした人びと(2)白崎良弥翁」『山形県公共図書館協議会会報』10号 1962.12

## 白瀬 長茂
しらせ・ながしげ

[生没年] 1915〜1989

大阪府豊中市などで14年間中学校教員。1961年豊中市立図書館次長、1963年館長（〜1974）。著作に「団体貸出の経験報告：豊中市における「動く図書館」と家庭読書」（『図書館界』19巻6号、1968.11）などがある。
【参考】『市民と共に歩んで：豊中市立図書館創立40周年記念』豊中市立岡町・庄内・千里図書館編 豊中市立岡町図書館 1996

## 白浜 篤郎
しらはま・とくろう

[生没年] 1911〜？

1931年文部省図書館講習所を修了。同年千葉高等園芸学校図書館。
【参考】『簡約日本図書館先賢事典：未定稿』石井敦編著 石井敦 1995

## 城野 雄介
しろの・ゆうすけ

[生没年] 1888〜1960

第七高等学校造士館図書館、山形高等学校図書館を経て、1928年大阪高等学校図書課書記、1942年同校教務課を歴任し、1951年奈良県立医科大学図書館勤務。戦前は青年図書館員聯盟理事を務めた。
【参考】『青年図書館員聯盟会報：附青年図書館員聯盟十年略史』間宮不二雄 1960

## 城間 朝教
しろま・ちょうきょう

[生没年] 1889〜1979

沖縄県生まれ。1944年に戦前最後の沖縄県立図書館第5代館長に就き、蔵書3万冊余を戦災から守るために画策したが、すべて灰燼に帰した。戦後は占領下沖縄で図書館復興に向けて奔走し、1947年に沖縄中央図書館の初代館長に就任。1951年に那覇琉米文化会館長に就く。新しい時代の図書館の在り方を明らかにし、一般民衆への図書館サービスを強調し「動く図書館」としての機能を確立。『中小都市における公共図書館の運営』（日本図書館協会、1963）よりも10年前に近代的な図書館経営を実践した。著作には「動く図書館」（『沖縄週報』6号、1950.12）、「沖縄図書館の最後と復興」（『琉球』7号、1958.1）などがある。
【参考】漢那憲治「米占領下沖縄における図書館事情：城間朝教の人と業績を中心にして」『図書館学』101号 2012.9

## 神 絢一
じん・けんいち

[生没年]？〜？

1912年東京市立牛込簡易図書館（のちに牛込図書館、〜1914）、1915年日本橋図書館主任（〜1917）。1918年日比谷図書館に移り今澤慈海のもとで館務に従事（〜1920）、1921年深川図書館主任。1922年同館で「閲覧人ノ会」や児童向けには「騎士会」を組織するなど利用促進に努めた。1926年東京市教育局社会教育課教化施設係長のときに、今澤との共訳でミニー・クラーク・バドロング著『小図書館管理法』（間宮商店、1926）を刊行した。

【参考】『東京市職員録』大正元年-大正11年現在 1912-1922／「大正十一年に於ける東京市立図書館の概況（中）」『市立図書館と其事業』16号 1923.8／『簡約日本図書館先賢事典：未定稿』石井敦編著 石井敦 1995

## 神西 清
じんざい・きよし

[生没年]1903〜1957

翻訳家、小説家。1928年東洋文庫に短期間勤め、同年北海道帝国大学附属図書館嘱託（〜1929）、目録係。1929年東京電気日報社、ソ連通商部を経て文筆生活に入る。敗戦の翌年、応仁の乱によって壊滅した文庫桃華坊を、小説「雪の宿り」に書いた。

【参考】『北大図書館物語』藤島隆著 北の文庫 2005

## 進藤 譲
しんどう・ゆずる

[生没年]1893〜1969

1916年東京府私立東京中学校を経て、1920年埼玉県立熊谷農学校。愛知國學院に移り、1927年『國學院雑誌』を編集。1935年國學院大學図書館長事務取扱、1938年図書館長（〜1943）。同館の全国高等諸学校図書館協議会、東京私立大学図書館協議会への加盟に尽力。1944年福岡県立図書館長（〜1945）、1949年川越市中央公民館長（〜1955）などを歴任。

【参考】『官報』5096号 1944.1.12

## 神野 清秀
じんの・きよひで

[生没年]1914〜1994

1947年大阪市立図書館司書（〜1970）。1971年皇學館大学助教授を経て教授（〜1988）。のち金蘭短期大学非常勤講師。著作に『図書館の家具と用品』（日本図書館協会、1970）、論文に「公共図書館における図書館家具の問題について」（『図書館界』12巻6号、1961.1）、「伊勢街道踏査六二七粁」（『皇學館大学紀要』21号、1983.1）などがある。1966年、日本図書館協会木原賞を受賞。

【参考】神野清秀略歴『大阪の街道』神野清秀著 松籟社 1989

## 新見 正路
しんみ・まさみち

[生没年]1791〜1848

幕臣として勤める傍ら和漢の典籍を蒐集し、1836年江戸の邸内に賜蘆文庫を創設、その蔵書の貸与も惜しまなかった。蔵書目録に『賜蘆書院蔵書番附目録』『賜蘆書院儲蔵志』。蔵書印は「賜蘆文庫」。

【参考】『書目集1 大東急記念文庫善本叢刊

近世篇11』汲古書院 1977

## 新村 出
### しんむら・いずる

[生没年] 1876〜1967
[出身地] 山口県
[学歴] 1899年帝国大学文科大学卒業

言語学者。1902年東京高等師範学校教授、1904年東京帝国大学文科大学助教授兼任。1906年から1909年まで、英、独、仏に留学。1907年京都帝国大学文科大学助教授に招聘され、帰国後の1909年、教授に就任。1911年から26年間の長きにわたり、同大学附属図書館長を兼務し、膨大な数の図書を収集した。大学図書館が、収蔵庫からの脱却を図り、研究と教育に資する役割を担うよう尽力した。日本図書館協会評議員、理事（1926〜1938）、顧問として図書館制度の整備、充実に力を尽くすほか、独自に十進分類法を提案したこともあった。日本語の語彙への関心は、『広辞苑』（岩波書店、1955）に結実されて、世に広く知れ渡るところとなる。1937年日本音声学協会、1938年日本言語学会、1941年日本方言学会などの会長を歴任。1928年、帝国学士院会員。1956年には、文化勲章を受章。
【参考】『新村出全集 索引』新村出記念財団編 筑摩書房 1983／『京都大学附属図書館六十年史』京都大学附属図書館 1961／重久篤太郎「名誉会員新村出先生のこと」『図書館雑誌』44巻7号 1950.7

## 【す】

## 末廣 いく子
### すえひろ・いくこ

[生没年] 1922〜2001

1973年保谷市（西東京市）に富士町文庫開設。同年「保谷の図書館を考える会」を設立し、1976年保谷市下保谷図書館の設置をみる。1980年「東伏見に図書館を作る会」を発足させ、柳沢図書館やひばりが丘図書館実現にも尽力。また、1977年国際児童文庫だんだん文庫発足や1979年国際児童文庫協会（ICBA）創設に協力。1977年「三多摩の図書館を考える会」発足に関わる。日本図書館協会児童青少年委員会委員などを歴任。
【参考】『文庫びと末廣さん：末廣いく子さん追悼集』末廣いく子さん追悼集編集委員会編 末廣いく子さん追悼集編集委員会 2002

## 菅 利信
### すが・としのぶ

[生没年] 1929〜2010

東京医科大学図書館（1957〜1994）、在任中に看護図書館研究会発起人会を開き、看護図書館協議会の発足に尽力。初代代表幹事（1991〜1992年度）、会長（1993年度）を務める。のちに国際医療福祉大学図書館初代館長。『看護と情報』の創刊にも携わる。著作に「専門職業人として論文を書くこととは」（『看護と情報』4巻、1997.3）などがある。
【参考】「菅利信先生を偲んで」（追悼特集）『看護と情報』18巻 2011.3

## 酉水 孜郎
すがい・しろう

[生没年] 1904～1985

地理学者。1941年企画院調査官。1947年経済安定本部部員。翌年国立国会図書館人事部長となり、以後、管理局次長、支部図書館部長、一般考査部長を歴任し、同館草創期の組織機構の確立に尽力。地形図コレクションの渡辺文庫収蔵にも関与。1958年春秋会事件に遭遇し専門調査員となり、1961年司書監で退任。以後、学究生活に入る。1966年駒澤大学教授。著書に『国土計画の経過と課題』(大明堂, 1975) などがある。

【参考】籾山政子「酉水孜郎先生の逝去を悼む」『地理学評論 Ser.A』59巻2号 1986.2

## 菅原 峻
すがわら・たかし

[生没年] 1926～2011
[出身地] 北海道
[学歴] 1955年法政大学卒業

北海道八雲町役場書記。1953年文部省図書館職員養成所を卒業し日本図書館協会事務局に就職、同総務部長などを歴任 (～1978)。1978年図書館計画施設研究所を創設、主宰。伊万里市図書館 (1991)、諫早市図書館 (1998) など全国に100館を越える図書館計画の策定、設計などのコンサルタントを行う。また、図書館づくり運動の情報交流誌『としょかん』を創刊、25年で100号を発行 (1981-2005、「としょかん文庫・友の会」が継続発行)。このなかで収集された図書館の計画書、案内、図書館づくり運動団体の機関誌などは日本図書館協会資料室に寄贈され、利用に供されている。著書には『図書館の明日をひらく』(晶文社, 1999)、『これからの図書館』(晶文社, 1984, 新版：1993)、『母親のための図書館』(晶文社, 1980)、『公共図書館の計画と建設の手引』(日本ファイリング, 新訂版：1989)、R.ミラー著の訳『公共図書館の計画とデザイン』(日本図書館協会, 1978)、『アメリカの図書館四十日』(日本図書館協会, 1971) などがある。

【参考】菅原峻「境界人,菅原峻の途中総括」『ず・ぼん』6号 1999.12／「菅原峻の仕事」『としょかん』123号別冊 2012.8／日本図書館協会資料室所蔵資料

## 菅原 道真
すがわらの・みちざね

[生没年] 845～903

平安時代前期の政治家, 学者。877 (元慶元) 年式部少輔, 文章博士。詩文集として『管家文草』『管家後集』があり、『日本三代実録』『類聚国史』『新撰万葉集』の編纂にも従事。紅梅殿と呼ばれた邸宅の一部に菅家廊下があり、塾生に蔵書を公開していた。901 (延喜元) 年大宰権帥へ左遷。

【参考】『菅原道真』坂本太郎著 吉川弘文館 1962／『日本古典籍書誌学辞典』井上宗雄 [ほか] 編 岩波書店 1999／『国史大辞典 第8巻』国史大辞典編集委員会編 吉川弘文館 1987

## 杉 捷夫
すぎ・としお

[生没年] 1904～1990

フランス文学者。1969年美濃部亮吉東京都知事の招請に応じて都立日比谷図書館

長に就任（～1972），東京都の図書館政策を推進した。1970年東京都図書館協会長。1989年蔵書を早稲田大学図書館に寄贈。
【参考】『杉捷夫フランス文学・言語学文庫目録：予備版 杉捷夫先生旧蔵書篇』早稲田大学図書館編 早稲田大学図書館 1992／大伏春美, 大伏節子「図書館人としての杉捷夫書誌」『徳島文理大学文学論叢』27号 2010.3

## 杉野 文彌
すぎの・ぶんや

[生没年]1865～1932

1893年弁護士資格を取得し開業。1902年郷里の若者啓蒙のため滋賀県伊香郡（長浜市）中之郷に「杉野文庫」を設立。1904年同郡木之本町へ移転, 1906年（財）江北図書館設立。日本図書館協会評議員（1913～1919），東京市市会議員などを歴任。
【参考】杉野文彌「余が図書館の設立由来」『読書之友』4号 1912.8／「湖国最古の図書館物語」『湖国と文化』121号 2007

## 杉原 丈夫
すぎはら・たけお

[生没年]1914～1999

福井大学附属図書館長（1962～1964），福井県立図書館長（1980～1983）を歴任。論文に「日本目録規則への質問」（『図書館雑誌』49巻9号, 1955.9），「かな標目論」（『IFEL図書館学』3号, 1953.11）などがある。
【参考】『福井大学50年史』福井大学50年史編集委員会編 福井大学 2002／『福井県立図書館の50年』『福井県立図書館の50年』編集事務局編 福井県立図書館 2001

## 杉村 優
すぎむら・まさる

[生没年]1933～2001

1970年図書館短期大学助教授, 1980年教授を経て1981年図書館情報大学教授（～1997）。『図書館情報システム論：ドクメンテーション活動へのシステム的接近』（日本ドクメンテーション協会, 1982）などの著書がある。
【参考】『図書館短期大学史：十七年の歩み』図書館短期大学 1981／著者略歴『日記に見る太平洋戦争』杉村優著 文芸社 2005

## 杉森 久英
すぎもり・ひさひで

[生没年]1912～1997

教員や中央公論社などを経て1942年大政翼賛会に入り, 翌年から独文学者高橋健二, 堀内庸村らのもとで, 青少年読書運動を担当。1944年軍隊に召集。除隊後大政翼賛会に復職。翌年大日本図書館協会（1945～1946）。戦後は, 編集者として戦後派の作家を数多く世に送り出し, 自らも作家となり直木賞を受賞。
【参考】『大政翼賛会前後』杉森久英著 文藝春秋 1988／『杉森久英』渡辺美好編 日外アソシエーツ 1990

## 杉山 博
すぎやま・ひろし

[生没年]1918～1988

國學院大學図書館司書（1946～1947），東京大学史料編纂所（1947～1972），1976年駒澤大学教授などを歴任。
【参考】「杉山博先生を偲ぶ」『駒澤史学』41号 1990.3／『20世紀日本人名事典 あ－せ』

日外アソシエーツ編 日外アソシエーツ 2004

## 鈴鹿 蔵
すずか・おさむ

[生没年] 1901～2005

1926年京都帝国大学附属図書館, 1939年司書, 1948年書庫掛長, 1951年整理部和漢書目録掛長, 1956年運用保管部主任, 1961年閲覧課書庫掛長（～1965）。1965年京都産業大学附属図書館嘱託（～1972）, 1972年大阪経済法科大学図書課長（～1976）。著作には「記入における本邦古書の取扱について」（『図書館の学と歴史：京都図書館協会十周年記念論集』京都図書館協会十周年記念論集編集委員会編, 京都図書館協会, 1958）などがある。
【参考】『京都大学附属図書館六十年史』京都大学附属図書館 1961／『図書館総覧』天野敬太郎編 文教書院 1951

## 鈴木 伊平
すずき・いへい

[生没年] 1877～1962

千葉県香取郡日吉村（山武郡横芝光町）の農家に生まれ, 日吉村村長となり村の発展に尽くす。1893年に宝米同志会附属文庫をつくり, のちに進新文庫と改称。
【参考】『千葉県図書館史』千葉県図書館史編纂委員会編 千葉県立中央図書館 1968

## 鈴木 英二
すずき・えいじ

[生没年] 1921～2001

1946年千葉県立船橋中学校教諭, 学校図書館活動で活躍。1965年興風会図書館長, 1982年千葉経済短期大学教授。1955年全国学校図書館協議会理事。日本図書館協会や私立短期大学図書館協議会の要職にも就いた。著書に『図書の目録』（岩崎書店, 1970）など。
【参考】「訃報 鈴木英二氏」『図書館雑誌』95巻8号 2001.8／「追悼 鈴木英二先生」『短期大学図書館研究』22号 2002.6

## 鈴木 喜久一
すずき・きくいち

[生没年] 1937～2005

1963年茨城県新治郡出島村立農村モデル図書館長, 1965年日野市立図書館副館長を経て, 1974年東村山市立図書館長。同館設置条例に「利用者の秘密を守る」条項を入れるなど公立図書館の発展に尽くした。「埋れた良書発掘運動」（1974～）や「地方出版物展示会」（1975～）は, 川上賢一らによる書籍取次業「地方・小出版流通センター」の成立につながった。著作に「市民がつくった図書館：東村山市立図書館の場合」（『丸善ライブラリーニュース』100号, 1974.9）などがある。
【参考】『図書館は訴える：市民と読書』鈴木喜久一, 砂川雄一著 岩波書店 1986

## 鈴木 繁次
すずき・しげじ

[生没年] 1874～1943

1908年東京帝国大学助手, 図書館兼務, 1931年同大学法学部司書官（～1943）。
【参考】『簡約日本図書館先賢事典：未定稿』石井敦編著 石井敦 1995

## 鈴木 重三
すずき・じゅうぞう

[生没年] 1919〜2010

国立国会図書館一般考査部，司書監などを経て，白百合女子大学教授。絵草子や浮世絵などの研究で知られ後進を育てた。『絵本と浮世絵』（美術出版社，1979）などの著作が多数ある。

【参考】「（惜別）近世国文学・浮世絵研究家，鈴木重三さん」『朝日新聞』2010.10.23夕刊／『師恩』中野三敏著 岩波書店 2016／「追悼 鈴木重三先生・岡畏三郎先生を悼む」『浮世絵芸術』161号 2011.1

## 鈴木 善吉
すずき・ぜんきち

[生没年] 1876〜？

東京高等商業学校（のちに東京商科大学）附属図書館勤務（1904〜1943）。著作にヘルマン・エッシャー著『瑞西図書館論』の翻訳「瑞西図書館論」（『圕研究』4巻1号，1931.1）などがある。

【参考】「本号寄稿者住所録並ニ略歴」『圕研究』4巻1号 1931.1

## 鈴木 大拙
すずき・だいせつ

[生没年] 1870〜1966

仏教学者。京都帝国大学講師，学習院教授，大谷大学教授。1941年鎌倉東慶寺裏山に松が岡文庫を設立。同文庫は公共図書館の役割を担う。また，神奈川県図書館協会に加盟し図書館の発展に尽くす。業績は，『鈴木大拙全集』全40巻，増補新版（岩波書店，2000-2003）に収められている。

【参考】『神奈川県史 別巻1 人物編』神奈川県史編集室 1983

## 鈴木 剛男
すずき・たけお

[生没年] ？〜？

1927年文部省図書館講習所修了。千葉医科大学附属図書館，明治大学図書館司書を経て（社）日本出版協会主事。『印刷百科辞典』（印刷時報社，1952）を分担執筆している。

【参考】『簡約日本図書館先賢事典：未定稿』石井敦編著 石井敦 1995

## 鈴木 忠治郎
すずき・ちゅうじろう

[生没年] 1887〜1964

静岡県駿東郡（裾野市）佐野村の商家の生まれ。1913年改良精麦機の発明に成功。1963年裾野町へ育英資金1億円を寄付する。この資金を元に（財）裾野町鈴木育英図書館が開館。1990年に財団が解散し市へ寄贈。1991年裾野市立鈴木図書館が開館。

【参考】『郷土の発展につくした人々 下巻』静岡県教育委員会編 静岡県教育委員会 1981／「図書館の沿革」裾野市（http://www.city.susono.shizuoka.jp/）

## 鈴木 禎次
すずき・ていじ

[生没年] 1870〜1941

1897年三井銀行建築係就任。翌年夏目漱石の妻鏡子の妹と結婚。1903年イギリス，フランスへ留学。鈴木建築事務所長。百貨店，銀行などの設計で知られる。名古

屋公衆図書館,大垣市立図書館などを設計した。
【参考】瀬口哲夫「鈴木禎次」『日本近代建築家列伝：生き続ける建築』丸山雅子著 鹿島出版会 2017／『名古屋をつくった建築家・鈴木禎次』瀬口哲夫著 名古屋CDフォーラム 2004

## 鈴木 彦次郎
すずき・ひこじろう

[生没年] 1898〜1975

岩手県立図書館長(1947〜1952)。岩手県教育委員長,岩手県文化財愛護協会会長などを歴任。作家としての著作も多い。
【参考】『創立60周年記念岩手県立図書館職員名簿』岩手県立図書館編 岩手県立図書館 1982／『岩手人名辞典』浦田敬三著 新渡戸基金 2009／『鈴木彦次郎年譜』浦田敬三,笹嶋弘夫編 岩手県文化財愛護協会 1981

## 鈴木 晧
すずき・ひろし

[生没年] 1895〜1974

東京市役所を経て東京市立図書館に勤務。本所図書館(1930〜1936),駿河台図書館(1938〜1939),四谷図書館主任(1940),再び駿河台図書館(1941〜1943)が確認できる。戦後は千代田区立図書館。
【参考】『簡約日本図書館先賢事典：未定稿』石井敦編著 石井敦 1995／『東京市職員録』昭和5-昭和17年現在 1930-1942

## 鈴木 平八郎
すずき・へいはちろう

[生没年] 1913〜1998

号は茄水(かすい)。1951年国立国会図書館入館。参考書誌部部長時の1969年,朝倉治彦,伊藤松彦らと協力して『参考書誌研究』創刊への途を拓く。1973年同館副館長に就任。1977年退職。著書に国立中央図書館に関する初の専門書『国立図書館』(丸善,1984)などがある。
【参考】『図書館関係専門家事典』日外アソシエーツ編 日外アソシエーツ 1984／『ツバキと馬と』鈴木平八郎著 鈴木平八郎 1988／『茄水鈴木平八郎墨絵展目録』[鈴木平八郎] 1990

## 鈴木 賢祐
すずき・まさち

[生没年] 1897〜1967
[出身地] 山口県
[学歴] 1916年徳島県立富岡中学校卒業

1919年大阪府立図書館。1923年和歌山高等商業学校図書館主任,この時期に図書分類に関する翻訳を多数著し,図書館学者としての基礎を築いた。1927年にはコリンヌ・ベイコン著『図書分類』(間宮商店)を翻訳出版,また同年の青年図書館員聯盟結成には創立委員として参加した。1937年上海近代科学図書館総務主任。1939年九州帝国大学附属図書館。1940年東京帝国大学附属図書館。1942年日本図書館協会主事,翌年理事。1944年(満洲)国立中央図書館籌備処嘱託。1948年東京大学附属図書館。1950年山口県立山口図書館長に就任し,山口県立文書館の設立に尽力した。1959年東洋大学教授になるが,在職中に死去。
【参考】升井卓弥「反骨の図書館文献学研究者 鈴木賢祐」『図書館を育てた人々 日本編 I』石井敦編 日本図書館協会 1983／升井卓彌「県立山口図書館第4代館長鈴木賢祐氏の業績：司書・司書教諭養成を主に」『白山情報図書館学会誌』11号 1999.10／守屋六百年「鈴木賢祐先生著作目録」同上

## 鈴木　充美
すずき・みつよし

[生没年] 1854〜1930

明治期の外交官, 政治家, 弁護士。衆議院議員。1896年衆議院(第9回帝国議会)に小室重弘らと「帝国図書館設立ノ建議」案を提出。翌年の「帝国図書館官制」公布の契機となる。
【参考】『近世日本文庫史』竹林熊彦著　大雅堂 1943

## 鈴木　弥吉
すずき・やきち

[生没年] 1868〜1935

1891年第一高等学校(〜1935)。同校の図書館を切り盛りし, 能書家でもあった。
【参考】『葦蘆葉の屑籠』亀井高孝著　時事通信社 1969／『簡約日本図書館先賢事典：未定稿』石井敦編著　石井敦 1995

## 鈴木　保太郎
すずき・やすたろう

[生没年] 1880〜1939

小学校教員を経て, 1929年横浜市主事となり, 横浜市震災記念館長を兼務。1934年横浜市図書館第3代館長(〜1939)。また同年神奈川県図書館協会理事となり, 県内図書館の指導にあたる一方郷土教育の必要性を説き, 横浜の開港歴史館の設立を訴えた。
【参考】熊原政男「鈴木保太郎」『神奈川県図書館史』神奈川県図書館協会図書館史編集委員会編　神奈川県立図書館 1966

## 鈴木　嘉美
すずき・よしみ

[生没年] 1912〜1987

戦前は大蔵省など。戦後は1949年東北大学分校教育教養部図書係, 1958年同大学川内分校図書係長を経て1964年岩手大学附属図書館事務長。1974年奥州大学助教授兼図書館事務長, 1976年図書館長。1977年富士大学教授。
【参考】重倉珉祐「故鈴木嘉美教授を偲んで」『富士大学紀要』20巻2号 1988.3／菅原春雄「鈴木嘉美先生を偲ぶ」『図書館雑誌』82巻5号 1988.5

## 鈴木　隆一
すずき・りゅういち

[生没年] 1905〜1998

1931年東方文化学院京都研究所研究員(のちに東方文化研究所)を経て京都大学人文科学研究所図書室(〜1968)。1968年京都精華大学, 司書課程教授(〜1978)。『国語索引』(東方文化学院京都研究所, 1939),『京都大学人文科学研究所蔵甲骨文字索引』(京都大学人文科学研究所, 1968),『淮南子索引』(京都大学人文科学研究所, 1975)などの編集に尽力した。
【参考】『京都大学附属図書館六十年史』京都大学附属図書館 1961

## 住友　吉左衛門友純
すみとも・きちざえもんともいと

[生没年] 1864〜1926

号は春翠。公家, 徳大寺家の六男に生まれ, 1892年住友家の婿養子となり, 15代吉左衛門を継ぎ, 友純を名乗る。別子銅山を基礎に, 住友を三井, 三菱と並ぶ三大財閥

の一つに発展させた。1897年, 実兄西園寺公望のフランス視察を機に米, 英, 仏を外遊。富豪の寄付による美術館建設を見て感銘を受け, 1904年大阪図書館を創設。
【参考】『住友春翠』「住友春翠」編纂委員会編 「住友春翠」編纂委員会 1955／『住友の歴史 上, 下』朝尾直弘監修 住友史料館編 思文閣出版 2013-2014

## 【せ】

### 関 俊治
せき・しゅんじ

[生没年] 1920〜2001

群馬県立図書館長 (1971〜1980)。『群馬文学全集 第15巻』(群馬県立土屋文明記念文学館, 2001) などを編集。
【参考】『関俊治追悼：人と作品』関俊治追悼集編集委員会編 関俊治追悼集刊行委員会 2003／『群馬県人名大事典』上毛新聞社 1982

### 関 直
せき・なおし

[生没年] 1839〜1894

水戸藩士。兵部省, 陸軍省, 正院記録課を経て内閣記録局図書課に勤務。在職中, 太政官文庫 (のち内閣文庫) の管理についての意見書などを残している。日本文庫協会初代幹事。息子の靖は金沢文庫の初代文庫長。
【参考】熊原政男「関直と靖の業績」『図書館雑誌』52巻11号 1958.11／『内閣文庫百年史』増補版 国立公文書館編 汲古書院 1986／『近代日本図書館の歩み：本篇』日本図書館協会編 日本図書館協会 1993

### 関 靖
せき・やすし

[生没年] 1877〜1958

東京高等師範学校卒業後, 東京, 山口, 神奈川などの各地で教育に携わり, 1930年神奈川県立金沢文庫初代文庫長 (〜1946)。同文庫を博物館として整備する一方で, 神奈川県の郷土研究にも力を入れ, 神奈川文化研究会の結成にも関わる (1940)。この間神奈川県図書館協会理事として図書館発展のため力を注ぐ。著書には『金沢文庫の研究』(大日本雄弁会講談社, 1951),『史話北条時宗』(朝日新聞社, 1942),『武家の興学』(東京堂, 1945) などがある
【参考】熊原政男「関靖」『神奈川県図書館史』神奈川県図書館協会図書館史編集委員会編 神奈川県立図書館 1966

### 関位 太郎
せきい・たろう

[生没年] 1905〜1938

1926年北海道庁立図書館開館時に採用され1938年まで書記兼司書として勤務した。戦後『解放のいしずえ』(1956) に社会主義活動家の図書館員として紹介され, 札幌署で拷問を受けその後に発病し死去していたことが明らかになる。
【参考】梅澤幸平「忘れられた図書館員 関位太郎」『みんなの図書館』99号 1985.8／『解放のいしずえ』解放運動犠牲者合葬追悼会世話人会編 解放運動犠牲者合葬追悼会世話人会 1956

### 關口 存啓
せきぐち・ぞんけい

[生没年] 1855〜1943

姫路図書館設立発起人（連名）となり政財界，教育界の賛助を得て第10師団から図書館用地を借用し，姫路図書館設立に尽力。私立姫路図書館長。姫路市教育会幹事，副会長。著作に「図書館に対する希望」（『兵庫教育』362号，1919.12）などがある。
【参考】「姫路城内陸軍省用地使用許可の件」1911年10月-11月「陸軍省・大日記乙輯-M44-2-10」（C02031331600）アジア歴史資料センターデジタルアーカイブ（https://www.jacar.archives.go.jp/）／『姫路紀要』姫路紀要編纂会編 姫路紀要編纂会 1912／『姫路百紳士』神田爾郎編著 神田爾郎 1916

## 関口 隆吉
せきぐち・たかよし

[生没年]1836～1889

明治時代に活躍した政治家。維新後は，山形県権令，山口県令などを経て，1886年初代の静岡県知事に就任。茶業振興と治水，治山事業に尽力する傍ら，欧米にならった公開図書館の建設を求め，自ら膨大な図書，資料を収集した。これらは，現在「久能文庫」と称し，静岡県立中央図書館が保管している。
【参考】『初代静岡県知事関口隆吉の一生』三戸岡道夫，堀内永人著 静岡新聞社 2009

## 関野 真吉
せきの・しんきち

[生没年]1896～1985
[出身地]青森県
[学歴]1915年八戸中学校卒業

小学校代用教員を経て1919年農林事務に就き，そこで物品会計を担当したことから図書館学を独学で始める。学校事務を経たのち，1924年文部省図書館員教習所を卒業，東京帝国大学附属図書館写字生。翌年司書となり，山田珠樹司書官のもとで洋書目録を担当。1926年寺沢智了司書官の引きで京城帝国大学へ出向，同大学司書となり，草創期の図書整理に尽力。1928年京城図書館研究会の創立に参加（1931年朝鮮図書館研究会と改称）。1937年書物同好会に参加。この間，多数の論文を発表し洋書目録法の大家と見なされるようになった。1945年八戸へ引き揚げ，翌年京城帝国大学司書官に任ぜられるも，翌日の勅令第287号で退官し郷里で連合国軍最高司令官総司令部（GHQ/SCAP）に勤務。1950年学長安倍能成らに乞われ上京，学習院大学司書となる。1952年同大学図書館事務長となり，1962年の定年まで日本図書館協会日本件名標目改訂委員会委員，目録委員会委員長，図書館職員養成所講師などを兼務。1961年図書館職員養成所同窓会会長に就任し養成所の大学昇格運動にも尽力。1964年から獨協大学図書館で1970年の定年まで新館建設に携わるなどした。
【参考】『図書目録法研究』関野真吉著 関野真吉先生喜寿記念会 1973／「関野真吉先生を偲んで」『図書館雑誌』80巻3号 1986.3

## 瀬林 杏子
せばやし・きょうこ

[生没年]1909～2007

1960年から高知県本山町の山の子らに向けて「せばやし子ども文庫」を21年間開設し，また，1981年からは近江八幡市で6年間，1987年から神戸市で20年，合計47年間文庫を主宰した。1978年読書推進賞，1980年博報賞，1985年第1回子ども文庫功

労賞を受賞。
【参考】『母・瀬林杏子の生涯:小さな歩み せばやし子ども文庫』瀬林傳整理 瀬林傳 2008

### 千秋 季隆
せんしゅう・すえたか

[生没年] 1875～1941

貴族院議員(1904～1941)。東京帝国大学附属図書館図書目録編纂嘱託,日本文庫協会幹事などを務める。
【参考】『議会制度七十年史 第1 貴族院・参議院議員名鑑』衆議院 参議院編 大蔵省印刷局 1960／『簡約日本図書館先賢事典:未定稿』石井敦編著 石井敦 1995

### 仙田 正雄
せんだ・まさお

[生没年] 1901～1977

1914年奈良県立戦捷紀念図書館貸出係,1917年同館雇,1919年大阪府立図書館書記,1922年奈良県立戦捷紀念図書館書記,1926年天理図書館司書などを経て,1939年アメリカ議会図書館東洋部員(～1941)。帰朝後は1941年興風会図書館主任,1943年八幡製鉄所図書館主任,1946年天理図書館司書研究員,1949年神戸大学附属図書館事務長を歴任し,1951年天理大学教授。青年図書員聯盟理事長(1935～1939)を務め,日本図書館研究会の設立にも尽力した。著書に『図書館資料論集』(仙田正雄教授古希記念会,1970)など。
【参考】戸澤信義「仙田正雄さんを偲ぶ」『図書館界』29巻1号 1977.5／天野敬太郎[ほか]「故仙田正雄教授追悼特集」『芸亭』17号 1977.9

## 【そ】

### 相馬 愛蔵
そうま・あいぞう

[生没年] 1870～1954

新宿中村屋創業者。1892年生地の隣村に設立された豊科美以教会の事務委員となり,安曇基督教青年会設立に参加した。同青年会は,翌年,書籍館設立のためにメソジスト系の新聞に寄贈図書を募る広告を出した。
【参考】「安曇青年会書籍館設立主意書」『護教』109号 1893.8.8／『明治大正人物事典 I 政治・軍事・産業編』日外アソシエーツ編 日外アソシエーツ 2011

### 相馬 文子
そうま・あやこ

[生没年] 1921～2009

東京帝国大学史料編纂所(1941～1945),日本女子大学図書館(1945～1982),同館事務主任。日本近代文学館評議員。著作に父と母を回想した『相馬御風とその妻』(青蛙書房,1986)などがある。
【参考】『司書半生』相馬文子著 三月書房 1988／相馬文子「一言」『図書館だより』(日本女子大学図書館)30号 1973.10

### 相馬 利雄
そうま・としお

[生没年] 1914～1981

京都府立図書館第8代館長(1963～1970),京都学園大学図書館事務長(1973～1980),

亀岡市立図書館長(1980)。京都府立図書館長在任期間の1966年に移動図書館事業(自動車文庫「あゆみ号」)を開始する。著書に『三割社会教育の克服』(同和教育実践選書刊行会, 1987) など。
【参考】木村京太郎「故相馬利雄氏を悼む」『部落』33巻10号 1981.8／『人物でつづる戦後同和教育の歴史 下巻』東上高志著 部落問題研究所 1982.3／『相馬利雄遺歌集』相馬利雄著 相馬智子 1982.6

## 反町 茂雄
そりまち・しげお

[生没年] 1901〜1991

1927年東京帝国大学を卒業後, 神田の古書店一誠堂に住み込み店員として入店。1932年退店して古書肆「弘文荘」を開業して独立。1933年販売書誌『弘文荘待買古書目』を創刊し古典籍の価値を唱導した。1945年都立日比谷図書館長中田邦造の要請で東京都委嘱「戦時特別図書買上事業」に協力する。戦後は東京古典会会長, 明治古典会会長などを歴任し古書籍業界の重鎮となる。著書には『日本の古典籍』(八木書店, 1984) など多数。
【参考】『一古書肆の思い出 1-5』反町茂雄著 平凡社 1986-1992／『古書肆・弘文荘訪問記：反町茂雄の晩年』青木正美著 日本古書通信社 2005／『弘文荘反町茂雄の人と仕事』文車の会編 文車の会 1992

# 【た】

大黒屋 太郎右衛門 (だいこくや・たろうえもん)
→今井 太郎右衛門 (いまい・たろうえもん) を見よ

## 大門 潔
だいもん・きよし

[生没年] 1919〜?

東京千代田区神田の再生児童図書館主事として同館の運営にあたる(1947〜1954)。また, 児童図書館研究会の設立メンバーの一人で, 『こどもの図書館』の編集に携わる。『児童のためのレファレンスブック』(春陽堂, 1954) の著作がある。
【参考】『児童図書館のあゆみ：児童図書館研究会50年史』児童図書館研究会編 教育史料出版会 2004

## 平 春生
たいら・はるき

[生没年] 1906〜1994

法名は慈光院釈春生。1932年龍谷大学に着任。図書館司書課長, 図書館次長(〜1971)。退職後思文閣で古文書解読。龍谷大学大宮図書館に非常勤として勤務, 古文書・貴重書解読・禿氏文庫の未整理資料の整理に従事。「「竜谷学黌大蔵内典現存目録」について」(『図書館学とその周辺：天野敬太郎先生古稀記念論文集』巌南堂書店, 1971) などの論文がある。
【参考】「平春生退職祝賀会配付資料」

## 高井 望
たかい・のぞむ

[生没年] 1897〜1987

1929年玉川学園創立時に職員。1949年玉川大学事務局長。同大学図書館長（1951〜1970）。第1回日米大学図書館会議組織運営委員、日本代表を務めるなど大学図書館界の発展に尽くした。日本図書館協会監事（1963〜1969）などを歴任。
【参考】斉藤忍「高井望先生を偲ぶ」『図書館雑誌』81巻11号 1987.11

## 高岡 熊雄
たかおか・くまお

[生没年] 1871〜1961

1896年札幌農学校講師，同校および東北帝国大学農科大学図書館長（1905〜1922）。北海道帝国大学附属図書館長（1922〜1933），同大学総長（1933〜1937）。
【参考】『時計台の鐘：高岡熊雄回想録』高岡熊雄回想録編集委員会編 楡書房 1956

## 高木 耕三
たかぎ・こうぞう

[生没年] 1892〜1979

1931年大阪帝国大学創設と同時に附属図書館が設置され初代館長（1931〜1943）。その後も第3代館長を6年務めた。
【参考】宮地徹「高木耕三先生を偲んで」『大阪大学図書館報』13巻1号 1979.4／『大阪大学五十年史：部局史』大阪大学五十年史編集委員会編 大阪大学 1983

## 高木 重朗
たかぎ・しげお

[生没年] 1930〜1991

衆議院事務局を経て国立国会図書館に入り，索引業務，科学技術系レファレンス・サービスなどに従事した。日本奇術連盟副会長を務める奇術師として知られ，奇術関係の図書を多数著す。
【参考】高木重朗「奇術を極め人脈も増やす」『オール生活』35巻3号 1980.3／「阿刀田高対談 高木重朗」『週刊現代』21巻51号 1979.12

## 高木 武之助
たかぎ・たけのすけ

[生没年] 1903〜1993

1922年東北帝国大学附属図書館，1933年大阪帝国大学（〜1944）。北里記念医学図書館主任司書（1937〜1944），東北帝国大学および東北大学附属図書館（1944〜1964），東北工業大学附属図書館事務長（1964〜1970）。東北地区大学図書館協議会顧問などを歴任。学術雑誌総合目録編纂事業の推進と東北地区大学図書館協議会の創立と運営に尽力。
【参考】大森一彦「高木武之助著作目録」『東北大学図書館協議会誌』45号 1994.4

## 高倉 新一郎
たかくら・しんいちろう

[生没年] 1902〜1990

北海道帝国大学助手（1927）。同大学附属図書館司書官兼任（1932〜1946）。北海道大学附属図書館長（1955〜1957），北海道図書館協議会委員（1958〜1963）。北星学園大学図書館長（1967〜1968）ののち，北

海学園大学学長（1968～1980），北海学園北見大学学長（1980～1986）。
【参考】『青嵐に昇華す：高倉新一郎追悼集』高倉新一郎著作集刊行会編 北海道出版企画センター 1992

## 高芝 長男
たかしば・たけお

[生没年] 1913～1976

1931年高知県立図書館，1961年同館長補佐。1971年高知工業高等専門学校図書館係長。長年にわたって郷土史の資料探しに打ち込んだ。
【参考】「県立図書館館長補佐 高芝長男氏」『高知新聞』1962.3.6 夕刊

## 高島 太介
たかしま・たすけ

[生没年] ?～1917

兵庫県武庫郡御影町（神戸市）の酒造家に生まれる。1908年新聞雑誌縦覧所と講演会，音楽会ができる施設，明徳軒を開設。学生の進学などを支援した。
【参考】「御影町誌」御影町編 臨川書店 1973（御影町役場1936年刊の複製）／『近代日本図書館の歩み：地方篇』日本図書館協会編 日本図書館協会 1992

## 高島 正
たかしま・ただし

[生没年] 1870～1959

郷土史家。小学校訓導，校長を歴任。1906年福井県足羽郡美山村に私立図書館高島文庫を設立。論文に「地方図書館の特色としての史料蒐集に就いて」（『図書館雑誌』31号，1917.6），「将来の図書館に就いて」（同上，100号，1928.3）などがある。
【参考】「高島正氏略歴」『高島文庫目録』福井大学附属図書館 1966／『高島文庫図書目録』美山町立美山中学校 1966

## 高田 定吉
たかだ・さだきち

[生没年] 1901～1968

1919年成田図書館。1924年文部省図書館講習所を修了，同館司書（～1940）。この間の1931年から千葉県図書館協会編『和漢洋図書分類表』（宝文堂書店，1933）の編集委員を務める。1948年成田山文化事業財団事務局へ移る。
【参考】『成田図書館周甲記録』成田図書館 1961／『成田図書館八十年誌』成田図書館 1981

## 高田 豊次郎
たかだ・とよじろう

[生没年] 1874～1940

1908年和歌山県那賀郡の西貴志小学校訓導兼校長。1916年西貴志記念文庫を創立。校内に独立した建物を有し，文庫後援会からの寄付金で維持していた。
【参考】「西貴志記念文庫」『[和歌山県立図書館]図書館報』4号 1921.10／『貴志川町史 第3巻』貴志川町史編集委員会編 貴志川町 1981

## 高楯 俊
たかたて・しゅん

[生没年] 1879～?

1896年写字生として大蔵省文庫係に勤務し，1920年に新式図書館を建設のほか，関東大震災後には全国行脚して資料収集に

務め、仮庁舎での書庫開設に功績があった。また、貴重な文献を収集し、明治大正時代の財政史料の公刊にも尽力した。1943年大蔵省退官。
【参考】高楯俊「エキスパートの語る人生観一生を文庫のために」『実業の日本』38巻7号 1935.10／高楯俊「憶ひ出多き大蔵省を後にして」『財政』8巻10号 1943.10／小林忠太郎「大蔵省今昔もの語り：書庫大蔵省文庫の番人」『ファイナンス』7巻2号 1971.5

## 高津 親義
たかつ・ちかよし

[生没年]1860～1936

京都智山派宗務所書記在任中に石川照勤に見出され、1902年成田図書館初代主事（〜1927）。図書館報の発行、蔵書目録カードの作成、『成田図書館和漢書分類目録 第1,2編』(1910～1914)の刊行など成田図書館の基礎を築いた。
【参考】『成田図書館周甲記録』成田図書館 1961／『成田図書館八十年誌』成田図書館 1981／大野政治「図書館事業と訓盲教育に生涯を尽した高津親義先生」『千葉教育』201号 1973.8

## 高鳥 正夫
たかとり・まさお

[生没年]1922～1999

1947年慶應義塾大学法学部助手となり、助教授を経て教授（1948～1986）ののち、東横学園女子短期大学学長（1986～1999）を務めた。慶應義塾在職中、慶應義塾図書館長（1969～1982）、さらに慶應義塾大学研究・教育情報センター所長（1970～1982）も兼務し、『大学図書館の運営』（勁草書房、1985）を著した。著作に『会社法』新版（慶應通信、1991）などがある。
【参考】「高鳥正夫先生略歴主要著作目録（高鳥正夫先生追悼論文集）」『法学研究』（慶應義塾大学法学研究会）73巻12号 2000.12

## 竹貫 佳水
たかぬき・かすい

[生没年]1875～1922
[出身地]群馬県
[学歴]1894年攻玉社土木科卒業

本名直次、号は直人など。姓は「たけぬき」とも読む。攻玉社卒業後、東京市東京湾築港調査掛を経て、陸軍省雇員となり、遼東半島や朝鮮半島、台湾に出張、1896年に測量技師を依願免職となる。1904年博文館に入社し『少年世界』や『中学世界』の編集に従事、多くの児童文学作品を著し、その傍ら1905年に養護施設竹貫育児院を開設。1906年には竹貫少年図書館を創設した。東京市立日比谷図書館開館にあたり、蔵書を寄贈し児童室の運営に参画、少年図書館事業は日比谷図書館に児童室を設置する布石となった。1918年には日比谷図書館館頭今澤慈海と『児童図書館の研究』（博文館、1918）を執筆している。
【参考】『日本児童文学大事典』大阪国際児童文学館編 大日本図書 1993／『日本児童文学の軌跡』滑川道夫著 理論社 1988／松美佐雄「竹貫氏と図書館」『読売新聞』1922.7.19

## 高橋 勝次郎
たかはし・かつじろう

[生没年]1897～？

1917年東京帝国大学附属図書館に入り、青年図書館員聯盟で図書館運動を展開。1935年に個人雑誌『圕学文献抄録』を刊

行。1936年尾道市立図書館に転じ、1938年館長。1942年朝鮮総督府図書館嘱託、翌年司書。1946年東京都立駒込病院に勤務（〜1958）。
【参考】よねい・かついちろう「尾道市立図書館の高橋勝次郎」『戦前期「外地」で活動した図書館員に関する総合的研究』岡村敬二編著 岡村敬二 2012

## 高橋 好三
たかはし・こうぞう

[生没年] 1888〜1942

1914年帝国図書館に入館。1917年に司書官となり蔵書の整理、保管、閲覧を担当し、当時閲覧に供されていなかった資料（乙部）を後世に伝える。1940年に退職。この間、図書館講習所ではフランス語の講師を務める。『外国学術雑誌目録』（学術会議、1938）編纂に貢献した。
【参考】「図書館時事」『図書館雑誌』36巻5号 1942.5／『岡田先生を囲んで：岡田温先生喜寿記念』岡田温先生喜寿記念会編 岡田温先生喜寿記念会 1979

## 高橋 重臣
たかはし・しげおみ

[生没年] 1923〜1999
[出身地] 大分県
[学歴] 1944年東京帝国大学文学部卒業

1946年天理図書館嘱託、1947年同館司書。1951年天理短期大学助教授、1956年天理大学助教授、1966年教授。1967年にフルブライト研究生としてコロンビア大学図書館など欧米図書館を訪ね、その後も数度にわたって外国を訪問。その成果を天理大学図書館学研究室刊行の『芸亭』に「欧米図書館の旅」と題して20年間にわたり連載執筆した。日本図書館研究会の事務局長を長年務め（1967〜1984）、財政危機を乗り切ることに尽力し、森耕一理事長とともに会の土台を固めた。1984年図書館情報大学教授。1990年愛知淑徳大学教授（〜1997）。1998年日本図書館研究会名誉会員。ドイツ文学や西洋古典籍に造詣が深く、共編著に『漢訳漢名西洋人名字典』（天理大学出版部、1954）、共訳書に『ゲーテとトルストイ』（岩波書店、1992）などがある。
【参考】「高橋重臣教授略歴」『天理大学学報』139号 1983.3／「追悼高橋重臣元事務局長」『図書館界』51巻4号 1999.11

## 高橋 愼一
たかはし・しんいち

[生没年] ？〜？

朝日新聞社記者を経て、東京芝浦電気（株）に入社。厚生部の業務に従事。（財）山口文庫芝浦支部の司書を兼務、工場労働者の生活、読書指導にあたる。「工場に於ける読書指導」（『図書館雑誌』36年4号、1942.4）で1942年期の日本図書館協会総裁賞を受賞。戦後は、1946年日本図書館協会嘱託。
【参考】「総裁賞の人々（甲二）」『図書館雑誌』37年6号 1943.6／『有山崧』有山崧［著］前川恒雄編 日本図書館協会 1990

## 高橋 宗太郎
たかはし・そうたろう

[生没年] 1886〜？

名古屋市にて実業家として成功。1929年、故郷のため大垣市立図書館の新館舎を寄付。鉄骨コンクリート2階建の近代建築を誇り、1980年の新館建設まで使用された。
【参考】『新修大垣市史 通史編2』大垣市編

大垣市 1968／『岐阜県公共図書館の歩み：江戸時代から現在まで』小川トキ子著 岩波出版サービスセンター 2001

## 高橋 泰四郎
たかはし・たいしろう

[生没年]1914～1976

1935年図書館講習所修了。1935年南満洲鉄道（株）奉天図書館。1947年帝国図書館に入り、引き続き国立国会図書館に勤務。目録の歴史を研究し、同館の図書館学資料室などの業務に携わった。主著に『目録基本記入論』（早川図書, 1978）がある。
【参考】高橋泰四郎「先覚者の面かげなど」『びぶろす』25巻5号 1974.5／『高橋泰四郎氏旧蔵図書館学関係資料目録』図書館短期大学編 図書館短期大学 1978

## 高橋 徳太郎
たかはし・とくたろう

[生没年]1923～1997
[出身地]東京都
[学歴]1947年東京帝国大学法学部卒業

1948年国立国会図書館入館。法令議会資料課長、業務機械化室長、ジャパンマーク審議会委員、総務部長などを歴任し、1978年GHQ/SCAP資料をマイクロ化して集める予算「特殊文書関係資料整備費」を獲得。1983年いったん、専門調査員に退いたのち、1985年副館長となる（～1986）。1979年の図書館事業基本法案に関わる。日本図書館協会理事長の間（1983～1993）、1986年の国際図書館連盟（IFLA）東京大会では実行委員長を務めた。父高橋円三郎は島根県選出議員で選挙地盤を継いだ竹下登に人脈があり、1979年の図書館事業基本法案にそれが活かされたといわれる。敗戦の反省から図書館学は「情報兵站学」であるという持論があった。
【参考】『高橋徳太郎の仕事』「高橋徳太郎の仕事」刊行会 1993／『図書館関係専門家事典』日外アソシエーツ編 日外アソシエーツ 1984／『国立国会図書館五十年史 資料編』国立国会図書館五十年史編纂委員会編 国立国会図書館 2001／高橋徳太郎「「蝶々とトンボ」の弁」『月刊自由民主』299号 1980.11

## 高橋 俊哉
たかはし・としや

[生没年]1930～2001

京都大学附属図書館, 経済学部図書室, 文学部図書室, 附属図書館専門員（1958～1990）。ジャーナリズム史、政治、経済、社会学などに関する文献を収録した『上野文庫目録』（京都大学経済学部上野文庫編集委員会編, 京都大学経済学部, 1978）第II期の編纂に尽力した。著作には「上野文庫1冊のインキュナブラについて」（『静脩』（京都大学附属図書館報）16巻2号, 1979.12）などがある。
【参考】『京都大学職員録』昭和33年-平成2年度 京都大学 1958-1990／廣庭基介「高橋俊哉氏出版記念パーティーにおける祝辞」『はぴるす』（京都大学職員組合図書館職員部会）100号 1983.7

## 高橋 虔
たかはし・まさし

[生没年]1903～1992

1940年近江兄弟社図書館設立時より同館司書, 1946年館長（～1950）。1946年創刊の館報『兄弟社図書館通信』は、「英語講座」「独逸語講座」などの教養講座もある格調の高いものであった。1954年同志

社大学神学部教授就任。『聖書 新共同訳』（日本聖書協会, 1987）ではプロテスタント側の編集委員長を務めた。
【参考】『近江兄弟社図書館30年略史』近江兄弟社図書館編 近江兄弟社図書館 1971／『高橋慶と近江兄弟社学園』木村晟著 港の人 2012

## 高橋 隆超
たかはし・りゅうちょう

[生没年] 1896～1948

川崎大師（平間寺）第43世貫首。同寺の社会教育施設として図書館の設置を構想。東京市立日比谷図書館の竹内善作の指導のもと，板倉太一郎を専任として招聘し，1926年に大師図書館を設立して館長に就任。1933年には同寺社会事業部の理事長となり，館長を板倉太一郎に引き継ぐ。1937年の全国図書館大会が満洲で開催された際には，参加して同地の図書館を巡っている。
【参考】『静嘉録』静嘉録編纂委員会編 平間寺 1955／『神奈川県図書館史』神奈川県図書館協会図書館史編集委員会編 神奈川県立図書館 1966

## 高橋 禮彌
たかはし・れいや

[生没年] 1915～2007

新発田町立図書館，1961年に館長。新発田市史編纂委員会事務局長（1976～1981），新発田市立図書館長（1982～1987）。新発田藩政史料など新発田関係資料の整理，目録作成を行う。著作には編著『新発田藩年代記』（新発田藩年代記刊行会, 2005）などがある。
【参考】鈴木秋彦「高橋禮彌先生を悼む：高橋禮彌先生著述目録（稿）・高橋禮彌先生略年譜」『新発田郷土誌』36号 2008.3

## 高宮 秀夫
たかみや・ひでお

[生没年] 1922～2009

1947年早稲田大学図書館員。1959年教育学部非常勤講師を兼務。1977年図書館事務長（～1983）。1985年昭和女子大学教授，1995年文化女子大学教授。東京都図書館協会でも1974年以降継続して理事を務め，1996年会長代行（～1997）。
【参考】『早稲田大学図書館史：資料と写真で見る100年』早稲田大学図書館編 早稲田大学図書館 1990

## 高柳 賢三
たかやなぎ・けんぞう

[生没年] 1887～1967

英米法学者。東京帝国大学教授。東京帝国大学附属図書館長（1934～1940）。戦後，同大学退官後は1949年成蹊大学初代学長。日本図書館協会理事長（1939～1943），会長（1943～1945）などを歴任。著書多数。
【参考】「高柳賢三先生略歴・著述目録」『アメリカ法』1967年2号 1967.12／牛村圭「学的良心に導かれて：英米法の先達・高柳賢三」『古典と先達』小堀桂一郎編 明星大学日本文化学部 2002／『近代日本図書館の歩み：本篇』日本図書館協会編 日本図書館協会 1993

## 瀧川 政次郎
たきかわ・まさじろう

[生没年] 1897～1992

九州帝国大学，中央大学，「満洲国」司法部学校，建国大学の教授を経て，1941年（満

洲）国立中央図書館籌備処長（〜1945）。1949年國學院大學教授（〜1968）。法学の権威であり, 極東国際軍事裁判で弁護人。著書に『日本法制史』（有斐閣, 1928) など多数。
【参考】「瀧川政次郎博士略年譜」『神道史論叢：滝川政次郎先生米寿記念論文集』滝川政次郎先生米寿記念論文集刊行会編 国書刊行会 1984

## 滝口 吉良
たきぐち・よしなが

[生没年] 1858〜1935

山口県明木村長, 貴族院議員, 衆議院議員を歴任。明木村立図書館を創設した。蔵書は「滝口明城文庫」として山口県文書館に保存されている。
【参考】『防長人物百年史』末松錦江著 山口県人会 1967

## 田口 高吉
たぐち・こうきち

[生没年] 1904〜1958

1942年に京都帝国大学附属図書館に採用され, 以後, 図書館職員として勤務。附属図書館運用保管部書庫掛長として在職中に死去。
【参考】「訃報 田口高吉氏」『図書館界』10巻1号 1958.4

## 田口 慎二
たぐち・しんじ

[生没年] 1886〜1946

1917年長岡市立互尊文庫などを経て, 1923年埼玉県立図書館, 1924年司書部主任。1942年まで勤務。この間, 1923年埼玉県図書館協会幹事。国史や郷土史を研究する「談話会」（埼玉県立図書館内）でも活動し, 『郷土に印せる緇の足跡』（埼玉県立埼玉図書館, 1937) など仏典や郷土史の研究に関する著作がある。
【参考】『簡約日本図書館先賢事典：未定稿』石井敦編著 石井敦 1995／『埼玉県立浦和図書館50年誌』埼玉県立浦和図書館 1972

## 田口 稔
たぐち・みのる

[生没年] 1896〜1977

1924年南満洲鉄道（株）入社, 翌年大連図書館（〜1927）。フランス留学などを経て, 1933年大連図書館に戻り, 1935年東支鉄道中央図書館の接収に従事。1937年総裁室弘報課に移る。戦後は高校教師, 呉市史編纂員。満洲の地理研究に没頭し, 著書に『満洲地理点描』（満鉄社員会, 1939) など。
【参考】西原和海著「田口稔への接近」『朱夏』12号 1999.4

## 武井 覚太郎
たけい・かくたろう

[生没年] 1868〜1944

実業家。父で初代の武井覚太郎が起業した製糸所を拡大して片倉製紙紡績（株）と合併, 常務取締役などを歴任。欧米視察の際に図書館の必要性を感じ, 1930年上伊那図書館を新築して上伊那教育会に寄付した。
【参考】『財団法人上伊那図書館三十年史』上伊那図書館編 上伊那図書館 1960／『長野県上伊那誌 第4巻 人物篇』上伊那誌編纂会編 上伊那誌刊行会 1970

## 武居 権内
たけい・ごんない

[生没年] 1904～1978
[出身地] 長野県
[学歴] 1933年京都帝国大学卒業

1934年文部省図書館講習所修了。岐阜県立岐阜図書館,県立長野図書館を経て,明治記念新潟県立図書館で館長を務める(1941～1944)。その後は大学図書館に活躍の場を移し,松本医学専門学校図書課,信州大学附属図書館を経て,名古屋大学附属図書館在職時に名古屋大学中央(古川)図書館の新設に貢献し(1954～1966),図書館の地区協議会の先駆けとして東海地区大学図書館協議会の基盤を確立。また中部図書館学会の創設にも尽力し,創設後も同学会の中心的存在として後進の指導などを行った。その後は東海女子短期大学図書館で館長兼講師も務める(1968～1971)。著作に『日本図書館学史序説』(理論社,1960)がある。1962年に日本図書館協会より功労者として表彰された。
【参考】牧山弘著「名古屋大学中央(古川)図書館と武居権内先生」『図書館雑誌』72巻12号 1978.12／青山大作「追悼 武居権内さんを想う」『中部図書館学会誌』20巻2号 1978.12

## 武石 誠一郎
たけいし・せいいちろう

[生没年] 1872～1930

北秋田郡立大館図書館第2代館長(1906～1923)。郡制廃止後の秋田県立秋田図書館大館分館長(1923～1930)。この間の1913年大館読書会会長。郡会議員,町会議員,秋田魁新報重役などを歴任。
【参考】『いま世紀を越えて:創立百年史:大館市立中央図書館』大館市立中央図書館 2001

## 竹内 治
たけうち・おさむ

[生没年] 1889～?

鳥取県立鳥取図書館が新設された1930年より1956年まで同館の製本業務に従事し,製本技術を鳥取県内に普及させた。
【参考】『図書館と子供の読書』坂川勝春著 坂川勝春 1974

## 竹内 善作
たけうち・ぜんさく

[生没年] 1885～1950
[出身地] 神奈川県
[学歴] 1902年仙台第二高等学校中退

本名善朔。1911年東京市立図書館臨時雇。四谷簡易,下谷台南,一橋,日比谷,浅草,各図書館に勤務。東京市立図書館の館報『市立図書館と其事業』(1921年創刊)の編集に従事。児童サービス,逐次刊行物収集を重視,学校図書館にも高い関心を示した。1918年奉天図書館主任採用の誘いに応じず,1928年(財)大橋図書館主事。「有機的図書分類法」を実施(1929),同館を参考図書館として位置づけた。1927年館内に研究会「太陽会」を組織,1935年季刊『図書館事業』創刊。1944年大橋図書館を退職。戦後は図書館職員養成所講師。大逆事件(1910)の関係資料収集,保存につとめた。日本図書館協会評議員,理事(1937～1940),参与(1947～1948),顧問(1950)などを歴任。著作に『学校公共図書館:設立・運営の実際』(東京堂,1949-1950)などがある。
【参考】清水正三「戦時中の言論弾圧と闘った図書館人 竹内善作」『図書館を育てた人々

日本編Ⅰ』石井敦編 日本図書館協会 1983／石井富之助［ほか］「竹内善作を語る：先人の業績をしのぶ」『図書館雑誌』61巻10, 11号 1967.10, 11／「特集 かくされた図書館人像：竹内善作」『図書館評論』7号 1968.8／『革命伝説』神崎清著 中央公論社 1960／原英樹「竹内善朔論：その生涯と思想」『初期社会主義研究』14号 2001.12

## 竹内 忠一
たけうち・ちゅういち

[生没年]1873～？

1907年初の専任洋書係として慶應義塾図書館に入り, 初代館長田中一貞を支えた。1919年退職。著述に「慶應義塾図書館の建築及修理」(『図書館雑誌』1号, 1907.10)がある。

【参考】『慶應義塾図書館史』慶應義塾大学三田情報センター 1972／『慶應義塾入社帳 第4巻』福沢研究センター編 慶應義塾 1986／「明治31年大学部文学科卒業生」「慶應義塾写真データベース」(http://photodb.mita.lib.keio.ac.jp/)／『慶應義塾塾員名簿 昭和17年版』慶應義塾 1942

## 竹内 紀吉
たけうち・のりよし

[生没年]1940～2005

1970年千葉県立中央図書館。1981年浦安市立図書館初代館長(県立図書館から出向)。1985年千葉県立中央図書館へ戻り, 1986年再び浦安市立図書館長(～1992)。1992年千葉経済大学短期大学部助教授, のちに教授。日本図書館協会常務理事, 同経営委員会委員長などを歴任。『図書館の街・浦安：新任館長奮戦記』(未来社, 1985), 『浦安の図書館と共に』(未来社, 1998)は, 公共図書館サービスの基盤を整備するために奮闘する姿を描いた。

【参考】「竹内紀吉先生略歴」『短期大学図書館研究』25号 2005.10／『竹内紀吉：あるライブラリアン』中根彬編著 神屋書房 2010

## 武内 義雄
たけうち・よしお

[生没年]1886～1966

東洋学者。1914年に漢学の人を求めていた大阪府立図書館が採用。1919年に退職し, のちに1923年に東北帝国大学教授となり, 1924年から1929年にかけて同大学附属図書館長を務めた。その際図書館の予算不足が判明し, 在欧教官に購入中止の要請や斎藤報恩会などから資金援助を得るなどにより, 滞っていた図書支払いの整理の目途をつけた。

【参考】武内義雄「学究生活の思い出」『武内義雄全集 第10巻』武内義雄著 角川書店 1979／『東北大学百年史 4(部局史 1)』東北大学百年史編集委員会編 東北大学研究教育振興財団 2003

## 竹川 竹斎
たけがわ・ちくさい

[生没年]1809～1882
[出身地]伊勢国(三重県)

本名政胖。竹斎は隠居後の号。伊勢国飯野郡射和村の豪商竹川家の一族で, 東家7代目当主。灌漑用溜池の普請ほか, 経世家としての活動は多岐にわたるが, 何れも地域民衆の救済を目的とした。中でも射和文庫の経営は, 公益性を重視する公開文庫の出現として注目に値する。『射和文庫納本略記』「竹斎日記」によると1854(嘉永7)年創設。幕末の危機的な状況下,「民学」の興隆を理念とし, 民間「文事」

の支援を目的としてその活動は始まった。最盛期の1866(慶応2)年当時の蔵書はおよそ1万4千冊。その多くは竹斎自らの収集にかかる1万冊と,親族の納本3千冊よりなる。荒木田久守,佐藤信淵,勝海舟,大久保一翁など,学者や時代のキーパーソンとの関係も深い。著作は『護国論』ほか多数,但し上梓されたものは『蚕茶楮書』(1866),『射和文庫射陽書院略目録』(1866)の2部のみ。
【参考】『射和文化史』山崎宇治彦,北野重夫編 射和村教育委員会 1956／『竹川竹斎日記稿』浅井政弘,上野利三編 松阪大学地域社会研究所 1991-1998／髙倉一紀「射和文庫の蔵書構築と納本:近世蒐書文化論の試みⅠ」『図書館文化史研究』24号 2007.9

## 武田 末三郎
たけだ・すえさぶろう

[生没年]1905～1988

新潟県立図書館(1918～1944),新潟県議会図書室(1950～1965)。同県議会図書室では初めての専任として,図書室の基礎をつくる。
【参考】『創立60周年新潟県立新潟図書館年表』新潟県立新潟図書館編 新潟県立新潟図書館 1975／『にいがた議会時報』2-3号 1956.9-10

## 竹田 平
たけだ・たいら

[生没年]1909～1990

1935年帝国図書館,1939年千葉県立図書館,台湾総督府南方資料館。戦後は1947年横須賀市図書館初代館長を務め,1969年に退職した。また鶴見女子大学,静岡女子短期大学で図書館員養成に従事した。神奈川県図書館協会理事,のちに会長。文部省社会教育施設委員,神奈川県社会教育委員などを歴任。『米国の図書館事情』(神奈川県教育委員会,1952)などの著作がある。
【参考】脇本昭太郎「竹田平」『神奈川県図書館協会の歩み』神奈川県図書館協会郷土出版委員会編 神奈川県図書館協会 2005

## 武田 長兵衞
たけだ・ちょうべえ

[生没年]1870～1959

旧名重太郎。1904年製薬業の武田長兵衞商店(武田薬品工業(株)),第5代武田長兵衞となる。関東大震災により貴重な文献が焼失したことから,本草学に関する和漢書などを収集して杏雨書屋を設立。現在は(公益)武田科学振興財団が所蔵。
【参考】『日本図書館史』補正版 小野則秋著 玄文社 1976／『武田二百年史 本編,資料編』武田二百年史編纂委員会編 武田薬品工業 1983

## 武田 千代三郎
たけだ・ちよさぶろう

[生没年]1867～1932

1899年秋田県知事に就任,翌年大学時代の友人佐野友三郎を秋田県立秋田図書館の館長として招く。1902年山口県知事に転じ,再び佐野を山口県立山口図書館の館長として招聘。1905年山梨県知事。その後青森県知事,神宮皇學館館長,大阪商科大学学長を歴任。
【参考】井上佑「図書館の父・武田千代三郎知事:山口県立図書館百周年を迎えて」『山口県地方史研究』90号 2003.10

## 武田 虎之助
たけだ・とらのすけ

[生没年] 1897～1974
[出身地] 宮城県
[学歴] 1912年宮城県遠田郡南郷村立小学校高等科卒業

1917年宮城県遠田郡役所雇となり巡回文庫に従事。1920年東北帝国大学雇に転じ附属図書館に勤務。1928年台北帝国大学司書として赴任。1933年台湾愛書会に参加するも、上司の沢田兼吉とそりがあわず、翌年本土へ戻り『日本目録規則』の開発に関与する。1940年東京帝国大学附属図書館事務嘱託。1944年法学部研究室（図書館）事務主任。戦時中は、（財）全日本科学技術団体連合会による国際十進分類法の普及活動に協力。1948年文部省社会教育局調査員に任命され、翌年文部事務官となり、図書館法制定に尽力。1951年東京学芸大学に転じ阪本一郎とともに学校図書館学講座を開設。1961年鶴見女子短期大学教授。所蔵図書は同大学に「虎文庫」として収められている。編著書に『図書館学学習の手引』（日本図書館協会、1973）などがある。日本図書館協会事務局員だった作家の武田八洲満は息子。
【参考】『図書館と社会：武田虎之助先生古稀記念論文集』武田虎之助先生古稀記念論文集編集委員会 1970／『虎文庫目録』鶴見大学図書館編 鶴見大学図書館 1979

## 武田 浜三郎（たけだ・はまさぶろう）
→山口 浜三郎（やまぐち・はまさぶろう）を見よ

## 武田 安之助
たけだ・やすのすけ

[生没年] ？～1918

広島県福山誠之館校長（1888～1893）などを経て秋田県第一尋常中学校校長（1898～1903）。同校校長との兼務で秋田県立秋田図書館初代館長（1899～1900）。
【参考】『秋田県立秋田図書館沿革誌』秋田県立秋田図書館編 秋田県立秋田図書館 1930／誠之館人物誌「武田安之助」(http://wp1.fuchu.jp/)

## 武田 八洲満
たけだ・やすみ

[生没年] 1927～1986

父は図書館学者の武田虎之助。日本図書館協会に入り（1949～1960）、『図書館雑誌』や『読書相談』の編集に従事した。図書館問題研究会発起人の一人。退職後は出版業を経て作家となる。
【参考】『近代日本図書館の歩み：本篇』日本図書館協会編 日本図書館協会 1993／『文芸年鑑 昭和62年版』新潮社 1987／『簡約日本図書館先賢事典：未定稿』石井敦編著 石井敦 1995

## 竹之内 茂
たけのうち・しげる

[生没年] ？～1921

音次郎とも表記。大橋図書館草創期に活躍（1903～1921）。
【参考】三康文化研究所附属三康図書館所蔵

文書／『簡約日本図書館先賢事典：未定稿』石井敦編著 石井敦 1995／「日本図書館協会会員名簿」『図書館雑誌』7号 1909.11

## 竹林 熊彦
たけばやし・くまひこ

[生没年] 1888～1960
[出身地] 千葉県（本籍は福岡県）
[学歴] 1913年京都帝国大学文科大学選科西洋史修了

1910年同志社専門学校文科卒業後, 京都帝国大学勤務。1913年『日布時事』記者。同社退職後, 1916年京都帝国大学附属図書館事務嘱託（～1925）。近世経済史の内田銀蔵に師事しつつ同志社大学予科講師, 同志社女学校専門学部講師などを兼務し西洋史, 海外事情を翻訳。1925年に九州帝国大学図書館司書官に転じてのち図書館関係の著述を本格化させる。1927年創立の青年図書館員聯盟に加わり主要メンバーとして活動。機関誌の『圕研究』のみならず『図書館雑誌』『書物展望』などに論説を展開し, さらに明治期の図書館史研究に力を注ぐ。『近世日本文庫史』（大雅堂, 1943）はその成果。『図書館物語』（東亜印刷出版部, 1958）巻末自伝で自ら「性狷介, 好んで独説を弄し」とするように全国図書館大会などでの発言も多かった。1939年京都帝国大学に司書官として戻るが部下の人事をめぐり館長本庄栄治郎と衝突し1942年辞任。以後, 関西学院大学図書館司書や同中学部講師, 菊花女子専門学校教員。戦後は高校教師などをしながら1951年天理大学図書館学講師, 1958年大阪女子大学非常勤講師など, 近畿圏で図書館学を講じる。著作も多く, 『特殊図書館』（蘭書房, 1955）, 『図書館の対外活動』（蘭書房, 1956）も長く類書がなかった。没した翌年同志社大学に旧蔵図書と手稿, 書簡など文書, 田中稲城の文書を含む竹林文庫が寄贈され, 近年整理された。
【参考】岩猿敏生「竹林熊彦先生の日本図書館史研究について」『同志社大学図書館学年報』6号 1980.10／小野則秋「竹林熊彦：その人と業績」『土』66号 1960.12／間宮不二雄「顧問竹林熊彦先生を偲ぶ」『図書館雑誌』54巻12号 1960.12／田中友周「追悼」『京都図書館協会会報』54号 1961.12／富永牧太「竹林先生のこと」『芸亭』12号 1972.8／広庭基介「図書館史の開拓と基礎づくりに半生を捧げた人：竹林熊彦（先人を語る）」『図書館雑誌』76巻11号 1982.11

## 竹部 教雄
たけべ・のりお

[生没年] 1922～1990

金光教教師として, 金光教関係の調査研究を行う。1975年私立金光図書館長。1987年の辞任までに, 新館の建設, 図書館の組織化などを手がける一方で, 宗教図書館としての職場の体質改善, 職員の意識改革に取り組む。
【参考】秋田征矢雄「竹部教雄」『岡山県歴史人物事典』山陽新聞社 1994

## 田沢 次郎
たざわ・じろう

[生没年] 1887～？

師範学校教員, 中学校長などを歴任したのち, 1925年行啓記念山形県立図書館長兼山形県社会課長に着任, 1929年県立長野図書館長に異動し, 1931年に退職した。その後は師範学校長を歴任した。
【参考】『山形県立図書館要覧 昭和26年3月』

山形県立図書館 1951／『県立長野図書館三十年史』県立長野図書館編 県立長野図書館 1959／『五十年のあゆみ：山形県立図書館五十周年略年譜』山形県立図書館編 山形県立図書館 1962／『昭和人名辞典 第2巻』日本図書センター 1987（『大衆人事録』第14版、帝国秘密探偵社1942-1943年刊 の改題複製）

## 田島 清
たじま・きよし

[生没年] ？～1982
[出身地] 大阪府
[学歴] 1926年早稲田大学仏文学科卒業

1927年に始まる大阪府立図書館の巡回文庫の担当者として入庁。図書目録係主任、購入係を経て、1937年に堺市立図書館長に就任。目録の整備、読書グループである芸友会の設立など、同館の振興に努める。戦争の激化に伴い、1940年堺市科学振興会や1941年堺芸術家報国連盟に携わり、1941年の大政翼賛会堺支部の結成に際しては参与となる。自身の戦時期の活動に責任を感じ、戦後の1946年に堺市立図書館長を退職。兄の創設した会社の重役に就任するが、1955年には堺市役所議会図書室長。1965年の退職後は堺市立図書館の非常勤嘱託として堺市の図書館活動に関与し続けた。安西冬衛らと「蘇鉄会」という堺文化研究グループを結成し、堺の郷土文化の発展にも努めた。

【参考】『回想のなかの図書館：中之島から宿院へ』田島清著 広文堂 1975／『堺市立図書館報 さかい』3号（創立60周年記念特集号）1976.5

## 田島 武夫
たじま・たけお

[生没年] 1899～1987

小学校長を退職後、1950年高崎市立図書館長（～1964）。群馬女子短期大学教授（1972～1984）。歌人としても知られ、著作に『田島武夫歌集』（あさを社, 1976）などがある。

【参考】『群馬県人名大事典』上毛新聞社 1982／『田島武夫の世界』清水寥人編 三国路紀行文学館 1988

## 田嶋 恩
たじま・めぐみ

[生没年] 1900～1985

1919年東京建鉄（株）技師。大東工業（株）副社長、日本鋼鉄家具（株）取締役などを経て、1939年東京測器（株）を設立。1949年同社を商号変更して日本ファイリング（株）を創業。図書館家具などを製作、販売した。

【参考】『帝国銀行会社要録』第34版 帝国興信所 1953／『日本紳士録』第66版 交詢社出版局編 ぎょうせい 1980

## 田添 三喜太
たぞえ・みきた

[生没年] ？～？

東京市立日比谷図書館雇（1908～1909）を経て、同館事務員（1910～1916）。東北帝国大学農科大学予科教授渡邊又次郎の招聘で1916年市立小樽図書館司書となる。1920年まで在籍していたようだが以降は不明。

【参考】藤島隆「小樽図書館の設立過程と活動について」『北海道学園大学論集』129号 2006.9／奥泉和久「市立小樽図書館ノート」『北の文庫』60号 2014.11

## 多田 光
ただ・ひかる

[生没年]1909～？

1930年徳島県立光慶図書館司書。1939年（満洲）国立中央図書館籌備処司書。のちに大同学院図書館主任。1950年同志社大学に採用され、図書館整理課長など。1974年総務部付課長待遇で退職。著書に『件名標目の選び方と付け方』(同志社大学図書館、1953)。

【参考】『図書館職員養成所同総会三十年記念誌』図書館職員養成所同総会編 図書館職員養成所同総会 1953／同志社大学所蔵資料

## 立見 四郎
たつみ・しろう

[生没年]1845～1934

茨城県教育協会設立委員、1886年同会設立時に副会頭。茨城県立図書館設立に際し京都帝国大学を訪ね、計画を相談するなど尽力した。

【参考】『簡約日本図書館先賢事典：未定稿』石井敦編著 石井敦 1995／『茨城県教育家略伝』平沼秋之助[ほか]著 進文社 1894／『東壁』3号 1901.11

## 伊達 友俊
だて・ともとし

[生没年]1882～1938
[出身地]和歌山県
[学歴]1906年関西大学卒業

国民新聞社、神戸新聞社を経て、神戸市立図書館(1910～1937)。採用時に初代司書心得、1911年の神戸市庁舎内の市立図書館開設に尽力した。1912年金網式の書架を採用し新着図書のみならず参考図書利用の便をはかる。1920年神戸市主事、1921年新図書館開館と時を同じくして初代専任館長(～1937)。開設時から図書館経営方針に参考機関として閲覧人の相談役となることを掲げ、1927年には閲覧部に相談係を設置するなどレファレンスサービスの基盤を整備。1935年には鳥取県立鳥取図書館から転任した森清を中心に、旧分類から日本十進分類法への切り替えを実施した。「神戸市立図書館の経過」(『図書館雑誌』15号、1912.7)などの著作がある。

【参考】『神戸市立図書館60年史』神戸市立図書館 1971／『兵庫県人物事典 中巻』のじぎく文庫 1967／三好「「神戸市立図書館百年史」断章 其の2：市立図書館開館」『書燈』(神戸市立図書館) 299号 2010.7

## 伊達 宗陳
だて・むねのぶ

[生没年]1861～1923

伯爵、貴族院議員。1911年、愛媛県宇和島町(宇和島市)に私立伊達図書館を設立。青少年および一般人の教育施設として、無料で一般公開したが、1945年の戦災で焼失した。

【参考】『歴代略記』伯爵伊達家編 伯爵伊達家 出版年不詳／『宇和島市誌』宇和島市誌編さん委員会編 宇和島市 1974

## 伊達 良春
だて・よしはる

[生没年]1878～1944

伊予宇和島藩(宇和島市)8代藩主伊達宗城(むねなり)の孫。大陸浪人伊達順之助(1892～1948)の兄。1917年慶應義塾図書館に入り、洋書目録編纂や受入に従事。戦時体制に伴い1944年退職。1938年日本図書館協会図

書館勤続功労者。
【参考】『慶應義塾図書館史』慶應義塾大学三田情報センター 1972／『平成新修旧華族家系大成』霞会館 1996

## 立上 覚三郎
たてがみ・かくさぶろう

[生没年] ？～？

広島県豊田郡三良坂村出身で堺市在住。郷里に資金を寄付し、1920年三良坂村図書館が開館。
【参考】『三良坂町誌』三良坂町誌編集委員会編 三良坂町教育委員会 1973／『広島県公共図書館史』森田繁登編著 森田繁登 2003

## 田所 糧助
たどころ・りょうすけ

[生没年] ？～？

1913年東京市立氷川図書館主任(～1920)。1924年名古屋の実業家矢田績の招聘により名古屋公衆図書館長。実業図書館の開設にあたる(～1925)。1926年大阪市城東図書館、1927年東京市立深川図書館主任(～1931)。関東大震災後の東京市立図書館の復興計画に途中から参画。1931年深川図書館長(～1935)。戦時体制に順応した図書館経営を指摘されるが、1920年代後半以降の東京市立図書館で中心的な働きをした。著作には『会員式図書館：英国村民図書館の経営』(アミー・セイル著、田所糧助訳、東京市立深川図書館、1927)などがある。
【参考】奥泉和久「忘れられた図書館員、田所糧助」『人物でたどる日本の図書館の歴史』小川徹［ほか］著 青弓社 2016

## 田中 稲城
たなか・いなぎ

[生没年] 1856～1925
[出身地] 周防国(山口県)
[学歴] 1881年東京大学文学部和漢文学科卒業

岩国藩士末永藤蔵の子。のち田中家の養子に入る。東京大学卒業後は同大学文学部の准講師、助教授を経て1886年より文部省一等属。同年、東京図書館、東京教育博物館勤務。手島精一を補佐して図書館事務を担当し、東京図書館拡充の意見書を多数提出する。手島の推挙により、1888年から1890年にかけて図書館事項調査のため英米に留学。その調査の一部は『出版月評』(17号 1888.12)、『官報』(1889.10.10-11)に掲載。帰国後、東京図書館長兼帝国大学文科大学教授。帝国大学図書館管理も兼務した。1891年『東京図書館ニ関スル意見要略』(田中稲城)を発表する。1893年東京図書館長専任となる。1897年帝国図書館官制が公布されると1921年まで同館館長。1892年には関係者と謀り日本文庫協会を創設し初代会長となった。博文館の大橋佐平が設立した大橋図書館の顧問を務めたほか、初の単独法規である図書館令(1899)、『図書館管理法』(文部省、1900)の増補や「図書館設立ニ関スル注意事項」(1910年のいわゆる小松原訓令)の原案起草に関わるなど、図書館の発展にも貢献した。一方で帝国図書館の建築は設計の4分の1しか実現しなかった。1921年乗杉嘉壽などの主導で文部省が図書館員教習所を同館内に設置しようとしたところ、田中は書庫狭隘を理由にこれ

を拒絶,結果として館長辞職につながった。田中の関連史料が同志社大学の竹林文庫内に残されており,一部はデジタル化公開されている。
【参考】竹林熊彦「田中稲城:人と業績」『図書館雑誌』36巻3号 1942.3／竹林熊彦「近代日本の図書館を築いた人々(1)-(7)」『土』39-45号 1955.9-1956.11／有泉貞夫「田中稲城と帝国図書館の設立」『参考書誌研究』1号 1970.11／西村正守「わが国最初の図書館学者 田中稲城」『図書館を育てた人々 日本編I』石井敦編 日本図書館協会 1983／長尾宗典「明治日本の「国立図書館」構想」『図書館文化史研究』33号 2016.9

## 田中 大秀
たなか・おおひで

[生没年]1777〜1847

号は香木園,荏野翁ほか。国学者,蔵書家。飛騨高山(岐阜県高山市)の薬種商で,伴蒿蹊,本居宣長に師事。1845(弘化2)年,荏名神社境内に文庫を設け荏野文庫と称した。蔵書は千数百冊,大秀没後門人山崎弘泰の花里文庫に移され,現在は飛騨高山まちの博物館に収蔵。蔵書印は「香木園」「荏名神社」など。『竹取翁物語解』『荏野冊子』ほか著作は極めて多い。
【参考】『田中大秀翁伝記』高山市教育委員会編 高山市 1996

## 田中 一貞
たなか・かずさだ

[生没年]1872〜1921
[出身地]山形県
[学歴]1886年慶應義塾大学部文学科卒業,1902年イエール大学マスター・オブ・アーツ取得

名は「いってい」とも読む。庄内藩士の子として生まれ,慶應義塾に入社,以後終生福澤諭吉を敬愛した。1901年から1904年アメリカ合衆国とフランスに留学,社会学を学ぶ。帰国後慶應義塾大学部で社会学とフランス語を教える。帰国の翌年,慶應義塾書館監督を兼務(1905〜1921)。「書館」は同年図書館と名称を変えた。慶應義塾創立五十年記念図書館の建設に尽力し,耐火で,閲覧室に近く,拡張可能な書庫をつくり,慶應義塾図書館の基礎を固めた。日本図書館協会評議員(1908〜1921),会長(1914〜1916)などを歴任。著書には『世界道中かばんの塵』(岸田書店,1915),『万延元年遣米使節図録』(田中一貞,1920),訳書にジョン・ブラッキー著『修養論』(民友社,1901),図書館関係著作に「欧米視察談」(『図書館雑誌』21号,1914.8)がある。
【参考】『慶應義塾図書館史』慶應義塾大学三田情報センター 1972／『近代日本社会学の展開』川合隆男著 恒星社厚生閣 2003

## 田中 九信
たなか・きゅうしん

[生没年]1884〜1975

愛媛県北宇和郡(宇和島市)三浦村に生まれ,1909年釜山で内科病院を開業。1941年故郷の青年育成のため,私財を投じ建国図書館を設立。その後も1万冊以上の本を送り続けた。
【参考】『三浦の文化:付続編』三浦公民館 2007／高市俊次「人を医す:永遠の青年・田中九信」『ジ・アース』13号 1991.1

## 田中 賢造
たなか・けんぞう

[生没年]1899〜1972

東京市立図書館雇（1915）を経て日比谷図書館（1924～1930）。のちに東京市教育局，東京市政調査会市政専門図書館。
【参考】『東京市立図書館一覧』大正4年 1915／『東京市職員録』大正13年-昭和5年現在 1924-1930／『簡約日本図書館先賢事典：未定稿』石井敦編著 石井敦 1995

### 田中 隆子
たなか・たかこ

[生没年] 1914～2009

旧姓佐々木，筆名田中やなぎ。1948年国立国会図書館に勤務し，組合活動や図書館運動に尽力。1979年退職。同年，関東学院女子短期大学教授となり1987年退職。著書に『臨教審・生涯学習・図書館』（図書館問題研究会東京支部，1989）など，共編著に『衛藤利夫』（日本図書館協会，1980）がある。
【参考】『現代社会の図書館と図書館員』田中隆子著 田中隆子図書館論集刊行会編 田中隆子図書館論集刊行会 1995

### 田中 敬
たなか・たかし

[生没年] 1880～1958
[出身地] 兵庫県
[学歴] 1908年東洋大学支那哲学科卒，翌年同研究科卒業

1912年東北帝国大学雇，1916年同大学図書館司書。2年後早くも『図書館教育』（1918，同文館）を刊行。1923年同館司書官。同年『図書学概論』（冨山房，1924）刊行。以後図書学関係の著述を多く発表。1933年同大学を辞し大阪帝国大学附属図書館事務嘱託。戦後は1950年近畿大学図書館事務嘱託，同年図書館長。1956年には主論文「図書形態学と活版印刷発明史上へのその応用」に対して東洋大学より文学博士の学位を授与された。このように主研究領域は図書館にあったが，漢字に対する深い学識に基づき，たとえばオープン・アクセス・システムに対して開架式，レファレンス・ライブラリアンに参考司書の訳語を用いた。これらの訳語は今でも図書館用語として用いられている。また戦前の館界では，目録の標目として著者名か書名かで意見の対立があったが，著者名標目に統一するよう主張した。著作は『田中敬著作集』全6巻（早川図書，1954-1960）に収められている。とくに第2巻『粘葉考』は著者のいう粘葉綴になっている。
【参考】岩猿敏生「幅広い図書館学の研究者田中敬」『図書館を育てた人々 日本編1』石井敦編 日本図書館協会 1983／森上修「初代図書館長田中敬博士のこと」『香散見草：中央図書館報』（近畿大学中央図書館）11号 1989.4

### 田中 鐵三
たなか・てつぞう

[生没年] 1890～？

1911年京都帝国大学図書館，1925年九州帝国大学図書館，1939年（財）陽明文庫。同文庫で主事として『展観目録』第1-3回（陽明文庫，1939-1942）の編集にも関わる。「家庭文庫の整理について」（『全人』16号，1927）などの著作もある。
【参考】『簡約日本図書館先賢事典：未定稿』石井敦編著 石井敦 1995／『財団法人陽明文庫要覧』陽明文庫［1942］

## 田中 成美
たなか・なりよし

[生没年]1878～？

1908年東京帝国大学附属図書館、1914年同館司書（～1916）。著作に「書名に就いて」（『図書館雑誌』8号, 1910.3）などがある。

【参考】『簡約日本図書館先賢事典：未定稿』石井敦編著 石井敦 1995

## 田中 彦安
たなか・ひこやす

[生没年]1903～？

東京都水道局経理部長を経て、1957年から東京都立日比谷図書館長（～1960）。1958年にはアジア太平洋地域公立図書館長会議の事務局長の任を果たした。この会議では、「青少年に対する図書館活動のあり方」や「図書館における視聴覚資料サービスのあり方について」を提案した。

【参考】『五十年紀要』東京都立日比谷図書館編 東京都立日比谷図書館 1959

## 田中 不二麿
たなか・ふじまろ

[生没年]1845～1909
[出身地]尾張国（愛知県）

不二麻呂とも表記。明治初期の教育行政に従事。政治家。1869年大学校御用掛、1871年文部大丞。同年岩倉具視遣外使節に文部担当理事官として随行（1871～1873）、欧米の教育制度の調査にあたる。帰国後に報告書『理事功程』全15巻（文部省, 1873-1875）を著す。ここに各国の図書館事情を紹介。1874年文部大輔（～1878）。文部卿が欠員のなか実質的な文部行政の最高責任者としてその任にあたる。この間の1873年文部省所管の博物館、書籍館が太政官により博覧会事務局に吸収されたが、太政官に折衝を繰り返し、1875年合併を解消、文部省に復帰させる（同年東京書籍館に改称して開館）。1876年教育事務取調のため渡米、アメリカ合衆国建国百年を記念したフィラデルフィア万国博覧会に参加。翌年教育事情に関する報告書『米国百年期博覧会教育報告』（文部省, 1887）をまとめる。巻3に「書籍館」をおき、アメリカのほとんどの都市に公共書籍館が設置され、無料で公開されていることを報告している。また、同年には『文部省第4年報』に「公立書籍館ノ設立ヲ要ス」を記し、その普及を奨励した。翌年には教育制度を確立するために『米国学校法』（文部省, 1878）を翻訳、アメリカ各州の教育法規とともに図書館についても記述している。欧米の教育制度をもとに学制を廃止して1879年教育令を制定、自由主義的教育と教育行政の地方分権を推進したが、同年中央集権的な教育権限を強化した教育令に改正された。その翌年司法卿へ転出した。

【参考】中林隆明「東京書籍館成立と田中不二麿：大博物館構想と書籍館の関わりを中心にして」『図書館と出版文化：彌吉光長先生喜寿記念論文集』彌吉光長先生喜寿記念会編 彌吉光長先生喜寿記念会 1977／埜上衛「田中不二麻呂の前半生と西洋」『日本洋学史の研究』有坂隆道編 創元社 1982

## 田中 光顕
たなか・みつあき

[生没年]1843～1939

号は青山。土佐藩の新小姓格の家に生まれた。討幕運動に奔走。維新後は新政府

において要職を歴任し，特に宮内大臣として10年以上にわたってその職にあった。その一方で長年にわたり和漢の稀覯書や，維新志士の遺墨の蒐集と公開に力を注ぎ，その一部を市島謙吉との交流のなかで早稲田大学図書館に寄贈，そのうち『礼記子本疏義』『玉篇』は現在国宝に，また『東大寺薬師院文書』は重要文化財に指定されている。
【参考】『最後の志士が語る 維新風雲回顧録』田中光顕著 河出書房新社 2010／『伯爵田中青山』田中伯伝記刊行会 1929／「趣味の人田中青山伯」『春城筆語』市島春城著 早稲田大学出版部 1928

## 田中 六郎
たなか・ろくろう

[生没年] 1882～1962

福島県若松市助役（1942～1945）を経て，1947年会津図書館長（～1955）。1952年福島県公共図書館振興対策委員会委員などを歴任。
【参考】『還暦』田中六郎著 田中六郎 1942／『会津人物事典 文人編』小島一男著 歴史春秋出版 1990／『会津若松市立会津図書館百年誌』会津若松市立会津図書館編 会津若松市立会津図書館 2004

## 田辺 国男
たなべ・くにお

[生没年] 1913～2005

衆議院議員。1967年から1979年まで山梨県知事。1970年から1971年にかけて欧州視察の際に図書館の重要性を認識して，県内の町村に，主に子どものための施設として「県立一坪図書館」を推進した。
【参考】『緑陰閑話』田辺国男著 田辺国男『緑陰閑話』刊行会 2001

## 田辺 憲爾
たなべ・けんじ

[生没年] 1912～1986

1952年八代市立図書館，1961年同館館長。日本図書館協会中小公共図書館運営基準の調査対象時の館長。読書会活動，図書館講座などに功績あり。
【参考】『図書館：新築十周年によせて』八代市立図書館 1969／『簡約日本図書館先賢事典：未定稿』石井敦編著 石井敦 1995

## 棚町 尚
たなまち・ひさし

[生没年] 1899～1978

1922年文部省図書館員教習所修了。同年大阪高等学校図書館，1925年浦和高等学校図書館，1949年東京外国語大学図書館事務長（～1955）。
【参考】『簡約日本図書館先賢事典：未定稿』石井敦編著 石井敦 1995

## 谷 信次
たに・のぶつぐ

[生没年] 1867～？

1897年海軍省軍務局，1901年海軍教育本部図書掛。著作には「明治初代の海軍兵寮文庫に就て」（『図書館雑誌』63号，1924.11）などがある。1922年日本図書館協会20年以上勤続者表彰（功労者表彰）を受けている。
【参考】『図書館総覧』天野敬太郎編 文教書院 1951／『簡約日本図書館先賢事典：未定稿』石井敦編著 石井敦 1995

## 谷 昌博
たに・まさひろ

[生没年] 1915～1986

1942年日本特殊鋼（株），1946年大谷重工業（株）を経て1958年日本科学技術情報センター（～1975）。『科学技術文献速報』の編集などに従事。日本ドクメンテーション協会理事，評議員，監事などを歴任。
【参考】「谷昌博氏追悼」『ドクメンテーション研究』36巻6号 1986.6

## 谷川 福次郎
たにかわ・ふくじろう

[生没年] 1905～1984

1925年台湾総督府図書館に入る。1929年図書館講習所卒業。1947年海務学院図書館。1954年東京商船大学附属図書館。1969年退職。
【参考】『簡約日本図書館先賢事典：未定稿』石井敦編著 石井敦 1995

## 谷口 一学
たにぐち・いちがく

[生没年] 1838～1896

越前府中藩立教館教授，福井県武生町の進脩小学校長などを歴任。没後の1896年，その蔵書が進脩小学校に寄贈され，谷口文庫が開設。1909年，谷口文庫と有志からの寄贈本とを合わせて進脩図書館（のちに武生町立図書館）となる。
【参考】『武生市史 資料編』武生市史編纂委員会編 武生市役所 1966

## 谷口 寛一郎
たにぐち・かんいちろう

[生没年] 1899～1988

1917年京都帝国大学附属図書館に就職。笹岡民次郎司書の薫陶を受け，洋書目録専門司書となる。1943年までに洋書目録掛長となり同年退職。北京の燕京大学図書館を接収した華北綜合調査研究所資料処図書館主任司書に就任。1946年京都大学文学部図書室主任。1964年退職。同年橘女子大学図書館主任（～1969）。1969年京都大学アメリカ研究センター図書室（非常勤）に1974年頃まで勤務。「綜合目録への道：冊子・カード目録同時印刷により」（『図書館雑誌』48巻8号，1954.8）などの著作がある。
【参考】『アナログ司書の末裔伝：図書館員は本を目でみて手でさわらなあかんよ：廣庭基介先生傘寿記念誌』花園大学図書館司書資格課程 2013

## 谷口 房雄
たにぐち・ふさお

[生没年] 1915～2010

松下電器産業中央研究所では研究管理，情報管理に従事（1953～1975）。退職後は情報システム開発代表取締役。1956年国際十進分類法協会理事。1961年日本ドクメンテーション協会設立発起人。1986年まで理事，評議員などを歴任。
【参考】妹尾哲男「谷口房雄さんを偲ぶ」『情報の科学と技術』60巻9号 2010.9

## 谷原 公
たにはら・いさお

[生没年] 1884～1982

徳島県海部郡の小学校長, 川上村長, 県議などを経て, 1924年衆議院議員(〜1946)。1956年阿波井島保養院理事長(〜1972), 在任中に医局図書室や患者図書室の充実に尽力。1966年故郷のため, また人生の集大成として(財)向上会図書館を開設。
【参考】『螺旋的向上の思川』谷原公著 谷原会 1966／『阿波井島保養院五十年史』阿波井島保養院五十年史編集委員会著 阿波井島保養院 1978

## 種田 山頭火
たねだ・さんとうか

[生没年] 1882〜1940

本名正一。大正, 昭和期の俳人。1920年東京市役所臨時雇として一橋図書館に勤務。1921年東京市事務員。竹内善作のはからいで『市立図書館と其事業』に俳句が掲載された。1922年病気のため退職。
【参考】『山頭火全集 第9巻』春陽堂書店 1987／『種田山頭火』村上護著 ミネルヴァ書房 2006

## 田部井 鹿蔵
たべい・しかぞう

[生没年] 1880〜1955

渋川小学校長(1918〜1943), のち群馬県教育委員長。この間, 1925年に設立された渋川町立図書館の初代館長を兼務。著作に『田部井鹿蔵先生遺稿抄』(中曽根満寿雄[ほか], 1974)などがある。
【参考】『群馬県人名大事典』上毛新聞社 1982／『群馬県教育史 別巻 人物編』群馬県教育センター編 群馬県教育委員会 1981／『田部井鹿蔵先生遺稿抄』神保秀正編 中曽根満寿雄[ほか] 1974

## 玉井 藤吉
たまい・とうきち

[生没年] 1900〜?

1924年文部省図書館員教習所修了。1924年県立埼玉図書館, 福島高等商業学校図書館を経て, 東京商工会議所図書室(〜1927)。著作に『図書整理実務』(芸艸会, 1932)などがある。
【参考】『簡約日本図書館先賢事典:未定稿』石井敦編著 石井敦 1995

## 玉木 利政
たまき・としまさ

[生没年] 1923〜1973

1941年北海道庁立図書館(のちの北海道立図書館)に勤務。北海道立図書館に勤務。司書係長, 整理課長を経て北海道議会事務局調査課図書資料係長, 調査課長補佐を歴任。
【参考】『読書の年輪:玉木利政遺稿集』玉木百合子 1974

## 田丸 節郎
たまる・せつろう

[生没年] 1879〜1944

化学者, 理学博士。1908年から1917年, ドイツのハーバーの許でアンモニア合成の研究に携わる。1929年東京工業大学設立に貢献, 教授, 図書館長を10年余りつとめる。中村幸之助学長から図書館の構想と運営の一切を委ねられ, 研究室備え付け図書を一切認めない集中型の図書館を整備した。
【参考】『東京工業大学百年史:部局史』東京工業大学編 東京工業大学 1985／田丸謙二「日本の化学者(第9回)田丸節郎(1979-

1944)」『化学史研究』27巻1号 2000.4

## 田村 遂
たむら・とげる

[生没年] 1906～1973

群馬県立図書館長（1953～1962）。群馬県教育長（1962～1968）。著作に『無心の働らき』（高城書店，1956）などがある。

【参考】『群馬県人名大事典』上毛新聞社 1982／『群馬県教育史 戦後編下』戦後における群馬県教育史研究編さん委員会編 群馬県教育委員会 1967

## 田村 盛一
たむら・もりいち

[生没年] 1893～1970
[出身地] 山口県
[学歴] 山口町立鴻東尋常高等小学校卒業

1908年山口県立山口図書館に出納手として採用され，1914年に書記。初代館長佐野友三郎を師と仰ぎ，その図書館運営を支えた。佐野の没後，1921年に同館を退職。同年神戸市立図書館，翌年大阪市立図書館に勤務（～1932）。1933年山口高等商業学校東亜経済研究所設立時に，同校図書館に招かれて帰郷，1945年まで勤務した。戦前，日本図書館協会の図書館社会教育調査委員会委員。また青年図書館員聯盟創立発起人の一人となり，『図書館雑誌』や『圕研究』に論文を発表，「通俗圕ニ於ケル出納所論」（『圕研究』2巻3号，1929.7）では相談業務の重要性を指摘した。ほかに『初代館長佐野友三郎氏の業績』（山口県教育財団，1943），『山口図書館五拾年略史』（山口県立山口図書館，1953）などの著作がある。

【参考】田澤明子「「出納所論」に見る実践の図書館人田村盛一について：佐野館長時代の山口図書館に始まる足跡を辿る」『図書館学』92号 2008.3／『山口県百科事典』山口県教育会編 大和書房 1982／『山口県立山口図書館100年のあゆみ』山口県立山口図書館編 山口県立山口図書館 2004

## 田屋 裕之
たや・ひろゆき

[生没年] 1953～2013

1976年国立国会図書館入館。F.W.ランカスター著『紙からエレクトロニクスへ』（日外アソシエーツ，1987）を訳して電子図書館の専門家と見なされるようになり，1994年情報処理振興事業協会へ出向。帰館後，「電子図書館基盤システム」導入を進めた。金森徳次郎以来の学者館長・長尾真のもと，総務部長として東日本大震災時に落下した120万冊の急速復旧を指示，2011年副館長となるも病が悪化し翌年退職した。

【参考】山崎久道「田屋裕之さんをしのぶ」『情報の科学と技術』63巻7号 2013.7

## 垂水 延秀
たるみ・のぶひで

[生没年] 1881～？

1900年第四高等学校図書館，1925年広島高等学校図書館，1928年九州帝国大学図書館，1942年同館事務嘱託。青年図書館員聯盟では仮名配列順法調査委員会委員として「仮名配列順仮名遣基準票」の作成に従事（『圕研究』4巻1号，5巻3号，1931.1，1932.10）。『日本叢書年表』（間宮商店，1930）を編集している。

【参考】『簡約日本図書館先賢事典：未定稿』石井敦編著 石井敦 1995

## 團野 弘行
だんの・ひろゆき

[生没年] 1911～2000

曹洞宗陽谷山龍宝寺住職。1931年文部省図書館講習所修了。戦後は，1948年神奈川師範学校図書主任。1949年横浜国立大学図書館事務長（～1973）。退職後鶴見大学文学部教授。神奈川県図書館学会を設立し（1955），図書館学の発展に尽くす。
【参考】『神奈川県人物・文献情報リスト2011』日外アソシエーツ 2010／『神奈川県図書館協会の歩み』神奈川県図書館協会郷土出版委員会編 神奈川県図書館協会 2005

## 【ち】

## 智憬
ちけい

[生没年] ？～？

知憬とも表記。奈良時代の東大寺華厳宗の学僧。742（天平13）年経典貸借の仕事をしている。752（天平勝宝4）年大仏開眼会に必要な経典の所在調査，目録作成作業の責任者。翌753年に写経所に経典を返却したことを最後に姿を消す。著書に『無量寿経宗要指事』『無量寿経指事私記』などがある。司書の役割を果たす学僧で，scholar-librarianの原形といえる。
【参考】『日本浄土教成立史の研究』井上光貞著 山川出版社 1956

## 中條 辰夫
ちゅうじょう・たつお

[生没年] ？～？

童話作家。1911年頃東京市立日比谷図書館児童部に勤務。並行して文学活動。詩人の金子光晴らと同人雑誌『魂の家』を出す。1918年日本図書館協会入会。竹貫佳水，大井冷光ら童話作家のお話会を児童室で開催。今澤慈海の序文を付して1921年に出版した童話集『銀の魚』（聚英閣）も好評だったが，やがて図書館を離れ戦後は千葉県電気協会勤務。
【参考】中條辰夫「旅より旅へ」『旅と伝説』1年12号 1928.12／「中條辰夫という日比谷図書館児童部職員」「神保町系オタオタ日記」（http://d.hatena.ne.jp/）

## 千代 由利
ちよ・ゆり

[生没年] 1947～2011

1969年から2007年まで国立国会図書館に勤務。1981年から1984年にかけてアメリカ議会図書館での南満洲鉄道（株）資料のマイクロフィルムによる収集プロジェクトに関わる。レファレンス・サービスについての記事を執筆するとともに，レファレンス研究会に参加した（2002～2005）。
【参考】千代由利「国立国会図書館の満鉄資料：LC所蔵満鉄資料の収集プロジェクトを終えて」『びぶろす』35巻6号 1984.6

## 長 壽吉
ちょう・じゅきち

[生没年] 1880～1971

1905年東京帝国大学講師，1908年奈良女子高等師範学校教授。留学後学習院教授となる。1925年には九州帝国大学法文学部教授兼図書館長。この間，奈良女子大学高等師範学校初代図書館主管，ドイツバイエルン王立図書館，京都帝国大学司書官

（1915〜1955）。日本図書館協会の役員も務めた。『政治と思想』（長博士還暦記念論文集刊行會編，冨山房，1941）を刊行。
【参考】中井晶夫「長壽吉先生の逝去を悼む」『上智史学』16号 1971.10／『「九州大学百年の宝物」余話』山根泰志著 九州大学附属図書館 2011

## 長 連恒
ちょう・つらつね

［生没年］1873〜？

国文学者。1900年帝国図書館司書。日本文庫協会幹事（1901），1903年の第1回図書館事項講習会では，「徳川時代文学史」を講義した。
【参考】『近代日本図書館の歩み：本篇』日本図書館協会編 日本図書館協会 1993／『簡約日本図書館先賢事典：未定稿』石井敦編著 石井敦 1995

## 蝶夢
ちょうむ

［生没年］1732〜1795

9歳で得度，のちに浄土宗の住職となるが，俳諧作者に転身する。芭蕉復興運動を展開し，1791（寛政3）年近江（滋賀県）の義仲寺に俳書を収める粟津文庫を設ける。
【参考】『蝶夢全集』田中道雄［ほか］編著 和泉書院 2013

# 【つ】

## 塚越 広士
つかこし・ひろし

［生没年］1930〜2003

1975年より栃木市図書館友の会会長，1966年より栃木市図書館協議会委員。
【参考】『栃木市図書館のあゆみ』栃木市図書館編集 栃木市図書館 1988

## 塚越 芳雄
つかごし・よしお

［生没年］1931〜1975

1952年高崎市立図書館（〜1975），1972年より奉仕係長。1964年の図書館問題研究会群馬支部設立の中心となる。著作に「図書館と読書サークル（全国研究集会のまとめ）」（『図書館評論』2号，1959.8），「県立図書館に望む：特に議会図書室の側から」（『図書館雑誌』57巻11号，1963.11），「『群馬文化』記事索引」（群馬県図書館協会，1975）などがある。
【参考】『住民とともに：塚越芳雄氏追悼集』図書館問題研究会群馬支部編 図書館問題研究会群馬支部 1976

## 津久井 安夫
つくい・やすお

［生没年］1905〜1976

1943年立教大学図書館副館長，文学部講師。その後明治学院大学図書館主事，学習院大学図書館資料課長などを経て，十文字学園女子短期大学で図書館学を担当。著作に「社会主義国家：チェコスロヴァキア，ユーゴスラヴィア，ハンガリー，ルーマニア，ブルガリア：諸国の大学図書館」（『図書館学とその周辺：天野敬太郎先生古稀記念論文集』巌南堂書店，1971）などがある。
【参考】津久井安夫「回想」『私立大学図書館協会会報』50号 1968.5

## 佃 実夫
つくだ・じつお

[生没年]1925～1979

郵便局員などを経て，1952年徳島県立図書館。1963年横浜市図書館（～1972）。レファレンスサービスの充実に力を注ぎ，著書に『文献探索学入門』（思想の科学社，1969）。作家としても活躍し，『わがモラエス伝』（河出書房新社，1966）などの著書がある。

【参考】『リスボンは青い風』佃陽子著 思想の科学社 1998／『没後30年「知の希求者・佃實夫の仕事」展』徳島県立文学書道館編 徳島県立文学書道館 2010

## 辻 新次
つじ・しんじ

[生没年]1842～1915

明治期の教育行政官。1871年文部省出仕，1875年東京書籍館長事務取扱。1881年普通学務局長，1883年大日本教育会会長。1890年同教育会附属書籍館の書庫新築落成式において通俗図書館の必要について演説をしている。1886年初代文部次官。その後，帝国教育会会長などを歴任した。

【参考】荒井明夫「辻新次」『近現代日本人物資料情報辞典』吉川弘文館 2004／『国立国会図書館三十年史』国立国会図書館編 国立国会図書館 1979／『図書館管理法』西村竹間編 金港堂 1892

## 辻 尚邨
つじ・なおむら

[生没年]1875～1935

富山県の小学校訓導を経て，富山市立図書館長（1924），川越市立図書館長（1934），高岡市立図書館長（1934）を歴任。当時の全国図書館大会へ皆出席し，図書館経営論などを論じた。

【参考】村上清造「辻尚邨閲歴」『富山県図書館協会創立50周年記念誌』富山県図書館協会 1981

## 津田 仙
つだ・せん

[生没年]1837～1908

下総国佐倉（千葉県佐倉市）に生まれる。1873年渡欧，1875年欧米の農業技術普及のため東京府麻布に学農社設立，1876年学農社農学校設立，『農業雑誌』創刊。村に農談会をつくり，農書，新聞雑誌を備え読み語り合う場とすることを呼びかけた。農業の場の図書館の原形。著書に『農業三事』（青山清吉［ほか］，1874）などがある。

【参考】小川徹「1880-90年代農事諸会の萌芽としての図書館について」『転換期における図書館の課題と歴史：石井敦先生古稀記念論集』石井敦先生古稀記念論集刊行会編 緑蔭書房 1995

## 津田 良成
つだ・よしなり

[生没年]1922～2012

CIE日比谷図書館を経て，1952年慶應義塾大学医学部北里記念医学図書館に勤務，同館の発展に尽くすと共に，日本医学図書館協会理事などによりわが国の医学図書館の発展に貢献した。1971年に慶應義塾大学文学部図書館・情報学科教授に就任，1987年退職とともに愛知淑徳大学文学部図書館情報学科教授となり，図書館情報学の研究，教育に尽力した。主要著作は『図書館・情報学の創造』（勁草書房，

1992)に収められている。
【参考】『津田良成教授・最終講義記念誌』［愛知淑徳大学］1995／「特集・津田良成先生追悼号」『医学図書館』第60巻第2号 2013.6

## 土田 杏村
つちだ・きょうそん

［生没年］1891〜1934

大正期の思想家。自由大学運動の理念的指導者，支援者としても知られる。自由大学の構想のなかに「校舎や図書館」がはらまれており，運動を進める猪坂直一や山越脩蔵らに自由大学の理想の姿として図書館の設置が共有されていた。
【参考】『上田近代史』上田市史編さん委員会編 上田市 1970／『明治大正人物事典 II 文学・芸術・学術編』日外アソシエーツ編 日外アソシエーツ 2011

## 土田 八重
つちだ・やえ

［生没年］1930〜1987

旧姓塩谷。図書館職員養成所卒業後，1952年東京医科歯科大学附属図書館勤務。1953年福島大学附属図書館，1976年同館調査係長（同大学初の女性係長），整理係長などを歴任。女性史，女性労働，原水禁運動などに関する論考を発表。
【参考】『追悼・遺稿集 宝のお山の中で』土田八重著 蒼樹出版 1989

## 土橋 亀之助
つちはし・かめのすけ

［生没年］1870〜1929

1897年帝国図書館勤務。1922年に日本図書館協会から20年以上（25年）勤続表彰を受ける。
【参考】『図書館総覧』天野敬太郎編 文教書院 1951／「会員移動」『図書館雑誌』23年3号 1929.3

## 土屋 栄亮
つちや・えいりょう

［生没年］1912〜？

1931年文部省図書館講習所修了。1934年千葉県立図書館。奉仕課長，整理課長，館長代理，千葉県教育委員会主幹を経て副館長。退職後は淑徳大学。「千葉県立中央図書館における主題別部門化について」（『図書館界』12巻6号，1961.1）などの著作がある。
【参考】『馬耳東風：周甲漫筆』土屋栄亮著 正文社営業所 1972

## 土屋 悦郎
つちや・えつお

［生没年］1923〜2006

千葉大学附属図書館を経て（1952〜1954），国立近代美術館（のちに東京国立近代美術館，1954〜1985）。展覧会図録や画集，作品集の編集，収録の参考文献，年譜などを数多く作成した。
【参考】恵光院白編「土屋悦郎氏：アート・ドキュメンタリストのパイオニア，1923年〜2006年」『文献探索 2008』2009.6

## 土屋 捷司
つちや・けんじ

［生没年］1941〜2001

和設計事務所を経て，1985年建築都市設計事務所アリデを設立。大泉町立図書館（1988年基本設計）などの作品がある。

【参考】寺田芳朗「図書館の場を考えること：土屋捷司さんから学んだこと」『としょかん村』6, 7号 2010.7, 10

## 土屋 壔
つちや・たかし

[生没年] 1899〜？

北海道帝国大学附属図書館雇（1921〜1926），同館書記兼司書（1927〜1952）。日本図書館協会，青年図書館員聯盟会員。
【参考】『近代日本図書館の歩み：地方篇』日本図書館協会編 日本図書館協会 1992

## 筒井 福子
つつい・よしこ

[生没年] 1918〜1995

東京都立上野高校図書館を経て都立日比谷高校図書館（1960〜1979）。著作に『東京都立日比谷高等学校図書館百年の歩み』（筒井福子，1979）がある。
【参考】『図書館関係専門家事典』日外アソシエーツ編 日外アソシエーツ 1984

## 角田 順
つのだ・じゅん

[生没年] 1910〜1990

歴史家。昭和研究会委員，昭和塾幹事，東亜研究所調査員を経て神戸製鋼所。1948年国立国会図書館支部図書館部運営課長となり，営繕企画課長などを歴任後，主査。春秋会事件の仕掛け人と目され1959年支部図書館課長となるがさらに活動して主任司書に外された。1970年司書監，1975年退職。著書に『政治と軍事』（光風社出版，1987）などがある。
【参考】『国立国会図書館五十年史 資料編』国立国会図書館五十年史編纂委員会編 国立国会図書館 2001／『調査屋流転』枝吉勇著［枝吉勇］1981／Lu, David J. (ed.) *Perspectives on Japan's external relations*. Center for Japanese Studies, Bucknell University, 1982.

## 角田 柳作
つのだ・りゅうさく

[生没年] 1877〜1964

米国コロンビア大学名誉博士。コロンビア大学で教壇に立つ傍ら，同大学の日本語図書収集に尽力，さらには1929年に日米文化学会（The Japanese Culture Center）を設立するなど，第二次世界大戦前の厳しい状況のなかで日米の文化交流の架け橋となり，多くの日本研究者を育成した。
【参考】『角田柳作』角田修執筆 赤城村教育委員会 2005／『太平洋の架橋者角田柳作「日本学」のSENSEI』荻野富士夫著 芙蓉書房出版 2011

## 坪谷 善四郎
つぼや・ぜんしろう

[生没年] 1862〜1949
[出身地] 越後国（新潟県）
[学歴] 1888年東京専門学校邦語政治科，1889年同行政科卒業

号は水哉。政治家や出版人として知られ，その生涯を通じて多くの著書を著した。東京専門学校在学中の1888年に同郷の大橋佐平が設立した博文館の館員となり，編集局長や取締役を歴任，中心的な役割を担う。1889年に牛込区会議員，1901年には東京市議会議員に当選した。博文館の創立15周年事業として大橋佐平により

計画された私立大橋図書館の設立に尽力(1902年開館)。また、1902年に「東京市立図書館論」を発表し、東京市立図書館設立の必要性を提唱。1904年に東京市会議員として東京市会に通俗図書館設立建議を提出し、その決議に結びつけた。この建議が1908年の東京市立日比谷図書館創設の契機となる。1915年には東京市に大礼記念に下賜された10万円を基金に図書館特別図費とし、東京市研究の資料を日比谷図書館で収集することを提案。1917年大橋図書館長となり、関東大震災で全壊した同館を1926年に復興した。1944年に館長を辞任。1918年には日本図書館協会会長に就任し、1920年まで務めた。著作には『大橋図書館四十年史』(博文館、1942)、『大橋佐平翁伝』(博文館、1932)などがある。大橋図書館を継承した港区芝公園の三康文化研究所附属三康図書館には坪谷関係資料が残されており、郷里の新潟県加茂市立図書館も関係資料(自筆日記、原稿、名士書簡等)を所蔵している。

[参考]『大正人名辞典』第3版 東洋新報社 1917／『水哉坪谷善四郎先生伝』加茂町立図書館後援会編 加茂町立図書館後援会 1949／吉田昭子「加茂市立図書館坪谷善四郎関係資料とその意義」『Library and Information Science』62号 2009.12

## 【て】

### 出口 延佳
でぐち・のぶよし

[生没年] 1615～1690

本姓度会(わたらい)、号は直庵、講古堂。家系は代々外宮(豊受大神宮)の祠官、1620(元和6)年外宮権禰宜となる。1648(慶安元)年、同志とともに「籍中」(会員)を募り、山田(伊勢市)岡本に豊宮崎(とよみやざき)文庫を創建。その後山田奉行の支援を受け、「文庫令条」には非会員の閲覧についても定める。度会神道の創始者で、著作は『陽復記』ほか極めて多い。

[参考]『伊勢市史 第3巻』伊勢市編 伊勢市 2013

### 手島 精一
てじま・せいいち

[生没年] 1849～1918
[出身地] 江戸(東京都)

江戸沼津藩邸で藩士田辺直之丞の子として生まれる。のち沼津藩士手島右源太の養子となる。藩校明親館で洋学を学び、1870年からアメリカ合衆国ペンシルベニア州イーストンのラファット大学に留学。廃藩置県により旧藩からの学資送金が困難になったため、滞米中の岩倉使節団に通訳として随行することとなり、イギリスを巡回して1874年に帰朝。その後文部省出仕。1875年東京開成学校監事。1876年文部大輔田中不二麿に随行して渡米。1881年東京教育博物館長、1884年渡英、1885年再び東京教育博物館長、同年東京図書館兼務。1886年東京教育博物館兼東京図書館主幹。1890年から1916年まで東京職工学校(のち東京工業学校、東京高等工業学校)校長。工業教育家としての業績がよく知られているが、東京図書館主幹時代には田中稲城を抜擢し、図書館事項の研究のために彼の海外留学を斡旋したほか、東京図書館官制の制定に力を尽くすなど、図書館に関しても多くの功績を残した。

[参考] 田中稲城「図書館の発達と手島先生」『工業生活』2巻1号 1916.11／『手島精一先

生遺稿』大日本工業学会編 大日本工業学会 1940／『手島精一伝』安達竜作著 化学工業技術同友会 1962／上野一「手島精一と図書館」『図書館学会年報』24巻1号 1978.3／『源流から辿る近代図書館』石山洋著 日外アソシエーツ 2015

## 手塚 正太郎
てずか・しょうたろう

［生没年］1855～1931

茨城県石岡町助役, 郷土史研究家。1889年石岡尋常高等小学校校長の時, 校長室の一角に県内初の図書館である石岡書籍館を開館（1923年に石岡町に移管）。
【参考】「茨城県下最初の図書館設立と手塚正太郎」『図書館百年記念誌』図書館百周年記念実行委員会編 石岡市立図書館 1989／『石岡市史 上巻』石岡市史 1979／『石岡の歴史：市制三十周年記念』石岡市史編さん委員会編 石岡市 1984

## 寺内 正毅
てらうち・まさたけ

［生没年］1852～1919

初代朝鮮総督, 第18代内閣総理大臣などを歴任。1919年文庫の開設を発起, 没後の1922年に寺内正毅ゆかりの私設図書館「櫻圃寺内文庫」が開庫。朝鮮, 中国関係資料や日本の古典籍, 洋装本などを所蔵。現在は, 山口県立大学図書館, 山口県立山口図書館, 防長尚武館などに移管されている。
【参考】『寺内正毅ゆかりの図書館 櫻圃寺内文庫の研究』伊藤幸司編 勉誠出版 2013／『寺内正毅と帝国日本 櫻圃寺内文庫が語る新たな歴史像』伊藤幸司［ほか］編 勉誠出版 2015

## 寺沢 智了
てらさわ・ちりょう

［生没年］1888～1968

智良とも表記。1918年内閣文庫, 日蓮宗大学の講師ののち1920年東京市立日比谷図書館（～1924）。東京帝国大学助教授兼司書官を経て1926年京城大学司書官。1930年大垣市立図書館長（～1937）, 1937年神戸市立図書館長（～1948）, 1949年神戸市外語大学図書館長, 1953年近畿大学図書館主事, 教授, 図書館長, 1961年神戸山手女子短期大学教授, 図書館長などを歴任。著作には, 高野正治との共訳でアーヴィング・キング著『宗教の発達：人類学及び社会心理学よりの研究』（岩波書店, 1925）がある。
【参考】『簡約日本図書館先賢事典：未定稿』石井敦編著 石井敦 1995／『越佐人物誌 中巻』牧田利平編 野島出版 1972／『神戸市立図書館60年史』神戸市立図書館 1971

## 寺田 實
てらだ・みのる

［生没年］1850～？

陸奥国（青森県）弘前出身。大学南校ほかでフランス語, ロシア語を学び, 司法省の委嘱を受けロシア法の翻訳に従事したのち, 1882年から文部省出仕。翻訳課に勤務し, 伊東平蔵らとともに文部省示諭の書籍館に関する事項の起草に関わった。1889年から東京図書館勤務, 1896年に同館司書となる。1914年退職。日本文庫協会幹事を務めた。
【参考】伊東平蔵「四十五年前の文部省図書館示論事項」『図書館雑誌』21巻1号 1927.1

## 寺田 勇吉
てらだ・ゆうきち

[生没年] 1853〜1921

東京高等商業学校長, 文部省参事官を経て, 1900年東京市教育会副会長。東京市に「東京市立図書館の設立について」を提言し, 教育会に通俗図書館設立調査委員会を設置した。この提言を徹底させるために同市に東京市立図書館設置計画案を提出。東京市教育会は1902年「通俗図書館設立ノ建議書」を東京市長松田秀雄宛てに改めて提出し, その実現を促した。著作に『東京市に通俗図書館設置に関し富豪家に望む』(東京市教育会事務所, 1902)がある。
【参考】『東京の図書館百年の歩み』佐藤政孝著 泰流社 1996

## 寺村 由比子
てらむら・ゆいこ

[生没年] 1931〜2014

旧姓橋本。1954年, 慶應義塾大学工学部助手, 1959年から国立国会図書館勤務。参考書誌部科学技術課長, 専門資料部長, 専門調査員などを歴任。1992年退職。1970年から1976年まで図書館短期大学で講師を務めた。
【参考】『図書館関係専門家事典』日外アソシエーツ編 日外アソシエーツ 1984／村上隆雄「わが「師匠」寺村由比子さんを偲んで」『情報の科学と技術』64巻6号 2014.6

## 寺本 省三郎
てらもと・しょうざぶろう

[生没年] 1851〜1933

1876年千葉県豊和尋常高等小学校の創業に従事, 以来34年同校に勤務。私立仰高図書館を開設した。
【参考】『房総人名辞書』千葉毎日新聞社編 国書刊行会 1987 (千葉毎日新聞社 1909年刊の複製)／『八日市場市史 近現代編』八日市場市史編さん委員会編 八日市場市 1996／『簡約日本図書館先賢事典:未定稿』石井敦編著 石井敦 1995

## 天満 隆之輔
てんま・りゅうのすけ

[生没年] 1925〜2000

大阪教育大学附属図書館, 枚方市立図書館長を経て (1973〜1982), 羽衣学園短期大学の教職に就き図書館学を担当。この間日本図書館研究会理事 (1963〜1995), 理事長 (1992〜1994), 『図書館界』編集委員長などを歴任。日本図書館協会では理事, 障害者サービス委員会委員長, 図書館政策特別委員などを務める。晩年, G. ノーデ研究にいそしむ。
【参考】『ノーデ研究』天満隆之輔著 天満先生の古稀・退職を祝う会 1996／「追悼・天満隆之輔前理事長」『図書館界』53巻4号 2001.11

# 【と】

## 杜 定友
と・ていゆう

[生没年] 1898〜1967
[出身地] 中国

フィリピン大学に留学し図書館学を専攻, 帰国後1922年広東省図書館管理員養成所を設立, その後は上海復旦大学図書館主任, 交通大学図書館長などを歴任した。著

作に『図書館概論』(商務印書館, 1941) などがある。間宮商店在留時、「圕」という合字を創った。
【参考】松見弘道「中国近代図書館の開拓者：杜定友の人となりと、その活動」『図書館学会年報』30巻4号 1981.12／『杜定友図書館学論文選集』銭亜新、白国応編 書目文献出版社 1988

## 土井 重義
どい・しげよし

[生没年] 1904～1967

国文学研究者。1928年東京帝国大学附属図書館に入職、1944年書目課長、1953年館長補佐兼整理課長（～1954）。図書館関係の著作に「営造物としての東大附属図書館」（『図書館雑誌』36巻9号, 1942.9) などがある。
【参考】斉藤敏「土井重義」『図書館雑誌』46年5号 1952.5／『図書館再建50年：1928-1978』東京大学附属図書館編 東京大学附属図書館 1978

## 土居 只助
どい・ただすけ

[生没年] 1899～1953

岡山県視学などを経て、1946年岡山県立倉敷図書館長、1948年岡山県中央図書館長。中断していた図書館報の復刊、岡山県図書館協会の設立、自動車文庫事業の開始、閲覧室の増築などを行う。在職中に病没。
【参考】『岡山県人事興信録 昭和26年版』関西人事興信所 1951／『岡山県立図書館60年史』岡山県総合文化センター 1967

## 土井 稔子
どい・としこ

[生没年] 1932～1983

1957年国立国会図書館支部大倉山文化科学図書館入館。調査及び立法考査局などを経て1965年参考書誌部一般参考課。1973年図書館学資料室担当となり、『全国特殊コレクション要覧』改訂版（国立国会図書館, 1977) 編集も行う。
【参考】『国立国会図書館におけるレファレンスと図書館協力：土井稔子遺稿集』土井稔子遺稿集・追悼集刊行会 1984

## 東海 三郎
とうかい・さぶろう

[生没年] 1877～？

1906年東京帝国大学附属図書館、1908年同館司書官（～1924）。
【参考】『簡約日本図書館先賢事典：未定稿』石井敦編著 石井敦 1995

## 堂前 貢
どうまえ・みつぐ

[生没年] 1903～1995

石川県師範学校専攻科卒業後、小学校教員。梶井重雄、中田邦造との出会いから読書運動に目覚め、開拓地で運動すべく1940年満洲開拓義勇軍に入る。1944年満洲開拓読書協会が開設した芝富読書指導者養成所に派遣されたが、養成所の内紛から東京都立日比谷図書館で実習後に帰満。戦後引揚げののちに、駒井商店（書店）などを経て教職に復帰。
【参考】『一教師の歩み：読書指導に進む皆さんに』堂前貢著 [堂前貢] 1987

## 遠山 椿吉
とおやま・ちんきち

[生没年] 1857〜1928

明治，大正期の衛生学者。1891年東京顕微鏡検査所を設立，1892年東京顕微鏡院と改称して院長。1903年東京市衛生試験所初代所長となる。1897年川上昌保（キリスト者，医者），川上元治郎（日本医事週報社社主）とともに東京基督教青年会館内に日本医学図書館を設立した（1902年帝国教育会に移管）。
【参考】『遠山椿吉の系譜：東京顕微鏡院 1891-2008』東京顕微鏡院公益事業室編 東京顕微鏡院 2008／堀江幸司「『日本医学図書館』：神田駿河台周辺と明治35年以降の『日本医学図書館』」『医学図書館』32巻3号 1985.9／『帝国教育会五十年史』帝国教育会 1933

## 土岐 慶静
どき・けいせい

[生没年] ?〜?

富山県高岡市専福寺住職。1934年仏子仏教図書館を設立。1949年同館内に高岡市立図書館分館を開設した（〜1959）。
【参考】『近代日本図書館の歩み：地方篇』日本図書館協会編 日本図書館協会 1992／『越中人物誌』水上正彦編 越中人物誌刊行会 1941

## 土岐 善麿
とき・ぜんまろ

[生没年] 1885〜1980

和歌を3行ローマ字綴りにした異色の歌人として知られ，また，国語審議会長として，現代かなづかいや当用漢字の答申に関わるなど，戦後の国字国語問題に果敢に取り組んだ国語学者，ジャーナリストでもある。1951年には，東京都立日比谷図書館長に就任。戦後，焼失した図書館の復興に尽力した。日本図書館協会理事長（1952〜1957）。1947年，日本学士院賞受賞。日本芸術院会員。
【参考】『土岐善麿と図書館』大節春美，大節節子編著 新典社 2011

## 常盤 雄五郎
ときわ・ゆうごろう

[生没年] 1887〜1956

1912年内閣書記官室記録課。1913年宮城県立図書館。『和漢図書分類目録 古書之部 大正6年』（宮城県立図書館，1917）などを編纂。1923年に東北帝国大学附属図書館嘱託となり，『和漢書別置本目録：未定稿』（東北帝国大学附属図書館，1936）作成の中心となる。1947年退官。1951年宮城県史編纂事務嘱託。
【参考】『本食い蟲五拾年』復刻版 常盤雄五郎著 今野印刷 1991／大原理恵「東北大学附属図書館和漢書貴重図書目録の刊行について（2）」『東北大学史料館紀要』9号 2014.3

## 徳川 光圀
とくがわ・みつくに

[生没年] 1627〜1700

水戸藩初代藩主徳川頼房の三男。第2代藩主となる。学問上の業績として『大日本史』の編纂があり，その作業のために江戸に編集局を置き，彰考館と名付けた。修史や重要な文献の研究，校訂などの作業とともに，藩士の教育にもあたった。
【参考】『日本図書館史』補正版 小野則秋著 玄文社 1973

## 徳川 義親
とくがわ・よしちか

[生没年] 1886～1976

尾張徳川家19代当主。1911年尾張藩維新史料収集編纂事業に着手。大正初年に尾張徳川家の蔵書に蓬左文庫と命名、徳川黎明会を設立、文庫を公開した（1950年名古屋市に移管）。
【参考】『蓬左文庫：歴史と蔵書』名古屋市蓬左文庫編 名古屋市蓬左文庫 2004

## 徳川 義直
とくがわ・よしなお

[生没年] 1600～1650

尾張藩初代藩主。徳川家康の九男。1615（元和元）年頃書物収集を開始、1616年家康より贈られた駿河御譲本によって蔵書は飛躍的に充実する。これを機に名古屋城内に御文庫を創設した。蓬左文庫の母体となる。
【参考】『蓬左文庫：歴史と蔵書』名古屋市蓬左文庫編 名古屋市蓬左文庫 2004

## 徳川 頼倫
とくがわ・よりみち

[生没年] 1872～1925
[出身地] 東京府（東京都）
[学歴] 1889年学習院中退

1896年ケンブリッジ大学留学（～1898）。欧州の図書館に感銘を受け、1899年東京市の邸内に南葵文庫を創設。1906年紀州徳川家の当主になり伯爵、貴族院議員。同年、日本文庫協会の基金募集に応じ、500円を寄付した。1908年南葵文庫の建物を拡張し、蔵書を増やして、広く一般公開。1913年には日本図書館協会総裁に推戴される（～1925）。以後、各地の図書館大会に出席し、会員を激励するとともに、図書館の啓蒙と協会の発展に尽力した。1915年協会が『図書館小識』を刊行し、全国へ配付した際には、費用一切を負担。1918年、南葵文庫新館を協会事務所に提供。1923年には、協会に対し5万円を基金に寄付することを申し出た。当時の協会経費の大部分は、この基金による年間3千円の利息で賄われていた。1923年の関東大震災で東京帝国大学附属図書館の蔵書が失われると、その翌年に南葵文庫を同館へ寄贈した。
【参考】『図書館物語』竹林熊彦著 東亜印刷出版部 1958／『上田貞次郎日記 大正8年－昭和15年』上田貞次郎著 上田貞次郎日記刊行会 1963／『近代日本図書館の歩み：本篇』日本図書館協会編 日本図書館協会 1993

## 徳永 康元
とくなが・やすもと

[生没年] 1912～2003

1936年東京帝国大学附属図書館嘱託（～1939）、1949年東京外国語大学教授、1970年同大学附属図書館長（～1972）。ハンガリー、シベリア、民族学関係の蔵書の大半は千葉大学附属図書館に収蔵され「ユーラシア（徳永）文庫」となる。
【参考】『ブダペストの古本屋』徳永康元著 恒文社 1982／『ブダペスト日記』徳永康元著 新宿書房 2004

## 戸澤 信義
とさわ・のぶよし

[生没年] 1899～1995

1922年阪急電鉄（株）に入社（～1949）。1930年関西昆虫学会を創設、1939年宝塚

新温泉内に宝塚昆虫館が開館し館長となり，同年開館した宝塚文芸図書館長を兼任（1939～1949）。1950年大阪大学医学部図書館，1967年神戸大学図書館（～1969）。のちに甲南女子大学図書館，大阪医科大学図書館，近畿大学短期大学，関西大学講師など。青年図書館員聯盟理事員首席（1942～1943），日本図書館研究会初代理事長（1946～1949）を歴任。
【参考】「追悼・初代理事長 戸澤信義氏」『図書館界』47巻4号 1995.11

## 戸嶋 貞次郎
としま・ていじろう

[生没年]1888～？

1912年秋田鉱山専門学校図書館，のちに秋田大学附属図書館（～1952）。『Catalogue of books in the library of the Akita Mining College』（秋田鉱山専門学校，1925）の編集に従事した。
【参考】『簡約日本図書館先賢事典：未定稿』石井敦編著 石井敦 1995

## 戸田 光昭
とだ・みつあき

[生没年]1935～2011

日産自動車（株）で設計管理課，調査部，図書・資料管理，社史編纂などに携わる（1961～1986）。1987年姫路獨協大学附属図書館事務室長，1989年同大学教授，1994年駿河台大学教授（～2006）。専門図書館の経営，管理記録に関する著作多数。主な著作に『情報サロンとしての図書館』（勁草書房，1993）がある。
【参考】山﨑久道「戸田光昭さんを偲ぶ」『情報の科学と技術』61巻4号 2011.4

## 戸津 高知
とつ・たかとも

[生没年]1872～1959

庁立札幌中学校教員（1899～1901），北海英語学校（のちに私立北海中学校）教頭（1901～1914），同校校長兼理事長を経て北駕文庫長（1915～1948）。札幌市議会議員，道会議員も務める。
【参考】『文化の黎明 下』北海道総務部文書課編集 北海道 1967

## 戸塚 廉
とつか・れん

[生没年]1907～2007

戦前，戦後をとおして地域教育に関わった教育運動家であり，民間の思想家，教育ジャーナリスト。小学校教師のときに学級文庫をつくり，学校教育に取り入れた。また，農村の子ども図書館，青年図書館づくりにも尽力した。
【参考】『日本学校図書館史』塩見昇著 全国学校図書館協議会 1986／『叢書児童文化の歴史 2』加藤理［ほか］編 港の人 2012

## 戸野 周二郎
との・しゅうじろう

[生没年]1867～1955
[出身地]丹後国（京都府）
[学歴]1891年高等師範学校文学科卒業

1892年京都府尋常師範学校附属小学校主事，1896年青森県尋常師範学校教員，1898年同校校長を経て，1899年長野県視学となる。1902年に東京高等師範学校教授に就任し，清国政府の招聘に応じ武昌師範学堂総教習，1904年退官。1905年東京市事務員教育課長に就任し，1908年の東京市

立日比谷図書館開設、東京市立図書館計画の推進に携わった。1914年下谷区長となり、1919年東京市助役に転じたが、1920年辞職。1925年から1933年は四日市市長を務めた。著作には『学校及教師と図書館』(宝文館、1909) がある。
【参考】「戸野周二郎三重県四日市市長ニ就任ノ件」1925年11月13日「任免裁可書・大正十四年・任免巻四十八」(任B01273100) 国立公文書館デジタルアーカイブ (http://www.digital.archives.go.jp/) ／『児童図書館の誕生』赤星隆子著 理想社 2007／吉田昭子「東京市立図書館網の基盤形成：学校付設図書館の設置」『Library and Information Science』70号 2013.12

## 外崎 覚
とのざき・さとる

[生没年] 1859〜1932

東奥義塾教師時代に津軽古図書保存会を設立 (1892)。津軽関係の古文書の収集、保存を行い、東奥義塾の教室を閲覧所として一般公開した (有料)。その後上京し、宮内省殉難録取調掛 (1894〜1905)、諸陵寮 (1905〜1921)、臨時御用掛 (1923〜1930) として、『修補・殉難稿』(吉川弘文館、1933) や陵墓に関する考証、編纂を行った。
【参考】川村欽吾「外崎覚略伝：明治の津軽びと(2)」『東奥義塾研究紀要』9集 1976.4

## 富田 倫生
とみた・みちお

[生没年] 1952〜2013

編集プロダクション・オメガ社を経て、1983年フリーのジャーナリストとして独立。自著『パソコン創世記』(ボイジャー、1985) を電子書籍化した経験から、著作権の保護期間を過ぎた本の電子テキスト化とインターネットのサービスを構想。1997年「青空文庫」開設の呼びかけ人の一人。
【参考】『インターネット図書館青空文庫』野口英司編著 はる書房 2005／「『青空文庫』の富田倫生氏が逝去」『図書館雑誌』107巻10号 2013.10

## 富永 牧太
とみなが・まきた

[生没年] 1902〜1996

1931年天理図書館入職、1939年館長に就任、1949年天理大学教授兼任。1952年国際図書館協会委員会 (コペンハーゲン) に出席、その後欧米図書館を視察。キリシタン版の書誌学的研究において殊に重要な成果をもたらした。著作は、『きりしたん版の研究』(天理大学出版部、1973)、『きりしたん版文字攷』(富永牧太先生論文集刊行会、1978) ほか多数。
【参考】ビブリア委員会編「富永牧太先生年譜」『ビブリア』107号 1997.5

## 友野 玲子
とものれいこ

[生没年] 1919〜2005

旧姓山口。東京大学総合図書館、一橋大学附属図書館を経て、共立女子大学教授司書課程担当、図書館短期大学別科などでも教鞭を執る。1953年児童図書館研究会創立者の一人。ハリエット・G.ロング『児童図書館への道』(日本図書館協会、1966) を翻訳、出版し、日本の児童図書館界に貢献する。共著書に『青少年の読書と資料』(樹村房、1981)、『戦後児童文学研究書案

内』(日本図書館協会, 1981)などがある。
【参考】『児童図書館のあゆみ：児童図書館研究会50年史』児童図書館研究会編 教育史料出版会 2004／「追悼友野玲子先生」『こどもの図書館』52巻11号 2005.11

## 友松 諦道
ともまつ・たいどう

[生没年] 1919～2001

浄土宗神田寺住職, 真理舎主管の傍ら真理学園理事長。仏教点字図書室, 慈眼協会図書館長。全日本私立幼稚園連合会会長などを務める。
【参考】「友松諦道氏死去」『朝日新聞』2001.1.31／「点訳講習受けません？東京神田寺グループが募集」『読売新聞』1988.10.6

## 外山 正一
とやま・まさかず

[生没年] 1848～1900

明治期の社会学者, 教育者。東京帝国大学文科大学教授, 貴族院議員, 文部大臣などを歴任。1896年重野安繹とともに貴族院(第9回帝国議会)に「帝国図書館ヲ設立スルノ建議」を発議し, 翌年の「帝国図書館官制」公布の契機となった。また1897年には貴族院(第10回帝国議会)に「公立図書館費国庫補助法」を提案するなど, 公共図書館の発展にも尽力した。
【参考】竹林熊彦「図書館事業の恩人外山正一博士」『教育』4巻4号 1936.4／裏田武夫, 小川剛「明治・大正期公共図書館序説」『東京大学教育学部紀要』8巻 1965.9

## 豊沢 武
とよさわ・たける

[生没年] 1905～1972

文部省図書館講習所修了後に秋田県立秋田図書館に勤務。図書選択, 館報編集(1932), 秋田県国民読書会(1942)などを担当。戦後, 県立秋田図書館長(1956～1965)。秋田県のキリシタン研究の草分けともされ, 聖霊女子短期大学附属図書館副館長, 秋田市文化財保護審議会委員などを務める。
【参考】『秋田県立秋田図書館沿革誌：昭和36年度版』秋田県立秋田図書館 1961／『秋田人名大事典』第2版 秋田魁新報社編 秋田魁新報社 2000

## 鳥居 美和子
とりい・みわこ

[生没年] 1914～1991

国民精神文化研究所図書室(1935～1942), 教学錬成所図書室(1943～1945), 教育研修所図書館(1945～1948)ののち国立教育研究所附属教育図書館事務長(1949～1976)。日本図書館学会幹事(1955～1959)。著作に『明治以降教科書総合目録』(小宮山書店, 1967-1985), 『国定教科書内容索引』(国立教育研究所附属教育図書館編, 広池学園出版, 1966)などがある。
【参考】『国立教育研究所の五十年』国立教育研究所創立50周年記念誌刊行小委員会編 国立教育研究所 1999／吉田正夫「鳥居美和子さんを偲んで」『図書館雑誌』85巻12号 1991.12

## 鳥居 良四郎
とりい・りょうしろう

[生没年] 1925〜2006

筆名鳥居省三。私立太平洋炭礦図書館を経て、1951年より市立釧路図書館、同館館長。その後釧路短期大学教授、標茶町図書館長。日本図書館協会図書館憲章委員会委員、同協会中小公共図書館運営基準作成のための実地調査委員。また同人誌『北海文学』を主宰し、原田康子『挽歌』（東都書房、1956）のデビューに関わる。
【参考】『鳥居省三書誌』木村修一編 釧路短期大学 1998／鳥居省三追悼号『北海文学』93号 2006.12

## 鳥越 信
とりごえ・しん

[生没年] 1929〜2013

児童文学者、児童文学研究者。1953年岩波書店。のちに早稲田大学教授などを歴任。石井桃子らと海外児童文学の紹介に努める一方で、1964年から東京都練馬区で阿部信子らと「子どもの本を読む会」を開催。同区内の家庭文庫開設への契機となる。寄贈した収集資料12万点をもとに創設された大阪府立国際児童文学館の総括専門員として運営にあたったが（1983〜1991）、同館に対する大阪府の姿勢に抵抗して辞任。著書に『日本児童文学史研究』（風濤社、1971）、『日本児童文学史年表1・2』（明治書院、1975-1977）などがある。
【参考】「追悼・鳥越信」『日本児童文学』59巻4号 2013.7／『ねりまの文庫：40年のあゆみ』大和田佐智子［ほか］編 ねりま地域文庫読書読書サークル連絡会 2009

## 鳥生 芳夫
とりゅう・よしお

[生没年] 1905〜？

1928年東京府立第九中学校教員、附属図書館主任。「図書館作業科」の授業を担当した。戦後は、1947年板橋区立上板橋第一中学校初代校長、1954年品川区立荏原第五中学校校長。1948年文部省が諮問機関として学校図書館協議会を設置したときの副委員長、同年文部省編『学校図書館の手引』（師範学校教科書、1948）の編集委員となり執筆も担当した。全国学校図書館協議会理事などを歴任。『本の話』（健文社、1944）、『私達はこうして学校図書館を作りました』（万世書房、1949）などの著作がある。
【参考】『占領下日本の学校図書館改革：アメリカの学校図書館の受容』中村百合子著 慶應義塾大学出版会 2009／『近代日本図書館の歩み：本篇』日本図書館協会編 日本図書館協会 1993

# 【な】

## 内記 稔夫
ないき・としお

[生没年] 1937〜2012

1955年新宿区に貸本屋「山吹文庫」を開業、1969年豊島区へ移転して「ナイキ書房」。1978年新宿区早稲田に現代マンガ図書館を設立。明治大学現代マンガ図書館顧問（2009〜2012）。
【参考】「内記稔夫著作リスト」『北の文庫』59号 2013.11

## 内藤 赳夫
ないとう・たけお

[生没年] 1896〜1944

1910年京都帝国大学附属図書館（〜1919）。1919年大原社会問題研究所へ転出，当初の職名は書記。1927年所長高野岩三郎に同行しロシアのマルクス・エンゲルス研究所を訪問。1934年図書主任。研究員。青年図書館員聯盟理事（1933〜1937）。ビブリオグラファーとして多くの業績を残した。著作に内藤編『邦訳マルクス・エンゲルス文献』（大原社会問題研究所, 1930）などがある。

【参考】人名簿『研究資料月報』（法政大学大原社会問題研究所）304号 1984.4／久保誠二郎「大原社会問題研究所『日本マルクス主義文献』（未刊行）の意義」『大原社会問題研究所雑誌』559号 2005.7／森田俊雄「大原社研のライブラリアン内藤赳夫」「大原文庫・大原社会問題研究所を調べる会」(http://lonjoho.blogspot.jp/)

## 内藤 伝右衛門
ないとう・でんえもん

[生没年] 1844〜1906

山梨日日新聞の前身である峡中新聞の創始者。1873年自宅に看覧席を設け，新聞や書籍を有料で閲覧させた。翌年には書籍縦覧館を設置，書籍が閲覧できると広告した。

【参考】『山梨百科事典』増補改訂版 山梨日日新聞社編 山梨日日新聞社 1989／『近代日本図書館の歩み：地方篇』日本図書館協会編 日本図書館協会 1992

## 永井 久一郎
ながい・きゅういちろう

[生没年] 1852〜1913

1871年名古屋藩の米国留学生として留学。1873年に帰国して文部省出仕。1875年東京書籍館創設にあたり博物館書籍館掛を兼務。館長畠山義成の病のため，館長補となる。その後内務省記官，帝国大学書記官，文部大臣秘書官などを経て1897年実業界に転じ，在官時代中断していた漢詩の創作，研究に精進する。著書に『巡欧記実 衛生二大工事』（忠愛社, 1887）などがある。作家の永井荷風は息子。

【参考】山田久「書籍館への情熱 田中不二麿と永井久一郎」『中部図書館情報学会誌』41巻 2000.2

## 中井 左一
なかい・さいち

[生没年] ？〜？

1904年広島市に私立中井文庫を設立。同文庫は1917〜18年頃廃止されたと見られる。
【参考】『広島県公共図書館史』森田繁登編著 森田繁登 2003

## 中井 浩
なかい・ひろし

[生没年] 1927〜1992

1954年国立国会図書館支部図書館司書。同年工業技術院調整部に出向，1956年科学技術庁調査普及局に出向，1957年日本科学技術情報センターに出向して，設立に参加。1983年監事。1985年常磐大学教授。著作（共著）に『論理と情報の世界』（ダイヤモンド社, 1973）などがある。中

井正一は父。
【参考】「中井浩教授の御略歴および御業績」『人間科学：常磐大学人間科学部紀要』10巻1号 1992.10／『情報検索システム』中井浩著 日本経営出版会 1971

## 中井 正一
### なかい・まさかず

[生没年] 1900〜1952
[出身地] 広島県
[学歴] 1925年京都帝国大学文学部卒業
1934年京都帝国大学文学部講師となる。『世界文化』(1935)，『土曜日』(1936)の創刊，編集に携わり，代表的論文「委員会の論理」(1936)を発表するが，反戦反ファシズム運動の嫌疑により治安維持法違反で検挙される。敗戦後，尾道市立図書館長の任命をうけ，図書館を拠点に集会活動，意識革命としての地方文化運動を展開する。この頃羽仁五郎と出会い，国立国会図書館館長候補に推されるも紆余曲折があり，1948年副館長に就任。同館では，館の使命実現のため臨時企画委員会，納本制度，支部図書館制度などの内部改革に一身を挺する。その力量と人間性は後世の語り草となる。また1949年日本図書館協会理事長を兼務し(〜1952)，図書館法の成立に渾身の情熱を注ぎ，図書館界発展の礎石をすえる。論文「図書館法ついに通過せり」(『図書館雑誌』44巻4号，1950.4)は，格調高い文章として知られる。主要著作は『中井正一全集』全4巻(美術出版社，1964-1981)に収められている。
【参考】『論理とその実践：組織論から図書館像へ』中井正一著 中井浩編 てんびん社 1972／『中井正一のメディア論』後藤嘉宏著 学文社 2005／『中井正一伝説』馬場俊明著 ポット出版 2009

## 永井 道雄
### ながい・みちお

[生没年] 1923〜2000
教育社会学者。京都大学助教授などを経て1963年東京工業大学教授。三木武夫内閣の文部大臣(1975〜1976)などを歴任。日本図書館協会会長(1982〜1999)，(財)情報通信学会会長(1983〜1994)などを務める。
【参考】『未完の大学改革』永井道雄著 山岸駿介編 中央公論新社 2002

## 中出 一
### なかいで・はじめ

[生没年] 1886〜1968
1909年大蔵省文庫に勤務。1945年退官。以後大蔵省嘱託。1938年に日本図書館協会から勤続功労者(29年)の表彰を受ける。
【参考】『図書館総覧』天野敬太郎編 文教書院 1951／『簡約日本図書館先賢事典：未定稿』石井敦編著 石井敦 1995

## 長尾 角左衛門
### ながお・かくざえもん

[生没年] 1880〜1970
青森県三好村(五所川原市)村長，青森県議会議員などを歴任。岩木川の治水事業を進め，目屋ダムの完成に尽力。1918年北津軽郡報徳会図書館を開設した。
【参考】『青森県人名事典』東奥日報社編 東奥日報社 2002

## 中尾 堅一郎
### なかお・けんいちろう

[生没年] 1924〜2009

大阪の中尾松泉堂書店主人。初代中尾熊太郎は，鹿田松雲堂で修業をしたのちに独立。第二次世界大戦の災禍により閉店した鹿田松雲堂の顧客を引き継ぎ，大阪の書物文化の顕彰という主家の教えを継承した。その後2代目中尾堅一郎が中心となり「阪急古書のまち」を創設。大阪古典会会長，日本古書籍商協会会長などを歴任した。
【参考】『出版文化人物事典：江戸から近現代・出版人1600人』日外アソシエーツ編 日外アソシエーツ 2013／「中尾堅一郎氏追悼文集」『混沌』(中尾松泉堂書店) 33号 2009.11

## 中尾 謙吉
なかお・けんきち

[生没年]1877～1959
[出身地]広島県
[学歴]1908年東京帝国大学文科大学史学科国史学卒業

1910年に大阪図書館に司書として着任。今井貫一館長のもと，常に司書のトップとして，業務を行った。1908年創立の大阪府立図書館内の「大阪人文会」名簿（1910年現在）にも中尾の名前がある。1927年，間宮不二雄らとともに，青年図書館員聯盟を創立し，初代理事員首席に就任した。同聯盟解散まで図書館界の発展のために尽くし，後進の指導にあたった。1928年大阪府立図書館を退職。1932年に関西大学図書館に勤務し図書館課主任兼教務課学部主任。図書館講習会などの講師を務めた。1946年日本図書館研究会発足の際は顧問。また，『厳島図会著者岡田清傳』(中尾充夫，1977) を編纂，『飽薇』(飽薇同好社，1925-1928) を発行し「芸備昔譚」などを掲載した。
【参考】『大阪府職員録』大正3年-昭和4現在 1914-1929／訃報『図書館界』11巻5号 1959.12

## 仲川 明
なかがわ・あきら

[生没年]1899～1971

小学校訓導を経て，1921年奈良県立戦捷紀念図書館司書。館報に多くの巻頭記事を執筆。特に児童文庫の充実に関心を寄せた。1945年同館長事務取扱，1950年館長。1952年奈良県教育委員会の学校図書館担当指導主事。
【参考】小林恵美「奈良県児童文化研究：奈良県童話連盟における仲川明の役割」『国語教育学研究誌』20号 1999.3／鞆谷純一「戦前の奈良県における学校図書館」『情報学』11巻1号 2014.5

## 中木 美智枝
なかぎ・みちえ

[生没年]1903～？

文部省図書館講習所の卒業生。1924年女性初の帝国図書館雇として入館。受入係，目録係などを担当。鹿島則泰の補佐役として，古書の整理で手腕を発揮した。1930年東洋英和女学院に転じ，1971年退職。
【参考】西村正守「帝国図書館婦人職員略史」『図書館研究シリーズ』17号 1976.2

## 長崎 源之助
ながさき・げんのすけ

[生没年]1924～2011

児童文学者。左官見習い，精米業，古本屋，文房具店などさまざまな職業を経て，同人誌『豆の木』を創刊。1970年自宅で「豆の木文庫」を開設。1972年よこはま文庫

の会を設立。
【参考】『長崎源之助全集 第20巻』偕成社 1988／『豆の木文庫30周年記念誌』豆の木文庫 2001

## 長澤 規矩也
ながさわ・きくや

[生没年] 1902～1980

書誌学者で中国文学者。第一高等学校，高等師範学校教授（1929～1934），法政大学教授（1940～1970），愛知大学教授（1973～1980）。各地の図書館や資料館の和漢古書を整理，分類した。漢籍の整理技術をまとめた『漢籍整理法』(汲古書院, 1974)，『長澤規矩也著作集』全10巻（汲古書院, 1982）などの著作があり，加えて『新撰漢和辞典』(三省堂, 1937) をはじめ，多数の漢和辞典を編纂し部首索引に工夫を凝らした。
【参考】『長澤規矩也著作集 別巻』長澤規矩也著 長澤先生喜寿記念会 汲古書院 1982／長澤孝三「長澤規矩也」『東洋学の系譜 2』江上波夫編著 大修館書店 1994

## 中島 仰
なかじま・ぎょう

[生没年] ？～？

熊本県玉名郡視学。1913年明治記念玉名郡玉名図書館長を兼務。関西の図書館を視察し，図書館経費や人員の確保に力を入れた。著書に『視学十年』(稲本報徳会, 1926) など。
【参考】『九州図書館史』西日本図書館学会編 千年書房 2000

## 中島 鹿吉
なかじま・しかきち

[生没年] 1884～1958

広島県立第一中学校長などを経て，1933年高知県立図書館長（～1945）。郷土史家として知られ，機関誌『南学』を発行したほか，『土佐英傑読本』(国本社, 1943)，『土佐名医列伝』(青楓会, 1940) などを著した。
【参考】『高知県人名事典』新版 『高知県人名事典新版』刊行委員会編 高知新聞社 1999

## 永島 正一
ながしま・しょういち

[生没年] 1912～1987

県立長崎図書館に長く勤め（1933～1971），館長（1969～1971）。「長崎の生き字引」といわれた。1953年から22年間「長崎ものしり手帖」（NBCラジオ）を放送。著作には『長崎・平戸』(朝日新聞社, 1974)，『長崎ものしり手帖』(長崎放送, 1977) など多数。
【参考】『県立長崎図書館50年史』県立長崎図書館編 県立長崎図書館 1963／著者紹介『長崎街道』親和銀行済美会 1973

## 長島 孝
ながしま・たかし

[生没年] 1903～1978

昭和前期，図書館講習所を毎年開催するための業務も含めて文部省社会教育局で長年にわたり図書館行政に関わる。図書館法成立に関して1946年に開催された全国都道府県中央図書館長会議で出た意見をもとに，1947年「公共図書館法案」を

まとめたものの転出し，兵藤清事務官がその後を引き継ぐ。
【参考】『岡田温先生を囲んで：岡田温先生喜寿記念』岡田温先生喜寿記念会編 岡田温先生喜寿記念 1979／『図書館法成立史資料』裏田武夫，小川剛編 日本図書館協会 1968

## 中島　胤男
なかじま・たねお

[生没年] 1877〜1911

1906年東京外国語学校図書館司書，1908年伊東平蔵に招かれて宮城県立図書館へ移るも早世した。
【参考】『簡約日本図書館先賢事典：未定稿』石井敦編著 石井敦 1995

## 中島　智恵子
なかじま・ちえこ

[生没年] 1924〜1999

筆名中島千恵子。滋賀県立図書館司書（1963〜1981），長浜市立図書準備室，館長（1982〜1994），滋賀文教短期大学教授，図書館長（1994〜1999）。1971年滋賀県児童図書研究会を発足。会員とともに児童書研究，昔話の再話や編集，出版活動を展開。著作に『三吉ダヌキの八面相』（サンライズ出版，1986），『近江の民話』（未来社，1980）などがある。
【参考】『偲び草：中島千恵子先生追悼集』滋賀県児童図書研究会追悼文集編集委員会編 滋賀県児童図書研究会 2000

## 中島　睦玄
なかじま・ちかはる

[生没年] 1894〜1988

愛知県生まれ。1920年鉄道院文書課図書館。1923年藤山工業図書館に入り主事。藤山雷太のもとで科学知識普及会，最新工学普及会を主宰し抄録誌などを発行，複写業務も請負う。戦後は改名した学術文献普及会で『図書館雑誌』『東壁』などを復刻した。日本図書館協会常務理事などを歴任。
【参考】馬場重徳「曙期の文献活動と中島睦玄さんの貢献」『科学技術文献サービス』53号 1980.6

## 中島　春之
なかじま・はるゆき

[生没年] 1919〜1971

1946年東京都立日比谷図書館，1948年秋岡梧郎に招かれ江東区立深川図書館。1955年江東区立城東図書館新設に伴い異動，1959年館長となったが，在職中に死去。日本図書館協会図書館員の問題調査委員会の発足（1970）にあたっては準備委員長を務め，また委員として倫理綱領の必要性を主張した。東京都公立図書館長協議会では中心的な役割を担い，また，江東ブロック図書館研究会の結成にも尽力（1952）。今澤慈海に師事し，その言行を『南岳先生倫語録』（[広瀬利保]，1972）にまとめた。
【参考】「中島春之氏ご逝去」『図書館雑誌』65巻12号 1971.12／細谷重義，広瀬利保[作成]「中島春之年譜」『南岳先生倫語録』今沢慈海著 中島春之編著 [広瀬利保] 1972

## 中島　正文
なかじま・まさふみ

[生没年] 1898〜1980

号は杏子。俳人。富山県津沢町（南砺市）郵便局長。1932年に私立中島図書館・杏

子文庫を創設。1940年に閉館し、蔵書を新設置の津沢図書館へ寄贈。津沢町立図書館長（1942～1947）、富山県図書館協会長（1954～1970）を歴任。
【参考】『句集 親不知』中島正文著 辛夷社 1974.9／北条正誳「中島正文氏」『富山県図書館協会創立50周年記念誌』富山県図書館協会 1981

## 中島 靖
なかじま・やすし

[生没年]1852～1906

号は綽軒。私立明誼学舎（中島塾）塾長。漢学者中島撫山の子。作家中島敦の伯父。1882年に下都賀郡（栃木市）薗部村に開設された明誼学舎の校内には、認可を受けた書籍縦覧所が設置されていた。
【参考】『栃木市図書館の歩み』栃木市図書館編 栃木市図書館 1988／『栃木市史 通史編』栃木市史編さん委員会編 栃木市 1988

## 中島 猶治郎
なかじま・ゆうじろう

[生没年]1887～1966

1914年関西学院図書館司書。1921年アメリカ合衆国に留学し図書館学を学ぶ（～1923）。1938年同学院を退職し、（満洲）国立中央図書館籌備処司書官。1942年（満洲）国立建国大学助教授（図書科）。1946年関西学院嘱託職員（～1956）。共著書に『目録編成法』（間宮商店、1926）。
【参考】『関西学院大学図書館史1889年～2012年』関西学院大学図書館史編纂委員会編 関西学院大学図書館 2014

## 中島 陽一郎
なかじま・よういちろう

[生没年]1920～2000

文化史家。東亜研究所調査員、衆議院参事を経て国立国会図書館入館。著作に『関東大震災』（雄山閣出版、1973）、「国会図書館の誕生」（『史』60号 1986.4）などがある。
【参考】『病気日本史』新装版 中島陽一郎著 雄山閣 2005

## 永末 十四生
ながすえ・としお

[生没年]1925～1995
[出身地]福岡県
[学歴]福岡県立修猷館中学卒業

筆名永末十四雄。1950年田川市図書館司書補、1955年司書、1967年館長、1982年退職。1982年北九州市立中央図書館相談役、1989年近畿大学九州短期大学教授（～1995）。日本の近代公共図書館史の研究に関わり、多くの論著を発表。また『田川市誌』（田川市誌編纂委員会編、田川市、1954）の編纂を経て、1954年田川郷土研究会を組織。筑豊の主産業であった石炭産業について『筑豊石炭鉱業史年表』（筑豊石炭鉱業史年表編纂委員会編、西日本文化協会、1973）などの編集に従事する。著書には『日本公共図書館の形成』（日本図書館協会、1984）（1986年度日本図書館学会賞受賞）、『筑豊賛歌』（日本放送出版協会、1977）などがある。
【参考】岩猿敏生「永末十四生君を悼む」『図書館文化史研究』13号 1996.12／石井敦「永末十四生君著作目録」同上／升井卓彌「追悼 永末十四生さん」『図書館学』66号 1995.3.／佐々木哲也「永末十四生と田川郷土研究

会」『図書館学』79号 2001.9.

## 中曽根 都太郎
なかそね・くにたろう

[生没年] 1882～1961

中学校長を退職ののち, 桐生市立図書館長 (1935～1954)。群馬県で初めて社会教育主事に任命される。著作に「桐生市立図書館の特色(上)(下)」(『上毛及上毛人』231-232号, 1936.7-8),「家庭文庫について」(『図書館雑誌』45年8号, 1951.8) などがある。
【参考】『群馬県人名大事典』上毛新聞社 1982/『群馬県教育史 別巻 人物編』群馬県教育センター編 群馬県教育委員会 1981

## 永田 菊四郎
ながた・きくしろう

[生没年] 1895～1969

法学者, 日本大学第5代総長。郷里の青少年育成のため寄付し, 1966年に児童書中心の平戸市立永田記念図書館をつくった。
【参考】『九州図書館史』西日本図書館学会編 千年書房 2000/『永田記念図書館からのお知らせ』[永田記念図書館] 2016

## 中田 邦造
なかた・くにぞう

[生没年] 1897～1956
[出身地] 滋賀県
[学歴] 1923年京都帝国大学文学部哲学科卒業

筆名自邦居士, 空人生。1925年石川県主事となり翌年社会事業主事。1927年石川県立図書館長事務取扱に転じ, 1931年館長。この年, 数年の試行ののち「青少年文庫」を用いた「読書学級」運動を全県化。長身頑健な体軀を活かして町村図書館をまわり, そのなかからのちに三羽烏と言われる東田平治, 川辺甚松, 梶井重雄などの弟子が出た。柳田國男らの助力を仰ぎ郷土研究の推進, 郷土資料の出版収集も行う。中田の指導力は県外へも及び, 1934年北信五県図書館連絡会の成立, 1931年中央図書館長協会の事務局にも関与。論説上も1934年『図書館雑誌』誌上で「附帯施設論争」を松尾友雄(文部省)と起こす。1939年には青少年向け選定目録「図書群」を提唱。1940年高柳賢三館長の引きで東京帝国大学附属図書館司書官に転任。日本図書館協会常任理事兼務となり「図書群」運動の全国化を図る。『読書会指導要綱』(文部省社会教育局, 1942) を『読書日録』([日本図書館協会], [1942]) とともに全国に頒布, 大政翼賛会や日本出版文化協会などとも連携し, 国民読書運動を展開した。同じ頃, 出張先の北京で遇目した接収図書の内地移送にも関与。1943年東京都立日比谷図書館長に転じ, 貴重書の疎開だけでなく疎開都民からの図書買上げを実行。同館の一般書は1945年の空襲で庁舎ごと焼失したため, これらは戦後「特別買上文庫」として復興の礎となった。戦後は林靖一など引揚げ司書の収容に努めたが, 1949年職員組合と衝突し辞任。教育指導者講習(IFEL)の講師などをしながら独自の「読書学」大成を期したが未完に終わる。「蔵書構成」という概念語を使用したのは中田が初めてとされる。著述は極めて多いがほとんど雑誌や館報の論考, 記事で, 単著は『公共図書館の使命』(石川県社会教育課, 1933) の

み。書簡, 原稿類などの資料は, 石川県立図書館に所蔵されている。
【参考】『近代日本社会教育史の研究』宮坂広作著 法政大学出版局 1968／『中田邦造』梶井重雄編 日本図書館協会 1980／『図書館社会教育の実践』福永義臣 中国書店 2006／鞆谷純一「満洲開拓地読書運動：中田邦造を中心に」『図書館文化史研究』24号 2007.9／『疎開した四〇万冊の図書』金髙謙二著 幻戯書房 2013

## 永田 清一
ながた・せいいち

[生没年]1930～1987

日本大学図書館医学部分館(1952～1960), 実践女子大学図書館事務長を経て(1960～1971), 実践女子大学助教授(1971～1980), 教授(1980～1987)。著作に「黒川文庫」(『実践女子大学文学部紀要』23集, 1981.3), 共著に『参考業務』(学芸図書, 1985)などがある。
【参考】『永田清一追悼集：図書館に生きた友へ』全国農協中央会協同組合図書資料センター 1989

## 仲田 憙弘
なかた・よしひろ

[生没年]1932～1990

大阪府立図書館に勤務。1960年代総目録整備にあたり, 整理課長や司書部長を歴任した。大阪府立図書館の歴史を丹念に調べ発表している。著作には「大阪府立図書館目録・分類の変遷について」(『大阪府立図書館紀要』3号, 1967.3)や「近畿図書館倶楽部事歴稿」(同上, 17号, 1981.3)などがある。
【参考】『大阪府下公共図書館職員録 昭和33年12月現在』大阪公共図書館協会編 大阪公共図書館協会 1959／『大阪府幹部職員録』人事通信社編集部編 人事通信社編集部 1966

## 中津 武夫
なかつ・たけお

[生没年]1897～?

熊本県生まれ。1921年農商務省図書館, 農林省図書館に勤務。1946年退職。
【参考】『簡約日本図書館先賢事典：未定稿』石井敦編著 石井敦 1995

## 中津 親義
なかつ・ちかよし

[生没年]1882～1932
[出身地]熊本県
[学歴]1911年京都帝国大学文学部英文科卒業

1911年熊本県物産館附属図書室に入る。同年熊本県立熊本図書館事務嘱託となり, 翌1912年同館の開館とともに, 初代館長(～1926)。この間無給嘱託。同館においては, 夜間開館(1912), 館外貸出(1913), 巡回書庫(1914)の実施など県立図書館としての基盤を整備する一方で, 町村図書館の普及, 全国図書館大会の開催に尽力した。1914年九州図書館連合会の発起人の一人で, 1915年日本図書館協会九州支部長として九州地域の図書館員の組織化を実現した。また, 熊本商工会理事長などの役職に就くとともに共益社鉄工所長, 熊本物産会館会社社長など会社経営も行った。日本図書館協会副会長(1920～1923), 評議員, 監査などを歴任。
【参考】『照る日, 曇る日の記憶：熊本県立図書館略史』『くまもと』(熊本県立図書館)号外 1959.12／植村芳浩「中津親義と九州図書館連合会」『図書館学』72号 1998.3／『九州

図書館史』西日本図書館学会編著 千年書房 2000

## 中西 喜代造
なかにし・きよぞう

［生没年］1900〜1935

1918年大阪府立図書館書記。1922年天理教校講師。1925年天理外国語学校図書館書記。1933年慶尚支教会長。教内各施設の図書整理に活躍し、天理図書館の基盤をつくった。訳書に『図書館と成人教育』（間宮商店、1930）がある。
【参考】『中西喜代造集 後編』天理教本島分教会本島史料集成部編 本島社 1936／『天理図書館四十年史』天理図書館編 天理大学出版部 1975

## 中西 忠敬
なかにし・ただたか

［生没年］1905〜1975

大垣市立図書館司書として45年間勤務（1931〜1975）。実務担当者として後輩に大きな影響を与えた。
【参考】『岐阜県公共図書館の歩み：江戸時代から現在まで』小川トキ子著 岩波出版サービスセンター 2001／大垣市立図書館所蔵資料

## 中根 粛治
なかね・しゅくじ

［生没年］1847〜1921

1884年東京教育博物館勤務。1885年東京図書館兼勤。1891年東京図書館司書となる。1906年病により帝国図書館を退職。古書に通じ、『慶長以来諸家著述目録』全3巻（八尾書店、1893-1894）などの編著がある。日本文庫協会の第1回図書館事項講習会では「（支那）書史学」を講じた。
【参考】足立巻一「本の運命」『ちくま』10号 1970.1／稲村徹元「解説」『日本印書考』中根粛治著 青裳堂書店 1982／稲村徹元「本と人と 出会いめぐりあい」『国立国会図書館月報』350号 1990.5

## 中橋 和之
なかはし・かずゆき

［生没年］1845〜1927

1869年金沢藩出仕、1871年金沢県調理役、1875年石川県鳳至郡劔地村に饒石文庫を設立。その後内務省、大蔵省、農商務省などに任ずる。文庫は1966年に石川県立図書館に移管。
【参考】『饒石文庫展』石川県立図書館編 石川県立図書館 1991／『饒石文庫目録』石川県立図書館編 石川県立図書館 1991

## 永濱 薩男
ながはま・さつお

［生没年］1938〜2010

武蔵野美術大学美術資料図書館を経て（1963〜1968）、（財）三康文化研究所附属三康図書館（1968〜1999）。同館では、旧大橋図書館蔵書の整備、保存に力を尽くす。著作に「大橋図書館のこと」（『名著サプリメント』4巻6号、1991.8）がある。
【参考】三康文化研究所附属三康図書館所蔵文書

## 永峯 光名
ながみね・みつな

［生没年］1897〜？

1918年東京帝国大学附属図書館に入職、1960年運用課長、1961年閲覧課長（〜

1962)。著作に「大学図書館四十年」(『図書館雑誌』60巻7号, 1966.7)、「辞典に現われた「図書館」」(『図書館界』18巻4号-19巻2号, 1967.1-1967.7) などがある。
【参考】男沢淳「永峯光名さんのこと：勲五等瑞宝章授章を機会に」『図書館雑誌』63巻11号 1969.11／『図書館再建50年：1928-1978』東京大学附属図書館編 東京大学附属図書館 1978

## 中村 千里
なかむら・せんり

[生没年]1926～1981

1947年農事試験場（農林省）入り。農業技術研究所などを経て1966年北陸農業試験場技術連絡室資料科長、1968年農事試験場企画連絡室資料科長、1973年農林水産技術会議事務局調査資料課課長補佐。1978年同事務局研究情報課課長。翌年副研究管理官。論文に「農学分野における文献情報利用調査の展望とCitation Countingの展開」(『Library and information science』8号, 1970.9) などがある。
【参考】『中村千里と農学情報』中村千里[著] 中村千里を偲ぶ会編 中村千里を偲ぶ会 1981

## 中村 地平
なかむら・ちへい

[生没年]1908～1963

本名治兵衛。小説家。井伏鱒二の門下生、南方文学の提唱者として知られる。戦後、宮崎県立図書館長に就任し（1947～1957）、自動車文庫「やまびこ」や農村文庫の設置、副館長制の実施など県立図書館の発展に尽力した。
【参考】『宮崎県立図書館のあゆみ』宮崎県立図書館編 1992／『宮崎県大百科事典』宮崎

日日新聞編 宮崎日日新聞 1983／「中村館長辞任す」『緑陰通信』34号 1957.10

## 中村 初雄
なかむら・はつお

[生没年]1911～2006

1938年川崎航空工業技師、昭和女子薬学専門学校講師（1938～1950、途中兵役）を経て、国立国会図書館司書（1948～1955）を勤めたのち、慶應義塾大学文学部図書館学科助教授、教授に転じた（1955～1977）。その後、鶴見大学文学部教授、図書館長（1979～1982）。資料組織分野を専門とし、日本図書館協会目録委員会委員、分類委員会委員、委員長などを歴任。
【参考】中村初雄「Curriculum vitæ：私は何者なのか」『情報の科学と技術』48巻4号 1998.4

## 中村 博男
なかむら・ひろお

[生没年]1924～1994

1950年信州大学図書館、1971年流通経済大学図書館。『本邦大学・高等教育機関沿革史目録』(中村博男, 1979) など書誌、索引に関する著作がある。
【参考】『図書館関係専門家事典』日外アソシエーツ編 日外アソシエーツ 1984

## 中村 祐吉
なかむら・ゆうきち

[生没年]1901～1985
[出身地]三重県
[学歴]1925年東京帝国大学文学部卒業

姫路高等学校教授などを経て、1946年に大阪府に入る。1949年に大阪府立図書館

長に就任。1962年に非常勤嘱託の館長となり、1966年に退職。この間、1951年自動車文庫の運行、1952年府内ブックステーションの設置、1953年商工資料室の開設、1962年主題別開架閲覧制の実施など戦後の同館の発展に大きく寄与する。1950年にはイギリス公共図書館法制定百年記念大会に日本の図書館界を代表して渡英。欧米の図書館を視察した。1951年からは日本図書館協会の常務理事、公共図書館部会長を務め、1957年に理事長に就任（〜1961）。大阪府の枠を超えて図書館界で活躍し、アジア図書館連盟の設立や日本十進分類法著作権問題の解決にも尽力した。退職後も大阪樟蔭女子大学などで後進の育成に努めるほか、日本図書館協会顧問、文楽協会常務理事などを歴任。
【参考】栗原均「故中村祐吉館長と大阪府立図書館」『大阪府立図書館紀要』22号 1986.3／『中之島百年：大阪府立図書館のあゆみ』『中之島百年：大阪府立図書館のあゆみ』編集委員会編 大阪府立中之島図書館百周年記念事業実行委員会 2004

## 中村 幸雄
なかむら・ゆきお

[生没年] 1917〜2002

1940年逓信省電気試験所、日本電信電話公社電気通信研究所次長、情報特許部長。東京理科大学、東京農業大学教授などを歴任。日本ドクメンテーション協会会長（1981〜1992）。著作に『情報検索理論の基礎』（共立出版, 1998）などがある。
【参考】『社団法人情報科学技術協会五十年史』[情報科学技術協会]編 情報科学技術協会 2000／『図書館関係専門家事典』日外アソシエーツ編 日外アソシエーツ 1984

## 中村 洋子
なかむら・ようこ

[生没年] 1944〜2011

拓殖大学図書館、千葉大学附属図書館を経て、1991年東京立正女子短期大学図書館。1982年『書誌年鑑』（日外アソシエーツ）創刊から記事の採録に従事。著作には『人物書誌体系24 春山行夫』（日外アソシエーツ, 1992）の編集、詩人として『匙』（砂子屋書房, 2010）などがある。
【参考】『新訂現代日本人名録 94』日外アソシエーツ編 日外アソシエーツ 1994

## 中森 強
なかもり・つよし

[生没年] 1931〜2012

1953年国立国会図書館支部大倉山文化科学図書館に勤務。1960年頃同館支部図書館課に異動以後、国会分館長などを経て図書館研究所長（第3代, 1990〜1992）。定年後は尚美学園大学総合政策学部教授。共著に『専門資料論』新訂（東京書籍, 2004）などがある。
【参考】『図書館関係専門家事典』日外アソシエーツ編 日外アソシエーツ 1984

## 中山 正善
なかやま・しょうぜん

[生没年] 1905〜1967

1915年天理教2代管長（のちに真柱と改称）となる。1930年天理図書館を開設。以来、和漢洋の古典籍の収集に努め、日本有数の図書館へと発展させた。著作には『おふでさき用字考』（天理図書館, 1937）ほか多数。

【参考】『定本天理図書館の善本貴書』反町茂雄著 八木書店 1981／『日本古典籍書誌学辞典』井上宗雄［ほか］編 岩波書店 1999

## 中山 諏訪平
なかやま・すわへい

[生没年] ？～1951

長野県上諏訪町立高島尋常小学校職員（1912年度）ののち、諏訪市立図書館の書記、司書（1928～1951）。1938年「県下表彰図書館員及図書館事業功労者」として県知事から表彰、1951年日本図書館協会60周年記念式典で表彰。

【参考】『諏訪市図書館誌資料集』小口濤夫編 諏訪市図書館 1985／『簡約日本図書館先賢事典：未定稿』石井敦編著 石井敦 1995

## 長山 辰美
ながやま・たつみ

[生没年] ？～1933

1907年茨城県立図書館書記、1922年水戸高等学校図書館。図書館功労者表彰（勤続25年）を受ける。

【参考】「図書館功労者略歴」『図書館雑誌』27年7号 1933.7

## 永山 時英
ながやま・ときひで

[生没年] 1867～1935
[出身地] 薩摩国（鹿児島県）
[学歴] 1895年東京帝国大学史学科卒業

鹿児島県川内中学校校長（1902）、第七高等学校造士館教授を経て（1907）、1915年李家隆介長崎県知事の懇望によって、県立長崎図書館初代館長に就任。長崎の歴史的特異性に着目して、長崎奉行所および諌早家の古文書の寄託、移管をはじめ、キリシタン史料や対外貿易資料を収集し、特色ある図書館づくりに努めた。館長在任中日本図書館協会の理事も務め、わが国の図書館界発展に貢献した。また長崎学の大家としても知られ、『対外史料美術大観』（尾西久米蔵, 1918）や『吉利支丹史料集』（対外史料宝鑑刊行会, 1926）を著し、在任期間中に顧問を務めた長崎史談会の『長崎談叢』にも多くの論文を発表した。

【参考】『県立長崎図書館50年史』県立長崎図書館編 県立長崎図書館 1963／『長崎県大百科事典』長崎新聞社長崎県大百科事典出版局編 長崎新聞社 1984／「県立長崎図書館初代館長永山時英」『ながさきの空』（長崎歴史文化協会）9号 1997.10

## 中山 正道
なかやま・まさみち

[生没年] 1916～？

1939年都城市役所に勤務（～1947）。1951年都城市立図書館に勤務し、退職する1977年まで同館の活動を支えた。また文学や図書館に関する記事を数多く執筆した。主な著書には『文学と倫理』（龍舌蘭社, 1969）、『生涯教育と図書館』（笛社, 1977）などがある。

【参考】『宮崎県人名録』宮崎日日新聞社編 宮崎日日新聞 1995／『生涯教育と図書館』中山正道著 笛社 1977

## 鍋島 直大
なべしま・なおひろ

[生没年] 1846～1921

明治維新当時の佐賀藩主。藩政の刷新、藩内の殖産を奨励、維新後は議定職、外国事務官副知事などを経て留学。帰国後は外

務省御用掛, 元老院議官, 皇典講究所國學院院長などを務めた。私立佐賀図書館初代館主(1914～1921)。
【参考】『佐賀県立図書館60年のあゆみ』佐賀県立図書館編 佐賀県立図書館 1973／『日本人名大事典 第4巻』平凡社 1979(『新撰大人名辞典』平凡社, 1937年刊の複製)

## 浪江 虔
なみえ・けん

[生没年]1910～1999
[出身地]北海道
[学歴]1931年東京帝国大学文学部美学科退学

旧姓板谷。1924年日本基督角筈教会で受洗, 1926年同教会笹塚分教会に日曜学校図書部を開く。大学中退後, 共産党に入党。検挙, 拘留, 1935年転向を表明して釈放され, 農村図書館開設を計画。1938年に浪江八重子と結婚して浪江姓, 翌1939年東京都南多摩郡鶴川村民となり, 私立南多摩農村図書館を仮開館。1940年に設置認可され正式開館するが, 再び検挙, 拘留されこの間図書館は休館。1944年に釈放され図書館を再開する。戦後は,「部落文庫」(分館)の開設や育成を地域に働きかけた。『農村図書館：かく生まれかく育つ』(河出書房, 1947), 『光, 村々に』(柏葉書院, 1949)は, 各地で小規模な文庫活動をはじめる青年たちのテキストとなった。一方で, 1947年には鶴川村議会議員(～1951), 農山漁村文化協会の理事(～1966)となり, 政治活動や農村の産業振興へと活動の範囲を広げた。村で生活する人びとに『村の政治』(岩波書店, 1953)で政治参加を働きかけ,『誰にも分る肥料の知識』(農文協, 1950)などを自ら執筆して科学的な農業を提唱, 全国各地を歩き啓蒙活動を展開した。1959年から日本図書館協会評議員(～1965),『中小都市における公共図書館の運営』(日本図書館協会, 1963)を支持するとともに, 町田市民に地域文庫づくりを呼びかけた。町田市立図書館と協力して活動を支援, 市立図書館充実のための住民運動を主導した。1968年私立鶴川図書館と改称。妻の八重子とともに図書館運営の傍ら, 同協会図書館雑誌編集委員会, 図書館調査委員会の委員長などを歴任した。1989年私立鶴川図書館を閉館。代表的な著作は『図書館そして民主主義：浪江虔論文集』(まちだ自治研究センター編, ドメス出版, 1996)に収録されている。
【参考】「著作年表, 年譜」『図書館運動五十年：私立図書館に拠って』浪江虔著 日本図書館協会 1981／「破天荒な図書館人浪江虔」『ず・ぼん』5号 1998.10／奥泉和久「浪江虔図書館思想の形成」『図書館文化史研究』16号 1999.12

## 並河 直廣
なみかわ・なおひろ

[生没年]1865～1927

1887年滋賀県高島郡書記, 同県滋賀郡書記, 1901年大阪府立大阪医学校書記などを務めるが病気のため辞職。京都法政大学で学んだのち, 石川県や奈良県で6年間の育英および宣教を経て, 石川県立図書館初代館長(1911～1921)。その後太田為三郎の後を受け台湾総督府図書館第2代館長(1921～1927)。当地で視学講習会講師や図書館講習会講師などに従事。日本図書館協会評議員(1922～1927)などを歴任。講演記録に『図書館事業に就て』(石川県

立図書館, 1914) がある。
【参考】「嗚呼並河館長」「故並河直廣氏略歴」『図書館雑誌』21年8号 1927.8／『石川県立図書館七十年のあゆみ』石川県立図書館 1983

## 並木 軍平
なみき・ぐんぺい

［生没年］1908〜?

群馬県生まれ。上京し1932年融和事業・愛国同心会に参加。1941年頃日本大学皇道学院に入る。若年時に発願した国学研究図書館の創設を1943年皇道図書館として実現。南牧村（高崎市）に仮文庫を，東京に事務所を置き開館。戦後は久保長機械製作所取締役。著書に『電気ハ値下カ国営カ』（電気値下期成同盟, 1936）などがある。
【参考】『皇道図書館蔵書目録 第1輯』皇道図書館創立事務所 1943／『産経会社年鑑』第9版 産業経済新聞社年鑑局 1970

## 滑川 道夫
なめかわ・みちお

［生没年］1906〜1992
［出身地］秋田県
［学歴］1926年秋田県師範学校本科第一部，1938年日本大学高等師範部国漢科卒業

師範学校卒業後，秋田県内の小学校で教鞭を執り，生活綴方教育に注力する。1932年には東京にある私立成蹊小学校に移り，読書指導の実践にも取り組み始める。同校には，創設時（1915）から児童図書館（現在の学校図書館）が設けられており，滑川は着任当初から同館の運営を任された。また，山本有三が1942年に開設した「ミタカ少国民文庫」の仕事を手伝い，校外でも読書指導を実践する。戦後の1946年には成蹊小学校の主事（校長に相当）となり，生活指導と読書指導を結びつけた実践を推進した。文部省編『学校図書館の手引』（師範学校教科書, 1948）の執筆と編纂にも携わる。1956年に日本読書指導研究会を結成すると，翌年には成蹊小学校の主事を辞して，同会を中心に実践と研究を進めた。1966年から東京教育大学専任講師，1970年から東京成徳短期大学教授，同大学附属図書館長併任。1972年には日本読書学会の第3代会長，1976年には自身も創設に尽力した日本児童文学学会の第2代会長に就任した。著書『桃太郎像の変容』（東京書籍, 1981）で毎日出版文化賞，『日本児童文学の軌跡』（理論社, 1988）で日本児童文学学会賞などを受賞している。
【参考】『日本児童文学』編集部「滑川道夫略年譜」『日本児童文学』39巻6号 1993.6／足立幸子「滑川道夫読書指導論の成立史」『人文科教育研究』25号 1998.3／滑川道夫「四半世紀の軌跡に思うこと」『読書科学』26巻2号 1982.7

## 成田 善亮
なりた・ぜんりょう

［生没年］1884〜1981

1905年成田図書館，1920年同館司書，1934年第4代主事（〜1948）となり，のちに嘱託（〜1974）。
【参考】『成田図書館周甲記録』成田図書館 1961／『成田図書館八十年誌』成田図書館 1981

## 成瀬 洦
なるせ・きよし

［生没年］?〜?

愛知県知多郡の横須賀尋常小学校訓導，

校長を21年にわたって務める(1911〜1932)。退職後は愛知県社会教育主事。この間1914年に横須賀町立図書館が開館,館長となる。同館は1928年に文部省表彰を受ける。『通俗町村図書館の施設経営』(静観堂書店,1925)などの著作がある。
【参考】『横須賀町史』横須賀町史編集委員会編 横須賀町役場 1969

## 那波 武
なわ・たけし

[生没年]?〜?

1924年文部省図書館員教習所修了。東京市立図書館に勤務。日比谷図書館(1922〜1925),京橋図書館(1928〜1929),本所図書館主任(1930),四谷図書館主任(1931)が確認できる。その後,成田中学,高圧瓦斯協会。『図書館研究』に多くの論文を発表。
【参考】『東京市職員録』大正11年-昭和6年現在 1922-1931/『簡約日本図書館先賢事典:未定稿』石井敦編著 石井敦 1995

## 難波 作之進
なんば・さくのしん

[生没年]1865〜1925

山口県の実業家,政治家。防長農工銀行取締役,衆議院議員など。1908年熊毛郡周防村の自宅に私立向山文庫を設立。祖父,覃庵が集めた蔵書を公開。
【参考】『山口県図書館史稿』升井卓彌著 升井卓彌 1990/『日本近現代人物履歴事典』秦郁彦編 東京大学出版会 2013

## 南原 繁
なんばら・しげる

[生没年]1889〜1974

東京帝国大学教授,法学部長,総長などを歴任。戦後教育改革の一環として,図書館の教育,研究機能の充実を主張。アメリカ合衆国側から要請のあったライブラリー・スクールの設立に賛同し,教育学部に「図書館学講座」が置かれた。
【参考】根本彰「『まぼろしの東大ライブラリー・スクール』再考」『図書館情報学の創造的再構築』吉田正幸,山本順一共編 勉誠出版 2001/三浦太郎,根本彰「占領期日本におけるジャパン・ライブラリースクールの創設」『東京大学大学院教育学研究科紀要』41巻 2002.2

## 南部 和夫
なんぶ・かずお

[生没年]1928〜2005

花王石鹸(株)販売本部,理化学研究所で情報管理などに携わる。情報科学技術協会理事,副会長(1992〜1996)などを歴任。
【参考】権藤卓也「南部和夫さんを偲んで」『情報の科学と技術』55巻10号 2005.10/『社団法人情報科学技術協会五十年史』[情報科学技術協会編] 情報科学技術協会 2000

## 南部 栄信
なんぶ・さきのぶ

[生没年]1858〜1876

八戸(青森県)南部氏10代当主。1871年家督相続,1872年東京転居,1874年八戸書籍縦覧所の建物として,旧八戸城物見櫓を旧藩士らへ無償で払い下げるとともに,藩学校の旧蔵書を移管,広く住民の利用

に供した。アメリカ合衆国に留学したが（1874～1876），病気のため帰国し死去。
【参考】『八戸市立図書館百年史』八戸市立図書館百年史編集委員会編 八戸市立図書館 1974

# 【に】

## 錦織 玄三郎
にしこおり・げんざぶろう

[生没年]1859～1914

訓導，小学校長，郡視学を経て石巻尋常高等小学校校長となる（1900～1914）。1902年石巻尋常高等小学校図書縦覧所を開設。同小学校附属書籍館（1903～1907）を経て石巻町立石巻図書館に改称（1907）された際に図書館長（兼任，1907～1914）。宮城県教育会常議員。
【参考】『石巻圏 20世紀の群像 上巻 文化・学術編』三陸河北新報社編 三陸河北新報社 2001／『宮城県模範訓導 石巻尋常高等小学校長 錦織玄三郎先生：現職を以て終生の事業と為さん』小堀恒男編著 小堀恒男 2001

## 錦織 精之進
にしごり・せいのしん

[生没年]1853～?

別名朔郎。1872年海軍兵学寮へ英学を以って出仕，1889年海軍中央文庫設置に伴い勤務。文庫主管菅野退輔とともに同文庫で辞書体目録の導入を行い，『Catalogue of books in English language ＝ 海軍図書目録 英書之部』(Imperial Naval Library, 1893)を編集。ともに日本文庫協会第2期（1893）の幹事を務める。1895年以降は海軍編集官。1913年退官。翻訳書が多数ある。
【参考】安達将孝「明治20年代刊行の印刷辞書体目録について：「東京図書館工芸書目録」及び「海軍図書目録 英書之部」に関する研究」『図書館史研究』1号 1984.8／「丁2号大日記 兵学寮申出 綿織精之進外3名採用の件」JACAR（アジア歴史資料センター）Ref. C09110319600 「公文類纂 明治5年 巻12 本省公文 黜陟部8」(防衛省防衛研究所)

## 西崎 恵
にしざき・めぐむ

[生没年]1903～?

1927年文部省入省。文部書記官，大学教育課長，学務局総務課長，資料課長，渉外課長，科学教育指導課長，大臣官房文書課長などを歴任，1949年社会教育局長。1950年図書館法制定に関与した。著作に『図書館法』（羽田書店，1950），『新社会教育行政』（良書普及会，1950）などがある。
【参考】『社会・生涯教育文献集 日本現代教育基本文献 Ⅵ 解説・解題・エッセイ 社会教育施設 2：図書館・博物館』山口源治郎，君塚仁彦編 日本図書センター 2001

## 西田 集平
にしだ・しゅうへい

[生没年]1912～1981

「満洲国」政府官吏，「満洲帝国」協和会参事を経て，彦根市立図書館長（1950～1964）。彦根市史編纂事務主幹などを歴任。
【参考】著者紹介『新編物語藩史 第6巻』新人物往来社 1976／『簡約日本図書館先賢事典：未定稿』石井敦編著 石井敦 1995

## 西田 長壽
にしだ・たけとし

[生没年] 1899～1989

1930年明治文庫（のちに明治新聞雑誌文庫）目録『東天紅』の編集校正に従事。1931年同文庫臨時雇員。1949年主任（～1964）。1936年には明治文化研究会の機関誌『明治文化』の編集を担当する。著書に『日本ジャーナリズム史研究』（みすず書房, 1989）などがある。
【参考】「追悼西田長壽」『みすず』347号 1990.2／『明治新聞雑誌の思い出』西田長壽著〈リキエスタ〉の会 2001

## 西野 照太郎
にしの・てるたろう

[生没年] 1914～1993

筆名南海集志。海軍嘱託としてジャカルタ駐在。1948年国立国会図書館に入り法律政治図書館第一課長などを歴任後, 1965年調査及び立法考査局主幹, 1971年専門調査員。1979年退官。南太平洋やアフリカ問題をいち早く取り上げた専門家。著書に『鎖を断つアフリカ』（岩波書店, 1954）などがある。
【参考】『国立国会図書館五十年史 資料編』国立国会図書館五十年史編纂委員会編 国立国会図書館 2001

## 西村 捨也
にしむら・すてや

[生没年] 1903～1998

三菱倉庫（株）勤務を経て, 1932年上海自然科学研究所司書, 1941年南満洲鉄道（株）上海事務所司書, 1943年国際文化振興会。1947年九州大学附属図書館司書, 1952年九州工業大学図書館司書, のちに1954年最高裁判所図書館整理課長（～1967）。主著に『明治時代法律書解題』（酒井書店, 1968）。
【参考】『西村捨也氏 木村康一氏 小原孝夫氏 吉倉伸氏』東京大学教養学部国際関係論研究室編 東京大学教養学部国際関係論研究室 1980

## 西村 精一
にしむら・せいいち

[生没年] 1906～1981

京都府立図書館第7代館長（1947～1963）, 京都府立総合資料館初代館長（1963～1968）。府立図書館長在任期間中に, 3市内分館, 6地方分館を開設し, 自らの分館論を『都市図書館に於ける分館論』（京都府立図書館, 1954）としてまとめる。
【参考】西村精一「公共図書館の分館網について」『図書館界』8巻2号 1956.4／『あの頃の若き旅立ち：教育・研究・生活』京都大学教育学部第二期生有志著 クリエイツかもがわ 2006／『近代日本図書館の歩み：地方篇』日本図書館協会編 日本図書館協会 1992

## 西村 竹間
にしむら・たけま

[生没年] 1850～1933
[出身地] 下野国（栃木県）

竹閒とも表記。元足利藩士。東京大学予備門教員を経て1878年から教育博物館に勤務。1886年に東京図書館と東京教育博物館が合併した際, 図書館へ移る。1891年『東京図書館に関し新聞紙雑誌等に散見せる記事論説節略』（西村竹間）を出版。同館司書兼書記の時, 日本初の図書館学書『図書館管理法』（金港堂, 1892）を著す。

1900年に帝国図書館司書官。東京図書館主幹の手島精一とその後継者田中稲城館長を補佐して長く副館長的地位にあり, 鹿島則泰とともに帝国図書館の近世出版物コレクションの基礎を据える。1913年同館退官。日本図書館協会幹事および会長（第5代）。教育者, 金井知義との共編著に『初学必携故事釈義』（西村竹間, 1878）, 講演に「帝国図書館に関する隠れたる歴史」（『図書館雑誌』50号, 1922.7）がある。金港堂に関係した文部官僚の西村（西邨）貞は実弟。

【参考】『国立国会図書館三十年史』国立国会図書館編　国立国会図書館 1979／「西村竹間氏逝去」『図書館雑誌』27巻12号 1933.12／小林昌樹「西村竹間（1850～1933, 帝国図書館初代司書官）の著作年譜及び人物文献目録」『文献継承』30号 2017.3

## 西村 天囚
にしむら・てんしゅう

[生没年] 1865～1924

名は時彦。号は天囚, 碩園。大阪朝日新聞主筆。大阪図書館初代館長今井貫一と親交があった。1910年懐徳堂記念会を創設, 重建懐徳堂理事, 講師。主著に『懐徳堂考』（懐徳堂記念会, 1925）, 『日本宋学史』（杉本梁江堂, 1909）。

【参考】『西村天囚伝』後醍院良正執筆　朝日新聞社社史編修室 1967

## 西村 直道
にしむら・なおみち

[生没年] 1929～1991

彦根市立図書館に勤務。在職時に日本図書館協会中小公共図書館運営基準の作成に実地調査員として関わる。市長部局や彦根市教育委員会主幹などを経て, 彦根市立図書館長（1979～1985）。新館開館時の舟橋聖一記念文庫の設置や舟橋聖一顕彰文学奨励賞の創設などに尽力。滋賀県公共図書館協議会会長, 日本図書館協会評議員。

【参考】『滋賀県人名鑑』滋賀県人名鑑編集部編　サンブライト出版 1982

## 西村 正守
にしむら・まさもり

[生没年] 1923～1994

学徒出陣後憲兵隊。1947年帝国図書館に入る。引き続き国立国会図書館勤務。図書課長, 支部上野図書館長, 閲覧部長, 参考書誌部長, 専門調査員を歴任し1986年退職。上野図書館文書を用いた帝国図書館史に関する論考が多数ある。自身の軍隊経験から編んだ『戦史・戦記総目録：戦後刊行 陸軍篇』（地久館出版, 1987）は連隊から引ける初めての書誌。

【参考】『図書館関係専門家事典』日外アソシエーツ編　日外アソシエーツ 1984

## 新田 潤
にった・じゅん

[生没年] 1904～1978

本名半田祐一。小説家。高見順や澁川驍などと同人活動をする。1935年から翌年まで東京市立京橋図書館において実業図書室臨時雇（知識人失業者対策の枠）。戦前の図書館現場を舞台にした小説「未完の主人公」「永遠の求愛者」「一時代の片隅」「少年」を書いた。

【参考】『新田潤作品集 1-5』新田潤［著］一草舎出版 2005

## 二宮 春蔵
にのみや・はるぞう

[生没年] 1869～1938

旧姓斎藤。福島区裁判所書記,1900年帝国図書館司書。1916年同館司書兼書記。1926年行政整理により司書で退職。日本文庫協会幹事。雑誌編集や図書館講習所の講師も務めた。1922年,20年以上図書館従事で日本図書館協会表彰。
【参考】「帝国図書館司書二宮春蔵叙位ノ件」1926年3月27日「叙位裁可書・大正十五年・叙位巻八」(叙00865100) 国立公文書館デジタルアーカイブ (http://www.digital.archives.go.jp/) /『独逸学協会学校五十年史』独逸学協会学校同窓会 1933

## 韮塚 一三郎
にらつか・いちさぶろう

[生没年] 1899～1993
[出身地] 埼玉県
[学歴] 1919年埼玉県師範学校卒業

1919年熊谷男子尋常高等小学校訓導,1934年埼玉県視学,1941年熊谷市立熊谷西尋常高等小学校校長などを経て,1946年埼玉県立図書館長。同館では,埼玉軍政部との交渉,川越と熊谷に分館の設置 (1948),移動図書館「むさしの号」の開始 (1950) をはじめ,戦後の図書館経営の改革を指揮する。この間,1952年に埼玉県図書館大会において「日本図書館憲章」制定を日本図書館協会に申し入れ,有山崧らとともに「図書館の自由に関する宣言」起草を担当する。1953年日本図書館協会公共図書館部会長 (～1957)。以後,1957年大宮市教育委員会教育長,1962年埼玉県都市教育長協議会会長を歴任し,郷土史の研究にも力を注ぐ。著作には『埼玉県地名誌』(北辰図書, 1969),『忘れえぬ人びと:教育五十年』(埼玉新聞社, 1980) などがある。
【参考】長島喜平「故韮塚一三郎先生年譜」『埼玉史談』41巻1号 1994.4／『埼玉人物事典』埼玉県教育委員会編 埼玉県 1998／『埼玉県立浦和図書館50年誌』埼玉県立浦和図書館 1972／小黒浩司「「図書館の自由に関する宣言」淵源考:韮塚一三郎の生涯」『人物でたどる日本の図書館の歴史』小川徹[ほか]著 青弓社 2016

## 丹羽 修一
にわ・しゅういち

[生没年] ？～？

1912年和歌山県立図書館書記,のちに書記兼司書。事務に精励し,同館改築の際には募金活動に活躍。1943年和歌山高等商業学校図書課に転じた。
【参考】「丹羽修一司書を送る」『和歌山県社会教育』174号 1943.6

## 【ぬ】

## 橳島 善次郎
ぬでしま・ぜんじろう

[生没年] 1915～1943

1936年,東亜同文書院図書館。1937年に結成された占領地区図書文件接収委員会の委員。のちに資料整備事務所,南京国民政府の図書専門委員会に派遣される。
【参考】金丸裕一「曲論の系譜:南京事件期における図書掠奪問題の検証」『立命館言語文化研究』14巻2号 2002.9／書物蔵「南京から大東亜にドキュメントサプライ！Σ(˙∀˙;):南京国民政府の国立図書館「図書専門委

員会図書館」の「通信資料部」」『文献継承』21号 2012.9

## 【ね】

### 根津 嘉一郎
のづ・かいちろう

［生没年］1860～1940

甲州財閥の旗頭。山梨県議会議員などを経て1905年東武鉄道取締役。鉄道王と呼ばれた。1904年衆議院議員に当選，国政に参与。1929年山梨県教育会図書館新築費を寄付した（のちに移管されて山梨県立図書館）。
【参考】『根津翁伝』根津翁伝記編纂会編 根津翁伝記編纂会 1961／『山梨百科事典』増補改訂版 山梨日日新聞社編 山梨日日新聞社 1989

## 【の】

### 埜上 衛
のがみ・まもる

［生没年］1925～1999

京都府立図書館（1953～1963），京都府立総合資料館（1964～1971）。のちに近畿大学（短期大学部に所属）で図書館員養成に従事（1972～1996）。この間に日本図書館協会件名標目委員会委員長を務めた（1984～1991）。著書に『図書館活動』（教育出版センター，1976）などがある。
【参考】石山洋「埜上衛さんを偲んで」『図書館界』51巻5号 2000.1

### 野口 周善
のぐち・しゅうぜん

［生没年］1879～1950

群馬県桐生市の浄運寺住職。1933年に浄運寺境内に私立共生図書館を設置し，自ら館長を務める。
【参考】『群馬県人名大事典』上毛新聞社 1982／『桐生市教育史 下巻』桐生市教育史編さん委員会編 桐生市教育委員会 1993

### 野口 寧斎
のぐち・ねいさい

［生没年］1867～1905

本名弌，字は貫卿，通称一太郎。明治時代の漢詩人。漢学者である父，野口松陽に従い上京し，森槐南から漢詩を学ぶ。その後俊英の漢詩人として中央の詩壇で活躍。1904年古賀篤介，執行徳郎らとともに諫早市立諫早図書館の前身となる諫早文庫を設立した。
【参考】『諫早図書館創立百周年記念誌』諫早市立諫早図書館編 諫早市立諫早図書館 2004／『いさはや人物伝』諫早市教育委員会編 諫早市教育委員会 1954／『長崎県大百科事典』長崎新聞社長崎県大百科事典出版局編 長崎新聞社 1984

### 野崎 三郎
のざき・さぶろう

［生没年］1903～1931

北海道帝国大学附属図書館嘱託（1927～1931），同館書記兼司書（1931），在官中死亡。青年図書館員聯盟会員。
【参考】『近代日本図書館の歩み：地方篇』日本図書館協会編 日本図書館協会 1992

### 野崎 広大
のざき・ひろた

[生没年]1859～1941

岡山市出身で中外商業新報社長，三越呉服店社長などを歴任。1941年，吉備郡庭瀬の吉備国民学校に幻庵文庫を寄付。
【参考】『岡山県歴史人物事典』岡山県歴史人物事典編纂委員会編 山陽新聞社 1994／『岡山県図書館一覧』岡長平著 吉備人出版 2007

### 野沢 清武
のざわ・きよたけ

[生没年]1902～1957

1925年宇都宮高等農林学校図書館。1949年宇都宮大学附属図書館事務長（～1957）。
【参考】『宇都宮大学四十年史』宇都宮大学大学史編纂委員会編 宇都宮大学 1990

### 野瀬 里久子
のせ・りくこ

[生没年]1935～2008

1957年文部省図書館職員養成所卒業，品川区立品川図書館に勤務。1960年荏原分館，1975年ゆたか図書館，1982年五反田図書館長，1988年八潮図書館長，1992年荏原図書館長（～1995）。日本図書館協会図書館の自由委員会委員（1982～1995）。小河内芳子，伊藤旦正の影響により東京都公立図書館員懇話会の活動に参加。東京都図書館職員連絡会では中心的な存在であった。「陰山さん（荒川図書館）の不当配点闘争」東京都人事委員会への人事異動不服申し立ての代理人（1974～1978）などを務めた。
【参考】『60年代の東京の図書館を語る：薬袋秀樹著『図書館運動は何を残したか』をめぐって』大澤正雄著 図書館問題研究会東京支部 2003

### 野波 菊太郎
のなみ・きくたろう

[生没年]1874～？

山口県立山口図書館書記（1904～1942）。
【参考】『簡約日本図書館先賢事典：未定稿』石井敦編著 石井敦 1995／「図書館事業功労者略歴」『図書館雑誌』27年7号 1933.7

### 野本 和子
のもと・かずこ

[生没年]1932～1990

1957年文部省図書館養成所を卒業，江戸川区立図書館勤務。その後1962年に仙台市民図書館開館を受けて司書となり児童サービスに重点を置いた。しかし1970年以降別部署への配置転換に反発して1978年退職，子どもの本の店ボランを開く。生涯人と本を介する仕事としての自負からフリーライブラリアンを名乗る。
【参考】『あるフリーライブラリアンの軌跡』野本和子［著］船坂裕子，黒田一之共編 仙台文化出版社 1993

### 野本 恭八郎
のもと・きょうはちろう

[生没年]1852～1936

新潟県長岡の生まれ。人々の教養の向上を目的に1915年長岡市に図書館建設費と維持費を寄付，1918年長岡市立互尊文庫が開館。現在に至る。館名は野本が提唱した「互尊独尊」に由来する。
【参考】『互尊翁』日本互尊社編 日本互尊社 1937／『互尊翁野本恭八郎』稲川明雄著 新

潟日報事業社 2006

## 乗杉 嘉壽
のりすぎ・よしとし

[生没年]1878～1947
[出身地]富山県
[学歴]1904年東京帝国大学文科大学哲学科卒業

1904年文部省普通学務局。同局第二課長，第五高等学校教授などを経て再び文部省に復帰して督学官。1917年教育視学のため欧米留学（～1918）。帰国後は同省図書官兼督学官，文部事務官として通俗教育の主任官となる。1919年普通学務局第四課の初代課長となり社会教育調査室を設置。1920年社会教育研究会を組織，翌年『社会と教化』を創刊。読書が生涯にわたる自己教育の基礎となり，それを支える中心的機関は図書館で，それを有効に機能させるのは図書館員の質にかかっているとして，1921年図書館員教習所を設置，初代所長に就任した。同年の文部省官制改正で，これまでの通俗教育が社会教育に改められるが，乗杉が主張し続けてきたことによる。その後は松江高校校長，東京音楽学校校長などを歴任した。主要著作は『社会教育の研究』（同文館，1923）に収められている。図書館に関しては，「社会改造の機関としての図書館に就て」（『図書館雑誌』39号，1919.9）や「文化生活と図書館」（『社会と教化』2巻9号，1922.9），「図書館講習所創立当時を偲びて」（『図書館雑誌』25巻6号，1931.6）などがある。
【参考】岡田忠男「乗杉嘉壽」『社会教育』34巻2号 1979.2／小川利夫「社会教育行政論の形成」『近代日本社会教育論の探求』小川利夫，新海英行編 大空社 1992／坂内夏子「図書館員教習所設置の意義：乗杉嘉壽に焦点をあてて」『図書館人物伝：図書館を育てた20人の功績と生涯』日本図書館文化史研究会編 日外アソシエーツ 2007

# 【は】

## 拝田 真紹
はいだ・しんしょう

[生没年]1933～2006

旧名顕。大阪歯科大学図書館を経て大阪市立図書館に勤務（1963～1978），その後松原市民図書館長として図書館システムの整備計画を推進する（1978～1993）。長年にわたって日本図書館研究会の活動に参加し，整理技術研究グループ世話人，理事，編集委員長，研究委員長などを務める。
【参考】「追悼・拝田真紹先生」（略歴・研究会活動・主要著作一覧）『図書館界』58巻4号 2006.11

## 萩原 進
はぎわら・すすむ

[生没年]1913～1997

群馬県議会図書室長を経て，前橋市立図書館長（1967～1975）。群馬県の郷土史研究家として著名。著作に『萩原進著作選集』（国書刊行会，1980），『浅間山天明噴火史料集成1-5』（群馬県文化事業振興会，1985-1995）などがある。
【参考】『群馬県人名大事典』上毛新聞社 1982／『前橋市立図書館80年小史』前橋市立図書館編 前橋市立図書館 1997

## 橋田 友治
はしだ・ともじ

[生没年]1916～1990

群馬県伊勢崎市立図書館（1946～1976）、この間、整理係長の時、館長事務取扱（1970～1971）。著作に『伊勢崎郷土読本 1-3集』（伊勢崎市立図書館, 1948-1949）、「なぜ私は開架図書を消耗品扱いにせよと叫ぶのか：断じて責任回避ではない」（『図書館雑誌』49巻10号, 1955.10）などがある。
【参考】『伊勢崎市立図書館のあゆみ』伊勢崎市立図書館編 伊勢崎市立図書館 1982／『伊勢崎散歩』伊勢崎郷土文化協会編 伊勢崎郷土文化協会 1973

## 橋本 耕之介
はしもと・こうのすけ

[生没年]？～1939

1929年大阪市立清水谷、西野田、阿波座、御蔵跡、今宮、城東図書館長に就任。1937年に市会決定した市立中央図書館建設計画に尽力したが、建設は延期となった。在職中に死去。
【参考】『大阪市立図書館時報』創刊号（橋本館長追悼号）1940.2

## 橋本 正一
はしもと・しょういち

[生没年]1896～1965

神戸市立図書館に勤務（1914～1956）。図書館の生き字引と言われた。一方でレコード鑑賞や映画上映、演劇の紹介などにも力を入れ、映画批評、レコード収集などでも知られた。1950年兵庫県文化賞を受賞。
【参考】『兵庫県人物事典 下巻』のじぎく文庫 1968

## 荷葉 堅正
はすば・けんしょう

[生没年]1914～1990

大谷大学図書館司書（1963～1968）、1963年から文学部の授業も兼任、のちに教授。西蔵大蔵経の目録編纂に携わる。代表的な著作に『チベット文献蔵外資料の研究 研究報告』（研究代表者：荷葉堅正, 大谷大学図書館, 1980）がある。
【参考】大谷大学所蔵文書

## 葉住 利蔵
はすみ・りぞう

[生没年]1866～1926

1888年、群馬県太田町（太田市）商工会を設立し、会頭となるなど、実業家として活躍。また1898年より県会議員を2期務め、1912年、衆議院議員（～1918）。晩年は新田郡教育会長を務め、1922年に金山図書館を設立。初代館長。同館は遺言により太田町に寄贈され、1927年町立金山図書館となる。
【参考】『群馬県人名大事典』上毛新聞社 1982／『群馬県教育史 別巻 人物編』群馬県教育センター編 群馬県教育委員会 1981

## 長谷川 和泉
はせがわ・いずみ

[生没年]1927～？

国立国会図書館支部上野図書館閲覧課を経て1966年頃地図室担当。『地図関係文献目録』（地図協会, 1971）を著す。
【参考】『国立国会図書館職員名簿 昭和41年12月10日現在』国立国会図書館［1966］

## 長谷川 鋿一
はせがわ・かんいち

[生没年] 1858～?

1886年東京帝国大学附属図書館, 1908年同館司書 (～1923)。
【参考】『簡約日本図書館先賢事典：未定稿』石井敦編著 石井敦 1995

## 長谷川 真徹
はせがわ・しんてつ

[生没年] 1866～?

天台宗僧正。住職を勤める鶴満寺（大阪市北区）に1910年長柄通俗図書館を設立, 館外貸出も行った。1912年簡易巡回文庫の駐函所を設備。地域の読書普及に努めた。
【参考】『大阪人名資料事典 第1巻』（大阪現代人名辞書1）日本図書センター 2003（文明社1913年刊の複製）／『大阪市・府社会調査報告書1：大正6年』近現代資料刊行会企画編集 近現代資料刊行会 2006

## 長谷川 雪江
はせがわ・ゆきえ

[生没年] 1903～1954

1930年図書館講習所卒業, 同年帝国図書館雇。洋書係となる。1940年嘱託。1946年退職。1947年から横浜市図書館に勤務。児童室を担当し, 児童図書館研究会創立にも関わった。
【参考】西村正守「帝国図書館婦人職員略史」『図書館研究シリーズ』17号 1976.2／「草創期の児童図書館研究会② 長谷川雪江さんのこと」『こどもの図書館』31巻2号 1984.12

## 畠山 義成
はたけやま・よしなり

[生没年] 1842～1876

薩摩藩英国留学生として渡英し, のち渡米してラトガース大学に学ぶ。1872年三等書記官に任ぜられ岩倉使節団に同行。1873年文部省出仕。開成学校長兼外国語学校長。1875年東京書籍館館長。1876年田中不二麿に従いフィラデルフィア万国博覧会参加のため渡米するが, 病が癒えず, 帰国中に太平洋上で没した。
【参考】西村正守「畠山義成洋行日記（杉浦弘蔵西洋遊学日誌）(資料)」『参考書誌研究』15号 1977.10／後藤純郎「畠山義成の後半生」『日本大学人文科学研究所研究紀要』29号 1984.3／中林隆明「畠山文庫目録」『参考書誌研究』29号 1985.3／『明治維新対外関係史研究』犬塚孝明著 吉川弘文館 1987

## 波多野 賢一
はたの・けんいち

[生没年] 1896～1943
[出身地] 福岡県
[学歴] 小倉中学校中退

中学を中退後八幡製鉄所図書館臨時職員となり, その後台湾総督府図書館。同館館長太田為三郎の指導を受ける。太田が帰京した後を追って上京, 1921年叔父である川本宇之介が開設に尽力した文部省図書館員教習所に入る（～1922）。1922年東京市立日比谷図書館。関東大震災後は, 焼失した蔵書を補うため基本図書の収集に尽力した。波多野が本領を発揮したのは, 江戸史料の収集, 整理, 各種の書誌作成であった。また, 参考業務（レファレンスサービス）を重視, 利用者への助言のために, 図書館員は文献を渉猟し, 目録を作

成することを提言した。1931年復興開館した駿河台図書館の初代館長（〜1942）。1942年日比谷図書館に戻るが、翌年病気のために死去。1921年図書館員教習所同窓生で芸艸会を結成、初代会長。著書には彌吉光長との共編『参考文献総覧』（朝日書房、1934）などがある。
【参考】秋岡梧郎「生粋の図書館人波多野賢一君」『図書館雑誌』37年10号 1943.10／小井沢正雄「図書館近代化の闘魂：書物に育ち、書物に死んだ波多野賢一伝」『図書館と社会：武田虎之助先生古稀記念論文集』武田虎之助先生古稀記念論文集編集委員会編 武田虎之助先生古稀記念論文集編集委員会 1970

## 羽田野 敬雄
はだの・たかお

[生没年] 1798〜1882

三河国（愛知県）渥美郡の羽田八幡宮（はだちまんぐう）神主、国学者。本居大平、平田篤胤門人。羽田八幡宮文庫を設立して、蔵書を公開する。1848（嘉永元）年、文庫設立の資金を募り「八幡宮御文庫講」を結成、竣工は翌年の春頃。また納本勧誘活動を推進し、1867（慶応3）年には蔵書1万余冊に及ぶ。皇学所御用掛、豊橋藩皇学教授などを歴任。『三河国神社考』ほか著書多数。
【参考】『羽田野敬雄と羽田八幡宮文庫』村松裕一著 羽田野敬雄研究会 2004

## 廿日出 逸暁
はつかで・いつあき

[生没年] 1901〜1991
[出身地] 広島県
[学歴] 1925年龍谷大学卒業、1932年ライプチヒ大学卒業

帝国図書館嘱託などを経て、1935年千葉県立図書館長となり（1951年千葉県立中央図書館長）、1959年国立国会図書館連絡部長に転出するまで県立図書館の経営と県下図書館事業の育成にあたった。とくに1949年に開始した移動図書館「ひかり号」の運行は、戦後図書館改革の先駆となった。この間日本図書館協会で図書館法制定に尽力した。その後も公共図書館部会長（1955）などを務め、国の図書館行政にも関与した。また文部省図書館講習所、実践女子大学、千葉経済短期大学などで図書館員養成に従事した。主要著作は『図書館活動の拡張とその背景』（図書館生活50年記念刊行会、1981）に収められている。
【参考】『千葉県図書館史』千葉県図書館史編纂委員会編 千葉県立中央図書館 1968／廿日出逸暁略年譜『図書館活動の拡張とその背景：私の図書館生活50年』図書館生活50年記念刊行会 1981／『文化の朝は移動図書館ひかりから：千葉県立中央図書館ひかり号研究』日本図書館研究会オーラルヒストリー研究グループ編 日本図書館研究会 2017

## 服部 一敏
はっとり・かずとし

[生没年] 1929〜2013

1953年国立国会図書館に入る。マイクロフィルムの専門家。参考書誌部で科学技術系レファレンスに携わる。1976年から翌年にかけて米国イリノイ大学理学部客員講師。1993年退官し帝京技術科学大学経営情報学科講師。著作に『辞書とつきあう法』（ごま書房、1979）、『マイクロ資料論』（全国学校図書館協議会、1984）などがある。
【参考】『図書館関係専門家事典』日外アソシエーツ編 日外アソシエーツ 1984／『国立国

会図書館OB会会報』54号 2014.3

## 服部 金太郎
はっとり・きんたろう

［生没年］1912～1985

1937年農林省林業試験場資料室，1940年帝国図書館。1949年図書館職員養成所教官を経て，図書館短期大学教授（1964～1979）。この間同大学学長事務取扱（1973～1977）。大正大学教授（1979～1983）。『図書分類法概説』（明治書院，1966）などの著書がある。
【参考】小野泰博「服部金太郎先生を偲びて」『図書館学会年報』31巻2号 1985.5／『図書館短期大学史：十七年の歩み』図書館短期大学 1981

## 花村 米三郎
はなむら・よねさぶろう

［生没年］1880～1945

1900年東京帝国大学土木工学科図書室。
【参考】『簡約日本図書館先賢事典：未定稿』石井敦編著 石井敦 1995

## 塙 保己一
はなわ・ほきいち

［生没年］1746～1821

江戸後期の国学者。1793（寛政5）年，江戸幕府の財政的な支援を受け，麹町に国史律令を研究する和学講談所を開設し，盲目でありながら，文学や歴史など，貴重な資料を精力的に収集した。その業績は，膨大な叢書を構成する『群書類従』670冊の編纂と刊行（1819），その続編である『続群書類従』の編纂となって結実する。版木は，1957年に国の重要文化財に指定された。
【参考】『塙保己一の生涯と『群書類従』の編纂』温故学会編 温故学会 2009

## 羽仁 五郎
はに・ごろう

［生没年］1901～1983

野呂栄太郎らと『日本資本主義発達史講座』（岩波書店，1932-1933）を刊行。1933年治安維持法違反の容疑で拘束。戦時下にも軍国主義に反対する言論活動を行った。1947年参議院議員に当選し，国立国会図書館の設立に尽力した。
【参考】『図書館の論理：羽仁五郎の発言』羽仁五郎著 日外アソシエーツ 1981

## 埴岡 信夫
はにおか・のぶお

［生没年］1896～？

大阪市主事，京都市社会課長，大阪市立扇町高等学校長などを経て大阪府立図書館司書，閲覧部長。
【参考】『レファレンス手引：参考係員のための実務便覧』木寺清一，埴岡信夫共編 日本図書館研究会 1954

## 馬場 重徳
ばば・しげのり

［生没年］1909～1993

文部省科学教育局を経て図書館短期大学教授（1965～1977）。図書館学界に計量書誌学的手法を導入した。ユニオン・インデックス，書誌方程式などにより図書館学の理論化に努めた。著作に『雑誌記事索引奉仕解説』（学術文献普及会，1955），『露西亜語文献の間接利用法』（学術文献

普及会, 1961)、『欧州に於ける書誌文献』(学術文献普及会, 1968) などがある。
【参考】『ドキュメンテーション 馬場重徳先生論文集』馬場重徳先生論文集刊行会編 早川図書 1977

## 浜口 儀兵衛
はまぐち・ぎへえ

[生没年] 1874～1962

号は梧洞。ヤマサ醬油 (株) の社長、会長。貴族院議員 (1925～1939)。千葉県銚子市の文化発展のため1925年 (財) 公正会を設立。翌1926年には公正会館を建設、会館内に公正図書館 (のちに銚子市公正図書館) を設立した。千葉県図書館協会顧問もつとめた。
【参考】『千葉県図書館史』千葉県図書館史編纂委員会編 千葉県立中央図書館 1968／『銚子市史 続篇2 昭和後期』銚子市編 銚子市 1983

## 浜田 敬一
はまだ・けいいち

[生没年] ？～？

立教大学図書館 (1920～1934)。私立大学図書館協会の結成に尽力した。
【参考】『簡約日本図書館先賢事典：未定稿』石井敦編著 石井敦 1995

## 浜田 成徳
はまだ・しげのり

[生没年] 1900～1989

1927年東京電気 (株) 入社、1942年東京芝浦電気電子工学研究所。郵政省電波監理局長などを経て、1965年日本科学技術情報センター理事長 (1965～1969)。日本ドクメンテーション協会会長 (1975～1981)、テレビジョン学会会長などを歴任。
【参考】『日本科学技術情報センター四十年史』日本科学技術情報センター四十年史編集委員会編 日本科学技術情報センター 1996／木村六郎「浜田成徳先生の思い出」『テレビジョン学会誌』43巻9号 1989.9

## 浜野 修
はまの・おさむ

[生没年] 1897～1957

本名修三。1923年大学を中退し、ドイツ文学翻訳などの執筆業に入る。1944年衆議院図書館嘱託。1948年国立国会図書館の設立に伴い主事。受入部納本課納本月報係長、索引課課長補佐などを歴任し、『全日本出版物総目録』やPR誌『読書春秋』の編集に従事。図書館界で初の産業別組合、全日本図書館員組合の書記長。
【参考】萩原茂「「二閑人」上林曉と濱野修の友情物語 II」『吉祥女子中学・高等学校研究誌』44号 2012.3／渡辺志津子「全日本図書館員組合の活動をまとめて」『文献継承』14号 2009.6

## 浜野 段助
はまの・だんすけ

[生没年] 1864～1941

山口県内の高等中学校、紡績会社などを経て1906年長府村書記。1909年私立豊浦郡教育会書記となり図書館業務に従事。1924年図書館の長府町移管にともない町立長府図書館書記。1937年下関市と合併、下関市立長府図書館勤務。翌年退職。
【参考】『浜野段助翁の生涯』長府博物館編 長府博物館 1961

## 浜畑 栄造
はまはた・えいぞう

[生没年] 1895～1961

和歌山県新宮出身の小学校,中学校教員,郷土史家。1959年新宮市立図書館長。大逆事件で死刑になった大石誠之助の名誉回復に取り組み,市当局と対立。1961年館長を退任。

【参考】小黒浩司「新宮市立図書館長浜畑栄造更迭始末」『人物でたどる日本の図書館の歴史』小川徹[ほか]著 青弓社 2016

## 浜辺 一彦
はまべ・かずひこ

[生没年] 1933～1989

京都府立図書館第15代館長(1981～1989)。協力貸出の本格実施,図書館未設置市町村への広域貸出事業に着手。著作に「日本における主題別制研究のあゆみ」(『図書館界』19巻4号,1967.11)などがある。

【参考】『鳥取県人物・人材情報リスト2004』日外アソシエーツ編 日外アソシエーツ 2003／『事業概要 平成元年度』京都府立図書館 [1990]

## 早川 佐七
はやかわ・さしち

[生没年] 1861～?

号は香邨。龍助とも表記。東京日本橋の漬物商小田原屋の主人で,植物学に関する文献を蒐集したが,関東大震災でその多くを焼失。被災を免れた蔵書は(公益)武田科学振興財団,杏雨書屋が所蔵している。

【参考】『現代人名辞典』中央通信社 1912／『日本図書館史』補正版 小野則秋著 玄文社 1976／『椿峩書屋図書目録』早川香邨編 早川香邨 1927

## 早川 理三
はやかわ・まさみ

[生没年] ?～1940

1912年東京市立日比谷図書館(～1914雇員,1915～1924)。1932年横浜市図書館。日比谷図書館時代には『図書館雑誌』の編集幹事(1914～1918)。また,同館勤務の傍ら神奈川県の小田原図書館(町立)などの公共図書館や学校図書館の開館準備のための援助をする一方,1932年には横浜市に図書館設立のための提案を行っている。著作には「県下の図書館と自分」(『神奈川県図書館月報』20-22, 24, 26-28号, 1935-1936)がある。

【参考】『東京市立日比谷図書館一覧』自明治45年至大正2年 1913／『東京市職員録』大正4年-大正13年現在 1915-1924／『簡約日本図書館先賢事典:未定稿』石井敦編著 石井敦 1995

## 林 癸未夫
はやし・きみお

[生没年] 1883～1947

早稲田大学教授として経済学を講じる。1923年早稲田大学図書館長として,資料収集,新図書館建設などに努める(～1947)。特に戦時体制下から戦後の混乱期の図書館運営に尽力した。1930年日本図書館協会理事長(～1931)。

【参考】『天邪鬼』林癸未夫著 人文書院 1939／『早稲田大学図書館史:資料と写真で見る100年』早稲田大学図書館編 早稲田大学図書館 1990

## 林 靖一
はやし・せいいち

［生没年］1894〜1955
［出身地］滋賀県
［学歴］滋賀県立膳所中学校中退

1913年朝鮮総督府鉄道局雇員となり文書課図書室勤務。鉄道局が南満洲鉄道（株）に委任された際，満鉄京城図書館（のちに鉄道図書館）の創設を任され1920年開館させた。1922年同館館長（主事）。1937年他部署に転出するも1942年に古野健雄が後継となるまで同館を兼任で指揮。鉄道局内の名物男として「図書頭」と呼ばれた。開架の採用，図書館用品の開発，雑誌記事索引の発行など同館の特異な活動や製本，資料保管に関する著作が評価され，1941，1943年と2度の日本図書館協会総裁賞。引揚げ後は1946年都立日比谷図書館に入り，土岐善麿館長と同館の新築プランを練った。著作に『図書の整理と利用法』（大阪屋号書店，1925），『図書の受入から配列まで』（大阪屋号書店，1933），『図書保管法：毀損亡失篇』（大阪屋号書店，1937）などがある。東京急行電鉄（株）広報室資料センターにいた林貞夫は息子。
【参考】小林昌樹「今によみがえる林靖一（1894-1955）：日本における開架の本当の始祖」『文献継承』11号 2008.2／小林昌樹「外地で活躍した図書館人林靖一」『参考書誌研究』69号 2008.10／古野健雄「林靖一氏の死を悼む」『図書館雑誌』49巻3号 1955.3

## 林 靜治
はやし・せいじ

［生没年］1876〜？

新潟市の積善組合主事（のちに専務理事）として巡回文庫の運営に取り組む。1908年の第3回全国図書館大会で「戊申詔書記念町村図書館設立に就いて」を提案。『関西地方視察報告』（積善組合，1908）などの著作がある。積善組合は1919年解散，巡回文庫も閉鎖。蔵書はのちに新潟県立新潟図書館に寄贈された。
【参考】奥泉和久「「積善組合巡回文庫」考」『図書館学会年報』29巻1号 1983.3

## 林 泰輔
はやし・たいすけ

［生没年］1854〜1922

1896年東京帝国大学助教授，のちに東京高等師範学校教授（1899〜1922）。1903年千葉県香取郡の私邸内に私設の杜城図書館を設立した。林没後の1939年に蔵書は千葉県立図書館に寄贈され，林泰輔記念文庫として保管される。
【参考】『多古町史 上』多古町史編さん委員会編 多古町 1985

## 林 鶴一
はやし・つるいち

［生没年］1873〜1935

東北帝国大学数学科教授（1911〜1929），同大学図書館主幹（1911〜1916），附属図書館長（1916〜1924）。和算研究者で同館の和算コレクションの基礎を築いた。『林鶴一博士和算研究集録 上，下巻』（林博士遺著刊行会編，東京開成館，1937）などの著作がある。
【参考】平山諦「林鶴一 1-3」『数学史研究』100，102，107号，1984.3-1985.10

## 林 通
はやし・とおる

[生没年] ？～？

宮城県学務課九等属，宮城書籍館初代館長を兼務。
【参考】『宮城県図書館百年史：1881～1981』宮城県図書館 1984

## 林 繁三
はやし・はんぞう

[生没年] 1896～1948
[出身地] 福岡県
[学歴] 1921年東京帝国大学法学部卒業

1921年台湾総督府入り。内務局地理課などを経て1927年台中州内務部教育課長。不祥事で引責辞任後上京し1929年図書館講習所聴講生修了。同年帝国図書館司書官。松本喜一館長の相談相手。1945年疎開のため退官し北海道の水産会社に転職。岡田温の引きで国立国会図書館の初代部長に就任すべく上京中に倒れ，程なく死去。図書館講習所の講師も勤め，1942年日本最初のレファレンス・サービス論「図書館参考事務」を担当。一時『図書館雑誌』編集に従事し，戦前期日本図書館の総まとめ『図書館管理法関係資料』（謄写版，1944）の編者と伝わる。
【参考】竹内善作「林繁三さんを偲ぶ」『図書館雑誌』42巻4号 1948.9-12／『岡田先生を囲んで：岡田温先生喜寿記念』岡田温先生喜寿記念会編 岡田温先生喜寿記念会 1979／台湾総督府職員録系統 (http://who.ith.sinicA.edu.tw/mpView.Action)

## 林 復斎
はやし・ふくさい

[生没年] 1800～1859

名は韑，字は弸中。江戸時代後期の儒者。林家11代。1824（文政7）年紅葉山文庫の書物奉行。『重訂御書籍来歴志』などを編纂。1853（嘉永6）年大学頭。1854（安政元）年日米和親条約締結に従事する。『藩艦』『通航一覧』の編集，『復斎詩文稿』などの著作がある。
【参考】『国史大辞典 第11巻』国史大辞典編集委員会編 吉川弘文館 1990／『日本古典籍書誌学辞典』井上宗雄 [ほか] 編 岩波書店 1999

## 林 勇一
はやし・ゆういち

[生没年] 1916～？

名古屋市鶴舞中央図書館 (1944～1971)，同館副館長 (1969～1971)。1971年退職。
【参考】『名古屋市鶴舞中央図書館七十年史』名古屋市鶴舞中央図書館編 名古屋市鶴舞中央図書館 1994／「座談会 東海の図書館を語る」『丸善ライブラリーニュース』27号 1962.7-8

## 林 羅山
はやし・らざん

[生没年] 1583～1657

江戸時代初期の儒学者。徳川家康が晩年駿河に引退し城内に駿河文庫を設けた時，その管理にあたった。家康没後，将軍秀忠の命で江戸神田に移り，上野忍ヶ岡に塾舎と文庫を建てて，塾生の教育にあたる。1657（明暦3）年正月の江戸の大火で神田の文庫が焼失，気落ちしてその4日後に死去した。著書に『本朝通鑑』などが

ある。
【参考】『林羅山』鈴木健一著 ミネルヴァ書房 2012／『日本図書館史概説』岩猿敏生著 日外アソシエーツ 2007

## 原 才三郎
はら・さいざぶろう

[生没年]1876〜1945

長野県の小学校訓導などを経て伊那尋常高等小学校校長。上伊那教育会会長。上伊那図書館の設立を計画して実業家武井覚太郎を説き資金を乞う。1930年上伊那図書館初代館長(〜1932)。
【参考】『財団法人上伊那図書館三十年史』上伊那図書館編 上伊那図書館 1960／『長野県上伊那誌 第4巻 人物篇』上伊那誌編纂会編 上伊那誌刊行会 1970

## 原 進一
はら・しんいち

[生没年]1891〜1967

千葉県鴨川町で開業医として地域医療に従事する傍ら鴨川文化協会会長などを務める(1941)。千葉県立図書館安房分館の誘致に尽力し(1948)、千葉県中央図書館協議会委員(1951〜1952, 1957〜1958)、鴨川町図書館長(1963〜1967)。『千葉県図書館史』(1968)や『安房医師会誌』(1974)の編纂に関わる。館長時代に館報『鴨川』を創刊、「読書会あれこれ」(創刊号, 1965.2)などを執筆。
【参考】『千葉県図書館史』千葉県図書館史編纂委員会編 千葉県立中央図書館 1968／『文化の朝は移動図書館ひかりから：千葉県立中央図書館ひかり号研究』日本図書館研究会オーラルヒストリー研究グループ編著 日本図書館研究会 2017

## 原 忠篤
はら・ただあつ

[生没年]？〜？

1923年文部省普通学務局。1930年同社会教育局。図書館行政を担当。1932年から兼務の帝国図書館司書官。本省などからの兼務は肩書だけで日常業務はしなかったという。
【参考】『岡田先生を囲んで：岡田温先生喜寿記念』岡田温先生喜寿記念会編 岡田温先生喜寿記念会 1979

## 原 平十郎
はら・へいじゅうろう

[生没年]1890〜1960

静岡県立高校校長を退職後, 1950年伊東市立図書館長。
【参考】石川軍治「伊東市立図書館長 故原平十郎氏を憶う」『図書館雑誌』54巻11号 1960.11／『簡約日本図書館先賢事典：未定稿』石井敦編著 石井敦 1995

## 原 祐三
はら・ゆうぞう

[生没年]1912〜？

38年間教職を務め, 1969年愛知県常滑市立図書館初代専任館長(〜1977)。『中小都市における公共図書館の運営』(日本図書館協会, 1963),『市民の図書館』(日本図書館協会, 1970)を実践し利用を飛躍的に向上させた。またレファレンスサービスにも力を入れ、独自のマニュアルを作成、のちに『中・小図書館におけるレファレンス研究』(原祐三, 1986)として自費出版した。
【参考】『公共図書館サービス・運動の歴史

2』小川徹［ほか］著 日本図書館協会 2006

## 原田 勝
はらだ・まさる

[生没年]1944〜2004

1976年ユネスコ（パリ本部）科学技術情報部, 1981京都大学助教授を経て図書館情報大学教授（1995〜2002）, 筑波大学教授（2002〜2004）。『図書館/情報ネットワーク論』（勁草書房, 1990）などの著書がある。
【参考】「原田勝先生ご逝去」『図書館情報学橘会会報』1号 2005.2

## 原田 隆吉
はらだ・りゅうきち

[生没年]1923〜1995

東北大学文学部助教授（1961〜1987）, 同大学附属図書館調査研究室長（1965〜1987）, 同大学文学部教授（1987）。のちにいわき明星大学文学部教授（1987〜1989）, 東北学院大学文学部教授（1989〜1991）。東北大学附属図書館本館の運営や近代化に尽力した。主要著作は『原田隆吉図書館学論集』（雄松堂出版, 1996）に収められている。
【参考】『原田隆吉図書館学論集』原田隆吉図書館学論集刊行委員会編 雄松堂出版 1996／塚本哲人「原田隆吉先生のご功績について」『図書館学研究報告』19号 1986.12

## 春山 弟彦
はるやま・おとひこ

[生没年]1831〜1899

姫路藩校好古堂国学教授。姫路中学校などの教師。1895年頃姫路市坊主町に春山文庫を開設。蔵書は私立姫路図書館に寄付。著作には『小学科用日本文典』（竜章堂, 1877）,『播磨地誌略』（初版：本荘輔二, 松原荘八, 1878, 改正増補版：樊圃堂, 1879）,『日本文法授業参考語学手引』（金港堂書籍, 1901）などがある。
【参考】『大日本人名辞書』増訂4版 嵯峨正作編 経済雑誌社 1900／『国学者伝記集成』大川茂雄, 南茂樹共編 大日本図書 1904／『姫路紀要』姫路紀要編纂会編 姫路紀要編纂会 1912／『姫路市史』播磨史談会編 姫路市役所 1919

## 伴 彰一
ばん・しょういち

[生没年]1915〜2011

1941年武田長兵衛商店, のちに武田薬品工業研究本部調査役。医学薬学情報に関する研究に携わる。共著に『薬学情報科学概論』（地人書館, 1974）のほか多くの論文がある。
【参考】伴彰一（執筆者略歴）「コンピュータに取り組む前に何を解決しておくべきか」『ドクメンテーション研究』19巻5号 1969.5

## 坂 丈緒
ばん・たけお

[生没年]1904〜1983

フランス文学者。西欧演劇理論を紹介。戦後国立国会図書館に入り司書。音楽資料などを担当し1969年人文課主査で退職。戦前からアテネ・フランセ教授, 理事も兼務し1975年の定年まで早稲田大学で語学も講じた。訳書に『ロオランの歌』（アルス, 1941）, 論述に「地図の整理と保管」（『びぶろす』8巻9号, 1957.7）などがある。
【参考】『日本近代文学大事典』日本近代文学館編 講談社 1984

## 半沢 久次郎
はんざわ・きゅうじろう

[生没年] 1851～?

幕末期の半沢家当主為親。山形県漆山（南陽市）の豪農。和漢書1万冊を有し曳尾堂(えいび)文庫を創設。同文庫には，陸奥国（福島県）伊達郡の儒者熊阪台州や青柳文庫の旧蔵書を所蔵し，無料で閲覧を許した。文庫名は，台州の堂号である曳尾堂から命名。
【参考】高橋章則「『曳尾堂蔵書目録』（半沢久次郎蔵書目録・熊阪台州旧蔵書目録）: 翻刻と解説」『東北文化研究室紀要』43集 2002.3／『近代日本図書館の歩み: 地方篇』日本図書館協会編 日本図書館協会 1992

## 半田 雄二
はんだ・ゆうじ

[生没年] 1948～1998

1976年東京都立江東図書館に勤務（～1986）。都立多摩図書館，都立工業高等専門学校図書館を経て，1994年狛江市立中央図書館。この間，各地での講演や執筆活動などによりヤングアダルトサービスの普及に努め，この分野の支柱的役割を果たす。著作に，『ヤングアダルトサービス入門』（教育史料出版会，1999）などがある。
【参考】「追悼半田雄二さん」『みんなの図書館』259, 260号 1998.11, 12

## 【ひ】

## 稗方 弘毅
ひえかた・こうき

[生没年] 1887～1973

熊本県属，山口県警視などを経て宮城県理事。1920年宮城県図書館第22代館長事務取扱となる。巡回文庫の設置を知事に願い出，のちに松島遊覧汽船文庫ほかの設置につながる。その後福岡県理事などを経て秋田県知事（1930～1931），1935年和洋女子専門学校理事長。大学設置審議会委員，日本私立大学協会会長などを務める。
【参考】『日本の歴代知事』歴代知事編纂会編 歴代知事編纂会 1980／『宮城県図書館年表』宮城県図書館編 宮城県図書館 1981

## 東田 平治
ひがしだ・へいじ

[生没年] 1901～1952

石川県内の小学校訓導，校長を経て1944年（財）満洲開拓読書協会，同年都立日比谷図書館。1947年同館館長。著書に『わたくしの読書会経営』（有朋堂，1944）。
【参考】富沢友治「東田平治」『激動・昭和の石川人物誌 教育編』激動・昭和の石川人物誌編集委員会編 石川県文化会議 1981

## 東田 全義
ひがしだ・まさよし

[生没年] 1937～2014

慶應義塾大学三田研究室事務員，慶應義

塾図書館, 三田情報センター職員, 課長を経て福澤研究センター事務長を務めた（1961〜2002）。文献調査の名手として知られ, 私立大学図書館協会などを通じてレファレンスサービスの発展に尽力した。
【参考】「訃報」『大学アーカイヴズ』52号 2015.3

## 東野 利孝
ひがしの・としたか

[生没年] 1880？〜1925

僧名恵海。滋賀県生まれ。慶應義塾大学部に在籍していた1904年, 同塾「書館」(翌年図書館と改称) に就職。1907年主任となり, 初代館長田中一貞を支えた。『慶應義塾図書館和漢書目録』(慶應義塾図書館, 1907) 編纂を担当。日本図書館協会幹事。1918年病気で帰郷し, 翌年退職。その後は円照寺 (長浜市高月町馬上) 住職。
【参考】『慶應義塾図書館史』慶應義塾大学三田情報センター 1972

## 樋口 千代松
ひぐち・ちよまつ

[生没年] 1866〜1946

1903年図書館事項講習会修了。1915年前橋市立図書館初代館長 (〜1921)。1922年市立名古屋図書館司書 (〜1929)。著作に『上野志料集成』(煥乎堂本店, 1917),「学校教育と図書館」(『前橋立図書館報』10号, 1921.5),『郷土地誌展覧目録』(市立名古屋図書館, 1924) などがある。
【参考】『群馬県人名大事典』上毛新聞社 1982／『群馬県教育史 別巻 人物編』群馬県教育センター編 群馬県教育委員会 1981／山田久「前橋から名古屋へ・樋口千代松さんをたずねて」『中部図書館学会誌』45号 2004.2

## 樋口 秀雄
ひぐち・ひでお

[生没年] 1927〜1992

1947年に帝室博物館（のちに東京国立博物館）勤務, 1989年まで在職。同館学芸部文部技官, 図書室長などを務め, 同館の歴史や蔵書の研究を行う。『東京国立博物館百年史』(東京国立博物館, 1973) 編纂に従事, 著作に『浅草文庫誌』(日本古書通信社, 1974) などがある。解題書誌の一種である『日本古書通信』の連載「特殊文献の紹介」を昭和30年代から約30年間担当。
【参考】『書庫管見』樋口秀雄著 日本古書通信社 1989／「訃報」『日本古書通信』751号 1992.2

## 樋口 慶千代
ひぐち・よしちよ

[生没年] 1881〜1956

国文学者。福山中学教員, 東京帝国大学附属図書館司書を経て東洋文庫司書 (1924〜1945)。のちに立正大学教授 (1933〜1945), 日本大学教授。著書に『傑作浄瑠璃集』(大日本雄弁会講談社, 1935), 上田万年との共著『近松語彙』(冨山房, 1930) などがある。
【参考】『近松考』樋口慶千代著 冨山房 1955／『東洋文庫十五年史』岩井大慧編 東洋文庫 1939

## 樋口 龍太郎
ひぐち・りゅうたろう

[生没年] 1897〜1951

1923年内閣官房記録課, 1937年東京市教育局社会教育課, 東京市立図書館を経て, 1943年國學院大學図書館, 1945年東京大

学図書館司書，1949年大阪大学法学部図書館主任。著作には，『日本図書館協会五十年史』(日本図書館協会，1989) がある。
【参考】『簡約日本図書館先賢事典：未定稿』石井敦編著 石井敦 1995

## 久枝 与三吉
ひさえだ・よさきち

[生没年] 1861〜1918

広島県安芸郡江田島村の素封家，篤志家。1910年自家所蔵の蔵書全部と私財を投じ図書館を建設。これを江田島尋常小学校に寄付し村民の利用に供した。
【参考】『芸備彰徳史 第2編』中江誠一著 芸備彰徳会事務所 1929／『広島県公共図書館史』森田繁登編著 森田繁登 2003

## 菱本 丈夫
ひしもと・たけお

[生没年] 1901〜1986

福井工業専門学校図書館を経て1925年福井市立図書館，1955年国際基督教大学図書館，その後日通総合研究所。日本図書館協会理事，参与，顧問を務めた。佐藤良雄著『異本対照「西洋画引節用集」』(菱本丈夫，1975) を刊行している。
【参考】『簡約日本図書館先賢事典：未定稿』石井敦編著 石井敦 1995／「ひと」『図書館雑誌』80巻3号 1986.3

## 兵頭 賢一
ひょうどう・けんいち

[生没年] 1873〜1950

愛媛県北宇和郡 (宇和島市) の小学校長を経て，1927年私立伊達図書館主事。同館の経営を担い，郷土史研究に精魂を傾け，伊予伊達家の史料を整理研究した。
【参考】『宇和島市誌』宇和島市誌編さん委員会編 宇和島市 1974／「兵頭賢一年譜」『伊達宗紀公伝』兵頭賢一著 創泉堂出版 2004

## 平井 右平
ひらい・うへい

[生没年] 1883〜1950

染業経営者，京都工芸高等学校教授。1944年玖侶社記文庫の往来物を全て購入。広島県三次町に疎開し，1947年永住を決意。同町に三次文庫を設けた。現在は三次市立図書館・平井文庫。
【参考】石川松太郎「第一回収録書について：三次市立図書館架蔵往来物を中心に」小泉吉永編『稀覯往来物集成 第1巻』大空社 1997／『広島県公共図書館史』森田繁登編著 森田繁登 2003

## 平沢 東貫
ひらさわ・とうかん

[生没年] 1893〜1986

漢学者，臨済宗妙心寺派静松寺住職。1920年山形高等学校教授，1941年新潟高等学校教授，1948年山形県立図書館長に就任し，1956年に退職した。その後山形女子短期大学教授，山形県ユネスコ協議会長，山形県史編さん会議副議長などを歴任した。
【参考】『山形県立図書館要覧 昭和26年3月，昭和28年5月』山形県立図書館 1951, 1953／『現代山形の百人 続』中村輝雄編 育英出版 1980

## 平田 守衛
ひらた・もりえ

[生没年] 1918〜1998

滋賀県公立高校長から滋賀県立図書館

長（1974〜1977）。その後，守山市立図書館長，大津市立図書館長を経て京都文化短期大学教授（1983〜1989）。主要著書に『滋賀の図書館：歴史と現状』（平田守衞，1980），『黒田麹盧と「漂荒紀事」』（平田守衞，1987）がある。
【参考】『寸行漫筆（1）読書・図書館篇』平田守衞著　平田守衞　1990

## 平出 喜三郎
ひらで・きさぶろう

[生没年] 1876〜1931

函館で海運業，鉱山業などを営み，函館区会議員。1912年衆議院議員となる。私立函館図書館長（1909〜1927）。
【参考】『函館市功労者小伝』岡田健蔵編　岡田健蔵　1935

## 平野 孝
ひらの・たかし

[生没年] 1884〜？

1912年埼玉県師範学校教員，1917年埼玉県視学，1919年神戸市視学を経て，1922年埼玉県内務部社会課社会教育主事，兼教育会図書館長。1924年埼玉県内務部社会課社会教育主事，兼埼玉県立図書館初代館長を歴任。1925年に三重県津市立高等女学校校長に転じる。
【参考】『簡約日本図書館先賢事典：未定稿』石井敦編著　石井敦　1995／『埼玉県立浦和図書館50年誌』埼玉県立浦和図書館　1972

## 平野 千恵子
ひらの・ちえこ

[生没年] 1879〜1939

女子師範学校などで教鞭を執り，その後は横浜正金銀行に勤めていたが1914年アメリカ合衆国に渡る。シモンズ大学で図書館学を専攻し，1916年に卒業してボストン美術館東洋部助手，その後司書，東洋図書部部長。鳥居清長の研究者としても知られ，1939年，Chie Hiranoの名で*Kiyonaga：a study of his life and works*をボストン美術館から出版している。
【参考】「噫平野智恵子女史」『圖研究』12巻3号 1939.10／「故平野千恵子女史追悼」『鳥居清長の生涯と芸術』平野千恵子著　味灯書屋　1944

## 平野 美恵子
ひらの・みえこ

[生没年] 1944〜2013

1967年国立国会図書館入館。1970年から翌年にかけてバイエルン国立図書館出向。帰国後は丸山昭二郎の薫陶を受け整理部門を歩み，日本図書館協会で分類委員会委員などを務めた。図書館研究所廃止時（2002）の所長（第9代）。2005年専門調査員で退官後，立正大学教授となり，司書課程の拡充に努めた。共著に『図書分類の記号変換』（丸善，1984）がある。
【参考】『図書館関係専門家事典』日外アソシエーツ編　日外アソシエーツ　1984

## 平松 市蔵
ひらまつ・いちぞう

[生没年] 1880〜1944

岡山県都窪郡出身の弁護士，1935年第一東京弁護士会長。同年，私財を投じ，中庄小学校内に木造2階建の私立中庄図書館を設立。
【参考】『岡山県歴史人物事典』岡山県歴史人物事典編纂委員会編　山陽新聞社　1994／『岡

山県図書館一覧』岡長平著 吉備人出版 2007

## 平山 幹次
ひらやま・かんじ

[生没年]1872～1905

1900年慶應義塾「書館係」となり，1903年「書館主任」に進む。歴代書館主任中，図書館経営に熱心で，辞書と雑誌の開架を行い，冊子目録を筆記。1904年病を得て翌年名古屋で没した。
【参考】『慶應義塾図書館史』慶應義塾大学三田情報センター 1972／『慶應義塾入社帳 第4巻』福澤研究センター編 慶應義塾 1986／「塾報」『慶應義塾学報』95号 1905.10

## 廣瀬 玄鋹
ひろせ・げんちょう

[生没年]1855～1916

出雲大社の社家の家系。1897年に出雲大社教福岡分院を開設。江藤正澄，海妻甘蔵，松田敏足といった周囲の国学者の賛同も受け図書館設立の発意を成す。1900年に図書館設立のための図書や資金を調達するため京都府立図書館や帝国図書館の視察を行い，図書館の管理について帝国大学図書館長である和田万吉を訪ねている。1902年に，私立福岡図書館を開設した。
【参考】筑紫豊「私立福岡図書館館史」『図書館学』6号 1958.11／伊東達也「（私立）福岡図書館についての一考察（1）（2）」『図書館学』86，88号 2005.3，2006.3

## 廣瀬 利保
ひろせ・としやす

[生没年]1930～2008

江東区立図書館（1954～1973）を経て，稲城市立図書館の開設に携わり同館館長を務める（1973～1989）。東京都公立図書館長協議会のもとにあった参考事務連絡会の中心として，レファレンスサービスの普及，ツール作成に尽力した。日本図書館協会評議員（1971～1973），同選挙管理委員会委員（1967～1972，委員長1977～1964）などを歴任した。講演を記録した『これからの図書館：西多摩の図書館を考える』（西多摩こどもの本の会，1979）がある。
【参考】日本図書館協会資料室所蔵資料

## 廣瀬 誠
ひろせ・まこと

[生没年]1922～2005

富山県立図書館雇などを経て同館館長（1978～1982），富山女子短期大学助教授，教授，客員教授を歴任。郷土資料の収集，整理，レファレンス処理の改善に尽力，特に郷土に隣接する近県地域の資料を「準郷土資料」と位置づけて理論化を図った。郷土史研究の著書が14点ある。
【参考】『廣瀬文庫目録』富山県立図書館編 富山県立図書館 2012／『図書館と郷土資料』廣瀬誠著 桂書房 1990

## 広野 貞助
ひろの・ていすけ

[生没年]1884～1971

広野太兵衛（3代目）を襲名。日露戦争従軍後に宮城県気仙沼町に蔵書を寄付し，気仙沼小学校および大島小学校に児童図書館を設け，気仙沼図書館の基礎をつくる（1907年頃）。皇太子来県記念町立図書館設立趣意書の発起人（1908）。菅野青顔ら

との読書クラブの結成（1934），文芸雑誌『行人』創刊，活動写真館「恵比須館」経営，乗合自動車開業，海洋少年団結成などを実施。
【参考】『図書館80年のあゆみ』気仙沼市立図書館編 気仙沼市立図書館 1996／『気仙沼市史 Ⅵ教育・文化編』気仙沼市史編さん委員会編 気仙沼市 1992

## 枇杷 銭太郎
びわ・せんたろう

[生没年]1868～1960

富山県氷見市の教員で，1892年自宅に和洋書約2万冊を私設の「枇杷銭太郎文庫」として公開。年間5，6千人の利用者があり，当時「富山県内唯一の図書館」と称され，1900年頃まで継続した。
【参考】「富山県人家庭録」『富山県人』31巻7号 1956.7

## 【ふ】

## 深川 恒喜
ふかがわ・つねのぶ

[生没年]1911～1993
[出身地]大阪府
[学歴]1936年 東京大学文学部宗教学科卒業

文部省事務官を経て，1958年文部省教科書調査官。学校図書館法制定の担当官として，戦後初期の学校図書館制度化に尽力。『学校図書館の手引』（文部省編，師範学校教科書，1948）や『学校図書館運営の手びき』（文部省編，明治図書出版，1959）の編集，1949年の学校図書館講習協議会に関与する。1962年東京学芸大学教授，1975年武蔵野女子大学教授，1981年尚美学園短期大学教授を歴任。『現代学校図書館事典』（ぎょうせい，1982）などの編集にも従事した。
【参考】深川恒喜「戦後におけるわが国の学校図書館発達史試論」『東京学芸大学紀要 第1部門 教育科学』26号 1975.3／『現代学校図書館事典』深川恒喜[ほか]編著 ぎょうせい 1982／塩見昇[ほか]「戦後初期の日本における学校図書館改革：深川恒喜インタビュー記録」『生涯学習基盤経営研究』35号 2011.3

## 深沢 名生／深沢 権八
ふかさわ・なおまる／ふかさわ・ごんぱち

[生没年]1841～1892（名生），1861～1890（権八）

深沢名生，権八親子は神奈川県西多摩郡五日市（東京都あきる野市）深沢村の戸長で学務委員，自由民権運動の指導者。書籍代に私費を注ぎ込み文庫を設け，若い教師や民権運動家に開放した。
【参考】『五日市憲法草案と深沢家文書』あきる野市著 あきる野市 2005

## 福岡 博
ふくおか・ひろし

[生没年]1931～2013

1951年佐賀県立図書館に勤務。定年退職後佐野常民記念館長。佐賀民俗学会会長を務めた。
【参考】『佐賀の歴史と民俗：福岡博先生古希記念誌』福岡博先生古希記念誌編纂会 2001／『佐賀県立図書館60年のあゆみ』佐賀県立図書館編 佐賀県立図書館 1973

## 福崎 峰太郎
ふくざき・みねたろう

[生没年] 1898〜1964

1933年東亜同文書院支那研究部事務員。1938年占領地区図書文件接収委員会図書部主任。同年, 日中支文化関係処理委員会へ転任。その後, 南京国民政府の行政院文物保管委員会の図書専門委員会事業科長を務める。

【参考】『日本軍接収図書:中国占領地で接収した図書の行方』鞆谷純一著 大阪公立大学共同出版会 2011／書物蔵「南京から大東亜にドキュメントサプライ！Σ(ﾟ∀ﾟ;)：南京国民政府の国立図書館「図書専門委員会図書館」の「通信資料部」」『文献継承』21号 2012.9

## 福澤 諭吉
ふくざわ・ゆきち

[生没年] 1835〜1901

幕末から明治期の指導的な啓蒙思想家, 教育者, ジャーナリスト。漢学と蘭学を修めたのち, 江戸で蘭学塾を開くが, のちに英学塾に切り替えて「慶應義塾」と名付け, これは近代私立学校の先駆となった。生涯に50冊以上の著作を上梓し, さらに日刊紙『時事新報』を創刊して, 多彩な論説活動を展開。ベストセラーとなった著書『西洋事情』(1866)では西洋近代の図書館をわが国に初めて紹介した。また, 著作権の概念をわが国にもたらし, わが国最初の公共図書館, 京都の「集書院」設立にも関わった。

【参考】『福澤諭吉事典』慶應義塾 2010／『京都集書院:福沢諭吉と京都人脈』多田健次著 玉川大学出版部 1998

## 福士 貞子 (ふくし・ていこ)
→堀口 貞子 (ほりぐち・ていこ) を見よ

## 福士 百衛
ふくし・ももえ

[生没年] 1890〜1958

青森県立青森中学校教員, 視学官を経て青森県立図書館長 (1928〜1930)。のちに八戸高等女学校校長 (1930〜1933), 青森県立野辺地中学校校長 (1933〜1937), 青森県立弘前中学校校長 (1937〜1946), 青森県社会教育委員, 青森県立図書館協議会初代議長 (1952)。青森県立図書館報『三潮』に三潮汀人の筆名で記事を執筆。

【参考】『青森県立図書館史』青森県立図書館史編集委員会編 青森県立図書館 1979

## 福島 宏子
ふくしま・ひろこ

[生没年] 1940〜2010

1964年東京都に採用, 練馬区練馬図書館に配属され, 1970年石神井図書館。1975年平和台図書館開設準備主査, 1986年石神井図書館事業係長。1991年同区国民年金課長, 1994年生活文化部区民生活課長を経て, 1998年光が丘図書館長 (〜2001)。2001年高知市に転居後は, 高知市朝倉中学校のボランティア司書として地域全体に活動を拡げる。2009年「学校図書館を考える会高知」を立ち上げ代表となる。

【参考】『図書館関係専門家事典』日外アソシエーツ編 日外アソシエーツ 1984

## 福田 啓作
ふくだ・けいさく

[生没年]1878〜1969

小学校長退職ののち，館林町立館林図書館初代館長（1933〜1946）。郷土史研究家として知られ，『館林郷土叢書』（館林町立図書館, 1936-1940）の編集を行うなど，多数の著作がある。

【参考】『群馬県人名大事典』上毛新聞社 1982／『群馬県教育史 別巻 人物編』群馬県教育センター編 群馬県教育委員会 1981

## 福田 民平
ふくだ・たみへい

[生没年]1877〜1934

山口県周南地域の大地主。福田銀行頭取，衆議院議員。1907年設立の福川村立福川図書館を寄付した。

【参考】『山口県図書館史稿』升井卓彌著 升井卓彌 1990／『新祖先記：福川柏屋』西村修一，福田雅正著 福田雅正 2015

## 福田 なをみ
ふくだ・なおみ

[生没年]1907〜2007
[出身地]東京府（東京都）
[学歴]1929年東京女子大学卒業，1939年ミシガン大学図書館学校卒業

直美とも表記。1939年アメリカ議会図書館（LC），1940年東京帝国大学図書館，1942年立教大学図書館，1943年外務省，1945年連合国軍最高司令官総司令部（GHQ/SCAP）に勤務。1948年国立国会図書館ダウンズ顧問付。1953年から1970年まで（財）国際文化会館図書室長，この間1968年から1969年メリーランド大学図書館勤務。1970年から1978年ミシガン大学図書館アジア図書館副館長，同大学講師。占領期にGHQと日本の図書館界の橋渡し的な役割を果たす。1959年「アメリカ図書館研究調査団」を組織し中堅図書館員を率いて渡米，この成果が『日本の参考図書』（日本の参考図書編集委員会, 1962, 改訂版：日本図書館協会, 1965）編纂，出版につながった。福田の斡旋により改訂版英訳が1966年にアメリカ図書館協会から，1972年補遺版の英訳が1979年にLCから出版され，日本研究の基礎的な調査ツールとなった。海外の日本研究ライブラリアンの草分け的存在。1982年日本図書館協会創立90周年特別功労者。

【参考】『ツバキと馬と』鈴木平八郎著 鈴木平八郎 1988／"In Memoriam-Naomi Fukuda (1907-2007)," *Journal of East Asian Libraries*. No.145, Jun. 2008／小出いずみ「福田直美とアメリカ図書館研究調査団」『現代日本の図書館構想：戦後改革とその展開』今まど子，髙山正也編著 勉誠出版 2013

## 福田 政治
ふくだ・まさはる

[生没年]1914〜1984

1946年栃木県烏山町（那須烏山市）の烏山図書会会長，1948年烏山公民館図書部館長に就任。

【参考】『やぶ椿：福田政治遺墨集』福田利子 1985

## 福村 幸次郎
ふくむら・こうじろう

[生没年]1898〜1992

1927年図書館講習所卒業。1927年帝国図書館。1929年から農林省農事試験所図書

館。1952年同省農業技術研究所図書館
【参考】『簡約日本図書館先賢事典：未定稿』石井敦編著 石井敦 1995

## 藤井 孝太郎
ふじい・こうたろう

[生没年] ？〜？

山口県都濃郡富田村の郵便局長。1907年私立竹島文庫を設立。竹島海水浴場にあった別邸の一部を開放して、蔵書や竹島古墳の出土品を夏季だけ公開した。
【参考】『山口県図書館史稿』升井卓彌著 升井卓彌 1990

## 藤井 貞文
ふじい・さだふみ

[生没年] 1906〜1994

歴史学者。1929年維新史料編纂事務局に入り1938年維新史料編纂官。1943年第16軍陸軍軍政監部附としてジャカルタ医科大学教授。1946年から帝国図書館、国立国会図書館支部上野図書館、同館憲政資料室に勤務し、1952年に國學院大學教授を兼務。1964年国立国会図書館退官。1977年國學院大學退職。『上野図書館八十年略史』(国立国会図書館支部上野図書館、1953) の執筆を担当した。日本文学者の藤井貞和は息子。
【参考】「藤井貞文氏の訃」『日本歴史』556号 1994.9

## 藤井 徳三郎
ふじい・とくさぶろう

[生没年] 1887〜？

神奈川県で師範学校教員ののち社会教育行政に携わる。1928年神奈川県図書館協会創立に際し、図書館行政担当者の立場から積極的に援助するとともに基礎を築く。戦後東京女子大学教授、共立女子大学副学長、大学設置審議会委員などを歴任。
【参考】岩崎巌「藤井徳三郎」『神奈川県図書館史』神奈川県図書館協会図書館史編集委員会編 神奈川県立図書館 1966

## 藤井 孫次郎
ふじい・まごじろう

[生没年] 1847〜1907

福岡県博多の実業家。1872年上京した際、新聞の効用を理解。帰郷後、自らの店舗に新聞縦覧所を設けた。1878年『めざまし新聞』を創刊。
【参考】『九州図書館史』西日本図書館学会編 千年書房 2000／『日本の創業者：近現代起業家人名事典』日外アソシエーツ編 日外アソシエーツ 2010

## 藤尾 武吉
ふじお・ぶきち

[生没年] 1862〜？

初代茨城県立図書館館長事務取扱（1902〜1903）、県視学。
【参考】『茨城県立図書館100年の歩み：草創期から平成の新県立図書館までの記録：1903-2003』茨城県立図書館編 茨城県立図書館 2003／『茨城教育家評伝』鈴木度婦編著 茨城教成社 1914

## 藤川 正信
ふじかわ・まさのぶ

[生没年] 1922〜2005
[出身地] 愛媛県
[学歴] 1952年慶應義塾大学文学部図書館学科卒業、1953年ジョージ・ピーボディ大学大

学院修士課程修了(M.A.)。
1951年慶應義塾大学に日本図書館学校が設けられたときの第1期生で、語学が堪能であったことから学生でありながらアメリカ人教員の通訳、翻訳を担当した。同年慶應義塾大学専任講師、1962年助教授、1966年教授(～1969)。1972年(財)国際医学情報センターなどを経て(～1981)、1981年図書館情報大学教授、1983年副学長(～1987)、1987年第3代学長(～1991)。1991年愛知淑徳大学教授(～1998)。L.F.ファーゴ『学校の図書館』(牧書店、1957)の共訳、『第二の知識の本』(新潮社、1963)などの著作がある。
【参考】「藤川正信先生略年譜・著作目録」『ある図書館情報学研究者の軌跡：藤川正信先生への追憶』藤川正信先生を偲ぶ会 2006／『図書館情報大学史』筑波大学大学院図書館情報メディア研究科編 筑波大学大学院図書館情報メディア研究科 2005／藤野幸雄「藤川さんのこと」『七十七年の回顧：喜寿を迎えて』藤野幸男先生の喜寿を祝う会事務局 2008

## 藤木 好三郎
ふじき・よしさぶろう

[生没年]1881～?

1909年島津製作所標本部、1927年大阪医科大学図書館ののち、1932年大阪帝国大学附属図書館に勤務。
【参考】「寄稿者名簿・略歴」『圕研究』総索引3号 1944.12／『簡約日本図書館先賢事典：未定稿』石井敦編著 石井敦 1995

## 藤沢 信
ふじさわ・しん

[生没年]1903～1975

東洋乾板(株)を経て富士写真フィルム(株)研究所長、取締役、副社長、顧問。日本写真学会会長、日本ドクメンテーション協会会長(1973～1975)などを歴任。著作に『写真の進歩 1951-1964』(富士写真フィルム、1966)などがある。
【参考】『社団法人情報科学技術協会五十年史』[情報科学技術協会]編 情報科学技術協会 2000／「藤沢信会長を偲ぶ」『ドクメンテーション研究』25巻4号 1975.4

## 藤沢 清次
ふじさわ・せいじ

[生没年]1893～1974

筆名寛永通宝、安能勿斎など。俳号藤沢青銭子、せい二。尋常小学校准教員を経て秋田県の角館図書館司書(1929～1946)。同人雑誌の編集にも携わるほか、多くの文章を発表。
【参考】『角館誌 第6巻 昭和時代編』「角館誌」編纂委員会編 「角館誌」刊行会 1975

## 藤代 清吉
ふじしろ・せいきち

[生没年]1910～1979

筆名好書楼素人。1929年頃図書館界に入り千葉県立図書館に勤める。1935年図書館講習所修了。1940年頃帝国図書館嘱託を経て国立国会図書館受入整理部で戦後混乱期の収集を担当。退官後は出版ニュース社勤務。1950年『日本古書通信』に「古書目録より見たる全国古本屋盛衰記」を連載したほか『読書相談』『出版ニュース』などにも執筆。『昭和書籍雑誌新聞発禁年表』(明治文献、1965-1967)の匿名編者に擬せられたこともあった。
【参考】藤代清吉「八木さん」『日本古書通信』

33巻10号 1968.10／稲村徹元「発禁本目録の周辺」『浪速書林古書目録』10号 1980.12

## 藤田 弥太郎
ふじた・やたろう

[生没年] ？～1952

大阪図書館（のちに大阪府立図書館）の開館準備時の1903年に見習いに命じられ、見習長、書記などを経て1922年に司書となる。1928年同館の開館25周年の際には、25年勤続表彰も画策され、『図書館雑誌』でも「隠れたる礎石」として紹介された。大阪府を退職後、1944年からは住友家史編纂を嘱託される。

【参考】「隠れたる礎石の功 創立以来二十五年の恪勤者 大阪府立図書館司書 藤田弥太郎君」『図書館雑誌』22年3号 1928.3／『図書館日誌』（大阪府立中之島図書館所蔵）

## 藤田 豊
ふじた・ゆたか

[生没年] 1914～2005

1938年日出高等女学校教員兼司書。1940年朝鮮総督府図書館を経て1942年國學院大學に戻る。1948年電機工業専門学校図書館長兼助教授のち東京電機大学教授。著書に『日本科学技術史』改版（明玄書房、1966）、共編著に『難読姓氏辞典』（東京堂出版、1977）などがある。

【参考】『図書館関係専門家事典』日外アソシエーツ編 日外アソシエーツ 1984

## 藤田 善一
ふじた・よしかず

[生没年] 1918～1991
[出身地] 山口県
[学歴] 広島高等師範学校卒業

朝鮮で教員となる。戦後その反省から図書館職員養成所に入り1951年に京都府立図書館員。1962年より広島大学附属図書館事務長に転じ、東京大学附属図書館総務課長を務めたのち1972年より広島大学附属図書館に事務部長として戻る。日本図書館研究会の理事や監事を務め、1957年には同研究会整理技術研究グループの発起人となる。1980年に退職後、山口女子大学と広島文教女子大学で後進の指導にあたった。論文に「目録作業における記述の独立：石山氏に答える」（『図書館界』10巻2号、1958.4）、「整理技術のあり方」（『図書館界』28巻2・3号、1976.9）などがある。

【参考】石塚栄二「藤田さんのご逝去を悼む」『図書館界』43巻4号 1991.11／田澤恭二「藤田善一さんの思い出」『図書館学』76号 2000.3

## 藤野 幸雄
ふじの・ゆきお

[生没年] 1931～2014
[出身地] 群馬県
[学歴] 1955年東京外国語大学ロシア語科卒業、1962年カリフォルニア大学（LA校）大学院図書館サービス学科中退

1970年（財）国際文化会館図書室長、1979年図書館短期大学教授を経て1980年図書館情報大学教授。1993年同大学副学長（～1999）。2000年東京農業大学教授（～2002）。著作は、分野を問わず多岐にわたる。図書館関係に限っても一般書、専門書、翻訳、事典の編集など多彩。一般の読者を対象とした『大英博物館』（岩波新書、1975）や『アメリカ議会図書館：世界最大の情報センター』（中公新書、1998）、図書

館の必要性を説いた『図書館この素晴らしき世界』(勉誠出版, 2008)、世界各国の図書館の歴史と現状を概説した『世界の図書館百科』(日外アソシエーツ, 2006)などがある。藤野自身がもっとも時間をかけ、主要著作とした書誌には国際文化会館図書室編『Modern Japanese literature in translation：a bibliography［近代日本文学翻訳書目］』(講談社インターナショナル, 1979)などがあり、重要な仕事のひとつである図書館員の伝記には藤野編著『図書館を育てた人々 外国編 1(アメリカ)』(日本図書館協会, 1984)、藤野寛之との共著『図書館を育てた人々 イギリス篇』(日本図書館協会, 2007)がある。1982年図書館史研究会の設立に参画。後身の図書館文化史研究会が20周年を記念して開催したシンポジウムでは「比較図書館史の方法」を論じた(『図書館文化史研究』20号, 2003.9)。
【参考】『図書館情報学の創造的再構築』吉田政幸、山本順一編 勉誠出版 2001／『七十七年の回顧：喜寿を迎えて』藤野幸雄著 藤野幸男先生の喜寿を祝う会事務局 2008／『藤野幸雄先生を偲ぶ会』藤野幸雄先生を偲ぶ会事務局 2015

## 藤丸 昭
ふじまる・あきら

[生没年]1927～2004

国民学校助教を経て、1956年徳島県立図書館、1962年同館専門職員。1987年徳島県文化の森建設事務局。1990年徳島県立文書館主任専門員。主著に、徳島県の図書館通史である『図書館の理念と実践：阿波国文庫からの成長』(原田印刷出版, 1977)。郷土史家としても活躍し『相生町誌』(相生町, 1973)などを監修した。

【参考】『徳島県人名事典』徳島新聞社編 徳島新聞社 1994／『夜雨対林：歌集』藤丸昭著 徳島歌人新社 2002

## 藤本 重郎
ふじもと・じゅうろう

[生没年]1849～1934

日本国教大道社の幹事として全国を行脚する間に多数の図書を蒐集した。4万冊にも達したこれらの蔵書をもとに、1913年郷里の鳥取県東伯郡八橋町で会員制の私立藤本文庫を開設、1929年まで活動を行った。その蔵書はのちに米子市立図書館へと引き継がれた。

【参考】『図書館の賑わうまちに』松尾陽吉著［松尾陽吉］1993／『鳥取県大百科事典』新日本海新聞社鳥取県大百科事典編集委員会編 新日本海新聞社 1984

## 藤山 雷太
ふじやま・らいた

[生没年]1863～1938

佐賀県出身の実業家。三井銀行入社。以後、芝浦製作所、王子製紙、大日本製糖など数多くの企業の経営に携わった。1927年、工業に関する最新知識を研究者、実務家に提供するために、私費を投じて藤山工業図書館を設立する。同館は1944年嗣子愛一郎により慶應義塾に移管されたのち、建物は1957年明治生命に売却。慶應義塾は売却益で藤山記念日吉図書館(藤山記念館)を建設し、蔵書を引き継いだ。

【参考】『藤山雷太伝』西原雄次郎編 藤山愛一郎 1939

## 藤原 覚一
ふじわら・かくいち

[生没年] 1895〜1990

広島県内で中学校教員を務め、戦後は教育の民主化運動や教員組合の結成に関わる。1949年三原市三原図書館長。同館は戦災を免れたため古文書などを豊富に所蔵しており、藤原はこれらの整理を進めて目録を編纂するなど、戦後の活動の基礎を築いた。1961年退職。著作に『〈図説〉日本の結び』新装版（築地書館、2012）などがある。

【参考】『ある図書館の戦後史』藤原覚一著 築地書館 1979

## 藤原 猷雪
ふじわら・ゆうせつ

[生没年] 1891〜1958

東京帝国大学図書館司書（1921〜1924）、史料編纂官補を経て1924年東洋大学教授、同大学図書館長を兼務。のちに学長。著作に『日本仏教史研究』（大東出版社、1938）などがある。

【参考】『日本人名大事典 現代』平凡社 1979

## 藤原 佐世
ふじわらの・すけよ

[生没年] 847〜897

平安時代前期の儒学者、漢学者。文章得業生。884（元慶8）年大学頭、888（仁和2）年式部少輔。当時日本に現存した漢籍の目録『日本国見在書目録』を撰する。

【参考】『国史大辞典 第12巻』国史大辞典編集委員会編 吉川弘文館 1991／『日本古代中世人名辞典』平野邦雄、瀬野精一郎編 吉川弘文館 2006

## 藤原 冬嗣
ふじわらの・ふゆつぐ

[生没年] 775〜826

801（延暦20）年大判事、819（弘仁9）年大納言、821（弘仁12）年右大臣、825（天長2）年左大臣。821年に藤原氏出身の学生の寄宿舎として勧学院を創設。871（貞観13）年頃に大学別曹として公認される。『弘仁格式』『内裏式』『日本後紀』などの編纂にも関わる。

【参考】『国史大辞典 第12巻』国史大辞典編集委員会編 吉川弘文館 1991

## 藤原 頼長
ふじわらの・よりなが

[生没年] 1120〜1156

平安時代の好学の貴族。読書家で書庫をつくった。その記録が頼長の日記『台記』にあり、倉を柴垣、堀、竹、築垣で囲んでいる。書庫についてのはじめての記録である。

【参考】川崎操「頼長の文倉」『図書館雑誌』35巻1号 1941.1

## 淵 時智
ふち・ときとも

[生没年] 1878〜1952

1898年長野県庁、1905年外務省に入省。外交官として各国に駐在、事務管理を研究。同省を退官後は、ファイリング・システムなどの事務管理技法の紹介と指導に努める。著作に『文書整理の理論と実際』（同文館出版部、1932）などがある。

【参考】福永弘之「淵時智の文書整理」『レコード・マネジメント』32号 1997.1

## 舟木 重彦
ふなき・しげひこ

[生没年] 1900～1951

姫路高等学校講師嘱託などを経て1930年帝国図書館事務嘱託，1932年同館司書。1938年から文部省図書館講習所講師を務める。1944年陸軍教授，陸軍大学校司書官（～1945）。戦後は，1945年帝国図書館事務嘱託，1947年帝国図書館附属図書館職員養成所が開設，初代所長。同年に国立図書館附属となり，1949年に文部省直属となる。1948年からは文部事務官を兼任。1951年海外出張から帰国直後に死去。日本図書館協会『図書館雑誌』編集委員会，分類委員会，目録委員会委員などを歴任。「図書館職員の養成について」（『図書館雑誌』43巻3号，1949.3）などの著作がある。
【参考】岡田温「舟木重彦君を惜しみて」『図書館雑誌』45巻3号 1951.3／「故舟木重彦先生追悼講演会」『図書館研究』復刊1号 1954.5

## 船越 惣兵衛
ふなこし・そうべえ

[生没年] 1907～?

1926年九州帝国大学法文学部中央整理室，1928年附属図書館。1949年新制大学の附属図書館事務長，1965年事務部長（～1969）。42年間九州地区の大学図書館活動に貢献するとともに，西日本図書館学会の事務局を九州大学附属図書館に置き，設立業務を行った。
【参考】『国立学校幹部名鑑 昭和42年版』1967／「図書館情報：九州大学附属図書館月報」5巻3号 1969.3

## 麓 鶴雄
ふもと・つるお

[生没年] ?～?

戦時中，旅順工科大学図書室に勤務。1941年に東京帝国大学司書増田七郎の提起した図書館の日本性論争に参加。さらに日本図書館協会主導の読書会運動を批判し，読書会の自由論争を起こした。1942年小村侯記念図書館に転職。
【参考】書物蔵「屠れ米英われらの敵だ！(｀・ω・´)シュピ 分捕れLC わがものだ！｀・ω・´)o……ん？(・ω・｡)」『文献継承』18号 2011.4

## 古野 健雄
ふるの・たけお

[生没年] 1903～1973

1926年朝鮮総督府鉄道図書館。館長（主事）の林靖一のもと，事実上の副館長として働き，1942年同館長。戦後は東京都立日比谷図書館を経て1949年国立国会図書館支部上野図書館に入り製本担当。この間，謄写版や製本の知識を活かし戦後初期日本図書館協会の印刷部門としても活動し，図書館職員養成所講師も務めた。1967年新聞雑誌課長となり1969年退官。日本図書館協会施設委員会委員などを歴任。編著に『図書館の製本』（日本図書館協会，1972）などがある。
【参考】「故・古野健雄氏追悼」『図書館雑誌』67巻5号 1973.5

## 古原 雅夫
ふるはら・まさお

[生没年] 1923～2002

1938年京都帝国大学庶務課に就職。1940

年同大学法学部事務室。戦後は1948年法学部に勤務、1958年同大学附属図書館運用保管部書庫掛長、1960年整理部和漢書目録掛長、1962年同部受入掛長、1964年農学部図書掛長、1965年医学部図書掛長、1976年附属図書館閲覧課参考掛長、1979年教養部整理掛長(～1983)。1983年武庫川女子大学図書館課長(～1992)。著作に「ソヴエト分類目録の方向」(『図書館界』9巻6号、1958.3)などがある。
【参考】『アナログ司書の末裔伝：図書館員は本を目でみて手でさわらなあかんよ：廣庭基介先生傘寿記念誌』花園大学図書館司書資格課程 2013

## 古本 公作
ふるもと・こうさく

[生没年]1886～1970

1903年に広島高等師範学校職員、1919年から長年にわたって同館に勤務。のち広島大学附属図書館職員となり、1952年に目録係長で退職した。1962年まで同館非常勤職員。『広島文理科大学洋書目録』(広島文理科大学, 1939-1942)の編纂などに関わった。
【参考】『簡約日本図書館先賢事典：未定稿』石井敦編著 石井敦 1995

## 古谷 鵬亮
ふるや・ほうりょう

[生没年]1857～1914

山口県豊浦郡宇賀町の医師。1909年宇賀小学校内に私立古谷文庫を寄付。
【参考】岡村治康「古谷鵬亮翁」『土拍子』創刊号 1989.12／『山口県図書館史稿』升井卓彌著 升井卓彌 1990

## 文屋 留太郎
ぶんや・とめたろう

[生没年]1878～1917

帝国図書館を経て東京市立日比谷図書館の創立事務などに携わり、1908年成田図書館(～1917)。『成田図書館和漢書分類目録 第1, 2編』(成田図書館, 1910-1914)の刊行に尽力した。1904年日本文庫協会幹事。
【参考】『成田図書館八十年誌』成田図書館 1981

# 【ほ】

## 北条 実時
ほうじょう・さねとき

[生没年]1224～1276

北条実泰の子。鎌倉時代中期の武将。引付衆、評定衆を経て、1255(建長7)年越後守、1264(文永元)年越訴奉行。学問を好み、書物を書写、収集。1258(正嘉2)年武蔵国久良岐郡六浦荘金沢の自邸に阿弥陀堂を建立。称名寺と称し、境内に文庫を開設。これが金沢文庫の起源である。創設は、1275(建治元)年頃といわれる。
【参考】『金沢文庫の研究』関靖著 大日本雄弁会講談社 1951／『国史大辞典 第12巻』国史大辞典編集委員会編 吉川弘文館 1991／阿部隆一「北条実時の修学の精神」『金沢文庫研究』14巻6号 1968.6

## 北条 治宗
ほうじょう・はるむね

[生没年]1901～1967

東京市立図書館に勤務。氷川図書館主任（1927〜1929），台南図書館主任（1930），下谷図書館主任（1931〜1936），本所図書館長（1937〜1942），都立日比谷図書館（1943）が確認できる。戦後は板橋区立図書館長。著作には「児童文庫の新経営・本所図書館」（『東京市立図書館と其事業』74号，1938.3）などがあり，また自身が蒐集した小絵馬目録は『小絵馬目録』（中野区史料館編，中野区教育委員会，1970）としてまとめられている。
【参考】『簡約日本図書館先賢事典：未定稿』石井敦編著 石井敦 1995／『東京市職員録』昭和2年-昭和17年現在 1927-1942

## 北條 正韶
ほうじょう・まさつぐ

［生没年］1912〜1971

富山県魚津市常徳寺住職，実業学校教員を経て，富山県立図書館司書（1941〜1947），町立魚津図書館長（1947〜1971），のちに富山女子短期大学教授。日本図書館協会図書館法制定促進委員，富山県図書館協会長（1970〜1976），呉東図書館協会長（1958〜1971）などを歴任。富山県東部の図書館間協力などに尽力。
【参考】「図書館法通過前後の思い出」『富山県図書館協会創立50周年記念誌』富山県図書館協会 1981

## 朴 奉石
ぼく・ほうせき

［生没年］1907〜1950？

別名和山博重。慶尚南道密陽生まれ。1931年中央仏教専門学校を卒業し，雇員として朝鮮総督府図書館に入る。1939年司書検定試験に合格し翌年同館司書。1945年同館を国立図書館として接収，李在郁を呼び戻して館長とし自らは副館長となる。編著書に『朝鮮十進分類表』（国立図書館，1947）などがあり「韓国のメルヴィル・デューイ」と呼ばれた。朝鮮戦争で「拉北」後行方不明。
【参考】宇治郷毅「韓国の図書館を育てた人々」『同志社大学図書館学年報』13号 1987.5／国史編纂委員会「韓国史データベース」（http://db.history.go.kr/）

## 保坂 豊治
ほさか・とよじ

［生没年］1896〜1982

東京市立図書館に勤務。日比谷図書館（1927〜1929），日本橋図書館主任（1930），両国図書館主任（1933〜1936），深川図書館長（1937〜1941），王子図書館長（1942），都立京橋図書館長（1943）が確認できる。
【参考】『簡約日本図書館先賢事典：未定稿』石井敦編著 石井敦 1995／『東京市職員録』昭和2年-昭和17年現在 1927-1942／『東京都教育関係職員録』昭和18年現在 1944

## 星 健一
ほし・けんいち

［生没年］1946〜2009

国立国会図書館職員。米国国立公文書館にある日本占領期の資料（GHQ/SCAPの資料）をマイクロフィルム化して収集するプロジェクトのために1978年から3年間ワシントンD.C.に駐在した。同プロジェクトの最初の駐在者で，資料の調査，目録化を行う。さらに1989年から同地に3年間駐在。帰国後，占領関係資料の記者発表の大半を作成。

【参考】等雄一郎「追悼・星健一さん：ワシントン駐在員の仕事」『占領・戦後史研究会ニューズレター』25号 2010.6

## 保科 百助
ほしな・ひゃくすけ

[生没年]1868〜1911

号は五無斎。奇人として知られた。長野師範学校を卒業後約10年教職にあったが，その後は私塾を開いたり筆墨の行商を行ったりして生計を立てた。信濃教育会において信濃図書館の設立を発議(1906)，昼夜奔走した。設立委員となり自らの蔵書を寄贈，開館に漕ぎつけた(1907)。

【参考】『県立長野図書館三十年史』県立長野図書館編 県立長野図書館 1959／『五無斎保科百助』佐久教育会編 信濃教育会出版部 1964

## 星野 博一
ほしの・ひろいち

[生没年]1908〜1981

加茂町立図書館(1940〜1950)，新潟県立図書館(1950〜1965)。1941年の加茂町立図書館(独立館)の設立に尽力した。L.R.ウィルスン[ほか]著『大学の図書館』(日本図書館協会，1954)を渡邊正亥と共訳した。

【参考】『加茂市立図書館 独立開館三十周年誌』加茂市立図書館編 加茂市立図書館 1972／『新潟県立新潟図書館50年史』新潟県立新潟図書館編 新潟県立新潟図書館 1965

## 星野 弘四
ほしの・ひろし

[生没年]1903〜1961

改姓山中。京都帝国大学法経図書室司書(1932〜1942)，台北大学司書官(1942〜1947)，広島大学附属図書館事務長(1949〜1961)。著作に『満蒙経済文献目録 第1部』(京都帝国大学経済学部研究室, 1932)などがある。

【参考】谷口寛一郎，天野敬太郎「故山中弘四氏を偲ぶ」『図書館界』13巻5号 1961.12

## 細川 隆
ほそかわ・たかし

[生没年]1894〜1970

小学校教員を経て鳥取県社会教育主事となり，1931年の県立鳥取図書館設立の際には寄付金集めに奔走するなどしてこれに貢献した。1943年から1947年まで県立鳥取図書館長を務め，鳥取大震災や戦中戦後の多難な時期に同館を指導した。

【参考】『因幡人事興信録』福田信治編 因幡人事興信録発行所 1937／『鳥取県立鳥取図書館三十年史』[鳥取図書館編]鳥取図書館 1961

## 細田 吉蔵
ほそだ・きちぞう

[生没年]1912〜2007

自由民主党の衆議院議員。議院運営委員会委員長を務めていた1978年に，図書議員連盟を設立する。地元の松江市立図書館に蔵書を寄贈し，「細田文庫」として同館で提供。

【参考】『細田吉蔵(元運輸大臣)オーラルヒストリー 上』細田吉蔵述 近代日本史料研究会 2006／『私の人生劇場(総集編)』細田吉蔵著 陸運経済新聞社 2003

## 細谷 重義
ほそや・しげよし

[生没年] 1904～2004

1925年文部省図書館講習所卒業。1926年東京市立日比谷図書館に勤務。整理課長を経て江東区立深川図書館長（1953～1963）。城東図書館長（1955～1959）を兼務し戦後の江東区立図書館の基礎を固めた。著作に「今澤慈海先生主要著作一覧」（『図書館雑誌』63巻4号, 1969.4）,「城東図書館設立のいきさつあれこれ」（『江東区立図書館報』181号, 1979.3）などがある。
【参考】編者略歴『図書館雑誌総索引：1946-1983』細谷重義編 日本図書館協会 1987／『東京の近代図書館史』佐藤政孝著 新風舎 1998

## 洞 富雄
ほら・とみお

[生没年] 1906～2000

1931年早稲田大学図書館員となり, 分類目録編集作業などに携わる。戦後は貴重書の収集に尽力するとともに大隈文書の整理に着手。1958年同大学文学部助教授となり, のち教授。1960年図書館副館長を兼務（～1964）。
【参考】「洞富雄先生年譜・洞富雄先生著作目録」『史観』95冊 1977.3／由井正臣「洞富雄先生のご逝去を悼む」『史観』144冊 2001.3

## 堀内 庸村
ほりうち・ようそん

[生没年] 1900～1962

紙屑回収業を本業とし, 1938年青年日本社（のちに青年文化振興会）を立ち上げる。1943年大政翼賛会文化厚生部嘱託となり,（財）満洲開拓読書協会の創設と芝富読書指導者養成所の開設に携わる。著書に『国民読書と図書群：新しき読書文化のために』（青年文化振興会, 1943）など。
【参考】書物蔵「戦時読書運動の決定的瞬間：堀内庸村と国民読書」『文献継承』13号 2008.12

## 堀口 知明
ほりぐち・ちめい

[生没年] 1919～1997

旧姓名大室知秋。養子縁組に際し改名。栴檀（せんだん）中学教員, 東北高等仏教学院教授（兼務）を経て1947年福島青年師範学校。1949年福島大学（～1984）。福島市社会教育委員（1960～1964）, 福島県立図書館協議会委員（1980～1997）, 同館建設委員長（1979～1981）, 福島県社会教育委員（1957～1959, 1978～1984）などを歴任。
【参考】『堀口知明先生退官記念論文集』福島大学教育学部教育学研究室編 福島大学 1984／『福島県信達二郡の近代学校化過程の諸相』堀口知明著 御茶の水書房 1986

## 堀口 貞子
ほりぐち・ていこ

[生没年] 1905～1944

改姓福士。1931年間宮商店。1932年西宮市立図書館。1933年和歌山高等商業学校図書課（～1936）。青年図書館員聯盟の目録法制定委員会幹事に就任し, 著作に「日本図書目録法研究」（『圕研究』5巻3号, 1932.9）など。
【参考】「寄稿者名簿・略歴」『圕研究』総索引 3号 1944.12

## 堀込 静香
ほりごめ・しずか

[生没年] 1943〜2003

千葉大学附属図書館司書（1964〜1988）を経て，鶴見大学短期大学部教授（1988〜2003）。著書には，『書誌と索引：情報アクセスのための機能と使い方』補訂版（日本図書館協会，1996），堀込静香編『深田久弥』（日外アソシエーツ，1986）などがある。『アフガニスタン書誌』（金沢文圃閣，2003）校了の翌日に急死。

【参考】「堀込静香追悼文集」『文献探索 2005』金沢文圃閣 2006

## 本郷 房太郎
ほんごう・ふさたろう

[生没年] 1860〜1931

丹波篠山藩（兵庫県）の生まれ。1918年陸軍大将。1930年に退役。漢詩文学に親しみ，多くの古文書，古典籍を収集した。1934年旧蔵書をもとに本郷大将記念図書館（正式には「篠山町外十八カ村一部事務組合立本郷大将記念図書館」，現篠山市立中央図書館）が設立された。

【参考】『篠山町百年史』篠山町史編集委員会編 兵庫県篠山町 1983／『兵庫県大百科事典 下巻』神戸新聞出版センター編 神戸新聞出版センター 1983

## 本田 明
ほんだ・あきら

[生没年] 1927〜1988

東京都技師，大矢根建築設計事務所を経て，1974年都市・建築連合代表，1977年日本図書館協会施設委員会委員。浦和子どもの本連絡会，『としょかん』編集委員などを歴任。共著に『図書館施設を見直す』（日本図書館協会，1986）がある。

【参考】菅原峻「逝ってしまった"これからの人" 追悼・本田明」『図書館雑誌』82巻6号 1988.6

## 本間 一夫
ほんま・かずお

[生没年] 1915〜2003
[出身地] 北海道
[学歴] 1938年関西学院大学卒業

北海道増毛町の豪商，丸一本間家に生まれる。5歳のとき，髄膜炎により失明。14歳で函館盲亜院に3年生として入学し，初めて点字に触れ習得する。在学中に貧困な点字の読書環境を痛感し，図書館事業に目覚めた。そのために，海外の事情を把握すべく大学に進学，卒業後は東京へ出て，1940年豊島区雑司が谷の自宅（借家）で日本盲人図書館（（福）日本点字図書館）を創立。社会教育家の後藤静香が提唱した大日本点訳奉仕運動の全面的な支援を受け，着実に蔵書を増やしていく。戦時中は茨城県，郷里の北海道増毛へ疎開しながらも蔵書を守り貸出を続けた。1948年新宿区高田馬場に住宅を再建し再出発。戦後のインフレで厳しい財政状況が続き，事業の継続が危ぶまれたが，1953年朝日社会奉仕賞の受賞をきっかけに翌年から国庫の助成が得られるようになり，事業は安定化の方向に向う。毎日新聞社表彰，点字毎日文化賞（1967）など数々の賞を受賞。

【参考】『指と耳で読む：日本点字図書館と私』本間一夫著 岩波書店 1980／『本間一夫 この人，その時代』古澤敏雄著 善本社 1997／『本間一夫と日本盲人図書館：本間一夫生誕百年記念出版』本間記念室委員会編 日本

点字図書館 2015

## 本間 光丘
ほんま・みつおか

［生没年］1732〜1801

出羽国飽海郡酒田（山形県酒田市）の豪商本間家3代当主。1754年、23歳で家督を相続し、商業、金融、地主で財を成し、数百町歩を有する日本最大の地主となった。一方、社会事業も積極的に行い酒田の発展に貢献した。また文人趣味をもち多くの貴重な古典籍を収集し、本間家の蔵書の基礎を築いた。本間家の蔵書は近代に入り光丘文庫として整備された。
【参考】『贈正五位本間四郎三郎光丘翁小伝』白崎良弥著 本間光丘翁贈位祝賀会 1919

## 【ま】

## 毎熊 小三治
まいくま・こさんじ

［生没年］？〜？

兵庫県明石郡（明石市）役所土木掛として勤務。退職後、明石に図書館がないことを遺憾に思い明石図書館設立を決意。1909年にはすでに建設されていたと推察される。
【参考】『明石市史 下巻』黒田義隆編 明石市 1970／『明石紳士録』岩崎章著 岩崎章 1913／『近代日本図書館の歩み：地方篇』日本図書館協会編 日本図書館協会 1992

## 毎田 周治郎
まいだ・しゅうじろう

［生没年］1880〜1958

石川県視学、郡長などを経て金沢市立図書館長（1931〜1942）。
【参考】『金沢市立図書館六十年誌』金沢市立図書館編 金沢市立図書館 1994／『簡約日本図書館先賢事典：未定稿』石井敦編著 石井敦 1995

## 前島 重方
まえじま・しげみち

［生没年］1930〜1997

國學院大學図書館司書を経て（1953〜1962）、同大学文学部助教授（1970）、教授（1977〜1997）、同大学図書館副館長（1995〜1997）。著書には彌吉光長との共訳で『社会と図書館：参考業務問題のケース・スタディ』（トマス・J.ガルヴィン著，日本図書館協会, 1970）などがある。
【参考】『前島重方先生業績と追想』前島重方先生業績と追想刊行会 1998

## 前田 綱紀
まえだ・つなのり

［生没年］1643〜1724

江戸時代の大名、第5代金沢藩主。内政に力を入れたが、同時に学芸を好み、書籍の収集に力を入れるとともに東寺の百合(ひゃくごう)文書、伏見宮家など諸家の古文書の整理、補修をした。前田家の文庫、尊経閣文庫はこのときに大成。新井白石は「加賀は天下の書府」といった。
【参考】『日本図書館史』補正版 小野則秋著 玄文社 1973

## 前田 徳泰
まえだ・のりやす

[生没年] 1905〜2001

北海道帝国大学附属図書館雇 (1926〜1929)、同大学理学部図書係司書 (1930〜1939)。日本図書館協会、青年図書館員聯盟会員。
【参考】「理学部図書室の開設」『北の文庫』26号 1998.7

## 前野 長発
まえの・ちょうはつ

[生没年] 1849〜?

1874年開拓使に出仕。書籍館をつくることを目的として、1883年札幌司典社を創立。1887年に書店「玉振堂」を開き、1890年には出版社「北海道同盟著訳館」を設立する。
【参考】『北海道人物誌 第1編』北海道人物誌編纂所 1893

## 前橋 伊八郎
まえはし・いはちろう

[生没年] ?〜?

1889年山口高等中学校『学友』誌面に、超世館と称する会員制の書籍館設立の広告を掲載。この書籍館が成立したのかは不明。著書に『宇部五十年志』(宇部時報社、1922) などがある。
【参考】『山口県図書館史稿』升井卓彌著 升井卓彌 1990／『山口県地方史研究者事典』山口県地方史学会創立五十周年記念誌部会編 山口県地方史学会 2003

## 真柄 要助
まがら・ようすけ

[生没年] 1904〜1985

図書館で学び第四高等学校に入学を果たす。家業を継ぎ真柄建設 (株) 社長。1951年石川県立図書館協議会委員、1955年同会長。1956年石川県図書館協会長、1963年石川県読書推進協議会長など県内の図書館界、読書界の発展に尽力した。
【参考】『恕のこころ：追想・人間真柄要助』真柄建設株式会社追悼文編纂委員会編 真柄建設株式会社追悼文編纂委員会 1986／『石川県人名事典 現代編5』石川出版社 1996

## マキ・タキマツ

[生没年] 1898〜1981

本名牧太喜松。石川県立図書館 (1912〜1917、1924〜1938)。同館在職中の1927年、中田邦造館長の勧めで石川県児童研究会を結成し、読み物調査と童話活動に専念する。石川県児童会館の建設に尽力し、発足後は県の嘱託として勤務した。
【参考】『石川県児童文化百年史』石川県児童文化百年史編集委員会編 石川県児童文化協会 2010／『ター坊のひとりごと：自叙伝風な随筆集』マキ タキマツ著、マキタキマツ 1963

## 正宗 敦夫
まさむね・あつお

[生没年] 1881〜1958

岡山県和気郡穂浪村出身の文学者、歌人。1936年 (財) 正宗文庫を設立。書物や研究資料2万点余を集めた。
【参考】『岡山県歴史人物事典』岡山県歴史人物事典編纂委員会編 山陽新聞社 1994／『岡山県図書館一覧』岡長平著 吉備人出版 2007

## 真境名 安興
まじきな・あんこう

［生没年］1875〜1933

沖縄学研究者, 歴史学者。1897年琉球新報記者, 1898年沖縄県首里区書記, 1917年沖縄毎日新報の記者などを経て, 沖縄県立図書館第2代館長（1925〜1933）。県史編纂を通じて沖縄の郷土資料収集に努めた。著作は『真境名安興全集』（琉球新報社, 1993）に収録されている。
【参考】『沖縄県立図書館100周年記念誌』沖縄県立図書館編 沖縄県立図書館 2010／並松信久「真境名安興と沖縄史学の形成」『京都産業大学論集人文科学系列』45号 2012.3／名嘉正八郎「真境名安興小論」『新沖縄文学』33号 1976.10

## 間島 弟彦
まじま・おとひこ

［生没年］1871〜1928

実業家。三井銀行取締役, 青山学院理事などを歴任。生前母校に図書館建設のための寄付をするよう遺言を残した。遺志を継いだ愛子夫人によって, 青山学院間島記念館（1929年落成）, 居住していた鎌倉には, 関東大震災で全壊した鎌倉町立図書館（1936年落成）が建設された。
【参考】『小伝間島弟彦』青山学院資料センター編 青山学院 1977／『鎌倉図書館百年史』鎌倉市図書館開館百周年記念実行委員会編 鎌倉市教育委員会 2011

## 真下 飛泉
ましも・ひせん

［生没年］1878〜1926

本名瀧吉。京都修道尋常小学校訓導兼校長（1910〜1917）。この間の1905年に私立修道児童文庫を開設。のちに京都市会議員を務める（1925〜1926）。著作に『我校及校下』（京都市修道尋常小学校, 1913）がある。また, 軍歌「戦友」の作詞者でもある。
【参考】『真下飛泉とその時代』佐々木正昭著 日本図書センター 1989／『楢の落葉：図書館関係雑文集』仙田正雄著［仙田正雄］1968

## 升井 卓彌
ますい・たくや

［生没年］1926〜2012

山口県立山口図書館長（1980〜1984）。館長在職時に全国図書館大会山口大会（1983）が開催された。著作に『人と本で語る私の山口図書館史』（升井卓彌, 1993）などがある。
【参考】『山口県図書館史稿』升井卓彌著 升井卓彌 1990

## 増田 七郎
ますだ・しちろう

［生没年］1905〜1943

1929年東京帝国大学附属図書館に入職（〜1943）。1943年司書官。著作に「「日本的」図書館について」（『図書館雑誌』35巻1号, 1941.1）,「日本的分類についての偶感」（『図書館雑誌』36年12号, 1942.12）などがあり図書館の日本性論争を起こした。
【参考】土井重義「増田君を悼む」『図書館雑誌』38年1号 1944.1／『図書館再建50年：1928-1978』東京大学附属図書館編 東京大学附属図書館 1978／書物蔵「屠れ米英われらの敵だ！（｀・ω・´）ヽシュピ 分捕れLC わがものだ！｀・ω・´）o……ん？（・ω・｡）」『文献継承』18号 2011.4

## 増村 王子
ますむら・きみこ

[生没年] 1913～2003

昭和初期, 秋田県内の小学校で教職に就き, 児童詩教育に熱心に取り組む。9年間勤務したのち, 東京に移って教職を続け, 久米井東が校長を務める港区立氷川小学校で1950年から専任の図書係となる。1960年都立教育研究所三鷹分室「有三青少年文庫」に勤務し, 児童の読書指導や父母の読書相談にあたる。日本子どもの本研究会の創設に参画し (1967), 1974年に第3代会長に就任した。
【参考】『本とわたしと子どもたち』増村王子著 国土社 1986

## 町田 三郎
まちだ・さぶろう

[生没年] 1894～1975

渋川町会議員, 同町長 (1936～1944), 渋川市長 (1958～1966)。町長時代, 関東電化工業, カーリット, 佐久発電所社長の浅野八郎に町施設への助成を依頼。1942年, その寄付を受け町立図書館を渋川浅野記念図書館として整備し, 自ら館長心得を務めた (～1944)。
【参考】『群馬県人名大事典』上毛新聞社 1982／『渋川の図書館五十年小史：浅野氏と渋川の図書館』渋川浅野記念図書館 1972／『渋川市誌 第3巻 通史編・下 (近代・現代)』渋川市市誌編さん委員会編 渋川市 1991

## 町田 久成
まちだ・ひさなり

[生没年] 1838～1897
[出身地] 薩摩国 (鹿児島県)

通称民部, 号は石谷。江戸の昌平黌に学ぶ。1863 (文久3) 年大目付。1865 (慶応元) 年薩摩藩英国留学生団の学頭として森有礼ら藩留学生を率いて渡英。ロンドン大学に学び, 1867年にはパリ万国博覧会に参加する。帰国後は明治維新政府に出仕。参与, 外国官判事, 外務大丞, 大学大丞などのあと1871年文部省の設置に伴い文部大丞, 1872年博覧会事務局が設置されると御用掛となり, 博覧会事務に携わる。同年書籍館の創設にあたり書籍館務兼098。1873年大英博物館をモデルとした大博物館構想を唱え, 上野に博物館, 書籍館を建設するよう太政官に建議。1875年内務省に転じ, 同省所属となった博物館事務局が博物館と改称, 官制改正により博物館が第六局となった際に局長。同年内務大丞, 1876年内務省博物館長。内務大丞。1882年上野公園内に博物館が開館, 初代館長。館内に博物館書籍室を置く。同年罷免, のちに出家する。この国で初の近代的な総合的博物館を創設したが, 彼にとって書籍館は, 博物館の附属施設にしかすぎなかった。
【参考】『東京国立博物館百年史』東京国立博物館編 東京国立博物館 1973／石山洋「本邦における博物館および図書館の創設期：町田久成の国立総合博物館設立活動をめぐって」『東海大学紀要 課程資格教育センター』7号 1998.3／『博物館の誕生：町田久成と東京帝室博物館』関秀夫著 岩波新書 2005

## 町田 練秀
まちだ・れんしゅう

[生没年] 1887～1938

秋田県能代市の本澄寺で得度し, 上京。のちに神奈川県橘樹郡 (川崎市) 久本寺住職。この間向丘村役場の収入役などを歴

任，1923年久本寺境内に私立向丘図書館をつくり，村民の読書啓蒙，文化の向上に尽くした。
【参考】神崎節生「町田練秀」『神奈川県図書館史』神奈川県図書館協会図書館史編集委員会編 神奈川県立図書館 1966

## 松井 和麿
まつい・かずま

[生没年]1930～1989

1954年より広島市立浅野図書館職員。広島市立中央図書館管理課長を経て，1986年同副館長。『広島市立浅野図書館略年表』（広島市立浅野図書館，1974）の編集に関わる。
【参考】『簡約日本図書館先賢事典：未定稿』石井敦編著 石井敦 1995

## 松井 簡治
まつい・かんじ

[生没年]1863～1945

1898年学習院図書館監督，1911年東京高等師範学校附属図書館主幹。1900年日本文庫協会秋季例会で機関誌発行の調査委員となる。上田万年との共編『大日本国語辞典』（初版：1915-1918，索引：1928，修訂版：1939-1941，冨山房）を20余年をかけて完成させた。
【参考】『松井簡治資料集』松井簡治資料集刊行会編 松井簡治資料集刊行会 2014

## 松井 矩
まつい・ただし

[生没年]1901～？

税務署勤務を経て，浜松高等工業学校図書館（1931～1962）。

【参考】『簡約日本図書館先賢事典：未定稿』石井敦編著 石井敦 1995

## 松井 正人
まつい・まさと

[生没年]1929～1998

1953年同志社大学図書館，ハーバード大学東洋図書館を経て，1962年ワシントン大学図書館に勤務しながら日米関係，特に日米外交史など歴史分野での研究に携わる。1964年ハワイ大学東西文化センター図書館，1975年同大学東洋図書館長。著作に『我が青春のアメリカ：挑戦』（日本図書センター，1981）などがある。1983年ハワイ大学ウィラード・ウィルソン最高功労賞を受賞。
【参考】宇治郷毅「同志社が生んだ図書館人：同志社図書館山脈の源流と先駆者達：松井正人」『同志社大学図書館年報』38号 2013.3／「ひと」『図書館雑誌』92巻8号 1998.8

## 松尾 幸治郎
まつお・こうじろう

[生没年]1874～1962

愛知県知多郡教育会主事。1899年塩津村尋常小学校に赴任。1901年校長となる。塩津中学校設立に伴い千数百冊の蔵書を寄贈（松尾文庫）。著書に『図書館視察の一端』（出版者不明，[1929]），『体験に基づく学校経営指針』（帝国教育会出版部，1927）がある。
【参考】『塩津村誌』鍬柄渡編 塩津村誌刊行会 1998

## 松尾 恒雄
まつお・つねお

[生没年] 1915〜1992

1939年神戸女子薬学専門学校教授, 1951年神戸女子薬科大学教授。1976年日本薬学図書館協議会長。著作に『薬学情報科学概論』(地人書館, 1974) などがある。
【参考】『図書館関係専門家事典』日外アソシエーツ編 日外アソシエーツ 1984

## 松尾 友雄
まつお・ともお

[生没年] 1900〜?

文部省社会教育局成人教育課のとき, 改正図書館令が公布 (1933)。中田邦造が附帯施設について限定的な解釈をしたことに対し,「図書館令第一条第二項」(『図書館雑誌』28巻2号, 1934.2) で図書館の職能を拡充する見解を示し, 中田邦造との間で所謂附帯施設論争が交わされた。
【参考】『図書館社会教育の実践：中田邦造の読書指導と自己教育論』福永義臣著 中国書店 2006

## 松尾 彌太郎
まつお・やたろう

[生没年] 1911〜1989
[出身地] 東京府 (東京都)
[学歴] 東京府青山師範学校卒業

東京都目黒区緑ケ丘小学校教諭, 1948年文部大臣の諮問機関「学校図書館協議会」委員, 1949年東京都学校図書館協議会事務局長を歴任。学校図書館の全国組織の結成に尽力し, 1950年全国学校図書館協議会結成。初代事務局長 (〜1973)。学校図書館法制定運動の中心人物。大学で教鞭を執り, 司書教諭養成にも関与。1970年学校図書館ブックセンターを創立。主な著書に『本を読む子・読まない子』(全国学校図書館協議会, 1965) などがある。
【参考】松尾弥太郎「学校図書館法案解説」『学校図書館』30号 1953.5／松尾弥太郎「全国学校図書館協議会の成立」『学校図書館』220号 1969.2／松尾彌太郎[ほか]「全国SLA結成の頃」『学校図書館』362号 1980.12／『学校図書館五〇年史』全国学校図書館協議会『学校図書館五〇年史』編集委員会編 全国学校図書館協議会 2004

## 松尾 陽吉
まつお・ようきち

[生没年] 1921〜2008

鳥取県立米子東高等学校教諭を務めた後, 1972年に鳥取県立米子図書館長に就任。在任中は郷土資料の収集, 読書会, 伯耆文化研究会などの活動や1978年の新館開館に尽力した。1980年に同館を退職後, 1994年まで鳥取女子短期大学教授として後進の育成にあたった。
【参考】『図書館の賑わうまちに』松尾陽吉著 [松尾陽吉] 1993

## 松岡 鼎
まつおか・かなえ

[生没年] 1860〜1934

松岡五兄弟 (柳田國男, 井上通泰, 松岡静雄, 松岡映丘) の長男で, 医師。千葉県布佐町に医院を開業。1908年私立布佐文庫を開設, 館長となる。柳田國男, 井上通泰らが蔵書を寄贈。
【参考】金子ひとみ「布佐文庫」『我孫子市史研究』5号 1981.3／『我孫子人物誌』野口澄夫著 文芸社 2011／『我孫子市史 近現代編』我孫子市史編集委員会編 我孫子市教育委員

会 2004

## 松岡 彰吉
まつおか・しょうきち

[生没年] 1873～1954

神奈川県小田原町会議員。のち小田原報徳信用組合長（小田原信用金庫）の職にあったが、1934年小田原町図書館初の専任館長として12年在職し、同館（1940年市立）の基礎をつくる（～1946）。また神奈川県図書館協会の理事として県内図書館の発展に尽くす。
【参考】石井富之助「松岡彰吉」『神奈川県図書館史』神奈川県図書館協会図書館史編集委員会編 神奈川県立図書館 1966／『小田原図書館五十年史』金原左門[ほか]著 小田原市立図書館編 小田原市立図書館 1983

## 松岡 調
まつおか・みつぎ

[生没年] 1830～1904

1866年讃岐国（香川県）多和神社の神主になり、1872年金刀比羅宮禰宜、1897年兵庫県の伊和神社宮司、1902年香川県田村神社宮司。神社の調査に力を注ぎ、1885年多和文庫（香木舎文庫）を設け、多くの史料を収蔵した。
【参考】小杉榲邨「従六位松岡調翁小伝」『歴史地理』7巻2号 1905.4／松岡弘泰「松岡調」『志度人物風景』志度町文化財保護会 2002

## 松岡 林平
まつおか・りんぺい

[生没年] 1887～？

1921年司法省官房調査課（司法省図書館）、のち法務図書館。1956年頃まで考査係長。著述に「独逸新刑法草案に就て」（『法曹記事』31巻4号 1921.4）がある。
【参考】『簡約日本図書館先賢事典：未定稿』石井敦編著 石井敦 1995／『全官公庁便覧』昭和32年度版 日本週報社 1956

## 松崎 鶴雄
まつざき・つるお

[生没年] 1868～1949

中国文学者。前橋中学校、鹿児島師範学校、大阪朝日新聞などの勤務を経て、1920年南満洲鉄道（株）大連図書館司書になり漢籍収集を担当（～1931）。自適生活ののち、1940年北京華北交通公司総裁室嘱託。中国の文人と交流を深めた。著書に『詩経国風篇研究』（第一公論社、1942）など。
【参考】『呉月楚風：中国の回想』杉村英治編 出版科学総合研究所 1980／井村哲郎「松崎鶴雄覚書」『News letter』（近現代東北アジア地域史研究会）25号 2013.12

## 松下 茂幸
まつした・しげゆき

[生没年] 1939？～1988

愛媛県立図書館専門員。同館に32年間勤務し、県内図書館界の指導的役割を果たした。愛媛県立医療技術短期大学の図書館づくりにも貢献。著作に「伊予地方郷土史刊行書目録」（『歴史手帖』9巻10号, 1981.10）などがある。
【参考】『青炎：愛媛県図書館協会研修部会誌』復刊12号（松下茂幸専門員追悼号） 1989.3

## 松田 金十郎
まつだ・きんじゅうろう

[生没年] ？～？

岡山医科大学司書。岡山市立図書館開館（1918）、官立医科大学附属図書館協議会設立（1927）に貢献した。『岡山医学会五十年史』（岡山医学会, 1939）などを編纂。
【参考】『日本医学図書館協会六十年略史』日本医学図書館協会編 日本医学図書館協会 1989／書物蔵「動く図書館員・楠田五郎太の前半生」『文献継承』24号 2014.6

## 松田 茂二
まつだ・しげじ

[生没年]1884～1957

徳島県那賀郡新野町で開業医の傍ら, 1919年私立新野図書館を創設し、木造3階建の洋館を構えた。建物は大正末に売り払われ、図書館機能を喪失した。
【参考】『新野町民史』沖野舜二著 新野町史編集委員会 1960／『図書館の理念と実践』藤丸昭著 原田印刷出版 1977

## 松田 禎一
まつだ・ていいち

[生没年]1907～1985

1930年日本医科大学図書館司書, のちに北支那開発（株）, 秋田銀行。
【参考】『簡約日本図書先賢事典：未定稿』石井敦編著 石井敦 1995

## 松田 智雄
まつだ・ともお

[生没年]1911～1995

経済史学者。1949年立教大学教授, 1955年東京大学経済学部教授を経て, 1978年図書館短期大学学長（～1979）, 1979年図書館情報大学初代学長（～1983）。
【参考】『図書館短期大学史：十七年の歩み』図書館短期大学 1981／『図書館情報大学史』筑波大学大学院図書館情報メディア研究科編 筑波大学大学院図書館情報メディア研究科 2005／『20世紀日本人名事典 そ―わ』日外アソシエーツ編 日外アソシエーツ 2004

## 松平 頼寿
まつだいら・よりなが

[生没年]1874～1944

貴族院議員。1937年には貴族院議長を務める。大東文化学院総長, 帝都教育会会長などを歴任。(社)日本図書館協会総裁（1940～1944）。
【参考】『松平頼寿伝』松平公益会編 松平公益会 1964／「噫, 我等の総裁 松平頼寿伯爵」『図書館雑誌』38巻5号 1944.7・8／『近代日本図書館の歩み：本篇』日本図書館協会編 日本図書館協会 1993

## 松原 廣吉
まつばら・ひろきち

[生没年]1868～1948

滋賀県近江八幡小学校長を退職後, 1927年に新館を開館した彦根町立図書館長に就任し1937年まで10年間在職。図書館において, 講演会や児童会の開催など幅広く社会教育活動を展開し, 1934年に文部大臣より優秀図書館として表彰された。
【参考】『滋賀の図書館：歴史と現状』平田守衛著 平田守衛 1980

## 松前 昌広
まつまえ・まさひろ

[生没年]1825～1853

松前藩第16代藩主。1822（文政5）年松前城三の丸馬坂下に藩校徽典館が創設され、

弘化年間に徴典館萬巻楼文庫を設けた（1844〜1848）。
【参考】『北海道史人名字彙 下巻』河野常吉編著 北海道出版企画センター 1979

## 松見 半十郎
まつみ・はんじゅうろう

[生没年] 1878〜1958

1903年福井県小浜小学校訓導などを経て、1910年小浜図書館（のちに小浜市立図書館）を設置した。1915年には小浜通俗博物館を設置。
【参考】『大日本人物名鑑 巻4の1』ルーブル社出版部編 ルーブル社出版部 1922／『簡約日本図書館先賢事典：未定稿』石井敦編著 石井敦 1995

## 松見 弘道
まつみ・ひろみち

[生没年] 1942〜1998

1951年岐阜大学附属図書館、1978年東海女子短期大学教授。1980年からは図書館長を兼務。著作に『図書館と漢籍：図書・図書館のルーツを探る』（明星大学出版部、1989）などがある。
【参考】『図書館関係専門家事典』日外アソシエーツ編 日外アソシエーツ 1984

## 松本 喜一
まつもと・きいち

[生没年] 1881〜1945
[出身地] 埼玉県
[学歴] 1906年東京帝国大学文科大学卒業

大学卒業後は師範学校教師を経て、茨城県師範学校長などを歴任し、当初図書館界との関係はなかった。そのため1921年に田中稲城の後任として帝国図書館長事務取扱就任の際には、図書館関係者から反対の声が出る一幕もあった。1923年帝国図書館長就任、1926年から翌年までアメリカ合衆国、ドイツ、イギリスの図書館事業を視察。同館の職員に学士の採用を進めたが実現はしなかった。1927年に出版物法案が帝国議会に提出された際には帝国図書館への納本規定の整備を関係者に働きかけた。書庫と閲覧室を含む庁舎の増築を行った。図書館講習所を1年単位の講習形式で継続するなか、その常設化と講師陣の充実を図ったが、就任時以来の図書館界の反発も背景にあり、講習所の自主的な同窓会である芸艸会と対立し別の同窓会を組織するに至る。1931年には昭和天皇に「図書館の使命」としてご進講を行い、戦前の図書館記念日のきっかけとなった。1928年日本図書館協会理事長に就き、社団法人化を推進するものの手法に反感をもたれ、1930年に辞任。1931年には理事長に復帰し1939年までその職にあり、1933年には文部省内に協会事務局を移転させ、行政との関係を強化。1931年から社会教育協会と良書調査委員会を発足させ『図書館雑誌』で推薦図書を掲載、1933年から1938年の図書館週間には東京出版協会などと図書祭を共催するなど関係団体と連携した。図書館界では府県立図書館長を主なメンバーとする中央図書館長協会を組織し、1933年の図書館令改正に影響を与えた。まとまった著作はないが図書館についての講演や執筆を行っている。その内容は図書の整理のような技術的な面ではなく、海外図書館の紹介や社会教育と図書館など

の啓蒙的な話題が多い。館長在職中に死去。後世の図書館界では批判的に言及されることが多い。
【参考】鈴木宏宗「帝国図書館長松本喜一について」『図書館人物伝：図書館を育てた20人の功績と生涯』日本図書館文化史研究会編 日外アソシエーツ 2007／『近代日本図書館の歩み：本篇』日本図書館協会編 日本図書館協会 1993／岡田温「松本先生を思ふ」『図書館雑誌』40巻2号 1946.7・8

## 松本 茂
まつもと・しげる

[生没年] 1907～1967

1932年京都府立京都図書館, 1938年京都府社会事業主事補, 府内の高等女学校教員などを経て1948年京都市視学, 1958年京都市立九条中学校長, 1963年京都市伏見中学校長（～1966）。『学校図書館件名標目表 中学校用』（全国学校図書館協議会編, 明治図書, 1958）などの編集委員を務めた。
【参考】加茂茂「松本茂さんの追憶」『図書館界』19巻2号 1967.7

## 松浦 静山
まつら・せいざん

[生没年] 1760～1841

名は清, 号は静山。平戸藩主。好学の大名。平戸と江戸に文庫をもち, 平戸の楽歳文庫に洋書があり, 蔵書目録の洋書の部の外編に「蛮国」があり, 洋書が記載されている。洋書目録として早いもの。著書に『甲子夜話』などがある。
【参考】『日本図書館史概説』岩猿敏生著 日外アソシエーツ 2007

## 間宮 喜十郎
まみや・きじゅうろう

[生没年] 1850～1895

慶應義塾で学んだのち静岡に帰郷。明強舎訓導, 1876年校長。1887年沼津黌（のちに沼津尋常小学校）校長。1888年, 沼津尋常小学校内に沼津文庫を設けて一般に公開したが1944年に戦災で焼失した。
【参考】『沼津市誌 下巻』沼津市誌編纂委員会編 沼津市 1958／『沼津市を中心としたる郷土の偉人』沼津市教育会 [編] 沼津市教育会 1932

## 間宮 不二雄
まみや・ふじお

[生没年] 1890～1970
[出身地] 東京府（東京都）
[学歴] 東京府立工芸学校時計科および機械製図科修了

1903年丸善入社。1915年同社を退社し, 黒沢貞次郎の支援を受け渡米, タイプライターの製造, 販売を学ぶ。1916年黒沢商店入社。1921年同店を退社し, 独立してM.フヤセ商会を設立。1922年図書館用品の製造, 販売を専業とする(合)間宮商店を創業, 図書館用品類の改良, 標準化に尽力した。なお, 同店からは森清編『日本十進分類法』(初版-第5版：1929-1942), 加藤宗厚編『日本件名標目表』(初版：1930, 改訂版：青年図書館員聯盟件名標目委員会編, 1944), 青年図書館員聯盟目録法制定委員会編『日本目録規則』(1943)などの図書館関係書も刊行されている。1927年青年図書館員聯盟の結成に参加, 1943年の解散まで書記長として会務にあたる。

また、1928年同聯盟の機関誌『圕研究』『青年図書館員聯盟会報』を創刊、1943年の廃刊まで編集、発行を主導した。その他、1926年『図書館雑誌』の編集、発行人（～1928）、1953年ジャパン・ライブラリー・ビューロー（株）創設に参画（～1960）、日本図書館協会評議員、東洋大学図書館学講習会講師などを務める。『図書館研究』第1-2輯、全9巻（1924-1928）、『欧和対訳図書館辞典』（文友堂、1925）、『Dewey十進分類法導言』（間宮商店、1930）、『製本術』（間宮商店、1939）、『図書修理と製本の手引』（綜文館、1950）、『欧・中・和対訳図書館大辞典』（ジャパン・ライブラリー・ビューロー、1952）、『ほんのすがた：図書形態学』（清和堂書店、1968）などの著作がある。旧蔵書は、富山県立図書館に間宮文庫として保管されている。
【参考】『図書館と人生：間宮不二雄古稀記念』間宮不二雄著 間宮不二雄氏古稀記念会 1960／『間宮不二雄の印象』前田哲人編 前田哲人 1964／『圕とわが生涯・前期』間宮不二雄著 間宮不二雄 1969／『圕とわが生涯・後期』間宮不二雄著 不二会 1971／『間宮不二雄先生喜寿記念図書館学論文集』間宮不二雄先生喜寿記念図書館学論文集刊行会編 間宮不二雄先生喜寿記念図書館学論文集刊行会 1968

## 間山 洋八
まやま・ようはち

[生没年]1934～2007

1953年から青森県立図書館奉仕係として勤務。その後、青森県教育庁社会教育課視聴覚係（1970～1974）、社会教育主事（1974～1977）。青森県立図書館奉仕課（1977～1978, 1980～1982）、総務課（1979）。青森県教育庁文化課（1982～1988）、青森県総合社会教育センター（1989～1992）。1992年青森県立図書館総括主幹として新館移転業務に従事。1994年蔵書診断や書誌作成にかかる専門的事項を担当する総括主幹として退職した。退職後は、自宅に社会教育文献資料館を設置した。著作には『青森県図書館運動史』（津軽書房、1967）、『青森県読書運動明治大正史：郷土創造と焚火仲間』（津軽書房、1981）、『青森県立図書館史』（青森県立図書館、1979）などがある。
【参考】『青森県人名事典』東奥日報社編 東奥日報社 2002

# 【み】

## 三浦 義一
みうら・ぎいち

[生没年]1898～1971

北原白秋の門を経て、1932年右翼団体・大亜義盟を結成。戦後も室町将軍と称され、政財界に影響力を持った。1961年、母の遺志により県立大分図書館の建設資金を寄付。同館建設の原動力となった。
【参考】『大分百科事典』大分放送大分百科事典刊行本部編 大分放送 1980／「大分県立図書館100年のあゆみ」『図書館おおいた』219・220号 2003.1

## 三浦 信一
みうら・しんいち

[生没年]1928～2012

北海道庁立および改称した北海道立図書館に3度勤務（1950～1951, 1953～1964, 1970～1973）。道内において戦後初めて

開催された司書・司書補講習会の受講者有志によって1953年に発足した北海道図書館研究会の初代理事長を務めた。著作に『図書修理と簡易製本』（北海道学校図書館協会, 1955）,『公共図書館の経営評価』（北海道図書館研究会, 1958）がある。
【参考】三浦信一「研究会の発足に際して」『[北海道図書館研究会]会報』1号 1954.4

## 三浦 新七
みうら・しんしち

[生没年]1877～1947

1911年東京高等商業学校教授, 1912年同校図書館主幹, 1920年同校が東京商科大学となり, 教授。1925年同図書館主幹。1935年同大学学長（～1936）。日本図書館協会評議員（1916～1927）などを歴任。
【参考】『三浦新七博士：その人と軌跡』三浦新七[ほか]著 三浦新七博士記念会 2008／『近代日本図書館の歩み：本篇』日本図書館協会編 日本図書館協会 1993

## 三浦 迪彦
みうら・みちひこ

[生没年]1927～1996

北海道大学附属図書館（1948～1951）, 北海道立図書館（1951～1963）, 北海道行政資料室, 札幌医科大学附属図書館に勤務。晩年はふきのとう作業所（ふきのとう文庫）の責任者を務めた。図書館問題研究会や北海道図書館研究会の理論的支柱として活躍し, また1961年日本図書館協会中小公共図書館運営基準作成のための実地調査の一員として, 市立苫小牧図書館の調査を行った。
【参考】『中小都市における公共図書館の運営』日本図書館協会編 日本図書館協会 1963

／『図書館からの贈り物』梅澤幸平著 日外アソシエーツ 2014

## 三上 清一
みかみ・せいいち

[生没年]1926～2007

建築家。1968年水戸市の三上建築事務所の代表となり, 多くの市町村図書館, 学校図書館を建設。茨城県内外の図書館づくり, 設置運動に力を注ぎ, 図書館員, 読書団体との交流や人材育成に貢献した。1981年, 新建築社の「日本の建築家」100人に選ばれる。著作に「これだけは知っておきたい「図書館建築基礎の基礎」」（『みんなの図書館』175号, 1991.12）などがある。代表的な作品に下館市立図書館（1998年竣工）がある。
【参考】『三上建築事務所作品集：MIKAMI Architects 1998』三上建築事務所 1998

## 三上 孝正
みかみ・たかまさ

[生没年]1903～？

北海道帝国大学附属図書館雇（1923～1925）, 同館司書（1926～1955）, 戦後事務長となる。日本図書館協会, 青年図書館員聯盟会員。
【参考】『近代日本図書館の歩み：地方篇』日本図書館協会編 日本図書館協会 1992

## 三木 㴠楺
みき・きよしげ

[生没年]1869～？

兵庫県飾磨郡（姫路市）八木村木場の自邸内に私財で私立三木図書館を創設。閲覧料を取らず自ら応接を行う。蔵書を充実

させ和漢書籍，洋書，参考品，標本類を所蔵。地誌『木庭記』（白井元貞著，1738）の詳細本写本を所蔵。後世の郷土史研究に寄与した。
【参考】『八木村誌』八木尋常小学校編 八木尋常小学校 1908／『現代兵庫県人物史』田住豊四郎著 県友社 1911／『詳細本「木庭記」』白井長左衛門元貞著 寺脇弘光解読・校注 姫路市立八木公民館 1993

## 三国 幽眠
みくに・ゆうみん

[生没年] 1810～1896

名は直準。幕末，明治の漢学者，越前国三国（福井県坂井市）生まれ。安政の大獄で下獄するが，許され追放される。のち僧となり幽眠と号す。1872年，京都府に村上勘兵衛，今井太郎右衛門，梅辻平格とともに公共の図書閲覧所開設を願い出た。認められ集書会社ができる。集書会社は京都府設立の集書院の経営にあたった。
【参考】『近世日本文庫史』竹林熊彦著 日本図書館協会 1978（大雅堂1943年刊の複製）

## 三沢 仁
みさわ・ひとし

[生没年] 1917～1998

日本規格協会，人事院などを経て，1953年産業能率短期大学，1962年教授。著作には『ファイリング・システム』（日本能率協会，1958）などがある。
【参考】『現代日本人名録 98 4』日外アソシエーツ編 日外アソシエーツ 1998

## 水梨 弥久
みずなし・やきゅう

[生没年] 1908～1960

1943年京都帝国大学附属図書館に就職。のちに同大学法学部図書室主任。以後病死まで勤続。1947年京都図書館学校講師，1948年京都大学主催学校図書館講習会講師。貴重書である『国女歌舞妓絵詞』（京都大学附属図書館，1951）影印復刻に際し解説を執筆。また，1940年京都大学学歌歌詞を作詞，当選（下総皖一作曲，多田武彦編曲）。
【参考】『京都大学附属図書館六十年史』京都大学附属図書館 1961／『簡約日本図書館先賢事典：未定稿』石井敦編著 石井敦 1995

## 水野 亮
みずの・あきら

[生没年] 1902～1979

1926年東京帝国大学附属図書館に入職，1939年司書官（～1947）。バルザックなどの仏文学研究者として著名。
【参考】『図書館再建50年：1928-1978』東京大学附属図書館編 東京大学附属図書館 1978

## 水野 銀治郎
みずの・ぎんじろう

[生没年] 1896～1933

神戸市立図書館（1921～1925），神戸市須磨藤田松庵文庫（1927），西宮市立図書館（1928～1933）に勤務。また，芳賀矢一のもとで『言泉』（落合直文著，芳賀矢一改修，大倉書店，1921-1929）の編集に従事した。
【参考】「寄稿者名簿・略歴」『國研究』総索引 3号 1944.12／『簡約日本図書館先賢事典：未定稿』石井敦編著 石井敦 1995

## 水野 成夫
みずの・しげお

[生没年] 1899〜1972

学生時代から日本共産党に入党，1928年投獄される。転向後は1940年に大日本再生紙会社を設立。戦後は，1956年文化放送，1957年フジテレビ，1958年産経新聞の社長などを歴任。1947年東京千代田区神田に再生児童図書館を開設した（1962年閉館）。
【参考】『再生児童図書館拾年の歩み』再生児童図書館編 再生児童図書館 1957／『水野成夫の時代：社会運動の闘士がフジサンケイグループを創るまで』境政郎著 日本工業新聞社 2012

## 水平 三治
みずひら・さんじ

[生没年] 1862〜1944

旧姓渡辺。米国留学（1886〜1891）ののちにキリスト教伝道者を経て1899年に県立秋田図書館書記となる。国内初の巡回文庫実施に尽力（1902年開始）。その後，同館館長事務取扱（1903）を経て第3代館長（1903〜1905）。1907年東京市立日比谷図書館設立準備に携わる。恩徳金山鉱業所長，日本ユニバーサリスト教会牧師，秋田市議などを歴任。
【参考】『秋田県立秋田図書館沿革誌：昭和36年度版』秋田県立秋田図書館 1961／『豊沢武 大衆愛の人 水平三治』『秋田の先覚 5』秋田県総務部広報課編 秋田県 1971／『秋田人名大事典』第2版 秋田魁新報社編 秋田魁新報社 2000

## 溝口 歌子
みぞぐち・うたこ

[生没年] 1907〜1980

（財）乙卯研究所，東京大学薬学部化学教室における研究生活を経て，日本薬学会編集部（1951〜1961），1961年佐々木研究所がん化学療法情報センター，1962年日本がん学会編集専門委員。国際医学情報センター顧問などを歴任。医学論文や化学論文の英訳，校閲，編集に長年の功績があった。著作に『英語の化学論文』（南江堂，1963）などがある。
【参考】『溝口歌子著作集』日本ドクメンテーション協会編 日本ドクメンテーション協会 1982

## 三井 大作
みつい・だいさく

[生没年] ？〜？

1901年に岡田俊太郎が設立した私立広島図書館の商議員となり，1917年の閉館まで運営に関わる。1911年より広島市史編纂主任。1921年，浅野長勲が設立した私立浅野図書館の司書長となり，1931年に同館が市に寄付されて広島市立浅野図書館になるとその初代館長となった。
【参考】『広島県公共図書館史』森田繁登編著 森田繁登 2003

## 箕作 秋坪
みつくり・しゅうへい

[生没年] 1825〜1886

名は矩，通称文蔵，号は宜信斎。幕末，明治期の洋学者。1849（嘉永2）年緒方洪庵の適々斎塾に入門。1853（嘉永6）年幕府天文方で翻訳に従う。1868年三叉学舎を

開設。1873年明六社創立に参加。1875年東京師範学校摂理，1879年教育博物館長，1885年東京図書館長（兼務）。
【参考】『国史大辞典 第13巻』国史大辞典編集委員会編 吉川弘文館 1992／治郎丸憲三「箕作秋坪素描」『作陽音楽大学・作陽短期大学研究紀要』12巻1号 1979.11

## 三橋 三吾
みつはし・さんご

[生没年] 1875〜1944

1900年自宅別棟倉庫に青年倶楽部図書部を設置し，一般公開した。1904年私立青森図書館と改称。1907年同館を青森市に寄付し解散。のちに青森県立図書館評議員を務める傍ら，県立図書館防火設備のための寄付（1929），火災保険のための寄付（1935）を行った。青森県立図書館後援会会長（1940〜1944）。
【参考】『青森県読書運動明治大正史：郷土創造と焚火仲間』間山洋八著 津軽書房 1981

## 湊 要之助
みなと・ようのすけ

[生没年] 1866〜1904

1889年，北村益とともに国粋主義的な武士道精神にもとづいて士族の子弟を教育した八戸青年会（私塾）の設立の中心人物となる。管理委員を務め，図書局設置や運営に関わった。
【参考】『青森県読書運動明治大正史：郷土創造と焚火仲間』間山洋八著 津軽書房 1981／『八戸市立図書館百年史』八戸市立図書館百年史編集委員会編 八戸市立図書館 1974

## 南 諭造
みなみ・ゆぞう

[生没年] 1907〜2006

1932年神戸商業大学図書館事務嘱託，1933年同館司書。1941年日本貿易研究所図書館資料課長（〜1946）。応召を経て戦後は1949年大阪府立図書館天王寺分館長（〜1963）。1963年関西学院調査室長，同大学図書館次長など。青年図書館員聯盟評議員，日本図書館研究会理事（1951, 1953〜1962年度），監事，評議員，日本図書館協会理事などを歴任。著書に『図書運用法：図書館奉仕の理論と実際』（蘭書房，1955），『書窓の感懐』（みるめ書房，1979）などがあり，読書の喜びと図書館の知られざる活用法について情熱を傾けて語る随筆も多い。
【参考】「追悼・南諭造先生」『図書館界』58巻2号 2006.7

## 三原 肇
みはら・はじめ

[生没年] 1887〜1954

1903年東京高等工業学校図書館，のちに東京工業大学図書館，1949年同館事務長。戦後日本図書館協会大学図書館部会の組織化に尽力。日本図書館学会初代幹事（1953〜1955）。
【参考】『簡約日本図書館先賢事典：未定稿』石井敦編著 石井敦 1995／『日本図書館情報学会創立50周年記念誌』日本図書館情報学会創立50周年記念事業実行委員編 日本図書館情報学会 2003

## 宮川 臣吉
みやがわ・しんきち

[生没年] 1848～1918

山口県萩の古書肆山城屋（博古堂）の主人、出版業者。近藤清石の門弟で著書の出版を支援、また『防長日報』を発行するなど地方文化の発展に貢献。山口県立山口図書館の郷土資料コレクション形成に協力した。

【参考】『近世防長人名辞典』増補版 吉田祥朔著 マツノ書店 1976／『山口県立山口図書館100年のあゆみ』山口県立山口図書館編 山口県立山口図書館 2014

## 宮川 貞二
みやがわ・ていじ

[生没年] 1889～1978

早稲田大学図書館（1905～1948）。この間副主事（1942～1944）。私立大学図書館協会の結成に尽力。1942年日本図書館協会から図書館勤続功労者表彰を受ける（勤続30年）。

【参考】『簡約日本図書館先賢事典：未定稿』石井敦編著 石井敦 1995／『早稲田大学図書館史：資料と写真で見る100年』早稲田大学図書館編 早稲田大学図書館 1990

## 三宅 英慶
みやけ・えいけい

[生没年] 1869～1932

1889年東大寺道場において得度。1895年東大寺知足院住職、1902年同法務執事。1903年東大寺図書館が発足。1930年東大寺別当職に就く。

【参考】東大寺内部資料／五十嵐金三郎「東大寺図書館収蔵特殊コレクションについて」『参考書誌研究』14号 1977.3

## 三宅 千代二
みやけ・ちよじ

[生没年] 1900～1983
[出身地] 愛媛県
[学歴] 専修大学経済専科卒業

1922年より愛媛県下の小学校、青年学校、実科女学校などの教員の兼職として学校図書館事務に従事。1930年波止浜町立波止浜図書館司書を兼職。1932年文部省図書館講習所卒業。1936年愛媛県立図書館書記となる。1940年司書。1953年館長（～1960）。図書館人として、町村図書館の社会教育機能を重視。特に戦時中は、県立図書館を中心とする一大図書館網を念頭に、中央図書館の司書として県下の町村図書館の経営指導、読書会指導に奔走した。著書に、『町村図書館論要項』（芸艸会、1933）、『町村の読書施設とその運営』（綜文館、1950）がある。戦後は、占領軍に接収された県立図書館の復興整備に尽力。『愛媛県史概説』編纂委員会委員長も務めた。定年後は、郷土史家として『愛媛県戦後十五年略史』（愛媛出版協会、1961）などを出版。また多くの郷土資料の翻刻を成し遂げた。

【参考】『愛媛県百科大事典 下』愛媛新聞社編 愛媛新聞社 1985／郡司良夫「三宅千代二の図書館活動について：愛媛県図書館史のための調査ノート（1）」『図書館情報学の創造的再構築』吉田政幸、山本順一編 勉誠出版 2001

## 三宅 米吉
みやけ・よねきち

[生没年] 1860～1929

歴史学者。1899年から高等師範学校，東京高等師範学校図書係事務監督，主任として『東京高等師範学校洋書目録』(東京高等師範学校, 1902) を刊行。1903年に図書館が設置されると初代図書館主幹に就き，1911年まで務めた。
【参考】『筑波大学図書館史』筑波大学中央図書館十周年事業計画委員会年史編纂部会編 筑波大学附属図書館 1989

## 宮坂 逸郎
みやさか・いつろう

[生没年] 1923〜2009

1950年から国立国会図書館勤務。逐次刊行物部長，専門調査員などを務めた。1986年退職。共編書に『資料の分類』(雄山閣, 1978) などがある。
【参考】『図書館関係専門家事典』日外アソシエーツ編 日外アソシエーツ 1984

## 宮坂 利助
みやさか・りすけ

[生没年] 1901〜1974

名は「としすけ」とも読む。児童雑誌編集者を経て，東京商科大学附属図書館 (1930〜1939)，清泉女子大学附属図書館 (1962〜1970)。著作に「朝鮮の鋳字事業 (一) - (三)」(『書物の周囲』創刊号-2年1号, 1934.1-1935.5) などがある。清泉女子大学附属図書館には「宮坂文庫」728冊がある。
【参考】「写真集」『足跡』木村小舟著 尾張真之介編 桐花会出版部 1930

## 宮崎 慶一郎
みやざき・けいいちろう

[生没年] 1888〜1977

乾麺，刻み昆布製造業，郷土史家。1943年私費を投じて私立図書館「報恩会図書館」を創設。1967年同館を那珂湊市に寄贈，那珂湊市立図書館となった。また (財) 宮崎報恩会を設立し，『新編常陸国誌』(1969)，『茨城経済のあゆみ：続茨城富豪盛衰記』(宮崎慶一郎, 山城隆編, 1969) などの出版を手がけた。第16回 (野間) 読書推進賞受賞。
【参考】『わたしの雑記帳』宮崎慶一郎著 茨城経済社 1960／『茨城県大百科事典』茨城新聞社編 茨城新聞社 1981

## 宮崎 康斐
みやさき・やすあや

[生没年] 1851〜1902

金刀比羅宮明道館教授長，香川県神宮取締所所長などを歴任。1891年，琴比羅神道分局長の肩書で琴平書籍館の創立を提唱。同館は香川県初の書籍館として榎井村の神道分局内に設置された。
【参考】『讃岐人名辞書 続』磯野実編 藤田書店 1985／『香川県図書館史』熊野勝祥著 四国新聞社 1994

## 宮沢 三二
みやざわ・さんじ

[生没年] 1899〜1978

長野県三穂村 (飯田市) 尋常小学校，青年学校校長 (1940〜1945)，飯田市追手町小校長 (1945〜1954)，松川町教育長 (1956〜1963, 図書館長を兼ねる)。三穂村での読書指導体験をもとに，戦後，読書指導の

理念や方法論を著した。学校図書館経営の報告もある。
【参考】『読書会の経営：理論と方法』宮沢三二著 東洋館 1953／『南信州新聞』1978.10.26

## 宮沢 泰輔
みやざわ・たいすけ

[生没年]1904～1980

1927年文部省図書館講習所を修了。1931年東京市立図書館に勤務。東駒形図書館主任(1937)，下谷図書館主任(1938～1941)，その後都立日比谷図書館，都立八王子図書館が確認できる。著作には『年表類索引』(東京市立日比谷図書館, 刊行年不明)などがある。
【参考】『簡約日本図書館先賢事典：未定稿』石井敦編著 石井敦 1995／『東京市職員録』昭和6年-昭和17年現在 1931-1942／『東京都教育関係職員録』昭和18年現在 1944

## 宮路 重嗣
みやじ・しげつぐ

[生没年]1883～1951

新潟医科大学教授，同大学附属図書館長(1922～1927)，1927年官立医科大学附属図書館協議会創設を推進，同年第1回協議会を同大学で開催。著作に『医史医学の歩み』(新潟医学大学学士会, 1952)などがある。
【参考】『宮路重嗣先生追憶集』新潟大学医学部細菌学教室 1956

## 宮田 平三
みやた・へいぞう

[生没年]1904～1989

関西大学図書館を経て大阪商工会議所図書館長。官庁や民間の各種調査機関の相互利用の促進，専門図書館の組織化のため，専門図書館団体の創設を提唱して大阪図書館協会(対外的には日本図書館協会大阪特殊図書館部会と称す)を設立，世話人となる。1952年特殊専門図書館関西地区協議会，同年専門図書館協議会の結成に尽力。退職後は金蘭短期大学，東大阪短期大学教授。日本図書館協会評議員，理事などを歴任。著書に竹林熊彦らとの共著『特殊図書館』(蘭書房, 1955)がある。
【参考】『近代日本図書館の歩み：本篇』日本図書館協会編 日本図書館協会 1993／『専門図書館関西地区協議会60年のあゆみ：1952-2012』専門図書館関西地区協議会企画委員会編 専門図書館関西地区協議会 2012／「ひと」『図書館雑誌』83巻5号 1989.5／『簡約日本図書館先賢事典：未定稿』石井敦編著 石井敦 1995

## 宮武 外骨
みやたけ・がいこつ

[生没年]1867～1955

ジャーナリスト。明治文化研究会の縁で1927年に東京帝国大学法学部に設置された明治新聞雑誌文庫の事務主任となり，収集活動に尽力し，館報にあたる『公私月報』(1930年創刊)を執筆発行した。戦時中は大量の絵葉書を収集。1949年まで在職。編著書多数。
【参考】『評伝宮武外骨』木本至著 社会思想社 1984／『宮武外骨研究』ゆまに書房 1995

## 三善 康信
みよし・やすのぶ

[生没年]1140～1221

鎌倉時代前期の問注所執事。弟の康清とともに，源頼朝，頼家，実朝の政務に参与。1184（元暦元）年問注所初代執事。問注所の記録書，文籍，雑務文書などを邸宅に所蔵。これを名越文庫（別名三善文庫）という。1208（承元2）年に焼失。
【参考】『国史大辞典 第13巻』国史大辞典編集委員会編 吉川弘文館 1992／『日本古代中世人名辞典』平野邦雄，瀬野精一郎編 吉川弘文館 2006／『武家の興学：北条実時一門と金沢文庫』関靖著 東京堂 1945

## 三輪 計雄
みわ・かずお

[生没年] 1905〜?

1937年から戦後初期にかけて大阪府立図書館で司書部長を務め，1948年大阪第二師範学校教授就任，大阪学芸大学において学校図書館学を講じる。1954年の第1回司書教諭講習では学校図書館総論，管理と運用，図書の選択を担当。大阪教育大学教授，同大学附属図書館池田分館長，平野分館長を併任する。1971年に定年退職し，1981年まで甲南女子大学教授。日本図書館学会設立発起人に名を連ねる。著書に『学校図書館』（岩崎書店，1952）がある。
【参考】著者略歴『本の歴史と使い方』木寺清一，三輪計雄著 内田老鶴圃新社 1960

## 【む】

椋 鳩十（むく・はとじゅう）
→久保田 彦穂（くぼた・ひこほ）を見よ

## 椋梨 了我
むくなし・りょうが

[生没年] 1890〜1961

岡山県小田郡笠岡村の浄土宗智光寺住職。1921年境内に私立笠岡図書館を設立。自身が没するまで活動を続けた。
【参考】『岡山県図書館一覧』岡長平著 吉備人出版 2007

## 武蔵 規一郎
むさし・きいちろう

[生没年] 1839〜1903

金沢武蔵家10代。1890年石川県勧業博物館臨時雇。同年，同館において『勧業諸報標目』を編集。同書は，1891年に刊行開始，雑誌索引の先駆として知られる。
【参考】『金沢武蔵家おぼえ書』中村春江著 中村春江 1979／稲村徹元「北陸金沢の生んだ雑誌索引の先駆：勧業諸報標目（石川県勧業博物館 明治24〜28年）」『びぶろす』39巻3号 1988.3

## 武藤 重勝
むとう・しげかつ

[生没年] 1904〜1990

1930年立教大学図書館に勤務，1945年京都に疎開，1949年復職。以後図書館司書，副館長，大学講師を勤めた。著作に『星祭：武藤重勝遺稿句集』（武藤ミゾノ，1992），『日向：武藤重勝遺稿詩集』（国文社，1991）がある。
【参考】「Column立教人物誌 武藤重勝」『立教学院史研究』2号 2004.3

## 武藤 正治
むとう・まさはる

[生没年] 1879〜1945

[出身地] 岡山県
[学歴] 1899年陸軍士官学校卒業

1913年予備役となり, 1914年岡山県立図書館司書。「軍人司書」といった周囲の心配を余所に, 諸制度を改革する。1914年, 館外貸出制度を改正し保証金を減額, 分類カード1種類だった目録に, 書名カードと書込書冊目録の2種を追加, さらに冊子体の『岡山県立戦捷記念図書館和漢図書目録』(岡山県立戦捷記念図書館, 1914)を刊行する。1918年, 佐野友三郎の指導を受け, 十進分類法を採用。1919年, 館内に図書指導者を置く。これは現在のレファレンス・サービスに相当する考え方で運営された。同年からは「附帯事業」として, 各種文化事業を実施。1921年館長。議会に働きかけ, 1923年の新館建設を成し遂げた。1924年からは, 飛行機による宣伝ビラ配布も行っている。1929年から1940年まで, 3部に分けて『外国の図書館界』『本邦の図書館界』『本県の図書館界』を刊行し, 克明な年間記録を残したことも特筆される。全国図書館大会, 県立図書館長会議などでも積極的に提案, 協議し, 名物館長として知られた。1941年退職。
【参考】『岡山県立図書館長・武藤正治事蹟』岡長平著 岡長平 2014

## 村尾 元長
むらお・げんちょう

[生没年] 1854〜1908

1872年開拓使に出仕。1880年書籍供覧会を組織し「思斉会」と称し, 1882年仮書籍縦覧所を開設する。1887年北海道庁に転出し, 札幌読書会の幹事となる。出版社「北海道同盟著訳館」を設立, 1891年北海道庁 (記録課長) を退職。

【参考】『北海道史人名字彙 下巻』河野常吉編著 北海道出版企画センター 1979

## 村岡 花子
むらおか・はなこ

[生没年] 1893〜1968

本名はな。児童文学者で, L.M.モンゴメリ『赤毛のアン』(三笠書房, 1952) の翻訳などで知られる。1952年家庭図書館「道雄文庫ライブラリー」を東京都大田区の大森に開設, この活動がやがて全国に広がることになる (1967年閉館)。1957年石井桃子, 土屋滋子, 福田なをみ, 浮田恭子などと家庭文庫研究会を創設し, 初代会長 (同会は1964年に解散し, 児童図書館研究会と合流)。新しく文庫をつくる人への支援などを行う。『アンディとらいおん』『いたずらきかんしゃちゅうちゅう』(ともに福音館書店, 1961) などを翻訳刊行し, 文庫運動に貢献。
【参考】『アンのゆりかご：村岡花子の生涯』村岡恵理著 新潮社 2015

## 村上 昭男
むらかみ・あきお

[生没年] 1906〜1980

1943年愛媛県立図書館, 1955年同館長補佐 (〜1969)。郷土史関係の人物, 物事を書き込んだメモを記すなど, 少ない資料で最大の効果をあげるために地道な努力を続けた。職員から「村上先生」と呼ばれ,「図書館の生き字引」とも評された。
【参考】村上昭男「図書館とともに20年」『愛媛読書通信』100号 1962.10／吉見八重「図書館員」『青炎：愛媛県図書館協会研修部会誌』復刻10・11合併号 1987.5

## 村上 勘兵衛
むらかみ・かんべえ

[生没年] ？〜？

京都の書肆。代々勘兵衛を襲名。日蓮宗関係仏書を中心に諸分野の書物を扱う。2代浄清に至り仏書などを出版、近世中期を代表する書肆に成長する。1668（寛文8）年，4代元信は法華宗門書堂を結成，その後単独で日蓮宗学書の版元となる。1872年集書会社発足人の一人。1873年集書院開院後も同社が運営。1876年今井太郎右衛門とともに集書院御用掛となる。1901年関西文庫協会『東壁』を発行。
【参考】『近世京都出版文化の研究』宗政五十緒著 同朋社出版 1982／『日本図書館史概説』岩猿敏生著 日外アソシエーツ 2007

## 村上 清造
むらかみ・せいぞう

[生没年] 1901〜1987
[出身地] 富山県
[学歴] 1922年富山薬学専門学校卒業

1922年から沖縄女子師範学校などで5年間，教員ののち，1927年母校の富山薬学専門学校図書課。図書室の改革に携わる。間宮不二雄など青年図書館員聯盟の人脈と親交を深めつつ，生涯を図書館運動に挺身した。同校図書室の一般公開など17項目の改革事項を『圕研究』に発表し，反響を呼んだ。学校と公共図書館の連携の必要性にも着目し，1931年に富山県図書館協会創立の発起人となり，以後の運動を牽引した。1940年富山県立図書館，1944年科学論文調査会，応召を経て1945年同校に再任。1949年以降は富山大学附属図書館薬学部分館長と兼務で教官として，「薬学文献学」などの講義も担当した。また，1965年には富山女子短期大学で図書館学課程の開講に尽力し，自ら助教授として司書の養成にあたった（〜1974）。
【参考】『富山県図書館運動史と図書館史』村上清造編著 富山県図書館協会 1961.11／『図書館と共に半世紀』村上清造著 富山県図書館協会 1981／参納哲郎「村上清造の公共図書館運動」『図書館界』27巻5号 1976.5

## 村上 忠順
むらかみ・ただまさ

[生没年] 1812〜1884

号は蓬廬。江戸時代後期の三河国の歌人，国学者で，刈谷藩医。『蓬廬雑鈔』（村上書写（他筆も混じる）による大叢書）や『古事記標註』（1874）など多くの著書がある。2万5千冊余の蔵書があり，旧蔵書は刈谷町へ寄贈される。1915年森銑三が刈谷町の図書館に採用され，整理した。
【参考】『愛知県史 別編 文化財4（典籍）』愛知県史編さん委員会編 愛知県 2015／『村上文庫図書分類目録』刈谷市立刈谷図書館編 刈谷市立刈谷図書館 1978

## 村上 寿世
むらかみ・ひさよ

[生没年] 1929〜1977

1986年頃からアメリカ合衆国のメリーランド大学図書館において，プランゲ文庫の責任者として文庫の資料整理に携わる。同文庫マネージャーとして雑誌，新聞の永久保存に精魂を傾けたが，児童図書目録出版の準備中に急死した。著作には「プランゲ文庫：占領軍検閲局に残された日本の出版物」（『図書館雑誌』89巻8号，1995.8）などがある。

【参考】『ゴードン・W.プランゲ文庫児童書目録：メリーランド大学図書館所蔵：占領期検閲児童図書1945-1949』村上寿世,谷暎子編 UMI 2003／鳥井幸雄「まだ見ぬ人：故村上寿世氏に捧ぐ：占領下の子ども文化（1945-1949）展開催報告」『図書館雑誌』95巻7号 2001.7

## 村上 英
むらかみ・ひで

[生没年] 1872〜1958

広島県竹原町長（1942〜1946）。郷塾の流れを汲む竹原書院の再興に尽力し，町立竹原書院図書館の初代館長（1929〜1946）。著書に『唐崎常陸介』（広島県教育会，1933）がある。

【参考】『広島県公共図書館史』森田繁登編著 森田繁登 2003

## 村木 榮四郎
むらき・えいしろう

[生没年] 1937〜2006

旧姓関塚。1960年国立国会図書館に入る。同館参考書誌部科学技術課に配属後，特別資料課長などを経て図書館研究所長（第4代，1992〜1995）。同研究所の調査研究プロジェクトに途を拓いた。1998年退官後専門図書館協議会勤務。

【参考】『満天の星を肴に』村木榮四郎著 潮流社 2008

## 村島 靖雄
むらしま・やすお

[生没年] 1885〜1936
[出身地] 東京府（東京都）
[学歴] 1910年東京帝国大学文科大学史学科卒業

本姓村嶋。警視で旧熊本藩士村島堅の長男。小松原英太郎文相のもと1910年に文部省学務局。1913年西村竹間の後任として帝国図書館司書官となる。1916年日本図書館協会の図書館講習会（第2回）で図書分類法を講じ，1921年開講の図書館員教習所でも図書分類法を担当（〜1924）。日本で最初の図書分類法専門家となり「日本のリチャードソン」といわれた。この間，日本図書館協会副会長も務める（1918〜1920）。山中樵の引責辞任を承け山中の推挙により1924年急遽，新潟県立図書館長となる。帝国図書館における経験から同年，同館に読書相談部（レファレンス担当）を新設，翌年には『越佐人名辞書』を起稿するなど館務の刷新を図る。1926年市議水沢三代吉の娘キヨと再婚。1933年新潟県史編纂委員，翌年図書館標準目録調査委員（文部省）などを歴任するも，1935年部下の背任で館長を引責辞任。日本図書館協会新潟県支部長，同評議員。著書に『図書分類概論』（芸艸会，1932）などがある。『越佐人名辞書』（越佐人名辞書刊行会，1939）は夫人らの手により死後完成した。夫人のキヨは戦後の衆議院議員の村島喜代。

【参考】「村島靖雄略歴」『越佐人名辞書』越佐人名辞書刊行会 1939／『新潟県立新潟図書館50年史』新潟県立新潟図書館編 新潟県立新潟図書館 1965／倉元正子「婦人参政権に幸あれ」『雪華の刻をきざむ』新潟女性史クラブ著 ユック舎 1989

## 村田 九十九
むらた・つくも

[生没年] 1854〜1940

1906年私立高岡図書館，高岡市立図書館司書（〜1934）。1907年に高岡市教育会が

小学校内に設置した私立高岡図書館の時代からの職員として夜間閲覧の開始や巡回文庫の開始などに尽力。
【参考】『高岡市立図書館創立五十周年記念関係綴』(高岡市立中央図書館所蔵)

## 村橋 ルチア
むらはし・るちあ

[生没年] 1919～1988

1939年京都帝国大学附属図書館, 1941年文学部図書室, 1966年附属図書館整理課洋書目録掛長, 1968年文学部整理掛長(～1983)。清水純一教授らとの共編『イタリア学文献目録』(京都大学イタリア文学研究室, 日本イタリア京都会館編, 日本オリベッティ, 1977)や「文学部図書室について」(『静修』(京都大学附属図書館), 6巻3号, 1969.9)などの著作がある。
【参考】『アナログ司書の末裔伝:図書館員は本を目でみて手でさわらなあかんよ:廣庭基介先生傘寿記念誌』花園大学図書館司書資格課程 2013

## 村林 彦之
むらばやし・ひこゆき

[生没年] 1864～1938

家督を相続したのち, 品川町会議員, 荏原郡会議員を経て東京府会議員。議員引退後は荏川町倶楽部に付設して開設した荏川町文庫の館長となる(1923～1933)。同文庫はのちに(財)六行会経営品川図書館, 1933年に東京市に移管され東京市立品川図書館となる。
【参考】野瀬里久子「庶民の町・品川に図書館をつくった人:村林彦之さんのこと」『みんなの図書館』147号 1989.8

## 村松 甚蔵
むらまつ・じんぞう

[生没年] 1869～1945

山梨県甲府の砂糖問屋に生まれる。1910年に舞鶴公園内に南塘文庫を設け館主となる。『黄塵紀行』(南塘文庫, 1938)を書いた村松増造は息子。
【参考】『山梨百科事典』増補改訂版 山梨日日新聞社編 山梨日日新聞社 1989

## 村山 実
むらやま・みのる

[生没年] ？～？

1919年早稲田大学図書館(～1944), 1962年海事振興会図書主任。1939年日本図書館協会から図書館勤続功労者表彰を受ける。
【参考】『簡約日本図書館先賢事典:未定稿』石井敦編著 石井敦 1995

## 【め】

## 目賀田 種太郎
めがた・たねたろう

[生没年] 1853～1926

明治, 大正期の官僚, 法律家。ハーバード大学を卒業後文部省に入省。1875年米国留学生監督として渡米, 翌1876年文部大輔田中不二麿に随行して教育制度を調査, またフィラデルフィア万国博覧会に参加, 書籍館について文部省に報告書を提出した(「書籍館ノ事」『教育雑誌』80号, 1878.10)。その後, 司法省を経て1883年大蔵省。1894年主税局長として日清戦

争後の税制整備にあたる。1904年貴族議員に勅選され，韓国政府財政顧問などを歴任。
【参考】加納正巳「明治前期図書館史研究資料の一考察：文部省雑誌を中心として」『静岡大学研究紀要』9号 1976.3／三浦太郎「明治初期の文教行政における図書館理解」『教育研究 青山学院大学教育学会紀要』 53号 2009.3／『男爵目賀田種太郎』故目賀田男爵伝記編纂会編 故目賀田男爵伝記編纂会 1938

## 目黒 重真
めぐろ・じゅうしん

[生没年]1828〜1901

福島県初の共立学校観海堂設立に尽力。1872年観海堂を設立後，有志を集い図書を備える。
【参考】『新地町史資料集』新地町史編纂委員会編 1982／『観海堂』新地町教育委員会 [2009]

# 【も】

## 毛利 高標
もうり・たかすえ

[生没年]1755〜1801

豊後国（大分県）佐伯藩の第8代藩主。1781年佐伯文庫を創設し，在任中に蔵書約8万巻余となる。没後，その一部は幕府に献上。廃藩置県で閉庫したが，佐伯市教育委員会に残存しているものがある。
【参考】『大分県図書館史』梅木幸吉著 梅木幸吉 1986／『佐伯藩』宮明邦夫著 現代書館 2010

## 毛利 宮彦
もうり・みやひこ

[生没年]1887〜1957
[出身地]愛知県
[学歴]1912年早稲田大学卒業

1912年早稲田大学図書館員，1915年ニューヨーク公共図書館附属ライブラリースクールに留学（〜1916），帰国後の1916年の全国図書館大会では「個人と公衆図書館」（『図書館雑誌』29号, 1917.2）を講演，レファレンスサービスについて紹介している。1917年同館を辞職し，1918年大阪毎日新聞社に入社，調査および図書室業務に携わる（〜1926）。退社後は図書館学研究に専念。1928年図書館事業研究会を起こし，『図書館学講座』を刊行。1942年陸軍士官学校文庫拡充のため，教授嘱託として参画。戦後は図書館職員養成所講師や早稲田大学教育学部講師として図書館学を講じた。著書には上記講座のほかに田中敬との共著『内外参考図書の知識』（図書館事業研究会, 1930），1936年に発表した十進分類表を改訂した『簡明十進分類表並索引』改訂増補版（図書館事業研究会, 1940）などがある。また，図書館施設，設備についても高い関心を示し，早稲田大学新図書館の設計図案を作成している（1916）。
【参考】『図書の整理と運用の研究』毛利宮彦著 図書館事業研究会 1936／中村初雄「毛利先生のことども」『図書館雑誌』51巻3号 1957.3／中西裕「図書館学者毛利宮彦の洋行」『学苑』792号 2006.10

## 本橋 清
もとはし・きよし

[生没年]1882〜1968

千葉県下の小学校訓導,校長,高等女学校の教員を経て1927年千葉県社会事業社会教育主事補,1929年千葉県立図書館司書(〜1936),1936年成田図書館(〜1940)。この間の1931年から千葉県図書館協会編『和漢洋図書分類表』(宝文堂書店,1933)の編集委員を務める。
【参考】『千葉県立中央図書館三十年略史：大正13年〜昭和30年』千葉県立中央図書館創立三十周年記念事業実施委員会編 千葉県立中央図書館創立30周年記念事業委員 1956／『成田図書館八十年誌』成田図書館 1981

## 本村 壽年
もとむら・ひさとし

[生没年]1935〜2005

鹿児島県立図書館司書(1959〜1967)。1967年に鹿児島女子短期大学講師,司書課程を担当。2003年に同短期大学教授を退職。
【参考】『村々に読書の灯を：椋鳩十の図書館論』椋鳩十著 本村寿年編 理想社 1997

## 桃木 武平
ももき・ぶへい

[生没年]1858〜1929

8歳のとき母の生家に養子に入り,造船業の家業を継ぐ。神戸市会議員をつとめたが(1892〜1893),病のため国史の研究に専念し,海事の沿革に関する資料を収集,1902年桃木書院図書館を設立した。1910年同館を閉鎖し,蔵書は神戸市立図書館などに寄付。関西文庫協会や日本文庫協会の会員でもあった。
【参考】『海事史料叢書 第20巻』住田正一編 巌松堂 1931／是澤範三「大阪府立中之島図書館蔵桃木武平自筆『桃木書院蔵書目録古典之部』解題と翻刻」『京都精華大学紀要』44号 2014.3／「桃木書院図書館」『KOBEの本棚：神戸ふるさと文庫だより』(神戸市立中央図書館)69号 2011.11

## 百村 轍弥
ももむら・てつや

[生没年]1879〜1951

山口県立山口図書館(1905〜1947)。佐野友三郎の死後,館長を代行した(1920)。編著に『防長知名人士索引 姓名ノ部』などがある。
【参考】『山口県立山口図書館100年のあゆみ』山口県立山口図書館編 山口県立山口図書館 2004

## 森 鷗外
もり・おうがい

[生没年]1862〜1922

本名林太郎。文学者。1916年軍医総監を退職後,1917年帝室博物館総長兼図書頭に任ぜられた。図書寮では勉強会を始め職員融和に努めるとともに自ら未整理古文書の整理や図書寮洋書目の作成に手を付ける。博物館では陳列法を改革するとともに,儒医の拙軒・村山徳淳(浅草文庫書籍掛なども務めた)が編纂した『博物館書目解題略』(博物館,1880)を見て自ら解題を執筆。『鷗外自筆帝室博物館蔵書解題』(ゆまに書房,2003)はその影印版。
【参考】『書庫のキャレル』澁川驍著 制作同人社 1997／住広昭子「鷗外の博物館書目解題に関連して」『アート・ドキュメンテーション通信』67号 2005.10

## 森清
もり・きよし

[生没年]1906〜1990
[出身地]大阪府
[学歴]1922年大阪市立実業学校卒業

「もり・きよし」とも表記。1922年間宮商店に就職、1927年青年図書館員聯盟の結成に参加、1928年その機関誌『圕研究』に「和洋図書共用十進分類表案」を発表、翌1929年に『日本十進分類法』(NDC)を間宮商店から公刊した。間宮商店主間宮不二雄の指示により、1927年より間宮文庫の整理に従事、デューイの十進記号法を基礎としながら、カッターの展開分類法の主題配列を取り入れて、日本の図書館に適する分類法としてNDCを考案した。NDCは、森が中心となって1931年訂正増補2版、1935年同3版、1939年同4版、1942年同5版と改訂が重ねられた。また戦後は、日本図書館協会分類委員会委員として、NDC新訂6版から8版の改訂作業に関与した。1931年から鳥取県立鳥取図書館、1934年から神戸市立図書館にそれぞれ勤務し、NDCの導入などを担った。さらに1938年に上海日本近代科学図書館に、1939年に華中鉄道(株)に転じ、図書館新設に携わった。敗戦後日本に引き揚げ、1946年市川市立図書館開設準備を経て、1947年帝国図書館に入った。1948年国立図書館、1949年国立国会図書館。同館ではおもに整理部に属し、『国立国会図書館所蔵明治期刊行図書目録』(国立国会図書館、1971-1976)の編纂などを担当した。この間、各地の司書講習講師などを務め、同館退職後は法政大学、青葉女子短期大学司書課程の教員となり、後進の育成にあたった。NDC以外の著作には『日本著者記号法』(日本図書館協会、1951)、『NDC入門』(日本図書館協会、1982)などがある。

【参考】「もり・きよし年譜」「もり・きよし著作・雑記目録」『知識の組織化と図書館:もり・きよし先生喜寿記念論文集』もり・きよし先生喜寿記念会 1983／『司書55年の思い出』もり・きよし著 もり・きよし氏を偲ぶ会 1991／「シンポジウムもり・きよし:生誕100年」『図書館文化史研究』24号 2007.9

## 森耕一
もり・こういち

[生没年]1923〜1992
[出身地]鹿児島県
[学歴]1945年京都帝国大学理学部卒業

和歌山県立医科大学助教授などを経て、1961年大阪市立中央図書館整理課長に転身。1964年に大阪市立天王寺図書館長、1971年には大阪市立中央図書館長に就任し、自動車文庫や各区の図書館整備に尽力した。1977年より京都大学教育学部助教授、翌年より教授。1987年から1992年まで光華女子大学で多くの図書館員を養成した。1950年代から長きにわたり、日本図書館協会常務理事や日本図書館研究会理事長を歴任し、「図書館の自由に関する宣言」1979年改訂や「図書館員の倫理綱領」の策定では中心的役割を担う。初期の研究においては、目録整理における記述独立方式の提唱など整理技術を主な対象としていたが、次第に研究対象は公立図書館の理論や実践へと移行し、その研究範囲は多岐にわたった。英米図書館史、図書館基礎論、調査と統計、行政や経営など多くの論文や『図書館の話』(至誠堂、1969)をはじめとする多数の著書を執

筆するほか，S.R.ランガナタンの『図書館学の五法則』(日本図書館協会，1981) 翻訳出版など，公立図書館の発展，普及に寄与した。
【参考】『目録と分類の理論：森耕一と整理技術論の発展』森耕一追悼事業会編 森耕一追悼事業会 1993／『公立図書館の思想と実践』森耕一追悼事業会編 森耕一追悼事業会 1993／『図書館との半生：読書・思索・智命』森耕一著 森昌子 1993／「森耕一先生追悼」『図書館史研究』9号 1993.6

## 森 銑三
もり・せんぞう

[生没年] 1895～1985
[出身地] 愛知県
[学歴] 1911年工手学校予科修了

愛知県の刈谷図書館，名古屋図書館，代用教員などを経て，1926年文部省図書館講習所を卒業，東京帝国大学史料編纂所雇員となる。1939年，史料編纂所を辞し徳川家蓬左文庫に勤めたが，3年で退職し独立する。刈谷図書館では村上文庫を整理し，江戸の人物研究に関心を持つ。図書館講習所時代から，帝国図書館などを利用し，書物を読み，書くことを始めたが，江戸人物研究の資料は戦災で多くを焼失した。戦後は弘文荘に勤務する (1948～1975) 一方，西鶴研究を主とし，明治の文学風俗研究にも力を入れた。1950年から16年間，早稲田大学教育学部講師として書誌学を講じた。また，都立日比谷図書館が所蔵する加賀文庫および三古会を共宰した渡辺刀水旧蔵書簡などの資料を整理した。代表作に『おらんだ正月』(冨山房，1938) がある。『森銑三著作集』(中央公論社，1970-1972) は，第23回読売文学賞を受賞した。

【参考】『思ひ出すことども』森銑三著 中央公論社 1975／小出昌洋編「森銑三略年譜」『ももんが』30巻8号 1986.8／『森銑三著作集 続編16巻別巻1』森銑三著 中央公論社 1992-1995

## 森 博
もり・ひろし

[生没年] 1923～1971
[出身地] 岡山県
[学歴] 1943年東京高等師範学校卒業

高校教師ののち，1949年静岡県気賀町立図書館長 (～1953)。1953年再び高校教師に戻るが，1956年秋岡梧郎に説得され上京，大田区立池上図書館 (～1959)，洗足池図書館長 (1959～1964)。その後順天堂大学図書館主任司書 (1964～1965)，アメリカ合衆国のミシガン大学アジア図書館 (1965～1968)。帰国後は流通経済大学図書館司書長 (1969～1970)，都立日比谷図書館整理課長 (1970～1971)。同館に在職中に病死。この間日本図書館協会中小公共図書館運営基準委員会委員 (1960～1961)。また，東京都公立図書館長協議会では『東京都公共図書館の現状と問題点 1963』を清水正三とともに執筆，東京都の図書館政策を進める基盤を整備した。また，『日本の参考図書館』(日本の参考図書編集委員会，1962) の編集，執筆などにあたり，レファレンスサービスの発展にも寄与した。
【参考】「故・森博氏追悼特集」『図書館雑誌』65巻11号 1971.11／菅原勲「森博 略年譜」『図書館を創る力：都立中央図書館開館への記録』都立図書館の歴史を残すプロジェクト (都立図書館を考える会) 編 東京都庁職員労働組合教育庁支部日比谷分会 2013／奥泉和久「森博，図書館実践とその思想」『人物でたどる日本の図書館の歴史』小川徹[ほか] 著 青弓社 2016

## 森 睦彦

もり・むつひこ

[生没年]1933〜2003

東京都立日比谷図書館,法政大学文学部助手,のちに東海大学教授。相模女子大学講師,鶴見大学で司書講習講師などに携わり,司書養成に尽くす。著書に『参考業務及び演習』(樹村房,1982),『年刊人物文献目録』(日外アソシエーツ)の編集などがある。
【参考】『神奈川県人物・人材情報リスト1994』日外アソシエーツ 1993

## 森丘 覚平

もりおか・かくへい

[生没年]1874〜1927

幼名信義。1901年に富山県内初の公立図書館である下新川郡立図書館の設立に尽力,館長となる。のちに富山県議会議員,下新川郡議会議員,衆議院議員などを歴任。
【参考】『富山大百科事典 下巻』北日本新聞社 1994

## 森川 鉉二

もりかわ・げんじ

[生没年]1883〜1963

筆名美添紫気。1906年に巌谷小波の木曜会に参加,門下となり翌年には蔵書を子どもに開放して読み聞かせたこともあった。晩年の夏目漱石とも親交がある。1917年には石田幹之助とモリソン文庫引き取りに大陸に渡航。1922年には,翌年開館する市立名古屋図書館司書に任命され,名古屋に赴く。司書業務を行うなか児童の読書活動に関心が高く,口演童話活動に力を入れた。1940年退職後,蓬左文庫主任となり,戦後は国立国会図書館に勤めた。論文に「家庭に於ける児童の読書 上,下」(『市立名古屋図書館館報』28,29号,1926.4,5)がある。
【参考】『石田幹之助著作集 第4巻』石田幹之助著 六興出版 1986／「児童図書」『書物』森銑三,柴田宥曲著 岩波文庫 1997／文化科学研究所児童文化研究グループ「愛知の児童文化」資料集(その5)『文化科学研究』11巻1号 1999.12

## 森川 隆夫

もりかわ・たかお

[生没年]1884〜1932

京都帝国大学附属図書館(1915〜1919)。1919年大原社会問題研究所の図書主任(兼事務長)に転出し,創設期の図書整理を担った。のちに研究員。青年図書館員聯盟理事,評議員(1929〜1932)。1924年大阪図書館協会創立調査委員,1928年同協会理事。
【参考】人名簿『研究資料月報』(法政大学大原社会問題研究所)304号 1984.4／「訃報森川隆夫」『青年図書館員聯盟会報』6年1号 1933.1／森田俊雄「『大原文庫』をめぐって(第1部)大阪府立図書館収蔵までの道程：大原社会問題研究所と大阪府社会事業会館」『大阪府立図書館紀要』35号 2006.3

## 盛城 礼蔵

もりき・れいぞう

[生没年] ? 〜1926

旧姓西村。1913年東京市立本郷図書館。1923年から市立深川図書館主任。関東大震災で被害を受けた深川,京橋,一橋3館の復興計画に秋岡梧郎,島田邦平らと参

画したが病没。
【参考】『備忘録 大正13年12月起』江東区立深川図書館所蔵資料／奥泉和久「忘れられた図書館員, 田所糧助」『人物でたどる日本の図書館の歴史』小川徹［ほか］著 青弓社 2016

## 森崎 震二
もりさき・しんじ

[生没年]1923～2006
[出身地]東京府（東京都）
[学歴]1950年立教大学文学部英文科卒業

筆名もりさきしんじ。1941年東亜同文書院大学図書館に勤務（～1942）。中学教員を経て1950年国立国会図書館に入り目録畑を歩む。この頃から組合運動に邁進。1953年児童図書館研究会を結成, 1955年図書館問題研究会創立に参画。同研究会による『図書館用語辞典』(角川書店, 1982) の編纂を主導。日本図書館協会においては1950年代の図書館法改正運動に反対し, 1954年「図書館の自由に関する宣言」採択を擁護。1960年中小公共図書館運営基準委員会委員として公共図書館の館外サービス優先への途を拓き, 1985年から翌年にかけて同協会常務理事。1981年専修大学助教授に転じ1987年教授（～1994）。1985年学校図書館問題研究会結成呼びかけ人。理論肌で知られ活発に発言する一方, 反発も招いた。著作に戸田あきらとの共著『図書館活用学：本のある暮らし』(新日本出版社, 1982) などがある。
【参考】「森崎震二さんを偲ぶ」『みんなの図書館』357号 2007.1／『森崎震二さんの足跡をこれからの図書館につなげるつどい』「森崎震二さんの足跡をこれからの図書館につなげるつどい」実行委員会編『森崎震二さんの足跡をこれからの図書館につなげるつどい」実行委員会 2007／「特集 国会議事堂と国会図書館の細胞 秘密はここからつつ抜けている」『全貌』13巻6号 1964.6／「森崎震二さん〔訃報〕」『しんぶん赤旗』2006.6.30

## 森田 桂園
もりた・けいえん

[生没年]1812～1861

本名岡太郎。江戸時代末期の幕臣。1838（天保9）年聖堂試験甲科及第, 同年学問教授方出役。のちに学問所勤番など。1860（万延元）年に日米通商条約批准書交換のため渡米の新見正興の随員となる。『亜行日記』で西洋の図書館に「書籍館」のことばを充てた。
【参考】『幕末維新人名事典』学芸書林 1978／三浦太郎"「書籍館の誕生」：明治期初期におけるライブラリー意識の芽生え」『東京大学大学院教育学研究科紀要』38巻 1998.3

## 森田 宗治
もりた・むねじ

[生没年]1903～？

1924年北海道帝国大学附属図書館雇（任官の年不明）, 1940年庶務課に移る。日本図書館協会, 青年図書館員聯盟会員。
【参考】『近代日本図書館の歩み：地方篇』日本図書館協会編 日本図書館協会 1992

## 森戸 辰男
もりと・たつお

[生没年]1888～1984

1919年大原社会問題研究所常務理事, 衆議院議員（1946～1950）, 片山内閣, 芦田内閣の国務大臣, 文部大臣（1947～1948）を務める。広島大学学長（1950～1963）ののちに日本図書館協会会長（1964～1979）。
【参考】叶沢清介「森戸辰男前会長のご逝去

を悼む」『図書館雑誌』78巻7号 1984.7／『森戸辰男とその時代』森戸文書研究会編 森戸文書研究会 2000

## 森永 種夫
もりなが・たねお

[生没年]1906～1995

中学, 高校教員を経て県立長崎図書館長（1954～1960）。その後長崎県立教育研究所長。長崎図書館で長崎奉行所関係記録に出合い『犯科帳』全11巻（犯科帳刊行会, 1958～1962）を刊行。このほかにも『長崎幕末史料大成』全5巻（長崎文献社, 1969-1971）など同館所蔵資料の刊行, また新館建設に尽力した。『犯科帳』（岩波新書, 1962）などの著書多数。
【参考】『県立長崎図書館50年史』県立長崎図書館編 県立長崎図書館 1963／『郷土歴史人物事典 長崎』深潟久著 第一法規出版 1979／『文化人名録』第26版 日本著作権協議会 2001

## 森本 慶三
もりもと・けいぞう

[生没年]1875～1964

内村鑑三に師事し, 1926年津山基督教図書館を設立。公共図書館の機能を有し, 無教会主義の文献収集に特色があった。同館は1944年, 憲兵隊によって「反戦社会施設」とみなされ建物全部が接収された。
【参考】『津山基督教図書館五十年誌』森本謙三編 津山基督教図書館 1976／『津山基督教図書館五十年誌・別冊』森本謙三編 津山基督教図書館 1977

## 森本 謙蔵
もりもと・けんぞう

[生没年]？～？

東京帝国大学附属図書館を経て明治大学図書館司書, 司書長（1933～1944）。1938年全国高等諸学校図書館協議会第14回大会における, 文部省諮問「時局に鑑み図書館国策樹立の件」答申案作成委員。
【参考】『明治大学図書館史：図書館創設120年記念 年譜編』明治大学図書館120年史編集委員会編 明治大学図書館 2008

## 盛本 重康
もりもと・しげやす

[生没年]1896～1952

小学校教員を経て, 1939年富山市立図書館司書。1943年, 同館が県立図書館へ併合され富山県立図書館司書, 首席司書（1943～1952）。戦中戦後の激動期に蔵書の疎開と復帰, 館舎焼失と再建, 県立図書館の分館制度, 移動図書館設置などに中核的役割を果たした。
【参考】「疎開～戦災より復帰まで」『富山県中央図書館報』82号 1949.12／中川喜久江「盛本重康（1896～1952）」『富山県図書館協会創立50周年記念誌』富山県図書館協会 1981

## 森本 寿一
もりもと・じゅいち

[生没年]1882～1943

1926年山口県の町立岩国図書館長（～1943）。1927年夜間開館の実施, 町内にビラを配布するなど読書宣伝につとめた。
【参考】『岩国図書館八十年史』岩国市立岩国図書館編 岩国市立岩国図書館 1991／『簡約日本図書館先賢事典：未定稿』石井敦編著

石井敦 1995

## 守屋 恒三郎
もりや・つねさぶろう

[生没年] 1879～1924
[出身地] 京都府
[学歴] 1905年東京帝国大学文科大学哲学科卒業、1911年同大学院退学

1909年日比谷図書館事務嘱託となり、1910年に東京市視学、教員養成所講師を兼ねる。1911年に東京市立日比谷図書館長に就任、1913年に東京市の巡回文庫施行の方針を推進。1914年東京市教育課長となり、1915年日比谷図書館の館頭となった今澤慈海とともに東京市立図書館組織改正を実施、日比谷図書館を中心とした東京市立図書館網を構築した。この組織改正によって図書の選択方式を改良し、印刷カードなどの仕組みを確立、同盟貸附とよばれる相互貸借制度が新設された。1918年東京市小学校長米国派遣団団長として渡米、1919年東京市教育課長を辞任、静岡県立静岡中学校長に転じた。1923年北海道大学附属予科教授に任命されたが、同年休職。
【参考】『大正人名辞典』第3版 東洋新報社 1917／「東京市の巡回文庫：只で本が読める」『東京朝日新聞』1913.5.9／『東京市立図書館一覧』大正15年 1926／吉田昭子「東京市立図書館の統一的運営：1915年－1919年」『Library and Information Science』73号 2015.6

## 森山 慶三郎
もりやま・けいざぶろう

[生没年] 1870～1944

第二戦隊司令官などを経て、1920年呉工廠長（海軍中将）。海軍共済組合呉会館に森山文庫を寄贈し、1924年簡易図書館開館。
【参考】『日本海軍将官辞典』福川秀樹著 芙蓉書房出版 2000／『広島県公共図書館史』森田繁登編著 森田繁登 2003

## 諸橋 轍次
もろはし・てつじ

[生没年] 1883～1982

東京高等師範学校を卒業後、同校にて漢学の指導にあたる。1921年静嘉堂文庫長、1932年東京文理科大学附属図書館長、1960年都留文科大学学長など、数々の要職に就く傍ら『大漢和辞典』全13巻（大修館書店）を、空襲による組版の焼失などの辛苦を経て、1960年に完成。
【参考】『諸橋轍次博士の生涯』漢学の里・諸橋轍次記念館編 下田村 1992

# 【や】

## 谷貝 忍
やがい・しのぶ

[生没年] 1939～2013
[出身地] 茨城県
[学歴] 1963年東京大学教育学部卒業

東京大学教育学部で宮原誠一の影響を受ける。1963年水海道市（常総市）教育委員会社会教育主事となり、青年教育に従事した。1981年水海道市立図書館長となり、「市民のための図書館づくり」を行った。1995年水海道市教育委員会教育次長（～1996）。1997年日本大学文理学部教授（～2004）。明治大学文学部講師（1980～1997）などを歴任した。著作に「公民館

図書室の現状と課題：ある仲間たちへの手紙」（『図書館雑誌』75巻10号, 1981.10），「登録率30パーセントの秘密」（『みんなの図書館』80号, 1984.1），「公民館と図書館の協同をめぐって：社会教育施設計画論からの一提言」（『月刊社会教育』390号, 1989.2）などがある。
【参考】『いしくれ：谷貝忍が耕してきたもの』谷貝忍論稿集刊行会編 同時代社 2014／遠藤俊夫「谷貝忍 根腐れぬ実践家」『人物でつづる戦後社会教育』「月刊社会教育」編集委員会編 国土社 2015

## 八木 佐吉
やぎ・さきち

[生没年] 1903～1983

1916年丸善入社，洋書関係の業務に従事。1951年，戦争のため休刊していた『学鐙』の復刊に携わる。1965年，本についての本を集めた丸善「本の図書館」館長に就任した。著作（編著）に『書物語辞典』（丸善, 1983）などがある。
【参考】「八木佐吉氏追悼」『図書館と本の周辺』10号 1984.5／『20世紀日本人名事典 そ－わ』日外アソシエーツ編 日外アソシエーツ 2004

## 八木 秀次
やぎ・ひでつぐ

[生没年] 1886～1976

電気通信工学者，実業家，政治家。1942年東京工業大学学長，1946年大阪帝国大学総長などを務め，1952年には八木アンテナ（株）を設立，社長となる。国際十進分類法協会初代会長（1950～1961）などを歴任した。
【参考】『社団法人情報科学技術協会五十年史』情報科学技術協会編［情報科学技術協会］2000／『20世紀日本人名事典 そ－わ』日外アソシエーツ編 日外アソシエーツ 2004

## 柳生 四郎
やぎゅう・しろう

[生没年] 1906～1999

1938年東京帝国大学附属図書館に入職（～1981）。著作に「一高校図書館の素描：エーカース先生の視察の日まで」（『図書館雑誌』45巻9号, 1951.9），朝倉治彦との共編『幕末明治研究雑誌目次集覧』（日本古書通信社, 1968）などがある。
【参考】『図書館再建50年：1928-1978』東京大学附属図書館編 東京大学附属図書館 1978／八木福次郎「追悼柳生四郎さん」『日本古書通信』843号 1999.10／『20世紀日本人名事典 そ－わ』日外アソシエーツ編 日外アソシエーツ 2014

## 矢島 玄亮
やじま・げんりょう

[生没年] 1904～2001

和漢書誌学者。東北帝国大学および東北大学附属図書館（1932～1965），東北大学文学部助教授（1965～1967）。著作に『日本国見在書目録：集証と研究』（汲古書院, 1994）などがある。
【参考】石田義光「図書館の矢島玄亮先生」『図書館学研究報告』（東北大学附属図書館）1号 1968.9／東北大学附属図書館「主要特殊文庫紹介 矢島文庫」(http://www.library.tohoku.ac.jp/)

## 屋代 弘賢
やしろ・ひろかた

[生没年] 1758～1841

塙保己一に学んだ江戸後期の国学者。古典籍の書誌学的研究に優れ,『群書類従』(1819)正編・続編の編纂,校訂に従事した。蔵書家としても知られ,上野は不忍池畔の屋敷内に3棟の書庫を建て,「不忍文庫」と称し,5万8千余巻に及ぶ図書を収めていた。
【参考】『森銑三著作集 第7巻人物篇7』森銑三著 中央公論社 1971

## 保井 芳太郎
やすい・よしたろう

［生没年］1881～1945

奈良県王寺町の郷土史家。大和史に関する膨大な古文書,古瓦を集め,保井文庫と称した。没後,史料の多くは天理図書館に移管。
【参考】『天理図書館四十年史』天理図書館編 天理大学出版部 1975／岡島永昌「保井芳太郎のコレクション形成とその背景」『文人世界の光芒と古都奈良：大和の生き字引・水木要太郎』久留島浩［ほか］編 思文閣出版 2009

## 安江 良介
やすえ・りょうすけ

［生没年］1935～1998

岩波書店(1958～1967),美濃部亮吉東京都知事特別職秘書を務め(1967～1970),1971年に岩波書店再入社。『世界』編集長を経て代表取締役社長(1990～1997)。この間,電子ライブラリーコンソーシアム会長(1992～1997)などを歴任。
【参考】『安江良介：その人と思想』安江良介追悼集刊行委員会編 安江良介追悼集刊行委員会 1999

## 安田 善次郎（2代目）
やすだ・ぜんじろう

［生没年］1879～1936

幼名善之助。初代安田善次郎（安田財閥創業者）の長男。実業家,古典籍収蔵家。1923年安田銀行,安田信託などの事業を継承。安田家本邸内に,東西の座元の興行記録や歌舞伎に関する写本を収蔵した松廼屋文庫は,関東大震災(1923)により全焼。以後,1926年頃からは西荘文庫旧蔵の五山版などの善本を購入。これが安田文庫の起源である。川瀬一馬らの協力もあり,古典籍資料を収集し全国屈指の善本文庫となった。1945年東京大空襲にて焼失。
【参考】川瀬一馬「安田文庫自責悔悟の記」『かがみ』31号 1994.3／『日本古代中世人名辞典』平野邦雄,瀬野精一郎編 吉川弘文館 2006

## 保田 徹
やすだ・てつ

［生没年］1868～？

和歌山県有田郡の開業医。1904年保田文庫を設立。家伝来の図書とともに,新刊書を購入し,児童を含む地域住民に公開した。
【参考】「保田文庫：有田郡唯一私立文庫」『［和歌山県立図書館］図書館報』3号 1921.9／『有田医師会50年記念史』有田医師会50年記念史編纂委員会編 有田医師会 2000

## 矢田 績
やだ・せき

［生没年］1860～1940

福澤諭吉門下の経済人。新聞記者を経て

三井銀行名古屋支店長など。退職後に私財を投じ、1922年に（財）名古屋公衆図書館を設立。戦前の旧蔵書は、名古屋市鶴舞図書館が所蔵。著書に『福澤先生と自分』（名古屋公衆図書館、1933）などがある。名古屋西図書館には矢田宛て福澤諭吉自筆書簡などの関係資料がある。
【参考】伊豆令三［ほか］「公衆図書館から90年：往時の記憶をたどる」日本図書館研究会愛知研究例会209回例会発表資料 2015.12.16／『西図書館50年誌』名古屋市西図書館編 名古屋市西図書館 1975

## 八木 兼次
やつぎ・けんじ

[生没年] 1879〜1957

小学校訓導を経て佐世保市立佐世保図書館司書（1918〜1945）。
【参考】「教育勅語煥発50周年記念道府県図書館関係者表彰」『図書館雑誌』34年11号 1940.11／『簡約日本図書館先賢事典：未定稿』石井敦編著 石井敦 1995

## 柳 二郎
やなぎ・じろう

[生没年] 1913〜？

栃木県教育会図書館出納手、書記を務め1939年退職。著作に『大正以降栃木県図書館年表』（下野印刷、1939）がある。
【参考】『会務報告書 自昭和14年4月1日至昭和15年3月30日』栃木県教育会 1940／『栃木県学事関係職員録』昭和11年度-昭和14年度 栃木県教育会 1936-1939

## 柳沢 保承
やなぎさわ・やすつぐ

[生没年] 1888〜1960

奈良県郡山町長（1947〜1949）。1960年（財）郡山城史跡・柳沢文庫保存会を発足。翌年に柳沢文庫を地方史誌専門図書館として復興させた。
【参考】『柳沢文庫30年のあゆみ』郡山城史跡・柳沢文庫保存会編 郡山城史跡・柳沢文庫保存会 1992

## 柳沢 保恵
やなぎさわ・やすとし

[生没年] 1870〜1936

統計学者。貴族院議員、東京市会議員、第一生命保険社長などを歴任。1902年私立図書館柳沢文庫を奈良県郡山町の別邸内に開設。英字新聞まで備えた画期的な施設であり、中学校の生徒や教師に利用された。同文庫は1961年地方史誌専門図書館として再出発した。
【参考】『柳沢文庫30年のあゆみ』郡山城史跡・柳沢文庫保存会編 郡山城史跡・柳沢文庫保存会 1992

## 柳田 國男
やなぎた・くにお

[生没年] 1875〜1962

民俗学者。法制局参事官在任中のうち1910年から1914年まで内閣記録課長を兼務し内閣文庫を管理する立場になる。記録や写本を読み漁り、利用者として目録の不備を痛感して、その作製を企画する。異例なことに課長自ら図書カードを作成していた。さらに蔵書中の随筆雑書の内容細目集を下僚に作らせている。1911年の新書庫へ移転の際に図書の配列方法を整備した。
【参考】『飯澤文夫書誌選集』飯澤文夫編著 金沢文圃閣 2015

## 柳田 光之助
やなぎだ・こうのすけ

[生没年] ？〜？

1907年逓信省図書室勤務。1925年大蔵省文庫の高楯俊らによって結成された官庁図書館協議会に参加。
【参考】『簡約日本図書館先賢事典：未定稿』石井敦編著 石井敦 1995／「官庁図書館協議会」『図書館雑誌』85号 1926.12

## 柳原 浩夫
やなぎはら・ひろお

[生没年] ？〜？

1892年，山口県にキリスト教を中心とした図書館を設立。信者を対象としたが，あまり長く続かなかったとされる。
【参考】『山口県図書館史稿』升井卓彌著 升井卓彌 1990

## 矢野 勝太郎
やの・かつたろう

[生没年] 1871〜1945

1896年貴族院庶務課勤務。図書係として貴族院図書室を運営。1939年退職。1922年全国図書館大会で20年以上図書館従事により表彰。
【参考】『簡約日本図書館先賢事典：未定稿』石井敦編著 石井敦 1995／「貴族院理事官矢野勝太郎官等陞叙並免官ノ件」1939年5月31日「任免裁可書・昭和十四年・任免巻八十二」(任B02525100) 国立公文書館デジタルアーカイブ (http://www.digital.archives.go.jp/)

## 矢橋 亮吉
やばし・りょうきち

[生没年] 1867〜1949

1898年岐阜市の濃飛農工銀行支配役。1901年矢橋大理石店を創業。大理石王と呼ばれた。1923年北川弥三松を援助して岐阜簡易図書館を設立。
【参考】『矢橋南圃翁伝』森義一著 矢橋大理石商店 1965／『郷土歴史人物事典 岐阜』吉岡勲編著 第一法規出版 1980

## 山岡 寛章
やまおか・ひろあき

[生没年] 1915〜1982

1941年，蒙彊(もうきょう)の張家口(ちょうかこう)，日本高等女学校教員。戦後は鳥取県立河北農業学校教諭などを経て，1951年千葉県東葛飾郡行徳町立行徳中学校教諭。同校では図書館を創設，活発な活動を展開。1956年市川市立図書館第2代館長(〜1972)。「おかあさんの本棚」(1958)を設け，市川市読書会連絡協議会の発足(1960)に尽力するなど母親と子どもの利用促進につとめた。著書には『お母さんの読書会：そのもち方・すすめ方』(文教書院，1963)などがある。
【参考】渕上千津「図書館経営と読書会活動にかけた生涯：読むこと，書くこと，話すこと：山岡寛章先生」『千葉教育』402号 1991.11

## 山岡 亮三郎
やまおか・りょうざぶろう

[生没年] 1877〜1945

1905年から京都帝国大学法科大学および法学部に勤務。1929年から1935年までは大阪商科大学初代図書課長としてゾンバルト文庫をはじめとする蔵書の整理業務に

携わった。長男は農業経済学者山岡亮一。
【参考】『大阪市立大学百年史 部局編 下巻』大阪市立大学百年史編集委員会編 大阪市立大学 1983／『学窓の灯』山岡亮一著 高知新聞社 1984

## 山鹿 誠之助
やまが・せいのすけ

[生没年]1885～1956

新村出を深く尊敬していたことから，1912年新村が図書館長を務める京都大学附属図書館に司書として就職，1920年司書官。同館が主催する図書館の企画実施，和漢書，洋書の総合目録の編集に尽力。1936年新村館長の定年退官に伴い翌1937年に依願免官。以後嘱託として1944年まで勤務。この間武田製薬(株)の委嘱を受け，内藤湖南旧蔵書「恭仁山荘善本解説」を執筆。松浦史料博物館理事などを歴任。著作には黒田源治との校註『江漢西遊日記』(司馬江漢著，坂本書店，1927)，山鹿の解説による『新修恭仁山荘善本書影』(杏雨書屋編，武田科学振興財団，1985)などがある。
【参考】羽田明「山鹿誠之助氏略伝」『新修恭仁山荘善本書影』杏雨書屋編 武田科学振興財団 1985

## 山県 二雄
やまがた・つぎお

[生没年]1910～1991

1929年金光教徒社に入社。1943年金光図書館創設と同時に館長金光鑑太郎を助け，多彩な活動を展開。また，館報『土』を創刊時(1948)より編集した。日本図書館協会整理ツール作成委員を務め，1985年より同参与。著書には『図書館をめぐる日本の近世』(山県二雄，1981)などがある。
【参考】秋田征矢雄「山県二雄」『岡山県歴史人物事典』山陽新聞社 1994

## 山木 徳三郎
やまき・とくさぶろう

[生没年]1883～?

東洋汽船などの乗務員を7年務めたのち，1912年兄の戸川秋骨の紹介で筆写生として慶應義塾図書館に入り，1944年退職までのほとんどを閲覧係で過ごした。1915年頃には筆写生に神代種亮(1883～1935)もいた。1938年日本図書館協会図書館勤続功労者。
【参考】『慶應義塾図書館史』慶應義塾大学三田情報センター 1972／『塾員名簿 1965』慶應義塾 1965

## 山極 花子
やまぎわ・はなこ

[生没年]?～?

東京帝国大学附属図書館に勤務(1935～1937)。著作に「米国で見た日食の思ひ出」(『天界』16巻179号，1936.2)がある。
【参考】『図書館総覧』天野敬太郎編 文教書院 1951／『図書館再建50年』東京大学附属図書館編 東京大学附属図書館 1979

## 山口 精
やまぐち・せい

[生没年]1876～1964

美濃陶器組合嘱託として清韓各地を視察後，1906年に統監府治下の大韓帝国に渡り，1909年京城日本人商業会議所書記長に就任。同年会議所内に京城文庫を開館。1911年新築移転し，京城図書館と改称，私

財で運営。1919年の閉館時，蔵書数は約1万6千冊で当時最大。活動も活発で，利用者は日本人8割，朝鮮人2割。蔵書の多くは，尹益善，李範昇らが1920年に独自に設立した京城図書館に継承された。著書には『京城図書館概況』（京城図書館, 1916）などがある。
【参考】宇治郷毅「近代韓国公共図書館史の研究：開花期から1920年代まで」『参考書誌研究』30号 1985.9

## 山口 浜三郎
やまぐち・はまさぶろう

[生没年]1903～？
1923年東京商科大学に勤務，1927年書記兼司書となる。1944年には神宮皇學館大学書記，同大学が廃学となる1946年退官。その後三重大学に勤務，1965年辞職。著作に「大学図書館の動向について」（『東海地区大学図書館協会誌』9号, 1964.3）がある。
【参考】「退官者調書」（国立公文書館蔵「高等官進退」所収）／『三重大学学報』58号 1965.3

## 山崎 義人
やまざき・よしと

[生没年]1909～2004
宮内省図書寮，学習院書記，同院図書館勤務を経て1944年より郡山市図書館司書となる。その後，館長心得（1948～1951）を経て館長（1951～1966）。また，1948年福島県立図書館郡山分館長。このほか郡山市史編集委員，同編集室長（兼務）などを歴任。日本図書館協会理事長賞（1961），北日本図書館連盟会長賞（1963）などを受賞。

【参考】『私の本の履歴書』山崎義人著 山崎義人 1995／『郡山市図書館45年の歩み 資料編』山崎義人編著 郡山市中央図書館 1992

## 山里 澄江
やまさと・すみえ

[生没年]1932～2010
北海道大学農学部ウエストコット・ライブラリー（1960～1987），アメリカ議会図書館記述目録部（1963～1964），エヴァンストン大学図書館（1968～1970），帝京大学文学部社会学科教授（1987～2002）を歴任。北海道大学教育学部，北海学園大学，北海道武蔵女子短期大学などで図書館学を講じた。翻訳書に孫承哲著『近世の朝鮮と日本：交隣関係の虚と実』（明石書店, 1998）がある。
【参考】「追悼・山里澄江先生」『北の文庫』55号 2012.1

## 山下 寛次郎
やました・かんじろう

[生没年]？～？
1934年千葉県立図書館（～1941），1941年（私立）公正図書館。「読書倶楽部秋季視察記」（『千葉文化』3巻6号, 1941.11）などの著作がある。
【参考】『簡約日本図書館先賢事典：未定稿』石井敦編著 石井敦 1995

## 山下 栄
やました・さかえ

[生没年]1924～1979
[出身地]愛媛県
[学歴]1945年関西大学専門部法学部卒業
1931年文部省図書館講習所を卒業し, 大

阪帝国大学附属図書館(～1941)。1941年日本貿易振興会付設貿易研究所資料主任、資料課長代理(～1947)を経て1947年神戸市立図書館(～1958)、1958年尼崎市立図書館長(～1967)。退職後は1967年武庫川女子大学・短期大学教授(～1976)。また、文部省図書館専門職員養成講習講師のほか京都大学教育学部などの非常勤講師を務めた。青年図書館員聯盟件名標目委員会委員(1938)、同聯盟理事(1942～1944)、日本図書館研究会理事(1948～1969)、同理事長(1963～1969)、日本図書館協会件名標目委員会委員長(1953～1979)などを歴任。著作には『件名目録の作り方』(蘭書房、1953)などがある。「NDC賞」受賞(1962)。
【参考】『山下栄図書館論集』『山下栄図書館論集』刊行会 1985／木寺清一「また一人消えた反骨の館人仲間：山下栄君を憶う」(山下栄氏追悼号)『図書館界』31巻2号 1979.7

## 山下 信庸
やました・のぶつね

[生没年]1906～1991
[出身地]神奈川県
[学歴]1930年東京帝国大学経済学部卒業
大学で河合栄治郎に師事。卒業後日本生命本社に勤務するが結核で療養生活に入る。1939年から内閣興亜院、大東亜省などに勤務。戦後衆議院事務局を経て1948年国立国会図書館に入り、岡田温受入整理部長、白銀朝則専門調査員らのもとで納本制度の確立に尽力(～1950)。民間出版物に「代償金」と「過料」を新設し、布川角左衛門(岩波書店)らの意見を踏まえ納本目的を「文化財の蓄積と利用」と明示する同館法改正を1949年に実現させた。1951年の二大取次が納本実務を代行する「一括納入方式」導入にも関与。1959年には他部局の所管だった官庁納本も束ねる収書部長に就き6年間在職。さらに同部司書監、1972年退職。同年から1982年まで獨協大学教授。著作に私家版の『図書館の自由と中立性』([山下信庸]、1983)などがある。
【参考】中林隆明「国立国会図書館と戦後納本制度の成立」『人文・社会科学論集』(東洋英和女学院大学)25号 2008.3／『激動の片隅で』山下信庸著 山下信庸 1985

## 山下 美代藏
やました・みよぞう

[生没年]1872～1959
山口県厚狭郡厚狭町で農家を営み、町会議員、学務委員。息子が陸軍航空隊で殉職し、下賜金を図書館建設費として町に寄付。1933年山下記念町立厚狭図書館として完成。
【参考】『山口県図書館史稿』升井卓彌著 升井卓彌 1990／『角川日本姓氏歴史人物大辞典：山口県』竹内理三編 角川書店 1991

## 山下 隆吉
やました・りゅうきち

[生没年]1904～1997
新潟県立新潟図書館司書(1924～1936)。台湾総督府および(財)南方資料館(1936～1945)を経て、新潟市立舟江図書館(1951～1965)、1956年館長事務取扱、1958年館長。山下太郎名で「南方文献と目録上の諸問題」を『図書館雑誌』(36年6、7、12号、37年5号、1942.6-1943.5)に4回にわたり発表。これにより日本図書館協会総裁賞を受賞。編著に『蒲原神社史』(蒲原神社、1981)など新潟市の歴史関係著作が

ある。
【参考】『新潟市立図書館の歩み:沼垂図書館創立70周年記念誌』新潟市立沼垂図書館編 新潟市立沼垂図書館 1995／加藤一夫「日本の旧海外植民地と図書館:東南アジアの図書館接収問題を中心に(未定稿)」『参考書誌研究』49号 1998.3

## 山田 脩蔵
やまだ・しゅうぞう

[生没年]1885～?

学習院雇図書課(1906～1918)，学習院官制改正に伴い女子学習院書記，図書課勤務(1918～1934)。

【参考】第27回全国図書館大会記事『図書館雑誌』27巻7号 1933.7／『簡約日本図書館先賢事典:未定稿』石井敦編著 石井敦 1995

## 山田 清吉
やまだ・せいきち

[生没年]1900～2001

東京鉄道局勤務。青年期から行方沼東らと同人雑誌に参加し，鈴木三重吉，水野葉舟らと親交があった。1941年2度目の応召で漢口第51兵站警備隊。武漢兵站副官時の1943年，日本軍としては珍しい軍人向け図書館「つはもの文庫」を開設。終戦時1万冊を所蔵した。著作に「[水野葉舟]年譜，参考文献」『明治文学全集 72』(筑摩書房, 1969)，『武漢兵站』(図書出版社, 1978)がある。

【参考】松葉重庸「山田清吉氏の幼い頃の思い出」『成田市史研究』26号 2002.3

## 山田 珠樹
やまだ・たまき

[生没年]1893～1943

1925年東京帝国大学附属図書館司書官，文学部助教授(～1936)。仏文学者として著名。

【参考】土井重義「あゝ山田先生」『図書館雑誌』38年1号 1944.1／『簡約日本図書館先賢事典:未定稿』石井敦編著 石井敦 1995

## 山田 常雄
やまだ・つねお

[生没年]1941～1988

名古屋大学プラズマ研究所を経て(1964～1966)，岐阜大学図書館(1966～1983)。のちに兵庫教育大学図書館(1983～1985)，北海道大学附属図書館学術情報課長(1985～1987)，東京工業大学附属図書館整理・情報管理課長(1987～1988)。在官中に死去。図書館業務の電算化に尽力する。翻訳書に『現代図書館分類法概論』(J.ミルズ著, 日本図書館研究会, 1982)がある。

【参考】「山田常雄書誌」『北の文庫』15号(山田常雄追悼号) 1989.7／堀込静香編「山田常雄氏略年譜」『分類と索引とデータベース:山田常雄氏追悼論集』山田常雄[ほか]編 山田常雄氏追悼集刊行会 1990

## 山田 正佐
やまだ・まさすけ

[生没年]1900～1942

1922年文部省図書館員教習所修了。同年大阪毎日新聞社(～1923)。毛利宮彦のもとで図書室に勤務。東京市立日比谷図書館(1923～1930)，本所図書館主任(1931～1936)，同館長(1936)。淀橋図書館長

（1937〜1938）を経て日比谷図書館（1939〜1942）。本所図書館新築の際には設計に従事，児童室の経営に尽力した。その後日比谷図書館では目録主任，館長次席，事務掛長を務め事実上同館運営責任者として勤務した。『市立図書館と其事業』や『図書館研究』に多くの論文がある。
【参考】「山田正佐君を悼む」『図書館雑誌』36年8号 1942.8

## 山中 樵
やまなか・きこり

[生没年] 1882〜1947
[出身地] 福井県
[学歴] 1901年第二高等学校中退

奈良県立工業学校，宮城県立高等女学校教員を経て，1911年宮城県図書館司書。1915年明治記念新潟県立図書館設立に参画，巡回文庫，明治天皇関係資料，郷土史料の充実に努め，1920年図書館長（〜1923）。この間，県下の市町村図書館の育成と図書館網の確立を目指し，1918年新潟県図書館協会を組織，日本図書館協会新潟支部を結成し，第13回全国図書館大会を誘致する。1923年の図書館数は241館，赴任時の10倍，山口県に次いで全国2位，「西に山口あり，東に新潟あり」といわれた。1927年台湾総督府第4代館長に就任，同年に第1回全島図書館協議会を開催し，台湾図書館協会を結成。図書館未設置地域の解消，学校図書館の設置を推進。読書普及を目的に1929年から1944年まで週1回自らラジオで新刊紹介を実施。同時に，台湾南方関係資料目録の集大成を意図，関係目録の編集，刊行に携わる。戦時下，約12万冊の図書疎開を実施，1945年総督府図書館被爆全焼も資料の多くは無事。戦後も

図書館再建を企図するが，1947年帰国。
【参考】『木山人山中樵の追想：図書館と共に三六年』山中正編著 山中浩 1979／宇治郷毅「台湾の図書館」『近代日本図書館の歩み：地方篇』日本図書館協会編 日本図書館協会 1992／『日本の植民地図書館：アジアにおける日本近代図書館史』加藤一夫［ほか］著 社会評論社 2005

## 山中 進治
やまなか・しんじ

[生没年] 1888〜1933

千葉県君津郡（君津市）周南村で農学の研究に従事，1920年収集した農書をもとに山中文庫を開設。1925年に閉鎖したが，蔵書は日本青年館（寄託）を経て，2013年君津市に寄贈された。
【参考】『千葉県図書館史』千葉県図書館史編纂委員会編 千葉県立中央図書館 1968／『山中文庫と山中進治』川上幸則編 小糸川倶楽部 2014

## 山中 正
やまなか・ただし

[生没年] 1917〜1985

山中樵の三男。戦前は台湾の師範学校教員。戦後は宮城県仙台市の東北高等学校教諭，常盤木学園高校教諭。同校では銃器庫を改造して県下で初の学校図書館を開設。1952年宮城県図書館司書，宮城県指導主事，宮城県図書館副館長。のちに中学校校長などを経て1977年塩竈市図書館長（〜1983）。
【参考】佐々木孝治「宮城県学校図書館協議会情報」『学校図書館』2号 1950.10／『木山人山中樵：図書館と共に三十六年』山中正編著 山中浩 1979／『塩竈市史Ⅳ 別編Ⅱ』塩竈市史編纂委員会編 塩竈市役所 1986

## 山中 弘四（やまなか・ひろし）
→星野 弘四（ほしの・ひろし）を見よ

## 山根 信
やまね・まこと

[生没年]1896〜？

1921年の鳥取高等農業学校開校時より長年にわたり図書館事務を担当した。目録や分類の知識が豊富で，『鳥取高等農業学校図書館和漢書分類目録』（鳥取高等農業学校図書館, 1931）の編纂などに関わる。戦後は鳥取大学附属図書館職員となり1960年に農学部分館事務主任で退職。
【参考】『図書館と子供の読書』坂川勝春著 坂川勝春 1974

## 山村 修
やまむら・おさむ

[生没年]1950〜2006

青山学院大学図書館司書の傍ら「狐」のペンネームで，1981年から2003年まで『日刊ゲンダイ』に1188本の書評を発表した。著書には『〈狐〉が選んだ入門書』（ちくま新書, 2006）などがある。
【参考】中野翠「さようなら〈狐〉」『書評家〈狐〉の読書遺産』山村修著 文春新書 2007／『増補・遅読のすすめ』山村修著 ちくま文庫 2011

## 山室 三良
やまむろ・さぶろう

[生没年]1905〜1997

九州帝国大学法文学部副手を経て，1936年外務大臣の委嘱により北京近代科学図書館を設立，館長としてその経営にあたる。1948年九州大学文学部助教授, 1962年教授（〜1968）。以後福岡大学, 東海大学などの教授を歴任。
【参考】『山室三良氏』東京大学教養学部国際関係論研究室編 東京大学教養学部国際関係論研究室 1980／小黒浩司「北京近代科学図書館史の研究 1, 2」『図書館学会年報』33巻3, 4号 1987.9, 12

## 山室 民子
やまむろ・たみこ

[生没年]1900〜1981

1946年文部省入省。視学官の時に男女共学の実施，純潔教育に取り組んだ。社会教育施設課長となり（1949〜1951），図書館法（1950）の成立に尽力した。著作に『女性と生活と宗教』（若狭書房, 1946）などがある。
【参考】山本和代「山室民子：追悼・社会教育実践者としての生涯」『社会教育』37巻2号 1982.2

## 山室 寿
やまむろ・ひさし

[生没年]1895〜1972

小学校長を経て，1945年大分県立大分図書館長（〜1950）。同館の図書疎開を実施し，蔵書の半分を守る。戦後は復興計画を策定し，寄付集めに東奔西走した。
【参考】『九州図書館史』西日本図書館学会編 千年書房 2000／南陽子「図書疎開〈上〉」『西日本新聞』2014.8.14

## 山本 嘉将
やまもと・かしょう

[生没年]1908〜1992

小学校,中学校,高校教員を経て,1955年から1964年まで県立鳥取図書館長。在職中は郷土資料の収集などに努めた。その後高校校長となり,退職後は鳥取県歌人会長,鳥取市文化団体協議会長などを歴任。国文学関係の著書が多く,地域の文芸振興にも功績を遺した。
【参考】『鳥取県立鳥取図書館40年史』鳥取県立鳥取図書館編 鳥取県立鳥取図書館 1972

## 山本 哲生
やまもと・てつお

[生没年] 1926〜2009

周東町社会教育課長を経て,周東町立周東図書館長(1971〜1993),山口県図書館協会長(1999〜2003)などを歴任。著作に『図書館の時代がやってきた』(教育史料出版会,1999)などがある。
【参考】『山本哲生著作目録』山本哲生著 図書館問題研究会山口支部 1999

## 山本 信男
やまもと・のぶお

[生没年] 1933〜2005

1960年早稲田大学図書館員,1971年ハワイで研修受講,1972年コロンビア大学図書館。1974年に早稲田大学図書館に復職して法律図書館の設立に尽力,同時に同大学教育学部で図書館学を講ずる。1993年退職後文化女子大学教授。『法律文献の簡易引用法:ブルーブック第17版の要約版』(アラン・L.ドゥオルスキー著,山本信男訳,三浦書店,2001)などの著作がある。
【参考】『図書館関係専門家事典』日外アソシエーツ編 日外アソシエーツ 1984

## 山本 昇
やまもと・のぼる

[生没年] 1907〜?

千葉県立図書館書記(1926〜1927),司書(1928〜1940),嘱託(1940〜1942)。1943年印旛郡川上村収入役,助役を経て1948年村長。1951年村づくりの一環として同村公民館の一室に図書部を設置(のちに八街町公民館川上分館)。1954年八街町と合併し八街町助役(1954〜1958),町長(1972〜1982)を務めた。
【参考】『千葉県立中央図書館三十年略史:大正13年〜昭和30年』千葉県立中央図書館創立30周年記念事業後援会 1956/『らくだい村長』山本昇著 良書普及会 1961

## 山本 房吉
やまもと・ふさきち

[生没年] 1911〜1981

神奈川県立第二中学校教諭を経て,1947年小田原第四中学校校長。1949年に図書館を設置。全国初の学習に直結した学校図書館との評価を得る。1950年神奈川県教育委員会指導主事。1954年神奈川県立図書館奉仕課長,1959年神奈川県社会教育課長,のちに洗足学園高校長,洗足学園大学教授。1950年全国学校図書館協議会創設時の幹事。1952年に現職の指導主事を会員とする全国学校図書館担当指導主事協議会の発起人であり,会長を務めるなど,戦後学校図書館運動に尽力した。
【参考】『光年:神奈川県学校図書館協議会20年誌』神奈川県学校図書館協議会 1970/『神奈川県立図書館・音楽堂20年史』神奈川県立図書館・音楽堂編 神奈川県立図書館・音楽堂 1974

## 山本 萬吉
やまもと・まんきち

[生没年]？〜？
東京帝国大学航空研究所図書部。
【参考】「青図聯会員名簿」『圕研究』総索引第3号 1944

## 山本 有三
やまもと・ゆうぞう

[生没年]1887〜1974
劇作家，小説家，評論家。『路傍の石』(1937，朝日新聞連載）などの作品で知られる。1942年に東京三鷹市の邸内にミタカ少国民文庫を開設したが，戦局の悪化により1年半で閉鎖。戦後旧邸内に有三青少年文庫を開設（蔵書は三鷹市山本有三記念館に継承）。
【参考】「有三文庫の思い出」『三鷹市山本有三記念館館報』14号 2016.3

## 山脇 巖亀
やまわき・いわき

[生没年]1901〜1982
1924年高知県立図書館，1954年同館長補佐（〜1957）。戦災後の復興に活躍し，図書館の裏方業務にも尽くした。
【参考】弘田競［ほか］「土佐史談会監事 故山脇巖亀氏によせる追悼文」『土佐史談』160号 1982.10

## 彌吉 光長
やよし・みつなが

[生没年]1900〜1996
[出身地]福岡県
[学歴]1926年西南学院高等部文科卒業

1928年文部省図書館講習所卒業。同年東京市政調査会図書室勤務（〜1933），1934年故内田嘉吉氏記念事業委員会嘱託。「満洲国」の国立図書館創立事業の勧誘に応え，1938年（満洲）国立建国大学図書館，1939年（満洲）国立中央図書館籌備処，1941年奉天図書館長兼任，1946年中華民国遼寧省教育庁研究員（〜1947）を経て1947年帰国。総理庁新聞出版用紙割当事務局嘱託。1948年国立図書館目録課長。1949年国立国会図書館支部上野図書館参考課長，1959年国立国会図書館整理部長，1966年退職。1948年文部省図書館職員養成所講師（〜1962）。1969年國學院大學栃木短期大学教授を務め，後進の指導にあたった。1949年日本図書館協会理事（〜1965）。1979年，日本図書館協会の財政再建と整理業務委託の収拾のため（株）図書館流通センターが設立されたとき，協会代表として同社副社長となる。1953年日本図書館学会幹事，日本読書学会理事（1956〜1965，1967〜1972），1969年日本出版学会常任理事などを歴任。著作には波多野賢一との共著『参考文献総覧』（朝日書房，1934）などがあり，主要著作は『彌吉光長著作集』全6巻（日外アソシエーツ，1981-1983）に収録されている。
【参考】「略年譜」「著作目録」『彌吉光長著作集 第6巻』彌吉光長著 日外アソシエーツ 1983／片山喜八郎編「彌吉光長先生略年譜（著作目録をふくむ）」『図書館と出版文化：彌吉光長先生喜寿記念論文集』彌吉光長先生喜寿記念会 1977

## 【ゆ】

### 湯浅 吉郎
ゆあさ・きちろう

[生没年] 1857～1943
[出身地] 上野国（群馬県）
[学歴] 1885年同志社英学校神学科卒業，1888年オベリン大学神学科卒業，1891年エール大学セミチック語学科卒業（博士号取得）

号は半月。新島襄の影響から1877年同志社英学校普通科に入学。国内初の新体詩の個人詩書として『十二の石塚』（湯浅吉郎，1885）を刊行。1885年ヘブライ語の習得のため渡米，学位を取得。帰国後の1891年に同志社教授（～1899）。1899年京都平安教会牧師（～1901）。1901年京都帝国大学法科大学講師として同大学附属図書館に勤務（～1902）。『半月集』（金尾文淵堂書店，1902）を刊行した後，1902年に渡米。シカゴ大学にて図書館学を，オルバニー大学にてデューイ十進分類法を学ぶ。帰国後の1903年京都高等工芸学校講師。1904年京都府立図書館長（～1916）。同館では，巡回図書閲覧所を設置，事務室を改造した開架式閲覧，無料の児童閲覧室を設置。1909年同館新館が落成。児童閲覧室のほか西陣織などの染色業界振興のため図案室を設置。同館3階の2つの陳列室では，「絵画及び美術工芸に関する図書展覧会」（1909）など美術，工芸，歴史に関する数々の展覧会を開催，画家らが集い交流する場となる。また，『京都叢書』（京都叢書刊行会，1914-1917）や「歴代宸翰展拝会」（1915）の開催を機に『宸筆集』（京都府，1916）の刊行にも関わる。この間，同志社大学図書館の図書館建設委員，早稲田大学図書館顧問として図書館管理や新築設計にあたる。演劇図書館の創立準備にも参画。1921年海洋図書館設立準備のため渡米。1922年帰国後は俳優組合事務所に勤務し，歌舞伎関係の文献を収集，月刊誌『劇』の編集を主宰したが，関東大震災により挫折。1935年「同志社校歌」を創作。

【参考】『湯浅半月』半田喜作編著 「湯浅半月」刊行会 1989／高梨章「半月湯浅吉郎，図書館を追われる」『図書館人物伝：図書館を育てた20人の功績と生涯』図書館文化史研究会編 日外アソシエーツ 2007／石井敦「図書館の大衆化に努力した文人：湯浅吉郎」『図書館を育てた人々：日本編Ⅰ』石井敦編 日本図書館協会 1983／竹林熊彦「湯浅吉郎の図書館思想」『図書館雑誌』51巻4号 1957.4／井上裕雄「湯浅吉郎研究ノート：京都府図書館長就任と同館十進分類法」『図書館界』21巻2号 1969.7.

### 湯浅 治郎
ゆあさ・じろう

[生没年] 1850～1932

湯浅吉郎の兄。実業家，政治家。私費を投じ，1872年，約3千冊をもって群馬県安中に便覧舎を創設。無料公開した。民間人による日本最初の図書館。1887年，火災により全焼。現在，「便覧舎址」碑のみ残される。

【参考】『湯浅治郎』湯浅三郎編 大空社 1992（湯浅三郎 1932年刊の複製）／『湯浅治郎と妻初』半田喜作編著 『湯浅治郎と妻初』刊行会 1994／湯浅吉郎「湯浅治郎小伝」『上毛教界月報』405号 1932.7

## 結城 陸郎
ゆうき・りくろう

[生没年] 1911～1999

1951年東京学芸大学助教授。1963年名古屋大学教育学部講師,1965年同教授。1975年皇學館大学教授。著作には『金沢文庫と足利学校』(至文堂,1959),『金沢文庫の教育史的研究』(吉川弘文館,1962)などがある。
【参考】「結城陸郎教授略歴及び研究業績」『皇學館大学紀要』21号 1983.1

## 柚木 武夫
ゆのき・たけお

[生没年] 1904～1980

富山県視学,同教育課長などを経て富山県立図書館長(1960～1963)。同館への北陸地区PBリポートセンターの誘致や富山県図書館長会の組織化などに貢献した。
【参考】広瀬誠「柚木武夫氏」『富山県図書館協会創立50周年記念誌』富山県図書館協会 1981

# 【よ】

## 楊 竜太郎
よう・りゅうたろう

[生没年] 1857～1913

長崎県雇,太政官雇を経て内閣雇。内閣記録局図書課,内閣書記官室記録課に勤務。洋書の目録編纂などを担当。日本文庫協会幹事。同協会の図書館事項講習会では「行政図書館」を講じた。1907年依願免官。
【参考】『内閣文庫百年史』増補版 国立公文書館編 汲古書院 1986／『近代日本図書館の歩み:本篇』日本図書館協会編 日本図書館協会 1993

## 横井 時重
よこい・ときしげ

[生没年] 1902～1984

1924年大阪府立図書館,大阪工業大学司書ののち,浪速短期大学(1950～1966),帝塚山大学,同短期大学講師,司書。日本図書館研究会理事,監事(1946～1951),日本ドクメンテーション協会理事(1954～1962)などを歴任。
【参考】横井時重(執筆者紹介)「きたるべきもの」『図書館界』20巻2号 1968.7

## 横川 四十八
よこがわ・よそはち

[生没年] 1869～1941

1907年神戸女学院教授。初代図書館長を兼任。図書館建設に尽力し,1934年からは図書館長専任となった。1936～37年には学院内にて図書館学講習会を開催した。
【参考】『神戸女学院百年史 総説』神戸女学院百年史編集委員会編 神戸女学院 1976

## 横山 孝次郎
よこやま・こうじろう

[生没年] 1910～1995

小学校代用教員を経て横浜国立大学,宇都宮大学,横浜市立大学で教育に力を注ぐ。1950年の図書館法制定後司書養成にあたる。著作には『図書館教育:読書指導の手引』(学芸図書,1951)などがある。
【参考】池田政弘「横山孝次郎」『神奈川県図

書館協会の歩み』神奈川県図書館協会郷土出版委員会編 神奈川県図書館協会 2005／「横山孝次郎略年譜」『横浜市立大学論叢 人文科学系列』27巻3号 1976.3

## 横山 隆次郎
よこやま・たかじろう

[生没年]1880～1962

神奈川師範学校を卒業し、小学校教師として児童教育に専念する。この間収集した図書1万3千冊をもって1924年横浜市に私立弘明寺図書館を設立し、広く一般の利用に供した。また、横浜社会事業史編纂の事業にあたる。
【参考】熊原政男「横山隆次郎」『神奈川県図書館史』神奈川県図書館協会図書館史編集委員会編 神奈川県立図書館 1966

## 横山 武夫
よこやま・たけお

[生没年]1901～1989

青森商業学校教員（1924～1941）、青森県立青森中学校校長を経て（1945～1947）、青森県社会教育課長（1948～1950）、青森県副知事（1952～1963）、青森県立図書館長（1963～1969）。館長在任時、全国図書館大会（青森）実行委員長、事務局長を務めた（1964）。同館退職後は青森女子中央短期大学学長（1971～1972）、棟方志功記念館長を歴任した（1972）。
【参考】「年譜」『歌集 南窓山房吟』横山武夫著 アスナロ短歌会 1990／『青森県立図書館史』青森県立図書館史編集委員会編 青森県立図書館 1979

## 横山 又一郎
よこやま・またいちろう

[生没年]1870～1955

1883年岩船郡関口村（村上市）に、新潟県内で最初の独立の私立図書館である「横山書籍館」を設立した。1885年に「勧農学館」と改称し、1908年まで存続。また岩船郡会議員も務めた。
【参考】『地方政治に燃えた人々：岩船郡会議事録』村上郷土史研究出版編 村上郷土史研究出版 1988／『新潟県教育百年史 明治編』新潟県教育百年史編さん委員会編 新潟県教育庁 1970

## 与謝野 麟
よさの・りん

[生没年]1909～？

与謝野鉄幹，晶子の三男。南満洲鉄道（株）奉天図書館に就職。1938年南京、上海の日本軍接収図書の整理に従事。その最中に傷病を得て入院、帰省。1939年待命。
【参考】『戦前期「外地」で活動した図書館員に関する総合的研究』岡村敬二編著 岡村敬二 2012

## 吉井 佳雄
よしい・よしお

[生没年]？～？

草創期の東京市立日比谷図書館に勤務（1910～1920）。日本図書館協会創立30周年記念感謝祭で顕彰。
【参考】『東京市職員録』明治43年-大正9年現在 1910-1920／『図書館雑誌』53号 1923.7

## 吉井 良顕
よしい・りょうけん

[生没年] 1902～？

1949年大阪市立図書館長を務める（～1959）。戦後初期の学校図書館草創期には大阪でその指導者として活躍。日本図書館研究会監査（1948～1949年度），評議員（1948～1950, 1953～1958年度）。大阪公共図書館協会初代会長などを歴任。著書に『合邦辻閻魔堂西方寺の歴史』（西方寺, 1990）がある。

【参考】『大阪市立図書館50年史』大阪市立中央図書館 1972／『大阪公共図書館協会々報』創刊号 1953.4

## 吉岡 孝治郎
よしおか・こうじろう

[生没年] 1893～1983

東北帝国大学図書館（1912～1915），同大学附属図書館医科分館（1915～1949），東北大学附属図書館事務長（1949～1957）。1949年東北地方大学高等専門学校図書館協議会事務長。東北地区大学図書館協議会顧問。医学図書館および相互協力活動の先駆者。

【参考】長尾公司「故吉岡名誉顧問を偲んで」『医学図書館』30巻2号 1983.6／『東北地区大学図書館協議会十年誌』東北地区大学図書館協議会 1958

## 吉岡 三平
よしおか・さんぺい

[生没年] 1900～1984

会社勤務を経て1924年市立岡山図書館書記。三輪自転車による移動文庫を行う。1932年交通事故で負傷し退職。その後市史編纂係を経て, 1938年司書として図書館に復帰。1945年館長となり戦災復興に尽力する。郷土研究家として編著書多数。

【参考】河田章「吉岡三平」『岡山県歴史人物事典』山陽新聞社 1994／「吉岡三平」『歳月の記 岡山文化人像』山陽新聞社 1971／『書物蔵「動く図書館員・楠田五郎太の前半生」』『文献継承』24号 2014.6

## 吉岡 龍太郎
よしおか・りゅうたろう

[生没年] 1894～1978

青森商業学校教員, 青森県立図書館司書（1934～1938）を経て, 青森県立中央図書館長（1938～1948）に就任し, 地域の図書館の実情に即した手引書『町村図書館の立直し』（青森県中央図書館, 1938）を執筆。国民精神総動員文庫編成を指示（1939），青森県内ではスキーや水泳指導者として知られた。

【参考】『町村図書館の立直し』吉岡龍太郎著 青森県中央図書館 1938／『青森県立図書館史』青森県立図書館史編集委員会編 青森県立図書館 1979

## 吉川 半七
よしかわ・はんしち

[生没年] 1840～1902

吉川弘文館創設者。1857（安政4）年書物仲買業を始め, 1863（文久3）年江戸四谷の貸本屋近江屋を継ぐ。1870年家業を拡充して京橋南伝馬町に吉川書房を開く。新古書籍の販売の傍ら翻訳書なども加え「書物来読貸観所」を設け, 一般に閲覧させた。1904年吉川弘文館に改称する。

【参考】『国史大辞典 第14巻』国史大辞典編集委員会編 吉川弘文館 1993／『出版人物事

典』鈴木徹造著 出版ニュース社 1996

## 吉田 悦蔵
よしだ・えつぞう

[生没年] 1890〜1942

ヴォーリズとともに近江兄弟社を創立しその事業展開を図る一方,かねてから関心を寄せていた図書館事業にも着手,1940年「近江兄弟社図書館」を設立し初代館長に就任。また日本図書館協会滋賀支部を結成し,未設置だった滋賀県立図書館の設立にも尽力した。
【参考】『吉田悦蔵伝』沖野岩三郎編 近江兄弟社 1944／『吉田悦蔵文集』沖野岩三郎編 近江兄弟社 1944／大橋五男「吉田悦蔵氏を憶ふ」『図書館雑誌』37年1号 1943.1

## 吉田 邦輔
よしだ・くにすけ

[生没年] 1908〜1996

若い頃労働運動に従事,1932年文部省図書館講習所修了後,東京市政調査会資料部を経て,1933年東京商科大学附属図書館の雇員,1938年東亜研究所でアジア関係の資料収集。戦後は国立国会図書館に勤務,全日本図書館員組合の書記長を勤める。上野図書館で江戸幕府旧蔵の蘭書発見に関わり,同僚の朝倉治彦,桑原伸介,芝盛雄と同館の乙部図書(明治期から閲覧に提供されていなかった資料)を中心に明治中後期の小冊子を明治文化資料叢書刊行会編『明治文化資料叢書』全12巻(風間書房,1972-1975)で紹介刊行した。
【参考】吉田邦輔「図書館「や」一代記(1)-(3)」『国立国会図書館月報』143-145号 1973.2-4

## 吉田 恵三郎
よしだ・けいさぶろう

[生没年] 18??〜1917

号は半迂。京都で明治火災保険会社に勤める傍ら円山大迂に篆刻を学ぶ。市島謙吉と知り合い早稲田大学の蔵書印などを刻したのをきっかけに,1907年頃上京し同大学図書館に就職。市島周辺の文化人と交流しつつ成田図書館蔵書印などを刻し,『図書館雑誌』の創刊にあたり題字の依頼を受けた。
【参考】浅井京子「吉田半迂」『早稲田大学會津八一記念博物館研究紀要』14号 2013.3

## 吉田 貞夫
よしだ・さだお

[生没年] 1924〜1989

1955年大阪アメリカ文化センター図書主任などを経て,1960年同志社大学専任講師,1964年助教授,1971年教授(〜1974)。1974年滋賀大学教授などを歴任。同志社大学司書課程開設以来,小野則秋とともにその基礎を築き,教育と図書館員養成に尽力した。著作に『情報組織概説』(法律文化社,1976)などがある。
【参考】原田隆史「図書館学司書課程を築いた人達:吉田貞夫」『同志社大学図書館学年報』38号 2013.3

## 吉田 東伍
よしだ・とうご

[生没年] 1864〜1918

明治,大正期の歴史地理学者。市島謙吉の家に寄宿していた縁で,1892年東京専門学校図書館主任(〜1893)。1901年同校

講師, のちに早稲田大学教授。1917年同大学図書館事務監督 (〜1918)。『大日本地名辞書』(冨山房, 1900-1907) を著す。
【参考】『早稲田大学図書館史：資料と写真で見る100年』早稲田大学図書館編 早稲田大学図書館 1990

## 吉田 徳治
よしだ・とくじ

[生没年] 1902〜1973

筆名吉田孤羊。岩手県立図書館副館長 (1946〜1954), 盛岡市立図書館長, 岩手芸術協会会長なども務めた。石川啄木研究家としても知られ, 多くの著作を残した。
【参考】『創立60周年記念岩手県立図書館職員名簿』岩手県立図書館編 岩手県立図書館 1982／『岩手人名辞典』浦田敬三著 新渡戸基金 2009

## 吉田 政幸
よしだ・まさゆき

[生没年] 1935〜2003

東京大学理学部助教授, 図書館情報大学教授を経て, 同大学副学長 (1991〜1995), 学長 (1995〜2002)。筑波大学との統合 (2002) に尽力する。『分類学からの出発：プラトンからコンピュータへ』(中公新書, 1993), 『図書館情報学の課題と展望』(勉誠出版, 2001) などの著作がある。
【参考】山本毅雄「吉田政幸先生を悼む」『情報知識学会誌』14巻1号 2004.1／『図書館情報大学史：25年の記録』筑波大学大学院図書館情報メディア研究科編 筑波大学大学院図書館情報メディア研究科 2005

## 吉田 義近
よしだ・よしちか

[生没年] 1898〜1948

長岡市立互尊文庫 (1918〜1943)。1921年と1923年に大日本図書館協会新潟県支部主催図書館事務講習会を受講。野本恭八が創設した同文庫の運営に努めた。
【参考】『大正記念長岡市立互尊文庫一覧 自大正7年至大正8年度-昭和18年度』長岡市立互尊文庫 1919-1944

## 吉武 泰水
よしたけ・やすみ

[生没年] 1916〜2003

建築学者で建築計画学の創始者。東京大学教授などを歴任 (1959〜1973)。この間に日本図書館協会施設委員会委員長を務めた。多数の著作があるが, 図書館関係では「閲覧者の職業構成：公共図書館の平面計画に関する研究 (1)」(『日本建築学会研究報告』28巻2号, 1954.11), 『図書館ハンドブック』改訂版 (日本図書館協会, 1960) (分担執筆) などがある。
【参考】『吉武泰水先生を偲ぶ：追想弔辞吉武泰水経歴・業績』吉武泰水先生を偲ぶ会編 吉武泰水先生を偲ぶ会 2004／『図書館建築発展史：戦後のめざましい発展をもたらしたものは何か』西川馨著 丸善プラネット 2010

## 吉村 証子
よしむら・あかしこ

[生没年] 1925〜1979

1957年頃から科学読物研究サークル, 1965年頃から科学読物よみきかせの会などをはじめ, 1967年日本子どもの本研究会の創設に参加 (副会長・理事)。1968年科学

読物研究会を創設，代表となる。1970年月刊書評誌『子どもの本棚』の編集，図書選定，書評執筆に携わり，死の間際まで活動を続ける。科学読物に関する多数の著書，書評がある。
【参考】『すべての子どもに科学を：吉村証子を語る』吉村証子を偲ぶ会 1980

## 吉村 勝治
よしむら・かつじ

[生没年] 1869～1949

1896年岐阜尋常中学校大垣分校教員となる。1899年大垣中学校校長に就任。同校に書籍100部を寄贈。1911年大垣町教育会図書館が開館したときに館長を兼務。1913年立命館大学教授。西濃五郡連合教育会長なども務める。著書に『近世世界政治外交史論』（大同館，1929），『梁川星巌詩集選釈』（博文堂書店，1944）などがある。
【参考】『真正町史 通史編』真正町編 真正町 1975／『近代日本図書館の歩み：地方篇』日本図書館協会編 日本図書館協会 1992

## 吉村 定吉
よしむら・さだきち

[生没年] 1886～？

「じょうきち」とも読む。秋田県社会教育主事を経て1924年秋田県立秋田図書館長（～1930），1930年京城帝国大学附属図書館司書官（～1941）。同大学法文学部助教授を兼任。のちに秋田大学秋田師範学校講師。館長当時，特別室を「研究室」として運営し，自ら「英語文学一般」の研究指導者となる。また，芸者の自主勉強会「のぞみの会」を読書会形式で指導（1924

年頃）。『朝鮮之図書館』編集者。秋田考古会会長。
【参考】『秋田県立秋田図書館沿革誌：昭和36年度』秋田県立秋田図書館 1961／『100年のあゆみ：秋田県立秋田図書館創立100周年記念誌』秋田県立秋田図書館編 秋田県立秋田図書館 2000

## 米沢 元健
よねざわ・もとたけ

[生没年] 1882～1965

富山県入善町で町長，県議など歴任。1910年，(財)米沢図書館を創設，館長となる。同館は1937年に閉館。村上清造らと富山県図書館協会を結成，自ら会長を務める（1931～1941）。
【参考】田中忠一「米沢元館長の思い出」『富山県図書館協会創立50周年記念誌』富山県図書館協会 1981／村上清「米沢元健先生をしのぶ」『富山県図書館協会報』40号 1965.12

## 米田 幸夫
よねだ・ゆきお

[生没年] 1922～2005

工業触媒化学者。東京大学工学部教授（1961～1982）。情報学，情報知識学の振興を提唱。情報知識学会初代会長。
【参考】「初代会長・米田幸夫先生ご逝去」『情報知識学会』16巻2号 2006.5

## 米本 信吾
よねもと・しんご

[生没年] 1883～1968

1907年千葉県の自邸に米本図書館を設立，初代館長となる。1950年図書館法の制定に伴い(財)米本図書館に組織を変更。1921

年から1947年まで久賀郵便局長。郡会議員, 公選初代久賀村長などの公職を歴任した。
【参考】『多古町史 上』多古町史編さん委員会編 多古町 1985

## 米山 寅太郎
よねやま・とらたろう

[生没年]1914～2007

1938年東京文理科大学幹部学科助手, 1945年静嘉堂文庫司書などを経て, 1948年国立国会図書館主事 (支部静嘉堂文庫勤務)。1956年国立国会図書館支部静嘉堂文庫長, 1970年 (財) 静嘉堂文庫長。1939年より『大漢和辞典』(諸橋轍次) の編纂に従事。著書に『新漢和辞典』(大修館書店, 1963), 『広漢和辞典』(大修館書店, 1982) などがある。
【参考】「米山寅太郎先生略歴」『汲古』52号 2007.12

# 【 り 】

## 李 在郁
り・ざいいく

[生没年]1905～1950

別名青木修三。慶尚北道大邱府の両班の出。1934年東亜日報社松汀里支局長。1935年頃に朝鮮総督府図書館嘱託となり, 1939年同館司書。島崎末平亡き後の副館長格となるが戦時中病気で帰郷。1945年同館を改めた国立図書館の館長に迎えられる。朝鮮戦争で「拉北」後病死。編著書に『農村図書館의[の]経営法』(漢城図書, 1935), 『朝鮮民謡選』(学芸社, 1939)

がある。
【参考】国史編纂委員会「韓国史データベース」(http://db.history.go.kr/)／『朝鮮総督府図書館員録』朴熙永編 藤田豊解説 謄写 1979 (慶應義塾大学図書館蔵)／『「文献報国」解題・総目次・索引』緑蔭書房 1994

## 劉 国鈞
りゅう・こくきん

[生没年]1899～1980
[出身地]中国

金陵大学を卒業後渡米してウィスコンシン大学に留学, 帰国後母校の図書館主任兼教授などを歴任し, 1951年北京大学図書館学専修科教授となる。著作に『中国図書分類法』(中華書局, 1929), 『図書館学要旨』(金陵大学図書館, 1934) など。
【参考】『図書の歴史と中国』劉国鈞著 松見弘道訳 理想社 1963／『中国書物物語』劉国鈞, 鄭如斯著 松見弘道訳 創林社 1983

## 了翁禅師
りょうおうぜんじ

[生没年]1630～1707

了翁道覚ともいう。江戸時代中期の黄檗宗僧。出羽国 (山形県) 生まれ。痛み止めの丸薬「錦袋円」を売り歩き, 得た利益で大蔵経ほか内外典を求め, 江戸上野の寛永寺の境内に勧学講院をつくり, それらを公開した。公共図書館の源流とされる。
【参考】『了翁禅師小伝』今澤慈海著 日本図書館協会 1964／『日本文庫史研究 下巻』小野則秋著 臨川書店 1979

## 【わ】

### 若井 勉
わかい・つとむ

［生没年］1943〜2014

1965年立命館大学図書館に就職，大学図書館問題研究会などで大学図書館職員の問題，図書館の自由などについて発言した。著作には，「『グラスゴー宣言』採択への期待」（『図書館雑誌』96巻6号，2002.6）などがある。
【参考】若井勉「大学図書館と図書館の自由」『図書館雑誌』88巻7号 1994.7

### 若山 甲蔵
わかやま・こうぞう

［生没年］1868〜1945

1892年宮崎に入り『日州独立新聞』主筆など。1932年県立宮崎図書館長（〜1938）。読書相談室を設置するなど同館の発展に尽力。郷土史家としても活躍し，著書に『日向文献史料』（日向文献史料刊行会，1934）などがある。
【参考】『100年のあゆみ』宮崎県立図書館編 宮崎県立図書館 2003

### 涌井 彦太郎
わくい・ひこたろう

［生没年］1866〜1925

栃木県葛生町（佐野市）の自修館館長（1914〜1922），私立葛生図書館長（1922〜1924）。
【参考】『葛生町勢発達史』飯島光之丞編 飯島光之丞 1936／『葛生町誌』葛生町誌編さん委員会編 葛生町 1973／『近代日本図書館の歩み：地方篇』日本図書館協会編 日本図書館協会 1992

### 鷲尾 幸一郎
わしお・こういちろう

［生没年］1898〜？

北海道帝国大学会計課雇（1922〜1924），1925年同大学附属図書館書記。日本図書館協会，青年図書館員聯盟会員。
【参考】『近代日本図書館の歩み：地方篇』日本図書館協会編 日本図書館協会 1992

### 和田 清
わだ・きよし

［生没年］1893〜？

1927年小倉市立記念図書館に就職。1939年司書に昇任。個人貸出および団体への貸出文庫を行う。1941年「町内（部落）常会文庫」を創設。市内100か所以上へ普及させ，翌年，日本図書館協会総裁賞（乙三）を受けた。
【参考】「町内会常会文庫和田清氏（総裁賞の人々，乙三）」『図書館雑誌』36巻6号 1942.6

### 和田 万吉
わだ・まんきち

［生没年］1865〜1934
［出身地］美濃国（岐阜県）
［学歴］1890年帝国大学文科大学国文科卒業

国文学者。大垣藩士・和田為吉の三男。大学卒業後帝国大学図書館に勤務し，同館管理・田中稲城のもとで『帝国大学図

書館和漢書分類目録』(帝国大学図書館,1893) を編纂する。1893年から帝国大学図書館管理心得。1896年大学総長に宛て「帝国大学図書館ノ規模拡張ニ関スル建議」を提出し、業務の改善を訴えた。同年帝国大学図書館管理、翌年東京帝国大学附属図書館長。1892年日本文庫協会設立時の幹事。1903年の図書館事項講習会(第1回)では「目録編纂法」「欧米図書館史」を担当した。翌年田中稲城の後を継ぎ同協会会長(第2代)。かねてより協会の機関誌発行を主張し、『図書館雑誌』の創刊 (1907) にも尽力した。1909年から約1年間欧米の図書館事情視察のため洋行し、帰国後は図書館学の体系化に取り組む。1918年東京帝国大学文科大学教授(兼任)となり、「書史学」の講座を担当。和田の図書館学は『図書館管理法大綱』(丙午出版社, 1922) や未発表の講義草稿である『図書館学大綱』(日本図書館協会, 1984)にまとめられていった。1923年関東大震災で東京帝国大学附属図書館が焼失したため館長を辞任。退官後は日本書誌学会などで活躍したほか、図書館講習所で図書館史を担当し、後進の育成に努めた。国文学関係の著書が多数ある。
【参考】波多野賢一「和田万吉先生伝(1)(2)」『図書館雑誌』36巻3、6号 1942.3、6／関野真吉「和田家所蔵和田万吉先生著作目録」『図書館学大綱』和田万吉著、弥吉光長編 日本図書館協会 1984／『色のない地球儀』薄久代編 同時代社 1987／『帝国大学図書館史の研究』高野彰著 ゆまに書房 2006／岩猿敏生「和田萬吉と東京帝国大学付属図書館の改革」『図書館学』99号 2011.9／『東京帝国大学図書館』河村俊太郎著 東京大学出版会 2016

## 渡邊 敦
わたなべ・あつし

[生没年] 1887〜1964

小学校教員の傍ら、1924年伊勢崎市立図書館司書と書記を兼任。1929年専任となり、館長事務取扱を経て図書館長(1945〜1950)。郷土史研究家として知られ、『伊勢崎風土記』(關重嶷著、雀里会、1936)の訳注など、多数の著作がある。
【参考】『群馬県人名大事典』上毛新聞社 1982／『群馬県教育史 別巻 人物編』群馬県教育センター編 群馬県教育委員会 1981

## 渡辺 喜一郎
わたなべ・きいちろう

[生没年] 1911〜1991

1951年宇和島市教育委員会、1953年宇和島市立図書館長(〜1975)。南予郷土研究会を結成。巡回図書館、緑陰図書館などを開設。講演会の開催などを通じて、司馬遼太郎や吉村昭、津村節子らと親交を深めた。
【参考】「元宇和島市立図書館長 故渡辺喜一郎氏」『愛媛新聞』1992.1.1／「故渡辺喜一郎氏に愛媛新聞賞」『夕刊うわじま』1992.1.9

## 渡辺 熊四郎
わたなべ・くましろう

[生没年] 1840〜1907

隠居して孝平。函館の実業家。今井市右衛門、平塚時蔵らと書林魁文舎を開き、1873年新聞縦覧所を設ける。また1878年今井市右衛門と函館新聞を創刊する。
【参考】『初代渡辺孝平伝』岡田健蔵編 市立函館図書館 1939

## 渡辺 憲朝
わたなべ・けんちょう

[生没年]1883〜1956

岡山県赤磐郡潟瀬村の天台宗願興寺住職。1921年境内に私立中津図書館を設立。
【参考】『岡山県図書館一覧』岡長平著 吉備人出版 2007

## 渡辺 茂男
わたなべ・しげお

[生没年]1928〜2006
[出身地]静岡県
[学歴]1955年ウェスタンリザーブ大学大学院図書館学修士課程修了

絵本、児童文学作家。1951年米国占領軍民間情報教育局（CIE）図書館のスタッフとなり、絵本を翻訳。1952年慶應義塾大学図書館学科在学中、村岡花子の「道雄ライブラリー」の運営に携わる。また、1958年石井桃子主宰「かつら文庫」の子ども会の運営にも協力。1953年児童図書館研究会創設者の一人。1955年から2年間ニューヨーク公共図書館児童部に専任児童司書として勤務。1957年慶應義塾大学講師、1969年教授。教え子の中から多くの児童司書、子ども文庫主宰者、児童文学作家、翻訳者が育った。また、子どもの本研究会（ISUMI会）に属し、リリアン・H.スミス著『児童文学論』（岩波書店、1964）を訳出（石井桃子、瀬田貞二との共訳）。絵本・児童文学の創作、翻訳、評論は約300冊。日野市立図書館をモデルにした『ふたごのでんしゃ』（あかね書房、1969）などの作品もある。1974年日本国際児童評議会（JBBY）を設立し、児童文学の国際交流に力を注ぎ、国際児童評議会（IBBY）国際理事、副会長を経て名誉会員。1980年第15回モービル児童文学賞受賞。
【参考】『心に緑の種を蒔く：絵本のたのしみ』渡辺茂男著 新潮社 1997／「追悼渡辺茂男先生」『こどもの図書館』54巻3号 2007.3

## 渡辺 進
わたなべ・すすむ

[生没年]1926〜2014
[出身地]高知県
[学歴]専門学校入学者検定合格

高知市民図書館長（1952〜1971）として、戦後の公共図書館停滞期に目覚ましい成果を残した。図書整理を簡素化し、積極的な館外貸出を行って、当時としては驚異的な貸出実績を誇った。市民生活に直結した図書館を目指し、教養講座やレコード・コンサートなどの集会事業を館内外で実施。各地に分館、分室を設けた。また自動車文庫には、農業改良普及員を同乗させ、農村指導まで行った。1953年には出版事業を開始して地方文化を創造。1956年、ユネスコ協同図書館事業に参加。1967年には館内に点字図書館を開設した。図書館長を退いた後は、企画部長や福祉生活部長などを歴任（〜1985）。
【参考】永末十四雄「市立図書館の主体性形成：戦後期公共図書館における高知市民図書館の意義」『図書館界』42巻6号、43巻1号 1991.3、5／「市民の図書館 高知から発信 渡辺進さん死去」『高知新聞』2014.11.2／「高知県立図書館ブログ2014年11月2日：悲しいお知らせ」高知県立図書館（http://kochi-toshokan.hatenablog.com）

## 渡辺 千太郎
わたなべ・せんたろう

[生没年]1884〜？

1897年から帝国図書館勤務。1922年全国図書館大会で20年以上図書館従事により表彰。1944年退職。
【参考】『簡約日本図書館先賢事典：未定稿』石井敦編著 石井敦 1995

## 渡辺 徳太郎
わたなべ・とくたろう

[生没年]1870～1946
[出身地]山形県
[学歴]1897年東京高等商業学校卒業

1897年山形県立山形中学校に英語科教員として着任。その傍ら，社会教育施設として図書館設立を構想し，その運動に携わる。1903年に山形県連合教育会により私立山形図書館が開設されると，山形中学校教諭のまま図書館主事を兼任した。1910年に行啓記念山形県立図書館が開館し初代館長に就任したが，中学校教諭との兼任であった。館長時代は旺盛な活動をしており，日本初の「選書論」の論文「図書選択の標準」もこの時期に『図書館雑誌』(14号，1912.3)に発表している。また1916年には第11回全国図書館大会を山形市に招聘し，山形県会議事堂で開催。1918年館長を退職した。1913年から1930年まで17年の長きにわたり日本図書館協会評議員を務め，1942年には同協会名誉会員に推された。また1918年市立山形商業学校初代校長に就任し，1933年退職。退職後は商業教育，図書館研究，郷土史研究を続け，新聞・雑誌への寄稿，ラジオ出演などによってその成果を発表した。特に日本図書館史では古代の図書館「芸亭」の研究が広く知られている。
【参考】『山形市史資料 第41号 渡辺徳太郎著作集』山形市史編集委員会編 山形市 1975

## 渡邊 ハナ子
わたなべ・はなこ

[生没年]1901～1998

旧姓松岡。1926年文部省図書館講習所修了，同年大橋図書館司書として勤務。翌1927年退職し，渡邊正亥と結婚する。
【参考】小黒浩司「渡邊ハナ子氏インタビュー記録」『土浦短期大学紀要』24輯 1996.6／『大橋図書館四十年史』坪谷善四郎著 博文館 1942

## 渡辺 秀忠
わたなべ・ひでただ

[生没年]1923～1991

1951年山口県立山口図書館，アメリカ文化センター，整理課長など(～1979)。「文書館運動のための序説」(『図書館界』9巻4号，1957.10)などの著作がある。
【参考】『100年のあゆみ：山口県立山口図書館開設100周年記念誌』山口県立山口図書館 2004／『簡約日本図書館先賢事典：未定稿』石井敦編著 石井敦 1995

## 渡邊 正亥
わたなべ・まさい

[生没年]1905～1988
[出身地]新潟県
[学歴]旧制中学卒業

1923年新潟医科大学附属図書館，同館司書(～1944)。1926年文部省図書館講習所修了，清川睦男らとともに医科大学附属図書館協議会の結成を主唱，『医科大学共同学術雑誌目録』(医科大学附属図書館協議会，1931)を編纂した。1944年第八陸軍航空技術研究所図書館長。戦後は1948年新潟市立高校の教師を経て，1949年新

潟県立図書館長（〜1962）。全国に先駆けて自由接架式を導入し、その活動は映画『格子なき図書館』（1950）で紹介された。他に郷土資料室の開設や分館の設置、県内読書グループの育成を行うなど、同図書館の近代化に貢献した。その後は1962年順天堂大学附属図書館長、1966年南九州大学学長兼図書館長、1968年大東文化大学教授（〜1979）などを歴任。主な著書に『図書館通論：その学習案内』（池上書店、1973）がある。

【参考】『回想・私と図書館：文部大臣賞を受賞して』日本図書館協会編 日本図書館協会 1981／『新潟県立図書館創立100周年記念誌』新潟県立図書館編 新潟県立図書館 2016／堀江幸司「日本医学図書館協会創始者のひとり 渡邊正亥」『医学図書館』31巻3号 1984.9／落合辰一郎「"格子なき図書館"実現の勇断」『図書館雑誌』83巻2号 1989.2

事に就任。1920年水戸高等学校校長に転じ、1926年辞任。

【参考】『大衆人事録 昭和3年版』帝国秘密探偵社1927／『日本児童文学大事典』大阪国際児童文学館編 大日本図書 1993／吉田昭子「東京市立図書館の統一的運営：1915年－1919年」『Library and Information Science』73号 2015.6

## 渡邊 又次郎
わたなべ・またじろう

[生没年] 1866〜1930
[出身地] 上野国（群馬県）
[学歴] 1893年帝国大学文科大学を卒業し、大学院に入学5年間在学

武州川越藩士渡邊銈太郎の次男。1897年帝国図書館司書長に就任、1898年第二高等学校教授、1899年に図書係主任となった。1900年第五高等学校教頭、1907年依願免職となり、同年東京市立日比谷図書館準備事務嘱託となり、開館準備や図書館経営に携わった。児童サービスの進展に先鞭をつけ、著者講演会の実施や分類目録の件名索引を作成するなど、図書館運営の基盤を確立した。1911年東北帝国大学農科大学予科教授、1918年同大学が北海道帝国大学となり、附属大学予科主

## 【 A 】

### Austin, Ethel Winifred
オースチン, エセル・ウイニフレッド

[生没年] 1873～1918
[出身地] イギリス
[学歴] クラファム高校中退

30歳の頃視覚障害者貸出図書館に就職し, 点字を学び, 墨字と点字による目録を刊行, 英国図書館協会 (LA) で広報に努めた。1913年同館を中心に視覚障害者図書館連盟が設立, ユニオンカタログが作成された。
【参考】Manley, K.A. "Austin (Ethel) Winifred (1873-1918)," *Oxford dictionary of national biography.* Oxford University Press, 2004.

## 【 B 】

### Besterman, Theodor Deodatus Nathaniel
ベスターマン, セオドール・デオダトゥス・ナタニエル

[生没年] 1904～1976
[出身地] ポーランド

大英博物館図書館で自己研鑽を積んだのち, 1930年代初めにロンドン大学図書館学校の特別講師, オックスフオード書誌学シリーズの共編者となる。1935年『組織的書誌学事始め』, 1939年『世界書誌の書誌』初版を刊行。雑誌『ジャーナル・オブ・ドキュメンテーション』初代編集長として活躍し, 第二次世界大戦後にはユネスコの情報交換部局の長となり, 世界書誌コントロールに向けて活動した。1953年, 18世紀とヴォルテールに関する研究を編纂 (～1965)。
【参考】Barber, Giles, rev. "Besterman, Theodor Deodatus Nathaniel (1904～1976)," *Oxford dictionary of national biography.* Oxford University Press, 2004

### Billings, John Show
ビリングス, ジョン・ショウ

[生没年] 1838～1913
[出身地] アメリカ合衆国
[学歴] 1857年マイアミ大学卒業

1865年米国軍医総監局に勤務し, 医学雑誌の収集に尽力するとともに, 索引・目録誌『インデックス・カタログ』を編纂。のち軍医総監図書館長。1879年から最新文献を収録する医学索引誌『インデックス・メディクス』を刊行した。退役後, 1895年ニューヨーク公共図書館 (NYPL) 初代館長に就任し, 図書館の核となる3つのコレクションを統合する新たな著者名目録や主題目録を整備し, 部門ごとにレファレンスコレクションを配置する本館建設を指揮 (1911)。カーネギーの資金を得て分館の整備を行い, サービスを市域全体へと拡張させた。1901年アメリカ図書館協会 (ALA) 会長 (～1902)。
【参考】『図書館を育てた人々 外国編1 (アメリカ)』藤野幸雄編著 日本図書館協会 1984／藤野寛之「ジョン・ショウ・ビリングスの二つの生涯」『図書館人物伝：図書館を育てた20人の功績と生涯』日本図書館文化史研究会編 日外アソシエーツ 2007

## Birkbeck, George
バークベック，ジョージ

［生没年］1776～1841
［出身地］イギリス
［学歴］1799年エディンバラ大学卒業

大学卒業後，グラスゴー専門学校の自然哲学教授となり，熟練工や半熟練労働者のため初級の科学夜間クラスを実施した。1823年ロンドン職工学校を開校し，小規模な科学図書館も開いた。昼間働きながら学ぶ学生たちに，図書館による支援のもと夜間クラスを開講した。
【参考】Munford, W.A. "Birbeck, George (1776～1841)," *Oxford dictionary of national biography.* Oxford Univrsity Press, 2004

## Bishop, William Warner
ビショップ，ウィリアム・ワーナー

［生没年］1871～1955
［出身地］アメリカ合衆国
［学歴］1892年ミシガン大学卒業，1893年ミシガン大学修士

1895年イリノイ州のギャレット聖書研究所のギリシア語教師兼司書補。1899年ブルックリンの学校でラテン語教師兼図書館員となる。1902年プリンストン大学図書館目録係主任，1905年同レファレンス係。1907年議会図書館（LC）閲覧室主任，1915年ミシガン大学図書館長となり（～1941），新館建設（1920）や研究図書館にふさわしい蔵書の充実を図ったほか，図書館学部開設（1926）後は学部長を兼任した。1919年アメリカ図書館協会（ALA）会長。カーネギー財団によるヴァチカン図書館再建に尽力し（1920～30年代），国際図書館連盟（IFLA）会長（1931～1935）を務めるなど国際的にも活躍した。
【参考】『図書館を育てた人々 外国編1（アメリカ）』藤野幸雄編著 日本図書館協会 1984／Sparks, Claud Glenn. *Doyen of librarians : a biography of William Warner Bishop.* Scarecrow Press, 1993.

## Blades, William
ブレイズ，ウイリアム

［生没年］1824～1890
［出身地］イギリス

出版業の傍らヘンリー・ブラッドショーとの交流を通じてインキュナブラの活字研究を進め，分析書誌学の先駆者の一人として活躍。イギリス初の印刷業者ウィリアム・キャクストンが用いた活字体の変化から，キャクストン本の印刷年代を判別し，それらの編年順配列を可能にした。1877年英国図書館協会（LA）設立にも関与。死後その蔵書はセントブライド図書館（1895年設立）の基盤となった。
【参考】『キャクストン印刷の謎：イングランド印刷学事始め』ロッテ・ヘリンガ著 高宮利行訳 雄松堂出版 1991／『書物の敵』ウィリアム・ブレイズ著 高橋勇訳 八坂書房 2004／若松昭子「インクナブラの活字研究と書誌学者間の学術コミュニケーション：ブレイズ，ブラッドショー，プロクターを中心に」『聖学院論叢』20巻2号 2008.3

## Bliss, Henry Evelyn
ブリス，ヘンリー・イブリン

［生没年］1870～1955
［出身地］アメリカ合衆国
［学歴］1888年ニューヨーク市立大学中退

1891年ニューヨーク市立大学図書館員，1925年同館図書館部門主任，1928年副館長（～1940）。1903年ウィリアム・フレッ

チャーから分類を学び，1905年自ら考案したブリス書誌分類を使い新図書館の資料を再分類した（〜1908）。1910年『ライブラリー・ジャーナル』誌上で書誌分類の概要を提示し，1935年書誌分類の全容を示す『書誌分類のシステム』，1940年書誌分類表の詳細版（全4巻）を刊行した（〜1953）。ブリス書誌分類は，イギリスの大学図書館や専門図書館で採用された。
【参考】『図書館を育てた人々 外国編 1（アメリカ）』藤野幸雄編著 日本図書館協会 1984／Campbell, D.J. "A Short Biography of Henry Evelyn Bliss（1870-1955），" *Journal of Documentation.* Vol.32, No.2, Dec.1976.

## Borden, William Alanson
ボーデン，ウィリアム・アランソン

[生没年]1853〜1931
[出身地]アメリカ合衆国
[学歴]コーネル大学卒業

1883年ボストン・アシニアムに勤め，その時にチャールズ・カッターの手ほどきを受ける。1887年ヤングメンズ・インスティテュート。1910年，サヤジラオ3世に招請されインドのバローダ藩王国に赴任し，図書館連携と階層化，職員養成に尽力した（〜1913）。
【参考】吉植庄栄「インドの図書館運動史：二人の父：サヤジラオ3世とS.R.ランガナタン」『図書館文化史研究』31号 2014.9／Nagar, Murari Lal. *William Alanson Borden: an apostle of international librarianship,* International Library Center, 1992.

## Bostwick, Arthur
ボストウィック，アーサー

[生没年]1860〜1942
[出身地]アメリカ合衆国
[学歴]1883年イェール大学博士（物理学）

1895年アプルトン出版社がニューヨーク市に設立した無料貸出図書館の館長に就任。1899年ブルックリン公共図書館長として貸出や開架制を主導した（〜1901）。1901年ニューヨーク図書館協会長（〜1903），1907年アメリカ図書館協会（ALA）会長（〜1908）。1909年セント・ルイス公共図書館長となり，付設の図書館学校では教鞭も執った（〜1938）。主著に『アメリカン・パブリック・ライブラリー』（1910）があり，今澤慈海『図書館経営の理論及実際』（叢文閣，1926）を通して日本にも紹介された。
【参考】『図書館を育てた人々 外国編 1（アメリカ）』藤野幸雄編著 日本図書館協会 1984／Bostwick, Arthur. *A life with men and books.* H.W. Wilson, 1939

## Bowker, Richard Rogers
ボウカー，リチャード・ロジャース

[生没年]1848〜1933
[出身地]アメリカ合衆国
[学歴]1868年ニューヨーク市立大学卒業

1868年『ニューヨーク・イブニング・メール』紙記者。1875年出版業界誌『パブリッシャーズ・ウィークリー』編集者に転じ図書館記事を掲載。1876年，メルヴィル・デューイらと図書業界構想を話し合い，『アメリカン・ライブラリー・ジャーナル』（のち『ライブラリー・ジャーナル』）を創刊，編集長として携わった。また，図書館員大会開催を援助した。1885年ニューヨーク図書館クラブ初代会長，1904年ストックブリッジ図書館協会（マサチューセッツ州）会長（〜1918）などを歴任。1911年，R.R.ボウカー出版を正式に設立し，図書館関係の参考図書を数多く刊行した。

【参考】『図書館を育てた人々 外国編1(アメリカ)』藤野幸雄編著 日本図書館協会 1984／Danton, Emily. *Pioneering leaders in librarianship : first series.* American Library Association, 1953.

B ## Bradford, Samuel Clement
ブラッドフォード, サミュエル・クレメント

[生没年] 1878〜1948
[出身地] イギリス

1899年科学博物館に勤務(〜1938)。1922年館長補佐, 1925年副館長, 1930年図書館長。国際十進分類法(UDC)を推進し, 世界書誌作成を目指した。1945年英国国際書誌協会(BSIB)会長, 1947年国際ドキュメンテーション連盟(FID)副会長, 国際分類委員会議長。ある主題に関する論文の多くが少数の主要雑誌に掲載される一方, そのような論文をごくわずかしか掲載しない雑誌が非常に多く存在するという「ブラッドフォードの分散則」が知られる。

【参考】Bakewell, K.G.B. "Bradford, Samuel Clement (1878〜1948)," *Oxford dictionary of national biography.* Oxford University Press, 2004.

## Bradshaw, Henry
ブラッドショー, ヘンリー

[生没年] 1831〜1886
[出身地] イギリス
[学歴] 1854年ケンブリッジ大学キングス・カレッジ卒業

1856年ケンブリッジ大学図書館員, 写本・初期印刷本のコレクションの管理に従事して図書館所蔵写本目録を編集。チョーサー写本を研究してテキストの順番に関する小冊子を作成した。また, 同館所蔵インキュナブラを研究し活字研究の方法論(ブラッドショー・メソッド)を提起して書誌学の基礎をつくった。1867年ケンブリッジ大学図書館長。1882年英国図書館協会(LA)会長。死後1890年に典礼文研究を行うヘンリー・ブラッドショー協会が設立された。

【参考】『図書館を育てた人々: イギリス篇』藤野幸雄, 藤野寛之著 日本図書館協会 2007／Prothero, G.W. *A memoir of Henry Bradshaw.* London: Kegan Paul, Trench, 1888.／Munford, W.A. *Who was who in British librarianship, 1800-1985: a dictionary of date with notes.* Library Association, 1987.

## Brown, Charles Harvey
ブラウン, チャールズ・ハーベイ

[生没年] 1875〜1960
[出身地] アメリカ合衆国
[学歴] 1901年ニューヨーク州図書館学校卒業, 1937年ウェズリアン大学博士(文学)

1922年, アイオワ州立大学図書館長(〜1946)。1941年アメリカ図書館協会(ALA)会長(〜1942)。1947年国際関係特別委員会(IRB)東洋委員会委員長の立場でヴァーナー・クラップとともに来日, 国立国会図書館法(1948)成立に関する勧告を行った。

【参考】根本彰「占領初期における米国図書館関係者来日の背景 ALA文書他の一次資料に基づいて」『日本図書館情報学会誌』45巻1号 1999.3

## Brown, James Duff
ブラウン, ジェームズ・ダフ

[生没年] 1862〜1914
[出身地] スコットランド
[学歴] スコットランド教会ノーマル・スクール

グラスゴーの書店員, 雑誌『スタンダード音楽』の通信員を経て, 1888年ロンドンのクラーケンウェル図書館 (1899年フィンスベリー区図書館に改称) 館長 (〜1905), 1905年イズリントン区図書館長 (〜1914)。開架制を推進し, 図書指示板による開架制を主張。アルフレッド・コトグリーヴと数年にわたって論争した。知識を10の分野に限定しない主題分類法 (SC) を発表。1898年雑誌『ライブラリー・ワールド』を創刊し, その編集主幹となった。主著に『図書館経営マニュアル』など。
【参考】藤野寛之「公共図書館活動の開拓者ジェームズ・ダフ・ブラウン:イギリス館思想の研究」『阪南論集 人文・自然科学編』51巻2号 2016.3／『図書館を育てた人々: イギリス篇』藤野幸雄, 藤野寛之著 日本図書館協会 2007／Munford, W.A. *James Duff Brown 1862-1914: portrait of a library pioneer*. Library Association, 1968.

## Brunet, Jacques Charles
ブリュネ, ジャック・シャルル

[生没年] 1780〜1867
[出身地] フランス

書店主, 書誌学者。多くの稀覯書を扱った経験から, 1810年『書店員と書物愛好家マニュアル』を出版した。同書掲載の「主題索引」で用いた分類体系が, その後の書物の分類法に影響を及ぼし, 19世紀全体を通じて稀覯書を扱う多くの書店主や図書館員に使用された。ブリュネの分類は歴史, 文学など人文科学に重きが置かれる傾向があるものの, 図書館分類はその蔵書や目的に応じて考えられるべきだとする彼の主張は, 近代的な図書分類の先駆けであった。同書は第2版 (1814) から第5版 (1860) まで版を重ね, ブリュネの死後, 追補2冊本 (1878-1880) が出された。
【参考】『書誌』L.N.マルクレス著 藤野幸雄訳 白水社 1981／McKeon, D.B. "Brunet, Jacques-Charles," *World encyclopedia of library and information services*. 3rd ed. American Library Association, 1993

## Butler, Pierce
バトラー, ピアース

[生没年] 1884〜1953
[出身地] アメリカ合衆国
[学歴] 1910年ディキンソン・カレッジ修士 (ラテン語), 1912年博士 (中世史)

1916年ニューベリー図書館に就職。1917年より活版印刷コレクションの書誌係兼管理者となる。1928年シカゴ大学非常勤講師として科目「印刷史」を担当。1931年シカゴ大学大学院図書館学研究科 (GLS) 教授。主著『図書館学序説』(1933) で, 図書館の扱う領域を, 整理技術ではなく社会科学としてとらえた。
【参考】若松昭子「ピアス・バトラーの図書館学における理論と実践」『図書館人物伝: 図書館を育てた20人の功績と生涯』日本図書館文化史研究会編 日外アソシエーツ 2007／Ash, Lee. "Pierce Butler," *Dictionary of American library biography*. Libraries Unlimited, 1978.／Richardson, John Jr. *The gospel of scholarship: Pierce Butler and a critique of American librarianship*. The Scarecrow Press, 1992.

## 【 C 】

### Carlyle, Thomas
カーライル, トーマス

[生没年] 1795～1881
[出身地] イギリス
[学歴] 1814年エディンバラ大学卒業

19世紀を代表するスコットランドの評論家, 歴史家, 伝記作家。大英博物館図書館を批判し, 1840年新しい貸出図書館として会員制のロンドン・ライブラリーを設立。1865年エディンバラ大学学長 (～1868)。著書に『フランス革命史』全3巻 (1837) など。ドイツ文学を研究したことでも著名で, ゲーテとの往復書簡がある。
【参考】The London Library "History of The London Library" (http://www.londonlibrary.co.uk/about-us/historyofthelondonlibrary)

### Carnegie, Andrew
カーネギー, アンドリュー

[生没年] 1835～1919
[出身地] イギリス

1848年両親とともにアメリカ合衆国ペンシルバニア州ピッツバーグに移住。綿織工場での糸巻の仕事を振り出しに電信配達夫, 電信士, 鉄道通信士を経て鉄道会社で働く。南北戦争時には, 北軍側で鉄道運輸に尽力。投資でも成功をおさめ, 鉄橋会社や製鉄会社を創業する。巨万の富をもとに富を社会に還元することを富者の責務ととらえ, 慈善事業を精力的に展開した。1905年カーネギー財団を立ち上げ, 学校や教育者への援助を行いつつ, 英語圏を中心に世界で2500館以上の図書館を寄贈した。「自助努力」を重視したカーネギーにとって勤勉な貧者こそが慈善の対象であり, 公共図書館の寄贈はその意図に最も適った。寄贈を受ける自治体に運営費の拠出を求めるカーネギー図書館は, 簡素なつくりを特徴とし, アメリカ合衆国で開架制の広がる要因となった。「図書館の守護神」と称され, 図書館の発展に大きく貢献したと評価される。
【参考】『カーネギー自伝』アンドリュー・カーネギー著 坂西志保訳 中央公論新社 2002／『カーネギー図書館：歴史と影響』ジョージ・S.ボビンスキー著 川崎良孝, 川崎智子訳 京都図書館情報学研究会 2014／『すべての人に無料の図書館：カーネギー図書館とアメリカ文化：1890-1920年』アビゲイル・A.ヴァンスリック著 川崎良孝 [ほか] 訳 京都大学図書館情報学研究会 2005

### Carnovsky, Leon
カーノフスキー, レオン

[生没年] 1903～1975
[出身地] アメリカ合衆国
[学歴] 1927年ミズーリ大学卒業, 1932年シカゴ大学修士

1943年『ライブラリー・クォータリー』編集長 (～1961)。1944年シカゴ大学大学院図書館学研究科 (GLS) 教授 (～1971)。選書論において「価値論」と「要求論」を対立的に定義づけ, 1890年代に前者から後者への推移が起こったと指摘した。1946年第一次対日教育使節団の一員として来日。
【参考】『アメリカにおける図書選択論の学説史的研究』河井弘志著 日本図書館協会 1987／Marco, Guy A. *The American public library handbook*, Library Unlimited, 2012.

## Cheney, Frances Neel
チェニー, フランシス・ニール

[生没年]1906〜1996
[出身地]アメリカ合衆国
[学歴]1934年ジョージ・ピーボディ図書館学校卒業, 1940年コロンビア大学修士（図書館学）

1928年ヴァンダービルト大学図書館に勤め, 1937年同大学ほかの大学図書館共同体（JUL）のヘッド・レファレンス・ライブラリアン（〜1946）。この間1944年議会図書館（LC）に出向。1946年ピーボディ図書館学校で教える（〜1975）。1951年, 慶應義塾大学文学部の日本図書館学校（JLS）で招聘教員としてレファレンス教育を行った（〜1952）。
【参考】前川和子「日本におけるレファレンス教育の開拓者フランシス・チェニーに関する一考察」『桃山学院大学環太平洋圏経営研究』9号 2008.3／前川和子「F.チェニーを通してみるアメリカにおけるレファレンスサービス論成立期の検証」『大手前大学論集』14号 2014.3

## Clapp, Verner Warren
クラップ, ヴァーナー・ウォーレン

[生没年]1901〜1972
[出身地]アメリカ合衆国
[学歴]1922年トリニティカレッジ卒業

1922年議会図書館（LC）に勤め（〜1956）, 1947年副館長。米国図書館使節としてチャールズ・ブラウンとともに来日, 国立国会図書館法（1948）に関する勧告を行った。
【参考】酒井悌, 鈴木幸久「ヴァーナー W. クラップと国立国会図書館」『図書館研究シリーズ』20号 1978.11

## Coxe, Henry Octavius
コックス, ヘンリー・オクタヴィウス

[生没年]1811〜1881
[出身地]イギリス
[学歴]1833年オックスフォード大学卒業

大英博物館の写本部門で働き初め, 古文書学者としての才能を発揮する一方, 1833年副牧師, 1868年教区牧師となった。その間, 1839年オックスフォード大学ボドリー図書館副館長に就任, 当初は写本の仕事に専念した。ボドリアンの「四折判」目録シリーズ,『カレッジ写本』(1852),『ギリシャ語写本』(1853),『ギリシャ語・ラテン語聖典写本』(1854) などは, 彼の学識と古文書学の才能を発揮した不朽の業績である。1857年政府からレヴァント（東部地中海沿岸地方）に派遣され, 24地域の600に及ぶギリシャ語写本を調査。1860年ボドリー図書館長に選ばれ, 管理者として組織改革に取り組むが, 予算不足のため実現を阻まれた。『オックスフォード大学新聞』の代表としても活躍。
【参考】Clapinson, M. "Coxe, Henry Octavius (1811-1881)," *Oxford dictionary of national biography*. Oxford University Press, 2004.

## Cutter, Charles Ammi
カッター, チャールズ・エイミー

[生没年]1837〜1903
[出身地]アメリカ合衆国
[学歴]1859年ハーバード神学大学卒業

1860年ハーバード・カレッジ図書館に勤め, リュッケ教授の蔵書約5千冊の目録作成業務を担当。1868年ボストン・アシニアム（〜1893）。1875年冊子体目録の理論を『辞書体目録規則』にまとめ, 1891年

展開分類法（EC）を発表，著者記号法も考案した。また1876年メルヴィル・デューイらとともにアメリカ図書館協会（ALA）設立に尽力し，運営に携わるほか，機関誌『ライブラリー・ジャーナル』の刊行と編集にも関与した。1894年マサチューセッツ州のフォーブズ図書館に勤務し，分類の改良に務めた（〜1903）。

【参考】堀内郁子「図書館をつくった人々：チャールズ・エィミィ・カッター（Chales Ammi Cutter, 1873-1903）」『図書館雑誌』77巻6号 1983.6／堀内郁子「チャールズ・エィミィ・カッター」『Library and Information Science』10号 1972.10

## 【D】

## Dainton, Frederick Sydney

デイントン，フレデリック・シドニー

[生没年]1914〜1997
[出身地]イギリス
[学歴]オックスフォード大学，ケンブリッジ大学

ノッティンガム大学副総長在任時の1968年，国立図書館委員会（NLC）委員長となり，1969年国立図書館および関係機関の機能再編成と新国立図書館建設に向けた報告書（「デイントン報告」）を作成。これを受けて1972年英国図書館法制定，1973年大英博物館図書館部門や他の関係機関を新たに一体化した英国図書館（BL）が誕生した。1978年英国図書館評議会議長（〜1985）。

【参考】『英国国立図書館委員会報告：デイントン報告』文部省大学学術局情報図書館課訳，文部省大学学術局情報図書館課 1974／Powell, T. E. et al. (comp.) "Outline of the Career of Frederick Sydney Dainton, " *Catalogue of the paper and correspondence of Frederick Sydney Dainton, Baron Dainton of Hallam Moors FRS*. University of Bath, 2002.

## Dana, John Cotton

ディナ，ジョン・コットン

[生没年]1856〜1929
[出身地]アメリカ合衆国
[学歴]1878年ダートマス大学卒業

1889年デンバーの学校区図書館長に就任，開架制，夜間開館，児童室設置に取り組んだ。1895年コロラド州図書館協会会長，1895年アメリカ図書館協会（ALA）会長（〜1896）。1897年マサチューセッツ州スプリングフィールド市立図書館長兼美術館長。1902年ニューアーク図書館長となり，ニューアーク式の貸出方式を考案したといわれる。また，英語を母語としない住民のための外国語コレクションの整備や，ビジネスに関する資料を集めた分館設置を進めた。館内展示を拡大し，図書館の一部門として科学博物館を開設，広報誌刊行などを通じて図書館利用のPR活動に励んだ。その功績からアメリカ図書館協会（ALA）「ディナ広報賞」に名を残している。1909年専門図書館協会初代会長。ニュージャージ州図書館協会会長（1904〜1905, 1910〜1911）。主著に『図書館入門』（1896）など。

【参考】『図書館を育てた人々 外国編1（アメリカ）』藤野幸雄編著 日本図書館協会 1984／山本順一「ジョン・コットン・ディナの生涯と図書館哲学」『図書館人物伝：図書館を育てた20人の功績と生涯』日本図書館文化史研究会編 日外アソシエーツ 2007

## Delisle, Léopold Victor
ドリル, レオポル・ヴィクトル

［生没年］1826～1910
［出身地］フランス
［学歴］1849年古文書学校卒業

1852年フランス国立図書館（BN）に勤務。1870年写本部責任者, 1874年館長（～1905, 歴代最長）。BN改革に取り組み, 網羅的な蔵書目録を作成（1897-1981, 231巻）するなど, 近代図書館へと再生させた。フランス学士院会員。主著に『国立図書館写本部の歴史』など。
【参考】『フランス近代図書館の成立』赤星隆子著 理想社 2002／永嶺重敏「図書館をつくった人々：レオポール・ヴィクトル・ドリール」『図書館雑誌』77巻3号 1983.3

## Dewey, Melville Louis Kossuth
デューイ, メルヴィル・ルイス・コシュート

［生没年］1851～1931
［出身地］アメリカ合衆国
［学歴］1874年アマースト・カレッジ卒業

在学時, 学生補助員として図書館の仕事に関わり, 1873年十進分類法案を作成。卒業後同カレッジ図書館副館長。1876年『アメリカン・ライブラリー・ジャーナル』（のち『ライブラリー・ジャーナル』）を刊行し, 10月アメリカ図書館員会議の開催に尽力, アメリカ図書館協会（ALA）初代事務局長に就任した。同会議ではデューイ十進分類法（DDC）初版も発表。教育効果を上げる目標から, 十進分類の改良のほか, カード目録など図書館用品の開発, 販売を行うライブラリー・ビューロー社の創業, 英語の綴りと速記術の改良, メートル法の普及に邁進した。1883年コロンビア・カレッジ図書館長, 1887年コロンビア図書館学校を開設。女性入学を強行し罷免されたが, 1889年ニューヨーク州立大学理事会事務局長に転出し（～1899）, ニューヨーク州立図書館長, ニューヨーク州図書館学校長を務めた。多くの人材を図書館界に送り出したほか, 巡回文庫など先駆的な取り組みを実践した。1906年引退後はレイクプラシッドで余生を過ごした。ALA会長（1890～1891, 1892～1893）。
【参考】『手に負えない改革者：メルヴィル・デューイの生涯』ウェイン・A.ウィーガンド著 川崎良孝, 村上加代子訳 京都大学図書館情報学研究会 2004／『アメリカ図書館思想の研究』小倉親雄著 日本図書館協会 1977

## Dickinson, Asa Don
ディキンソン, アサ・ドン

［生没年］1876～1960
［出身地］アメリカ合衆国
［学歴］1903年ニューヨーク州図書館学校卒業

ブルックリン公共図書館モンタギュー分館や出版社などに勤務。1915年英領インドに渡り, パンジャブ大学で図書館学を教え（～1916）, 入門書『パンジャブ・ライブラリー・プリメア』を刊行した。第一次世界大戦期にはアメリカ図書館協会（ALA）で欧州戦線の兵士に大量の図書を送る業務に携わった。1919年ペンシルヴァニア大学図書館勤務, 1931年ブルックリン・カレッジ図書館長（～1944）。編集者, 文筆家としても有名で, 『ベスト・ブック・シリーズ』はその代表作である。
【参考】Nagar, Murari Lal."Contributions of Asa Don Dickinson（1876～1960）," *First American library pioneer in British India.*

International Library Center, 1990.

## Downs, Robert Bingham
ダウンズ, ロバート・ビンガム

[生没年] 1903〜1991
[出身地] アメリカ合衆国
[学歴] 1927年コロンビア大学卒業, 1929年同大学修士 (図書館学)

1943年イリノイ大学教員, 1958年同大学図書館長 (〜1971)。1948年, 連合国軍総司令部 (GHQ/SCAP) 民間情報教育局 (CIE) 特別顧問として来日し, 「国立国会図書館に於ける図書整理, 文献参考, サーヴィス並びに全般的組織に関する報告」いわゆる「ダウンズ勧告」をまとめた。1950年日本図書館学校 (JLS) 選定のため再来日し東京大学を推す。1952年アメリカ図書館協会 (ALA) 会長 (〜1953), 1955年イリノイ州図書館協会長 (〜1956)。
【参考】三浦太郎, 根本彰「占領期日本におけるジャパン・ライブラリースクールの創設」『東京大学大学院教育学研究科紀要』41巻 2002.3／志保田務[ほか]「ダウンズ勧告における「目録法」関係事項と, その受容・展開に関する一考察」『資料組織化研究』47号 2003.2

## Dziatzko, Karl
ツィアツコ, カール

[生没年] 1842〜1903
[出身地] ドイツ
[学歴] ブレスラウ大学卒業, ボン大学博士

古典文献学を学び, ボン大学で図書館の補助職員, ギムナジウム教授を経て, 1871年フライブルク大学図書館長, 翌年ブレスラウ大学図書館長。目録記述規則 (1874) と目録排列規則 (1886) を作成した。1886年ゲッティンゲン大学図書館長に招かれ, 翌年図書館補助学講座を開設。印刷史を中心に世界初の図書館学教育を始め, 図書学中心のドイツ図書館学の伝統に引き継がれた。フランツ・カイザーやマーティン・シュレッティンガーの「排列語」の概念を継承, 一次排列は「支配名詞」, 二次排列は付加語によるドイツ式の「文法的排列法」の原則を確定した。1899年フリッツ・ミルカウとともにプロイセン目録規則を完成した。
【参考】『ドイツ図書館学の遺産：古典の世界』河井弘志著 京都大学図書館情報学研究会 2001

## 【 E 】

## Ebert, Friedrich Adolf
エーベルト, フリードリッヒ・アドルフ

[生没年] 1791〜1834
[出身地] ドイツ
[学歴] ライプツィヒ大学卒業, ヴィッティンベルク大学修士

ライプツィヒの敬虔主義者牧師の家に生まれ, 幼少期より市参会図書館を利用。在学中に神学, 文献学を学ぶ傍ら, 大学図書館中心の『公共図書館論』を刊行した。ライプツィヒ大学図書館勤務ののち, 1814年ドレスデン王立公共図書館に勤めた。1815年からマーティン・シュレッティンガーと文通を始め, 図書館学への関心を深めた。1823年ヴォルフェンビュッテル大公図書館長に招かれ, ゴッドフリート・ライプニッツ, ゴッドホルト・レッシングに続く館長としてヨーロッパ最高の図書館の経営に携わった。厳密な分類排架を主張して, シュレッティンガーと論争

図書館管理論の意義を確定し、初期図書館学の思想、理論を形成する役割を果たした。彼が掲げた「他人の世話をなして、私は消耗する」という図書館員の倫理は、国境をこえて広く図書館界の規範とみなされた。主著に『司書の自己修練』(1820)、『総合書誌事典』(1821-1830)、『ドレスデン王立図書館史』(1822)など。
【参考】藤野幸雄「図書館をつくった人々3 フリードリッヒ・アドルフ・エーベルト」『図書館雑誌』74巻6号 1980.6／『ドイツ図書館学の遺産：古典の世界』河井弘志著 京都大学図書館情報学研究会 2001／『司書の教養』河井弘志編訳 京都大学図書館情報学研究会 2004

## Edwards, Edward
エドワーズ, エドワード

[生没年]1812～1886
[出身地]イギリス

ロンドンで職人の子として生まれ、正規教育は受けなかったが、1834年大英博物館図書室に通い始める。1836年議会の大英博物館特別委員会で運営の改善を意見し、1839年図書館の員外助手に採用された。上司はアンソニー・パニッツィであった。1847年から専門誌への投稿を通じて公共図書館への世間の関心の喚起を図り、これを機にウィリアム・ユーアートとの交際が始まった。1849年英国下院議会に公共図書館特別委員会が発足すると、直接の協力者として欧米の公共図書館に関する565項目に及ぶ証言を行い、1850年公共図書館法成立に貢献した。1851年マンチェスター公共図書館長(～1858)。1870年クィーンズ・カレッジ図書館、1877年ボードリー図書館に勤めた(～1883)。主著『メモワール・オブ・ライブラリーズ』(1859)など。
【参考】『世界の図書館百科』藤野幸雄編著 日外アソシエーツ 2006／芝田正夫「イギリス公共図書館法の成立とエワート報告」『図書館界』27巻4号 1976.1

## Edwards, John Passmore
エドワーズ, ジョン・パスモア

[生没年]1823～1911
[出身地]イギリス
[学歴]コーンウォール州ブラックウォーターの小学校卒業

ロンドンで新聞記者として活動、改革派の新聞『エコー』を出版して成功し、収益を慈善事業に注いだ。1880年ソールズベリー選出の急進派の国会議員として活躍(～1885)。ロンドンとコーンウォールに慈善施設70か所を設立。図書館24館、7万冊を寄贈。彼の慈善活動はアンドリュー・カーネギーに影響したといわれる。
【参考】『図書館を育てた人々：イギリス篇』藤野幸雄、藤野寛之著 日本図書館協会 2007／Morris, A.J.A. "Edwards, John Passmore (1823-1911)," *Oxford dictionary of national biography.* Oxford University Press, 2004.

## Evans, Charles
エヴァンス, チャールズ

[生没年]1850～1935
[出身地]アメリカ合衆国
[学歴]1866年ボストン農業学校卒業

1866年ボストン・アセニアム助手。1869年インディアナポリス公共図書館目録係、1872年同館館長(～1878)。1876年アメリカ図書館協会(ALA)創設者の一人に名を連ねる。1884年イノック・プラット・フリー・ライブラリー目録係。1887年オハ

マ公共図書館で図書再分類や目録整備を担う。1889年インディアナポリス公共図書館長，1892年ニューベリー図書館目録係を務めたのち，1896年シカゴ歴史協会図書館員。1902年から，植民地時代からの出版物を年代順に排し解説を付けた『アメリカン・ビブリオグラフィー』の編纂に従事。1903年に第1巻（1639-1729），その後第12巻（1798-1799）まで刊行した。

【参考】『図書館を育てた人々 外国編1（アメリカ）』藤野幸雄編著 日本図書館協会 1984／Holley, Edward G. *Charles Evans : American bibliographer*. University of Illinois Press, 1963.

## Everett, Edward
エヴァレット，エドワード

[生没年] 1794～1865
[出身地] アメリカ合衆国
[学歴] 1811年ハーバード大学卒業, 1817年ゲッティンゲン大学（ドイツ）博士号

1812年ハーバード大学準講師，1815年同大学教授，1825年連邦下院議員，1836年マサチューセッツ州知事，1841年駐イギリス全権特命公使，1846年ハーバード大学学長，1852年連邦国務長官，1853年連邦上院議員を歴任。1850年ボストン市長に対して，公共図書館には公教育を完成させる役割があるとの考えを示した。ボストン公共図書館準備委員会委員として，ジョージ・ティクナーとともに，図書館設立のための報告書を執筆（1852）。1852年ボストン公共図書館理事会理事長（～1865）。

【参考】『アメリカ公立図書館成立思想史』川崎良孝著 日本図書館協会 1991／『ボストン市立図書館100年史：栄光，挫折，再生』ウォルター・ホワイトヒル著 川崎良孝訳 日本図書館協会 1999

## Ewart, William
ユーアート，ウィリアム

[生没年] 1798～1869
[出身地] イギリス
[学歴] 1817年イートン・カレッジ卒業, 1821年オックスフォード大学クライスト・チャーチ・カレッジ卒業

ユーアト，エワートとも表記。政治家，社会改革論者。1849年公共図書館特別委員会が発足すると，大英博物館のエドワード・エドワーズの協力を得ながら，下院議員ジョセフ・ブラザートンとともに報告書を提出し，1850年公共図書館法を成立させた。

【参考】『新・イギリス公共図書館史：社会的・知的文脈1850-1914』アリステア・ブラック著 藤野寛之訳 日外アソシエーツ 2011／芝田正夫「イギリス公共図書館法の成立とエワート報告」『図書館界』27巻4号 1976.1

## 【F】

## Franklin, Benjamin
フランクリン，ベンジャミン

[生没年] 1706～1790
[出身地] アメリカ合衆国

1727年政治，倫理，自然科学などの課題を討論するジャントー・クラブを結成。議論に役立てるため，各人が持ち寄った図書で共同文庫を形成することの有益性に着目し，1731年アメリカ会員制図書館のモデルといわれるフィラデルフィア図書館会社（LCP）を設立した。LCPでは，ヨーロッパの世俗史や自然科学を扱った図書が収集され，独立戦争へ結実する理念形成が図られた。1751年フィラデルフィア・

アカデミーを創設したほか、1776年アメリカ独立宣言起草委員、1779年駐仏全権公使、1781年対英講和会議代表を歴任。
【参考】『アメリカ公立図書館成立思想史』川崎良孝著 日本図書館協会 1991／『フランクリン自伝』松本慎一、西川正身訳 岩波書店 2010

## 【G】

### Garnett, Richard
ガーネット、リチャード

[生没年]1835～1906
[出身地]イギリス

書誌学者、著述家。大英博物館刊本部副部長であった同名の父を持つ。1851年大英博物館補助職員、1875年刊本部副部長兼閲覧室責任者、1890年刊本部長（～1899）。この間、1881年から大英博物館所蔵刊本目録の編纂に尽力（完成1900）、1884年に閲覧室責任者を辞し編纂作業に専念した。1893年英国図書館協会（LA）会長、1896年ロンドン書誌学会会長。カーライル、エマソン、ミルトンなどの伝記、詩集、文学評論を上梓するなど、歴史や文学の分野でも多くの著作を残した。
【参考】『図書館を育てた人々：イギリス編』藤野幸雄、藤野寛之著 日本図書館協会 2007／『達人たちの大英博物館』松井竜吾［ほか］著 講談社 1996／McCrimmon, Barbara. *Richard Garnett, the scholar as librarian.* American Library Association, 1989.

### Gitler, Robert Laurence
ギトラー、ロバート・ローレンス

[生没年]1909～2004
[出身地]アメリカ合衆国
[学歴]1930年カリフォルニア大学バークレー校卒業、1939年コロンビア大学修士（図書館学）

大学卒業後、サンノゼ州立大学図書館に勤務、1931年貸出部門主任のち上級図書館員兼図書館学科講師を務める（～1942）。兵役を経て、1946年ワシントン州立大学図書館学校准教授。1951年日本図書館学校（JLS）初代主任教授として来日、慶應義塾大学での開設を決定した。1956年まで在職。帰米後はアメリカ図書館協会（ALA）図書館教育部会事務局長、ジョージ・ピーボディ大学図書館学校主任教授などを経て、1967年サンフランシスコ大学図書館長・教授（～1975）。慶應義塾大学名誉博士号、勲四等旭日章などを授与された。
【参考】"Biographical sketch of Doctor Robert Laurence Gitler." 『Library and Information Science』17号、1980.3／Gitler, Robert L., Buckland, Michael (ed.) *Robert Gitler and the Japan Library School: an autobiographical narrative*, Scarecrow Press, 1999.

### Gordon, Elizabeth Anna
ゴードン、エリザベス・アンナ

[生没年]1851～1925
[出身地]イギリス
[学歴]1886年オックスフォード大学卒業

日本ではゴルドン夫人と呼ばれる。ヴィクトリア女王の女官。オックスフォードの同門高楠順次郎に同情して、イギリス、アメリカ、カナダの新聞に日本への図書の寄贈を訴え9万余冊を集め、1907年東京市立日比谷図書館開館の際に来日して寄託。寄託書は「日英文庫Dulce Cor Library」として公開された。帰国の際、1916年早

稲田大学図書館に蔵書を寄贈,「ゴルドン文庫」となる。1920年に再来日して京都で客死。蔵書は高野山大学に収蔵され「高野山ゴルドン文庫」となる。
【参考】中村悦子「E・A・ゴルドン夫人の生涯」『早稲田大学図書館紀要』30号 1989.3／森睦彦「ゴルドン夫人と日英文庫」『東海大学紀要：課程資格教育センター紀要』1号 1992.3

## Graham, Inez Mae
グラハム, アイネズ・メイ

[生没年]1904～1983
[出身地]アメリカ合衆国
[学歴]1925年ノースカロライナ大学卒業, 1934年イリノイ大学図書館学校, 1965年ジョンホプキンス大学修士

高校の英語教師, 図書館員ののち, 1936年バージニア州ウィリアム・アンド・メアリー大学准教授(～1941)。黒人の大学として知られるフィスク大学でも夏期に学校図書館学を教えた。1946年アメリカ図書館協会(ALA)に異動。1947年学校図書館専門家として来日, 占領政策の一環としての指導に携わった。帰国後メリーランド州初代学校図書館指導主事。1969年アメリカ学校図書館協会(AASL)「学校図書館基準」作成に関与。メリーランド州では1977年グラハム学校図書館賞が設けられた。
【参考】篠原由美子「メイ・グラハム『日本の学校図書館』」『図書館文化史研究』18号 2001.9／『アメリカの児童図書館・学校図書館：サービス活動の先駆者たち』藤野寛之編著 日外アソシエーツ 2015／Miller, Marilyn L. (ed.) *Pioneers and leaders in library services to youth : a biographical dictionary.* Libraries Unlimited, 2003.

## Green, Samuel
グリーン, サミュエル

[生没年]1837～1918
[出身地]アメリカ合衆国
[学歴]1858年ハーバード・カレッジ卒業, 1870年同大学修士(文学)

1871年ウスター公共図書館長(～1909)。1876年アメリカ図書館員会議に出席して,「通俗図書館における図書館員と利用者の間の人的な交流や交渉の望ましさ」を主張, 利用者への計画的な人的援助を提案した(雑誌『アメリカン・ライブラリー・ジャーナル』創刊号に収録)。1891年アメリカ図書館協会(ALA)会長。主著に『アメリカ合衆国における公共図書館発展, 1853-1893』(1913)がある。
【参考】『レファレンス・サービスの発達』サミュエル・ローススティーン著 長沢雅男監訳 常盤繁[ほか]共訳 日本図書館協会 1979／Gambee, Budd. "Samuel Swett Green," *Dictionary of American library biography.* Libraries Unlimited, 1978.

## Greenwood, Thomas
グリーンウッド, トーマス

[生没年]1851～1908
[出身地]イギリス
[学歴]1861年原始メソジスト教会設立の学校(ウッドレー)中退

1872年シェフィールド公共図書館分館長(～1874)。1877年専門雑誌『帽子屋のガゼット』を創刊し, 数種の雑誌の編集長として活躍。1886年『無料公共図書館』を出版し, 公共図書館運動に大きな影響を与えたほか, 1902年エドワード・エドワーズの伝記を著した。ロンドンと周辺の地で図書館設置を経済的に支援。1907年来日。

【参考】Black, A. "Greenwood, Thomas (1851-1908), " *Oxford dictionary of national biography*. Oxford University Press, 2004.

# 【H】

## Haines, Helen Elizabeth
ヘインズ, ヘレン・エリザベース

[生没年] 1872〜1961
[出身地] アメリカ合衆国

1892年リチャード・ボウカーのもとで雑誌『パブリッシャーズ・ウィークリー』や『ライブラリー・ジャーナル』(1896年編集主任)の編集や書誌『アメリカン・カタログ』の編纂に関わる。1906年アメリカ図書館協会(ALA)副会長。ロサンゼルス公共図書館(LAPL)の図書館員研修講座(1914)やカリフォルニア大学図書館学部で図書選択の講師を務めた(1923〜1926)。1935年『図書とともに生きる』を刊行, 知的自由の活動に影響を及ぼした。1940年カリフォルニア州図書館協会に知的自由委員会を創設し, 委員長を務めた。
【参考】『図書館を育てた人々 外国編1(アメリカ)』藤野幸雄編著 日本図書館協会 1984／Sive, Mary Robinson. "Helen E. Haines, 1872-1961 : An Annotated Bibliography, " *Journal of Library History*. Vol.5, No.2, Apr.1970.

## Hasse, Adelaide
ハッセ, アデレード

[生没年] 1868〜1953
[出身地] アメリカ合衆国

1889年ロサンゼルス公共図書館アシスタント, 以来一貫して政府刊行物の組織化, 索引や書誌の編纂, 執筆および図書館学教育に取り組む。また「新しい女」として新聞雑誌にライフスタイルが取り上げられた。1895年ワシントンD.C.の政府刊行物管理部図書館。1897年ニューヨーク公共図書館(NYPL)経済部門部長(〜1918)。その後専門図書館協会でも活動し, 『スペシャル・ライブラリーズ』誌の編集長を務めた。
【参考】『アメリカ図書館史に女性を書きこむ』スザンヌ・ヒルデンブランド編著 田口瑛子訳 京都大学図書館情報学研究会 2002／Beck, Clare. *The new woman as librarian: the career of Adelaide Hasse*. Scarecrow Press, 2006.／*ALA world encyclopedia of library and information services*. 2nd ed. American Library Association, 1986.

## Hofmann, Walter
ホーフマン, ヴァルター

[生没年] 1879〜1952
[出身地] ドイツ
[学歴] ドレスデン工科大学聴講生

芸術評論を執筆する傍ら, 社会改革運動家イダ・ピーネルトの招きを受けて民衆図書館設立に従事, 1906年ドレスデン・プラウエン無料公共図書館を開設した。閲覧室なしの館外貸出方式を堅持, 公共図書館は「人間的な出会いの場」との理念に基づき, 1909年読者委員会を組織。1912年ライプツィヒ市立公共図書館長に就任, 東西南北の4館体制をつくったほか, 市立図書館は学術書, 市立公共図書館は教養, 実学書という分担収集をとりきめた。1914年図書館用品を販売する民衆図書館センター, 1921年ドイツ民衆図書館学校を開設。社会教育学者ローベルト・フォン・

エルトベルクとともに個人教育を重視する「新路線」の立場にたち, 利用者の自由を尊重するパウル・ラーデヴィッヒと対立, いわゆる「路線論争」を展開した。
【参考】ペーター・ヴォドセク著, 三浦太郎訳「改革と理念：ドレスデン・プラウエンおよびライプツィヒにおけるヴァルター・ホフマンの図書館業績：ヴァルター・ホフマン小伝」『京都大学生涯教育学・図書館情報学研究』5号 2006.3／河井弘志「ヴァルター・ホーフマンとドイツの公共図書館」『図書館人物伝：図書館を育てた20人の功績と生涯』日本図書館文化史研究会編 日外アソシエーツ 2007

## Holtrop, Johannes Willem
ホルトロップ, ヨハネス・ウィレム

[生没年]1806～1870
[出身地]オランダ

書誌学者。1829年ハーグの王立図書館に就職, 1835年同館長(～1868)。書物の物理的な研究を通して印刷術の伝播過程の解明に努めた。それまで不明であった印刷地, 印刷者, 印刷年の多くを同定, その成果をもとに同館所蔵インキュナブラ目録を刊行(1857-1868)。同目録は低地地方(ベルギー, ルクセンブルク, オランダ)を対象とする史的研究の先駆となり, 低地地方のインキュナブラ全国書誌(1874-1890)に継承された。
【参考】La Haye. *Monuments typographiques des Pays-Bas au quinzième siècle*. Nijhoff, 1857-1868／Wytze and Lotte Hellinga (ed.) *Henry Bradshaw's correspondence on incunabula with J.W. Holtrop and M.F.A.G. Campbell.* Herzberger, 1966-1978, 2vols.

# 【J】

## Jast, Louis Stanley
ジャスト, ルイス・スタンレー

[生没年]1868～1944
[出身地]イギリス
[学歴]ハリファックスのフィールズアカデミー卒業

1887年地元で公共図書館の助手を務めたのち, 1892年ピーターバラ公共図書館初代館長, イギリスで2番目にデューイ十進分類法(DDC)を採用した。1892年クロイドン公共図書館主席図書館員。電話によるレファレンス・サービスや読書サークル支援などを実施した。ジェームス・ブラウンと親交を温め, 彼の編集する『ライブラリー・ワールド』に貢献した。1904年英国図書館協会(LA)会長代理, 後に名誉会長。1915年マンチェスター公共図書館副館長となり, 商業図書館, 参考図書館を開館した。婚約者エセル・オースティンの死後, 1918年悲劇『愛する人と亡き人』を著し, マンチェスター図書館劇場での上演の先駆となった。分館間の図書交換, 青少年の閲覧室づくり, BMサービスなど, 先進的な活動を推進。一般読者に向けて『図書館と生活』(1932), 『図書館と地域社会』(1939)などを著した。
【参考】Manley, K.A. "Jast, Louis Stanley (1868-1944)," *Oxford dictionary of national biography.* Oxford University Press, 2004.

## Jewett, Charles Coffin
ジューエット，チャールズ・コーフィン

［生没年］1816～1868
［出身地］アメリカ合衆国
［学歴］1835年ブラウン大学卒業

大学在学中，学生組織の図書コレクションの目録作りに従事，1837年に入学したアンドーヴァ神学校でも目録整備の補助を行った。1841年ブラウン大学図書館長，冊子体蔵書目録整備（1843）やヨーロッパでの図書購入によるコレクション整備を行った（1844～1845）。1846年スミソニアン協会の図書館担当に就任。1853年ニューヨークで開催された全米初の図書館員会議で議長を務めた。1858年ボストン公共図書館初代監督官（～1868）。
【参考】『図書館を育てた人々 外国編1（アメリカ）』藤野幸雄編著 日本図書館協会 1984／『ボストン市立図書館100年史：栄光，挫折，再生』ウォルター・ホワイトヒル著 川崎良孝訳 日本図書館協会 1999／Harris, Michael H. *The age of Jewett : Charles Coffin Jewett and American librarianship, 1841-1868.* Libraries Unlimited, 1975.

## 【K】

## Karstedt, Hans Peter
カールシュテット，ハンス・ペーター

［生没年］1909～1988
［出身地］フィンランド
［学歴］1932年ライプツィヒ大学法学博士

大学修了後，ナチスへの協力を嫌い，図書館員養成教育を受け，1934年リューベック市立図書館に勤務。マヌスクリプトの目録作成に従事し，マヌスクリプト，インキュナブラを研究した。1947年図書館長に就任。終戦直後に市立図書館の貴重書がソ連兵に略奪されたが，英軍によるナチス系図書の没収から蔵書を守った。1965年ベルリンの東ドイツ国立図書館でソ連没収貴重書を発見，リューベックからの利用を交渉した。戦後は義務納本制度を研究，常に「私は法学者であって図書館学者ではない」と言っていたが，1954年マックス・ウェーバーにもとづく『図書館社会学』で世界の図書館学に巨石を投じ，1979年には『イデオロギー論』を刊行。彼の没後，ソ連に略奪された貴重書1003点が返還された。
【参考】『図書館社会学』ペーター・カールシュテット著 加藤一英，河井弘志共訳 日本図書館協会 1980／河井弘志「カールシュテットとその時代」『公立図書館の思想と実践』森耕一追悼事業会編 森耕一追悼事業会 1993／Hiroshi Kawai, Robert Schweitzer. "Peter Karstedt in seiner Zeit," *Der Wagen.* Hansisches Verlagskontor, 1993-1994.

## Kayser, Albrecht Christoph
カイザー，アルブレヒト・クリストフ

［生没年］1756～1811
［出身地］ドイツ
［学歴］ライプツィヒ大学卒業

1786年レゲンスブルク領主トゥルン・タクシス宮廷図書館に就職。歴史部門の分類目録作成に着手し，フランスの目録規則，いわゆる「パリ原則」の1年前に，アルファベット目録の『図書館整理法』（1790）を刊行した。目録は貴重図書を詳細記録するためではなく，利用者が必要な図書を的確に探し出すための道具であるとい

う、近代の目録原則を確立した。伝統的な「学問目録」は不要とし、主題アルファベット順の件名目録の意義を評価、ドイツの「文法的排列法」の基本を提唱した。
【参考】『ドイツ図書館学の遺産：古典の世界』河井弘志著 京都大学図書館情報学研究会 2001

## Keeney, Philip Olin
キーニー，フィリップ・オーリン

[生没年]1891～1962
[出身地]アメリカ合衆国
[学歴]ミシガン大学修士

1930年代モンタナ大学図書館長を務めるなか、終身在職権をめぐる裁判を争う過程で、進歩的図書館会議（PLC）を結成。第二次世界大戦期には戦時情報局（OWI）などで働いた。戦後占領期に来日し、1946年連合国軍総司令部（GHQ/SCAP）民間情報教育局（CIE）初代図書館担当官（～1947）。同年文部省に「日本のための統合的図書館サービス」（いわゆる「キーニープラン」）を提出、カリフォルニア州の図書館プランを基に全国的な図書館制度づくりを目指した。
【参考】堀越崇「キィニー研究序説」『占領期図書館研究の課題』東京大学大学院教育学研究科図書館情報学研究室 1999／三浦太郎「占領期初代図書館担当官キーニーの来日・帰国の経緯および彼の事績について」『日本図書館情報学会誌』45巻4号 2000.1

## Kenyon, Frederic George, Sir
ケニヨン，フレデリック・ジョージ卿

[生没年]1863～1952
[出身地]イギリス
[学歴]モードリン・カレッジ卒業

1889年大英博物館写本部に勤務（～1931）。1895年『聖書と古代マヌスクリプト』を刊行。聖書、書誌学、パピルス文書研究などで名前を残した。1909年図書館長になり、絵はがきの発行、館内ツアーや講演会の実施といった広報活動に力を入れた。戦後は大学基金委員会の公共図書館委員会議長となり、1927年国内図書館網の整備とその相互協力体制の確立を提言する『ケニヨン報告』を作成。この提言に基づき1931年協力体制の要となる国立中央図書館が実現し、同執行委員会議長に就任した。
【参考】『古代の書物：ギリシア・ローマの書物と読者』F.G.ケニオン著 高津春繁訳 岩波新書 1953／Caygill, Marjorie. *The Story of the British Museum*. 3rd ed. British Museum Press, 2002.

## Kroeger, Alice
クレーガー，アリス

[生没年]1864～1909
[出身地]アメリカ合衆国
[学歴]1881年セント・ルイス高校卒業

1882年セント・ルイス公共図書館でアシスタントとして勤めたのち、ニューヨーク州立大学オーバニー校図書館学校へ入学、メルヴィル・デューイの指導を受けた（1889, 1891）。1892年ドレクセル・インスティテュート図書館学校初代ディーンに就任し、デューイの訓練方法を踏襲した養成を行った。主著に『ガイド・トゥ・スタディ・アンド・ユーズ・オブ・レファレンスブックス』(1902)や『エイズ・イン・ブックセレクション』(1908)がある。
【参考】Grotzinger, Laurel. "Alice Bertha Kroeger," *Dictionary of American library biography*. Libraries Unlimited, 1978.

# 【L】

## La Fontaine, Henri Marie
ラ・フォンテーヌ, アンリ・マリー

[生没年]1854～1943
[出身地]ベルギー
[学歴]ブリュッセル自由大学

国際法学者。法廷弁護士,大学教授,上院議員などを歴任。1891年社会政治学会の書誌作成部門会長。ポール・オトレと出会い意気投合し,1895年共同で国際書誌協会（IIB）を設立（1938年国際ドキュメンテーション連盟（FID）),カード形式の世界書誌目録の作成に取り組んだ。オトレとは,世界の知的活動を集めた機関である「世界宮殿」（のち「ムンダネウム」）の運営でも協働した。国際平和運動に積極的に参加し,パリ講和会議や国際連盟総会に出席。1913年ノーベル平和賞受賞。
【参考】岡村敬二「世界書誌の夢：オトレとラ・フォンテーヌの世界宮殿」『大阪府立図書館紀要』29号 1993.3／『文献世界の構造：書誌コントロール論序説』根本彰著 勁草書房 1998

## Ladewig, Paul
ラーデヴィッヒ, パウル

[生没年]1858～1940
[出身地]ドイツ
[学歴]ベルリン大学。1882年文学博士。

1883年カールスルーエの公立総合文書館,1889年邦立図書館に勤務。1898年クルップ鉄鋼会社に図書会館を設立し,1905年閲覧室をつくって公共図書館の理念を実践した。公立である点を重視し,学術図書館と民衆図書館の役割分担を求めた。ワイマール共和国時代に,読者教育を重視するヴァルター・ホーフマンとの間に「路線論争」がおこり,アメリカ公共図書館界の要求論の影響を受けた公共図書館主流派から支持された。
【参考】『ドイツの公共図書館思想史』河井弘志著 京都大学図書館情報学研究会 2008

## Leibniz, Gottfried Wilhelm
ライプニッツ, ゴットフリート・ヴィルヘルム

[生没年]1646～1716
[出身地]ドイツ
[学歴]ライプツィヒ大学,イエナ大学,アルトドルフ大学

「単子論」などの哲学論文,微積分の発見など,膨大な学術的業績によって知られるが,生涯図書館に勤務した。1667年ボイネブルク男爵の蔵書整理に従事,1675年ハノーファー大公図書館に勤め,1690年からヴォルフェンビュッテル大公図書館長を兼務した。アルファベット順名詞目録（著者書名目録）を編成し,のちにライプニッツ目録と呼ばれた。彼の普遍的図書館の理念は,有益な知識を集めて広く利用させる百科全書的の総合図書館であった。デューイ分類に先行して十門分類を構想したともいわれる。
【参考】椎名六郎「ライプニッツの図書館活動 1-2」『図書館界』12巻2-3号 1960.4-7／菊池祖「図書館夜話 10：G.W.ライプニッツの図書館思想」『図書館学』37号 1980.9／河井弘志「日本の図書館員がみたライプニッツ」『図書館学』105号 2014.9

## 【 M 】

### MacAlister, John Young Walker
マッカリスター, ジョン・ヤング・ウオーカー卿

[生没年]1856〜1925
[出身地]スコットランド

リバプールとリーズの図書館で働いたのち,1887年ロンドン王立医学・外科協会の図書館員・事務局長に任命された。1887年英国図書館協会（LA）名誉事務局長（〜1889），1889年雑誌『ザ・ライブラリー』を創刊した。1915年LA会長（〜1919）。1919年ナイトの称号が授与された。
【参考】Munford, W.A."MacAlister, John Young Walker（1856〜1925）,"*Oxford dictionary of national biography*. Oxford University Press, 2004

### Mazarin, Jules Raymond
マザラン, ジュール・レイモン

[生没年]1602〜1661
[出身地]イタリア
[学歴]アルカラ大学（スペイン）, サマランカ大学（スペイン）

イタリア名ジュリオ・マッザリーニ。フランス宰相として,三十年戦争の終結やフロンドの乱の鎮圧など絶対王政の強化に手腕を発揮した。文芸の保護者としても知られ,彼の私文庫であったマザラン図書館は,1643年一般に門戸が開かれ,同館で働いたガブリエル・ノーデによりヨーロッパ中から図書が精力的に買い集められた。
【参考】「マザラン」『岩波世界人名大辞典』（第2分冊）岩波書店辞典編集部編 岩波書店 2013／『世界の図書館百科』藤野幸雄編著 日外アソシエーツ 2006

### McCarthy, Charles
マッカーシー, チャールズ

[生没年]1873〜1921
[出身地]アメリカ合衆国
[学歴]1897年ブラウン大学卒業, 1901年ウィスコンシン大学博士

1901年新設のウィスコンシン州立法参考図書館主任。独自考案の分類システムで収集資料をクリッピングし,立法レファレンスサービスを行った。1905年ウィスコンシン大学講師（〜1921）。大学は州と州民にサービスしなければならないとの理念のもと,州図書館委員会と図書館ネットワークを活用した大学拡張を実現した。主著『ザ・ウィスコンシン・イデア』（1912）。立法参考図書館の活動は連邦や他州の先駆けとなった。
【参考】末続義治「マッカーシーとその立法参考調査図書館：我が国における議会図書館の原像」『図書館界』42巻1号 1990.5／春山明哲「チャールズ・マッカーシーによる「立法レファレンス・サービス」の創造とその歴史的展開：議会と図書館の関係についての史論」『北大法学論集』55巻3号 2004.9／Casey, Marion.*Charles McCarthy: librarianship and reform.* American Library Association, 1981

### McColvin, Lionel Roy
マッコルヴィン, ライオネル・ロイ

[生没年]1896〜1976
[出身地]イギリス
[学歴]1921年ロンドン大学図書館学校卒業,

1923年ロンドン大学ユニヴァーシティ・カレッジ卒業

1911年ロンドン南部クロイドン公共図書館で司書補となる。第一次世界大戦後に図書館学を学び、ウィガン公共図書館のチーフアシスタントを経て、1924年イプスウィッチ公共図書館長に就任、開架式を採用し図書館サービスの拡張を進めるとともに、英国図書館協会（LA）の活動に参加し執筆活動を開始した。1931年ロンドンのハムステッド公共図書館長とキーツ・ハウス館長を兼任。ベルサイズ・パークに図書館を新設し、室内楽のコンサートを企画した。1938年ウエストミンスター公共図書館長（〜1961）。1942年『英国の公共図書館システム』（マッコルヴィン報告）を刊行した。1952年LA会長、1961年LA名誉フェロー。国際図書館連盟（IFLA）公共図書館部会でも活躍した。
【参考】『図書館を育てた人々：イギリス篇』藤野幸雄、藤野寛之著 日本図書館協会 2007／Bloomfield, B.C. "McColvin, Lionel Rpy (1896-1976), " *Oxford dictionary of national biography.* Oxford University Press, 2004.

## Merrill, William Stetson
メリル，ウィリアム・ステットソン

[生没年]1866〜1969
[出身地]アメリカ合衆国
[学歴]1888年ハーバード大学卒業

在学時に図書館助手を務め、1889年ニューベリー図書館資料受入係。1895年分類部門責任者に就くと、新たな分類規程や著者記号表を考案し、1914年『分類担当者のための規程』を発表した（1928年刊行）。その後サービス部門、テクニカル部門で責任者を務め、1930年ジョン・クレラー図書館分類担当（〜1932）。
【参考】『図書館を育てた人々 外国編1（アメリカ）』藤野幸雄編著 日本図書館協会 1984／Coleman, A.S. "William Stetson Merrill and bricolage for information studies, " *Journal of Documentation.* Vol. 62, No.4, Jul.2006.

## Milam, Carl Hastings
マイラム，カール・ヘースティングス

[生没年]1884〜1963
[出身地]アメリカ合衆国
[学歴]1907年オクラホマ大学卒業、1908年ニューヨーク州図書館学校卒業

1908年パデュー大学図書館目録係、1909年インディアナ州公共図書館委員会事務局を経て、1913年バーミンガム公共図書館長（〜1919）。アメリカ図書館協会（ALA）評議員や理事を務め、戦時図書館サービスの実質的責任者も務めた。1920年ALA事務局長となり（〜1948）、協会組織や事務局を整備するとともに、カーネギー財団などから資金を獲得し「ミスターALA」と呼ばれた。1948年国際連合図書館館長（〜1950）。
【参考】『図書館を育てた人々 外国編1（アメリカ）』藤野幸雄編著 日本図書館協会 1984／Sullivan, Peggy. *Carl H. Milam and the American Library Association.* H.W. Wilson, 1976.

## Moore, Anne Carroll
ムーア，アン・キャロル

[生没年]1871〜1961
[出身地]アメリカ合衆国
[学歴]1896年プラット・インスティテュート卒業

1896年プラット・インスティテュート附属

無料図書館児童部門担当者(〜1906),行事に関連した資料展示やストーリーテリングを推進した。1900年アメリカ図書館協会(ALA)モントリオール大会で児童図書館員クラブ部長に就任。1906年ニューヨーク公共図書館(NYPL)児童サービス部門の責任者に就くと(〜1941),児童の貸出年齢制限を撤廃し分館に児童室を設置した。児童書のコラムを『ブックマン』(1918〜1926),『ニューヨーク・ヘラルド・トリビューン』に寄稿(1924〜1930)。1924年創刊の『ホーンブック』にも数多くのコラムを執筆した。1941年カリフォルニア大学バークレー校講師。

【参考】『図書館を育てた人々 外国編1(アメリカ)』藤野幸雄編著 日本図書館協会 1984／金山愛子「アメリカ児童図書館黎明期に子どもの文学普及に貢献した人々(1):アン・キャロル・ムア1」『敬和学園大学研究紀要』22号 2013.2

## Morel, Eugène
モレル,ウージェーヌ

[生没年]1869〜1934
[出身地]フランス
[学歴]パリ大学卒業

図書館学者,小説家。大学卒業後はパリ国立図書館(BN)に勤務する傍ら小説や文学評論を執筆した。1895年ロンドン訪問時に公共図書館に感銘を受け,以降は図書館の啓蒙活動に力を注いだ。1908年に出版した『図書館』では,英米の図書館と比較しつつ自国の図書館の課題を厳しい筆致で論じ賛否両論を巻き起こした。同書はベルギー公共図書館法(1921)に影響を与えたといわれる。図書館についての連続講演会の実施(1910〜1914)やフランス初のデューイ十進分類法(DDC)採用など,図書館界に革新をもたらした。また,BNでは1925年納本法改正に貢献した。

【参考】『フランス近代図書館の成立』赤星隆子著 理想社 2002／『世界の図書館百科』藤野幸雄編著 日外アソシエーツ 2006／Maack, M.N. "Morel, Eugène," *World encyclopedia of library and information services*. 3rd ed. American Library Association, 1993

## Mudge, Isadore Gilbert
マッジ,イサドア・ギルバート

[生没年]1875〜1957
[出身地]アメリカ合衆国
[学歴]1897年コーネル大学卒業,1900年ニューヨーク州図書館学校卒業

1900年イリノイ大学図書館参考業務主任,1903年ブリン・モア・カレッジ図書館長(〜1907),1911年コロンビア大学図書館へ転じる(〜1941)。1926年以降は,コロンビア大学図書館学校で「書誌と書誌学の方法」を講じた。主要業績に『ガイド・トゥ・レファレンス・ブックス』第3版(1917)から第6版(1936)までの編纂がある。

【参考】『図書館を育てた人々 外国編1(アメリカ)』藤野幸雄編著 日本図書館協会 1984／Waddell, John., Grotzinger, Laurel. "Isadore Gilbert Mudge," *Dictionary of American library biography*. Libraries Unlimited, 1978.

## Mudie, Charles Edward
ミューディ,チャールス・エドワード

[生没年]1818〜1890
[出身地]イギリス

1842年から始めた貸本業で成功を収め,1860年以後,ロンドン,バーミンガム,マ

ンチェスターに貸出図書館を展開した。2万5千を超える読者を獲得したほか、1857年から図書館目録を多数印刷した。
【参考】G.C.B. "Mudie, Charles Edward (1818〜1890)," *The Dictionary of national biography: from the earliest times to 1900.* Oxford University Press, 1949.

## Munford, William Arthur
マンフォード, ウィリアム・アーサー

[生没年] 1911〜2002
[出身地] イギリス
[学歴] ロンドン大学卒業, ロンドン大学博士(経済学)

1934年ドーヴァー公共図書館長、1945年ケンブリッジ市のバラ図書館長（〜1953）。『ペニー・レイト：イギリス公共図書館史の諸相 1850-1950』（1951）は彼の図書館史家としての名声を確立し、多くの図書館学校で教科書としてとりあげられた。1952年英国図書館協会（LA）名誉事務局長（〜1955）、1954年国立盲人図書館事務総長（〜1982）。ウィリアム・ユーワート、エドワード・エドワーズらの伝記や『英国図書館協会史』（1976）、『英国図書館人名事典』（1987）を編纂。『エンサイクロペディア・オブ・ライブラリアンシップ』など事典にも執筆した。1977年LA名誉会員。
【参考】Harrison, K.C. "Munford, W.A. (1911〜)," *Oxford dictionary of national biography*, Oxford University Press, 2004

## Murray, David
モルレー, デーヴィッド

[生没年] 1830〜1905
[出身地] アメリカ合衆国
[学歴] 1852年ユニオンカレッジ卒業

カレッジを卒業後、オーバニー・アカデミー校長を務めたのち、1863年ラトガース大学教授。岩倉使節団の訪米が縁で、1873年学監として来日（〜1878）、日本の近代教育の基礎を築いた。1876年『アメリカ合衆国の公共図書館報告』に、東京書籍館を「フリー・パブリック・ライブラリー」として紹介している。
【参考】『お雇い外国人 明治日本の脇役たち』梅溪昇著 講談社 2007

# 【N】

## Naudé, Gabriel
ノーデ, ガブリエル

[生没年] 1600〜1653
[出身地] フランス
[学歴] パリ大学, パドヴァ大学

図書館学者、司書。パリ大学在学中に、ド・メスム卿の私設図書館を手伝う。1642年フランス宰相リシュリューの私設図書館で働き始め、次いでマザラン卿の図書館で資料充実や一般公開に貢献した。彼の主著『図書館設立のための助言』（1627）には、図書館の目的、蔵書構成、管理経営、公開の必要性などが述べられ、それらの主張はマザラン図書館で実現した。晩年はスウェーデンのクリスチナ女王の司書を務めた。
【参考】藤野幸雄「図書館をつくった人々⑥：ガブリエル・ノーデ（Gabriel Naudé, 1600〜1653）」『図書館雑誌』74巻10号 1980.10／『図書館設立のための助言』ガブリエル・ノーデ著 藤野幸雄監訳 藤野寛之訳 金沢文圃閣 2006

## Nelson, John Monninger
ネルソン, ジョン・モニンガー

[生没年] 1916～1986
[出身地] アメリカ合衆国
[学歴] 1940年カンザス大学修士（教育学），1954年同博士（教育学）

1946年連合国軍総司令部（GHQ/SCAP）民間情報教育局（CIE）成人教育担当官として来日。社会教育法制定（1949）や公民館構想に関与したほか，図書館担当を兼務した時期（1947, 1949～1950），図書館法（1950）制定と関わった。帰国後博士論文『占領期日本の社会教育改革』を執筆。
【参考】『GHQの社会教育政策：成立と展開』小川利夫，新海英行編 大空社 1990

## Nicolson, Edward Williams Byron
ニコルソン, エドワード・ウイリアムズ・バイロン

[生没年] 1849～1912
[出身地] イギリス
[学歴] 1874年オックスフォード大学修士

ロンドン・インスティテュート図書館で働く傍ら，1877年アメリカ合衆国の図書館員会議に影響を受け，ロンドンで国際図書館員会議を開催し，英国図書館協会（LA）創設者の一人となった。1882年ボードリ図書館長に就職し，目録における詳細な受入情報の記入，地下書架や開架式の参考図書の設置，写真部門の設立，ファクシミリ版出版事業などの改革を進めた。
【参考】Manley, K.A. "Nicholson, E.W.B. (1849～1912)," *World encyclopedia of library and information services*. 3rd ed. American Library Association, 1993.

## Nörrenberg, Constantin
ネレンベルク, コンスタンティン

[生没年] 1862～1937
[出身地] ドイツ
[学歴] ボン大学, ベルリン大学, ギーセン大学

1886年マールブルク大学図書館，1889年ベルリン王立図書館，1891年キール大学図書館に勤務。1893年訪米から帰国後，「パブリック・ライブラリー」と同義の新概念「図書会館」を提唱，公立，義務設置，利用無料，閲覧室と夜間開館，雑誌新聞閲覧，下層民衆から知識階層まで利用される図書館への改革を訴えた。これは「統一図書館」「教養図書館」ともいわれ，コメニウス協会が「図書会館設立の呼びかけ」（1899）を全国自治体に送付した。1904年，デュッセルドルフ邦立・市立図書館長に就任したが統一図書館の実現には至らず，貴重資料の収集に力をいれた。1906年結成のライン図書館連盟会長に選任。国際標準サイズの目録カード普及，領邦間の相互貸借制度を提唱した。「路線論争」では「旧路線」のリーダーとなり，1922年ドイツ民衆図書館員連盟を結成。フリッツ・ミルカウ編『図書館学ハンドブック』に公共図書館論を書いたが，ナチスの反対で採録されなかった。
【参考】『ドイツの公共図書館思想史』河井弘志著 京都大学図書館情報学研究会 2008

## 【O】

### Osborne, Monta L.
オズボーン, モンタ・L.

[生没年]1912〜？
[出身地]アメリカ合衆国
[学歴]1940年サウスウェストミズーリ州立大学卒業

1946年連合国軍総司令部（GHQ/SCAP）民間情報教育局（CIE）教育課中等学校担当官として来日。1947年春から文部省に『学校図書館の手引』の編集を指示した。同年7月教育改革案として提出した「日本教育制度の再編成と地方分権化」が社会科成立の契機となった。
【参考】篠原由美子「『学校図書館の手引』作成の経緯」『学校図書館学研究』4号 2002.3／今井福司「戦後教育改革における教材センターとしての学校図書館」2006（http://panflute.p.u-tokyo.ac.jp/）

### Otlet, Paul Marie Ghislain
オトレ, ポール・マリー・ギスラン

[生没年]1868〜1944
[出身地]ベルギー
[学歴]ルーヴェン・カトリック大学, ブリュッセル自由大学

1890年法律の学位を取得後, 法律家として身を立てるが, 弁護士のもとで書誌作成事業に関わる。1895年ラ・フォンテーヌと共に国際書誌協会（IIB）を設立し, 世界書誌目録の作成を始める。分類には当初デューイ十進分類法（DDC）を, のちに自ら考案した国際十進分類法（UDC）を用いた。世界の知的活動を集約するとの理想のもと, 建築家ル・コルビュジエの協力を得て「ムンダネウム」の建設計画を進めるが, 政府の援助を得られず実現しなかった。自らの活動をドキュメンテーションと呼び, 情報学の基礎を築いた。
【参考】『ムンダネウム』ル・コルビュジエ, ポール・オトレ著 山名善之, 桑田光平訳 筑摩書房 2009／岡村敬二「世界書誌の夢：オトレとラ・フォンテーヌの世界宮殿」『大阪府立図書館紀要』 29号 1993.3

## 【P】

### Panizzi, Anthony (Antonio), Sir
パニッツィ, アントニー卿

[生没年]1797〜1879
[出身地]イタリア
[学歴]1818年パルマ大学卒業

文学史家。イタリアで弁護士として活動していたが, 革命運動に加担して逮捕され, 脱獄後1823年イギリスに亡命。1828年ロンドン大学のイタリア語教師となり, 1831年大英博物館図書館員, のち刊本部長となった。在職中, 図書館経営の大幅な改善を目指し, 91か条の目録規則の制定, 義務納本の履行, 図書購入費の増額などに取り組み, また円形閲覧室を設計し, 蔵書数を倍増させた。1856年大英博物館図書館長（〜1866）。文学史家としても才能を発揮し, イタリアの詩人ボイアルドやアリオストの版本を校訂編集した。1869年ナイト爵に叙された。
【参考】「パニッツィ」『世界大百科事典』改訂新版 平凡社 2009／『世界の図書館百科

藤野幸雄編著 日外アソシエーツ 2006／『図書館史要説』ヨリス・フォルシュティウス, ジークフリート・ヨースト著 藤野幸雄訳 日外アソシエーツ 1980

## Pollard, Alfred William
ポラード, アルフレッド・ウィリアム

[生没年] 1859～1944
[出身地] イギリス
[学歴] 1881年オックスフォード大学セント・ジョンズ・カレッジ卒業

1883年大英博物館刊本部に採用され, 古典籍の仕事に従事しながらチョーサー『カンタベリー物語』を編集。1893年ロバート・プロクターが企画したインキュナブラ調査に加わる。書誌学会に名誉秘書として加入。1904年『ザ・ライブラリー』誌の共同編集者となる。大英博物館所蔵インキュナブラ目録（1908～）編纂のほか, シェイクスピア作品の書誌学研究を進めた。1919年大英博物館刊本部長。英国の印刷本目録『ショート・タイトル・カタログ』（1926）を編纂した。国立中央学生図書館の設立にも参加。書誌学, 英文学に関する多くの著作を残した。
【参考】『図書館を育てた人々：イギリス篇』藤野幸雄, 藤野寛之著 日本図書館協会 2007／Greg, W.W., Woudhuysen, H.R. "Pollard, Alfred Willaim (1859-1944)," *Oxford dictionary of national biography.* Oxford University Press, 2004

## Poole, William Frederick
プール, ウィリアム・フレデリック

[生没年] 1821～1894
[出身地] アメリカ合衆国
[学歴] 1849年イェール大学卒業

在学中から学生団体の図書館活動に関わり, 1848年『雑誌索引』を刊行。1851年ボストン・アシニアム司書補。1852年ボストン商業図書館協会図書館に就職し, 蔵書目録を作成した。1856年ボストン・アシニアム館長。1869年図書館コンサルタントとして, 新設図書館の選書リストを作成。1871年シンシナティ公共図書館長となり, ドイツ系移民や, 商工業者向けコレクションの構築, 日曜開館などに取り組んだ。1873年シカゴ公共図書館長, 1876年アメリカ図書館協会（ALA）副会長, 1886年同会長。1887年ニューベリー図書館初代館長となり, コレクション形成と主題別コレクション室の整備に力を注いだ。
【参考】『図書館を育てた人々 外国編1（アメリカ）』藤野幸雄編著 日本図書館協会 1984／Williamson, William L. *William Frederick Poole and the modern library movement.* Columbia University Press, 1963.

## Preusker, Karl Benjamin
プロイスカー, カール・ベンヤミン

[生没年] 1786～1871
[出身地] ドイツ
[学歴] ライプツィッヒ大学聴講生

1824年医師と協力し公共図書館設立運動を起こす。ヘンリー・ブルームらの成人教育論を学び, 1828年地域に図書館協会を結成, 蔵書132冊の学校図書館を開設した。自らこれを「市民図書館」と呼び, 1833年市に移管。青少年教育, 実業教育, 読書会活動, 地方史研究にも関与し, 地域名士になった。『公共, 団体, 私立図書館論』（1839）をザクセン国王が高く評価して推奨, プロイセン文化省は同書を市町村に頒布し, 各地に「すべての人に無料で利用される図書館」が生まれた。グーテンベルク印刷技術完成400周年となる

1840年『グーテンベルクとフランクリン』を刊行.
【参考】『ドイツの公共図書館思想史』河井弘志著 京都大学図書館情報学研究会 2008

## Proctor, Robert George Collier
プロクター, ロバート・ジョージ・コリアー

[生没年]1868～1903
[出身地]イギリス
[学歴]オックスフォード大学

書誌学者, 大英博物館初期刊本部の図書館員。オックスフォード大学ボードリー図書館を経て1893年大英博物館に就職, 同館所蔵の全インキュナブラを対象に活字形態を分析し, それまで不明であったインキュナブラの印刷地, 印刷者, 印刷年などを判別した。『大英博物館所蔵初期刊本索引』(1898-99)は, 西洋における印刷術伝播の過程を地理的歴史的に明示し, ヘンリー・ブラッドショー研究の集大成といわれる。インキュナブラを国, 都市, 印刷者, 作品の印刷年順に配列する方法は, プロクター分類法(配列法)と呼ばれた。『大英博物館所蔵15世紀本目録』(BMC) (1908-1985) 編纂の礎も築いた。
【参考】Johnson, Barry C.*Lost in the Alps: a portrait of Robert Proctor, the "great bibliographer" and of his career in the British Museum.* B.C. Johnson, 1985／Proctor, Robert.*An Index to the early printed books in the British Museum: from the invention of printing to the year 1500 with notes of those in the Bodleian Library.* Kegan Paul, 1898-99, 2vols.

## Putnam, George Herbert
パトナム, ジョージ・ハーバート

[生没年]1861～1955
[出身地]アメリカ合衆国
[学歴]1883年ハーバード大学卒業

1884年ミネアポリス・アシニアム館長, 1887年ミネアポリス公共図書館長を経て, 1895年ボストン公共図書館長(～1899)。試験による図書館員の職階制を導入するとともに, 新館を建設し設備を改善した。アメリカ図書館協会(ALA)会長(1898, 1904), 議会図書館(LC)第8代館長(1899)。LCでは印刷目録カードの発行, 議会図書館分類表の作成, 相互貸借システムの整備とともに, 歴代大統領文書の収集や, ロシア語・日本語資料を扱う部署, 参考局の設置を進めた。また, 新館(現ジョン・アダムス館)建設を指揮した。
【参考】『図書館を育てた人々 外国編1(アメリカ)』藤野幸雄編著 日本図書館協会 1984／『ボストン市立図書館100年史:栄光, 挫折, 再生』ウォルター・ホワイトヒル著 川崎良孝訳 日本図書館協会 1999

## 【R】

## Ranganathan, Shiyali Ramamrita
ランガナタン, シヤリ・ラマムリタ

[生没年]1892～1972
[出身地]イギリス領インド
[学歴]1916年マドラス・クリスチャン・カレッジ修士

1917年から大学で数学の講師として働き,

1924年にマドラス大学図書館の図書館長に就任, イギリスへ留学し, ロンドン大学図書館学部でウィリアム・セイヤーズらに図書館学を学んだ (〜1925)。1928年マドラス図書館協会事務局長。1931年図書館業務の背景にある公理として『図書館学の五法則』を発表した。1933年分析合成型分類であるコロン分類法 (CC) を発表し, インド図書館協会設立に協力した。1945年ベナレス・ヒンドゥー大学, 1947年デリー大学で働いた。のち, スイスのチューリッヒに活動の拠点を定め, 主に海外で講演活動を行った。1957年インド政府から名誉称号パドマシュリーを授与され, 『図書館学の五法則』第2版を刊行した。1958年来日。1962年ドキュメンテーション研究訓練センター (DRTC) 名誉教授。1963年サラダ=ランガナタン図書館学基金を設立した。

【参考】『図書館学の五法則』S.R.ランガナタン著 渡辺信一 [ほか] 共訳 日本図書館協会 1981／『図書館の歩む道：ランガナタン博士の五法則に学ぶ』ランガナタン [著] 竹内悊解説 日本図書館協会 2010／吉植庄栄「インドの図書館運動史：二人の父：サヤジラオ3世とS.R.ランガナタン」『図書館文化史研究』31号 2014.9

## 【S】

## Savage, Ernest Albert
サヴィジ, アーネスト・アルバート

[生没年] 1877〜1966
[出身地] イギリス

13歳からクロイドン公共図書館で働き, 1915年コヴェントリー公共図書館長, 1922年エディンバラ市の図書館館頭に選ばれ, 在職20年間に, 市図書館のレベルを国内で最高の地位に至らしめたと評価された。エディンバラ歴史地誌図書館, 経済産業図書館, 音楽図書館, 芸術図書館などを設立。1928年英国図書館協会 (LA) 名誉理事となり, アシスタント・ライブラリアン協会などを統合した。1936年にLA会長 (〜1942)。著書に『古い英国の図書館』(1911) ほか。

【参考】Olle, James G. "Savage, Ernest A. (1877-1966)," *World encyclopedia of library and information services*. 3rd ed. American Library Association, 1993.

## Sayajirao Ⅲ, Gaekwad
サヤジラオ 3世, ガイクワッド

[生没年] 1863〜1939
[出身地] イギリス領インド

Gaikwadとも表記。1875年インド西部バローダ藩王国の藩王を継承。成人し親政を始めると, 社会・経済・産業などの改革を進め, 無償の初等義務教育を領内に施行。図書館ネットワークの整備にも着手した。アメリカ合衆国からウィリアム・ボーデンを招き, 図書館整備の統括担当者に任じたほか, 図書館員養成機関を立ち上げた。

【参考】吉植庄栄「インドの図書館運動史：二人の父：サヤジラオ3世とS.R.ランガナタン」『図書館文化史研究』31号 2014.9／Nagar, Murari Lal. *Shri Sayajirao Gaikwad, Maharaja of Baroda : the prime promoter of public libraries*. International Library Center, 1992.

## Sayers, William Charles Berwick

セイヤーズ, ウィリアム・チャールズ・バーウィック

[生没年] 1881～1960
[出身地] イギリス

1904年クロイドン公共図書館副館長, 1915年館長(～1947)。開架制を取り入れ児童室を設置。1919年創設のロンドン大学で図書館員養成教育に尽力, 特に「図書館分類」理論の第一人者として, シャリ・ランガナタンや「分類研究グループ」(ダグラス・フォスケット, ブライアン・ヴィッカリーら)を指導した。1906年アシスタント・ライブラリアン協会事務局長・会長(～1915)。主著に『児童図書館マニュアル』『図書館分類マニュアル』。1912年英国図書館協会(LA)理事(～1960), 1938年LA会長, 1947年名誉会員。
【参考】石山洋「ウィリアム・チャールズ・バーウィック・セイヤーズ」『図書館雑誌』76巻4号 1982.7／藤野寛之「セイヤーズの生涯とその時代」『セイヤーズの児童図書館マニュアル』金沢文圃閣 2011／Foskett, D.J. & Palmer, B.L. (ed.) *The Sayers memorial volume : essays in librarianship in memory of William Clark Sayers*. Library Association, 1961.

## Schomburg, Arturo Alfonso

ションバーグ, アーサー・アルフォンソ

[生没年] 1874～1938
[出身地] プエルトリコ

1911年黒人歴史研究協会を創設, 資料室担当・事務局となる。1922年アメリカニグロアカデミー会長。1926年銀行勤務の傍ら収集した黒人に関するコレクションをニューヨーク公共図書館(NYPL)に1万ドルで譲渡した。1928年ルイス・ショアーズの依頼を受け, フィスク大学図書館の黒人コレクションの形成を支援, その担当者となる。1931年NYPL135丁目分館の黒人歴史文学部門担当者を務めた。没後1940年に同分館はションバーグ黒人文化研究センターと改称。
【参考】『図書館を育てた人々 外国編1(アメリカ)』藤野幸雄編著 日本図書館協会 1984／Sinnette, Elinor Des Verney. *Arthur Alfonso Schomburg, black bibliophile & collector : a biography*. New York Public Library, 1989.

## Schrettinger, Martin

シュレッティンガー, マルティン

[生没年] 1772～1851
[出身地] ドイツ
[学歴] アンベルク神学校

ヴァイセノーエ修道院での経験を活かしてバイエルン宮廷図書館に入り, 1806年クストス(司書)。修道院からの没収図書整理にあたった。1808年図書館蔵書の整理法をまとめて『図書館学教科書試論』を出版(～1828)。おおまかに分類排架するアルファベット目録を導入し, アルファベット順「件名目録」(Realkatalog)と, 専門テーマ別の「専門目録」(Spezialkatalog)を作成した。1834年『図書館学ハンドブック』を刊行。詳細分類排架法を主張したフリードリッヒ・エーベルトにより, 部門別の受入れ順排架法は批判された。著書の書名に図書館学を掲げ, 「利用者が不必要な時間のロスなしに, 自分の要求に従って利用できるように整理」するという「最高原理」で図書館の知識を組織した

構想は,合理主義によって組織・サービスする啓蒙思想の産物であり,世界の図書館学のパイオニアとみなされている。彼の図書館養成学校の構想は,1886年ゲッティンゲン大学図書館補助学講座の設置により実現された。
【参考】小倉親雄「マルチン・シュレチンガーにおける図書館学の構想」『京都大学教育学部紀要』21号 1975.3／『ドイツ図書館学の遺産:古典の世界』河井弘志著 京都大学図書館情報学研究会 2001／『マルティン・シュレッティンガー:啓蒙思想と図書館学』河井弘志著 日良居タイムス 2012

## Sharp, Katherine
シャープ,キャサリン

[生没年]1865〜1914
[出身地]アメリカ合衆国
[学歴]1885年ノースウェスタン大学卒業,1906年ニューヨーク州立大学修士(図書館学)

1888年スコヴィル私設図書館(イリノイ州オークパーク)。1890年ニューヨーク州立大学オーバニー校図書館学校へ入学,メルヴィル・デューイの指導を受けた。1893年アーマァ・インスティテュート図書館学校ライブラリー・スクールをイリノイ大学に移し,ディーン兼図書館長を務めた。
【参考】『図書館を育てた人々 外国編1(アメリカ)』藤野幸雄編著 日本図書館協会 1984／Grotzinger, Laurel. "Katherine Lucinda Sharp," *Dictionary of American library biography*. Libraries Unlimited, 1978.

## Shera, Jesse Hauk
シェラ,ジェシー・ホーク

[生没年]1903〜1982
[出身地]アメリカ合衆国
[学歴]1927年イェール大学修士(英文学),1944年シカゴ大学博士(図書館学)

1928年マイアミ大学附属スクリップス財団人口問題研究所図書館(〜1938)。シカゴ大学大学院図書館学研究科(GLS)で学んだのち(1938〜1940),1940年議会図書館(LC),1941年戦略諜報局(OSS)に勤める(〜1944)。1944年シカゴ大学図書館副館長,1947年シカゴ大学GLS教員を務めたのち,1952年ウェスタン・リザーブ大学図書館学校ディーン(〜1970)。1964年アメリカ図書館学校協会長(〜1965)を務めたほか,図書館関連雑誌の編集にも携わった。主著に『パブリック・ライブラリーの成立』(1949)。
【参考】松崎博子「20世紀アメリカのライブラリアンそして図書館学者ジェシー・H・シェラについて」『図書館人物伝:図書館を育てた20人の功績と生涯』日本図書館文化史研究会編 日外アソシエーツ 2007／川崎良孝「ジェシー・H・シェラの図書館史研究と『パブリック・ライブラリーの成立』1,2」『図書館界』41巻4-5号 1989.11-1990.1／Winger, Howard. "Jesse Hauk Shera," *Supplement to the Dictionary of American Library Biography*. Libraries Unlimited, 1990.

## Shores, Louis
ショアーズ,ルイス

[生没年]1904〜1981
[出身地]アメリカ合衆国
[学歴]1926年トレド大学,1928年コロンビア大学卒業,1933年コロンビア大学博士(図書館学)

高校およびトレド大学在学中,トレド公立図書館で働き,コロンビア大学図書館学部在学時はニューヨーク公共図書館(NYPL)に勤務。1928年フィスク大学図

書館長に着任, 黒人コレクションの充実と黒人学生への教育に尽力した。この時期シカゴ大学図書館学大学院（GLS）で学ぶ。1933年ジョージ・ピーボディ大学図書館長兼図書館学部長。1946年コリアーズ百科事典の編纂に関わる傍ら, フロリダ州立大学図書館学部長を引き受け, 図書と視聴覚メディアを統合した教育を推進した。主著に『基礎的レファレンス情報源』(1954)。
【参考】竹内悊「ルイス・ショアーズ」『図書館を育てた人々 外国編1（アメリカ）』藤野幸雄編著 日本図書館協会 1984／Shiflett, Orvin Lee. *Louis Shores: defining educational librarianship*. Scarecrow Press, 1996.

## Smith, Lillian Helena
スミス, リリアン・ヘレナ

[生没年]1887～1983
[出身地]カナダ
[学歴]トロント大学（ヴィクトリアカレッジ）卒業

大学卒業後, ピッツバーグ市のカーネギー図書館学校やニューヨーク公共図書館（NYPL）で研修を受けたのち, 1912年トロント市立図書館児童部の初代少年少女部長（～1952）。「少年少女の家」(1922～1995)活動は国内外から注目を集めた。1995年トロント市立図書館はリリアン・スミス分館を創設し顕彰した。
【参考】『児童文学論』リリアンH.スミス著 石井桃子[ほか]訳 岩波書店 1964／深井耀子「児童図書館員リリアンH.スミス小伝」『図書館人物伝：図書館を育てた20人の功績と生涯』日本図書館文化史研究会編 日外アソシエーツ 2007

## Spofford, Ainsworth Rand
スパッフォード, エインスワース・ランド

[生没年]1825～1908
[出身地]アメリカ合衆国

1845年オハイオ州シンシナティの出版社兼書店のトルーマンに就職, 1859年『シンシナティ・デイリー・コマーシャル』の副編集長兼論説委員長。1861年議会図書館（LC）副館長, 1864年第6代館長（～1897）。著作権法改正を働きかけ, 納本義務強化とコレクション充実を図ったほか, 新しい本館（現トマス・ジェファーソン館）建設を指揮した。
【参考】『図書館を育てた人々 外国編1（アメリカ）』藤野幸雄編著 日本図書館協会 1984／Cole, John Young.*Ainsworth Rand Spofford: bookman and librarian*. Libraries Unlimited, 1975.

## Széchényi, Ferenc
セーチェーニ, フェレンツ

[生没年]1754～1820
[出身地]ハンガリー
[学歴]ウィーン・テレジアニウム大学卒業

名門貴族の家に生まれ, 1775年政治家として公職に就く（～1786）。その後, 見聞したヨーロッパの大図書館に触発され, 1796年頃からハンガリー関係図書の本格的なコレクション作りに取り組み, 1800年蔵書目録作成。蔵書は国に寄贈され, これを基に1802年国立セーチェーニ図書館が設立された。
【参考】『ハンガリーの図書館』イェネ・キシュ著 長倉美恵子訳 日本図書館協会 1977／伊香左和子「セーチェーニ・フェレンツの生涯：ハンガリー国立セーチェーニ図書館の設立者」『図書館人物伝：図書館を育てた

20人の功績と生涯』日本図書館文化史研究会編 日外アソシエーツ 2007

## 【 T 】

### Tedder, Henry Richard
テダー, ヘンリー・リチャード

[生没年]1850〜1924
[出身地]イギリス

1874年ロンドンのアセニアム・クラブに勤め, 1888年事務局長 (〜1914) 。1877年英国図書館協会 (LA) 発足の際, 名誉事務局長に推挙された。1890年代女性図書館員教育に力を注ぎ, LAで最初の専門職試験を実施。1897年LA会長。1902年英国史書誌の業績などにより, 王立歴史協会員に選ばれた。

【参考】Dodgson, Sarah. "Tedder, Henry Richard (1850-1924)," *Oxford dictionary of national biography*. Oxford University Press, 2004.

### Thompson, Edward Maunde, Sir
トンプソン, エドワード・モウンド卿

[生没年]1840〜1929
[出身地]ジャマイカ
[学歴]1859年ラグビースクール卒業

1861年大英博物館でアンソニー・パニッツィの助手を務め, 翌年から写本部門で働く。1866年にエドワード・ボンド卿が管理者になったとき, 写本の分類目録担当者として協働し, 1873年古文書学協会を立ち上げた。1888年主席司書, 大英博物館長 (〜1898) 。博物館所蔵品目録の作成を重視した。1904年文官勲功章 (ISO) , 1907年ブリティッシュ・アカデミー会長 (〜1909) 。

【参考】Borrie, Michael. "Thompson, Sir Edward Maunde (1840-1929) ," *Oxford dictionary of national biography*. Oxford University Press, 2004.

### Ticknor, George
ティクナー, ジョージ

[生没年]1791〜1871
[出身地]アメリカ合衆国
[学歴]1807年ダートマス大学卒業

1819年ハーバード大学教授 (〜1835) , 大学図書館の整備に尽力した。1823年ボストン・アセニアム理事, 1833年から同副理事長。ボストン公共図書館準備委員会委員として, エドワード・エヴァレットとともに, 「図書館設立のための報告書」 (1852) を執筆し, 通俗書の充実と貸出の実施を重視する方向性を導いた。1854年同館理事, 1865年理事長 (〜1866) 。死後ボストン公共図書館に4千ドルの基金とともに, ボストン有数の個人文庫を遺贈した。主著に『スペイン文学史』(1849) ほか。

【参考】『アメリカ公立図書館成立思想史』川崎良孝著 日本図書館協会 1991／『ボストン市立図書館100年史: 栄光, 挫折, 再生』ウォルター・ホワイトヒル著 川崎良孝訳 日本図書館協会 1999

### Titcomb, Mary Lemist
ティッコム, メアリー・レミスト

[生没年]1857〜1932
[出身地]アメリカ合衆国
[学歴]1873年エクサター・ロビンソン女子神学校卒業

1889年ヴァーモント州ルートランド公共図書館目録係。その後館長, 同州図書館委員会委員。1899年同州図書館振興機関の長となった。1901年メリーランド州ワシントン・カウンティ・フリー・ライブラリー（WCFL）館長。全米初とされる馬車による移動図書館を導入し, 1912年自動車文庫を開始した。1914年アメリカ図書館協会（ALA）副会長, 戦時サービスに関わった。1924年からWCFLで図書館実務研修講座を開催し, 図書館員養成も行った。主著に『ブック・ワゴン』(1922) など。
【参考】中山愛理「アメリカ公共図書館における自動車図書館の先覚者：メアリー・レミスト・ティッコム」『図書館人物伝：図書館を育てた20人の功績と生涯』日本図書館文化史研究会編 日外アソシエーツ 2007

## 【U】

### Urquhart, John Donald
アーカート, ジョン・ドナルド

[生没年] 1901～1994
[出身地] イギリス
[学歴] 1934年シェフィールド大学修士

1938年科学博物館図書館に就職。第二次世界大戦後, 急速に増加した科学関連の逐次刊行物, 報告書類・図書を, ひとつのコレクションとして収集し, 工業界や研究者の要求に応じるための図書館づくりに従事した。1962年ボストン・スパに開設された国立科学技術貸出図書館（NLIST）の責任者となった。1970年, 国からCBE（大英帝国勲位[勲爵士団の勲章]）を授与された。1972年英国図書館協会（LA）会長。著作に『図書館の原理』(1981),『ミスター・ボストン・スパ』(1990) がある。
【参考】追悼記事 Independent. 1994.12.13.

## 【V】

### Vories, William Merrell
ヴォーリズ, ウィリアム・メレル

[生没年] 1880～1964
[出身地] アメリカ合衆国
[学歴] 1904年コロラド大学卒業

日本名は, 一柳 米来留(ひとつやなぎめれる)。建築家。1905年滋賀県立商業学校の英語教師として来日。1910年建築設計監理のヴォーリズ合名会社および近江基督教伝道団（近江ミッション）を蒲生郡八幡町（近江八幡市）に設立し, その精神的, 実務的中心人物となる。近江ミッションは1934年近江兄弟社と改称し, 1940年に吉田悦蔵らの尽力もあり蔵書2万冊余りからなる近江兄弟社図書館を開館。1960年には, ヴォーリズ自ら図書館長を務めた（～1964）。学校, 教会など数多くの建築・設計があり, 図書館では滋賀県水口町立水口図書館（1928年竣工）などの作品がある。館報『近江兄弟社通信』(6号, 1946.12) に「図書館の効用」を寄せる。著書に『失敗者の自叙伝』(近江兄弟社, 1970) など。
【参考】『ヴォーリズ評伝：日本で隣人愛を実践したアメリカ人』奥村直彦著 港の人 2005／梅澤幸平「ヴォーリズと近江兄弟社図書館」『大倉山論集』55号 2009.3

# 【W】

## Wellcome, Henry Solomon, Sir
ウエルカム,ヘンリー・ソロモン卿

[生没年]1853～1936
[出身地]イギリス
[学歴]フィラデルフィア薬科大学卒

1901年英国化学研究所を立ち上げ,医療の歴史に関わる書物や標本のコレクションの充実に力を注いだ。1936年,ウエルカム・トラスト（公益信託団体）を創設,1949年からウエルカム歴史医療図書館として一般公開される。
【参考】James, R.R. "Wellcome, Sir Henry Solomon (1853-1936) ," *Oxford dictionary of national biography*. Oxford University Press, 2004.

## Williamson, Charles
ウィリアムソン,チャールズ

[生没年]1877～1965
[出身地]アメリカ合衆国
[学歴]コロンビア大学博士（1907年政治学,1929年文学）

1911年ニューヨーク公共図書館経済学・社会学部門主任。カーネギー財団から依頼を受け,「図書館職の養成」の調査を行った。1921年財団に提出された『図書館業務のための養成』および1923年に発表された『図書館サービスのための養成』（通称ウィリアムソン報告）は,アメリカ図書館協会（ALA）による認定制度の端緒となり,また図書館学研究を重視するシカゴ大学大学院図書館学研究科（GLS）開設へつながった。1926年コロンビア大学図書館学校ディーン兼大学図書館長（～1943）。
【参考】『アメリカ図書館思想の研究』小倉親雄著 日本図書館協会 1977／『図書館を育てた人々 外国編1（アメリカ）』藤野幸雄編著 日本図書館協会 1984／Winckler, Paul. *The great of greatness*. The Scarecrow Press, 1992.

## Winsor, Justin
ウィンザー,ジャスティン

[生没年]1831～1897
[出身地]アメリカ合衆国
[学歴]1852年ハーバード・カレッジ中退

1866年ボストン公共図書館理事,1868年館長を歴任したのち,1877年ハーバード・カレッジ図書館長（～1897）。研究活動に重点を置き方針転換を図ろうとする大学にあって,図書館を大学の中心的存在として位置づけ,書庫への学生の立入を許可,開館時間を延長,指定図書制度を拡大するなど改革を実施,資料の保存から利用へと重点を移した。アメリカ図書館協会（ALA）初代会長（1876～1885, 1897）。
【参考】常盤繁「ジャスティン・ウィンザー」『図書館を育てた人々 外国編1（アメリカ）』藤野幸雄編著 日本図書館協会 1984／Cutler, Wayne., Harris, Michael. (ed.) *Justine Winsor：scholar-librarian*, Libraries Unlimited, 1980.

## Wright, Charles Theodore Hagberg, Sir
ライト,チャールズ・セオドア・ハグバーグ卿

[生没年]1862～1940

［出身地］イギリス
［学歴］1889年ダブリン大学トリニティ・カレッジ博士（法学）

1890年国立アイルランド図書館アシスタント図書館員，1893年ロンドン図書館長（〜1940）。在職中，セント・ジェイムズ広場の本館建替や蔵書の拡張を進めた。著者名目録や件名索引のほか，1926年小冊子『ロンドン図書館：その歴史と行政』を刊行。1934年ナイトの称号が授与された。
【参考】Kenyon, F.G. "Wright, Sir Charles Theodore Hagberg (1862〜1940) ," *The dictionary of national biography : from the earliest times to 1900.* Oxford University Press, 1949.

W

# 人 名 索 引

1) 収録人物に関わる人名を，五十音順に排列し，その見出し人名および該当ページを示した。
2) 本文に見出しのある人名は太字で示した。
3) 本文の見出し人名のうち，別名や号などからも引けるように，関連する索引語には末尾に＊を付与した。

## 【あ】

愛澤豊勝 ……………………… 3
相原信達 ……………………… 3
青木一良* ……………………… 3
青木健作*
　→井本健作 ………………… 36
青木修三*
　→李在郁 …………………… 293
青木次彦 ……………………… 3
青木万太郎 …………………… 3
青木実 ………………………… 4
青木義雄 ……………………… 4
青野伊豫児 …………………… 4
青柳文蔵 ……………………… 4
青山大作 ……………………… 5
青山千隈 ……………………… 5
明石節孝 ……………………… 5
アーカート, ジョン・ドナルド
　→Urquhart, John Donald …………………… 331
赤星軍次郎 …………………… 5
赤堀又次郎 …………………… 6
秋岡梧郎 ……………………… 6
　→伊藤峻 …………………… 28
　→植田秋作 ………………… 39
　→小河内芳子 ……………… 110
　→中島春之 ………………… 196
　→森博 ……………………… 269
　→盛城礼蔵 ………………… 270
秋場四郎 ……………………… 7
秋間球磨 ……………………… 7
秋元新次郎*
　→秋元楓湖 ………………… 7
秋元春朝 ……………………… 7
秋元楓湖 ……………………… 7
阿佐宇治郎
　→阿佐凌雲 ………………… 7
阿佐凌雲 ……………………… 7
浅井継世 ……………………… 8
朝河貫一 ……………………… 8
　→桑原善作 ………………… 106
朝倉亀三*
　→朝倉無声 ………………… 8
朝倉治彦 ……………………… 8
　→芝盛雄 …………………… 135
　→鈴木平八郎 ……………… 149
　→吉田邦輔 ………………… 290
朝倉無声 ……………………… 8
浅野長勲 ……………………… 9
　→三井大作 ………………… 256
浅野八郎
　→町田三郎 ………………… 246
浅見悦二郎 …………………… 9
安食高吉 ……………………… 9
芦田均
　→森戸辰男 ………………… 271
足助素一 ……………………… 9
阿曽福圓 ……………………… 9
麻生太賀吉 …………………… 10
阿刀田高
　→粉川忠 …………………… 110
姉崎嘲風*
　→姉崎正治 ………………… 10
姉崎正治 ……………………… 10
　→植松安 …………………… 40
阿部敬二 ……………………… 10
阿部泰蕣 ……………………… 10
阿部信子
　→鳥越信 …………………… 191
阿部雪枝 ……………………… 10
安倍能成
　→関野真吉 ………………… 152
天晶寿 ………………………… 11
天野敬太郎 …………………… 11
　→重久篤太郎 ……………… 134
綾井武夫 ……………………… 12
新井白石
　→前田綱紀 ………………… 243
荒木照定 ……………………… 12
荒木田久守
　→竹川竹斎 ………………… 163
有島武郎
　→足助素一 ………………… 9
有馬元治 ……………………… 12
有山崧 ………………………… 12
　→韮塚一三郎 ……………… 210
粟屋猛雄 ……………………… 13
安西郁夫 ……………………… 13
安藤恵順 ……………………… 13
安藤勝一郎 …………………… 13
安能勿斎*
　→藤沢清次 ………………… 233
安部立郎 ……………………… 14
安馬彌一郎 …………………… 14

## 【い】

飯島朋子 ……………………… 14
飯田英二 ……………………… 14
飯田良平 ……………………… 14
飯沼敏 ………………………… 15
庵崎俊雄 ……………………… 15
伊木武雄 ……………………… 15
生島芳郎 ……………………… 15
池上勲 ………………………… 15
池田菊左衛門 ………………… 16
池田三郎 ……………………… 16
池田定常
　→市橋長昭 ………………… 26
池田信夫 ……………………… 16
池田光政 ……………………… 16
猪坂直一
　→土田杏村 ………………… 180
伊佐早謙 ……………………… 16
石井敦 ………………………… 17
石井敬三 ……………………… 17
石井藤五郎 …………………… 17
石井富之助 …………………… 18
石井秀雄 ……………………… 18
石井桃子 ……………………… 18
　→鳥越信 …………………… 191
　→村岡花子 ………………… 262
　→渡辺茂男 ………………… 296
石川軍治 ……………………… 18
石川賢治 ……………………… 19

| | | |
|---|---|---|
| 石川照勤 …… 19 | 市河三喜 | 伊東正勝 …… 30 |
| →高津親義 …… 157 | →河野不二 …… 109 | 伊藤松彦 |
| 石川正作 …… 19 | 市川清流 …… 24 | →鈴木平八郎 …… 149 |
| 石川啄木 | 市毛金太郎 …… 24 | 伊東弥之助 …… 30 |
| →大信田落花 …… 50 | 市島謙吉 …… 25 | 伊東祐穀 …… 30 |
| 石川武美 …… 19 | →小林堅三 …… 113 | 伊藤祐昭 …… 31 |
| 石川春江 …… 20 | →田中光顕 …… 172 | 伊藤四十二 …… 31 |
| →北畑静子 …… 94 | →吉田恵三郎 …… 290 | 伊藤亮三 …… 31 |
| 石川松太郎 …… 20 | →吉田東伍 …… 290 | 井内慶次郎 …… 31 |
| 石黒宗吉 …… 20 | 市島春城* | 稲葉宇作 …… 32 |
| 石黒直豊 …… 20 | →市島謙吉 …… 25 | 犬養健 |
| 石坂荘作 …… 20 | 一条兼良 …… 25 | →石井桃子 …… 18 |
| 石崎勝造 …… 21 | 一戸岳逸 …… 25 | 犬丸秀雄 …… 32 |
| 石塚英男 …… 21 | 市橋長昭 …… 26 | 井上角五郎 …… 32 |
| 石塚正成 …… 21 | 市橋正晴 …… 26 | 井上好三郎 …… 32 |
| 石田修 …… 21 | 市原瀧治郎 …… 26 | 井上友一 …… 32 |
| 石田清一 …… 21 | 市村新 …… 26 | 井上日召 |
| 石田幹之助 …… 22 | 井出董 …… 26 | →大島仁平 …… 51 |
| →森川鉉二 …… 270 | 出射義夫 …… 27 | 井上ひさし …… 33 |
| 石橋重吉 …… 22 | 伊藤旦正 …… 27 | 井上豊忠 …… 33 |
| 石橋百仙 …… 22 | →野瀬里久子 …… 212 | 井上通泰 |
| 石橋幸男 …… 22 | 伊藤伊太郎 …… 27 | →松岡鼎 …… 248 |
| 石原純 | 伊東尾四郎 …… 27 | 井上芳郎 …… 33 |
| →石原紘 …… 22 | 伊藤一夫 …… 27 | 猪熊信男 …… 33 |
| 石原紘 …… 22 | 伊藤粂蔵 …… 27 | 猪瀬博 …… 33 |
| 石原六郎 …… 23 | 伊藤新一 …… 28 | 伊波普猷 …… 34 |
| 泉井久之助 …… 23 | 伊藤仁斎 | →金城朝永 …… 98 |
| 泉鏡花 | →伊藤東涯 …… 29 | 井伏鱒二 |
| →大信田落花 …… 50 | 伊東善五郎 …… 28 | →中村地平 …… 201 |
| 和泉信平 …… 23 | 伊藤峻 …… 28 | 今井亥三松 …… 34 |
| 和泉真佐子 …… 23 | 伊東武次郎* | 今井市右衛門 …… 34 |
| 出雲路康哉 …… 23 | →伊東善五郎 …… 28 | →渡辺熊四郎 …… 295 |
| 磯長得三 …… 23 | 伊藤東涯 …… 29 | 今井貫一 …… 34 |
| 石上宅嗣 …… 24 | 伊藤紀子 …… 29 | →中尾謙吉 …… 194 |
| 板倉太一郎 …… 24 | 伊東八郎左衛門 | →西村天囚 …… 209 |
| →高橋隆超 …… 160 | →伊東平蔵 …… 29 | 今井太郎右衛門 …… 35 |
| 板坂如春* | 伊東平蔵 …… 29 | →梅辻平格 …… 43 |
| →板坂卜斎 …… 24 | →秋岡梧郎 …… 6 | →三国幽眠 …… 255 |
| 板坂東赤* | →伊藤伊太郎 …… 27 | →村上勘兵衛 …… 263 |
| →板坂卜斎 …… 24 | →伊東祐穀 …… 30 | 今澤慈海 …… 35 |
| 板坂卜斎 …… 24 | →鹿島知二郎 …… 76 | →荒木照定 …… 12 |
| 板谷慶* | →寺田實 …… 183 | →神絢一 …… 143 |
| →浪江慶 …… 204 | 伊藤信 …… 30 | →竹貫佳水 …… 157 |

→中條辰夫 ……………… 177
→中島春之 ……………… 196
→守屋恒三郎 …………… 273
今西林三郎
　→菅正信 ………………… 89
井本健作 …………………… 36
入江俊郎
　→金森徳次郎 …………… 82
岩井大彗 …………………… 36
岩城次郎 …………………… 36
岩倉規夫 …………………… 36
岩佐貫三 …………………… 37
岩佐憲一*
　→岩佐貫三 ……………… 37
岩崎久彌 …………………… 37
岩崎彌之助 ………………… 37
　→重野安繹 …………… 134
岩瀬亀之進 ………………… 37
岩瀬弥助 …………………… 37
岩田實 ……………………… 38
岩谷榮太郎 ………………… 38
岩内誠一 …………………… 38
岩橋武夫 …………………… 38
岩淵泰郎 …………………… 38
巌谷小波
　→木村小舟 ……………… 97
　→阪谷俊作 …………… 121
　→森川鉉二 …………… 270
尹益善
　→山口精 ……………… 278

【 う 】

宇井儀一 …………………… 39
ヴィッカリー, ブライアン
　→Sayers, William
　　Charles Berwick …… 327
ウィリアムソン, チャールズ
　→Williamson, Charles
　　……………………… 332
ウィンザー, ジャスティン
　→Winsor, Justin ……… 332

上杉定正
　→太田道灌 ……………… 52
上杉直三郎 ………………… 39
上杉憲実 …………………… 39
上田万年
　→樋口慶千代 ………… 225
　→松井簡冶 …………… 247
植田秋作 …………………… 39
上田辰之助 ………………… 40
上野茂 ……………………… 40
植野武雄 …………………… 40
上羽勝衛 …………………… 40
上原権蔵 …………………… 40
植松有信
　→植松安 ………………… 40
植松安 ……………………… 40
植村達男 …………………… 41
植村長三郎 ………………… 41
ウエルカム, ヘンリー・ソロモン卿
　→Wellcome, Henry
　　Solomon, Sir ……… 332
魚落源治 …………………… 41
ヴォーリズ, ウィリアム・メレル
　→Vories, William
　　Merrell ……………… 331
　→吉田悦蔵 …………… 290
鵜飼定吉 …………………… 41
浮田和民 …………………… 42
浮田恭子
　→村岡花子 …………… 262
鵜沢忠 ……………………… 42
氏家晋 ……………………… 42
歌原蒼苔*
　→歌原恒 ………………… 42
歌原恒 ……………………… 42
内田嘉吉
　→彌吉光長 …………… 285
内田銀蔵
　→竹林熊彦 …………… 166
内田俊男 …………………… 42
内田孫三 …………………… 42

内田貢*
　→内田魯庵 ……………… 43
内田魯庵 …………………… 43
内村鑑三
　→森本慶三 …………… 272
宇原郁世 …………………… 43
梅木幸吉 …………………… 43
梅辻秋漁*
　→梅辻平格 ……………… 43
梅辻平格 …………………… 43
　→今井太郎右衛門 ……… 35
　→三国幽眠 …………… 255
裏川吉太郎 ………………… 43
裏川大無*
　→裏川吉太郎 …………… 43
裏田武夫 …………………… 44
　→小川剛 ………………… 64
占部百太郎 ………………… 44
浦山助太郎 ………………… 44
漆畑弥一 …………………… 44

【 え 】

江井洋三*
　→志智嘉九郎 ………… 134
エヴァレット, エドワード
　→Everett, Edward …… 310
　→Ticknor, George …… 330
エヴァンス, チャールズ
　→Evans, Charles ……… 309
江口胡月堂*
　→大野屋惣八 ……………… 55
江口新六*
　→大野屋惣八 ……………… 55
江口惣八*
　→大野屋惣八 ……………… 55
江沢金五郎 ………………… 45
江沢金五郎(2代)
　→江沢金五郎 …………… 45
江沢富吉
　→江沢金五郎 …………… 45

## えたよし　　　人名索引

枝吉勇 ･････････････････････ 45
衛藤利夫 ･･････････････････ 45
　→越村捨次郎 ･････････････ 111
江藤正澄
　→廣瀬玄鋹 ･････････････ 228
エドワーズ, エドワード
　→Edwards, Edward ･････ 309
　→Ewart, William ･･････ 310
　→Munford, William
　　Arthur ････････････････ 321
エドワーズ, ジョン・パスモア
　→Edwards, John
　　Passmore ･････････････ 309
荏野翁
　→田中大秀 ･････････････ 170
榎一雄 ･･･････････････････ 46
榎薗高雄 ･････････････････ 46
江袋文男 ･････････････････ 46
エーベルト, フリードリッヒ・
　アドルフ
　→Ebert, Friedrich
　　Adolf ････････････････ 308
　→Schrettinger, Martin
　　････････････････････････ 327
エルトベルク, ローベルト・
　フォン
　→Hofmann, Walter ････ 313
遠藤源六 ･････････････････ 46
遠藤菫 ･･･････････････････ 46
遠藤哲嶺
　→大山利 ･････････････････ 57

## 【 お 】

扇元久栄 ･････････････････ 47
近江晶 ･･･････････････････ 47
大井冷光
　→中條辰夫 ･････････････ 177
大石誠之助 ･･･････････････ 47
　→浜畑栄造 ･････････････ 219
大岩好昭 ･････････････････ 47
大内直之 ･････････････････ 47
大江匡房 ･････････････････ 48

大垣友雄 ･････････････････ 48
大河原生二 ･･･････････････ 48
大河原濟 ･････････････････ 48
大城戸宗重 ･･･････････････ 48
大久保一翁
　→竹川竹斎 ･････････････ 163
大久保乙彦 ･･･････････････ 49
大久保堅磐 ･･･････････････ 49
大隈重信
　→市島謙吉 ･････････････ 25
　→小野梓 ･･･････････････ 70
大倉邦彦 ･････････････････ 49
　→岡崎賢次 ･････････････ 59
大越謹吾 ･････････････････ 49
大佐三四五 ･･･････････････ 49
大澤羊次郎 ･･･････････････ 50
大重斉 ･･･････････････････ 50
大信田金次郎*
　→大信田落花 ･･･････････ 50
大信田勇八（8代目）*
　→大信田落花 ･･･････････ 50
大信田落花 ･･･････････････ 50
大島一郎 ･････････････････ 50
大島仁平 ･････････････････ 51
太田栄次郎 ･･･････････････ 51
太田栄治郎*
　→太田栄次郎 ･･･････････ 51
太田栄太郎 ･･･････････････ 51
太田江南*
　→太田台之丞 ･･･････････ 51
太田重弘 ･････････････････ 51
太田柿葉*
　→太田直行 ･････････････ 52
太田台之丞 ･･･････････････ 51
太田為三郎 ･･･････････････ 52
　→太田栄次郎 ･･･････････ 51
　→小長谷恵吉 ･･･････････ 69
　→並河直廣 ･････････････ 204
　→波多野賢一 ･･･････････ 215
太田道灌 ･････････････････ 52
太田直行 ･････････････････ 52
太田博太郎
　→太田栄次郎 ･･･････････ 51

太田盛雄 ･････････････････ 53
太田臨一郎 ･･･････････････ 53
大谷健夫*
　→大谷武男 ･････････････ 53
大谷武男 ･････････････････ 53
大谷仁兵衛 ･･･････････････ 53
大塚明郎 ･････････････････ 53
大槻文彦 ･････････････････ 54
大藤時彦 ･････････････････ 54
大西伍一 ･････････････････ 54
大西寛 ･･･････････････････ 54
大野史朗 ･････････････････ 54
大野沢緑郎 ･･･････････････ 55
大野屋惣八 ･･･････････････ 55
大橋五男 ･････････････････ 55
大橋一二 ･････････････････ 55
大橋佐平 ･････････････････ 56
　→大橋新太郎 ･･･････････ 56
　→坪谷善四郎 ･･･････････ 181
大橋新太郎 ･･･････････････ 56
大橋正行 ･････････････････ 56
大原孫三郎 ･･･････････････ 56
大宮長司 ･････････････････ 56
大村武一 ･････････････････ 57
大室知秋*
　→堀口知明 ･････････････ 241
大宅壮一 ･････････････････ 57
大山綱憲 ･････････････････ 57
大山利 ･･･････････････････ 57
岡逸平 ･･･････････････････ 58
岡啓輔*
　→岡千仭 ･･･････････････ 58
岡慶輔*
　→岡千仭 ･･･････････････ 58
岡千仭 ･･･････････････････ 58
岡正雄 ･･･････････････････ 58
岡鹿門*
　→岡千仭 ･･･････････････ 58
岡崎袈裟男 ･･･････････････ 58
岡崎賢次 ･････････････････ 59
小笠原淳 ･････････････････ 59
小笠原忠統 ･･･････････････ 59
岡島幹雄 ･････････････････ 59

| | | |
|---|---|---|
| 岡積聖 …………… 59 | 奥泉栄三郎 …………… 65 | 小野桜山 …………… 70 |
| 岡田伊左衛門 …………… 60 | 奥田勝正 …………… 66 | 小野小野三 …………… 71 |
| 岡田一郎 …………… 60 | 奥田啓市 …………… 66 | 小野源蔵 …………… 71 |
| 岡田健蔵 …………… 60 | 奥津幸三郎 …………… 66 | 小野相司 …………… 71 |
| →坂本龍三 …………… 123 | 奥野三郎 …………… 66 | 小野則秋 …………… 71 |
| 緒方洪庵 | 小熊幸一郎 | →青木次彦 …………… 3 |
| →箕作秋坪 …………… 256 | →岡田健蔵 …………… 60 | →吉田貞夫 …………… 290 |
| 岡田俊太郎 …………… 61 | 奥村藤嗣 …………… 66 | 小野正文 …………… 72 |
| →三井大作 …………… 256 | 小倉親雄 …………… 66 | 小野泰博 …………… 72 |
| 岡田庄太郎 …………… 61 | 小笹国雄 …………… 67 | 小野山竜心 …………… 72 |
| 岡田温 …………… 61 | 長田富作 …………… 67 | 小畑渉 …………… 72 |
| →金森徳次郎 …………… 82 | 大仏次郎 | 尾原淳夫 …………… 73 |
| →桜井宣隆 …………… 124 | →大河原濟 …………… 48 | 小尾範治 …………… 73 |
| →林繁三 …………… 221 | 小沢市三郎* | おも四郎* |
| →山下信庸 …………… 280 | →久保市三郎 …………… 101 | →太田臨一郎 …………… 53 |
| 岡田靖 | 小沢理吉 …………… 67 | 小山田将曹* |
| →岡田温 …………… 61 | 小津桂窓* | →小山田与清 …………… 73 |
| 岡野喜太郎 …………… 61 | →小津久足 …………… 68 | 小山田与清 …………… 73 |
| 岡野他家夫 …………… 62 | 小津久足 …………… 68 | 小山田松屋* |
| 岡部史郎 …………… 62 | オースチン, エセル・ウイニフレッド | →小山田与清 …………… 73 |
| 岡村一郎 …………… 62 | →Austin, Ethel Winifred …………… 299 | 小山田擁書倉* |
| 岡村千曳 …………… 62 | →Jast, Louis Stanley … 314 | →小山田与清 …………… 73 |
| 岡本孝正 …………… 63 | オズボーン, モンタ・L. | 居石正文 …………… 73 |
| 小川恭一 …………… 63 | →Osborne, Monta L. … 323 | 折田兼至 …………… 74 |
| 小川謙三 …………… 63 | 小田泰正 …………… 68 | |
| 小河次吉 …………… 63 | 小谷誠一 …………… 68 | **【か】** |
| 小川寿一 …………… 63 | 落合重信 …………… 68 | |
| →三田全信 …………… 132 | 乙ого泉三郎 …………… 69 | 甲斐美和 …………… 74 |
| 小川昂 …………… 64 | →叶沢清介 …………… 82 | 快元 |
| 小川剛 …………… 64 | オトレ, ポール・マリー・ギスラン | →上杉憲実 …………… 39 |
| →裏田武夫 …………… 44 | →Otlet, Paul Marie Ghislain …………… 323 | 海後宗臣 …………… 74 |
| 小川益蔵 …………… 64 | →La Fontaine, Henri Marie …………… 317 | →大山利 …………… 57 |
| 小川霊道 …………… 64 | 尾中郁太 …………… 69 | カイザー, アルブレヒト・クリストフ |
| 沖荘蔵 …………… 64 | 小長谷恵吉 …………… 69 | →Kayser, Albrecht Christoph …………… 315 |
| 沖禎介 | 小棚精以知 …………… 70 | カイザー, フランツ |
| →沖荘蔵 …………… 64 | 尾鍋秀雄 …………… 70 | →Dziatzko, Karl …………… 308 |
| 小木曽旭晃 …………… 65 | 鬼塚明治 …………… 70 | 海妻甘蔵 |
| 小木曽周二* | 小貫山易三 …………… 70 | →廣瀬玄銀 …………… 228 |
| →小木曽旭晃 …………… 65 | 小野梓 …………… 70 | 加賀美光章 …………… 74 |
| 沖野岩三郎 …………… 65 | | 賀川豊彦 …………… 74 |
| 荻原直正 …………… 65 | | |
| 荻山秀雄 …………… 65 | | |
| →島崎末平 …………… 137 | | |

341

## かきぬま　人名索引

柿沼介 .................... 75
　→衛藤利夫 ............ 45
　→倉田卓次 ............ 104
蔭山秋穂 .................. 75
鹿児島達雄 ................ 75
笠井強 .................... 75
笠木二郎 .................. 75
笠師昇 .................... 76
梶井重雄
　→堂前貢 .............. 185
　→中田邦造 ............ 198
鹿島勝八郎
　→鹿島知二郎 .......... 76
鹿島知二郎 ................ 76
鹿島則文
　→鹿島則泰 ............ 76
鹿島則泰 .................. 76
　→西村竹間 ............ 208
加治屋哲 .................. 76
柏木直平 .................. 77
柏原堯 .................... 77
片岡謹也 .................. 77
片岡小五郎 ................ 77
片口江東＊
　→片口安太郎 .......... 77
片口安太郎 ................ 77
片山信太郎 ................ 78
片山竹之助 ................ 78
片山侃 .................... 78
片山哲
　→森戸辰男 ............ 271
勝海舟
　→渋田利右衛門 ........ 136
　→竹川竹斎 ............ 163
勝家清勝 .................. 78
カッター，チャールズ・エイミー
　→Cutter, Charles Ammi ............ 305
　→Borden, William Alanson ........ 301
桂太郎
　→小松原英太郎 ........ 115

香木園
　→田中大秀 ............ 170
加藤小三郎＊
　→加藤歩簫 ............ 80
加藤宗厚 .................. 78
　→井出董 .............. 26
　→間宮不二雄 .......... 252
加藤清之助 ................ 79
加藤貴雄＊
　→加藤歩簫 ............ 80
加藤忠雄 .................. 79
加藤花子 .................. 79
加藤弘 .................... 80
加藤歩簫 .................. 80
加藤増夫 .................. 80
加藤萬作 .................. 80
加藤与次兵衛 .............. 80
加藤六蔵 .................. 80
葛野勉 .................... 81
金井知義
　→西村竹間 ............ 208
金中利和 .................. 81
仮名垣魯文 ................ 81
金森好子 .................. 81
金森徳次郎 ................ 82
　→大村武一 ............ 57
　→岡田温 .............. 61
　→岡部史郎 ............ 62
　→品田豊治 ............ 135
カーネギー，アンドリュー
　→Carnegie, Andrew ..... 304
　→Edwards, John Passmore ........ 309
金子光晴
　→中條辰夫 ............ 177
金田澄子
　→金田眉丈 ............ 82
金田眉丈 .................. 82
ガーネット，リチャード
　→Garnett, Richard ...... 311
叶沢清介 .................. 82
鹿子木孟郎
　→島文次郎 ............ 137

カーノフスキー，レオン
　→Carnovsky, Leon ...... 304
鎌田勝太郎 ................ 83
鎌田正康＊
　→鎌田勝太郎 .......... 83
蒲池正夫 .................. 83
神尾達夫 .................. 84
神本光吉 .................. 84
神谷富蔵 .................. 84
上山満之進 ................ 84
亀田憲六 .................. 84
カーライル，トーマス
　→Carlyle, Thomas ...... 304
柄崎常雄 .................. 84
柄沢日出雄 ................ 85
狩谷棭斎 .................. 85
カールシュテット，ハンス・ペーター
　→Karstedt, Hans Peter .............. 315
河合栄治郎
　→山下信庸 ............ 280
河合謙三郎 ................ 85
　→浅見悦二郎 .......... 9
河合博 .................... 85
川上賢一
　→鈴木喜久一 .......... 147
川上昌保
　→遠山椿吉 ............ 186
川上元治郎
　→遠山椿吉 ............ 186
川口鉄男 .................. 86
川﨑操 .................... 86
川崎舎竹郎 ................ 86
川瀬一馬 .................. 86
　→阪本獻 .............. 123
　→安田善次郎（2代目）... 275
川添キシ .................. 86
川田豊太郎 ................ 87
河内義一 .................. 87
川名正義 .................. 87
川原和子 .................. 87
川原幸作 .................. 87

342

| | | |
|---|---|---|
| 川辺甚松 …… 88 | 北畑静* | 清川睦男 |
| →中田邦造 …… 198 | →北畑静子 …… 94 | →渡邊正亥 …… 297 |
| 川村源七 …… 88 | 北畑静子 …… 94 | 清川陸男 …… 98 |
| 川本宇之介 …… 88 | 北畠貞顕 …… 94 | 清沢満之 |
| →波多野賢一 …… 215 | 北原白秋 | →井上豊忠 …… 33 |
| 菅菊太郎 …… 89 | →三浦義一 …… 253 | 清信重 …… 98 |
| 菅正信 …… 89 | 北村清 …… 94 | 金光攝胤 |
| 菅まゆみ …… 89 | 喜多村進 …… 95 | →金光鑑太郎 …… 116 |
| 寛永通宝* | 北村益 …… 95 | 金光碧水* |
| →藤沢清次 …… 233 | →湊要之助 …… 257 | →金光鑑太郎 …… 116 |
| 菅野義之助 …… 89 | 北村泰子 …… 95 | 金城朝永 …… 98 |
| 菅野青顔 …… 89 | 北村幸子 …… 95 | |
| →広野貞助 …… 228 | 橘井清五郎 …… 95 | 【く】 |
| 菅野千助* | 吉川尚 …… 96 | |
| →菅野青顔 …… 89 | 狐 | 空人生* |
| 菅野退輔 …… 90 | →山村修 …… 283 | →中田邦造 …… 198 |
| →錦織精之進 …… 207 | 木寺清一 …… 96 | 九鬼隆一 …… 99 |
| 神波武夫 …… 90 | 鬼頭梓 …… 96 | 草香新之助* |
| | ギトラー、ロバート・ローレンス | →志智嘉九郎 …… 134 |
| 【き】 | →Gitler, Robert Laurence …… 311 | 日下部武六 …… 99 |
| | | 草野正名 …… 99 |
| 菊岡倶也 …… 91 | キーニー、フィリップ・オーリン | 楠田五郎太 …… 99 |
| 鞠谷安太郎 …… 91 | →Keeney, Philip Olin …… 316 | 楠瀬洋吉 …… 100 |
| 菊池謙二郎 …… 91 | →岡田温 …… 61 | 楠本泰山 |
| 菊池幸次郎 …… 91 | 紀正之 …… 96 | →貞方弥三郎 …… 126 |
| 菊池孝 …… 92 | 木下秀夫 …… 97 | 楠山多鶴馬 …… 100 |
| 菊池租 …… 92 | 木下広次 | 沓掛伊佐吉 …… 100 |
| 岸美雪 …… 92 | →島文次郎 …… 137 | 朽木綱泰 …… 100 |
| 岸田実 | 鬼原乾輔* | 国沢照光 …… 101 |
| →酒井悌 …… 120 | →木原乾輔 …… 97 | 国司昌相 …… 101 |
| 岸本英夫 …… 92 | 木原乾輔 …… 97 | 久保市三郎 …… 101 |
| →黒住武 …… 106 | 木村蒹葭堂 …… 97 | 久保七郎 …… 101 |
| 宜信斎* | 木村孔恭* | 久保スミ |
| →箕作秋坪 …… 256 | →木村蒹葭堂 …… 97 | →久保市三郎 …… 101 |
| 喜早彦太 …… 93 | 木村時習 …… 97 | 久保田彦穂 …… 101 |
| 北川弥三松 …… 93 | 木村小舟 …… 97 | →榎薗髙雄 …… 46 |
| →矢橋亮吉 …… 277 | 木村秀明 …… 97 | 熊岡敬三 …… 102 |
| 北島金次 …… 93 | →菊池租 …… 92 | 熊阪台州 |
| 北園克衛 …… 94 | 姜辰国 …… 98 | →半沢久次郎 …… 224 |
| 北嶋武彦 …… 93 | 清浦奎吾 …… 98 | 熊代強 …… 102 |
| 木田橘喜代慎 …… 94 | | 熊田源太郎 …… 102 |
| | | 熊野勝祥 …… 102 |

熊原政男 ……………… 102
隈本繁吉
　→太田為三郎 ………… 52
久米邦武 ……………… 103
久米井束 ……………… 103
　→増村王子 ………… 246
倉岡勝彦 ……………… 103
倉田卓次 ……………… 104
倉田績 ………………… 104
クラップ, ヴァーナー・ウォーレン
　→Clapp, Verner
　　Warren ……………… 305
　→Brown, Charles
　　Harvey ……………… 302
グラハム, アイネズ・メイ
　→Graham, Inez Mae …… 312
クリスチナ女王
　→Naudé, Gabriel ……… 321
栗原嘉一郎 …………… 104
栗原均 ………………… 104
厨川肇 ………………… 105
厨川白村
　→島文次郎 ………… 137
グリーン, サミュエル
　→Green, Samuel ……… 312
グリーンウッド, トーマス
　→Greenwood, Thomas
　　…………………… 312
クレーガー, アリス
　→Kroeger, Alice ……… 316
黒川真道
　→黒川春村 ………… 105
黒川春村 ……………… 105
黒川文哲 ……………… 105
黒川真頼
　→黒川春村 ………… 105
黒木努 ………………… 105
黒﨑義博 ……………… 105
黒沢貞次郎 …………… 106
黒澤正彦 ……………… 106
黒住武 ………………… 106
黒田一之 ……………… 106

黒田源治
　→山鹿誠之助 ……… 278
桑原善作 ……………… 106
桑原伸介 ……………… 107
　→芝盛雄 …………… 135
　→吉田邦輔 ………… 290

## 【け】

ゲーテ, J.W.
　→Carlyle, Thomas …… 304
ケニヨン, フレデリック・ジョージ卿
　→Kenyon, Frederic
　　George, Sir ………… 316
ケラー, ヘレン
　→岩橋武夫 …………… 38

## 【こ】

肥塚麒一 ……………… 107
肥塚龍
　→肥塚麒一 ………… 107
小泉順三 ……………… 107
小出憲宗 ……………… 107
小出昌洋
　→小梛精以知 ………… 70
纐纈秋三郎 …………… 108
講古堂*
　→出口延佳 ………… 182
上里美須丸 …………… 108
好書楼素人*
　→藤代清吉 ………… 233
神代種亮 ……………… 108
　→山木徳三郎 ……… 278
神代帯葉*
　→神代種亮 ………… 108
高津半造 ……………… 108
香郵龍助*
　→早川佐七 ………… 219

公孫樹*
　→大信田落花 ………… 50
幸田成友
　→太田臨一郎 ………… 53
河野一平 ……………… 108
河野寛治 ……………… 108
河野常吉 ……………… 109
河野不二 ……………… 109
河本一阿 ……………… 109
河本一夫 ……………… 109
河本侗居*
　→河本一阿 ………… 109
古賀侗庵
　→清水彦介 ………… 139
古賀篤介
　→野口寧斎 ………… 211
粉川忠 ………………… 110
粉川哲夫
　→粉川忠 …………… 110
国分剛二 ……………… 110
小河内芳子 …………… 110
　→大山利 ……………… 57
　→柏原堯 ……………… 77
　→野瀬里久子 ……… 212
小島軍造 ……………… 111
小島惟孝 ……………… 111
越村捨次郎 …………… 111
児玉源太郎 …………… 111
コックス, ヘンリー・オクタヴィウス
　→Coxe, Henry
　　Octavius …………… 305
小寺謙吉 ……………… 112
後藤純郎 ……………… 112
後藤総一郎 …………… 112
五藤正形 ……………… 112
琴陵光熙 ……………… 112
コトグリーヴ, アルフレッド
　→Brown, James Duff … 303
ゴードン, エリザベス・アンナ
　→Gordon, Elizabeth
　　Anna ………………… 311
小西平兵衛 …………… 112

人名索引　　　　　　　　　　　　　さの

小林一三 …………………… 113
小林逸翁＊
　→小林一三 ……………… 113
小林吉三郎 ………………… 113
小林堅三 …………………… 113
小林重幸 …………………… 113
小林杖吉 …………………… 113
小林新造 …………………… 114
小林忠雄 …………………… 114
小林藤吉 …………………… 114
小林花子 …………………… 114
小林宏 ……………………… 114
小林胖 ……………………… 115
小牧猛 ……………………… 115
小松正一 …………………… 115
小松原英太郎 ……………… 115
　→村島靖雄 ……………… 264
小見山寿海 ………………… 116
小室重弘 …………………… 116
　→鈴木充美 ……………… 150
小山公英 …………………… 116
小山隆 ……………………… 116
ゴルドン夫人
　→今澤慈海 ………………… 35
　→Gordon, Elizabeth
　　Anna ………………… 311
金光鑑太郎 ………………… 116
　→山県二雄 ……………… 278
近藤清石 …………………… 117
　→宮川臣吉 ……………… 258
近藤小八郎 ………………… 117
近藤駒太郎 ………………… 117
近藤三郎 …………………… 117
近藤重蔵＊
　→近藤正斎 ……………… 117
近藤正斎 …………………… 117
近藤正種 …………………… 118
近藤守重＊
　→近藤正斎 ……………… 117
今野保夫 …………………… 118

【さ】

西園寺公望
　→住友吉左衛門友純 …… 150
斎藤敏 ……………………… 118
西藤寿太郎 ………………… 118
斎藤尚吾 …………………… 119
斎藤昌三
　→大信田落花 ……………… 50
斎藤隆夫 …………………… 119
斎藤毅 ……………………… 119
斎藤春蔵＊
　→二宮春蔵 ……………… 210
齋藤文男 …………………… 119
斎藤茂八 …………………… 120
齋藤勇見彦 ………………… 120
サヴィジ, アーネスト・アルバート
　→Savage, Ernest
　　Albert ……………… 326
佐伯利麿 …………………… 120
酒井悌 ……………………… 120
坂川勝春 …………………… 121
榊田清兵衛 ………………… 121
坂田ハツ …………………… 121
阪谷俊作 …………………… 121
坂西志保 …………………… 122
阪本一郎 …………………… 122
　→武田虎之助 …………… 165
坂本嘉治馬 ………………… 122
坂本主計 …………………… 122
坂本章三 …………………… 123
阪本猷 ……………………… 123
坂本四方太＊
　→阪本四方太 …………… 123
阪本四方太 ………………… 123
坂本龍三 …………………… 123
桜井市作 …………………… 123
桜井菊次郎 ………………… 124
桜井民次郎
　→伊藤新一 ………………… 28

桜井宣隆 …………………… 124
桜井義之 …………………… 124
桜木章 ……………………… 124
笹岡民次郎 ………………… 124
　→秋間球磨 ………………… 7
　→谷口寛一郎 …………… 174
佐々木乾三 ………………… 125
佐々木隆子＊
　→田中隆子 ……………… 171
佐々木敏雄 ………………… 125
佐佐木信綱 ………………… 125
佐々木慶成 ………………… 125
佐々木良太郎 ……………… 125
笹嶋弘夫 …………………… 126
佐治繁一 …………………… 126
貞閑晴 ……………………… 126
貞方弥三郎 ………………… 126
佐竹義継 …………………… 126
貞松修蔵 …………………… 126
　→大河原生二 ……………… 48
佐藤勝雄 …………………… 127
佐藤正吉 …………………… 127
佐藤錠太郎 ………………… 127
佐藤信淵
　→竹川竹斎 ……………… 163
佐藤忠恕 …………………… 127
佐藤仁 ……………………… 128
佐藤眞 ……………………… 128
佐藤政孝 …………………… 128
里内勝治郎 ………………… 128
佐野一夫 …………………… 128
　→石川軍治 ………………… 18
佐野早苗 …………………… 129
佐野捨一 …………………… 129
佐野友三郎 ………………… 129
　→秋岡梧郎 ………………… 6
　→市毛金太郎 ……………… 24
　→武田千代三郎 ………… 164
　→田村盛一 ……………… 176
　→武藤正治 ……………… 261
　→百村敏弥 ……………… 267
佐野友彦 …………………… 130
佐野真 ……………………… 130

345

佐村徹石* → 佐村八郎 …… 130
佐村八郎 …… 130
サヤジラオ 3世, ガイクワッド
　→ Sayajirao Ⅲ, Gaekwad (Gaikwad) …… 326
　→ Borden, William Alanson …… 301
澤壽郎 …… 130
澤利政 …… 131
沢井常四郎 …… 131
沢島正治 …… 131
沢田章* → 桜木章 …… 124
沢田兼吉 …… 131
　→ 武田虎之助 …… 165
澤本孝久 …… 131
沢柳政太郎 …… 131
三城長二 …… 132
三田全信 …… 132
　→ 小川寿一 …… 63
三潮汀人* → 福士百衛 …… 230

【し】

椎名六郎 …… 132
椎野正之 …… 133
シェラ, ジェシー・ホーク
　→ Shera, Jesse Hauk …… 328
塩谷八重* → 土田八重 …… 180
塩野正三 …… 133
塩見悦 …… 133
塩見俊二 …… 133
鹿田古井* → 鹿田静七(2代目) …… 133
鹿田静七(2代目) …… 133
色井秀譲 …… 134
執行徳郎 → 野口寧斎 …… 211

重野安繹 …… 134
　→ 岩崎彌之助 …… 37
　→ 外山正一 …… 190
重久篤太郎 …… 134
重本多喜津 …… 134
志智嘉九郎 …… 134
志智嘉* → 志智嘉九郎 …… 134
品田豊治 …… 135
芝盛雄 …… 135
　→ 吉田邦輔 …… 290
司馬遼太郎 → 渡辺喜一郎 …… 295
柴田定吉 …… 135
澁川驍 …… 136
　→ 新田潤 …… 209
渋沢栄造 …… 136
渋田利右衛門 …… 136
渋谷国忠 …… 136
自邦居士* → 中田邦造 …… 198
島文次郎 …… 137
　→ 秋間球磨 …… 7
島尾敏雄 …… 137
島崎末平 …… 137
　→ 李在郁 …… 293
島田邦平 …… 138
　→ 盛城礼蔵 …… 270
島田春雄 → 鬼塚明治 …… 70
島袋全発 …… 138
島本玄誠 …… 138
清水純一 → 村橋ルチア …… 265
清水正三 …… 138
　→ 森博 …… 269
清水甚三 …… 139
清水末寿 …… 139
清水彦介 …… 139
清水正男 …… 140
清水了 …… 140
志村尚夫 …… 140
示野昇 …… 140

下総皖一 → 水梨弥久 …… 255
霜島新七 …… 140
下村長蔵 …… 140
ジャスト, ルイス・スタンレー
　→ Jast, Louis Stanley …… 314
シャープ, キャサリン
　→ Sharp, Katherine …… 328
ジューエット, チャールズ・コーフィン
　→ Jewett, Charles Coffin …… 315
シュレッティンガー, マルティン
　→ Schrettinger, Martin …… 327
　→ Dziatzko, Karl …… 308
　→ Ebert, Friedrich Adolf …… 308
ショアーズ, ルイス
　→ Shores, Louis …… 328
　→ Schomburg, Arturo Alfonso …… 327
庄司喜蔵* → 庄司浅水 …… 141
庄司浅水 …… 141
東海林太郎 …… 141
荘田平五郎 …… 141
庄野新 …… 141
昭和天皇 → 松本喜一 …… 251
ションバーグ, アーサー・アルフォンソ
　→ Schomburg, Arturo Alfonso …… 327
白石等 …… 141
白崎良弥 …… 142
白瀬長茂 …… 142
白浜篤郎 …… 142
白銀朝則 → 山下信庸 …… 280
城野雄介 …… 142
城間朝教 …… 142
神絢一 …… 143

進昌三
　→河本一夫 ················ 109
神西清 ························· 143
進藤譲 ························· 143
神野清秀 ····················· 143
新見正興
　→森田桂園 ················ 271
新見正路 ····················· 143
新村出 ························· 144
　→山鹿誠之助 ············ 278

【 す 】

末永藤蔵
　→田中稲城 ················ 169
末廣いく子 ················· 144
菅利信 ························· 144
酉水孜郎 ····················· 145
菅原峻 ························· 145
菅原道真 ····················· 145
杉捷夫 ························· 145
杉野文彌 ····················· 146
杉原丈夫 ····················· 146
杉村優 ························· 146
杉森久英 ····················· 146
杉山博 ························· 146
鈴鹿蔵 ························· 147
鈴木伊平 ····················· 147
鈴木英二 ····················· 147
鈴木茄水*
　→鈴木平八郎 ············ 149
鈴木喜久一 ················· 147
鈴木繁次 ····················· 147
鈴木重三 ····················· 148
鈴木善吉 ····················· 148
鈴木大拙 ····················· 148
鈴木剛男 ····················· 148
鈴木忠治郎 ················· 148
鈴木禎次 ····················· 148
鈴木彦次郎 ················· 149
鈴木晧 ························· 149
鈴木平八郎 ················· 149

鈴木賢祐 ····················· 149
鈴木三重吉
　→山田清吉 ················ 281
鈴木充美 ····················· 150
　→小室重弘 ················ 116
鈴木弥吉 ····················· 150
鈴木保太郎 ················· 150
鈴木嘉美 ····················· 150
鈴木隆一 ····················· 150
薄田泣菫
　→鳥文次郎 ················ 137
砂川雄一
　→石橋幸男 ·················· 22
スパッフォード, エインスワース・ランド
　→Spofford, Ainsworth Rand ···················· 329
スミス, リリアン・ヘレナ
　→Smith, Lillian Helena
　································· 329
住友吉左衛門友純 ······· 150
住友春翠*
　→住友吉左衛門友純 ····· 150

【 せ 】

セイヤーズ, ウィリアム・チャールズ・バーウィック
　→Sayers, William Charles Berwick ······ 327
　→Ranganathan, ShiyaliRamamrita ····· 325
関俊治 ························· 151
関直 ···························· 151
関靖 ···························· 151
　→熊原政男 ················ 102
　→関直 ······················· 151
関位太郎 ····················· 151
關口存啓 ····················· 151
関口隆吉 ····················· 152
関塚榮四郎*
　→村木榮四郎 ············ 264
関野真吉 ····················· 152

瀬田貞二
　→渡辺茂男 ················ 296
セーチェーニ, フェレンツ
　→Széchényi, Ferenc ··· 329
瀬林杏子 ····················· 152
千秋季隆 ····················· 153
仙田正雄 ····················· 153

【 そ 】

相馬愛蔵 ····················· 153
相馬文子 ····················· 153
相馬哲平
　→岡田健蔵 ·················· 60
相馬利雄 ····················· 153
曽根俊徳
　→清水彦介 ················ 139
反町茂雄 ····················· 154
ソーンダイク
　→阪本一郎 ················ 122

【 た 】

大黒屋太郎右衛門*
　→今井太郎右衛門 ········ 35
大門潔 ························· 154
平春生 ························· 154
ダウンズ, ロバート・ビンガム
　→Downs, Robert Bingham ··················· 308
　→福田なをみ ············ 231
高井望 ························· 155
高岡熊雄 ····················· 155
高木耕三 ····················· 155
高木重朗 ····················· 155
高木武之助 ················· 155
高倉新一郎 ················· 155
高芝長男 ····················· 156
高島太介 ····················· 156
高島正 ························· 156
高田定吉 ····················· 156

347

高田早苗
 →市島謙吉 …………… 25
高田豊次郎 …………… 156
高橋俊 ………………… 156
高津親義 ……………… 157
高鳥正夫 ……………… 157
 →伊東弥之助 ………… 30
竹貫佳水 ……………… 157
 →今澤慈海 …………… 35
 →中條辰夫 …………… 177
竹貫直次*
 →竹貫佳水 …………… 157
竹貫直人*
 →竹貫佳水 …………… 157
高野岩三郎
 →内藤赳夫 …………… 192
高野正治
 →寺沢智了 …………… 183
高橋円三郎
 →高橋徳太郎 ………… 159
高橋勝次郎 …………… 157
高橋健二
 →杉森久英 …………… 146
高橋好三 ……………… 158
 →太田栄次郎 ………… 51
高橋重臣 ……………… 158
高橋愼一 ……………… 158
高橋宗太郎 …………… 158
高橋泰四郎 …………… 159
高橋徳太郎 …………… 159
高橋俊哉 ……………… 159
高橋虔 ………………… 159
高橋隆超 ……………… 160
高橋禮彌 ……………… 160
高見順
 →新田潤 ……………… 209
高宮秀夫 ……………… 160
高安月郊
 →島文次郎 …………… 137
高柳賢三 ……………… 160
 →中田邦造 …………… 198
瀧川政次郎 …………… 160
滝口吉良 ……………… 161

 →伊藤新一 …………… 28
滝沢馬琴
 →小津久足 …………… 68
田口高吉 ……………… 161
田口慎二 ……………… 161
田口稔 ………………… 161
武井覚太郎 …………… 161
 →原才三郎 …………… 222
武居権内 ……………… 162
武石誠一郎 …………… 162
竹内治 ………………… 162
竹内悳
 →伊藤峻 ……………… 28
竹内善作 ……………… 162
 →高橋隆超 …………… 160
 →種田山頭火 ………… 175
竹内善朔*
 →竹内善作 …………… 162
竹内忠一 ……………… 163
竹内紀吉 ……………… 163
武内義雄 ……………… 163
竹川竹斎 ……………… 163
竹川政胖*
 →竹川竹斎 …………… 163
竹越三男*
 →渋谷国忠 …………… 136
竹下登
 →高橋徳太郎 ………… 159
武田重太郎*
 →武田長兵衛 ………… 164
武田末三郎 …………… 164
竹田平 ………………… 164
武田長兵衛 …………… 164
武田千代三郎 ………… 164
武田虎之助 …………… 165
 →武田八洲満 ………… 165
武田浜三郎*
 →山口浜三郎 ………… 279
武田安之助 …………… 165
武田八洲満 …………… 165
 →武田虎之助 ………… 165
竹之内茂 ……………… 165
竹林熊彦 ……………… 166

 →小野則秋 …………… 71
 →三田全信 …………… 132
 →宮田平三 …………… 260
嵩原安一
 →黒田一之 …………… 106
竹部教雄 ……………… 166
太宰治
 →小野正文 …………… 72
田沢次郎 ……………… 166
田島清 ………………… 167
田島武夫 ……………… 167
田嶋恩 ………………… 167
田添三喜太 …………… 167
多田武彦
 →水梨弥久 …………… 255
多田光 ………………… 168
立見四郎 ……………… 168
伊達順之助
 →伊達良春 …………… 168
伊達友俊 ……………… 168
 →神波武夫 …………… 90
伊達宗城
 →伊達良春 …………… 168
伊達宗陳 ……………… 168
伊達良春 ……………… 168
立上覚三郎 …………… 169
田所糧助 ……………… 169
田中稲城 ……………… 169
 →竹林熊彦 …………… 166
 →手島精一 …………… 182
 →西村竹間 …………… 208
 →松本喜一 …………… 251
 →和田万吉 …………… 294
田中大秀 ……………… 170
田中一貞 ……………… 170
 →国分剛二 …………… 110
 →竹内忠一 …………… 163
 →東野利孝 …………… 225
田中九信 ……………… 170
田中賢造 ……………… 170
田中青山*
 →田中光顕 …………… 172
田中隆子 ……………… 171

→衛藤利夫 ………………… 45
田中敬 …………………… 171
　→毛利宮彦 ………………… 266
田中鐵三 …………………… 171
田中成美 …………………… 172
田中彦安 …………………… 172
田中不二麿 ………………… 172
　→手島精一 ………………… 182
　→畠山義成 ………………… 215
　→目賀田種太郎 …………… 265
田中光顕 …………………… 172
　→川田豊太郎 ……………… 87
田中やなぎ*
　→田中隆子 ………………… 171
田中六郎 …………………… 173
田辺国男 …………………… 173
田辺憲爾 …………………… 173
田辺直之丞
　→手島精一 ………………… 182
棚町尚 ……………………… 173
谷信次 ……………………… 173
谷昌博 ……………………… 174
谷川福次郎 ………………… 174
谷口一学 …………………… 174
谷口寛一郎 ………………… 174
谷口房雄 …………………… 174
谷原公 ……………………… 174
種田山頭火 ………………… 175
種田正一*
　→種田山頭火 ……………… 175
田部井鹿蔵 ………………… 175
玉井藤吉 …………………… 175
玉木利政 …………………… 175
田丸節郎 …………………… 175
田村遂 ……………………… 176
田村盛一 …………………… 176
田屋裕之 …………………… 176
垂水延秀 …………………… 176
團野弘行 …………………… 177

【ち】

チェニー, フランシス・ニール
　→Cheney, Frances Neel …………………… 305
智憬 ………………………… 177
中條辰夫 …………………… 177
千代由利 …………………… 177
長壽吉 ……………………… 177
長連恒 ……………………… 178
蝶夢 ………………………… 178
直庵*
　→出口延佳 ………………… 182

【つ】

ツィアツコ, カール
　→Dziatzko, Karl ………… 308
塚越広士 …………………… 178
塚越芳雄 …………………… 178
塚本昇次
　→和泉真佐子 ……………… 23
津久井安夫 ………………… 178
佃実夫 ……………………… 179
辻新次 ……………………… 179
辻尚邨 ……………………… 179
津田仙 ……………………… 179
津田良成 …………………… 179
土田杏村 …………………… 180
土田八重 …………………… 180
土橋亀之助 ………………… 180
土屋栄亮 …………………… 180
土屋悦郎 …………………… 180
土屋捷司 …………………… 180
土屋滋子
　→石井桃子 ………………… 18
　→村岡花子 ………………… 262
土屋堆 ……………………… 181
筒井福子 …………………… 181
角田順 ……………………… 181

角田柳作 …………………… 181
坪谷水哉*
　→坪谷善四郎 ……………… 181
坪谷善四郎 ………………… 181
津村節子
　→渡辺喜一郎 ……………… 295
津吉伊定
　→加藤六蔵 ………………… 80

【て】

ディキンソン, アサ・ドン
　→Dickinson, Asa Don … 307
ティクナー, ジョージ
　→Ticknor, George ……… 330
　→Everett, Edward ……… 310
ティッコム, メアリー・レミスト
　→Titcomb, Mary Lemist …………………… 330
ディナ, ジョン・コットン
　→Dana, John Cotton … 306
デイントン, フレデリック・シドニー
　→Dainton, Frederick Sydney …………………… 306
出口延佳 …………………… 182
手島右源太
　→手島精一 ………………… 182
手島精一 …………………… 182
　→田中稲城 ………………… 169
　→西村竹間 ………………… 208
手塚正太郎 ………………… 183
手塚英男
　→伊藤紀子 ………………… 29
テダー, ヘンリー・リチャード
　→Tedder, Henry Richard …………………… 330
デューイ, メルヴィル・ルイス・コシュート
　→Dewey, Melville Louis Kossuth ……… 307

てらうち　　　　　　　　　　　人名索引

　→Bowker, Richard
　　Rogers ……………… 301
　→Cutter, Charles
　　Ammi ……………… 305
　→Kroeger, Alice ……… 316
　→Sharp, Katherine …… 328
寺内正毅 ………………… 183
寺沢智了 ………………… 183
　→神波武夫 ……………… 90
　→関野真吉 …………… 152
寺田實 …………………… 183
寺田勇吉 ………………… 184
寺村由比子 ……………… 184
寺本省三郎 ……………… 184
天満隆之輔 ……………… 184

【と】

杜定友 …………………… 184
土井重義 ………………… 185
土居只助 ………………… 185
土井稔子 ………………… 185
東海三郎 ………………… 185
堂前貢 …………………… 185
遠山椿吉 ………………… 186
戸川秋骨
　→山木徳三郎 ………… 278
土岐慶静 ………………… 186
土岐善麿 ………………… 186
　→林靖一 ……………… 220
常盤雄五郎 ……………… 186
徳川家康
　→板坂卜斎 ……………… 24
　→徳川義直 …………… 187
　→林羅山 ……………… 221
徳川圀順 ………………… 
　→叶沢清介 ……………… 82
徳川斉昭
　→小山田与清 …………… 73
徳川秀忠
　→林羅山 ……………… 221
徳川光圀 ………………… 186

徳川義親 ………………… 187
徳川義直 ………………… 187
徳川頼宣
　→板坂卜斎 ……………… 24
徳川頼房
　→徳川光圀 …………… 186
徳川頼倫 ………………… 187
　→齋藤勇見彦 ………… 120
徳永康元 ………………… 187
戸澤信義 ………………… 187
戸嶋貞次郎 ……………… 188
戸田あきら
　→森崎震二 …………… 271
戸田光昭 ………………… 188
戸津高知 ………………… 188
戸塚廉 …………………… 188
戸野周二郎 ……………… 188
外崎覚 …………………… 189
富岡謙蔵
　→島文次郎 …………… 137
富田倫生 ………………… 189
富永牧太 ………………… 189
友野玲子 ………………… 189
友松諦道 ………………… 190
外山正一 ………………… 190
豊沢武 …………………… 190
鳥居省三*
　→鳥居良四郎 ………… 191
鳥居美和子 ……………… 190
鳥居良四郎 ……………… 191
鳥越信 …………………… 191
鳥生芳夫 ………………… 191
ドリル，レオポル・ヴィクトル
　→Delisle, Léopold
　　Victor ……………… 307
トンプソン，エドワード・モウンド卿
　→Thompson, Edward
　　Maunde, Sir ……… 330

【な】

内記稔夫 ………………… 191
内藤湖南
　→島文次郎 …………… 137
　→山鹿誠之助 ………… 278
内藤赳夫 ………………… 192
内藤伝右衛門 …………… 192
永井荷風
　→神代種亮 …………… 108
　→永井久一郎 ………… 192
永井久一郎 ……………… 192
中井左一 ………………… 192
中井浩 …………………… 192
中井正一 ………………… 193
　→金森徳次郎 …………… 82
　→中井浩 ……………… 192
永井道雄 ………………… 193
中出一 …………………… 193
長尾角左衛門 …………… 193
中尾熊太郎
　→中尾堅一郎 ………… 193
中尾堅一郎 ……………… 193
中尾謙吉 ………………… 194
長尾真
　→田屋裕之 …………… 176
仲川明 …………………… 194
中木美智枝 ……………… 194
　→河野不二 …………… 109
長崎源之助 ……………… 194
長澤規矩也 ……………… 195
中島敦
　→中島靖 ……………… 197
中島仰 …………………… 195
中島杏子*
　→中島正文 …………… 196
中島鹿吉 ………………… 195
中島綽軒*
　→中島靖 ……………… 197
永島正一 ………………… 195
長島孝 …………………… 195

350

中島胤男 ……………… 196
中島千恵子*
　→中島智恵子 ………… 196
中島智恵子 ……………… 196
中島睦玄 ………………… 196
中島春之 ………………… 196
中島撫山
　→中島靖 ……………… 197
中島正文 ………………… 196
中島靖 …………………… 197
中島猶次郎
　→鞠谷安太郎 ………… 91
中島猶治郎 ……………… 197
中島陽一郎 ……………… 197
中島吉郎
　→伊東祐穀 …………… 30
永末十四生 ……………… 197
永末十四雄*
　→永末十四生 ………… 197
中曽根都太郎 …………… 198
永田菊四郎 ……………… 198
中田邦造 ………………… 198
　→石川春江 …………… 20
　→石田清一 …………… 21
　→大山利 ……………… 57
　→渋谷国忠 …………… 136
　→反町茂雄 …………… 154
　→堂前貢 ……………… 185
　→マキ・タキマツ …… 244
　→松尾友雄 …………… 248
永田清一 ………………… 199
仲田憙弘 ………………… 199
中津武夫 ………………… 199
中津親義 ………………… 199
中西喜代造 ……………… 200
中西忠敬 ………………… 200
中根粛治 ………………… 200
中根秀雄
　→枝吉勇 ……………… 45
長野球磨*
　→秋間球磨 …………… 7
中橋和之 ………………… 200

中原実
　→北園克衛 …………… 94
永濱薩男 ………………… 200
永峯光名 ………………… 200
中村幸之助
　→田丸節郎 …………… 175
中村治兵衛*
　→中村地平 …………… 201
中村千里 ………………… 201
中村地平 ………………… 201
中村彝
　→藍山秋穂 …………… 75
中村初雄 ………………… 201
中村博男 ………………… 201
中村祐吉 ………………… 201
中村幸雄 ………………… 202
中村洋子 ………………… 202
中森強 …………………… 202
中山正善 ………………… 202
中山諏訪平 ……………… 203
長山辰美 ………………… 203
永山時英 ………………… 203
中山正道 ………………… 203
夏目漱石
　→鈴木禎次 …………… 148
　→森川鉉二 …………… 270
鍋島直大 ………………… 203
鍋島直正
　→久米邦武 …………… 103
浪江虔 …………………… 204
浪江八重子
　→浪江虔 ……………… 204
並河直廣 ………………… 204
並木軍平 ………………… 205
行方沼東
　→山田清吉 …………… 281
滑川道夫 ………………… 205
成田善亮 ………………… 205
成瀬涓 …………………… 205
那波武 …………………… 206
南海集志*
　→西野照太郎 ………… 208
難波作之進 ……………… 206

難波覃庵
　→難波作之進 ………… 206
南原繁 …………………… 206
南部和夫 ………………… 206
南部栄信 ………………… 206

【に】

新島襄
　→湯浅吉郎 …………… 286
ニコルソン, エドワード・ウイリアムズ・バイロン
　→Nicolson, Edward Williams Byron ……… 322
西川馨
　→佐藤仁 ……………… 128
錦織玄三郎 ……………… 207
錦織朔郎*
　→錦織精之進 ………… 207
錦織精之進 ……………… 207
　→菅野退輔 …………… 90
西崎恵 …………………… 207
西田集平 ………………… 207
西田長壽 ………………… 208
西野照太郎 ……………… 208
西村貞
　→西村竹間 …………… 208
西村捨也 ………………… 208
西村精一 ………………… 208
西村碩園*
　→西村天囚 …………… 209
西村竹間 ………………… 208
　→村島靖雄 …………… 264
西村天囚 ………………… 209
　→今井貫一 …………… 34
西村徹
　→黒澤正彦 …………… 106
西村時彦*
　→西村天囚 …………… 209
西村直道 ………………… 209
西村正守 ………………… 209

西村礼蔵*
　→盛城礼蔵 ……………… 270
新田潤 …………………… 209
二宮春蔵 ………………… 210
韮塚一三郎 ……………… 210
丹羽修一 ………………… 210

【ぬ】

橅島善次郎 ……………… 210
布川角左衛門
　→山下信庸 ……………… 280
沼正三
　→倉田卓次 ……………… 104

【ね】

根津嘉一郎 ……………… 211
ネルソン, ジョン・モニンガー
　→Nelson, John
　　Monninger ………… 322
ネレンベルク, コンスタンティン
　→Nörrenberg,
　　Constantin ………… 322

【の】

埜上衞 …………………… 211
野口弌*
　→野口寧斎 ……………… 211
野口一太郎*
　→野口寧斎 ……………… 211
野口周善 ………………… 211
野口寧斎 ………………… 211
野口松陽
　→野口寧斎 ……………… 211
野崎三郎 ………………… 211
野崎広大 ………………… 212

野崎文蔵*
　→仮名垣魯文 …………… 81
野沢清武 ………………… 212
野瀬里久子 ……………… 212
ノーデ, ガブリエル
　→Naudé, Gabriel ……… 321
　→Mazarin, Jules
　　Raymond ………… 318
野波菊太郎 ……………… 212
信田昭二
　→石橋幸男 ……………… 22
野本和子 ………………… 212
野本恭八
　→吉田義近 ……………… 291
野本恭八郎 ……………… 212
乗杉嘉壽 ………………… 213
　→片山信太郎 …………… 78
　→田中稲城 ……………… 169

【は】

拝田顕*
　→拝田真紹 ……………… 213
拝田真紹 ………………… 213
芳賀矢一
　→水野銀治郎 …………… 255
萩原進 …………………… 213
バークベック, ジョージ
　→Birkbeck, George …… 300
橋田友治 ………………… 214
羽柴雄輔
　→国分剛二 ……………… 110
橋本健吉*
　→北園克衛 ……………… 94
橋本耕之介 ……………… 214
橋本正一 ………………… 214
橋本由比子*
　→寺村由比子 …………… 184
荷葉堅正 ………………… 214
葉住利蔵 ………………… 214
長谷川和泉 ……………… 214
長谷川舘一 ……………… 215

長谷川真徹 ……………… 215
長谷川雪江 ……………… 215
畠山源蔵*
　→小野源蔵 ……………… 71
畠山義成 ………………… 215
　→永井久一郎 …………… 192
波多野賢一 ……………… 215
羽田野敬雄 ……………… 216
廿日出逸暁 ……………… 216
　→大岩好昭 ……………… 47
ハッセ, アデレード
　→Hasse, Adelaide …… 313
服部一敏 ………………… 216
服部金太郎 ……………… 217
パトナム, ジョージ・ハーバート
　→Putnam, George
　　Herbert …………… 325
バトラー, ピアース
　→Butler, Pierce ……… 303
花村米三郎 ……………… 217
塙保己一 ………………… 217
　→屋代弘賢 ……………… 274
羽仁五郎 ………………… 217
　→中井正一 ……………… 193
埴岡信夫 ………………… 217
　→木寺清一 ……………… 96
パニッツィ, アントニー卿
　→Panizzi, Anthony
　　(Antonio), Sir …… 323
　→Edwards, Edward … 309
　→Thompson, Edward
　　Maunde, Sir ……… 330
ハーバー
　→田丸節郎 ……………… 175
馬場萬夫
　→小椰精以知 …………… 70
馬場重徳 ………………… 217
浜口儀兵衛 ……………… 218
浜口梧洞*
　→浜口儀兵衛 …………… 218
浜田敬一 ………………… 218
浜田成徳 ………………… 218

| | | |
|---|---|---|
| 浜野修 ……………………… 218 | 半田祐一* | 平野美恵子 ……………… 227 |
| 浜野修三* | →新田潤 ……………… 209 | 平松市蔵 ………………… 227 |
| →浜野修 …………………… 218 | 半田雄二 …………………… 224 | 平山幹次 ………………… 228 |
| 浜野段助 …………………… 218 | | ビリングス，ジョン・ショウ |
| 浜畑栄造 …………………… 219 | 【ひ】 | →Billings, John Show … 299 |
| 浜辺一彦 …………………… 219 | | 廣瀬玄鋠 ………………… 228 |
| 早川香邨* | | 廣瀬利保 ………………… 228 |
| →早川佐七 ………………… 219 | 稗方弘毅 …………………… 224 | 廣瀬誠 …………………… 228 |
| 早川佐七 …………………… 219 | 東田平治 …………………… 224 | 広野貞助 ………………… 228 |
| 早川理三 …………………… 219 | →中田邦造 ……………… 198 | 枇杷篯太郎 ……………… 229 |
| 林檉* | 東田全義 …………………… 224 | |
| →林復斎 …………………… 221 | 東野利孝 …………………… 225 | 【ふ】 |
| 林癸未夫 …………………… 219 | 樋口千代松 ………………… 225 | |
| 林貞夫 | 樋口秀雄 …………………… 225 | フォスケット，ダグラス |
| →林靖一 …………………… 220 | 樋口慶千代 ………………… 225 | →Sayers, William |
| 林靖一 ……………………… 220 | 樋口龍太郎 ………………… 225 | Charles Berwick …… 327 |
| →中田邦造 ……………… 198 | 久枝与三吉 ………………… 226 | 深井人詩 |
| →古野健雄 ……………… 237 | 菱本丈夫 …………………… 226 | →小椰精以知 …………… 70 |
| 林靜治 ……………………… 220 | ビショップ，ウィリアム・ | 深川恒喜 ………………… 229 |
| 林泰輔 ……………………… 220 | ワーナー | 深沢権八 ………………… 229 |
| 林鶴一 ……………………… 220 | →Bishop, William | 深沢名生 ………………… 229 |
| 林通 ………………………… 221 | Warner ……………… 300 | 福岡博 …………………… 229 |
| 林繁三 ……………………… 221 | 弱中* | 福崎峰太郎 ……………… 230 |
| 林復斎 ……………………… 221 | →林復斎 ……………… 221 | 福澤諭吉 ………………… 230 |
| 林勇一 ……………………… 221 | 一柳米来留* | →久保市三郎 …………… 101 |
| 林羅山 ……………………… 221 | →Vories, William | →田中一貞 ……………… 170 |
| 原才三郎 …………………… 222 | Merrell ……………… 331 | →矢田績 ………………… 275 |
| 原進一 ……………………… 222 | ピーネルト，イダ | 福士貞子* |
| 原忠篤 ……………………… 222 | →Hofmann, Walter …… 313 | →堀口貞子 ……………… 241 |
| 原平十郎 …………………… 222 | 兵藤清 | 福士百衛 ………………… 230 |
| 原祐三 ……………………… 222 | →長島孝 ……………… 195 | 福島宏子 ………………… 230 |
| 原田勝 ……………………… 223 | 兵頭賢一 …………………… 226 | 福田啓作 ………………… 231 |
| 原田三千夫 | 平井右平 …………………… 226 | 福田民平 ………………… 231 |
| →大倉邦彦 ……………… 49 | 平沢東貫 …………………… 226 | 福田なをみ ……………… 231 |
| 原田康子 | 平田篤胤 | →村岡花子 ……………… 262 |
| →鳥居良四郎 …………… 191 | →羽田野敬雄 …………… 216 | 福田政治 ………………… 231 |
| 原田隆吉 …………………… 223 | 平田守衛 …………………… 226 | 福村幸次郎 ……………… 231 |
| 春山弟彦 …………………… 223 | 平塚時蔵 | 藤井孝太郎 ……………… 232 |
| 伴蒿蹊 | →今井市右衛門 ………… 34 | 藤井貞和 |
| →田中大秀 ……………… 170 | →渡辺熊四郎 …………… 295 | →藤井貞文 ……………… 232 |
| 伴彰一 ……………………… 223 | 平出喜三郎 ………………… 227 | 藤井貞文 ………………… 232 |
| 坂丈緒 ……………………… 223 | 平野孝 ……………………… 227 | 藤井徳三郎 ……………… 232 |
| 半沢久次郎 ………………… 224 | 平野千恵子 ………………… 227 | |

353

藤井孫次郎 ................ 232
藤尾武吉 .................. 232
藤尾正人
　→桜井宣隆 ............. 124
藤川正信 .................. 232
藤木好三郎 ................ 233
藤沢信 .................... 233
藤沢せい二*
　→藤沢清次 ............. 233
藤沢清次 .................. 233
藤沢青銭子*
　→藤沢清次 ............. 233
藤代清吉 .................. 233
藤田弥太郎 ................ 234
藤田豊 .................... 234
藤田善一 .................. 234
藤野幸雄 .................. 234
藤丸昭 .................... 235
藤村せつ子
　→齋藤文男 ............. 119
藤本重郎 .................. 235
藤山愛一郎
　→藤山雷太 ............. 235
藤山雷太 .................. 235
　→中島睦玄 ............. 196
藤原覚一 .................. 236
藤原猶雪 .................. 236
藤原佐世 .................. 236
藤原冬嗣 .................. 236
藤原頼長 .................. 236
布施辰治
　→大宮長司 ............. 56
淵時智 .................... 236
舟木重彦 .................. 237
船越惣兵衛 ................ 237
舟橋聖一
　→西村直道 ............. 209
麓鶴雄 .................... 237
ブラウン, ジェームズ・ダフ
　→Brown, James Duff ... 303
　→Jast, Louis Stanley .. 314

ブラウン, チャールズ・ハーベイ
　→Brown, Charles Harvey ............. 302
　→Clapp, Verner Warren ............. 305
ブラザートン, ジョセフ
　→Ewart, William ....... 310
ブラッドショー, ヘンリー
　→Bradshaw, Henry ..... 302
　→Blades, William ...... 300
ブラッドフォード, サミュエル・クレメント
　→Bradford, Samuel Clement ............ 302
フランクリン, ベンジャミン
　→Franklin, Benjamin .. 310
ブリス, ヘンリー・イブリン
　→Bliss, Henry Evelyn . 300
ブリュネ, ジャック・シャルル
　→Brunet, Jacques Charles ............ 303
プール, ウィリアム・フレデリック
　→Poole, William Frederick .......... 324
古川修
　→菊岡倶也 .............. 91
古野健雄 .................. 237
　→林靖一 ............... 220
古原雅夫 .................. 237
ブルーム, ヘンリー
　→Preusker, Karl Benjamin ........... 324
古本公作 .................. 238
古谷鵬亮 .................. 238
ブレイズ, ウィリアム
　→Blades, William ...... 300
フレッチャー, ウィリアム
　→Bliss, Henry Evelyn . 300
プロイスカー, カール・ベンヤミン
　→Preusker, Karl Benjamin ........... 324

プロクター, ロバート・ジョージ・コリアー
　→Proctor, Robert George Collier ..... 325
　→Pollard, Alfred William ............ 324
文屋留太郎 ................ 238

【へ】

ヘインズ, ヘレン・エリザベス
　→Haines, Helen Elizabeth ........... 313
ベスターマン, セオドール・デオダトゥス・ナタニエル
　→Besterman, Theodor Deodatus Nathaniel .. 299

【ほ】

ボウカー, リチャード・ロジャース
　→Bowker, Richard Rogers ............. 301
　→Haines, Helen Elizabeth ........... 313
北条実時 .................. 238
北条実泰
　→北条実時 ............. 238
北条治宗 .................. 238
北條正韶 .................. 239
朴奉石 .................... 239
保坂豊治 .................. 239
星健一 .................... 239
保科五無斎*
　→保科百助 ............. 240
保科百助 .................. 240
星野博一 .................. 240
星野弘四 .................. 240
ボストウィック, アーサー
　→Bostwick, Arthur ..... 301
細川隆 .................... 240

細田吉蔵 ……………… 240
細谷重義 ……………… 241
ボーデン, ウィリアム・アランソン
　→Borden, William Alanson ……………… 301
　→Sayajirao Ⅲ, Gaekwad (Gaikwad) ……………… 326
ホーフマン, ヴァルター
　→Hofmann, Walter …… 313
　→Ladewig, Paul ……… 317
洞富雄 ………………… 241
ポラード, アルフレッド・ウィリアム
　→Pollard, Alfred William ……………… 324
堀内庸村 ……………… 241
　→杉森久英 ………… 146
堀口知明 ……………… 241
堀口貞子 ……………… 241
堀込静香 ……………… 242
ホルトロップ, ヨハネス・ウィレム
　→Holtrop, Johannes Willem ……………… 314
ホーレー, フランク
　→柄沢日出雄 ……… 85
本郷房太郎 …………… 242
本庄栄治郎
　→竹林熊彦 ………… 166
本田明 ………………… 242
ボンド, エドワード (ボンド卿)
　→Thompson, Edward Maunde, Sir ………… 330
本間一夫 ……………… 242
本間光丘 ……………… 243
本間光弥
　→白崎良弥 ………… 142

【ま】

毎熊小三治 …………… 243

毎田周治郎 …………… 243
マイラム, カール・ヘースティングス
　→Milam, Carl Hastings …………… 319
前川国男
　→鬼頭梓 …………… 96
前川恒雄
　→有山崧 …………… 12
　→石井敦 …………… 17
　→石橋幸男 ………… 22
　→小田泰正 ………… 68
前島重方 ……………… 243
前田綱紀 ……………… 243
前田徳泰 ……………… 244
前野長発 ……………… 244
前橋伊八郎 …………… 244
真柄要助 ……………… 244
牧太喜松*
　→マキ・タキマツ … 244
マキ・タキマツ ……… 244
牧野英一
　→金森徳次郎 ……… 82
正岡子規
　→歌原恒 …………… 42
　→阪本四方太 ……… 123
正宗敦夫 ……………… 244
マザラン, ジュール・レイモン
　→Mazarin, Jules Raymond ……………… 318
　→Naudé, Gabriel ……… 321
真境名安興 …………… 245
間島弟彦 ……………… 245
真下瀧吉*
　→真下飛泉 ………… 245
真下飛泉 ……………… 245
升井卓彌 ……………… 245
増田七郎 ……………… 245
　→麓鶴雄 …………… 237
増村王子 ……………… 246
　→久米井束 ………… 103
町田三郎 ……………… 246

町田石谷*
　→町田久成 ………… 246
町田久成 ……………… 246
町田練秀 ……………… 246
松井和麿 ……………… 247
松井簡治 ……………… 247
松井矩 ………………… 247
松井正人 ……………… 247
松尾幸治郎 …………… 247
松尾恒雄 ……………… 248
松尾友雄 ……………… 248
　→中田邦造 ………… 198
松尾彌太郎 …………… 248
松尾陽吉 ……………… 248
松岡映丘
　→松岡鼎 …………… 248
松岡鼎 ………………… 248
松岡享子
　→石井桃子 ………… 18
松岡静雄
　→松岡鼎 …………… 248
松岡彰吉 ……………… 249
松岡ハナ子*
　→渡邊ハナ子 ……… 297
松岡調 ………………… 249
松岡林平 ……………… 249
マッカーシー, チャールズ
　→McCarthy, Charles …… 318
マッカリスター, ジョン・ヤング・ウオーカー卿
　→MacAlister, John Young Walker ……… 318
マッコルヴィン, ライオネル・ロイ
　→McColvin, Lionel Roy ……………… 318
松崎鶴雄 ……………… 249
マッザリーニ, ジュリオ*
　→Mazarin, Jules Raymond ……………… 318
マッジ, イサドア・ギルバート
　→Mudge, Isadore Gilbert ……………… 320
松下茂幸 ……………… 249

| | | |
|---|---|---|
| 松田金十郎 …………… 249 | マンフォード, ウィリアム・アーサー | 三橋三吾 …………… 257 |
| 松田茂二 …………… 250 | →Munford, William Arthur …………… 321 | 湊要之助 …………… 257 |
| 松田禎一 …………… 250 | | →北村益 …………… 95 |
| 松田敏足 | 【 み 】 | 南諭造 …………… 257 |
| →廣瀬玄鋹 …………… 228 | | 源実朝 |
| 松田智雄 …………… 250 | 三浦義一 …………… 253 | →三善康信 …………… 260 |
| 松田秀雄 | 三浦信一 …………… 253 | 源頼家 |
| →寺田勇吉 …………… 184 | 三浦新七 …………… 254 | →三善康信 …………… 260 |
| 松平頼寿 …………… 250 | 三浦迪彦 …………… 254 | 源頼朝 |
| 松原廣吉 …………… 250 | 三上清一 …………… 254 | →三善康信 …………… 260 |
| 松前昌広 …………… 250 | 三上孝正 …………… 254 | 美濃部亮吉 |
| 松見半十郎 …………… 251 | 三木涓梛 …………… 254 | →杉捷夫 …………… 145 |
| 松見弘道 …………… 251 | 三木武夫 | →安江良介 …………… 275 |
| 松本喜一 …………… 251 | →永井道雄 …………… 193 | 三原肇 …………… 257 |
| →太田栄次郎 …………… 51 | 三国直準* | 宮川臣吉 …………… 258 |
| →岡田温 …………… 61 | →三国幽眠 …………… 255 | 宮川貞二 …………… 258 |
| →林繁三 …………… 221 | 三国幽眠 …………… 255 | 三宅英慶 …………… 258 |
| 松本茂 …………… 252 | →今井太郎右衛門 …… 35 | 三宅樅台 |
| 松本清張 | →梅辻平格 …………… 43 | →北川弥三松 …… 93 |
| →小梛精以知 …… 70 | 三沢仁 …………… 255 | 三宅千代二 …………… 258 |
| 松谷文吾* | 水沢三代吉 | 三宅米吉 …………… 258 |
| →澤壽郎 …………… 130 | →村島靖雄 …………… 264 | 宮坂逸郎 …………… 259 |
| 松浦清* | 水梨弥久 …………… 255 | 宮坂利助 …………… 259 |
| →松浦静山 …………… 252 | 水野亮 …………… 255 | 宮崎慶一郎 …………… 259 |
| 松浦静山 …………… 252 | 水野銀治郎 …………… 255 | 宮崎康斐 …………… 259 |
| 間宮喜十郎 …………… 252 | 水野成夫 …………… 256 | 宮沢三二 …………… 259 |
| 間宮不二雄 …………… 252 | 水野葉舟 | 宮沢泰輔 …………… 260 |
| →伊藤新一 …………… 28 | →山田清吉 …………… 281 | 宮路重嗣 …………… 260 |
| →佐藤勝雄 …………… 127 | 水平三治 …………… 256 | 宮田平三 …………… 260 |
| →中尾謙吉 …………… 194 | 水町義夫 | 宮武外骨 …………… 260 |
| →村上清造 …………… 263 | →伊東祐穀 …………… 30 | 宮原誠一 |
| →森清 …………… 268 | 溝口歌子 …………… 256 | →谷貝忍 …………… 273 |
| 間山洋八 …………… 253 | 三田村鳶魚 | ミューディ, チャールズ・エドワード |
| 丸山昭二郎 | →小川恭一 …………… 63 | →Mudie, Charles Edward …………… 320 |
| →岸美雪 …………… 92 | 三井大作 …………… 256 | 三善康清 |
| →平野美恵子 …………… 227 | 箕作秋坪 …………… 256 | →三善康信 …………… 260 |
| 円山大迂 | 箕作矩* | 三善康信 …………… 260 |
| →吉田恵三郎 …………… 290 | →箕作秋坪 …………… 256 | ミルカウ, フリッツ |
| 丸山泰通 | 箕作文蔵* | →Dziatzko, Karl …… 308 |
| →衛藤利夫 …………… 45 | →箕作秋坪 …………… 256 | 三輪計雄 …………… 261 |

三輪田元道
　→亀田憲六 ……………… 84
民部久成*
　→町田久成 ……………… 246

## 【む】

ムーア, アン・キャロル
　→Moore, Anne Carroll
　…………………………… 319
椋鳩十* 
　→久保田彦穂 …………… 101
椋梨了我 …………………… 261
武蔵規一郎 ………………… 261
牟田直
　→岡崎賢次 ……………… 59
武藤重勝 …………………… 261
武藤正治 …………………… 261
村尾元長 …………………… 262
村岡はな*
　→村岡花子 ……………… 262
村岡花子 …………………… 262
　→石井桃子 ……………… 18
　→渡辺茂男 ……………… 296
村上昭男 …………………… 262
村上勘兵衛 ………………… 263
　→今井太郎右衛門 ……… 35
　→梅辻平格 ……………… 43
　→三国幽眠 ……………… 255
村上浄清
　→村上勘兵衛 …………… 263
村上清造 …………………… 263
　→米沢元健 ……………… 292
村上忠順 …………………… 263
村上寿世 …………………… 263
村上英 ……………………… 264
村上蓬盧*
　→村上忠順 ……………… 263
村上元信
　→村上勘兵衛 …………… 263
村木榮四郎 ………………… 264
村島喜代
　→村島靖雄 ……………… 264

村島堅
　→村島靖雄 ……………… 264
村島靖雄 …………………… 264
村田九十九 ………………… 264
村橋ルチア ………………… 265
村林彦之 …………………… 265
村松甚蔵 …………………… 265
村松増造
　→村松甚蔵 ……………… 265
村山徳淳
　→森鷗外 ………………… 267
村山実 ……………………… 265

## 【め】

目賀田種太郎 ……………… 265
目黒重真 …………………… 266
メリル, ウィリアム・ステットソン
　→Merrill, William
　　Stetson ……………… 319

## 【も】

毛利高標 …………………… 266
　→市橋長昭 ……………… 26
毛利宮彦 …………………… 266
　→山田正佐 ……………… 281
本居大平
　→羽田野敬雄 …………… 216
本居春庭
　→小津久足 ……………… 68
本居宣長
　→田中大秀 ……………… 170
本橋清 ……………………… 266
本村壽年 …………………… 267
桃木武平 …………………… 267
百村轍弥 …………………… 267
森有礼
　→町田久成 ……………… 246
森鷗外 ……………………… 267

　→神代種亮 ……………… 108
森槐南
　→野口寧斎 ……………… 211
森清 ………………………… 268
　→神波武夫 ……………… 90
　→河野寛治 ……………… 108
　→伊達友俊 ……………… 168
　→間宮不二雄 …………… 252
森耕一 ……………………… 268
森銑三 ……………………… 269
　→小梛精以知 …………… 70
　→国分剛二 ……………… 110
　→村上忠順 ……………… 263
森博 ………………………… 269
　→伊藤峻 ………………… 28
森睦彦 ……………………… 270
森林太郎*
　→森鷗外 ………………… 267
森丘覚平 …………………… 270
森丘信義*
　→森丘覚平 ……………… 270
森川鉉二 …………………… 270
森川隆夫 …………………… 270
盛城礼蔵 …………………… 270
もりさきしんじ*
　→森崎震二 ……………… 271
森崎震二 …………………… 271
　→大山利 ………………… 57
モリソン, G.E.
　→岩崎久彌 ……………… 37
森田岡太郎*
　→森田桂園 ……………… 271
森田桂園 …………………… 271
森田宗治 …………………… 271
森戸辰男 …………………… 271
森永種夫 …………………… 272
森本慶三 …………………… 272
森本謙蔵 …………………… 272
盛本重康 …………………… 272
森本寿一 …………………… 272
守屋壮平
　→加藤六蔵 ……………… 80
守屋恒三郎 ………………… 273

森山慶三郎 ……………… 273
モルレー, デーヴィッド
　→Murray, David ……… 321
モレル, ウージェーヌ
　→Morel, Eugène ……… 320
諸橋轍次 ………………… 273
　→米山寅太郎 …………… 293
モンゴメリ, L.M.
　→村岡花子 ……………… 262

【　や　】

谷貝忍 …………………… 273
八木佐吉 ………………… 274
八木秀次 ………………… 274
柳生四郎 ………………… 274
矢島玄亮 ………………… 274
屋代弘賢 ………………… 274
　→狩谷棭斎 ……………… 85
保井芳太郎 ……………… 275
安江良介 ………………… 275
安田善次郎(2代目) ……… 275
　→川瀬一馬 ……………… 86
安田善次郎(初代)
　→安田善次郎(2代目) … 275
安田善之助*
　→安田善次郎(2代目) … 275
保田徹 …………………… 275
矢田績 …………………… 275
　→田所糧助 ……………… 169
八木兼次 ………………… 276
柳二郎 …………………… 276
柳沢保承 ………………… 276
柳沢保恵 ………………… 276
柳田國男 ………………… 276
　→大藤時彦 ……………… 54
　→中田邦造 ……………… 198
　→松岡鼎 ………………… 248
柳田光之助 ……………… 277
柳原浩夫 ………………… 277
矢野勝太郎 ……………… 277

矢橋亮吉 ………………… 277
　→北川弥三松 …………… 93
山内俊一
　→伊東平蔵 ……………… 29
山岡寛章 ………………… 277
山岡亮一
　→山岡亮三郎 …………… 277
山岡亮三郎 ……………… 277
山鹿誠之助 ……………… 278
山県二雄 ………………… 278
山木徳三郎 ……………… 278
山極花子 ………………… 278
山口精 …………………… 278
山口浜三郎 ……………… 279
山口玲子
　→友野玲子 ……………… 189
山越脩蔵
　→土田杏村 ……………… 180
山崎武雄*
　→澁川驍 ………………… 136
山崎弘泰
　→田中大秀 ……………… 170
山崎義人 ………………… 279
山里澄江 ………………… 279
山下寛次郎 ……………… 279
山下栄 …………………… 279
山下太郎
　→山下隆吉 ……………… 280
山下信庸 ………………… 280
　→岡田温 ………………… 61
山下美代蔵 ……………… 280
山下隆吉 ………………… 280
山田脩蔵 ………………… 281
山田清吉 ………………… 281
山田珠樹 ………………… 281
　→関野真吉 ……………… 152
山田常雄 ………………… 281
山田正佐 ………………… 281
山中樵 …………………… 282
　→村島靖雄 ……………… 264
山中進治 ………………… 282
山中正 …………………… 282

山中弘四*
　→星野弘四 ……………… 240
山根信 …………………… 283
山村修 …………………… 283
山室三良 ………………… 283
山室民子 ………………… 283
山室寿 …………………… 283
山本嘉将 ………………… 283
山本鼎
　→岡崎袈裟男 …………… 58
山本哲生 ………………… 284
山本夏彦
　→菊岡倶也 ……………… 91
山本信男 ………………… 284
山本昇 …………………… 284
山本房吉 ………………… 284
山本萬吉 ………………… 285
山本有三 ………………… 285
　→滑川道夫 ……………… 205
山脇巌亀 ………………… 285
彌吉光長 ………………… 285
　→波多野賢一 …………… 215
　→前島重方 ……………… 243

【　ゆ　】

湯浅吉郎 ………………… 286
　→湯浅治郎 ……………… 286
湯浅治郎 ………………… 286
湯浅半月*
　→湯浅吉郎 ……………… 286
ユーアート, ウィリアム
　→Ewart, William ……… 310
　→Edwards, Edward … 309
　→Munford, William
　　Arthur ………………… 321
結城陸郎 ………………… 287
柚木武夫 ………………… 287

# 人名索引

## 【よ】

楊竜太郎 ..................... 287
横井時重 ..................... 287
横川四十八 ..................... 287
横山孝次郎 ..................... 287
横山隆次郎 ..................... 288
横山武夫 ..................... 288
横山又一郎 ..................... 288
与謝野晶子
　→与謝野麟 ..................... 288
与謝野鉄幹
　→与謝野麟 ..................... 288
与謝野麟 ..................... 288
吉井佳雄 ..................... 288
吉井良顕 ..................... 289
吉岡孝治郎 ..................... 289
吉岡三平 ..................... 289
吉岡龍太郎 ..................... 289
吉川半七 ..................... 289
美添紫気*
　→森川鉉二 ..................... 270
吉田悦蔵 ..................... 290
　→Vories, William Merrell ..................... 331
吉田邦輔 ..................... 290
　→芝盛雄 ..................... 135
吉田恵三郎 ..................... 290
吉田孤羊*
　→吉田徳治 ..................... 291
吉田貞夫 ..................... 290
吉田茂
　→金森徳次郎 ..................... 82
吉田東伍 ..................... 290
吉田徳治 ..................... 291
吉田半迂*
　→吉田恵三郎 ..................... 290
吉田政幸 ..................... 291
吉田義近 ..................... 291
吉武泰水 ..................... 291

吉野作造
　→桜井義之 ..................... 124
吉村証子 ..................... 291
吉村昭
　→渡辺喜一郎 ..................... 295
吉村勝治 ..................... 292
吉村定吉 ..................... 292
米沢元健 ..................... 292
米田幸夫 ..................... 292
米本信吾 ..................... 292
米山寅太郎 ..................... 293

## 【ら】

ラ・フォンテーヌ, アンリ・マリー
　**La Fontaine, Henri Marie** ..................... 317
　→Otlet, Paul Marie Ghislain ..................... 323
ライト, チャールズ・セオドア・ハグバーグ卿
　**Wright, Charles Theodore Hagberg, Sir** ..................... 332
ライプニッツ, ゴットフリート・ヴィルヘルム
　**Leibniz, Gottfried Wilhelm** ..................... 317
　→Ebert, Friedrich Adolf ..................... 308
ラーデヴィッヒ, パウル
　**Ladewig, Paul** ..................... 317
　→Hofmann, Walter ..................... 313
ランガナタン, シヤリ・ラマムリタ
　**Ranganathan, ShiyaliRamamrita** ..................... 325
　→Sayers, William Charles Berwick ..................... 327

## 【り】

李在郁 ..................... 293

　→朴奉石 ..................... 239
李範昇
　→山口精 ..................... 278
リシュリュー
　→Naudé, Gabriel ..................... 321
李家隆介
　→永山時英 ..................... 203
劉国鈞 ..................... 293
リュッケ
　→Cutter, Charles Ammi ..................... 305
了翁禅師 ..................... 293
了翁道覚
　→了翁禅師 ..................... 293

## 【る】

ル・コルビュジエ
　→Otlet, Paul Marie Ghislain ..................... 323

## 【れ】

レッシング, ゴッドホルト
　→Ebert, Friedrich Adolf ..................... 308

## 【わ】

若井勉 ..................... 294
若山甲蔵 ..................... 294
涌井彦太郎 ..................... 294
鷲尾幸一郎 ..................... 294
和田清 ..................... 294
和田為吉
　→和田万吉 ..................... 294
和田万吉 ..................... 294
　→太田為三郎 ..................... 52
　→阪谷俊作 ..................... 121
　→廣瀬玄銀 ..................... 228

渡邊敦 …………………… 295
渡辺霞亭
　→今井貫一 …………… 34
渡辺喜一郎 …………… 295
渡辺熊四郎 …………… 295
　→今井市右衛門 ………… 34
渡辺憲朝 ……………… 296
渡辺孝平
　→渡辺熊四郎 ………… 295
渡辺三治*
　→水平三治 …………… 256
渡辺茂男 ……………… 296
　→大山利 ……………… 57
渡邊鉎太郎
　→渡邊又次郎 ………… 298
渡辺進 ………………… 296
渡辺千太郎 …………… 296
渡辺刀水
　→森銑三 ……………… 269
渡辺徳太郎 …………… 297
渡邊ハナ子 …………… 297
渡辺秀忠 ……………… 297
渡邊正亥 ……………… 297
　→星野博一 …………… 240
　→渡邊ハナ子 ………… 297
渡邊又次郎 …………… 298
　→田添三喜太 ………… 167
度会延佳*
　→出口延佳 …………… 182
和山博重*
　→朴奉石 ……………… 239

# 図書館・団体名索引

1) 収録人名に関わる図書館名，文庫名などを五十音順に排列し，その見出し人名および該当ページを示した。
2) 図書館名に県立，私立などが冒頭にある場合には，後ろに（　）で記した（例：市立名古屋公衆図書館→名古屋公衆図書館（市立），私立米沢図書館→米沢図書館（私立）など）

図書館・団体名索引　　　　　　　　　　　　　　　　　　　あますとか

## 【あ】

アイオワ州立大学図書館
　→Brown, Charles Harvey ………… 302
会津図書館（福島県）
　→大村武一 ………… 57
　→小川謙三 ………… 63
　→田中六郎 ………… 173
愛知県図書館協会
　→倉岡勝彦 ………… 103
　→阪谷俊作 ………… 121
愛知淑徳大学
　→髙橋重臣 ………… 158
　→津田良成 ………… 179
　→藤川正信 ………… 232
愛知図書館協会
　→大島一郎 ………… 50
アイルランド図書館（国立）
　→Wright, Charles Theodore Hagberg, Sir ………… 332
葵文庫（静岡県立）
　→漆畑弥一 ………… 44
　→加藤忠雄 ………… 79
　→貞松修蔵 ………… 126
青空文庫
　→富田倫生 ………… 189
青葉女子短期大学
　→森清 ………… 268
青森簡易図書館（私立）
　→一戸岳逸 ………… 25
　→伊東善五郎 ………… 28
青森県立中央図書館
　→吉岡龍太郎 ………… 289
青森県立図書館
　→伊東善五郎 ………… 28
　→小野正文 ………… 72
　→佐藤勝雄 ………… 127
　→福士百衛 ………… 230
　→間山洋八 ………… 253
　→横山武夫 ………… 288

　→吉岡龍太郎 ………… 289
青森中央短期大学
　→小野正文 ………… 72
青森通俗図書館（私立）
　→一戸岳逸 ………… 25
青森図書館（私立）
　→浦山助太郎 ………… 44
　→三橋三吾 ………… 257
青柳文庫
　→青柳文蔵 ………… 4
　→半沢久次郎 ………… 224
青山学院大学図書館
　→笠木二郎 ………… 75
　→山村修 ………… 283
青山学院図書室
　→喜多村進 ………… 95
青山高校司書（都立）
　→川添キシ ………… 86
明石短期大学
　→大山綱憲 ………… 57
明石図書館
　→毎熊小三治 ………… 243
あがたの森図書館（松本市立）
　→伊藤紀子 ………… 29
秋田鉱山専門学校図書館
　→戸嶋貞次郎 ………… 188
秋田大学附属図書館
　→戸嶋貞次郎 ………… 188
秋田図書館大館分館（県立）
　→武石誠一郎 ………… 162
秋田図書館（県立）
　→小貫山易三 ………… 70
　→片岡謹也 ………… 77
　→加藤忠雄 ………… 79
　→佐野友三郎 ………… 129
　→武田千代三郎 ………… 164
　→武田安之助 ………… 165
　→豊沢武 ………… 190
　→水平三治 ………… 256
　→吉村定吉 ………… 292
秋元文庫
　→秋元春朝 ………… 7

明木村立図書館
　→伊藤新一 ………… 28
　→滝口吉良 ………… 161
浅草簡易図書館（東京市立）
　→奥田啓市 ………… 66
浅草図書館
　→竹内善作 ………… 162
浅草文庫
　→板坂ト斎 ………… 24
浅野図書館（私立）
　→浅野長勲 ………… 9
浅野図書館（広島市立）
　→浅野長勲 ………… 9
　→松井和磨 ………… 247
　→三井大作 ………… 256
麻布図書館
　→秋岡梧郎 ………… 6
　→神谷富蔵 ………… 84
　→北島金次 ………… 93
足利学校
　→上杉憲実 ………… 39
足利図書館（栃木県立）
　→小林宏 ………… 114
アシスタント・ライブラリアン協会
　→Savage, Ernest Albert ………… 326
　→Sayers, William Charles Berwick ………… 327
安曇青年会書籍部
　→相馬愛蔵 ………… 153
アセニアム・クラブ（ロンドン）
　→Tedder, Henry Richard ………… 330
跡見学園図書館
　→大野沢緑郎 ………… 55
アプルトン出版社無料貸出図書館
　→Bostwick, Arthur ………… 301
尼崎市立図書館
　→山下栄 ………… 279
アマースト・カレッジ図書館
　→Dewey, Melville Louis Kossuth ………… 307

363

奄美日米文化会館
　→島尾敏雄 ……………… 137
アメリカ学校図書館協会
　（AASL）
　→Graham, Inez Mae …… 312
アメリカ議会図書館（LC）
　→大佐三四五 ……………… 49
　→坂西志保 ……………… 122
　→仙田正雄 ……………… 153
　→福田なをみ …………… 231
　→山里澄江 ……………… 279
　→Bishop, William
　　Warner ……………… 300
　→Cheney, Frances Neel
　　………………………… 305
　→Clapp, Verner
　　Warren ……………… 305
　→Putnam, George
　　Herbert ……………… 325
　→Shera, Jesse Hauk …… 328
　→Spofford, Ainsworth
　　Rand ………………… 329
アメリカ図書館学校協会
　→Shera, Jesse Hauk …… 328
アメリカ図書館協会（ALA）
　→Billings, John Show … 299
　→Bishop, William
　　Warner ……………… 300
　→Bostwick, Arthur …… 301
　→Brown, Charles
　　Harvey ……………… 302
　→Cutter, Charles
　　Ammi ………………… 305
　→Dana, John Cotton … 306
　→Dewey, Melville
　　Louis Kossuth ……… 307
　→Dickinson, Asa Don … 307
　→Downs, Robert
　　Bingham ……………… 308
　→Evans, Charles ……… 309
　→Gitler, Robert
　　Laurence ……………… 311
　→Graham, Inez Mae …… 312
　→Green, Samuel ……… 312
　→Haines, Helen
　　Elizabeth …………… 313

　→Milam, Carl
　　Hastings ……………… 319
　→Poole, William
　　Frederick …………… 324
　→Putnam, George
　　Herbert ……………… 325
　→Titcomb, Mary
　　Lemist ……………… 330
　→Winsor, Justin ……… 332
アメリカ文化センター
　→渡辺秀忠 ……………… 297
新野図書館（私立）
　→松田茂二 ……………… 250
阿波座図書館（大阪市立）
　→小笹国雄 ……………… 67
　→橋本耕之介 …………… 214
粟津文庫
　→蝶夢 ………………… 178
安城図書館（財）
　→岡田庄太郎 …………… 61

【い】

イェール大学図書館
　→朝河貫一 ……………… 8
医科大学附属図書館協議会
　→渡邊正亥 ……………… 297
池上図書館（大田区立）
　→秋岡梧郎 ……………… 6
　→石橋幸男 ……………… 22
　→伊藤峻 ……………… 28
　→植村秋作 ……………… 39
　→加藤弘 ……………… 80
　→森博 ………………… 269
池田文庫
　→小林一三 …………… 113
池坊華道図書館
　→小川寿一 ……………… 63
諫早図書館（市立）
　→野口寧斎 …………… 211
諫早文庫
　→野口寧斎 …………… 211

射和文庫
　→竹川竹斎 …………… 163
石岡書籍館
　→手塚正太郎 ………… 183
石川県勧業博物館
　→武蔵規一郎 ………… 261
石川県児童会館
　→マキ・タキマツ …… 244
石川県児童研究会
　→マキ・タキマツ …… 244
石川県読書推進協議会
　→真柄要助 …………… 244
石川県図書館協会
　→真柄要助 …………… 244
石川県立図書館
　→市村新 ……………… 26
　→中田邦造 …………… 198
　→並河直廣 …………… 204
　→マキ・タキマツ …… 244
石川県立図書館協議会
　→真柄要助 …………… 244
石川武美記念図書館
　→石川武美 ……………… 19
石坂文庫
　→石坂荘作 ……………… 20
石崎文庫
　→石崎勝造 ……………… 21
石巻尋常高等小学校図書縦
　覧所
　→錦織玄三郎 ………… 207
石巻尋常高等小学校附属書
　籍館
　→錦織玄三郎 ………… 207
石巻図書館（町立）
　→錦織玄三郎 ………… 207
イズリントン区図書館
　→Brown, James Duff … 303
伊勢崎市立図書館（群馬県）
　→橋田友治 …………… 214
　→渡邊敦 ……………… 295
板橋区立図書館
　→北条治宗 …………… 238

伊丹図書館（私立）
　→小林杖吉 ................. 113
市川市立図書館
　→森清 ........................ 268
　→山岡寛章 .................. 277
一誠堂書店
　→神代種亮 .................. 108
　→小椰精以知 ................. 70
伊藤伊商店
　→伊藤伊太郎 ................. 27
伊東市立図書館
　→原平十郎 .................. 222
稲城市立図書館
　→廣瀬利保 .................. 228
井波町立図書館
　→青木万太郎 ................... 3
井上文庫
　→井上角五郎 ................. 32
イノック・プラット・フリー・
ライブラリー
　→Evans, Charles ......... 309
茨城県立図書館
　→内田俊男 ................... 42
　→蔭山秋穂 ................... 75
　→河内義一 ................... 87
　→菊池謙二郎 ................. 91
　→菊池孝 ..................... 92
　→立見四郎 .................. 168
　→長山辰美 .................. 203
　→藤尾武吉 .................. 232
揖斐川町立図書館
　→内田孫三 ................... 42
イプスウィッチ公共図書館
　→McColvin, Lionel
　　 Roy ..................... 318
今宮図書館（大阪市立）
　→小笹国雄 ................... 67
　→橋本耕之介 ................ 214
入新井図書館
　→加藤弘 ..................... 80
イリノイ州図書館協会
　→Downs, Robert
　　 Bingham ................ 308

イリノイ大学
　→Sharp, Katherine ...... 328
イリノイ大学図書館
　→Downs, Robert
　　 Bingham ................ 308
　→Mudge, Isadore
　　 Gilbert .................. 320
いろは屋（貸本屋）
　→小林新造 .................. 114
いわき明星大学
　→原田隆吉 .................. 223
岩国図書館（町立）
　→森本寿一 .................. 272
岩瀬文庫（私立）
　→岩瀬弥助 ................... 37
岩手県立図書館
　→菅野義之助 ................. 89
　→笹嶋弘夫 .................. 126
　→鈴木彦次郎 ................ 149
　→吉田徳治 .................. 291
岩手大学附属図書館
　→紀正之 ..................... 96
　→鈴木嘉美 .................. 150
インディアナ州公共図書館
　→Milam, Carl
　　 Hastings ................ 319
インディアナポリス公共図書館
　→Evans, Charles ......... 309
インド図書館協会
　→Ranganathan,
　　 Shiyali
　　 Ramamrita ............. 325

【う】

ヴァンダービルト大学図書館
　→Cheney, Frances Neel
　　 ........................... 305
ウィガン公共図書館
　→McColvin, Lionel
　　 Roy ..................... 318

ウィスコンシン州立法参考図書館
　→McCarthy, Charles ..... 318
ウェスタン・リザーブ大学図書館
　→Shera, Jesse Hauk ..... 328
ウエストミンスター公共図書館
　→McColvin, Lionel
　　 Roy ..................... 318
上田図書館
　→岡崎袈裟男 ................. 58
上野高校図書館（都立）
　→筒井福子 .................. 181
ウエルカム歴史医療図書館
　→Wellcome, Henry
　　 Solomon, Sir ........... 332
魚津図書館（町立）
　→北條正詔 .................. 239
ヴォルフェンビュッテル大公図書館
　→Ebert, Friedrich
　　 Adolf ................... 308
　→Leibniz, Gottfried
　　 Wilhelm ................ 317
鵜飼文庫
　→鵜飼定吉 ................... 41
氏家文庫
　→氏家晋 ..................... 42
牛込簡易図書館（東京市立）
　→神絢一 .................... 143
牛込図書館
　→奥田勝正 ................... 66
臼杵市立図書館
　→荘田平五郎 ................ 141
臼杵図書館（財）
　→荘田平五郎 ................ 141
ウスター公共図書館
　→Green, Samuel .......... 312
宇都宮大学
　→横山孝次郎 ................ 287
宇部市立図書館
　→粟屋猛雄 ................... 13
　→岩城次郎 ................... 36

浦安市立図書館
　→菅まゆみ ……………… 89
　→竹内紀吉 ……………… 163
浦和高等学校図書館
　→棚町尚 ………………… 173
宇和島市立図書館
　→渡辺喜一郎 …………… 295
雲橋社文庫
　→加藤歩簫 ……………… 80
芸艸会
　→波多野賢一 …………… 215
芸亭
　→石上宅嗣 ……………… 24

## 【え】

英国国際書誌協会（BSIB）
　→Bradford, Samuel
　　Clement ……………… 302
英国図書館（BL）
　→Dainton, Frederick
　　Sydney ………………… 306
英国図書館協会（LA）
　→Austin, Ethel
　　Winifred ……………… 299
　→Blades, William ……… 300
　→Bradshaw, Henry …… 302
　→Garnett, Richard …… 311
　→Jast, Louis Stanley … 314
　→MacAlister, John
　　Young Walker ……… 318
　→McColvin, Lionel
　　Roy …………………… 318
　→Munford, William
　　Arthur ……………… 321
　→Nicolson, Edward
　　Williams Byron ……… 322
　→Savage, Ernest
　　Albert ………………… 326
　→Sayers, William
　　Charles Berwick …… 327
　→Tedder, Henry
　　Richard ……………… 330

　→Urquhart, John
　　Donald ………………… 331
曳尾堂文庫
　→半沢久次郎 …………… 224
エヴァンストン大学図書館
　→山里澄江 ……………… 279
荏川町文庫
　→村林彦之 ……………… 265
江古田ひまわり文庫
　→阿部雪枝 ……………… 10
エディンバラ市図書館
　→Savage, Ernest
　　Albert ………………… 326
江戸川区立図書館
　→野本和子 ……………… 212
荏野文庫
　→田中大秀 ……………… 170
愛媛県立医療技術短期大学図書館
　→松下茂幸 ……………… 249
愛媛県立図書館
　→荻山秀雄 ……………… 65
　→菅菊太郎 ……………… 89
　→白石等 ………………… 141
　→松下茂幸 ……………… 249
　→三宅千代二 …………… 258
　→村上昭男 ……………… 262
愛媛大学
　→椎名六郎 ……………… 132
演劇図書館
　→湯浅吉郎 ……………… 286

## 【お】

王子図書館（東京市立）
　→秋岡梧郎 ……………… 6
　→神谷富蔵 ……………… 84
　→保坂豊治 ……………… 239
王子図書館（都立）
　→北島金次 ……………… 93
奥州大学
　→椎名六郎 ……………… 132

奥州大学図書館
　→鈴木嘉美 ……………… 150
桜圃寺内文庫
　→寺内正毅 ……………… 183
近江兄弟社図書館
　→大橋五男 ……………… 55
　→高橋慶 ………………… 159
　→吉田悦蔵 ……………… 290
　→Vories, William
　　Merrell ………………… 331
淡海図書館
　→片山侃 ………………… 78
青梅図書館（都立）
　→久保七郎 ……………… 101
王立図書館（ハーグ）
　→Holtrop, Johannes
　　Willem ………………… 314
大泉町立図書館
　→土屋挺司 ……………… 180
大分大学図書館
　→清水了 ………………… 140
大分図書館（県立）
　→三浦義一 ……………… 253
　→山室寿 ………………… 283
大垣市立図書館
　→伊藤信 ………………… 30
　→鈴木禎次 ……………… 148
　→高橋宗太郎 …………… 158
　→寺沢智了 ……………… 183
　→中西忠敬 ……………… 200
大垣町教育会図書館
　→吉村勝治 ……………… 292
大蔵省文庫
　→高楢俊 ………………… 156
　→中出一 ………………… 193
大倉精神文化研究所
　→大倉邦彦 ……………… 49
大倉精神文化研究所図書部
　→岡崎賢次 ……………… 59
大倉山文化科学研究所（財）
　→上田辰之助 …………… 40
大阪アメリカ文化センター
　→吉田貞夫 ……………… 290

大阪医科大学図書館
　→戸澤信義 ………… 187
　→藤木好三郎 ……… 233
大阪学芸大学
　→三輪計雄 ………… 261
大阪教育大学
　→三輪計雄 ………… 261
大阪教育大学附属図書館
　→天満隆之輔 ……… 184
　→三輪計雄 ………… 261
大阪経済法科大学図書課
　→鈴鹿蔵 …………… 147
大阪工業大学
　→横井時重 ………… 287
大阪公共図書館協会
　→葛野勉 ……………  81
大阪高等学校図書課
　→城野雄介 ………… 142
大阪高等学校図書館
　→棚町尚 …………… 173
大阪歯科大学図書館
　→拝田真紹 ………… 213
大阪樟蔭女子大学
　→中村祐吉 ………… 201
大阪商科大学図書課
　→山岡亮三郎 ……… 277
大阪商科大学図書係
　→木寺清一 …………  96
大阪商工会議所図書館
　→宮田平三 ………… 260
大阪女子大学
　→竹林熊彦 ………… 166
大阪市立高等学校図書館研究会
　→尾原淳夫 …………  73
大阪市立大学図書館
　→内田孫三 …………  42
大阪市立中央図書館
　→西藤寿太郎 ……… 118
　→森耕一 …………… 268
大阪市立図書館
　→片山信太郎 ………  78
　→国沢照光 ………… 101

　→西藤寿太郎 ……… 118
　→神野清秀 ………… 143
　→田村盛一 ………… 176
　→拝田真紹 ………… 213
　→吉井良顕 ………… 289
大阪大学医学部図書館
　→戸澤信義 ………… 187
大阪大学附属図書館
　→大橋一二 …………  55
大阪大学法学部図書館
　→樋口龍太郎 ……… 225
大阪帝国大学工学部図書館
　→木寺清一 …………  96
大阪帝国大学附属図書館
　→高木耕三 ………… 155
　→田中敬 …………… 171
　→藤木好三郎 ……… 233
　→山下栄 …………… 279
大阪図書館
　→今井貫一 …………  34
　→鹿田静七（2代目）… 133
　→住友吉左衛門友純 … 150
　→藤田弥太郎 ……… 234
大阪図書館協会
　→宮田平三 ………… 260
　→森川隆夫 ………… 270
大阪府学校図書館協議会
　→池田信夫 …………  16
大阪府学校図書館連絡協議会
　→池田信夫 …………  16
大阪府公共図書館協会
　→伊藤峻 ……………  28
大阪府高等学校図書館研究会
　→池田信夫 …………  16
大阪府立国際児童文学館
　→鳥越信 …………… 191
大阪府立大学総合情報センター
　→石井敬三 …………  17
大阪府立図書館
　→石井敬三 …………  17
　→石崎勝造 …………  21
　→今井貫一 …………  34

　→長田富作 …………  67
　→木寺清一 …………  96
　→栗原均 …………… 104
　→佐野早苗 ………… 129
　→鈴木賢祐 ………… 149
　→仙田正雄 ………… 153
　→武内義雄 ………… 163
　→田島清 …………… 167
　→中尾謙吉 ………… 194
　→仲田意弘 ………… 199
　→中西喜代造 ……… 200
　→中村祐吉 ………… 201
　→埴岡信夫 ………… 217
　→藤田弥太郎 ……… 234
　→三輪計雄 ………… 261
　→横井時重 ………… 287
大阪府立図書館天王寺分館
　→南諭造 …………… 257
大阪毎日新聞社図書室
　→毛利宮彦 ………… 266
大里文庫
　→近藤小八郎 ……… 117
大多喜図書館天賞文庫（町立）
　→江沢金五郎 ………  45
大館図書館（北秋田郡立）
　→武石誠一郎 ……… 162
大田図書館
　→加藤弘 ……………  80
大谷大学図書館
　→荷葉堅正 ………… 214
大津市立図書館
　→平田守衛 ………… 226
大橋記念図書館（坂出市立）
　→大橋正行 …………  56
大橋図書館（私立）
　→愛澤豊勝 …………   3
　→伊東平蔵 …………  29
　→大藤時彦 …………  54
　→大橋佐平 …………  56
　→大橋新太郎 ………  56
　→奥田勝正 …………  66
　→小谷誠一 …………  68
　→金城朝永 …………  98

おおはらし　　　　図書館・団体名索引

→竹内善作 ……………… 162
→竹之内茂 ……………… 165
→田中稲城 ……………… 169
→坪谷善四郎 …………… 181
→渡邊ハナ子 …………… 297
大原社会問題研究所
　→大原孫三郎 …………… 56
　→内藤赳夫 …………… 192
　→森川隆夫 …………… 270
　→森戸辰男 …………… 271
大原農業研究所附属図書館
　→大原孫三郎 …………… 56
大森西図書館
　→加藤弘 ……………… 80
大森図書館
　→加藤弘 ……………… 80
大宅資料室（雑草文庫）
　→大宅壮一 ……………… 57
大宅壮一文庫
　→大宅壮一 ……………… 57
大宅文庫（財）
　→大宅壮一 ……………… 57
岡田文庫
　→岡田伊左衛門 ………… 60
岡町図書館
　→伊藤峻 ……………… 28
岡谷図書館（市立）
　→伊藤紀子 ……………… 29
岡山医科大学司書
　→松田金十郎 ………… 249
岡山県中央図書館
　→土居只助 …………… 185
岡山県図書館協会
　→金光鑑太郎 ………… 116
　→土居只助 …………… 185
岡山県立図書館
　→河本一夫 …………… 109
　→武藤正治 …………… 261
岡山市図書館
　→黒﨑義博 …………… 105
岡山市立中央図書館
　→黒﨑義博 …………… 105

岡山市立図書館
　→大河原生二 …………… 48
　→松田金十郎 ………… 249
岡山大学附属図書館
　→佐野捨一 …………… 129
岡山図書館（市立）
　→楠田五郎太 …………… 99
　→貞松修蔵 …………… 126
　→吉岡三平 …………… 289
岡山理科大学図書館
　→佐野捨一 …………… 129
置賜郡図書館（私立）
　→井上豊忠 ……………… 33
沖禎介記念図書館
　→沖荘蔵 ……………… 64
沖縄県立図書館
　→伊波普猷 ……………… 34
　→島袋全発 …………… 138
　→城間朝教 …………… 142
　→真境名安興 ………… 245
沖縄中央図書館
　→城間朝教 …………… 142
御蔵跡図書館（大阪市立）
　→小笹国雄 ……………… 67
　→橋本耕之介 ………… 214
大仏次郎記念館資料室
　→大河原濟 ……………… 48
小津図書館
　→楠瀬洋吉 …………… 100
小樽高等商業学校図書館
　→木田橋喜代慎 ………… 94
小樽図書館（市立）
　→河野常吉 …………… 109
　→田添三喜太 ………… 167
小田原市立図書館
　→石井富之助 …………… 18
小田原町図書館
　→石井富之助 …………… 18
　→松岡彰吉 …………… 249
小田原図書館
　→松岡彰吉 …………… 249
小田原図書館（町立）
　→早川理三 …………… 219

お茶の水女子大学
　→小川剛 ……………… 64
お茶の水図書館
　→石川武美 ……………… 19
尾道市立図書館
　→渋沢栄造 …………… 136
　→高橋勝次郎 ………… 157
　→中井正一 …………… 193
尾道図書館（私立）
　→渋沢栄造 …………… 136
オハマ公共図書館
　→Evans, Charles ……… 309
小浜図書館
　→松見半十郎 ………… 251
御文庫
　→徳川義直 …………… 187
おやこ文庫たんぽぽ
　→斎藤尚吾 …………… 119
恩頼堂文庫
　→猪熊信男 ……………… 33

【か】

海軍教育本部図書掛
　→谷信次 ……………… 173
海軍省文庫
　→庵崎俊雄 ……………… 15
海軍中央文庫
　→菅野退輔 ……………… 90
　→錦織精之進 ………… 207
海軍図書館
　→神代種亮 …………… 108
海軍文庫
　→菅野退輔 ……………… 90
開原簡易図書館
　→岩田實 ……………… 38
海事振興会
　→村山実 …………… 265
開城府立図書館
　→上杉直三郎 …………… 39
海務学院図書館
　→谷川福次郎 ………… 174

368

外務省図書館
　→植村長三郎 …………… 41
花王石鹼（株）
　→南部和夫 …………… 206
科学技術庁調査普及局
　→中井浩 ……………… 192
科学博物館図書館
　→Bradford, Samuel
　　Clement …………… 302
科学読物研究会
　→吉村証子 …………… 291
香川県学校図書館協議会
　→熊野勝祥 …………… 102
香川県教育会図書館
　→加藤増夫 ……………… 80
香川県図書館学会
　→居石正文 ……………… 73
　→熊野勝祥 …………… 102
香川県図書館協会
　→居石正文 ……………… 73
　→椎名六郎 …………… 132
香川県立図書館
　→加藤増夫 ……………… 80
　→椎名六郎 …………… 132
香川大学
　→居石正文 ……………… 73
　→椎名六郎 …………… 132
蝸牛文庫
　→秋元楓湖 ……………… 7
学習院女子短期大学
　→佐野真 ……………… 130
学習院大学図書館
　→佐野真 ……………… 130
　→関野真吉 …………… 152
　→津久井安夫 ………… 178
学習院図書課
　→山田脩蔵 …………… 281
学習院図書館
　→秋場四郎 ……………… 7
　→岩田實 ……………… 38
　→松井簡治 …………… 247
　→山崎義人 …………… 279

学術情報センター
　→猪瀬博 ……………… 33
学術奨励審議会
　→大越謹吾 …………… 49
学術用語分科審議会
　→大越謹吾 …………… 49
角館図書館（秋田県）
　→石黒直豊 …………… 20
　→藤沢清次 …………… 233
鹿児島県立図書館
　→榎薗高雄 …………… 46
　→岡積聖 ……………… 59
　→奥田啓市 …………… 66
　→加治屋哲 …………… 76
　→片山信太郎 ………… 78
　→久保田彦穂 ………… 101
　→本村壽年 …………… 267
鹿児島県立図書館奄美分館
　→島尾敏雄 …………… 137
鹿児島女子短期大学
　→久保田彦穂 ………… 101
　→本村壽年 …………… 267
鹿児島大学図書館
　→黒住武 ……………… 106
鹿児島短期大学
　→蒲池正夫 …………… 83
笠井図書館（吉野町立）
　→笠井強 ……………… 75
笠岡図書館（私立）
　→椋梨了我 …………… 261
柏たんぽぽ文庫
　→斎藤尚吾 …………… 119
家畜衛生試験場図書（農林省）
　→扇元久栄 …………… 47
華中鉄道（株）図書館
　→森清 ………………… 268
華頂女子短期大学図書館
　→伊藤祐昭 …………… 31
学校図書館を考える会・近畿
　→北村幸子 …………… 95
学校図書館協議会
　→椎野正之 …………… 133
　→鳥生芳夫 …………… 191

→松尾彌太郎 ………… 248
学校図書館審議会
　→阪本一郎 …………… 122
学校図書館ブックセンター
　→松尾彌太郎 ………… 248
学校図書館問題研究会
　→宇原郁世 …………… 43
　→森崎震二 …………… 271
かつら文庫
　→石井桃子 …………… 18
　→渡辺茂男 …………… 296
家庭文庫研究会
　→石井桃子 …………… 18
　→村岡花子 …………… 262
カトリック点字図書館
　→和泉真佐子 ………… 23
神奈川県図書館学会
　→團野弘行 …………… 177
神奈川県図書館協会
　→石井富之助 ………… 18
　→宇井儀一 …………… 39
　→上田辰之助 ………… 40
　→大河原濟 …………… 48
　→鹿児島達雄 ………… 75
　→熊原政男 …………… 102
　→霜島新七 …………… 140
　→鈴木大拙 …………… 148
　→鈴木保太郎 ………… 150
　→関靖 ………………… 151
　→竹田平 ……………… 164
　→藤井徳三郎 ………… 232
　→松岡彰吉 …………… 249
神奈川県立図書館
　→宇井儀一 …………… 39
　→大野沢緑郎 ………… 55
　→岡本孝正 …………… 63
　→杏掛伊佐吉 ………… 100
　→山本房吉 …………… 284
神奈川師範学校
　→團野弘行 …………… 177
金沢工業大学図書館
　→酒井悌 ……………… 120

*369*

かなさわこ　　　　　　　　　図書館・団体名索引

金沢高等工業学校図書館
　→小河次吉 ……………… 63
金沢市立図書館
　→小河次吉 ……………… 63
　→毎田周治郎 ………… 243
金沢文庫
　→北条実時 …………… 238
金沢文庫（神奈川県立）
　→大河原濟 …………… 48
　→沓掛伊佐吉 ………… 100
　→熊原政男 …………… 102
　→関靖 ………………… 151
金森和心会クローバー子供図書館（財）
　→金森好子 …………… 81
華南図書館（中関村立）
　→尾中郁太 …………… 69
金山図書館
　→葉住利蔵 …………… 214
華北綜合調査研究所資料処図書館
　→谷口寛一郎 ………… 174
鎌倉市図書館
　→鹿児島達雄 ………… 75
　→澤壽郎 ……………… 130
鎌倉市文学館
　→鹿児島達雄 ………… 75
鎌倉町立図書館
　→間島弟彦 …………… 245
鎌田共済会図書館
　→鎌田勝太郎 ………… 83
蒲田図書館
　→伊藤峻 ……………… 28
上伊那図書館（財）
　→池上勲 ……………… 15
　→小林忠雄 …………… 114
　→武井覚太郎 ………… 161
　→原才三郎 …………… 222
上伊那図書館協会
　→池上勲 ……………… 15
神原第一，第二簡易図書館（私立）
　→岡逸平 ……………… 58

亀岡市立図書館
　→相馬利雄 …………… 153
鴨川町図書館（千葉県）
　→原進一 ……………… 222
加茂町立図書館
　→星野博一 …………… 240
烏山公民館図書部
　→福田政治 …………… 231
樺太庁図書館
　→楠野五郎太 ………… 99
　→塩野正三 …………… 133
カリフォルニア大学図書館
　→Haines, Helen Elizabeth …………… 313
カリフォルニア大学バークレー校
　→Moore, Anne Carroll …………… 319
刈谷図書館
　→森銑三 ……………… 269
カールスルーエ邦立図書館
　→Ladewig, Paul ……… 317
川上村公民館図書部
　→山本昇 ……………… 284
川越市立図書館
　→相原信達 ……………… 3
　→岡村一郎 …………… 62
　→辻尚郱 ……………… 179
川越図書館（埼玉県立）
　→上野茂 ……………… 40
川越図書館（私立）
　→安部立郎 …………… 14
川越図書館（町立）
　→安部立郎 …………… 14
川崎市盲人図書館
　→市橋正晴 …………… 26
川崎大師図書館（私立）
　→板倉太一郎 ………… 24
　→高橋隆超 …………… 160
川崎図書館（神奈川県立）
　→石井敦 ……………… 17
　→大野沢緑郎 ………… 55
川田文庫
　→川田豊太郎 ………… 87

川西機械製作所
　→神波武夫 …………… 90
勧学講院
　→了翁禅師 …………… 293
看護図書館協議会
　→菅利信 ……………… 144
関西大学
　→天野敬太郎 ………… 11
　→戸澤信義 …………… 187
関西大学総合図書館
　→鬼頭梓 ……………… 96
関西大学図書課
　→天野敬太郎 ………… 11
関西大学図書館
　→木寺清一 …………… 96
　→中尾謙吉 …………… 194
　→宮田平三 …………… 260
関西文庫協会
　→秋間球磨 ……………… 7
　→岩内誠一 …………… 38
　→島文次郎 …………… 137
関西学院大学図書館
　→竹林熊彦 …………… 166
　→南諭造 ……………… 257
関西学院図書館
　→中島猶治郎 ………… 197
関東学院高等部図書館
　→飯田英二 …………… 14
関東学院女子短期大学
　→田中隆子 …………… 171
関東学院大学
　→大野沢緑郎 ………… 55
　→鹿児島達雄 ………… 75
広東省図書館管理員養成所
　→杜定友 ……………… 184
勧農学館
　→横山又一郎 ………… 288
官立医科大学附属図書館協会
　→北村清 ……………… 94
　→清川陸男 …………… 98
　→松田金十郎 ………… 249
　→宮路重嗣 …………… 260

甘露寺記念図書館
　→島本玄誠 ……………138

【　き　】

気賀町立図書館長（静岡県）
　→森博 …………………269
菊池書籍館
　→上羽勝衛 ……………40
喜早図書館（財）
　→喜早彦太 ……………93
貴族院庶務課図書係
　→加藤清之助 …………79
貴族院図書室
　→矢野勝太郎 …………277
北九州市立中央図書館
　→永末十四生 …………197
北里記念医学図書館
　→高木武之助 …………155
北津軽郡報徳会図書館
　→菊池幸次郎 …………91
　→長尾角左衛門 ………193
北日本図書館協議会
　→菅野青顔 ……………89
北日本図書館連盟
　→桑原善作 ……………106
北広島市図書館
　→坂本龍三 ……………123
徽典館萬巻楼文庫
　→松前昌広 ……………250
鬼頭梓設計事務所
　→鬼頭梓 ………………96
キハラ
　→木原乾輔 ……………97
木原正三堂
　→木原乾輔 ……………97
鬼原正三堂
　→木原乾輔 ……………97
岐阜簡易図書館
　→北川弥三松 …………93
　→矢橋亮吉 ……………277

岐阜県立図書館
　→清信重 ………………98
岐阜高等農林学校図書館
　→内田孫三 ……………42
岐阜大学図書館
　→山田常雄 ……………281
岐阜大学附属図書館
　→内田孫三 ……………42
　→松見弘道 ……………251
岐阜通俗図書館
　→小木曽旭晃 …………65
　→木村小舟 ……………97
岐阜図書館（県立）
　→武居権内 ……………162
ギャレット聖書研究所
　→Bishop, William
　　Warner ………………300
九州工業大学図書館
　→西村捨也 ……………208
九州産業大学
　→川口鉄男 ……………86
　→菊池租 ………………92
九州大学
　→川口鉄男 ……………86
九州大学附属図書館
　→植村長三郎 …………41
　→西村捨也 ……………208
　→船越惣兵衛 …………237
九州帝国大学附属図書館
　→鈴木賢祐 ……………149
　→竹林熊彦 ……………166
　→田中鐵三 ……………171
　→垂水延秀 ……………176
　→長壽吉 ………………177
　→船越惣兵衛 …………237
九州図書館連合会
　→中津親義 ……………199
教育研修所図書館
　→鳥居美和子 …………190
杏雨書屋
　→武田長兵衛 …………164
　→早川佐七 ……………219

共益貸本社
　→綾井武夫 ……………12
教学錬成所図書室
　→鳥居美和子 …………190
仰高図書館（私立）
　→寺本省三郎 …………184
行政院文物保管委員会（南京国民政府）
　→福崎峰太郎 …………230
共生図書館（私立）
　→野口周善 ……………211
共存同衆文庫
　→小野梓 ………………70
京都外国語大学
　→小野則秋 ……………71
　→庄司浅水 ……………141
京都学園大学図書館
　→相馬利雄 ……………153
京都学芸大学図書館
　→大佐三四五 …………49
　→黒木努 ………………105
行徳中学校（町立）
　→山岡寛章 ……………277
京都産業大学
　→小田泰正 ……………68
京都産業大学附属図書館
　→鈴鹿蔵 ………………147
京都市立美術大学図書館
　→重久篤太郎 …………134
京都精華大学
　→鈴木隆一 ……………150
京都大学
　→天野敬太郎 …………11
　→小倉親雄 ……………66
　→原田勝 ………………223
　→森耕一 ………………268
　→山下栄 ………………279
京都大学アメリカ研究センター図書室
　→谷口寛一郎 …………174
京都大学医学部図書掛
　→古原雅夫 ……………237

きようとた

京都大学経済学部図書室
　→高橋俊哉 ……………… 159
京都大学人文科学研究所図書室
　→鈴木隆一 ……………… 150
京都大学農学部図書掛
　→古原雅夫 ……………… 237
京都大学附属図書館
　→泉井久之助 …………… 23
　→伊藤祐昭 ……………… 31
　→植村長三郎 …………… 41
　→小倉親雄 ……………… 66
　→高橋俊哉 ……………… 159
　→古原雅夫 ……………… 237
京都大学文学部図書室
　→高橋俊哉 ……………… 159
　→谷口寛一郎 …………… 174
京都帝国大学附属図書館
　→秋間球磨 ……………… 7
　→天野敬太郎 …………… 11
　→小川寿一 ……………… 63
　→荻山秀雄 ……………… 65
　→片山信太郎 …………… 78
　→木寺清一 ……………… 96
　→笹岡民次郎 …………… 124
　→佐々木乾三 …………… 125
　→佐竹義継 ……………… 126
　→佐野早苗 ……………… 129
　→三田全信 ……………… 132
　→重久篤太郎 …………… 134
　→島文次郎 ……………… 137
　→新村出 ………………… 144
　→鈴鹿蔵 ………………… 147
　→田口高吉 ……………… 161
　→竹林熊彦 ……………… 166
　→田中鐵三 ……………… 171
　→谷口寛一郎 …………… 174
　→内藤赳夫 ……………… 192
　→水梨弥久 ……………… 255
　→村橋ルチア …………… 265
　→森川隆夫 ……………… 270
　→山鹿誠之助 …………… 278
　→湯浅吉郎 ……………… 286

京都帝国大学法学部図書室
　→水梨弥久 ……………… 255
京都帝国大学法経図書室
　→星野弘四 ……………… 240
京都図書館（府立）
　→松本茂 ………………… 252
郷土の資料委員会事務局
　→叶沢清介 ……………… 82
京都府立医科大学中央図書館
　→赤星軍次郎 …………… 5
京都府立総合資料館
　→西村精一 ……………… 208
　→埜上衞 ………………… 211
京都府立図書館
　→北畠貞顕 ……………… 94
　→相馬利雄 ……………… 153
　→西村精一 ……………… 208
　→埜上衞 ………………… 211
　→浜辺一彦 ……………… 219
　→藤田善一 ……………… 234
　→湯浅吉郎 ……………… 286
京都文化短期大学
　→平田守衞 ……………… 226
京都文教短期大学図書館
　→佐々木乾三 …………… 125
京橋簡易図書館
　→久保七郎 ……………… 101
京橋図書館（東京市立）
　→秋岡梧郎 ……………… 6
　→植田秋作 ……………… 39
　→柏原堯 ………………… 77
　→久保七郎 ……………… 101
　→小河内芳子 …………… 110
　→清水正三 ……………… 138
　→那波武 ………………… 206
　→新田潤 ………………… 209
京橋図書館（都立）
　→保坂豊治 ……………… 239
清浦文庫
　→清浦奎吾 ……………… 98
共立学校観海堂
　→目黒重真 ……………… 266

共立女子大学
　→友野玲子 ……………… 189
共立図書雑誌回読会
　→大宮長司 ……………… 56
桐生高等工業学校図書課
　→大澤羊次郎 …………… 50
桐生市立図書館
　→中曽根都太郎 ………… 198
キール大学図書館
　→Nörrenberg, Constantin …… 322
基隆図書館（基隆市立）
　→石坂荘作 ……………… 20
基隆文庫（私立）
　→石坂荘作 ……………… 20
近畿大学九州短期大学
　→永末十四生 …………… 197
近畿大学短期大学部
　→戸澤信義 ……………… 187
　→埜上衞 ………………… 211
近畿大学図書館
　→田中敬 ………………… 171
　→寺沢智了 ……………… 183
近畿図書館協議会
　→今井貫一 ……………… 34
近畿図書館倶楽部
　→今井貫一 ……………… 34
金蘭短期大学
　→神野清秀 ……………… 143
　→宮田平三 ……………… 260
金陵大学図書館
　→劉国鈞 ………………… 293

【く】

クィーンズ・カレッジ図書館
　→Edwards, Edward …… 309
鵠沼図書館（私立）
　→霜島新七 ……………… 140
釧路図書館（市立）
　→鳥居良四郎 …………… 191

葛生図書館（私立）
　→涌井彦太郎 ……………294
朽木文庫
　→朽木綱泰 ……………100
宮内省図書寮
　→飯田良平 ……………14
　→猪熊信男 ……………33
　→橘井清五郎 ……………95
　→森鷗外 ……………267
　→山崎義人 ……………279
国司図書館
　→国司喜相 ……………101
久能文庫
　→関口隆吉 ……………152
熊谷町立図書館
　→斎藤茂八 ……………120
熊谷図書館（埼玉県立）
　→上野茂 ……………40
　→江袋文男 ……………46
熊谷図書館（私立）
　→斎藤茂八 ……………120
熊本県師範学校図書係
　→貞松修蔵 ……………126
熊本県物産館附属図書室
　→中津親義 ……………199
熊本県立図書館
　→蒲池正夫 ……………83
熊本商科大学
　→吉川尚 ……………96
熊本大学図書館
　→吉川尚 ……………96
熊本図書館（県立）
　→中津親義 ……………199
弘明寺図書館（私立）
　→横山隆次郎 ……………288
クラーケンウェル図書館
　→Brown, James Duff …303
倉敷図書館（岡山県立）
　→土居只助 ……………185
（株）栗原研究室
　→栗原嘉一郎 ……………104
クルップ鉄鋼会社図書会館
　→Ladewig, Paul ………317

呉竹文庫
　→熊田源太郎 ……………102
クロイドン公共図書館
　→Jast, Louis Stanley …314
　→McColvin, Lionel
　　Roy ……………318
　→Savage, Ernest
　　Albert ……………326
　→Sayers, William
　　Charles Berwick …327
黒川文庫
　→黒川春村 ……………105
黒沢商店
　→黒沢貞次郎 ……………106
　→間宮不二雄 ……………252
クローバー子供図書館
　→金森好子 ……………81
軍医総監図書館
　→Billings, John Shaw …299
群馬県議会図書室
　→萩原進 ……………213
群馬県立図書館
　→奥野三郎 ……………66
　→関俊治 ……………151
　→田村遂 ……………176

## 【け】

慶應義塾書館
　→田中一貞 ……………170
　→東野利孝 ……………225
　→平山幹次 ……………228
慶應義塾大学
　→小林胖 ……………115
　→澤本孝久 ……………131
　→清水正三 ……………138
　→津田良成 ……………179
　→中村初雄 ……………201
　→藤川正信 ……………232
　→渡辺茂男 ……………296
　→Cheney, Frances Neel
　　……………305

→Gitler, Robert
　　Laurence ……………311
慶應義塾大学医学部北里記念
医学図書館
　→津田良成 ……………179
慶應義塾大学研究・教育情報
センター
　→奥泉栄三郎 ……………65
　→高島正夫 ……………157
慶應義塾大学図書館学科事務
　→安西郁夫 ……………13
慶應義塾図書館
　→安食高吉 ……………9
　→伊東弥之助 ……………30
　→井上芳郎 ……………33
　→占部百太郎 ……………44
　→太田臨一郎 ……………53
　→柄沢日出雄 ……………85
　→楠山多鶴馬 ……………100
　→神代種亮 ……………108
　→佐々木良太郎 ……………125
　→国分剛二 ……………110
　→高島正夫 ……………157
　→竹内忠一 ……………163
　→伊達良春 ……………168
　→田中一貞 ……………170
　→東田全義 ……………224
　→東野利孝 ……………225
　→山木徳三郎 ……………278
慶應義塾三田情報センター
　→安西郁夫 ……………13
　→東田全義 ……………224
経誼堂
　→河本一阿 ……………109
経済企画庁図書館
　→石井秀雄 ……………18
経済資料協議会
　→川原和子 ……………87
京城帝国大学附属図書館
　→関野真吉 ……………152
　→吉村定吉 ……………292
京城図書館
　→山口精 ……………278

京城図書館（南満洲鉄道（株））
　→林靖一 …………… 220
京城図書館研究会
　→関野真吉 …………… 152
京城府立図書館
　→上杉直三郎 ………… 39
　→姜辰国 ……………… 98
京城文庫
　→山口精 …………… 278
気仙沼図書館
　→広野貞助 ………… 228
気仙沼図書館（町立）
　→菅野青顔 …………… 89
ゲッティンゲン大学図書館
　→Dziatzko, Karl …… 308
ゲーテ記念館
　→粉川忠 …………… 110
幻庵文庫
　→野崎広人 ………… 212
兼葭堂
　→木村兼葭堂 ………… 97
建国図書館
　→田中九信 ………… 170
建設産業図書館（東日本建設業
　保障（株））
　→菊岡倶也 …………… 91
建設文化研究所
　→菊岡倶也 …………… 91
現代マンガ図書館
　→内記稔夫 ………… 191
建築研究所（建設省）
　→菊岡倶也 …………… 91
ケンブリッジ大学図書館
　→Bradshaw, Henry … 302

【こ】

小石川図書館（東京市立）
　→小野相司 …………… 71
　→島田邦平 ………… 138
小岩図書館（都立）
　→清水正三 ………… 138

コヴェントリー公共図書館
　→Savage, Ernest
　　Albert …………… 326
皇學館大学
　→神野清秀 ………… 143
光華女子大学
　→森耕一 …………… 268
工業技術院調整部
　→中井浩 …………… 192
航空技術研究所図書館（第八陸
　軍）
　→渡邊正亥 ………… 297
光慶図書館（徳島県立）
　→岩瀬亀之進 ………… 37
　→岡島幹雄 …………… 59
　→坂本章三 ………… 123
　→多田光 …………… 168
江家文庫
　→大江匡房 …………… 48
麹町図書館
　→青木義雄 …………… 4
向上会図書館（財）
　→谷原公 …………… 174
佼成図書館
　→岩佐貫三 …………… 37
公正図書館（私立）
　→鵜沢忠 ……………… 42
　→浜口儀兵衛 ……… 218
　→山下寛次郎 ……… 279
公正図書館（銚子市）
　→浜口儀兵衛 ……… 218
高知県学校図書館協議会
　→示野昇 …………… 140
高知県立図書館
　→川村源七 …………… 88
　→小牧猛 …………… 115
　→示野昇 …………… 140
　→高芝長男 ………… 156
　→中島鹿吉 ………… 195
　→山脇巌亀 ………… 285
高知工業高等専門学校図書館
　→高芝長男 ………… 156

高知市民図書館
　→渡辺進 …………… 296
交通大学図書館
　→杜定友 …………… 184
江東区立図書館
　→廣瀬利保 ………… 228
皇道図書館
　→並木軍平 ………… 205
江東図書館（都立）
　→半田雄二 ………… 224
講堂文庫
　→石川松太郎 ………… 20
甲南女子大学
　→三輪計雄 ………… 261
甲南女子大学図書館
　→戸澤信義 ………… 187
甲南大学
　→栗原均 …………… 104
紅梅殿
　→菅原道真 ………… 145
興風会図書館（私立）
　→佐藤眞 …………… 128
　→鈴木英二 ………… 147
　→仙田正雄 ………… 153
弘文荘
　→反町茂雄 ………… 154
　→森銑三 …………… 269
神戸高等商業学校図書課
　→佐野早苗 ………… 129
神戸高等商業高校図書館
　→鞠谷安太郎 ………… 91
神戸市外語大学図書館
　→寺沢智了 ………… 183
神戸市須磨藤田松庵文庫
　→水野銀治郎 ……… 255
神戸商業大学図書館
　→南諭造 …………… 257
神戸女学院
　→横川四十八 ……… 287
神戸女学院図書館
　→横川四十八 ……… 287
神戸市立中央図書館
　→鬼頭梓 ……………… 96

神戸市立図書館
　→裏川吉太郎 ……… 43
　→落合重信 ………… 68
　→神波武夫 ………… 90
　→佐治繁一 ………… 126
　→志智嘉九郎 ……… 134
　→伊達友俊 ………… 168
　→田村盛一 ………… 176
　→寺沢智了 ………… 183
　→橋本正一 ………… 214
　→水野銀治郎 ……… 255
　→森清 ……………… 268
　→山下栄 …………… 279
神戸大学経済経営研究所図
　書掛
　→生島芳郎 ………… 15
神戸大学経済経営研究所附属
　経営分析文献センター
　→生島芳郎 ………… 15
神戸大学附属図書館
　→近藤三郎 ………… 117
　→仙田正雄 ………… 153
　→戸澤信義 ………… 187
神戸山手女子短期大学
　→寺沢智了 ………… 183
香木舎文庫
　→松岡調 …………… 249
江北図書館（財）
　→杉野文彌 ………… 146
高野山大学
　→Gordon, Elizabeth
　　Anna …………… 311
郡山市図書館
　→山崎義人 ………… 279
粉川ゲーテ文庫
　→粉川忠 …………… 110
古義堂
　→伊藤東涯 ………… 29
呉郷文庫
　→石原六郎 ………… 23
國學院大學
　→前島重方 ………… 243

國學院大學図書館
　→進藤譲 …………… 143
　→杉山博 …………… 146
　→樋口龍太郎 ……… 225
　→前島重方 ………… 243
國學院大學栃木短期大学
　→彌吉光長 ………… 285
国際医学情報センター（財）
　→藤川正信 ………… 232
　→溝口歌子 ………… 256
国際医療福祉大学図書館
　→菅利信 …………… 144
国際基督教大学図書館
　→菱本丈夫 ………… 226
国際十進分類法協会
　→石原紘 …………… 22
　→谷口房雄 ………… 174
　→八木秀次 ………… 274
国際児童評議会（IBBY）
　→渡辺茂男 ………… 296
国際児童文庫協会
　→末廣いく子 ……… 144
国際児童文庫だんだん文庫
　→末廣いく子 ……… 144
国際書誌協会（IIB）
　→La Fontaine, Henri
　　Marie …………… 317
　→Otlet, Paul Marie
　　Ghislain ………… 323
国際ドキュメンテーション連
　盟（FID）
　→伊藤四十二 ……… 31
　→小林胖 …………… 115
　→Bradford, Samuel
　　Clement ………… 302
国際図書館連盟（IFLA）
　→Bishop, William
　　Warner ………… 300
　→McColvin, Lionel
　　Roy ……………… 318
国際文化会館図書室（財）
　→福田なをみ ……… 231
　→藤野幸雄 ………… 234

国際文化振興会（財）
　→菊池租 …………… 92
　→西村捨也 ………… 208
国際連合図書館
　→Milam, Carl
　　Hastings ………… 319
国士舘大学
　→伊東正勝 ………… 30
　→草野正名 ………… 99
国民精神文化研究所図書館（文
　部省）
　→佐藤忠恕 ………… 127
国民精神文化研究所図書室
　→鳥居美和子 ……… 190
小倉市立記念図書館
　→和田清 …………… 294
国立科学技術貸出図書館
　（NLIST）（ボストン・スパ）
　→Urquhart, John
　　Donald ………… 331
国立教育研究所附属教育図
　書館
　→鳥居美和子 ……… 190
国立近代美術館
　→土屋悦郎 ………… 180
国立公文書館
　→岩倉規夫 ………… 36
国立国会図書館
　→青木実 …………… 4
　→朝倉治彦 ………… 8
　→石川春江 ………… 20
　→石黒宗吉 ………… 20
　→伊藤一夫 ………… 27
　→植村長三郎 ……… 41
　→枝吉勇 …………… 45
　→大内直之 ………… 47
　→大島仁平 ………… 51
　→大西寛 …………… 54
　→岡田温 …………… 61
　→岡部史郎 ………… 62
　→小田泰正 ………… 68
　→鬼塚明治 ………… 70
　→柿沼介 …………… 75
　→笠木二郎 ………… 75

→加藤宗厚 …… 78
→加藤六蔵 …… 80
→金中利和 …… 81
→金森徳次郎 …… 82
→岸美雪 …… 92
→北嶋武彦 …… 93
→北畑静子 …… 94
→倉田卓次 …… 104
→桑原伸介 …… 107
→上里美須丸 …… 108
→小林花子 …… 114
→斎藤毅 …… 119
→酒井悌 …… 120
→阪谷俊作 …… 121
→桜井宣隆 …… 124
→佐藤仁 …… 128
→椎名六郎 …… 132
→品田豊治 …… 135
→芝盛雄 …… 135
→澁川驍 …… 136
→庄野新 …… 141
→酉水孜郎 …… 145
→鈴木重三 …… 148
→鈴木平八郎 …… 149
→高木重朗 …… 155
→高橋泰四郎 …… 159
→高橋徳太郎 …… 159
→田中隆子 …… 171
→田屋裕之 …… 176
→千代由利 …… 177
→角田順 …… 181
→寺村由比子 …… 184
→土井稔以 …… 185
→中井浩 …… 192
→中井正一 …… 193
→中島陽一郎 …… 197
→中村初雄 …… 201
→中森強 …… 202
→西野照太郎 …… 208
→西村正守 …… 209
→長谷川和泉 …… 214
→廿日出逸暁 …… 216
→服部一敏 …… 216
→羽仁五郎 …… 217
→浜野修 …… 218
→坂丈緒 …… 223
→平野美恵子 …… 227
→藤井貞文 …… 232
→藤代清吉 …… 233
→古野健雄 …… 237
→星健一 …… 239
→宮坂逸郎 …… 259
→村木栄四郎 …… 264
→森清 …… 268
→森川鉉二 …… 270
→森崎震二 …… 271
→山下信庸 …… 280
→彌吉光長 …… 285
→吉田邦輔 …… 290

国立情報学研究所
　→猪瀬博 …… 33
国立図書館
　→加藤宗厚 …… 78
　→森清 …… 268
国立図書館（朝鮮）
　→朴奉石 …… 239
　→李在郁 …… 293
国立図書館委員会（NLC）
　→Dainton, Frederick Sydney …… 306
小杉図書館
　→片口安太郎 …… 77
互尊文庫（長岡市立）
　→田口慎二 …… 161
　→野本恭八郎 …… 212
児玉文庫
　→児玉源太郎 …… 111
五反田図書館
　→野瀬里久子 …… 212
呉東図書館協会
　→北條正韶 …… 239
金刀比羅宮図書館
　→琴陵光熈 …… 112
琴平書籍館
　→宮崎康斐 …… 259

子ども図書室
　→石井桃子 …… 18
狛江市立中央図書館
　→石橋幸男 …… 22
駒澤大学
　→秋岡梧郎 …… 6
　→加藤宗厚 …… 78
駒澤大学図書館
　→小川霊道 …… 64
小村侯記念図書館
　→麓鶴雄 …… 237
五明文庫
　→柏木直平 …… 77
五輪堂（有）
　→岡崎賢次 …… 59
五輪堂洋紙店（株）
　→岡崎賢次 …… 59
コロラド州図書館協会
　→Dana, John Cotton …… 306
コロンビア・カレッジ図書館
　→Dewey, Melville Louis Kossuth …… 307
コロンビア大学図書館
　→甲斐美和 …… 74
　→山本信男 …… 284
　→Mudge, Isadore Gilbert …… 320
コロンビア大学図書館学校
　→Mudge, Isadore Gilbert …… 320
　→Williamson, Charles …… 332
コロンビア図書館学校
　→Dewey, Melville Louis Kossuth …… 307
金剛窟図書館
　→石橋百仙 …… 22
金光図書館（私立）
　→金光鑑太郎 …… 116
　→竹部教雄 …… 166
　→山県二雄 …… 278

## 【さ】

最高裁判所図書館
　→西村捨也 ………… 208
再生児童図書館
　→大門潔 …………… 154
　→水野成夫 ………… 256
西大寺図書館
　→出射義夫 ………… 27
埼玉県図書館協会
　→斎藤茂八 ………… 120
　→田口慎二 ………… 161
埼玉県立図書館
　→上野茂 …………… 40
　→江袋文男 ………… 46
　→草野正名 ………… 99
　→田口慎二 ………… 161
　→韮塚一三郎 ……… 210
　→平野孝 …………… 227
埼玉大学
　→草野正名 ………… 99
埼玉図書館
　→玉井藤吉 ………… 175
済美図書館(蛭川村立)
　→縋縋秋三郎 ……… 108
佐伯文庫
　→毛利高標 ………… 266
堺市役所議会図書室
　→田島清 …………… 167
堺市立図書館
　→栗原嘉一郎 ……… 104
　→栗原均 …………… 104
　→田島清 …………… 167
佐賀県立図書館
　→小出憲宗 ………… 107
　→福岡博 …………… 229
沙河口図書館(南満洲鉄道(株))
　→勝家清勝 ………… 78
佐賀図書館(私立)
　→伊東平蔵 ………… 29

　→伊東祐穀 ………… 30
　→鍋島直大 ………… 203
相模女子大学
　→裏田武夫 ………… 44
　→森睦彦 …………… 270
坂本図書館(私立)
　→坂本嘉治馬 ……… 122
阪本龍門文庫(財)
　→阪本猷 …………… 123
作新学院女子短期大学
　→小林宏 …………… 114
　→桜井義之 ………… 124
佐々木研究所がん化学療法情報センター
　→溝口歌子 ………… 256
篠山市立中央図書館
　→本郷房太郎 ……… 242
佐世保図書館(市立)
　→八木兼次 ………… 276
札幌CIE図書館
　→澤本孝久 ………… 131
札幌医科大学附属図書館
　→木田橋喜代慎 …… 94
　→塩野正三 ………… 133
　→三浦迪彦 ………… 254
札幌司典社
　→前野長発 ………… 244
札幌大学女子短期大学部
　→塩野正三 ………… 133
札幌大学図書課
　→塩野正三 ………… 133
札幌農学校図書館
　→柴田定吉 ………… 135
里内文庫図書館(私立)
　→里内勝治郎 ……… 128
讃岐図書館(私立)
　→市原瀧治郎 ……… 26
鯖江市立図書館
　→出雲路康哉 ……… 23
三康図書館
　→永濱薩男 ………… 200
三古会
　→国分剛二 ………… 110

　→森銑三 …………… 269
三哲文庫(市立)
　→上山満之進 ……… 84
山王神社文庫
　→加賀美光章 ……… 74
サンノゼ州立大学図書館
　→Gitler, Robert
　　Laurence ……… 311
サンフランシスコ大学図書館
　→Gitler, Robert
　　Laurence ……… 311

## 【し】

シェフィールド公共図書館
　→Greenwood, Thomas
　　………………… 312
塩竈市図書館
　→山中正 …………… 282
塩見文庫
　→楠瀬洋吉 ………… 100
　→塩見俊二 ………… 133
視覚障害者貸出図書館
　→Austin, Ethel
　　Winifred ……… 299
視覚障害者読書権保障協議会
　→市橋正晴 ………… 26
視覚障害者図書館連盟
　→Austin, Ethel
　　Winifred ……… 299
滋賀県公共図書館協議会
　→西村直道 ………… 209
滋賀県図書館協会
　→里内勝治郎 ……… 128
滋賀県立図書館
　→大橋一二 ………… 55
　→小林重幸 ………… 113
　→中島智恵子 ……… 196
　→平田守衛 ………… 226
　→吉田悦蔵 ………… 290
シカゴ公共図書館
　→Poole, William
　　Frederick ……… 324

しかこたい　　　　　図書館・団体名索引

シカゴ大学大学院図書館学研究科（GLS）
　→Butler, Pierce･･････ 303
　→Carnovsky, Leon ･･････ 304
　→Shera, Jesse Hauk ･････ 328
シカゴ大学図書館
　→奥泉栄三郎 ････････････ 65
　→Shera, Jesse Hauk ･････ 328
シカゴ歴史協会図書館
　→Evans, Charles ･･････ 309
滋賀文教短期大学
　→中島智恵子 ･･････････ 196
鹿田松雲堂
　→鹿田静七（2代目）･･････ 133
　→中尾堅一郎 ･･････････ 193
慈眼協会図書館
　→友松諦道 ････････････ 190
重本文庫（私立）
　→重本多喜津 ･･････････ 134
静岡女子短期大学
　→黒木努 ･･････････････ 105
　→竹田平 ･･････････････ 164
閑谷学校
　→池田光政 ･･････････････ 16
下谷南台図書館
　→竹内善作 ････････････ 162
下谷図書館
　→北条治宗 ････････････ 238
　→宮沢泰輔 ････････････ 260
実践女子大学
　→佐藤政孝 ････････････ 128
　→永田清一 ････････････ 199
　→廿日出逸暁 ･･････････ 216
実践女子大学図書館
　→永田清一 ････････････ 199
実践女子短期大学
　→奥村藤嗣 ･･････････････ 66
児童図書館研究会
　→石井桃子 ･･････････････ 18
　→大山利 ･･････････････ 57
　→菅まゆみ ･･････････････ 89
　→小河内芳子 ･･････････ 110
　→大門潔 ･･････････････ 154

　→友野玲子 ････････････ 189
　→長谷川雪江 ･･････････ 215
　→村岡花子 ････････････ 262
　→渡辺茂男 ････････････ 296
斯道文庫（財）
　→麻生太賀吉 ･･････････････ 10
品川区立図書館
　→伊藤旦正 ･･････････････ 27
　→小河内芳子 ･･････････ 110
品川図書館（区立）
　→野瀬里久子 ･･････････ 212
品川図書館（東京市立）
　→村林彦之 ････････････ 265
品川図書館（六行会経営）
　→村林彦之 ････････････ 265
信濃図書館
　→保科百助 ････････････ 240
不忍文庫
　→屋代弘賢 ････････････ 274
新発田町立図書館
　→高橋禮彌 ････････････ 160
芝富読書指導者養成所
　→堂前貢 ･･････････････ 185
　→堀内庸村 ････････････ 241
渋川浅野記念図書館
　→町田三郎 ････････････ 246
渋川町立図書館
　→田部井鹿蔵 ･･････････ 175
渋田文庫
　→渋田利右衛門 ････････ 136
標茶町図書館
　→鳥居良四郎 ･･････････ 191
司法省官房調査課
　→松岡林平 ････････････ 249
司法省図書館
　→小河次吉 ･･････････････ 63
　→小山公英 ････････････ 116
島根県立図書館
　→太田台之丞 ･･････････････ 51
清水谷図書館（大阪市立）
　→小笹国雄 ･･････････････ 67
　→橋本耕之介 ･･････････ 214

下館市立図書館
　→三上清一 ････････････ 254
下新川郡立図書館
　→森丘覚平 ････････････ 270
下益城郡教育会明治文庫
　→秋岡梧郎 ････････････････ 6
下丸子図書館
　→加藤弘 ･･････････････ 80
下村文庫
　→下村長蔵 ････････････ 140
社会教育研究会
　→乗杉嘉壽 ････････････ 213
社会教育文献資料館
　→間山洋八 ････････････ 253
石神井図書館
　→福島宏子 ････････････ 230
ジャパン・ライブラリー・ビューロー（株）
　→間宮不二雄 ･･････････ 252
上海近代科学図書館
　→鈴木賢祐 ････････････ 149
上海自然科学研究所
　→木寺清一 ･･････････････ 96
　→西村捨也 ････････････ 208
上海事務所（南満洲鉄道（株））
　→西村捨也 ････････････ 208
上海東亜同文書院図書館
　→植野武雄 ･･････････････ 40
上海日本近代科学図書館
　→楠田五郎太 ･･････････････ 99
　→森清 ････････････････ 268
上海復旦大学図書館
　→杜定友 ･･････････････ 184
衆議院図書館
　→久保七郎 ････････････ 101
　→浜野修 ･･････････････ 218
集書院
　→今井太郎右衛門 ･･････ 35
　→福澤諭吉 ････････････ 230
　→三国幽眠 ････････････ 255
　→村上勘兵衛 ･･････････ 263
集書会社
　→今井太郎右衛門 ･･････ 35

378

→梅辻平格 ……………… 43
→三国幽眠 ……………… 255
→村上勘兵衛 …………… 263
修道児童文庫（私立）
　→真下飛泉 …………… 245
周東図書館（町立）
　→山本哲生 …………… 284
十文字学園女子大学
　→志村尚夫 …………… 140
十文字学園女子短期大学
　→津久井安夫 ………… 178
授眼図書館（福野町立）
　→佐々木慶成 ………… 125
淑徳大学
　→土屋栄亮 …………… 180
順天堂大学図書館
　→桑原善作 …………… 106
　→森博 ………………… 269
順天堂大学附属図書館
　→渡邊正亥 …………… 297
彰考館
　→徳川光圀 …………… 186
松筑図書館協会
　→小笠原忠統 ………… 59
城東図書館（大阪市立）
　→小笹国雄 …………… 67
　→田所糧助 …………… 169
　→橋本耕之介 ………… 214
城東図書館（江東区立）
　→中島春之 …………… 196
　→細谷重義 …………… 241
尚美学園大学
　→中森強 ……………… 202
尚美学園短期大学
　→深川恒喜 …………… 229
情報科学技術協会
　→近江晶 ……………… 47
　→南部和夫 …………… 206
情報処理振興事業協会
　→田屋裕之 …………… 176
情報知識学会
　→米田幸夫 …………… 292

昭和女子大学
　→高宮秀夫 …………… 160
ジョージ・ピーボディ大学図書館
　→Gitler, Robert Laurence …… 311
　→Shores, Louis ……… 328
書籍供覧会思斉会
　→村尾元長 …………… 262
書籍縦覧館（山梨）
　→内藤伝右衛門 ……… 192
書籍館
　→市川清流 …………… 24
　→町田久成 …………… 246
書物同好会
　→関野真吉 …………… 152
書物来読貸観所
　→吉川半七 …………… 289
ジョン・クレラー図書館
　→Merrill, William Stetson …… 319
白梅学園短期大学
　→阪谷俊作 …………… 121
私立―
―青森簡易図書館
　→一戸岳逸 …………… 25
　→伊東善五郎 ………… 28
―青森通俗図書館
　→一戸岳逸 …………… 25
―青森図書館
　→浦山助太郎 ………… 44
　→三橋三吾 …………… 257
―浅野図書館
　→三井大作 …………… 256
―伊丹図書館
　→小林杖吉 …………… 113
―岩瀬文庫
　→岩瀬弥助 …………… 37
―大橋図書館
　→伊東平蔵 …………… 29
　→大橋佐平 …………… 56
　→坪谷善四郎 ………… 181
―置賜郡図書館
　→井上豊忠 …………… 33

―尾道図書館
　→渋沢栄造 …………… 136
―笠岡図書館
　→柿梨了我 …………… 74
―神原第一，第二簡易図書館
　→岡逸平 ……………… 58
―川越図書館
　→安部立郎 …………… 14
―川崎大師図書館
　→板倉太一郎 ………… 24
―仰高図書館
　→寺本省三郎 ………… 184
―共生図書館
　→野口周善 …………… 211
―基隆文庫
　→石坂荘作 …………… 20
―鵠沼図書館
　→霜島新七 …………… 140
―葛生図書館
　→涌井彦太郎 ………… 294
―熊谷図書館
　→斎藤茂八 …………… 120
―弘明寺図書館
　→横山隆次郎 ………… 288
―公正図書館
　→山下寛次郎 ………… 279
―金光図書館
　→竹部教雄 …………… 166
―佐賀図書館
　→伊東平蔵 …………… 29
　→鍋島直大 …………… 203
―坂本図書館
　→坂本嘉治馬 ………… 122
―里内文庫図書館
　→里内勝治郎 ………… 128
―讃岐図書館
　→市原瀧治郎 ………… 26
―重本文庫
　→重本多喜津 ………… 134
―修道児童文庫
　→真下飛泉 …………… 245
―太平洋炭礦図書館
　→鳥居良四郎 ………… 191

―高岡図書館
　→村田九十九 ………… 264
―高崎図書館
　→浅井継世 ……………… 8
―高島文庫
　→高島正 ……………… 156
―竹島文庫
　→藤井孝太郎 ………… 232
―竹田文庫
　→黒川文哲 …………… 105
―伊達図書館
　→伊達宗陳 …………… 168
　→兵頭賢一 …………… 226
―鶴岡図書館
　→小沢理吉 …………… 67
―鶴川図書館
　→浪江虔 ……………… 204
―鳥取図書館
　→遠藤董 ……………… 46
―豊浦郡教育会図書館
　→浜野段助 …………… 218
―中井文庫
　→中井左一 …………… 192
―中島図書館
　→中島正文 …………… 196
―中庄図書館
　→平松市蔵 …………… 227
―中津図書館
　→渡辺憲朝 …………… 296
―新野図書館
　→松田茂二 …………… 250
―根占書籍館
　→磯長得三 …………… 23
―函館図書館
　→岡田健蔵 …………… 60
　→平出喜三郎 ………… 227
―姫路図書館
　→岩谷榮太郎 ………… 38
　→關口存啓 …………… 151
　→春山弟彦 …………… 223
―広島図書館
　→岡田俊太郎 ………… 61
　→三井大作 …………… 256

―福岡図書館
　→廣瀬玄鋹 …………… 228
―布佐文庫
　→松岡鼎 ……………… 248
―富士文庫
　→石川軍治 …………… 18
―藤本文庫
　→藤本重郎 …………… 235
―古谷文庫
　→古谷鵬亮 …………… 238
―報恩会図書館
　→宮崎慶一郎 ………… 259
―松江図書館
　→太田台之丞 ………… 51
―三木図書館
　→三木泗楙 …………… 254
―南多摩農村図書館
　→浪江虔 ……………… 204
―都田図書館
　→霜島新七 …………… 140
―明照寺図書室
　→小野山竜心 ………… 72
―向丘図書館
　→町田練秀 …………… 246
―向山文庫
　→難波作之進 ………… 206
―山形図書館
　→渡辺徳太郎 ………… 297
―横浜文庫
　→秋元楓湖 …………… 7
―米沢図書館
　→伊佐早謙 …………… 16
―和歌山図書館
　→沖野岩三郎 ………… 65
私立大学図書館協会
　→天晶寿 ……………… 11
　→大野史朗 …………… 54
　→宮川貞二 …………… 258
私立短期大学図書館協議会
　→鈴木英二 …………… 147
賜蘆文庫
　→新見正路 …………… 143

新京資料室連合会
　→加藤六蔵 …………… 80
新京特別市立図書館
　→楠田五郎太 ………… 99
新京図書館（南満洲鉄道（株））
　→大野沢緑郎 ………… 55
新宮市立図書館
　→浜畑栄造 …………… 219
神宮文庫
　→大久保堅磐 ………… 49
シンシナティ公共図書館
　→Poole, William
　　Frederick ………… 324
信州大学
　→清水正男 …………… 140
信州大学附属図書館
　→飯沼敏 ……………… 15
　→武居権内 …………… 162
　→中村博男 …………… 201
進脩図書館
　→谷口一学 …………… 174
進新文庫
　→鈴木伊平 …………… 147
新聞閲覧所（高松）
　→川崎舎竹郎 ………… 86
新聞雑誌図書縦覧所（和歌山県新宮）
　→大石誠之助 ………… 47
新聞縦覧所
　→藤井孫次郎 ………… 232
新聞縦覧所（鹿児島県知覧）
　→折田兼至 …………… 74
新聞縦覧所（岐阜県）
　→小野小野三 ………… 71
新聞縦覧所（函館）
　→今井市右衛門 ……… 34
　→渡辺熊四郎 ………… 295

【 す 】

杉並区立中央図書館
　→佐藤政孝 …………… 128

杉野文庫
　→杉野文彌 ……………… 146
菅田町立図書館
　→日下部武六 ……………… 99
裾野市立鈴木図書館
　→鈴木忠治郎 …………… 148
裾野町鈴木育英図書館(財)
　→鈴木忠治郎 …………… 148
ストックブリッジ図書館協会
　→Bowker, Richard
　　Rogers ………………… 301
スプリングフィールド市立図
　書館
　→Dana, John Cotton … 306
スミソニアン協会図書館
　→Jewett, Charles
　　Coffin ………………… 315
駿河台大学
　→戸田光昭 ……………… 188
駿河台図書館(東京市立)
　→青木義雄 ………………… 4
　→秋岡梧郎 ………………… 6
　→小谷誠一 ……………… 68
　→神谷富蔵 ……………… 84
　→沓掛伊佐吉 …………… 100
　→鈴木晧 ………………… 149
　→波多野賢一 …………… 215
駿河図書館(沼津市立)
　→岡野喜太郎 …………… 61
駿河文庫
　→林羅山 ………………… 221
諏訪市立図書館
　→中山諏訪平 …………… 203

【せ】

静嘉堂文庫
　→飯田良平 ……………… 14
　→岩崎彌之助 …………… 37
　→重野安繹 ……………… 134
　→諸橋轍次 ……………… 273
　→米山寅太郎 …………… 293

菁莪文庫(宇部市)
　→粟屋猛雄 ……………… 13
成蹊高等学校図書館
　→伊藤粂蔵 ……………… 27
成蹊小学校児童図書館
　→滑川道夫 ……………… 205
青山文庫
　→川田豊太郎 …………… 87
静勝軒文庫
　→太田道灌 ……………… 52
生祥児童文庫
　→岩内誠一 ……………… 38
成城小学校図書館
　→沢柳政太郎 …………… 131
清泉女子大学附属図書館
　→宮坂利助 ……………… 259
西荘文庫
　→小津久足 ……………… 68
西南学院大学司書
　→木村秀明 ……………… 97
青年図書館員聯盟
　→天野敬太郎 …………… 11
　→落合重信 ……………… 68
　→加藤宗厚 ……………… 78
　→神波武夫 ……………… 90
　→鞠谷安太郎 …………… 91
　→木寺清一 ……………… 96
　→城野雄介 …………… 142
　→鈴木賢祐 …………… 149
　→仙田正雄 …………… 153
　→高橋democratic次郎 …………… 157
　→竹林熊彦 …………… 166
　→田村盛一 …………… 176
　→垂水延秀 …………… 176
　→戸澤信義 …………… 187
　→内藤赳夫 …………… 192
　→中尾謙吉 …………… 194
　→間宮不二雄 ………… 252
　→南諭造 ……………… 257
　→村上清造 …………… 263
　→森清 ………………… 268
　→森川隆夫 …………… 270
　→山下栄 ……………… 279

青年図書館員聯盟岡山県支部
　→楠口五郎太 …………… 99
青年図書館員聯盟目録法制定
　委員会
　→堀口貞子 …………… 241
政府刊行物管理部図書館
　→Hasse, Adelaide …… 313
清明文庫
　→橘井清五郎 …………… 95
聖霊女子短期大学附属図書館
　→豊沢武 ……………… 190
積善組合巡回文庫
　→桜井市作 …………… 123
　→林静治 ……………… 220
世田谷図書館(区立)
　→小野相司 …………… 71
セーチェーニ図書館(国立)
　→Széchényi, Ferenc …… 329
せばやし子ども文庫
　→瀬林杏子 …………… 152
全国学校図書館協議会
　→池田信夫 ……………… 16
　→久米井束 …………… 103
　→酒井悌 ……………… 120
　→阪本一郎 …………… 122
　→佐野友彦 …………… 130
　→澤利政 ……………… 131
　→鈴木英二 …………… 147
　→鳥生芳夫 …………… 191
　→松尾彌太郎 ………… 248
　→山本房吉 …………… 284
全国学校図書館担当指導主事
　協議会
　→尾原淳夫 ……………… 73
　→山本房吉 …………… 284
全国公共図書館協議会
　→蒲池正夫 ……………… 83
　→桑原善作 …………… 106
全国高等諸学校図書館協議会
　→安藤勝一郎 …………… 13
　→森本謙蔵 …………… 272
全国国立大学図書館長会議
　→青野伊豫児 …………… 4

せんこくせ　　　　　　　　　　図書館・団体名索引

全国専門高等学校図書館協
　議会
　→鞠谷安太郎 ……………… 91
専修大学
　→伊藤峻 ………………… 28
　→森崎震二 …………… 271
洗足学園大学
　→山本房吉 …………… 284
洗足池図書館
　→加藤弘 ………………… 80
　→森博 ………………… 269
仙台市民図書館
　→黒田一之 …………… 106
　→野本和子 …………… 212
仙台図書館懇話会
　→小林藤吉 …………… 114
仙台文学館
　→井上ひさし …………… 33
セントブライド図書館
　→Blades, William …… 300
セント・ルイス公共図書館
　→Bostwick, Arthur …… 301
　→Kroeger, Alice ……… 316
セント・ルイス公共図書館附
　設図書館学校
　→Bostwick, Arthur …… 301
全日本科学技術団体連合会
　（財）
　→石原紘 ………………… 22
　→武田虎之助 ………… 165
全日本図書館員組合
　→栗原均 ……………… 104
　→浜野修 ……………… 218
　→吉田邦輔 …………… 290
仙北郡立図書館
　→榊田清兵衛 ………… 121
専門図書館協議会
　→石井秀雄 ……………… 18
　→近藤駒太郎 ………… 117
　→酒井悌 ……………… 120
　→宮田平三 …………… 260
戦略諜報局（OSS）
　→Shera, Jesse Hauk … 328

占領地区図書文件接収委員会
　→棚島善次郎 ………… 210
　→福崎峰太郎 ………… 230

【そ】

園田学園女子大学
　→大橋一二 ……………… 55
　→志智嘉九郎 ………… 134
尊経閣文庫
　→前田綱紀 …………… 243

【た】

第一高等学校図書館
　→鈴木弥吉 …………… 150
大英博物館
　→Coxe, Henry
　　Octavius …………… 305
　→Edwards, Edward …… 309
　→Garnett, Richard …… 311
　→Kenyon, Frederic
　　George, Sir ………… 316
　→Panizzi, Anthony
　　（Antonio）, Sir …… 323
　→Pollard, Alfred
　　William ……………… 324
　→Proctor, Robert
　　George Collier ……… 325
　→Thompson, Edward
　　Maunde, Sir ………… 330
大学図書館共同体（JUL）
　→Cheney, Frances Neel
　　……………………… 305
大邱府立図書館
　→歌原恒 ………………… 42
第三高等学校図書課
　→安馬彌一郎 …………… 14
大正大学
　→北嶋武彦 ……………… 93
　→椎野正之 …………… 133
　→服部金太郎 ………… 217

大惣（貸本屋）
　→大野屋惣八 …………… 55
台中州立図書館
　→小林藤吉 …………… 114
大同学院図書館
　→多田光 ……………… 168
大東急記念文庫
　→川瀬一馬 ……………… 86
大東工業（株）
　→田嶋恩 ……………… 167
大東文化大学
　→清水正三 …………… 138
　→渡邊正亥 …………… 297
第七高等学校造士館図書館
　→城野雄介 …………… 142
台南図書館
　→北条治宗 …………… 238
第二高等学校図書係
　→渡邊又次郎 ………… 298
大日本教育会
　→辻新次 ……………… 179
大日本図書館協会
　→有山崧 ………………… 12
　→杉森久英 …………… 146
太平洋炭礦図書館（私立）
　→鳥居良四郎 ………… 191
台北高等商業学校図書館
　→天晶寿 ………………… 11
台北帝国大学附属図書館
　→裏川吉太郎 ………… 43
　→大山綱憲 ……………… 57
　→沢田兼吉 …………… 131
　→武田虎之助 ………… 165
　→星野弘四 …………… 240
太陽会
　→竹内善作 …………… 162
第四高等学校図書館
　→垂水延秀 …………… 176
大連図書館（南満洲鉄道（株））
　→青木実 ………………… 4
　→植野武雄 ……………… 40
　→衛藤利夫 ……………… 45
　→大佐三四五 …………… 49

→大谷武男 ……… 53
　　→柿沼介 ……… 75
　　→田口稔 ……… 161
　　→松崎鶴雄 ……… 249
台湾愛書会
　　→沢田兼吉 ……… 131
　　→武田虎之助 ……… 165
台湾総督府図書館
　　→太田為三郎 ……… 52
　　→小長谷恵吉 ……… 69
　　→谷川福次郎 ……… 174
　　→並河直廣 ……… 204
　　→波多野賢一 ……… 215
　　→山中樵 ……… 282
台湾図書館協会
　　→山中樵 ……… 282
高岡市立図書館
　　→辻尚邨 ……… 179
　　→村田九十九 ……… 264
高岡市立図書館分館
　　→土岐慶静 ……… 186
高岡図書館（私立）
　　→村田九十九 ……… 264
高崎市立図書館
　　→浅井継世 ……… 8
　　→小島軍造 ……… 111
　　→田島武夫 ……… 167
　　→塚越芳雄 ……… 178
高崎図書館（私立）
　　→浅井継世 ……… 8
高田文庫（私立）
　　→高島正 ……… 156
高田市立図書館
　　→安藤恵順 ……… 13
竹貫少年図書館
　　→竹貫佳水 ……… 157
高松市立図書館
　　→居石正文 ……… 73
宝塚温泉内図書室
　　→小林一三 ……… 113
宝塚文芸図書館
　　→神波武夫 ……… 90
　　→小林一三 ……… 113

　　→戸澤信義 ……… 187
田川市図書館
　　→永末十四生 ……… 197
拓殖大学図書館
　　→中村洋子 ……… 202
拓務省図書館
　　→庵崎俊雄 ……… 15
竹島文庫（私立）
　　→藤井孝太郎 ……… 232
竹田図書館（市立）
　　→黒川文哲 ……… 105
竹田文庫（私立）
　　→黒川文哲 ……… 105
武田薬品工業研究本部
　　→伴彰一 ……… 223
竹原書院図書館（町立）
　　→村上英 ……… 264
武生町立図書館
　　→谷口一学 ……… 174
太政官文庫
　　→関直 ……… 151
橘女子大学図書館
　　→谷口寛一郎 ……… 174
立花中学校図書館（今治市立）
　　→白石等 ……… 141
楯岡町立図書館
　　→喜早彦太 ……… 93
伊達図書館（私立）
　　→伊達宗陳 ……… 168
　　→兵頭賢一 ……… 226
館林図書館（町立）
　　→福田啓作 ……… 231
館山市立図書館
　　→川名正義 ……… 87
谷口文庫
　　→谷口一学 ……… 174
玉川学園大学図書館
　　→高井望 ……… 155
多摩市立図書館
　　→伊藤峻 ……… 28
多摩平児童図書館（日野市立）
　　→佐藤仁 ……… 128

玉名図書館（明治記念玉名郡）
　　→中島仰 ……… 195
多摩図書館（都立）
　　→齋藤文男 ……… 119
多和文庫
　　→松岡調 ……… 249

## 【ち】

千草文庫
　　→大江匡房 ……… 48
千葉医科大学附属図書館
　　→北村清 ……… 94
　　→鈴木剛男 ……… 148
千葉経済短期大学部
　　→竹内紀吉 ……… 163
千葉経済短期大学
　　→廿日出逸暁 ……… 216
千葉県図書館協会
　　→鵜沢忠 ……… 42
　　→片岡小五郎 ……… 77
　　→浜口儀兵衛 ……… 218
千葉県図書館協議会
　　→川名正義 ……… 87
千葉県立中央図書館
　　→上里美須丸 ……… 108
　　→竹内紀吉 ……… 163
千葉県立図書館
　　→天晶寿 ……… 11
　　→大岩好昭 ……… 47
　　→片岡小五郎 ……… 77
　　→川名正義 ……… 87
　　→熊代強 ……… 102
　　→竹田平 ……… 164
　　→土屋栄亮 ……… 180
　　→廿日出逸暁 ……… 216
　　→林泰輔 ……… 220
　　→藤代清吉 ……… 233
　　→本橋清 ……… 266
　　→山下寛次郎 ……… 279
　　→山本昇 ……… 284

千葉県立図書館安房分館
　→原進一 ………………… 222
千葉高等園芸学校図書館
　→白浜篤郎 ……………… 142
千葉大学附属図書館
　→土屋悦郎 ……………… 180
　→中村洋子 ……………… 202
　→堀込静香 ……………… 242
遅筆堂文庫
　→井上ひさし ……………… 33
中央カード製作所
　→岡崎賢次 ………………… 59
中央大学図書館
　→愛澤豊勝 ………………… 3
中央図書館長協会
　→中田邦造 ……………… 198
　→松本喜一 ……………… 251
中部女子短期大学
　→植村長三郎 …………… 41
中部図書館学会
　→青山大作 ………………… 5
　→武居権内 ……………… 162
超世館
　→前橋伊八郎 …………… 244
朝鮮総督府鉄道局文書課図
　書室
　→林靖一 ………………… 220
朝鮮総督府鉄道図書館
　→古野健雄 ……………… 237
朝鮮総督府図書館
　→荻山秀雄 ………………… 65
　→小倉親雄 ………………… 66
　→島崎末平 ……………… 137
　→高橋勝次郎 …………… 157
　→藤田豊 ………………… 234
　→朴奉石 ………………… 239
　→李在郁 ………………… 293
朝鮮図書館研究会
　→上杉直三郎 …………… 39
　→姜辰国 ………………… 98
　→関野真吉 ……………… 152
長府図書館（下関市立）
　→浜野段助 ……………… 218

長府図書館（町立）
　→浜野段助 ……………… 218
著作年報社
　→大信田落花 ……………… 50
千代田区立図書館
　→鈴木晧 ………………… 149

【つ】

月島図書館
　→小野相司 ………………… 71
筑波大学
　→原田勝 ………………… 223
　→吉田政幸 ……………… 291
筑波大学中央図書館
　→栗原嘉一郎 …………… 104
津沢町立図書館
　→中島正文 ……………… 196
つはもの文庫
　→山田清吉 ……………… 281
津山基督教図書館
　→森本慶三 ……………… 272
鶴岡市立図書館
　→桑原善作 ……………… 106
鶴岡図書館（私立）
　→小沢理吉 ………………… 67
鶴川図書館（私立）
　→浪江虔 ………………… 204
鶴舞中央図書館（名古屋市）
　→林勇一 ………………… 221
鶴舞図書館
　→青山大作 ………………… 5
鶴見女子大学
　→石井富之助 …………… 18
　→小川剛 …………………… 64
　→杏掛伊佐吉 …………… 100
　→竹田平 ………………… 164
鶴見女子大学図書館
　→小川剛 …………………… 64
鶴見女子短期大学
　→秋岡梧郎 ………………… 6
　→武田虎之助 …………… 165

鶴見大学
　→大野沢緑郎 …………… 55
　→岡田温 ………………… 61
　→佐藤政孝 ……………… 128
　→團野弘行 ……………… 177
　→中村初雄 ……………… 201
　→森睦彦 ………………… 270
鶴見大学短期大学部
　→堀込静香 ……………… 242
鶴見大学図書館
　→中村初雄 ……………… 201

【て】

帝京技術科学大学
　→服部一敏 ……………… 216
帝京大学
　→山里澄江 ……………… 279
帝京平成大学
　→近江晶 …………………… 47
帝国大学図書館
　→田中稲城 ……………… 169
　→和田万吉 ……………… 294
帝国大学附属図書館協議会
　→姉崎正治 ……………… 10
帝国図書館
　→青山大作 ………………… 5
　→朝倉無声 ………………… 8
　→石黒宗吉 ……………… 20
　→井出董 ………………… 26
　→伊藤粂蔵 ……………… 27
　→太田栄次郎 …………… 51
　→大田栄太郎 …………… 51
　→大西寛 ………………… 54
　→岡田温 ………………… 61
　→小川恭一 ……………… 63
　→小田泰正 ……………… 68
　→小長谷恵吉 …………… 69
　→笠木二郎 ……………… 75
　→鹿島則泰 ……………… 76
　→加藤宗厚 ……………… 78
　→河合謙三郎 …………… 85

→吉川尚 ················· 96
→肥塚麒一 ·············· 107
→河野不二 ·············· 109
→小林花子 ·············· 114
→清水甚三 ·············· 139
→高橋好三 ·············· 158
→高橋泰四郎 ··········· 159
→竹田平 ················ 164
→田中稲城 ·············· 169
→長連恒 ················ 178
→土橋亀之助 ··········· 180
→中木美智枝 ··········· 194
→中根粛治 ·············· 200
→西村竹間 ·············· 208
→西村正守 ·············· 209
→二宮春蔵 ·············· 210
→長谷川雪江 ··········· 215
→廿日出逸暁 ··········· 216
→服部金太郎 ··········· 217
→林繁三 ················ 221
→原忠篤 ················ 222
→福村幸次郎 ··········· 231
→藤井貞文 ·············· 232
→藤代清吉 ·············· 233
→舟木重彦 ·············· 237
→文屋留太郎 ··········· 238
→松本喜一 ·············· 251
→村島靖雄 ·············· 264
→森清 ··················· 268
→渡辺千太郎 ··········· 296
→渡邊又次郎 ··········· 298
通信省図書室
　→柳田光之助 ········ 277
帝塚山学院大学
　→西藤寿太郎 ········ 118
帝塚山大学
　→横井時重 ··········· 287
鉄道院文書課図書館
　→中島睦玄 ··········· 196
鉄道図書館
　→林靖一 ·············· 220
鉄嶺図書館
　→東海林太郎 ········ 141

デュッセルドルフ邦立・市立図書館
　→Nörrenberg, Constantin ········· 322
寺島図書館（墨田区立）
　→青木義雄 ················ 4
電機工業専門学校図書館
　→藤田豊 ·············· 234
天賞文庫
　→江沢金五郎 ········· 45
電子ライブラリーコンソーシアム
　→石塚英男 ············· 21
　→安江良介 ··········· 275
天王寺図書館（大阪市立）
　→森耕一 ·············· 268
天理外国語学校図書館
　→中西喜代造 ········ 200
天理大学
　→仙田正雄 ··········· 153
　→高橋重臣 ··········· 158
　→竹林熊彦 ··········· 166
天理図書館
　→仙田正雄 ··········· 153
　→高橋重臣 ··········· 158
　→富永牧太 ··········· 189
　→中山正善 ··········· 202

【と】

ドイツ民衆図書館員連盟
　→Nörrenberg, Constantin ········· 322
ドイツ民衆図書館学校
　→Hofmann, Walter ······ 313
東亜経済調査局
　→大内直之 ············· 47
東亜研究所
　→枝吉勇 ··············· 45
　→上里美須丸 ········ 108
　→吉田邦輔 ··········· 290

ドーヴァー公共図書館
　→Munford, William Arthur ················ 321
東亜同文書院支那研究部
　→福島峰太郎 ········ 230
東亜同文書院大学図書館
　→森崎震二 ··········· 271
東亜同文書院図書館
　→鵜島善次郎 ········ 210
同栄文庫
　→小泉順三 ··········· 107
東奥義塾閲覧所
　→外崎覚 ·············· 189
東海女子短期大学図書館
　→武居権内 ··········· 162
東海大学
　→森陸彦 ·············· 270
東海地区大学図書館協議会
　→武居権内 ··········· 162
桃華坊
　→一条兼良 ············· 25
　→神西清 ·············· 143
東京医科歯科大学附属図書館
　→土田八重 ··········· 180
東京医科大学図書館
　→菅利信 ·············· 144
東京移動図書館（社）
　→亀田憲六 ············· 84
東京外国語学校図書掛
　→稲葉宇作 ············· 32
東京外国語学校図書館
　→中島胤男 ··········· 196
東京外国語大学図書館
　→棚町尚 ·············· 173
東京学芸大学
　→伊藤峻 ················ 28
　→笠木二郎 ············· 75
　→北嶋武彦 ············· 93
　→阪本一郎 ··········· 122
　→武田虎之助 ········ 165
　→深川恒喜 ··········· 229
東京学芸大学附属図書館
　→岩淵泰郎 ············· 38

とうきょう

- →神本光吉 ………… 84
- 東京教育大学
  - →滑川道夫 ………… 205
- 東京経済大学図書館
  - →鬼頭梓 ………… 96
- 東京建鉄(株)
  - →田嶋恩 ………… 167
- 東京工業大学附属図書館
  - →黒住武 ………… 106
  - →田丸節郎 ………… 175
  - →三原肇 ………… 257
  - →山田常雄 ………… 281
- 東京高等工業学校図書館
  - →大越謹吾 ………… 49
  - →三原肇 ………… 257
- 東京高等蚕糸学校図書館
  - →魚落源治 ………… 41
- 東京高等師範学校附属図書館
  - →松井簡治 ………… 247
  - →三宅米吉 ………… 258
- 東京高等商業学校附属図書館
  - →鈴木善吉 ………… 148
- 東京高等農林専門学校図書館
  - →大西伍一 ………… 54
- 東京国立博物館図書室
  - →樋口秀雄 ………… 225
- 東京子ども図書館
  - →石井桃子 ………… 18
  - →大久保乙彦 ………… 49
- 東京慈恵会医科大学図書館
  - →小林胖 ………… 115
- 東京市政調査会
  - →彌吉光長 ………… 285
  - →吉田邦輔 ………… 290
- 東京市政調査会市政専門図書館
  - →田中賢造 ………… 170
- 東京商科大学附属図書館
  - →阿曾福圓 ………… 9
  - →太田為三郎 ………… 52
  - →小長谷恵吉 ………… 69
  - →川﨑操 ………… 86
  - →小林花子 ………… 114

- →小松正一 ………… 115
- →三浦新七 ………… 254
- →宮坂利助 ………… 259
- →山口浜三郎 ………… 279
- →吉田邦輔 ………… 290
- 東京商工会議所図書館
  - →今野保夫 ………… 118
- 東京商工会議所図書室
  - →玉井藤吉 ………… 175
- 東京商船大学附属図書館
  - →谷川福次郎 ………… 174
- 東京女子大学図書館
  - →河野不二 ………… 109
- 東京書籍館
  - →秋間球磨 ………… 7
  - →辻新次 ………… 179
  - →永井久一郎 ………… 192
  - →畠山義成 ………… 215
- 東京私立大学図書館協議会
  - →熊岡敬三 ………… 102
- 東京市立図書館
  - →青山千隈 ………… 5
  - →樋口龍太郎 ………… 225
  - →宮沢泰輔 ………… 260
- 東京成徳短期大学
  - →滑川道夫 ………… 205
- 東京専門学校図書係
  - →石井藤五郎 ………… 17
- 東京専門学校図書館
  - →浮田和民 ………… 42
  - →吉田東伍 ………… 290
- 東京相互書園
  - →亀田憲六 ………… 84
- 東京測器(株)
  - →田嶋恩 ………… 167
- 東京大学
  - →裏田武夫 ………… 44
- 東京大学教養学部図書館
  - →飯田英二 ………… 14
- 東京大学経済学部研究室図書係
  - →太田重弘 ………… 51

- 東京大学総合図書館
  - →清水末寿 ………… 139
  - →友野玲子 ………… 189
- 東京大学農学部図書掛
  - →佐々木敏雄 ………… 125
- 東京大学附属図書館
  - →伊藤四十二 ………… 31
  - →植村長三郎 ………… 41
  - →裏田武夫 ………… 44
  - →岸本英夫 ………… 92
  - →黒住武 ………… 106
  - →志村尚夫 ………… 140
  - →鈴木賢祐 ………… 149
  - →樋口龍太郎 ………… 225
  - →藤田善一 ………… 234
- 東京大学文献情報センター
  - →猪瀬博 ………… 33
- 東京帝国大学工学部図書館
  - →近藤正種 ………… 118
- 東京帝国大学航空研究所図書部
  - →山本萬吉 ………… 285
- 東京帝国大学航空研究所図書室
  - →伊木武雄 ………… 15
- 東京帝国大学土木工学科図書室
  - →花村米三郎 ………… 217
- 東京帝国大学附属図書館
  - →青野伊豫児 ………… 4
  - →姉崎正治 ………… 10
  - →植松安 ………… 40
  - →衛藤利夫 ………… 45
  - →岡野他家夫 ………… 62
  - →小野源蔵 ………… 71
  - →加藤花子 ………… 79
  - →河合博 ………… 85
  - →喜多村進 ………… 95
  - →佐伯利麿 ………… 120
  - →阪谷俊作 ………… 121
  - →阪本四方太 ………… 123
  - →桜木章 ………… 124
  - →澁川驍 ………… 136

→島崎末平 ………… 137
→鈴木繁次 ………… 147
→鈴木賢祐 ………… 149
→関野真吉 ………… 152
→千秋季隆 ………… 153
→髙橋勝次郎 ……… 157
→高柳賢三 ………… 160
→武田虎之助 ……… 165
→田中成美 ………… 172
→寺沢智了 ………… 183
→土井重義 ………… 185
→東海三郎 ………… 185
→徳永康元 ………… 187
→中田邦造 ………… 198
→永峯光名 ………… 200
→長谷川鎰一 ……… 215
→樋口慶千代 ……… 225
→福田なをみ ……… 231
→藤原猶雪 ………… 236
→増田七郎 ………… 245
→水野亮 …………… 255
→森本謙蔵 ………… 272
→柳生四郎 ………… 274
→山極花子 ………… 278
→山田珠樹 ………… 281
→和田万吉 ………… 294

東京帝国大学法学部図書館
　→加藤萬作 ………… 80
　→清水甚三 ………… 139
東京都学校図書館協議会
　→松尾彌太郎 ……… 248
東京都公立図書館員懇話会
　→野瀬里久子 ……… 212
東京都公立図書館参考事務連絡会
　→加藤弘 …………… 80
東京都公立図書館長協議会
　→斎藤隆夫 ………… 119
　→中島春之 ………… 196
　→森博 ……………… 269
東京都公立図書館長協議会参考事務連絡会
　→廣瀬利康 ………… 228

東京都市町村立図書館長協議会
　→斎藤隆夫 ………… 119
東京図書館
　→秋間球磨 ………… 7
　→浅見悦二郎 ……… 9
　→伊東平蔵 ………… 29
　→大城戸宗重 ……… 48
　→太田為三郎 ……… 52
　→河合謙三郎 ……… 85
　→笹岡民次郎 ……… 124
　→田中稲城 ………… 169
　→手島精一 ………… 182
　→寺田實 …………… 183
　→中根粛治 ………… 200
　→西村竹間 ………… 208
　→箕作秋坪 ………… 256
東京都図書館協会
　→斎藤敏 …………… 118
　→杉捷夫 …………… 145
　→髙宮秀夫 ………… 160
東京都図書館職員連絡会
　→野瀬里久子 ……… 212
東京都立大学
　→桜井義之 ………… 124
東京都立大学附属図書館
　→桜井義之 ………… 124
東京都立中央図書館
　→齋藤文男 ………… 119
　→貞閑晴 …………… 126
　→佐藤政孝 ………… 128
　→清水正三 ………… 138
東京農業大学
　→藤野幸雄 ………… 234
東京農業大学図書館
　→大野史朗 ………… 54
東京美術学校文庫掛
　→笹岡民次郎 ……… 124
東京府書籍館
　→岡千仞 …………… 58
東京府立第九中学校附属図書館
　→鳥生芳夫 ………… 191

東京文理科大学附属図書館
　→諸橋轍次 ………… 273
東京理科大学図書館
　→黒澤正彦 ………… 106
東京立正女子短期大学図書館
　→中村洋子 ………… 202
同志会図書館
　→安部立郎 ………… 14
同志社女子大学図書館
　→鬼頭梓 …………… 96
同志社大学
　→青木次彦 ………… 3
　→天野敬太郎 ……… 11
　→小野則秋 ………… 71
　→竹林熊彦 ………… 166
　→吉田貞夫 ………… 290
同志社大学図書館
　→青木次彦 ………… 3
　→小倉親雄 ………… 66
　→小野則秋 ………… 71
　→小畑渉 …………… 72
　→栗原嘉一郎 ……… 104
　→多田光 …………… 168
　→松井正人 ………… 247
東書文庫
　→石川正作 ………… 19
東大寺
　→智憬 ……………… 177
東大寺図書館
　→三宅英慶 ………… 258
東北学院大学
　→原田隆吉 ………… 223
東北工業大学附属図書館
　→高木武之助 ……… 155
東北大学
　→原田隆吉 ………… 223
　→矢島玄亮 ………… 274
東北大学附属図書館
　→伊木武雄 ………… 15
　→高木武之助 ……… 155
　→原田隆吉 ………… 223
　→矢島玄亮 ………… 274
　→吉岡孝治郎 ……… 289

東北大学分校教育教養部図書係
　→鈴木嘉美 ……………… 150
東北地区大学図書館協議会
　→高木武之助 …………… 155
　→吉岡孝治郎 …………… 289
東北地方大学高等専門学校図書館協議会
　→伊木武雄 ……………… 15
　→重久篤太郎 …………… 134
　→吉岡孝治郎 …………… 289
東北帝国大学農科大学図書館
　→高岡熊雄 ……………… 155
東北帝国大学附属図書館
　→伊木武雄 ……………… 15
　→佐藤眞 ………………… 128
　→重久篤太郎 …………… 134
　→高木武之助 …………… 155
　→武内義雄 ……………… 163
　→武田虎之助 …………… 165
　→田中敬 ………………… 171
　→常盤雄五郎 …………… 186
　→林鶴一 ………………… 220
　→矢島玄亮 ……………… 274
東北帝国大学附属図書館医科分館
　→吉岡孝治郎 …………… 289
東北福祉大学図書館
　→伊木武雄 ……………… 15
東洋英和女学院図書館
　→清水末寿 ……………… 139
東洋大学
　→青野伊豫児 …………… 4
　→秋岡梧郎 ……………… 6
　→天野敬太郎 …………… 11
　→石井敦 ………………… 17
　→岩淵泰郎 ……………… 38
　→大野沢緑郎 …………… 55
　→岡田温 ………………… 61
　→鈴木賢祐 ……………… 149
　→間宮不二雄 …………… 252
東洋大学図書館
　→藤原猶雪 ……………… 236

東洋文庫
　→石田幹之助 …………… 22
　→岩井大慧 ……………… 36
　→岩崎久彌 ……………… 37
　→榎一雄 ………………… 46
　→神西清 ………………… 143
　→樋口慶千代 …………… 225
東横学園女子短期大学
　→安西郁夫 ……………… 13
トゥルン・タクシス宮廷図書館
　→Kayser, Albrecht Christoph ……… 315
常磐学園短期大学
　→木寺清一 ……………… 96
常盤木学園高校図書館
　→山中正 ………………… 282
常盤大学
　→中井浩 ………………… 192
徳島県立図書館
　→蒲池正夫 ……………… 83
　→佃実夫 ………………… 179
　→藤丸昭 ………………… 235
徳島県立文書館
　→藤丸昭 ………………… 235
独立社（貸本屋）
　→足助素一 ……………… 9
常滑市立図書館
　→原祐三 ………………… 222
土佐図書倶楽部
　→五藤正形 ……………… 112
杜城図書館
　→林泰輔 ………………… 220
図書館員教習所（文部省）
　→今澤慈海 ……………… 35
　→川本宇之介 …………… 88
　→乗杉嘉壽 ……………… 213
　→村島靖雄 ……………… 264
図書館学講習所（同志社大学）
　→小野則秋 ……………… 71
図書館学用語専門部会
　→大越謹吾 ……………… 49
図書館計画施設研究所
　→菅原峻 ………………… 145

図書館憲章委員会
　→鳥居良四郎 …………… 191
図書館講習所（文部省）
　→青山大作 ……………… 5
　→有山崧 ………………… 12
　→井出菫 ………………… 26
　→太田栄次郎 …………… 51
　→太田為三郎 …………… 52
　→岡田温 ………………… 61
　→笠木二郎 ……………… 75
　→鹿島則泰 ……………… 76
　→加藤宗厚 ……………… 78
　→吉川尚 ………………… 96
　→二宮春蔵 ……………… 210
　→廿日出逸暁 …………… 216
　→林繁三 ………………… 221
　→松本喜一 ……………… 251
　→和田万吉 ……………… 294
図書館講習所（関西大学）
　→天野敬太郎 …………… 11
　→大山綱憲 ……………… 57
図書館事業研究会
　→毛利宮彦 ……………… 266
図書館史研究会
　→石井敦 ………………… 17
　→藤野幸雄 ……………… 234
図書館情報大学
　→小野泰博 ……………… 72
　→黒木努 ………………… 105
　→佐々木敏雄 …………… 125
　→清水正三 ……………… 138
　→志村尚夫 ……………… 140
　→杉村優 ………………… 146
　→高橋重臣 ……………… 158
　→原田勝 ………………… 223
　→藤川正信 ……………… 232
　→藤野幸雄 ……………… 234
　→松田智雄 ……………… 250
　→吉田政幸 ……………… 291
図書館職員養成所（帝国図書館附属）
　→岡田温 ………………… 61
　→舟木重彦 ……………… 237

図書館職員養成所（文部省）
- →秋岡梧郎 ………………… 6
- →伊東正勝 ………………… 30
- →加藤宗厚 ………………… 78
- →北嶋武彦 ………………… 93
- →沓掛伊佐吉 …………… 100
- →清水正三 ……………… 138
- →服部金太郎 …………… 217
- →古野健雄 ……………… 237
- →毛利宮彦 ……………… 266
- →彌吉光長 ……………… 285

図書館資料社
- →大山利 ………………… 57

図書館専門職員九州大学養成所
- →小出憲宗 ……………… 107

図書館短期大学
- →石塚正成 ………………… 21
- →伊東正勝 ………………… 30
- →岡田温 ………………… 61
- →小野泰博 ………………… 72
- →木寺清一 ………………… 96
- →草野正名 ………………… 99
- →黒木努 ………………… 105
- →斎藤毅 ………………… 119
- →桜井宣隆 ……………… 124
- →志村尚夫 ……………… 140
- →杉村優 ………………… 146
- →寺村由比子 …………… 184
- →友野玲子 ……………… 189
- →服部金太郎 …………… 217
- →馬場重徳 ……………… 217
- →藤野幸雄 ……………… 234
- →松田智雄 ……………… 250

図書館文化史研究会
- →藤野幸雄 ……………… 234

図書館問題研究会
- →石井敦 ………………… 17
- →伊藤峻 ………………… 28
- →加藤弘 ………………… 80
- →栗原均 ………………… 104
- →清水正三 ……………… 138
- →武田八洲満 …………… 165

- →塚越芳雄 ……………… 178
- →三浦迪彦 ……………… 254
- →森崎震二 ……………… 271

図書館流通センター
- →栗原均 ………………… 104
- →彌吉光長 ……………… 285

図書議員連盟
- →有馬元治 ……………… 12
- →栗原均 ………………… 104
- →酒井悌 ………………… 120
- →細田吉蔵 ……………… 240

栃木県教育会図書館
- →叶沢清介 ……………… 82
- →柳二郎 ………………… 276

栃木県立図書館
- →小林宏 ………………… 114

栃木市図書館友の会
- →塚越広士 ……………… 178

栃木新聞縦覧所
- →木村時習 ……………… 97

獨協大学
- →山下信庸 ……………… 280

獨協大学図書館
- →関野真吉 ……………… 152

鳥取県立鳥取図書館
- →森清 …………………… 268

鳥取高等農業学校図書館
- →山根信 ………………… 283

鳥取女子短期大学
- →松尾陽吉 ……………… 248

鳥取大学附属図書館
- →山根信 ………………… 283

鳥取図書館（県立）
- →岡田一郎 ……………… 60
- →荻原直正 ……………… 65
- →河野寛治 ……………… 108
- →坂川勝春 ……………… 121
- →竹内治 ………………… 162
- →細川隆 ………………… 240
- →山本嘉将 ……………… 283

鳥取図書館（市立）
- →遠藤董 ………………… 46

鳥取図書館（私立）
- →遠藤董 ………………… 46

砺波図書館協会
- →柄崎常雄 ……………… 84

戸畑専門学校図書館
- →川口鉄男 ……………… 86

富山県図書館協会
- →川原幸作 ……………… 87
- →中島正文 ……………… 196
- →北條正韶 ……………… 239
- →村上清造 ……………… 263
- →米沢元健 ……………… 292

富山県図書館長会
- →柚木武夫 ……………… 287

富山県立図書館
- →大田栄太郎 …………… 51
- →片口安太郎 …………… 77
- →加藤宗厚 ……………… 78
- →川原幸作 ……………… 87
- →木下秀夫 ……………… 97
- →廣瀬誠 ………………… 228
- →北條正韶 ……………… 239
- →村上清造 ……………… 263
- →盛本重康 ……………… 272
- →柚木武夫 ……………… 287

富山女子短期大学
- →廣瀬誠 ………………… 228
- →北條正韶 ……………… 239
- →村上清造 ……………… 263

富山市立図書館
- →辻尚郷 ………………… 179
- →盛本重康 ……………… 272

富山大学附属図書館薬学部
- →村上清造 ……………… 263

富山薬学専門学校図書課
- →村上清造 ……………… 263

豊浦郡教育会図書館（私立）
- →浜野段助 ……………… 218

豊中市立図書館
- →葛野勉 ………………… 81
- →白瀬長茂 ……………… 142

豊宮崎文庫
- →出口延佳 ……………… 182

都立高校司書懇談会
　→川添キシ ………… 86
ドレスデン王立公共図書館
　→Ebert, Friedrich
　　Adolf ………… 308
ドレスデン・プラウエン無料
公共図書館
　→Hofmann, Walter …… 313
トロント市立図書館
　→Smith, Lillian Helena
　………………… 329

【　な　】

内閣官房記録課
　→樋口龍太郎 ………… 225
内閣記録局図書課
　→大城戸宗重 ………… 48
　→楊竜太郎 ………… 287
内閣書記官室記録課
　→常盤雄五郎 ………… 186
内閣文庫
　→岩倉規夫 ………… 36
　→大重斉 ………… 50
　→関直 ………… 151
　→寺沢智了 ………… 183
　→柳田國男 ………… 276
内務省地方局
　→井上友一 ………… 32
中井文庫（私立）
　→中井左一 ………… 192
長岡市立互尊文庫
　→吉田義近 ………… 291
中尾松泉堂
　→中尾堅一郎 ………… 193
長崎図書館（県立）
　→奥田啓市 ………… 66
　→永島正一 ………… 195
　→永山時英 ………… 203
　→森永種夫 ………… 272
中島図書館（私立）
　→中島正文 ………… 196

中庄図書館（私立）
　→平松市蔵 ………… 227
永田記念図書館（平戸市立）
　→永田菊四郎 ………… 198
中津図書館（私立）
　→渡辺憲朝 ………… 296
長野県読書会連絡会
　→小笠原忠統 ………… 59
長野県図書館協会
　→飯沼敏 ………… 15
　→小笠原忠統 ………… 59
　→小林忠雄 ………… 114
長野図書館（県立）
　→乙部泉三郎 ………… 69
　→叶沢清介 ………… 82
　→熊代強 ………… 102
　→坂本主計 ………… 122
　→武居権内 ………… 162
　→田沢次郎 ………… 166
長浜市立図書館
　→中島智恵子 ………… 196
長柄通俗図書館
　→長谷川真徹 ………… 215
中和図書館
　→北島金次 ………… 93
名越文庫
　→三善康信 ………… 260
名古屋医科大学図書館
　→清川陸男 ………… 98
名古屋学院大学附属図書館
　→石井敬三 ………… 17
名古屋公衆図書館（私立）
　→鈴木禎次 ………… 148
　→田所糧助 ………… 169
　→矢田績 ………… 275
名古屋公衆図書館（市立）
　→青山大作 ………… 5
　→矢田績 ………… 275
名古屋大学附属図書館
　→川原和子 ………… 87
　→武ియ権内 ………… 162
名古屋通俗図書館
　→倉岡勝彦 ………… 103

名古屋図書館（市立）
　→伊藤亮三 ………… 31
　→漆畑弥一 ………… 44
　→阪谷俊作 ………… 121
　→樋口千代松 ………… 225
　→森銑三 ………… 269
　→森川鉉二 ………… 270
七尾市立図書館
　→笠師昇 ………… 76
七星文庫
　→奥津幸三郎 ………… 66
浪速短期大学
　→横井時重 ………… 287
那覇琉米文化会館
　→城間朝教 ………… 142
奈良県立医科大学図書館
　→城野雄介 ………… 142
奈良県立戦捷記念図書館
　→佐野早苗 ………… 129
　→仙田正雄 ………… 153
　→仲川明 ………… 194
奈良県立図書館
　→小林重幸 ………… 113
奈良女子大学高等師範学校図書館
　→長壽吉 ………… 177
奈良図書館（県立）
　→大橋一二 ………… 55
成田図書館
　→荒木照定 ………… 12
　→石川照勤 ………… 19
　→今澤慈海 ………… 35
　→小川益蔵 ………… 64
　→加藤萬作 ………… 80
　→高田定吉 ………… 156
　→高津親義 ………… 157
　→成田善亮 ………… 205
　→文屋留太郎 ………… 238
　→本橋清 ………… 266
成田仏教図書館（財）
　→石川照勤 ………… 19
南葵音楽図書館
　→喜多村進 ………… 95

→庄司浅水 ............... 141
南葵文庫
　→植松安 ................... 40
　→喜多村進 ............... 95
　→橘井清五郎 ........... 95
　→齋藤勇見彦 ......... 120
　→徳川頼倫 ............. 187
南塘文庫
　→村松甚蔵 ............. 265
南方資料館（財）
　→山下隆吉 ............. 280
南方資料館（台湾総督府）
　→竹田平 ................. 164

## 【に】

新潟医学専門学校書記図書掛
　→清川陸男 ............... 98
新潟医科大学附属図書館
　→清川陸男 ............... 98
　→宮路重嗣 ............. 260
　→渡邊正亥 ............. 297
新潟県議会図書室
　→武田末三郎 ......... 164
新潟県図書館協会
　→山中樵 ................. 282
新潟県立図書館
　→武田末三郎 ......... 164
　→星野博一 ............. 240
　→村島靖雄 ............. 264
　→山中樵 ................. 282
　→渡邊正亥 ............. 297
新潟県立図書館（明治記念）
　→岡正雄 ................... 58
　→武居権内 ............. 162
新潟図書館（県立）
　→山下隆吉 ............. 280
新津市立記念図書館
　→青木一良 ................. 3
饒石文庫
　→中橋和之 ............. 200

西貴志記念文庫
　→高田豊次郎 ......... 156
西日本図書館学会
　→菊池租 ................... 92
　→木村秀明 ............... 97
　→小出憲宗 ............. 107
　→船越惣兵衛 ......... 237
西野田図書館（大阪市立）
　→小笹国雄 ............... 67
　→橋本耕之介 ......... 214
西宮市立図書館
　→堀口貞子 ............. 241
　→水野銀治郎 ......... 255
日仏図書館研究会
　→小林宏 ................. 114
日米文化学会
　→角田柳作 ............. 181
日経リサーチ企業
　→神尾達大 ............... 84
日中支文化関係処理委員会
　→福崎峰太郎 ......... 230
日通総合研究所
　→菱本丈夫 ............. 226
日鉄技術情報センター（株）
　→近江晶 ................... 47
日本医学図書館
　→遠山椿吉 ............. 186
日本医学図書館協会
　→桑原善作 ............. 106
　→津田良成 ............. 179
日本医科大学図書館
　→松田禎一 ............. 250
日本親子読書センター
　→斎藤尚吾 ............. 119
日本海事振興会調査部
　→沓掛伊佐吉 ......... 100
日本科学技術情報センター（JICST）
　→大塚明郎 ............... 53
　→黒澤正彦 ............. 106
　→小林吉三郎 ......... 113
　→小林胖 ................. 115
　→谷昌博 ................. 174

→中井浩 ................. 192
　→浜田成徳 ............. 218
日本近代文学館
　→大久保乙彦 ........... 49
　→相馬文子 ............. 153
日本建築センター調査部（財）
　→菊岡倶也 ............... 91
日本鋼鉄家具（株）
　→田嶋恩 ................. 167
日本国際児童評議会（JBBY）
　→渡辺茂男 ............. 296
日本子どもの本研究会
　→増村王子 ............. 246
　→吉村証子 ............. 291
日本歯科医学専門学校図書館
　→北園克衛 ............... 94
日本児童文学学会
　→滑川道夫 ............. 205
日本出版学会
　→岡田温 ................... 61
　→叶沢清介 ............... 82
　→彌吉光長 ............. 285
日本出版協会
　→鈴木剛男 ............. 148
日本書誌学会
　→和田万吉 ............. 294
日本女子大学
　→阪本一郎 ............. 122
日本女子大学図書館
　→相馬文子 ............. 153
日本青年館図書館
　→鵜沢忠 ................... 42
　→乙部泉三郎 ........... 69
日本赤十字社図書館
　→叶沢清介 ............... 82
日本大学
　→後藤純郎 ............. 112
　→谷貝忍 ................. 273
日本大学図書館
　→伊藤粂蔵 ............... 27
　→大田栄太郎 ........... 51
　→熊岡敬三 ............. 102
　→後藤純郎 ............. 112

→斎藤敏 …………… 118
→沢島正治 …………… 131
日本大学図書館医学部分館
　→永田清一 …………… 199
日本点字図書館（福）
　→金森徳次郎 …………… 82
　→本間一夫 …………… 242
日本読書学会
　→蒲池正夫 …………… 83
　→阪本一郎 …………… 122
　→滑川道夫 …………… 205
　→彌吉光長 …………… 285
日本読書指導研究会
　→滑川道夫 …………… 205
日本ドキュメンテーション協会
　→大塚明郎 …………… 53
　→小林吉三郎 …………… 113
　→谷昌博 …………… 174
　→谷口房雄 …………… 174
　→中村幸雄 …………… 202
　→浜田成徳 …………… 218
　→藤沢信 …………… 233
　→横井時重 …………… 287
日本図書館学研究所
　→三田全信 …………… 132
日本図書館学会
　→石井敦 …………… 17
　→裏田武夫 …………… 44
　→岡村千曳 …………… 62
　→海後宗臣 …………… 74
　→蒲池正夫 …………… 83
　→北嶋武彦 …………… 93
　→小出憲宗 …………… 107
　→椎名六郎 …………… 132
　→鳥居美和子 …………… 190
　→三原肇 …………… 257
　→三輪計雄 …………… 261
　→彌吉光長 …………… 285
日本図書館学会（戦前）
　→小川寿一 …………… 63
　→三田全信 …………… 132

日本図書館学校（JLS）
　→Cheney, Frances Neel …………… 305
　→Gitler, Robert Laurence …………… 311
日本図書館協会
　→青木一良 …………… 3
　→秋岡梧郎 …………… 6
　→石黒宗吉 …………… 20
　→市島謙吉 …………… 25
　→伊東祐穀 …………… 30
　→今井貫一 …………… 34
　→今澤慈海 …………… 35
　→内田魯庵 …………… 43
　→宇原郁世 …………… 43
　→衛藤利夫 …………… 45
　→江袋文男 …………… 46
　→大信田落花 …………… 50
　→太田為三郎 …………… 52
　→大西寛 …………… 54
　→大山利 …………… 57
　→岡部史郎 …………… 62
　→奥村藤嗣 …………… 66
　→小尾範治 …………… 73
　→笠師昇 …………… 76
　→加藤萬作 …………… 80
　→金森徳次郎 …………… 82
　→叶沢清介 …………… 82
　→河合博 …………… 85
　→橘井清五郎 …………… 95
　→黒崎義博 …………… 105
　→上里美須丸 …………… 108
　→小島惟孝 …………… 111
　→越村捨次郎 …………… 111
　→小林堅三 …………… 113
　→小林重幸 …………… 113
　→小林宏 …………… 114
　→小山隆 …………… 116
　→金光鑑太郎 …………… 116
　→斎藤敏 …………… 118
　→齋藤勇見彦 …………… 120
　→佐藤忠恕 …………… 127
　→佐藤眞 …………… 128

→佐野友三郎 …………… 129
→椎名六郎 …………… 132
→島崎末平 …………… 137
→清水正三 …………… 138
→新村出 …………… 144
→菅原峻 …………… 145
→杉野文彌 …………… 146
→鈴木英二 …………… 147
→鈴木賢祐 …………… 149
→高井望 …………… 155
→高橋徳太郎 …………… 159
→高柳賢三 …………… 160
→竹内善作 …………… 162
→武田八洲満 …………… 165
→田中一貞 …………… 170
→長壽吉 …………… 177
→坪谷善四郎 …………… 181
→天満隆之輔 …………… 184
→土岐善麿 …………… 186
→徳川頼倫 …………… 187
→鳥居良四郎 …………… 191
→中井正一 …………… 193
→永井道雄 …………… 193
→中島睦玄 …………… 196
→中田邦造 …………… 198
→永山時英 …………… 203
→並河直廣 …………… 204
→西村竹間 …………… 208
→廿日出逸暁 …………… 216
→林癸未夫 …………… 219
→菱本丈夫 …………… 226
→舟木重彦 …………… 237
→松平頼寿 …………… 250
→松本喜一 …………… 251
→間宮不二雄 …………… 252
→南諭造 …………… 257
→宮田平三 …………… 260
→村島靖雄 …………… 264
→森耕一 …………… 268
→森戸辰男 …………… 271
→彌吉光長 …………… 285
→渡辺徳太郎 …………… 297

日本図書館協会大阪特殊図書
館部会
　→宮田平三 ………………… 260
日本図書館協会技術委員会
　→加藤宗厚 ………………… 78
日本図書館協会九州支部
　→中津親義 ………………… 199
日本図書館協会経営委員会
　→竹内紀吉 ………………… 163
日本図書館協会件名標目委
員会
　→埜上衛 …………………… 211
　→山下栄 …………………… 279
日本図書館協会公共図書館
部会
　→桑原善作 ………………… 106
　→中村祐吉 ………………… 201
　→韮塚一三郎 ……………… 210
日本図書館協会公共図書館部
会参考事務分科会
　→志智嘉九郎 ……………… 134
日本図書館協会公共図書館部
会児童図書館分科会
　→小河内芳子 ……………… 110
日本図書館協会滋賀支部
　→吉田悦蔵 ………………… 290
日本図書館協会施設委員会
　→秋岡梧郎 ………………… 6
　→栗原嘉一郎 ……………… 104
　→佐藤仁 …………………… 128
　→古野健雄 ………………… 237
　→本田明 …………………… 242
　→吉武泰水 ………………… 291
日本図書館協会児童青少年委
員会
　→小河内芳子 ……………… 110
　→末廣いく子 ……………… 144
日本図書館協会事務局
　→有山崧 …………………… 12
　→石井敦 …………………… 17
　→石橋幸男 ………………… 22
　→栗原均 …………………… 104

日本図書館協会整理ツール作
成委員
　→山県二雄 ………………… 278
日本図書館協会選挙管理委
員会
　→廣瀬利保 ………………… 228
日本図書館協会組織委員会
　→小野泰博 ………………… 72
日本図書館協会大学図書館
部会
　→三原肇 …………………… 257
日本図書館協会中小公共図書
館運営基準委員会
　→有山崧 …………………… 12
　→石井敦 …………………… 17
　→黒田一之 ………………… 106
　→清水正三 ………………… 138
　→西村直道 ………………… 209
　→森博 ……………………… 269
　→森崎震二 ………………… 271
日本図書館協会図書館員の問
題調査委員会
　→中島春之 ………………… 196
日本図書館協会図書館学教育
部会
　→裏田武夫 ………………… 44
日本図書館協会図書館社会教
育調査委員会
　→田村盛一 ………………… 176
日本図書館協会図書館調査委
員会
　→浪江虔 …………………… 204
日本図書館協会図書館図書館
法制定促進委員会
　→北條正able ………………… 239
日本図書館協会図書館の自由
委員会
　→野瀬里久子 ……………… 212
日本図書館協会新潟県支部
　→岡正雄 …………………… 58
　→村島靖雄 ………………… 264
　→山中樵 …………………… 282
日本図書館協会日本件名標目
改訂委員会
　→関野真吉 ………………… 152

日本図書館協会分類委員会
　→天野敬太郎 ……………… 11
　→加藤宗厚 ………………… 78
　→金中利和 ………………… 81
　→中村初雄 ………………… 201
　→平野美恵子 ……………… 227
　→森清 ……………………… 268
日本図書館協会目録委員会
　→岡田温 …………………… 61
　→関野真吉 ………………… 152
　→中村初雄 ………………… 201
日本図書館協会山口支部
　→佐野友三郎 ……………… 129
日本図書館研究会
　→天野敬太郎 ……………… 11
　→宇原郁世 ………………… 43
　→小倉親雄 ………………… 66
　→木寺清一 ………………… 96
　→栗原均 …………………… 104
　→西藤寿太郎 ……………… 118
　→仙田正雄 ………………… 153
　→高橋重臣 ………………… 158
　→天満隆之輔 ……………… 184
　→戸澤信義 ………………… 187
　→中尾謙吉 ………………… 194
　→拝田真紹 ………………… 213
　→藤田善一 ………………… 234
　→南諭造 …………………… 257
　→森耕一 …………………… 268
　→山下栄 …………………… 279
　→横井時重 ………………… 287
　→吉井良顕 ………………… 289
日本図書館文化史研究会
　→石井敦 …………………… 17
　→石井敬三 ………………… 17
日本農学図書館協議会
　→佐々木敏雄 ……………… 125
　→澤本孝久 ………………… 131
日本橋図書館
　→肥塚麒一 ………………… 107
　→清水正三 ………………… 138
　→神絢一 …………………… 143
　→保坂豊治 ………………… 239

日本ファイリング（株）
　→田嶋恩 ················· 167
日本文庫協会
　→赤堀又次郎 ············ 6
　→石井藤五郎 ··········· 17
　→石川照勤 ············· 19
　→和泉信平 ············· 23
　→市島謙吉 ············· 25
　→伊東祐穀 ············· 30
　→内田魯庵 ············· 43
　→大城戸宗重 ··········· 48
　→大重斉 ··············· 50
　→太田為三郎 ··········· 52
　→加藤萬作 ············· 80
　→菅野退輔 ············· 90
　→齋藤勇見彦 ·········· 120
　→佐伯利麿 ············ 120
　→阪本四方太 ·········· 123
　→関直 ················ 151
　→千秋季隆 ············ 153
　→田中稲城 ············ 169
　→長連恒 ·············· 178
　→徳川頼倫 ············ 187
　→錦織精之進 ·········· 207
　→二宮春蔵 ············ 210
　→松井簡治 ············ 247
　→楊竜太郎 ············ 287
　→和田万吉 ············ 294
日本貿易研究所図書館
　→南諭造 ·············· 257
日本貿易振興会付設貿易研究所
　→山下栄 ·············· 279
日本放送協会音楽ライブラリー
　→小川昂 ··············· 64
日本盲人図書館
　→本間一夫 ············ 242
日本薬学図書館協議会
　→伊藤四十二 ··········· 31
　→松尾恒雄 ············ 248
日本薬学会編集部
　→溝口歌子 ············ 256

日本ライトハウス
　→岩橋武夫 ············· 38
ニューアーク図書館
　→Dana, John Cotton ··· 306
ニュージャージ州図書館協会
　→Dana, John Cotton ··· 306
ニューベリー図書館
　→Butler, Pierce ········ 303
　→Evans, Charles ········ 309
　→Merrill, William
　　Stetson ·············· 319
　→Poole, William
　　Frederick ············ 324
ニューヨーク公共図書館（NYPL）
　→渡辺茂男 ············ 296
　→Billings, John Show ··· 299
　→Hasse, Adelaide ······· 313
　→Moore, Anne Carroll
　　 ···················· 319
　→Schomburg, Arturo
　　Alfonso ·············· 327
　→Shores, Louis ········· 328
　→Williamson, Charles ·· 332
ニューヨーク州立図書館
　→Dewey, Melville
　　Louis Kossuth ········ 307
ニューヨーク市立大学図書館
　→Bliss, Henry Evelyn ··· 300
ニューヨーク図書館協会
　→Bostwick, Arthur ····· 301
ニューヨーク図書館クラブ
　→Bowker, Richard
　　Rogers ··············· 301

【ぬ】

沼津文庫
　→間宮喜十郎 ·········· 252

【ね】

根占書籍館（私立）
　→磯長得三 ············· 23
練馬図書館
　→福島宏子 ············ 230

【の】

農業技術研究所図書館
　→福村幸次郎 ·········· 231
農事試験場企画連絡室
　→中村千里 ············ 201
農商務省図書館
　→坂本章三 ············ 123
　→中津武夫 ············ 199
農民組合図書館
　→賀川豊彦 ············· 74
農林省図書館
　→中津武夫 ············ 199
農林省農事試験所図書館
　→福村幸次郎 ·········· 231
農林水産技術会議事務局
　→中村千里 ············ 201
ノートルダム女子大学
　→小倉親雄 ············· 66

【は】

バイエルン宮廷図書館
　→Schrettinger, Martin
　　 ···················· 327
バイエルン国立図書館
　→平野美恵子 ·········· 227
梅光女学院大学
　→大内直之 ············· 47
萩市立図書館
　→大村武一 ············· 57

萩図書館（山口県立）
　→大村武一 ……………… 57
ハーグ王立図書館
　→Holtrop, Johannes
　　Willem ……………… 314
博物館書籍室
　→町田久成 …………… 246
函館図書館（市立）
　→大垣友雄 ……………… 48
　→岡田健蔵 ……………… 60
　→佐藤眞 ……………… 128
函館図書館（私立）
　→岡田健蔵 ……………… 60
　→平出喜三郎 ………… 227
函館毎日新聞緑叢会附属図
書室
　→岡田健蔵 ……………… 60
羽衣学園短期大学
　→天満隆之輔 ………… 184
羽田八幡宮文庫
　→羽田野敬雄 ………… 216
八王子図書館（都立）
　→宮沢泰輔 …………… 260
八戸書籍縦覧所
　→北村益 ……………… 95
　→南部栄信 …………… 206
八戸市立図書館
　→浦山助太郎 …………… 44
八戸青年会図書局
　→北村益 ……………… 95
　→湊要之助 …………… 257
パデュー大学図書館
　→Milam, Carl
　　Hastings …………… 319
波止浜図書館（町立）
　→三宅千代二 ………… 258
花岡文庫（末武村立）
　→上原権蔵 ……………… 40
花里文庫
　→田中大秀 …………… 170
花畠教場
　→池田光政 ……………… 16

ハノーファー大公図書館
　→Leibniz, Gottfried
　　Wilhelm …………… 317
ハーバード・カレッジ図書館
　→Cutter, Charles
　　Ammi ……………… 305
　→Winsor, Justin ……… 332
ハーバード大学東洋図書館
　→松井正人 …………… 247
羽曳野市立小学校学校司書
　→北村幸子 ……………… 95
浜竹図書館
　→加藤弘 ……………… 80
浜松高等工業学校図書館
　→松井矩 ……………… 247
バーミンガム貸出図書館
　→Mudie, Charles
　　Edward …………… 320
バーミンガム公共図書館
　→Milam, Carl
　　Hastings …………… 319
ハムステッド公共図書館
　→McColvin, Lionel
　　Roy ………………… 318
羽村図書館（町立）
　→菅まゆみ ……………… 89
バラ図書館
　→Munford, William
　　Arthur ……………… 321
パリ国立図書館（BN）
　→Morel, Eugène ……… 320
哈爾浜工業大学附属図書館
　→大野沢緑郎 …………… 55
春山文庫
　→春山弟彦 …………… 223
ハワイ大学東西文化センター
図書館
　→松井正人 …………… 247
ハワイ大学東洋図書館
　→松井正人 …………… 247
パンジャブ大学
　→Dickinson, Asa Don ‥ 307

## 【ひ】

東大阪短期大学
　→宮田平三 …………… 260
東駒形図書館
　→宮沢泰輔 …………… 260
東村山市立図書館
　→鈴木喜久一 ………… 147
光が丘図書館
　→福島宏子 …………… 230
光丘文庫
　→佐藤正吉 …………… 127
　→白崎良弥 …………… 142
　→本間光丘 …………… 243
氷川小学校図書係（港区立）
　→久米井束 …………… 103
　→増村王子 …………… 246
氷川図書館（東京市立）
　→小河内芳子 ………… 110
　→清水正三 …………… 138
　→田所糧助 …………… 169
　→北条治宗 …………… 238
氷川図書館（都立）
　→小野相司 ……………… 71
彦根市立図書館
　→西田集平 …………… 207
　→西村直道 …………… 209
彦根町立図書館
　→松原廣吉 …………… 250
眉丈文庫（財）
　→金田眉丈 ……………… 82
ピーターバラ公共図書館
　→Jast, Louis Stanley … 314
一橋大学経済研究所資料室
　→阿曾福圓 ………………… 9
　→清水末寿 …………… 139
一橋大学附属図書館
　→飯島朋子 ……………… 14
　→石田清一 ……………… 21
　→清水末寿 …………… 139
　→友野玲子 …………… 189

一橋図書館（東京市立）
　→板倉太一郎 ……………… 24
　→小谷誠一 ………………… 68
　→肥塚麒一 ………………… 107
　→島田邦平 ………………… 138
　→竹内善作 ………………… 162
　→種田山頭火 ……………… 175
日野市立中央図書館
　→鬼頭梓 …………………… 96
日野市立図書館
　→有山崧 …………………… 12
　→斎藤隆夫 ………………… 119
　→鈴木喜久一 ……………… 147
日出高等女学校司書
　→藤田豊 …………………… 234
ひばりが丘図書館
　→末廣いく子 ……………… 144
日比谷高校図書館（都立）
　→筒井福子 ………………… 181
日比谷図書館（CIE）
　→津田良成 ………………… 179
日比谷図書館（東京市立）
　→秋岡梧郎 ………………… 6
　→伊東平蔵 ………………… 29
　→今澤慈海 ………………… 35
　→大野沢緑郎 ……………… 55
　→小谷誠一 ………………… 68
　→柿沼介 …………………… 75
　→片山信太郎 ……………… 78
　→肥塚麒一 ………………… 107
　→神絢一 …………………… 143
　→竹貫佳水 ………………… 157
　→竹内善作 ………………… 162
　→田添三喜太 ……………… 167
　→田中賢造 ………………… 170
　→中條辰夫 ………………… 177
　→坪谷善四郎 ……………… 181
　→寺沢智了 ………………… 183
　→戸野周二郎 ……………… 188
　→那波武 …………………… 206
　→波多野賢一 ……………… 215
　→早川理三 ………………… 219
　→文屋留太郎 ……………… 238

　→保坂豊治 ………………… 239
　→細谷重義 ………………… 241
　→水平三治 ………………… 256
　→守屋恒三郎 ……………… 273
　→山田正佐 ………………… 281
　→吉井佳雄 ………………… 288
　→渡邊又次郎 ……………… 298
　→Gordon, Elizabeth
　　 Anna ……………………… 311
日比谷図書館（都立）
　→青木義雄 ………………… 4
　→秋岡梧郎 ………………… 6
　→石川春江 ………………… 20
　→石田清一 ………………… 21
　→大久保乙彦 ……………… 49
　→大山利 …………………… 57
　→荻山秀雄 ………………… 65
　→北村泰子 ………………… 95
　→黒田一之 ………………… 106
　→後藤純郎 ………………… 112
　→貞閑晴 …………………… 126
　→佐藤政孝 ………………… 128
　→清水正三 ………………… 138
　→杉捷夫 …………………… 145
　→反町茂雄 ………………… 154
　→田中彦安 ………………… 172
　→堂前貢 …………………… 185
　→土岐善麿 ………………… 186
　→中島春之 ………………… 196
　→中田邦造 ………………… 198
　→林靖一 …………………… 220
　→東田平治 ………………… 224
　→古野健雄 ………………… 237
　→北条治宗 ………………… 238
　→宮沢泰輔 ………………… 260
　→森博 ……………………… 269
　→森睦彦 …………………… 270
ピーボディ図書館学校
　→Cheney, Frances Neel
　　 …………………………… 305
姫路図書館（私立）
　→岩谷榮太郎 ……………… 38
　→關口存啓 ………………… 151

　→春山弟彦 ………………… 223
姫路獨協大学
　→戸田光昭 ………………… 188
姫路獨協大学附属図書館
　→戸田光昭 ………………… 188
姫路文庫
　→岩谷榮太郎 ……………… 38
兵庫教育大学図書館
　→山田常雄 ………………… 281
兵庫県巡回文庫
　→楠田五郎太 ……………… 99
枚方市立図書館
　→天満隆之輔 ……………… 184
平戸図書館（市立）
　→沖荘蔵 …………………… 64
弘前大学
　→小川剛 …………………… 64
　→椎野正之 ………………… 133
広島医学図書館
　→今井亥三松 ……………… 34
広島高等学校図書館
　→垂水延秀 ………………… 176
広島高等工業学校図書館
　→蒲池正夫 ………………… 83
広島市立中央図書館
　→松井和磨 ………………… 247
広島大学附属図書館
　→清水末寿 ………………… 139
　→藤田善一 ………………… 234
　→古本公作 ………………… 238
　→星野弘四 ………………… 240
広島図書館（私立）
　→岡田俊太郎 ……………… 61
　→三井大作 ………………… 256
広島文教女子大学
　→藤田善一 ………………… 234
枇杷鐵太郎文庫
　→枇杷鐵太郎 ……………… 229
便覧舎（群馬県）
　→湯浅治郎 ………………… 286

## 【ふ】

フィスク大学
　→Graham, Inez Mae …… 312
フィスク大学図書館
　→Schomburg, Arturo
　　Alfonso …………… 327
　→Shores, Louis ………… 328
フィラデルフィア図書館会社
　（LCP）
　→Franklin, Benjamin …… 310
フィンスベリー区図書館
　→Brown, James Duff …… 303
風月社
　→市橋長昭 ……………… 26
フォーブズ図書館
　→Cutter, Charles
　　Ammi ……………… 305
深川図書館（東京市立）
　→肥塚麒一 ……………… 107
　→清水正三 ……………… 138
　→神絢一 ………………… 143
　→田所糧助 ……………… 169
　→保坂豊治 ……………… 239
　→盛城礼蔵 ……………… 270
深川図書館（江東区立）
　→秋岡梧郎 ………………… 6
　→中島春之 ……………… 196
　→細谷重義 ……………… 241
深川図書館（都立）
　→秋岡梧郎 ………………… 6
　→加藤宗厚 ……………… 78
ふきのとう文庫
　→三浦迪彦 ……………… 254
福井県立図書館
　→出雲路康哉 …………… 23
　→加藤与次兵衛 ………… 80
　→杉原丈夫 ……………… 146
福井工業専門学校図書館
　→菱本丈夫 ……………… 226

福井市立図書館
　→石橋重吉 ……………… 22
　→菱本丈夫 ……………… 226
福井大学附属図書館
　→杉原丈夫 ……………… 146
福岡県立文化会館
　→木村秀明 ……………… 97
福岡県立図書館
　→伊東尾四郎 …………… 27
　→菊池租 ………………… 92
　→木村秀明 ……………… 97
　→進藤譲 ………………… 143
福川図書館（村立）
　→福田民平 ……………… 231
福島県立図書館
　→阿部泰莽 ……………… 10
　→桑原善作 ……………… 106
福島県立図書館協議会
　→堀口知明 ……………… 241
福島県立図書館郡山分館
　→山崎義人 ……………… 279
福島高等商業学校図書館
　→伊木武雄 ……………… 15
　→玉井藤吉 ……………… 175
福島大学
　→裏田武夫 ……………… 44
福島大学附属図書館
　→土田八重 ……………… 180
福知山市立図書館
　→塩見悦 ………………… 133
福野授眼їй仏教図書館
　→佐々木慶成 …………… 125
福光町立図書館
　→柄崎常雄 ……………… 84
布佐文庫（私立）
　→松岡鼎 ………………… 248
藤沢市立図書館
　→霜島新七 ……………… 140
富士大学
　→齋藤文男 ……………… 119
　→鈴木嘉来 ……………… 150
富士町文庫
　→末廣いく子 …………… 144

富士文庫（私立）
　→石川軍治 ……………… 18
　→佐野一夫 ……………… 128
藤本文庫（私立）
　→藤本重郎 ……………… 235
藤山工業図書館
　→伊東弥之助 …………… 30
　→中島睦玄 ……………… 196
　→藤山雷太 ……………… 235
撫順図書館
　→大佐三四五 …………… 49
　→乙部泉三郎 …………… 69
府中市立図書館
　→大西伍一 ……………… 54
仏教大学
　→小野則秋 ……………… 71
仏教点字図書室
　→友松諦道 ……………… 190
仏子仏教図書館
　→土岐慶静 ……………… 186
舟江図書館（新潟市立）
　→山下隆吉 ……………… 280
船橋中学校図書館
　→鈴木英二 ……………… 147
フライブルク大学図書館
　→Dziatzko, Karl ………… 308
ブラウン大学図書館
　→Jewett, Charles
　　Coffin ……………… 315
プラット・インスティテュート附属無料図書館
　→Moore, Anne Carroll
　　……………………… 319
フランス国立図書館（BN）
　→Delisle, Léopold
　　Victor ……………… 307
プリンストン大学図書館
　→Bishop, William
　　Warner ……………… 300
ブリン・モア・カレッジ図書館
　→Mudge, Isadore
　　Gilbert ……………… 320
ブルックリン・カレッジ図書館
　→Dickinson, Asa Don …… 307

ブルックリン公共図書館
　→Bostwick, Arthur …… 301
　→Dickinson, Asa Don ‥ 307
古谷文庫（私立）
　→古谷鵬亮 ……………… 238
ブレスラウ大学図書館
　→Dziatzko, Karl ……… 308
不老文庫
　→大谷仁兵衛 ……………  53
フロリダ州立大学図書館学部
　→Shores, Louis ………… 328
プロレタリア図書館
　→大宮長司 ………………  56
文化科学図書館（国立国会図書
　館支部）
　→大倉邦彦 ………………  49
文化女子大学
　→高宮秀夫 ……………… 160
　→山本信男 ……………… 284
文教女子短期大学
　→石黒宗吉 ………………  20

【へ】

米国赤十字米軍将校俱楽部図
　書館
　→大佐三四五 ……………  49
米国占領軍民間情報教育局
　（CIE）図書館
　→渡辺茂男 ……………… 296
平壌府立図書館
　→石田修 ………………… 21
平和台図書館
　→福島宏子 ……………… 230
北京近代科学図書館
　→菊池祖 ………………… 92
　→山室三良 ……………… 283
別府大学
　→川口鉄男 ………………  86
ベルリン王立図書館
　→Nörrenberg,
　　Constantin …………… 322

ペンシルヴァニア大学図書館
　→Dickinson, Asa Don ‥ 307

【ほ】

報恩会図書館（私立）
　→宮崎慶一郎 ………… 259
蓬左文庫
　→徳川義親 …………… 187
　→徳川義直 …………… 187
　→森銑三 ……………… 269
　→森川鉉二 …………… 270
法政大学
　→伊藤峻 ………………  28
　→神本光吉 ……………  84
　→森清 ………………… 268
法政大学図書館
　→天晶寿 ………………  11
　→井本健作 ……………  36
　→加藤萬作 ……………  80
　→清水了 ……………… 140
奉天簡易図書館（南満洲鉄道
　（株））
　→衛藤利夫 ……………  45
奉天図書館（南満洲鉄道（株））
　→秋場四郎 ……………   7
　→植野武雄 ……………  40
　→衛藤利夫 ……………  45
　→大内直之 ……………  47
　→乙部泉三郎 …………  69
　→高橋泰四郎 ………… 159
　→彌吉光長 …………… 285
　→与謝野麟 …………… 288
法務図書館
　→松岡林平 …………… 249
宝来同志会附属文庫
　→鈴木伊平 …………… 147
保谷市下保谷図書館
　→末廣いく子 ………… 144
北越井波書籍館
　→青木万太郎 …………   3

北駕文庫
　→戸津高知 …………… 188
北星学園大学図書館
　→高倉新一郎 ………… 155
ボストン・アシニアム
　→Borden, William
　　Alanson …………… 301
　→Cutter, Charles
　　Ammi ……………… 305
　→Evans, Charles …… 309
　→Poole, William
　　Frederick ………… 324
　→Ticknor, George … 330
ボストン公共図書館
　→Everett, Edward …… 310
　→Jewett, Charles
　　Coffin ……………… 315
　→Putnam, George
　　Herbert …………… 325
　→Ticknor, George … 330
　→Winsor, Justin …… 332
ボストン商業図書館協会図
　書館
　→Poole, William
　　Frederick ………… 324
ボストン美術館東洋図書部
　部長
　→平野千恵子 ………… 227
細河文庫
　→小西平兵衛 ………… 112
北海学園大学
　→木田橋喜代慎 ………  94
　→山里澄江 …………… 279
北海学園大学附属図書館
　→木田橋喜代慎 ………  94
北海道学芸大学附属図書館
　→坂本龍三 …………… 123
北海道議会事務局調査課
　→玉木利政 …………… 175
北海道行政資料室
　→三浦迪彦 …………… 254
北海道大学教育学部
　→山里澄江 …………… 279

北海道大学農学部ウエスト
　コット・ライブラリー
　→山里澄江 ‥‥‥‥‥‥‥ 279
北海道大学附属図書館
　→高倉新一郎 ‥‥‥‥‥‥ 155
　→三浦迪彦 ‥‥‥‥‥‥‥ 254
　→山田常雄 ‥‥‥‥‥‥‥ 281
北海道庁立図書館
　→関位太郎 ‥‥‥‥‥‥‥ 151
　→玉木利政 ‥‥‥‥‥‥‥ 175
　→三浦信一 ‥‥‥‥‥‥‥ 253
北海道帝国大学附属図書館
　→明石節孝 ‥‥‥‥‥‥‥‥ 5
　→池田三郎 ‥‥‥‥‥‥‥‥ 16
　→三城長二 ‥‥‥‥‥‥‥ 132
　→柴田定吉 ‥‥‥‥‥‥‥ 135
　→神西清 ‥‥‥‥‥‥‥‥ 143
　→高岡熊雄 ‥‥‥‥‥‥‥ 155
　→高倉新一郎 ‥‥‥‥‥‥ 155
　→土屋壷 ‥‥‥‥‥‥‥‥ 181
　→野崎三郎 ‥‥‥‥‥‥‥ 211
　→前田徳泰 ‥‥‥‥‥‥‥ 244
　→三上孝正 ‥‥‥‥‥‥‥ 254
　→森田宗治 ‥‥‥‥‥‥‥ 271
　→鷲尾幸一郎 ‥‥‥‥‥‥ 294
北海道図書館
　→三浦迪彦 ‥‥‥‥‥‥‥ 254
北海道図書館研究会
　→木田橋喜代慎 ‥‥‥‥‥ 94
　→三浦信一 ‥‥‥‥‥‥‥ 253
　→三浦迪彦 ‥‥‥‥‥‥‥ 254
北海道武蔵女子短期大学
　→坂本龍三 ‥‥‥‥‥‥‥ 123
　→山里澄江 ‥‥‥‥‥‥‥ 279
北海道立図書館
　→玉木利政 ‥‥‥‥‥‥‥ 175
　→三浦信一 ‥‥‥‥‥‥‥ 253
　→三浦迪彦 ‥‥‥‥‥‥‥ 254
ボードリー図書館
　→Coxe, Henry
　　Octavius ‥‥‥‥‥‥‥ 305
　→Edwards, Edward ‥‥‥ 309

　→Nicolson, Edward
　　Williams Byron ‥‥‥‥ 322
　→Proctor, Robert
　　George Collier ‥‥‥‥ 325
ぽぷら文庫
　→小河内芳子 ‥‥‥‥‥‥ 110
ポプラ文庫
　→小河内芳子 ‥‥‥‥‥‥ 110
本郷大将記念図書館
　→本郷房太郎 ‥‥‥‥‥‥ 242
本郷図書館（東京市立）
　→盛城礼蔵 ‥‥‥‥‥‥‥ 270
本所図書館
　→小野相司 ‥‥‥‥‥‥‥‥ 71
　→鈴木晧 ‥‥‥‥‥‥‥‥ 149
　→那波武 ‥‥‥‥‥‥‥‥ 206
　→北条治宗 ‥‥‥‥‥‥‥ 238
　→山田正佐 ‥‥‥‥‥‥‥ 281
ボン大学図書館
　→Dziatzko, Karl ‥‥‥‥ 308
本の図書館（丸善）
　→八木佐吉 ‥‥‥‥‥‥‥ 274

【ま】

前橋市立図書館
　→奥野三郎 ‥‥‥‥‥‥‥‥ 66
　→桜井菊次郎 ‥‥‥‥‥‥ 124
　→佐藤錠太郎 ‥‥‥‥‥‥ 127
　→渋谷国忠 ‥‥‥‥‥‥‥ 136
　→萩原進 ‥‥‥‥‥‥‥‥ 213
　→樋口千代松 ‥‥‥‥‥‥ 225
馬込図書館
　→伊藤峻 ‥‥‥‥‥‥‥‥‥ 28
正宗文庫（財）
　→正宗敦夫 ‥‥‥‥‥‥‥ 244
マザラン図書館
　→Mazarin, Jules
　　Raymond ‥‥‥‥‥‥‥ 318
　→Naudé, Gabriel ‥‥‥‥ 321
町田市立図書館
　→佐野真 ‥‥‥‥‥‥‥‥ 130

　→浪江虔 ‥‥‥‥‥‥‥‥ 204
松江図書館（江戸川区立）
　→清水正三 ‥‥‥‥‥‥‥ 138
松江図書館（県立）
　→太田直行 ‥‥‥‥‥‥‥‥ 52
松江図書館（市立）
　→太田台之丞 ‥‥‥‥‥‥‥ 51
松江図書館（私立）
　→太田台之丞 ‥‥‥‥‥‥‥ 51
松が岡文庫
　→鈴木大拙 ‥‥‥‥‥‥‥ 148
松川町図書館
　→宮沢三二 ‥‥‥‥‥‥‥ 259
松下電器産業中央研究所
　→谷口房雄 ‥‥‥‥‥‥‥ 174
松商学園短期大学
　→清水正男 ‥‥‥‥‥‥‥ 140
松任市立図書館
　→伊藤峻 ‥‥‥‥‥‥‥‥‥ 28
松尾文庫
　→松尾幸治郎 ‥‥‥‥‥‥ 247
松廼屋文庫
　→安田善次郎（2代目）‥‥ 275
松原市民図書館
　→拝田真紹 ‥‥‥‥‥‥‥ 213
松本医学専門学校図書課
　→武居権内 ‥‥‥‥‥‥‥ 162
松本市立図書館
　→小笠原忠統 ‥‥‥‥‥‥‥ 59
マドラス大学図書館
　→Ranganathan,
　　Shiyali
　　Ramamrita ‥‥‥‥‥‥ 325
マドラス図書館協会
　→Ranganathan,
　　Shiyali
　　Ramamrita ‥‥‥‥‥‥ 325
間宮商店
　→杜定友 ‥‥‥‥‥‥‥‥ 184
　→堀口貞子 ‥‥‥‥‥‥‥ 241
　→間宮不二雄 ‥‥‥‥‥‥ 252
　→森清 ‥‥‥‥‥‥‥‥‥ 268
豆の木文庫
　→長崎源之助 ‥‥‥‥‥‥ 194

マールブルク大学図書館
　→Nörrenberg,
　　Constantin ………… 322
満洲開拓読書協会（財）
　→石川春江 ……………… 20
　→堂前貢 ………………… 185
　→東田平治 ……………… 224
　→堀内庸村 ……………… 241
（満洲）国立中央図書館籌備処
　→柏原堯 ………………… 77
　→鈴木賢祐 ……………… 149
　→瀧川政次郎 …………… 160
　→多田光 ………………… 168
　→中島猶治郎 …………… 197
　→彌吉光長 ……………… 285
満洲出版文化研究所
　→楠田五郎太 …………… 99
満洲読書同好会
　→勝家清勝 ……………… 78
マンチェスター貸出図書館
　→Mudie, Charles
　　Edward …………… 320
マンチェスター公共図書館
　→Edwards, Edward …… 309
　→Jast, Louis Stanley …… 314

【み】

三重県立図書館
　→尾鍋秀雄 ……………… 70
　→色井秀譲 ……………… 134
三重大学
　→山口浜三郎 …………… 279
三木図書館（私立）
　→三木酒楾 ……………… 254
ミシガン大学アジア図書館
　→森博 …………………… 269
ミシガン大学図書館
　→Bishop, William
　　Warner …………… 300
ミシガン大学図書館アジア図書館
　→福田なをみ …………… 231

水口図書館（町立）
　→井上好三郎 …………… 32
　→Vories, William
　　Merrell …………… 331
みづほ文庫
　→斎藤尚吾 ……………… 119
ミタカ少国民文庫
　→滑川道夫 ……………… 205
　→山本有三 ……………… 285
三田図書館・情報学会
　→澤本孝久 ……………… 131
道雄文庫ライブラリー
　→村岡花子 ……………… 262
三井住友海上火災保険情報センター
　→植村達男 ……………… 41
三井文庫
　→小林花子 ……………… 114
水海道市立図書館
　→谷貝忍 ………………… 273
三菱経済研究所図書館
　→坂田ハツ ……………… 121
水戸高等学校図書館
　→長山辰美 ……………… 203
緑図書館（墨田区立）
　→青木義雄 ……………… 4
　→小島惟孝 ……………… 111
南樺太日本人図書館
　→塩野正三 ……………… 133
南九州大学図書館
　→渡邊正亥 ……………… 297
南多摩農村図書館（私立）
　→浪江虔 ………………… 204
南満洲鉄道（株）学務課図書館係
　→佐竹義継 ……………… 126
南満洲鉄道（株）地方課教育係
　→佐竹義継 ……………… 126
ミネアポリス・アシニアム
　→Putnam, George
　　Herbert …………… 325
ミネアポリス公共図書館
　→Putnam, George
　　Herbert …………… 325

三原町立図書館
　→沢井常四郎 …………… 131
三原図書館
　→藤原覚一 ……………… 236
宮城県立図書館
　→池田菊左衛門 ………… 16
　→小林藤吉 ……………… 114
　→稗方弘毅 ……………… 224
　→山中樵 ………………… 282
　→山中正 ………………… 282
宮城県立図書館
　→伊東平蔵 ……………… 29
　→常盤雄五郎 …………… 186
　→中島胤男 ……………… 196
宮城書籍館
　→大槻文彦 ……………… 54
　→林通 …………………… 221
都図書館（私立）
　→霜島新七 ……………… 140
都城市立図書館
　→河野一平 ……………… 108
　→中山正道 ……………… 203
都城図書館（宮崎県立）
　→河野一平 ……………… 108
宮崎県立図書館
　→中村地平 ……………… 201
宮崎図書館（県立）
　→若山甲蔵 ……………… 294
明照寺図書室（私立）
　→小野山竜心 …………… 72
三好高等女学校婦人図書館
　→高津半造 ……………… 108
三次文庫
　→平井右平 ……………… 226
三善文庫
　→三善康信 ……………… 260
三良坂村図書館
　→立上覚三郎 …………… 169
民音音楽資料館
　→小川昂 ………………… 64
民衆図書館センター
　→Hofmann, Walter …… 313

## 【む】

向丘図書館（私立）
　→町田練秀 …………… 246
向山文庫（私立）
　→難波作之進 ………… 206
武庫川女子大学
　→山下栄 ………………… 279
武庫川女子大学図書館
　→古原雅夫 …………… 237
武蔵野女子大学
　→深川恒喜 …………… 229
武蔵野市立図書館
　→佐藤忠恕 …………… 127
武蔵野美術大学美術資料図書館
　→永濱薩男 …………… 200
村山市立図書館
　→喜早彦太 …………… 93
室積師範学校
　→市毛金太郎 ………… 24

## 【め】

明誼学舎書籍縦覧所
　→中島靖 ……………… 197
明治学院大学図書館
　→津久井安夫 ………… 178
明治新聞雑誌文庫
　→西田長壽 …………… 208
　→宮武外骨 …………… 260
明治大学
　→谷貝忍 ……………… 273
明治大学現代マンガ図書館
　→内記稔夫 …………… 191
明治大学図書館
　→遠藤源六 …………… 46
　→奥村藤嗣 …………… 66
　→後藤総一郎 ………… 112
　→佐藤忠恕 …………… 127

　→鈴木剛男 …………… 148
　→森本謙蔵 …………… 272
明徳軒
　→髙島太介 …………… 156
メリーランド大学図書館
　→奥泉栄三郎 ………… 65
　→福田なをみ ………… 231
　→村上寿世 …………… 263

## 【も】

盲人図書館（国立）
　→Munford, William Arthur …………… 321
紅葉山文庫
　→近藤正斎 …………… 117
　→林復斎 ……………… 221
桃木書院図書館
　→桃木武平 …………… 267
桃山学院大学
　→栗原均 ……………… 104
盛岡高等農林学校図書館
　→紀正之 ……………… 96
盛岡市立図書館
　→吉田徳治 …………… 291
守山市立図書館
　→平田守衞 …………… 226
森山文庫
　→森山慶三郎 ………… 273
モンタナ大学図書館
　→Keeney, Philip Olin … 316
文部省科学局
　→犬丸秀雄 …………… 32
文部省学務局
　→村島靖雄 …………… 264
文部省社会教育課
　→小尾範治 …………… 73
文部省社会教育施設課
　→山室民子 …………… 283
文部省社会教育局
　→有山崧 ……………… 12
　→石塚正成 …………… 21

　→井内慶次郎 ………… 31
　→武田虎之助 ………… 165
　→長島孝 ……………… 195
　→西崎恵 ……………… 207
　→原忠篤 ……………… 222
　→松尾友雄 …………… 248
文部省図書館
　→飯田英二 …………… 14
文部省普通学務局
　→小尾範治 …………… 73
　→川本宇之介 ………… 88
　→乘杉嘉壽 …………… 213
　→原忠篤 ……………… 222

## 【や】

八潮図書館
　→野瀬里久子 ………… 212
保井文庫
　→保井芳太郎 ………… 275
安田文庫
　→川瀬一馬 …………… 86
　→安田善次郎（2代目）… 275
保田文庫
　→保田徹 ……………… 275
谷地読書協会
　→石川賢治 …………… 19
谷地図書館（大礼記念）
　→石川賢治 …………… 19
八代市立図書館
　→田辺憲爾 …………… 173
柳沢図書館
　→末廣いく子 ………… 144
柳沢文庫
　→柳沢保承 …………… 276
　→柳沢保恵 …………… 276
柳図書館
　→貞方弥三郎 ………… 126
耶馬溪文庫
　→小野桜山 …………… 70
八幡製鉄所図書館
　→仙田正雄 …………… 153

→波多野賢一 ·········· 215
八幡大学
　→木村秀明 ············· 97
八幡大学図書館
　→川口鉄男 ············· 86
山形県図書館協会
　→白崎良弥 ·········· 142
山形県立図書館
　→平沢東貫 ·········· 226
山形県立図書館（行啓記念）
　→太田盛雄 ············· 53
　→小林藤吉 ·········· 114
　→田沢次郎 ·········· 166
　→渡辺徳太郎 ······ 297
山形高等学校図書館
　→城野雄介 ·········· 142
山形大学図書館
　→大野沢緑郎 ········ 55
山形図書館（私立）
　→渡辺徳太郎 ······ 297
山口県図書館協会
　→佐野友三郎 ······ 129
　→山本哲生 ·········· 284
山口県立文書館
　→鈴木賢祐 ·········· 149
山口高等商業学校東亜経済研究所
　→田村盛一 ·········· 176
山口女子大学
　→藤田善一 ·········· 234
山口大学附属図書館
　→岩淵泰郎 ············· 38
山口図書館（県立）
　→粟屋猛雄 ············· 13
　→神本光吉 ············· 84
　→鬼頭梓 ················ 96
　→厨川肇 ·············· 105
　→近藤清志 ·········· 117
　→佐野友三郎 ······ 129
　→鈴木賢祐 ·········· 149
　→武田千代三郎 ·· 164
　→田村盛一 ·········· 176
　→野波菊太郎 ······ 212

→升井卓彌 ·········· 245
→宮川臣吉 ·········· 258
→百村轍弥 ·········· 267
→渡辺秀忠 ·········· 297
山口文庫芝浦支部（財）
　→高橋愼一 ·········· 158
山下記念町立厚狭図書館
　→山下美代藏 ······ 280
山城屋（博古堂）
　→宮川臣吉 ·········· 258
山中文庫
　→山中進治 ·········· 282
山梨県教育会図書館
　→根津嘉一郎 ······ 211
山梨県立図書館
　→根津嘉一郎 ······ 211
山梨高等工業学校図書館
　→植村長三郎 ········ 41
八幡市立図書館
　→小野則秋 ············· 71

【ゆ】

有三青少年文庫
　→増村王子 ·········· 246
　→山本有三 ·········· 285
ユネスコ
　→原田勝 ·············· 223
ユネスコ情報交換部局
　→Besterman, Theodor Deodatus Nathaniel ·· 299

【よ】

陽明文庫（財）
　→田中鐵三 ·········· 171
横須賀市図書館
　→竹田平 ·············· 164
横須賀町立図書館
　→成瀬涓 ·············· 205

横浜国立大学
　→佐藤仁 ·············· 128
　→横山孝次郎 ······ 287
横浜国立大学図書館
　→團野弘行 ·········· 177
横浜市図書館
　→伊東平蔵 ············· 29
　→鵜沢忠 ················ 42
　→岡本孝正 ············· 63
　→鹿島知二郎 ········ 76
　→鈴木保太郎 ······ 150
　→長谷川雪江 ······ 215
　→早川理三 ·········· 219
横浜女子短期大学図書館
　→大河原濟 ············· 48
横浜市立大学
　→横山孝次郎 ······ 287
横浜市立大学図書館
　→大河原濟 ············· 48
横浜市立図書館
　→沓掛伊佐吉 ······ 100
　→渋谷国忠 ·········· 136
　→佃実夫 ·············· 179
横浜文庫（私立）
　→秋元楓湖 ··············· 7
よこはま文庫の会
　→長崎源之助 ······ 194
横山書籍館
　→横山又一郎 ······ 288
好藤村青年団巡回文庫
　→菅正信 ················ 89
四日市大学図書館
　→朝倉治彦 ··············· 8
四谷簡易図書館
　→竹内善作 ·········· 162
四谷図書館
　→神谷富蔵 ············· 84
　→鈴木晧 ·············· 149
　→那波武 ·············· 206
淀橋図書館
　→神谷富蔵 ············· 84
　→山田正佐 ·········· 281

米子図書館（鳥取県立）
　→松尾陽吉 ………… 248
米本図書館
　→米本信吾 ………… 292
米沢図書館（財）
　→米沢元健 ………… 292
米沢図書館（私立）
　→伊佐早謙 …………  16
米沢文庫
　→清水彦介 ………… 139

【ら】

ライトハウス
　→岩橋武夫 …………  38
ライプツィヒ市立公共図書館
　→Hofmann, Walter …… 313
ライプツィヒ大学図書館
　→Ebert, Friedrich
　　Adolf …………… 308
ライブラリー・ビューロー社
　→Dewey, Melville
　　Louis Kossuth ……… 307
ライン図書館連盟
　→Nörrenberg,
　　Constantin ………… 322
楽歳文庫
　→松浦静山 ………… 252

【り】

李王職図書掛
　→荻山秀雄 …………  65
理化学研究所
　→南部和夫 ………… 206
理化学研究所図書館
　→小河次吉 …………  63
リシュリュー図書館
　→Naudé, Gabriel ……… 321
リーズ図書館
　→MacAlister, John
　　Young Walker ……… 318

立教大学
　→清水正三 ………… 138
立教大学図書館
　→津久井安夫 ……… 178
　→浜田敬一 ………… 218
　→福田なをみ ……… 231
　→武藤重勝 ………… 261
立正佼成会付属佼成図書館
　→岩佐貫三 …………  37
立正大学
　→平野美恵子 ……… 227
立命館大学図書館
　→若井勉 …………… 294
リバプール図書館
　→MacAlister, John
　　Young Walker ……… 318
龍谷大学図書館
　→平春生 …………… 154
流通経済大学図書館
　→中村博男 ………… 201
　→森博 ……………… 269
龍門文庫
　→川瀬一馬 …………  86
リューベック市立図書館
　→Karstedt, Hans Peter
　　………………… 315
凌雲文庫
　→阿佐凌雲 …………   7
両国図書館（東京市立）
　→秋岡梧郎 …………   6
　→沓掛伊佐吉 ……… 100
　→保坂豊治 ………… 239
旅順工科大学図書室
　→麓鶴雄 …………… 237
旅順高等学校図書課
　→裏川吉太郎 ………  43
林業試験場資料室（農林省）
　→服部金太郎 ……… 217

【ろ】

六郷図書館
　→加藤弘 ……………  80
ロサンゼルス公共図書館
　→Hasse, Adelaide …… 313
ロンドン・インスティテュート図書館
　→Nicolson, Edward
　　Williams Byron ……… 322
ロンドン王立医学・外科協会図書館
　→MacAlister, John
　　Young Walker ……… 318
ロンドン貸出図書館
　→Mudie, Charles
　　Edward …………… 320
ロンドン書誌学会
　→Garnett, Richard …… 311
ロンドン職工学校科学図書館
　→Birkbeck, George …… 300
ロンドン大学
　→Sayers, William
　　Charles Berwick …… 327
ロンドン大学図書館学校
　→Besterman, Theodor
　　Deodatus Nathaniel ‥ 299
ロンドン図書館（ロンドン・ライブラリー）
　→Carlyle, Thomas …… 304
　→Wright, Charles
　　Theodore Hagberg,
　　Sir ………………… 332

【わ】

和学講談所
　→塙保己一 ………… 217
和歌山県立図書館
　→片山竹之助 ………  78
　→喜多村進 …………  95
　→熊代強 …………… 102

403

→倉田績 ………………104
　→丹羽修一 ……………210
和歌山高等商業学校図書課
　→丹羽修一 ……………210
　→堀口貞子 ……………241
和歌山高等商業学校図書館
　→鈴木賢祐 ……………149
ワシントン・カウンティ・フリー・ライブラリー（WCFL）
　→Titcomb, Mary
　　Lemist ……………330
ワシントン大学図書館
　→松井正人 ……………247
早稲田大学
　→毛利宮彦 ……………266
　→山本信男 ……………284
早稲田大学図書館
　→阿部敬二 …………… 10
　→石井藤五郎 ………… 17
　→和泉信平 …………… 23
　→市島謙吉 …………… 25
　→岡村千曳 …………… 62
　→加藤萬作 …………… 80
　→小寺謙吉 ……………112
　→小林堅三 ……………113
　→高宮秀夫 ……………160
　→田中光顕 ……………172
　→林癸未夫 ……………219
　→洞富雄 ………………241
　→宮川貞二 ……………258
　→村山実 ………………265
　→毛利宮彦 ……………266
　→山本信男 ……………284
　→湯浅吉郎 ……………286
　→吉田恵三郎 …………290
　→吉田東伍 ……………290
　→Gordon, Elizabeth
　　Anna ………………311
和洋女子大学
　→上里美須丸 …………108
和洋女子大学図書館
　→黒住武 ………………106

【 ABC 】

CIE
　→Downs, Robert
　　Bingham ……………308
　→Keeney, Philip Olin …316
　→Nelson, John
　　Monninger …………322
　→Osborne, Monta L.…323
CIE図書館
　→渡辺茂男 ……………296
CIE図書館（札幌）
　→澤本孝久 ……………131
CIE図書館（高松）
　→安西郁夫 …………… 13
CIE図書館（日比谷）
　→津田良成 ……………179
M.フヤセ商会
　→間宮不二雄 …………252
R.R.ボウカー出版
　→Bowker, Richard
　　Rogers ………………301

# 事 項 索 引

1）本文の見出し人名に関するテーマや事柄などを五十音順に排列し，その見出し人名および該当ページを示した。
2）同義語は参照形として事項名に「を見よ参照」（⇒）を付し，類義語には「をも見よ参照」（⇒：）を付した。

## 【あ】

アフリカ問題
　→西野照太郎 ………… 208
『アメリカン・ビブリオグラフィー』(1639-1799)
　→Evans, Charles ……… 309

## 【い】

医学図書館
　→津田良成 ………… 179
　→吉岡孝治郎 ………… 289
『医科大学共同学術雑誌目録』(1931)
　→渡邊正亥 ………… 297
生き字引 ⇒：博学
　→小牧猛 ………… 115
　→佐々木良太郎 ………… 125
　→永島正一 ………… 195
　→橋本正一 ………… 214
　→村上昭男 ………… 262
イタリア学
　→村橋ルチア ………… 265
移動図書館 ⇒：自動車文庫
　→大岩好昭 ………… 47
　→川名正義 ………… 87
　→久保七郎 ………… 101
　→小林重幸 ………… 113
　→韮塚一三郎 ………… 210
　→廿日出逸暁 ………… 216
　→Jast, Louis Stanley … 314
　→Titcomb, Mary Lemist ………… 330
移動図書館（三輪自転車による）
　→吉岡三平 ………… 289
移動図書館（全米初，馬車による）
　→Titcomb, Mary Lemist ………… 330

移動図書館（リヤカー）
　→久保七郎 ………… 101
慰問図書
　→Dickinson, Asa Don ‥ 307
医療史コレクション
　→Wellcome, Henry Solomon, Sir ………… 332
インキュナブラ
　→Proctor, Robert George Collier ………… 325
インキュナブラ目録
　→Pollard, Alfred William ………… 324
印刷カード
　→鬼塚明治 ………… 70
　→守屋恒三郎 ………… 273
印刷目録（欧文図書）
　→秋間球磨 ………… 7
『インデックス・メディクス』
　→Billings, John Show … 299

## 【う】

ウィリアムソン報告
　→Williamson, Charles ‥ 332
『上野図書館八十年略史』(1953)
　→藤井貞文 ………… 232
浮世絵
　→鈴木重三 ………… 148
『動く図書館：自動車文庫の実態』(1961)
　→葛野勉 ………… 81

## 【え】

英学史
　→重久篤太郎 ………… 134
映画上映
　→橋本正一 ………… 214
エクステンション・サービス
　→楠田五郎太 ………… 99

　→城間朝教 ………… 142
絵草子
　→鈴木重三 ………… 148
江戸期文献
　→鹿島則泰 ………… 76
江戸史料
　→波多野賢一 ………… 215
絵葉書
　→岡田健蔵 ………… 60
　→宮武外骨 ………… 260
　→Kenyon, Frederic George, Sir ………… 316
演劇図書館
　→湯浅吉郎 ………… 286

## 【お】

往来物
　→石川松太郎 ………… 20
沖縄学
　→伊波普猷 ………… 34
　→金城朝永 ………… 98
　→真境名安興 ………… 245
乙部図書
　→芝盛雄 ………… 135
　→高橋好三 ………… 158
　→吉田邦輔 ………… 290
オートメーション
　→小田泰正 ………… 68
お話会
　→阪谷俊作 ………… 121
　→中條辰夫 ………… 177
親子読書
　→斎藤尚吾 ………… 119
音楽資料
　→坂丈緒 ………… 223
音楽図書館
　→喜多村進 ………… 95
　→Savage, Ernest Albert ………… 326

## 【か】

会員制図書館
　→Franklin, Benjamin … 310
開架
　→秋岡梧郎 …………… 6
　→今澤慈海 ………… 35
　→菅野青顔 ………… 89
　→桑原善作 ………… 106
　→佐野友三郎 ……… 129
　→田中敬 …………… 171
　→林靖一 …………… 220
　→平山幹次 ………… 228
　→湯浅吉郎 ………… 286
　→渡邊正亥 ………… 297
　→Bostwick, Arthur …… 301
　→Brown, James Duff … 303
　→Carnegie, Andrew …… 304
　→Dana, John Cotton … 306
　→McColvin, Lionel Roy ………………… 318
　→Nicolson, Edward Williams Byron ……… 322
　→Sayers, William Charles Berwick …… 327
開架（安全）
　→久保七郎 ………… 101
　→Winsor, Justin ……… 332
開架（半）⇒半開架
開架書庫
　→竹内紀吉 ………… 163
外国雑誌受入
　→安馬彌一郎 ……… 14
解題書誌（特殊文献）
　→樋口秀雄 ………… 225
『ガイド・トゥ・レファレンス・ブックス』（1917）
　→Mudge, Isadore Gilbert ……………… 320
海洋図書館
　→湯浅吉郎 ………… 286

『科学技術文献速報』
　→谷昌博 …………… 174
科学図書館
　→大島仁平 ………… 51
　→Birkbeck, George …… 300
科学博物館
　→Dana, John Cotton … 306
科学読物
　→吉村証子 ………… 291
学者司書
　→智憬 ……………… 177
『学術雑誌総合目録』
　→高木武之助 ……… 155
学術性（図書館学の）
　→菊池租 …………… 92
『学術用語集：図書館学編』（1958）
　→大越謹吾 ………… 49
貸出
　→佐藤錠太郎 ……… 127
　→中津親義 ………… 199
　→和田清 …………… 294
　→渡辺進 …………… 296
　→Carlyle, Thomas …… 304
　→Hofmann, Walter …… 313
　→Ticknor, George …… 330
貸出（個人）
　→北畠貞顕 ………… 94
貸出（団体）
　→白瀬長茂 ………… 142
　→和田清 …………… 294
貸出方式（ニューアーク式）
　→Dana, John Cotton … 306
貸本屋
　→足助素一 ………… 9
　→綾井武夫 ………… 12
　→大野屋惣八 ……… 55
　→亀田憲六 ………… 84
　→小林新造 ………… 114
　→内記稔夫 ………… 191
　→吉川半七 ………… 289
　→Mudie, Charles Edward ……………… 320

価値論
　→Carnovsky, Leon …… 304
学級文庫
　→戸塚廉 …………… 188
学校司書
　→宇原郁世 ………… 43
　→北村幸子 ………… 95
学校図書館
　→川添キシ ………… 86
　→北村幸子 ………… 95
　→久米井束 ………… 103
　→小林忠雄 ………… 114
　→阪本一郎 ………… 122
　→佐野友彦 ………… 130
　→深川恒喜 ………… 229
　→松尾彌太郎 ……… 248
　→三輪計雄 ………… 261
　→山本房吉 ………… 284
　→吉井良顕 ………… 289
学校図書館学講座
　→武田虎之助 ……… 165
「学校図書館基準」（1949）
　→椎野正之 ………… 133
「学校図書館基準」（1969）
　→Graham, Inez Mae …… 312
『学校図書館件名標目表 中学校用』（1958）
　→松本茂 …………… 252
学校図書館史
　→清水正男 ………… 140
『学校図書館の手引』（1948）
　→加藤宗厚 ………… 78
　→河合博 …………… 85
　→阪本一郎 ………… 122
　→鳥生芳夫 ………… 191
　→滑川道夫 ………… 205
　→深川恒喜 ………… 229
　→Osborne, Monta L. …… 323
学校図書館法（1953）
　→松尾彌太郎 ……… 248
活字研究
　→Bradshaw, Henry …… 302

家庭文庫
　→石井桃子 ················ 18
　→小河内芳子 ············ 110
カード仕分器
　→鬼塚明治 ················ 70
カード目録
　→安藤恵順 ················ 13
　→浮田和民 ················ 42
　→高津親義 ·············· 157
　→Dewey, Melville
　　Louis Kossuth ········ 307
かなタイプ
　→黒沢貞次郎 ············ 106
紙芝居
　→小河内芳子 ············ 110
館外貸出
　→今澤慈海 ················ 35
館外サービス
　→楠田五郎太 ············ 99
　→小林重幸 ·············· 113
　→森崎震二 ·············· 271
観光学
　→小川寿一 ················ 63
看護図書館
　→菅利信 ················ 144
患者図書館
　→谷原公 ················ 174
漢籍
　→松崎鶴雄 ·············· 249
関東大震災（1923）
　→安食高吉 ················ 9
　→姉崎正治 ················ 10
　→今澤慈海 ················ 35
　→植松安 ·················· 40
　→内田魯庵 ················ 43
　→占部百太郎 ············ 44
　→島田邦平 ·············· 138
　→高楯俊 ·················· 156
　→田所糧助 ·············· 169
　→和田万吉 ·············· 294

【き】

議会図書館分類表
　→Putnam, George
　　Herbert ················ 325
岸本改革 ⇒：大学図書館改革
　→岸本英夫 ················ 92
奇術師
　→高木重朗 ·············· 155
記述独立方式（目録）
　→森耕一 ·················· 268
記述目録法
　→大内直之 ················ 47
『基礎的レファレンス情報源』
（1954）
　→Shores, Louis ········ 328
「キーニープラン」
　→Keeney, Philip Olin ··· 316
教育事務所と連携
　→河内義一 ················ 87
教育評論
　→小野源蔵 ················ 71
教員文庫
　→阪谷俊作 ·············· 121
教科書図書館
　→石川正作 ················ 19
　→石川松太郎 ············ 20
郷土史誌 ⇒：府県志
　→国分剛二 ·············· 110
郷土資料 ⇒：地域資料
　→阿部泰蔵 ················ 10
　→安部立郎 ················ 14
　→石井富之助 ············ 18
　→石原六郎 ················ 23
　→一戸岳逸 ················ 25
　→伊波普猷 ················ 34
　→岡村一郎 ················ 62
　→荻原直正 ················ 65
　→叶沢清介 ················ 82
　→河内義一 ················ 87
　→沓掛伊佐吉 ·········· 100

　→倉田績 ·················· 104
　→小島惟孝 ·············· 111
　→近藤清石 ·············· 117
　→佐野友三郎 ·········· 129
　→白崎良弥 ·············· 142
　→中田邦造 ·············· 198
　→廣瀬誠 ·················· 228
　→宮川臣吉 ·············· 258
　→山中樵 ·················· 282
　→渡邊正亥 ·············· 297
キリシタン研究
　→豊沢武 ·················· 190
キリシタン史料
　→永山時英 ·············· 203
キリシタン版
　→富永牧太 ·············· 189
禁止図書
　→長田富作 ················ 67
近世資料（翻刻）
　→朝倉治彦 ················ 8
『近世日本文庫史』（1943）
　→竹林熊彦 ·············· 166
近代図書館の進言
　→市川清流 ················ 24
『近代日本図書館の歩み』
　→石井敦 ·················· 17

【く】

クリッピング
　→McCarthy, Charles ···· 318
軍人司書
　→武藤正治 ·············· 261
軍人図書館 ⇒：陣中文庫
　→山田清吉 ·············· 281

【け】

経営指導（町村図書館）
　→三宅千代二 ·········· 258

409

『経済学文献季報』
　→川原和子 ……………… 87
経済産業図書館
　→Savage, Ernest
　　Albert ……………… 326
経済文献
　→生島芳郎 ……………… 15
芸術図書館
　→Savage, Ernest
　　Albert ……………… 326
計量書誌学
　→馬場重徳 …………… 217
『ケニヨン報告』(1927)
　→Kenyon, Frederic
　　George, Sir ………… 316
見学(アメリカ合衆国, 1915)
　→佐野友三郎 ………… 129
建築史
　→菊岡倶也 ……………… 91
件名索引(分類目録の)
　→渡邊又次郎 ………… 298
件名目録 ⇒：辞書体目録
　→衛藤利夫 ……………… 45
　→Kayser, Albrecht
　　Christoph …………… 315
　→Schrettinger, Martin
　　……………………… 327

【こ】

講演会
　→伊波普猷 ……………… 34
　→阪谷俊作 …………… 121
公開図書館(我が国最初の)
　→石上宅嗣 ……………… 24
校勘学
　→狩谷棭斎 ……………… 85
公共図書館法(イギリス,
　1850)
　→Edwards, Edward …… 309
　→Ewart, William ……… 310

公共図書館法(ベルギー,
　1921)
　→Morel, Eugène ……… 320
『格子なき図書館』(映画,
　1950)
　→渡邊正亥 …………… 297
講習会
　→島袋全発 …………… 138
校正者
　→神代種亮 …………… 108
公文書
　→岩倉規夫 ……………… 36
　→貞松修蔵 …………… 126
　→鈴木賢祐 …………… 149
皇民化
　→荻山秀雄 ……………… 65
公民館
　→Nelson, John
　　Monninger ………… 322
古活字版
　→川瀬一馬 ……………… 86
国際交換(資料の)
　→青山大作 ………………… 5
国際十進分類法
　→石原紘 ………………… 22
　→大山綱憲 ……………… 57
　→武田虎之助 ………… 165
　→Bradford, Samuel
　　Clement …………… 302
　→Otlet, Paul Marie
　　Ghislain …………… 323
『国書解題』(1897〜)
　→佐村八郎 …………… 130
黒人コレクション
　→Schomburg, Arturo
　　Alfonso …………… 327
　→Shores, Louis ……… 328
国民読書
　→堀内庸村 …………… 241
国立国会図書館法(1948)
　→Brown, Charles
　　Harvey …………… 302
国立図書館(ハンガリー)
　→Széchényi, Ferenc …… 329

国立図書館改革
　→Dainton, Frederick
　　Sydney …………… 306
　→Delisle, Léopold
　　Victor ……………… 307
　→Panizzi, Anthony
　　(Antonio), Sir ……… 323
国立図書館研究
　→鈴木平八郎 ………… 149
古典籍収集
　→市島謙吉 ……………… 25
　→岩瀬弥助 ……………… 37
　→阪本猷 ……………… 123
　→中山正善 …………… 202
子ども会
　→渡辺茂男 …………… 296
『こどもの図書館』
　→大門潔 ……………… 154
小松原訓令 ⇒図書館設立ニ関
　スル注意事項(1910)
古文書
　→伊佐早謙 ……………… 16
　→坂川勝春 …………… 121
　→藤原覚一 …………… 236
古文書学
　→Coxe, Henry
　　Octavius …………… 305
コロン分類法
　→Ranganathan,
　　Shiyali
　　Ramamrita ………… 325
コンサート
　→McColvin, Lionel
　　Roy ………………… 318
コンサルタント(図書館) ⇒図
　書館コンサルタント
コンピュータ
　→黒住武 ……………… 106
コンピュータ導入(公立図書館
　への)
　→伊藤峻 ………………… 28

## 【さ】

財政史料
　→髙楠俊 …………… 156
サイバネティックス
　→椎名六郎 ………… 132
索引誌
　→Billings, John Show… 299
作家支援
　→小梛精以知 ……… 70
雑誌記事索引
　→林靖一 …………… 220
雑誌記事索引（先駆）
　→武蔵規一郎 ……… 261
『雑誌索引』(1848)
　→Poole, William
　　Frederick ……… 324
雑誌図書館（日本で初の）
　→大宅壮一 ………… 57
雑誌の整理
　→赤星軍次郎 ……… 5
サブジェクトライブラリアン制
　→酒井悌 …………… 120
「参考事務規程」(1961)
　→志智嘉九郎 ……… 134
『参考書誌研究』(1970〜)
　→伊藤一夫 ………… 27
　→庄野新 …………… 141
参考図書
　→伊達友俊 ………… 168
　→田中敬 …………… 171
　→Bowker, Richard
　　Rogers ………… 301
『参考文献総覧』(1934)
　→彌吉光長 ………… 285

## 【し】

四庫全書
　→衛藤利夫 ………… 45
司書教諭
　→示野昇 …………… 140
司書講習
　→上里美須丸 ……… 108
辞書体目録 ⇒：件名目録
　→岡田健蔵 ………… 60
　→菅野退輔 ………… 90
『辞書体目録規則』(1875)
　→Cutter, Charles
　　Ammi …………… 305
司書養成
　→横山孝次郎 ……… 287
詩人
　→北園克衛 ………… 94
自然科学
　→石田修 …………… 21
慈善事業 ⇒メセナ
視聴覚資料
　→田中彦安 ………… 172
実学書
　→北村益 …………… 95
実業教育
　→Preusker, Karl
　　Benjamin ……… 324
実業図書館 ⇒：商業図書館
　→新田潤 …………… 209
十進分類法
　→佐野友三郎 ……… 129
　→新村出 …………… 144
　→高田定吉 ………… 156
　→朴奉石 …………… 239
　→武藤正治 ………… 261
　→森清 ……………… 268
　→Dewey, Melville
　　Louis Kossuth …… 307
指定図書
　→姉崎正治 ………… 10
　→Winsor, Justin …… 332

自転車文庫
　→大河原生二 ……… 48
児童サービス
　→今澤慈海 ………… 35
　→岡崎袈裟男 ……… 58
　→柏原堯 …………… 77
　→菅まゆみ ………… 89
　→北村泰子 ………… 95
　→小河内芳子 ……… 110
　→竹内善作 ………… 162
　→野本和子 ………… 212
　→渡邊又次郎 ……… 298
　→Moore, Anne Carroll
　　………………… 319
児童司書
　→渡辺茂男 ………… 296
児童室
　→竹貫佳水 ………… 157
　→山田正佐 ………… 281
　→湯浅吉郎 ………… 286
　→Dana, John Cotton … 306
　→Moore, Anne Carroll
　　………………… 319
　→Sayers, William
　　Charles Berwick …… 327
自動車文庫 ⇒：移動図書館
　→大村武一 ………… 57
　→菅野青顔 ………… 89
　→久保田彦穂 ……… 101
　→桑原善作 ………… 106
　→相馬利雄 ………… 153
　→中村祐吉 ………… 201
　→渡辺進 …………… 296
　→Titcomb, Mary
　　Lemist ………… 330
自動車文庫（全国初）
　→川村源七 ………… 88
児童書
　→石川春江 ………… 20
　→小河内芳子 ……… 110
児童書研究
　→北畑静子 ………… 94
児童大会
　→阪谷俊作 ………… 121

411

児童図書館
  →小河内芳子 ………… 110
  →友野玲子 …………… 189
児童図書館研究
  →石井桃子 …………… 18
『児童図書館の研究』(1918)
  →竹貫佳水 …………… 157
児童文学
  →村岡花子 …………… 262
  →渡辺茂男 …………… 296
児童文庫
  →久保田彦穂 ………… 101
支部図書館
  →酒井悌 ……………… 120
  →中井正一 …………… 193
市民公開(大学図書館の)
  →畠文次郎 …………… 137
「市民図書館」
  →Preusker, Karl
    Benjamin ………… 324
社会教育
  →川本宇之介 ………… 88
  →乗杉嘉壽 …………… 213
社会教育法
  →井内慶次郎 ………… 31
社会教育法(1949)
  →Nelson, John
    Monninger ……… 322
社会事業史
  →横山隆次郎 ………… 288
社会主義活動家
  →関位太郎 …………… 151
写字生
  →高楯俊 ……………… 156
社史編纂
  →大佐三四五 ………… 49
  →菊岡倶也 …………… 91
  →戸田光昭 …………… 188
ジャーナリズム史
  →高橋俊哉 …………… 159
ジャパンマーク
  →高橋徳太郎 ………… 159

集会
  →渡辺進 ……………… 296
集会活動
  →伊藤紀子 …………… 29
集中制(大学図書館)
  →田丸節郎 …………… 175
主記入論争
  →落合重信 …………… 68
  →田中敬 ……………… 171
主題書誌
  →天野敬太郎 ………… 11
  →内藤赳夫 …………… 192
  →波多野賢一 ………… 215
  →堀込静香 …………… 242
主題分類法
  →Brown, James Duff … 303
主題別閲覧室
  →今井貫一 …………… 34
  →中村祐吉 …………… 201
  →Billings, John Show … 299
  →Poole, William
    Frederick ………… 324
出版
  →河内義一 …………… 87
  →渡辺進 ……………… 296
出版物法案
  →松本喜一 …………… 251
巡回文庫
  →池田菊左衛門 ……… 16
  →井上角五郎 ………… 32
  →岡崎裴裘男 ………… 58
  →鎌田勝太郎 ………… 83
  →河内義一 …………… 87
  →菊池孝 ……………… 92
  →楠田五郎太 ………… 99
  →阪谷俊作 …………… 121
  →桜井市作 …………… 123
  →佐竹義継 …………… 126
  →里内勝治郎 ………… 128
  →佐野友三郎 ………… 129
  →中津親義 …………… 199
  →林靜治 ……………… 220
  →稗方弘毅 …………… 224

  →守屋恒三郎 ………… 273
  →山中樵 ……………… 282
  →湯浅吉郎 …………… 286
  →Dewey, Melville
    Louis Kossuth …… 307
巡回文庫(盲人向け)
  →佐藤正吉 …………… 127
春秋会事件(1958〜1959)
  →枝吉勇 ……………… 45
  →大島仁平 …………… 51
  →岡田温 ……………… 61
  →金森徳次郎 ………… 82
  →西水孜郎 …………… 145
  →角田順 ……………… 181
障害者サービス
  →市橋正晴 …………… 26
商業図書館⇒：実業図書館
  →Jast, Louis Stanley … 314
小説索引
  →奥田勝正 …………… 66
「少年少女の家」活動(1922〜1995)
  →Smith, Lillian Helena
    ………………………… 329
情報科学
  →椎名六郎 …………… 132
情報検索
  →中村幸雄 …………… 202
消耗品扱い(資料の)
  →橋田友治 …………… 214
抄録誌
  →犬丸秀雄 …………… 32
書架(新着)
  →今井貫一 …………… 34
  →片山信太郎 ………… 78
書架(和古書)
  →飯田良平 …………… 14
「書館」(訳語)
  →田中一貞 …………… 170
書庫(耐火)
  →岡田健蔵 …………… 60
  →田中一貞 …………… 170
書庫(初めての)
  →藤原頼長 …………… 236

書庫管理
　→沢田兼吉 ............... 131
書誌
　→熊原政男 ............... 102
書誌学
　→赤堀又次郎 ............... 6
　→長田富作 ................ 67
　→川瀬一馬 ................ 86
　→杳掛伊佐吉 ............ 100
　→熊原政男 ............... 102
　→小見山寿海 ............ 116
　→近藤正斎 ............... 117
　→田中敬 .................. 171
　→森銑三 .................. 269
　→Garnett, Richard ...... 311
　→Holtrop, Johannes
　　Willem ................. 314
　→Kenyon, Frederic
　　George, Sir ............ 316
　→Mudge, Isadore
　　Gilbert ................. 320
　→Pollard, Alfred
　　William ................ 324
書誌学（古典籍）
　→小林花子 ............... 114
書誌学（西洋）
　→庄司浅水 ............... 141
書誌学（組織的）
　→Besterman, Theodor
　　Deodatus Nathaniel .. 299
書誌学（日本）
　→鹿島則泰 ................ 76
　→狩谷棭斎 ................ 85
書誌学（分析）
　→Blades, William ...... 300
書史学講座（東京帝国大学文科大学）
　→和田万吉 ............... 294
書誌学者
　→長澤規矩也 ............ 195
　→矢島玄亮 ............... 274
　→Proctor, Robert
　　George Collier ........ 325
書誌作成
　→大信田落花 ............. 50

　→佐野真 .................. 130
『書誌年鑑』（1982）
　→中村洋子 ............... 202
書誌の書誌
　→天野敬太郎 ............. 11
　→Besterman, Theodor
　　Deodatus Nathaniel .. 299
書誌分類
　→Bliss, Henry Evelyn ... 300
女性司書（初めての）
　→河野不二 ............... 109
女性司書養成
　→Dewey, Melville
　　Louis Kossuth ........ 307
女性図書館員
　→Hasse, Adelaide ...... 313
女性図書館員教育
　→Tedder, Henry
　　Richard ................ 330
女性図書館長
　→貞閑晴 .................. 126
女性図書館長（京都府内で最初）
　→塩見悦 .................. 133
「書籍館」（訳語）
　→森田桂園 ............... 271
職階制（図書館員の）
　→Putnam, George
　　Herbert ................ 325
『ショート・タイトル・カタログ』（1926）
　→Pollard, Alfred
　　William ................ 324
書評
　→山村修 .................. 283
書物研究
　→庄司浅水 ............... 141
書物奉行
　→近藤正斎 ............... 117
『市立図書館と其事業』（1921）
　→竹内善作 ............... 162
私立図書館（新潟県内で最初の）⇒：図書館・団体名索引「私立―」の項
　→横山又一郎 ............ 288

資料組織 ⇒目録法
資料保管
　→林靖一 .................. 220
資料保存（害虫）
　→沢田兼吉 ............... 131
陣中文庫 ⇒：軍人図書館
　→衛藤利夫 ................ 45
人的援助
　→Green, Samuel ........ 312
人物研究
　→森銑三 .................. 269
人物文献
　→小椰精以知 ............. 70
『人物文献目録』（年刊）
　→森睦彦 .................. 270
新聞雑誌（明治）
　→宮武外骨 ............... 260

【す】

図案室
　→湯浅吉郎 ............... 286
出納手
　→浅見悦二郎 .............. 9
　→河合謙三郎 ............. 85
　→田村盛一 ............... 176
　→柳二郎 .................. 276
出納台
　→片山信太郎 ............. 78
　→田村盛一 ............... 176
随筆（図書館についての）
　→南諭造 .................. 257
ストーリーテリング
　→小河内芳子 ............ 110
　→Moore, Anne Carroll
　　........................... 319

【せ】

制裁規定（利用規則）
　→奥田勝正 ................ 66

413

政治史料
　→桑原伸介 ……………… 107
青少年教育
　→Preusker, Karl
　　Benjamin ……………… 324
青少年読物調査
　→坂本主計 ……………… 122
青年団
　→乙部泉三郎 …………… 69
政府刊行物
　→黒木努 ………………… 105
　→Hasse, Adelaide ……… 313
製本
　→鹿島知二郎 …………… 76
　→木原乾輔 ……………… 97
　→庄司浅水 ……………… 141
　→竹内治 ………………… 162
　→林靖一 ………………… 220
　→古野健雄 ……………… 237
整理（漢籍の）
　→長澤規矩也 …………… 195
整理（古書の）
　→中木美智枝 …………… 194
整理（洋書）
　→大河原濟 ……………… 48
世界書誌
　→La Fontaine, Henri
　　Marie …………………… 317
　→Otlet, Paul Marie
　　Ghislain ………………… 323
接収（資料の）
　→中田邦造 ……………… 198
　→橅島善次郎 …………… 210
　→福崎峰太郎 …………… 230
　→与謝野麟 ……………… 288
「セルフ・レファレンス」
　→齋藤文男 ……………… 119
『全国公共図書館逐次刊行物総
　合目録』(1963～1968)
　→志智嘉九郎 …………… 134
『全国特殊コレクション要覧』
　(1977)
　→土井稔子 ……………… 185

戦後図書館運動
　→金光鑑太郎 …………… 116
戦時特別図書買上事業
　→反町茂雄 ……………… 154
戦時図書館サービス
　→Milam, Carl
　　Hastings ……………… 319
　→Titcomb, Mary
　　Lemist ………………… 330
選書論
　→Carnovsky, Leon …… 304
選書論（日本初の）
　→渡辺徳太郎 …………… 297
戦争責任
　→田島清 ………………… 167
宣伝ビラ
　→武藤正治 ……………… 261
『全日本出版物総目録』
　→浜野修 ………………… 218
専門性（図書館員の）
　→小島惟孝 ……………… 111
専門図書館
　→宮田平三 ……………… 260
専門目録
　→Schrettinger, Martin
　　………………………… 327
占領期資料
　→星健一 ………………… 239

【そ】

創刊号コレクション
　→裏川吉太郎 …………… 43
総合目録
　→太田栄次郎 …………… 51
　→渡邊正亥 ……………… 297
総合目録（日本初の）
　→清川陸男 ……………… 98
相互協力
　→吉岡孝治郎 …………… 289
　→Kenyon, Frederic
　　George, Sir …………… 316

相互貸借
　→今澤慈海 ……………… 35
　→守屋恒三郎 …………… 273
　→Nörrenberg,
　　Constantin …………… 322
　→Putnam, George
　　Herbert ……………… 325
相互利用
　→今澤慈海 ……………… 35
蔵書印
　→朝倉治彦 ……………… 8
蔵書家
　→青柳文蔵 ……………… 4
　→板坂卜斎 ……………… 24
　→伊藤東涯 ……………… 29
　→大野屋惣八 …………… 55
　→小山田与清 …………… 73
　→田中大秀 ……………… 170
　→屋代弘賢 ……………… 274
相談業務
　→田村盛一 ……………… 176
疎開（資料の）
　→秋岡梧郎 ……………… 6
　→伊藤信 ………………… 30
　→大田栄太郎 …………… 51
　→岡島幹雄 ……………… 59
　→長田富作 ……………… 67
　→乙部泉三郎 …………… 69
　→中田邦造 ……………… 198
　→山中樵 ………………… 282
　→山室寿 ………………… 283
速記術
　→乙部泉三郎 …………… 69
　→Dewey, Melville
　　Louis Kossuth ………… 307

【た】

大学図書館
　→Bishop, William
　　Warner ………………… 300
大学図書館改革 ⇒：岸本改革
　→岸本英夫 ……………… 92

→新村出 …………… 144
→和田万吉 ………… 294
大学図書館史(私立で日本初)
　→伊奈弥之助 ………… 30
大学の中心としての図書館
　→Winsor, Justin ……… 332
大学紛争
　→黒住武 …………… 106
大活字本(弱視者向け)
　→市橋正晴 ………… 26
『大漢和辞典』
　→米山寅太郎 ………… 293
大逆事件(1910)
　→大石誠之助 ………… 47
大逆事件(1910)資料
　→竹内善作 ………… 162
大統領文書
　→Putnam, George
　　Herbert ………… 325
『第二の知識の本』(1963)
　→藤川正信 ………… 232
タイプライター
　→黒沢貞次郎 ………… 106
「ダウンズ勧告」
　→Downs, Robert
　　Bingham ………… 308
宅配サービス
　→大河原生二 ………… 48
　→亀田憲六 ………… 84
　→渋谷国忠 ………… 136
竹林文庫
　→竹林熊彦 ………… 166

【ち】

地域資料 ⇒：郷土資料
　→青木一良 …………… 3
地域文庫
　→阿部雪枝 ………… 10
逐次刊行物
　→竹内善作 ………… 162

地形図
　→酉水孜郎 ………… 145
地図
　→小島惟孝 ………… 111
　→柴田定吉 ………… 135
　→長谷川和泉 ……… 214
知的自由
　→Haines, Helen
　　Elizabeth ………… 313
地方改良運動
　→井上友一 ………… 32
地方出版物
　→青木実 …………… 4
　→鈴木喜久一 ……… 147
地方資料 ⇒郷土史誌
中央図書館制度
　→長田富作 ………… 67
　→三宅千代二 ……… 258
　→吉岡龍太郎 ……… 289
「中学校件名標目表」(1953)
　→熊野勝祥 ………… 102
中国関係図書(欧文)
　→柿沼介 …………… 75
中小公共図書館運営基準委員会(1960)
　→有山崧 …………… 12
　→石井敦 …………… 17
　→笠師昇 …………… 76
　→黒崎義博 ………… 105
　→黒田一之 ………… 106
　→三浦迪彦 ………… 254
　→森博 ……………… 269
『中小都市における公共図書館の運営』(1963)
　→有山崧 …………… 12
　→石井敦 …………… 17
　→石井富之助 ……… 18
　→清水正三 ………… 138
　→浪江虔 …………… 204
『中小図書館のための基本参考図書』(1968)
　→加藤弘 …………… 80
調査員(国立国会図書館)
　→枝吉勇 …………… 45

→倉田卓次 ………… 104
朝鮮研究文献
　→桜井義之 ………… 124
著作権
　→福澤諭吉 ………… 230
著者記号 ⇒：『日本著者記号法』(1951)
　→三城長二 ………… 132
　→Cutter, Charles
　　Ammi …………… 305
　→Merrill, William
　　Stetson ………… 319
著者講演会
　→渡邊又次郎 ……… 298
著者書名目録
　→Leibniz, Gottfried
　　Wilhelm ………… 317

【つ】

通俗教育
　→乗杉嘉壽 ………… 213
通俗書
　→Ticknor, George …… 330
通俗図書館
　→辻新次 …………… 179
　→坪谷善四郎 ……… 181
　→寺田勇吉 ………… 184
通訳(日本図書館学校)
　→藤川正信 ………… 232
綴りの改良
　→Dewey, Melville
　　Louis Kossuth ……… 307

【て】

帝国図書館ヲ設立スルノ建議(1896)
　→外山正一 ………… 190
「デイントン報告」
　→Dainton, Frederick
　　Sydney …………… 306

415

鉄筋コンクリート建築
　→貞松修蔵 ･･････････････ 126
鉄筋コンクリート建築（北海道初の）
　→岡田健蔵 ･･････････････ 60
鉄骨コンクリート建築
　→高橋宗太郎 ･･･････････ 158
デューイ十進分類法
　→Dewey, Melville Louis Kossuth ･･････････ 307
　→Jast, Louis Stanley ･･･ 314
　→Morel, Eugène ･･･････････ 320
展開分類法（1891）
　→Cutter, Charles Ammi ･･････････････････ 305
篆刻
　→吉田恵三郎 ･･････････ 290
電算化
　→山田常雄 ････････････ 281
展示
　→Moore, Anne Carroll ･････････････････････ 319
点字読書会
　→佐藤正吉 ････････････ 127
点字図書
　→岩橋武夫 ･･････････････ 38
　→佐藤正吉 ････････････ 127
　→本間一夫 ････････････ 242
点字図書館
　→和泉真佐子 ･･･････････ 23
　→渡辺進 ･･････････････ 296
電子図書館
　→石塚英男 ･･････････････ 21
　→田屋裕之 ････････････ 176
　→富田倫生 ････････････ 189
　→安江良介 ････････････ 275
点字文庫
　→阪谷俊作 ････････････ 121
点字目録
　→Austin, Ethel Winifred ･･････････････ 299
展覧会
　→阪谷俊作 ････････････ 121
　→島袋全発 ････････････ 138

→湯浅吉郎 ････････････ 286

【と】

東亜資料
　→衛藤利夫 ･･････････････ 45
謄写版
　→古野健雄 ････････････ 237
『東壁』（1901）
　→島文次郎 ････････････ 137
　→村上勘兵衛 ･･･････････ 263
東洋図書
　→平野千恵子 ･･･････････ 227
東洋図書館
　→松井正人 ････････････ 247
童話
　→森川鉉二 ････････････ 270
ドキュメンテーション ⇒：文献活動
　→伊藤四十二 ････････････ 31
　→大塚明郎 ･･････････････ 53
　→小林胖 ･･･････････････ 115
　→杉村優 ･･･････････････ 146
　→谷口房雄 ････････････ 174
　→馬場重徳 ････････････ 217
　→Besterman, Theodor Deodatus Nathaniel ･･ 299
　→Bradford, Samuel Clement ････････････ 302
　→La Fontaine, Henri Marie ･･････････････ 317
　→Otlet, Paul Marie Ghislain ･･････････････ 323
ドキュメンテーション（アート）
　→土屋悦郎 ････････････ 180
読書案内
　→小田泰正 ･･････････････ 68
読書運動
　→榎薗高雄 ･･････････････ 46
　→叶沢清介 ･･････････････ 82
　→久保田彦穂 ･･･････････ 101
　→小林重幸 ････････････ 113

→斎藤尚吾 ････････････ 119
→白石等 ･･･････････････ 141
→杉森久英 ････････････ 146
→中田邦造 ････････････ 198
読書科（小学校）
　→沢柳政太郎 ･･･････････ 131
読書会
　→内田俊男 ･･････････････ 42
　→大垣友雄 ･･････････････ 48
　→大橋一二 ･･････････････ 55
　→大村武一 ･･････････････ 57
　→小笠原忠統 ････････････ 59
　→乙部泉三郎 ････････････ 69
　→鎌田勝太郎 ････････････ 83
　→川辺甚松 ･･････････････ 88
　→川村源七 ･･････････････ 88
　→島文次郎 ････････････ 137
　→田島清 ･･･････････････ 167
　→田辺憲爾 ････････････ 173
　→豊沢武 ･･･････････････ 190
　→中田邦造 ････････････ 198
　→広野貞助 ････････････ 228
　→三宅千代二 ･･･････････ 258
　→宮沢三二 ････････････ 259
　→山岡寛章 ････････････ 277
　→Preusker, Karl Benjamin ････････････ 324
読書会（船上で）
　→菅野青顔 ･･････････････ 89
読書会（婦人）
　→安藤恵順 ･･････････････ 13
　→大河原生二 ････････････ 48
読書科学
　→阪本一郎 ････････････ 122
読書学
　→杏掛伊佐吉 ･･･････････ 100
読書グループ
　→渡邊正亥 ････････････ 297
読書サークル
　→Jast, Louis Stanley ･･･ 314
読書指導
　→有山崧 ････････････････ 12
　→池田信夫 ･･････････････ 16

→乙部泉三郎 ............ 69
　→菅菊太郎 ............... 89
　→阪本一郎 ............. 122
　→渋谷国忠 ............. 136
　→滑川道夫 ............. 205
　→増村王子 ............. 246
読書指導(工場労働者)
　→髙橋愼一 ............. 158
読書自由論争(1943)
　→渋谷国忠 ............. 136
『読書春秋』(1950～1958)
　→金森徳次郎 ............ 82
　→浜野修 ................ 218
読書心理
　→阪本一郎 ............. 122
読書相談
　→若山甲蔵 ............. 294
『読書相談』(1949～1952)
　→大山利 ................. 57
　→武田八洲満 ........... 165
特別文庫
　→伊藤信 ................. 30
『図書及図書館』
　→大信田落花 ............ 50
「図書会館」
　→Nörrenberg,
　　Constantin ........... 322
「圕」(漢字)
　→杜定友 ............... 184
「囻」(簡略文字)
　→秋岡梧郎 ............... 6
図書館(茨城県内初の)
　→手塚正太郎 ........... 183
図書館(初めて紹介)
　→福澤諭吉 ............. 230
図書館(民間人による日本最初の)
　→湯浅治郎 ............. 286
図書館案内
　→菅原峻 ............... 145
図書館員映画
　→飯島朋子 .............. 14

「図書館員の倫理綱領」
　→森耕一 ............... 268
図書館員養成
　→Kroeger, Alice ....... 316
　→Sayajirao Ⅲ,
　　Gaekwad (Gaikwad)
　　....................... 326
　→Williamson, Charles .. 332
図書館員養成(日本)
　→Gitler, Robert
　　Laurence ............. 311
図書館運動
　→田中隆子 ............. 171
　→村上清造 ............. 263
図書館運動機関誌
　→菅原峻 ............... 145
図書館映画
　→飯島朋子 .............. 14
図書館科(室積師範学校)
　→市毛金太郎 ............ 24
図書館家具
　→神野清秀 ............. 143
　→田嶋恩 ............... 167
図書館学
　→島文次郎 ............. 137
図書館学(社会科学としての)
　→Butler, Pierce ....... 303
図書館学(ドイツ)
　→Dziatzko, Karl ....... 308
　→Ebert, Friedrich
　　Adolf ................ 308
図書館学(フランス)
　→小林宏 ............... 114
図書館学教育(世界初の)
　→Dziatzko, Karl ....... 308
図書館学研究
　→植松安 ................ 40
『図書館学講座』(1928)
　→毛利宮彦 ............. 266
図書館学講座(京都大学教育学部)
　→小倉親雄 .............. 66

図書館学講座(東京大学教育学部)
　→裏田武夫 .............. 44
図書館学史(日本)
　→武居権内 ............. 162
図書館学書(日本初の)
　→西村竹間 ............. 208
『図書館学・書誌学辞典』
　(1967)
　→植村長三郎 ............ 41
図書館学資料室(国立国会図書館)
　→柿沼介 ................ 75
『図書館学の五法則』(1931)
　→Ranganathan,
　　Shiyali
　　Ramamrita ........... 325
『図書館学の五法則』(日本語訳, 1981)
　→森耕一 ............... 268
図書館学のパイオニア
　→Schrettinger, Martin
　　....................... 327
『図書館学ハンドブック』
　(1834)
　→Schrettinger, Martin
　　....................... 327
図書館学部(ミシガン大学)
　→Bishop, William
　　Warner ............... 300
図書館管理 ⇒：図書館経営
　→岡部史郎 .............. 62
　→Ebert, Friedrich
　　Adolf ................ 308
『図書館管理法』(1892)
　→西村竹間 ............. 208
『図書館管理法』(1900)
　→田中稲城 ............. 169
図書館記念日
　→松本喜一 ............. 251
図書館協議会
　→姉崎正治 .............. 10
図書館行政
　→有山崧 ................ 12
　→裏田武夫 .............. 44

417

としよかん　　　　　　　　　　　事項索引

図書館協力
　→安食高吉 ……………… 9
　→岸美雪 ………………… 92
　→Borden, William
　　Alanson ……………… 301
図書館経営 ⇒：図書館管理
　→伊東平蔵 ……………… 29
　→佐藤眞 ………………… 128
　→辻尚郫 ………………… 179
図書館計画 ⇒図書館コンサルタント
『團研究』(1928)
　→間宮不二雄 …………… 252
図書館建築
　→鬼頭梓 ………………… 96
　→栗原嘉一郎 …………… 104
　→佐藤仁 ………………… 128
　→三上清一 ……………… 254
図書館建築賞
　→栗原均 ………………… 104
図書館コンサルタント
　→伊東平蔵 ……………… 29
　→菅原峻 ………………… 145
　→Poole, William
　　Frederick ……………… 324
『図書館雑誌』
　→内田魯庵 ……………… 43
　→早川理三 ……………… 219
『図書館雑誌』(1907)
　→和田万吉 ……………… 294
図書館史
　→青木次彦 ……………… 3
　→赤堀又次郎 …………… 6
　→石井敦 ………………… 17
　→小野則秋 ……………… 71
　→小野泰博 ……………… 72
　→坂本龍三 ……………… 123
　→佐藤政孝 ……………… 128
　→佐野捨一 ……………… 129
　→澤利政 ………………… 131
　→塩野正三 ……………… 133
　→竹林熊彦 ……………… 166
　→永末十四生 …………… 197
　→西村正守 ……………… 209

　→藤野幸雄 ……………… 234
　→間山洋八 ……………… 253
　→森耕一 ………………… 268
　→和田万吉 ……………… 294
　→Munford, William
　　Arthur ……………… 321
　→Shera, Jesse Hauk …… 328
図書館事業基本法案
　→有馬元治 ……………… 12
　→栗原均 ………………… 104
　→高橋徳太郎 …………… 159
図書館事項講習会(1903)
　→赤堀又次郎 …………… 6
　→伊東平蔵 ……………… 29
　→伊東祐穀 ……………… 30
　→中根粛治 ……………… 200
　→楊竜太郎 ……………… 287
　→和田万吉 ……………… 294
図書館社会学
　→Karstedt, Hans Peter
　　………………………… 315
図書館示諭事項(1882)
　→伊東平蔵 ……………… 29
『図書館小識』(1915)
　→徳川頼倫 ……………… 187
図書館情報学教育
　→安西郁夫 ……………… 13
図書館振興(千葉県)
　→小川益蔵 ……………… 64
『図書館政策の課題と対策』(1970)
　→清水正三 ……………… 138
図書館設計
　→鈴木禎次 ……………… 148
図書館設立ニ関スル注意事項(1910)
　→小松原英太郎 ………… 115
　→田中稲城 ……………… 169
『図書館設立のための助言』(1627)
　→Naudé, Gabriel ……… 321
「図書館設立のための報告書」(1852)
　→Everett, Edward …… 310

　→Ticknor, George …… 330
図書館専門雑誌(日本初の)
　→島文次郎 ……………… 137
図書館統計
　→小畑渉 ………………… 72
図書館友の会
　→大西伍一 ……………… 54
　→河野寛治 ……………… 108
　→神絢一 ………………… 143
図書館ネットワーク
　→Sayajirao Ⅲ,
　　Gaekwad (Gaikwad)
　　………………………… 326
『図書館年鑑 1952年版』(1951)
　→大山利 ………………… 57
『図書館の原理』(1981)
　→Urquhart, John
　　Donald ……………… 331
図書館の自由
　→菅野青顔 ……………… 89
図書館の自由に関する宣言(1954)
　→有山崧 ………………… 12
　→佐藤忠恕 ……………… 127
　→韮塚一三郎 …………… 210
　→森崎震二 ……………… 271
図書館の自由に関する宣言(1979)
　→森耕一 ………………… 268
「図書館の守護神」
　→Carnegie, Andrew …… 304
「図書館分類」理論
　→Sayers, William
　　Charles Berwick ……… 327
図書館報
　→高津親義 ……………… 157
図書館法(1950)
　→有山崧 ………………… 12
　→井内慶次郎 …………… 31
　→武田虎之助 …………… 165
　→中井正一 ……………… 193
　→西崎恵 ………………… 207
　→山室民子 ……………… 283
　→Nelson, John
　　Monninger ………… 322

418

図書館法改正運動
　→渋谷国忠 ………… 136
『図書館法成立史資料』(1968)
　→小川剛 ………… 64
図書館網
　→守屋恒三郎 ………… 273
図書館網（名古屋市）
　→青山大作 ………… 5
図書館用語
　→小河次吉 ………… 63
『図書館用語辞典』(1982)
　→森崎震二 ………… 271
図書館用品
　→秋岡梧郎 ………… 6
　→伊藤伊太郎 ………… 27
　→岡崎賢次 ………… 59
　→木原乾輔 ………… 97
　→黒沢貞次郎 ………… 106
　→神野清秀 ………… 143
　→林靖一 ………… 220
　→間宮不二雄 ………… 252
　→Dewey, Melville Louis Kossuth ………… 307
図書館令 (1899)
　→田中稲城 ………… 169
図書館令改正 (1910)
　→小松原英太郎 ………… 115
図書館令改正 (1933)
　→小尾範治 ………… 73
　→松本喜一 ………… 251
図書群
　→石川春江 ………… 20
　→河本一夫 ………… 109
　→中田邦造 ………… 198
　→堀内庸村 ………… 241
図書指示板
　→Brown, James Duff ………… 303
図書修理
　→鹿島知二郎 ………… 76
図書推薦
　→有山崧 ………… 12

図書整理 ⇒目録法
図書分類 ⇒分類
図書祭
　→松本喜一 ………… 251
図書ラベル
　→岡崎賢次 ………… 59
トマス・ジェファーソン館
　→Spofford, Ainsworth Rand ………… 329

【な】

『内外参考図書の知識』(1930)
　→毛利宮彦 ………… 266
長崎奉行所関係記録
　→森永種夫 ………… 272

【に】

錦絵
　→小島惟孝 ………… 111
日英文庫
　→今澤慈海 ………… 35
日曜開館
　→井本健作 ………… 36
　→Poole, William Frederick ………… 324
日本関係図書
　→朝河貫一 ………… 8
　→角田柳作 ………… 181
日本研究
　→甲斐美和 ………… 74
日本研究司書
　→奥泉栄三郎 ………… 65
　→福田なをみ ………… 231
『日本件名標目表』(1930)
　→加藤宗厚 ………… 78
　→間宮不二雄 ………… 252
『日本件名標目表』(1944)
　→神波武夫 ………… 90

『日本国見在書目録』
　→藤原佐世 ………… 236
日本語資料
　→坂西志保 ………… 122
　→Putnam, George Herbert ………… 325
『日本十進分類法』
　→加藤宗厚 ………… 78
　→神波武夫 ………… 90
　→河野寛治 ………… 108
　→国分剛二 ………… 110
　→坂本章三 ………… 123
　→佐藤勝雄 ………… 127
　→伊達友俊 ………… 168
『日本十進分類法』(1929)
　→間宮不二雄 ………… 252
『日本十進分類法』(第7版)
　→天野敬太郎 ………… 11
『日本十進分類法』(著作権問題)
　→中村祐吉 ………… 201
日本主義（図書館における）
　→小川寿一 ………… 63
　→三田全信 ………… 132
『日本随筆索引』(1901)
　→太田為三郎 ………… 52
日本性論争（図書館の）
　→籠鶴雄 ………… 237
　→増田七郎 ………… 245
『日本著者記号法』(1951)
　→森清 ………… 268
『日本統計総索引』(1959)
　→伊藤一夫 ………… 27
『日本図書館学史序説』(1960)
　→武居権内 ………… 162
『日本の参考図書』(1962)
　→福田なをみ ………… 231
　→森博 ………… 269
『日本文庫史』(1942)
　→小野則秋 ………… 71
『日本目録規則』
　→岡田温 ………… 61
　→武田虎之助 ………… 165

419

→杉原丈夫 ……………… 146
→間宮不二雄 …………… 252
認定（図書館員の）
　→Williamson, Charles ‥ 332

## 【の】

農学情報
　→中村千里 ……………… 201
農学図書館
　→佐々木敏雄 …………… 125
農業図書館
　→岡田庄太郎 …………… 61
　→津田仙 ………………… 179
農業文庫
　→久保田彦穂 …………… 101
農山村図書館
　→伊藤新一 ……………… 28
農村指導
　→渡辺進 ………………… 296
農村図書館
　→乙部泉三郎 …………… 69
　→姜辰国 ………………… 98
　→浪江虔 ………………… 204
納本制度
　→岡田温 ………………… 61
　→中井正一 ……………… 193
　→松本喜一 ……………… 251
　→山下信庸 ……………… 280
　→Panizzi, Anthony
　　（Antonio）, Sir ……… 323
　→Spofford, Ainsworth
　　Rand ………………… 329

## 【は】

配給事業（図書）
　→大山利 ………………… 57
配列法
　→垂水延秀 ……………… 176

博学 ⇒：生き字引
　→楠山多鶴馬 …………… 100
幕府制度史
　→小川恭一 ……………… 63
博物館法
　→井内慶次郎 …………… 31
母親文庫
　→池上勲 ………………… 15
　→内田俊男 ……………… 42
　→笠師昇 ………………… 76
　→叶沢清介 ……………… 82
　→河内義一 ……………… 87
母と子の20分間読書運動
　→河内義一 ……………… 87
パピルス文書
　→Kenyon, Frederic
　　George, Sir …………… 316
パリ原則
　→Kayser, Albrecht
　　Christoph ……………… 315
半開架
　→肥塚麒一 ……………… 107
　→伊達友俊 ……………… 168
パンフレット
　→今野保夫 ……………… 118

## 【ひ】

東日本大震災
　→田屋裕之 ……………… 176
ビジネス支援
　→新田潤 ………………… 209
秘書学
　→小川寿一 ……………… 63
筆写生
　→神代種亮 ……………… 108
　→国分剛二 ……………… 110
　→山木徳三郎 …………… 278

ビブリオグラファー ⇒主題
　書誌

## 【ふ】

ファイリング・システム
　→淵時智 ………………… 236
　→三沢仁 ………………… 255
ファクシミリ版出版
　→Nicolson, Edward
　　Williams Byron ……… 322
複写業務
　→中島睦玄 ……………… 196
服制史
　→太田臨一郎 …………… 53
府県志 ⇒：郷土史誌
　→柿沼介 ………………… 75
婦人雑誌図書館
　→石川武美 ……………… 19
婦人図書館
　→高津半造 ……………… 108
附帯施設論争（1934）
　→中田邦造 ……………… 198
　→松尾友雄 ……………… 248
『ふたごのでんしゃ』（1969）
　→渡辺茂男 ……………… 296
ブックワゴン ⇒移動図書館
ブックモビル ⇒移動図書館
復刻
　→朝倉治彦 ……………… 8
物品会計
　→加藤六蔵 ……………… 80
　→林靖一 ………………… 220
物品管理法（1956）
　→加藤六蔵 ……………… 80
ブラッドフォードの分散則
　→Bradford, Samuel
　　Clement ………………… 302
ブランケットオーダー
　→竹内紀吉 ……………… 163
プランゲ文庫
　→奥泉栄三郎 …………… 65

→村上寿世 ……………263
ブリス書誌分類
 →Bliss, Henry Evelyn… 300
ブリュネの分類
 →Brunet, Jacques
  Charles …………………303
フルブライト研究生
 →髙橋重臣 ……………158
プロイセン目録規則
 →Dziatzko, Karl ………308
プロクター分類法
 →Proctor, Robert
  George Collier …………325
プロレタリア文化
 →大宮長司 ……………… 56
文化活動
 →伊藤紀子 ……………… 29
 →河野寛治 ……………108
文学教育
 →久米井束 ……………103
文学資料
 →鹿児島達雄 ……………75
噴火資料
 →片山信太郎 ……………78
文化人
 →河野寛治 ……………108
文化振興
 →蒲池正夫 ……………… 83
文化団体
 →蒲池正夫 ……………… 83
分館
 →西村精一 ……………208
 →渡辺進 ………………296
 →渡邊正亥 ……………297
文献学
 →赤堀又次郎 ……………6
文献活動 ⇒：ドキュメンテーション
 →中島睦玄 ……………196
文献情報科
 →岡田温 ………………61
文献送付サービス
 →犬丸秀雄 ……………… 32

→橋島善次郎 …………210
→福崎峰太郎 …………230
→Urquhart, John
 Donald ………………331
『文献探索学入門』(1969)
 →佃実夫 ………………179
文献調査
 →東田全義 ……………224
文献目録データベース
 →猪瀬博 ……………… 33
文庫 (公開)
 →竹川竹斎 ……………163
文庫活動
 →扇元久栄 …………… 47
 →金森好子 …………… 81
 →斎藤尚吾 ……………119
 →末廣いく子 …………144
 →鳥越信 ………………191
 →村岡花子 ……………262
 →渡辺茂男 ……………296
分析合成型分類
 →Ranganathan,
  Shiyali
  Ramamrita …………325
分類
 →鈴木賢祐 ……………149
 →竹内善作 ……………162
 →山田常雄 ……………281
 →Merrill, William
  Stetson ………………319
分類 (近代的)
 →Brunet, Jacques
  Charles ………………303
分類排架
 →Ebert, Friedrich
  Adolf …………………308
分類法
 →井出董 ……………… 26
 →大山綱憲 …………… 57
 →加藤宗厚 …………… 78
 →村島靖雄 ……………264

分類理論 ⇒「図書館分類」理論

【へ】

『米国図書館事情』(1920)
 →佐野友三郎 …………129
『米国百年期博覧会教育報告』(1887)
 →田中不二麿 …………172

【ほ】

方言学
 →大田栄太郎 ………… 51
方言論争
 →島袋全発 ……………138
法律図書館
 →山本信男 ……………284
補助金
 →佐野友三郎 …………129
 →外山正一 ……………190
北方関係資料
 →岡田健蔵 …………… 60
本草学
 →武田長兵衛 …………164
『本邦の図書館界』
 →武藤正治 ……………261
翻訳
 →渡辺茂男 ……………296

【ま】

マイクロ資料
 →酒井悌 ………………120
 →服部一敏 ……………216
マッコルヴィン報告
 →McColvin, Lionel
  Roy ……………………318

*421*

豆本図書館
　→小笠原淳 ………… 59
満鉄資料（アメリカ議会図書館所蔵）
　→千代由利 ………… 177

## 【み】

未刊資料の翻刻
　→市島謙吉 ………… 25
見世物研究
　→朝倉無声 ………… 8
民俗学
　→大藤時彦 ………… 54
　→川村源七 ………… 88
　→柳田國男 ………… 276

## 【め】

『明治期刊行図書目録（国立国会図書館所蔵）』(1971-1976)
　→森清 ……………… 268
明治天皇関係資料
　→山中樵 …………… 282
明治文学研究
　→岡野他家夫 ……… 62
迷信調査
　→叶沢清介 ………… 82
メセナ
　→石坂荘作 ………… 20
　→岩崎久彌 ………… 37
　→大橋佐平 ………… 56
　→笠井強 …………… 75
　→住友吉左衛門友純 … 150
　→Carnegie, Andrew …… 304
　→Edwards, John Passmore ……… 309
メートル法
　→Dewey, Melville Louis Kossuth …… 307

## 【も】

盲人図書館
　→本間一夫 ………… 242
目録カード
　→岡崎賢次 ………… 59
　→Nörrenberg, Constantin ……… 322
目録規則
　→Panizzi, Anthony (Antonio), Sir …… 323
目録史
　→高橋泰四郎 ……… 159
目録法
　→天野敬太郎 ……… 11
　→大内直之 ………… 47
　→大佐三四五 ……… 49
　→鞠谷安太郎 ……… 91
　→志村尚夫 ………… 140
　→仙田正雄 ………… 153
　→中村初雄 ………… 201
　→藤田善一 ………… 234
　→堀口貞子 ………… 241
　→和田万吉 ………… 294
目録法（洋書）
　→天晶寿 …………… 11
　→太田栄次郎 ……… 51
　→木寺清一 ………… 96
　→澁川驍 …………… 136
　→関野真吉 ………… 152
目録法（和漢書）
　→岩淵泰郎 ………… 38
　→太田為三郎 ……… 52
目録（洋書）
　→伊木武雄 ………… 15
　→笹岡民次郎 ……… 124
　→佐々木乾三 ……… 125
　→谷口寛一郎 ……… 174
文書館
　→鈴木賢祐 ………… 149

文部省示諭事項(1882)
　→九鬼隆一 ………… 99
　→寺田實 …………… 183

## 【や】

夜間開館
　→岡崎裟裟男 ……… 58
　→佐野友三郎 ……… 129
　→中津親義 ………… 199
　→森本寿一 ………… 272
　→Dana, John Cotton … 306
　→Winsor, Justin …… 332
薬学情報
　→伴彰一 …………… 223
薬学図書館
　→伊藤四十二 ……… 31
　→松尾恒雄 ………… 248
薬学文献学
　→村上清造 ………… 263
ヤングアダルトサービス
　→半田雄二 ………… 224

## 【ゆ】

ユネスコ協同図書館事業(1956)
　→有山崧 …………… 12

## 【よ】

洋学関係資料
　→岡村千曳 ………… 62
要求論
　→Carnovsky, Leon … 304
　→Ladewig, Paul …… 317
洋書（国立国会図書館の）
　→庄野新 …………… 141

## 【ら】

『ライブラリー・ジャーナル』
　→Bowker, Richard
　　Rogers ………………… 301
　→Cutter, Charles
　　Ammi ………………… 305
　→Dewey, Melville
　　Louis Kossuth ………… 307
ラジオ
　→山中樵 ………………… 282
　→渡辺徳太郎 …………… 297
蘭書
　→芝盛雄 ………………… 135
　→吉田邦輔 ……………… 290

## 【り】

立法参考図書館
　→McCarthy, Charles …… 318
留学（アメリカ合衆国, 1902）
　→湯浅吉郎 ……………… 286
留学（アメリカ合衆国, 1915〜1916）
　→毛利宮彦 ……………… 266
留学（イギリス, 1913）
　→橘井清五郎 …………… 95
留学（イギリス, 1924）
　→Ranganathan,
　　Shiyali
　　Ramamrita …………… 325
留学（英米, 1888〜1890）
　→田中稲城 ……………… 169
留学（欧州, 1926〜1928）
　→大佐三四五 …………… 49
留学（欧米, 1912）
　→今井貫一 ……………… 34
留学（フランス, 1964）
　→小林宏 ………………… 114

倫理（図書館員の）
　→Ebert, Friedrich
　　Adolf ………………… 308

## 【れ】

レコード鑑賞
　→橋本正一 ……………… 214
列挙書誌
　→Kayser, Albrecht
　　Christoph …………… 315
『レファレンス』（1954）
　→志智嘉九郎 …………… 134
レファレンス（社会科学系）
　→庄野新 ………………… 141
レファレンス（電話）
　→小梛精以知 …………… 70
レファレンス教育
　→Cheney, Frances Neel
　　………………………… 305
レファレンスサービス
　→今澤慈海 ……………… 35
　→小田泰正 ……………… 68
　→小谷誠一 ……………… 68
　→木寺清一 ……………… 96
　→草野正名 ……………… 99
　→河本一夫 ……………… 109
　→齋藤文男 ……………… 119
　→志智嘉九郎 …………… 134
　→伊達友俊 ……………… 168
　→千代由利 ……………… 177
　→佃実夫 ………………… 179
　→波多野賢一 …………… 215
　→林繁三 ………………… 221
　→原祐三 ………………… 222
　→東田全義 ……………… 224
　→廣瀬利保 ……………… 228
　→武藤正治 ……………… 261
　→毛利宮彦 ……………… 266
　→Green, Samuel ……… 312
　→Jast, Louis Stanley … 314

レファレンスサービス（立法）
　→McCarthy, Charles …… 318
レファレンス担当
　→村島靖雄 ……………… 264
レファレンスツール
　→太田為三郎 …………… 52
　→廣瀬利保 ……………… 228
レファレンスツール（音楽関係）
　→小川昂 ………………… 64
『レファレンス・ワーク』（1962）
　→志智嘉九郎 …………… 134

## 【ろ】

労働運動（図書館員の）
　→野瀬里久子 …………… 212
ロシア語資料
　→Putnam, George
　　Herbert ……………… 325
路線論争（ドイツ）
　→Hofmann, Walter …… 313
　→Ladewig, Paul ……… 317
　→Nörrenberg,
　　Constantin ………… 322

## 【わ】

「和漢書排列分類表」（1922）
　→今井貫一 ……………… 34
『和漢書目録編纂目録規則』（1892）
　→太田為三郎 …………… 52
「和漢図書目録編纂概則」
　→市島謙吉 ……………… 25
『和漢洋図書分類表』（1933）
　→高田定吉 ……………… 156
和算コレクション
　→林鶴一 ………………… 220

## 【 ABC 】

BM
　→Jast, Louis Stanley …314
GHQとの橋渡し
　→福田なをみ …………231
JOIS
　→黒澤正彦 ……………106
MARC（Japan）
　→小田泰正 ……………68
　→栗原均 ………………104
MARC（標準）
　→栗原均 ………………104
MLA連携
　→町田久成 ……………246
PBレポート
　→大島仁平 ……………51
　→柚木武夫 ……………287
PR活動
　→Dana, John Cotton …306
SCAP資料（GHQ）
　→高橋徳太郎 …………159

# 付　　　録

1. 図書館関係団体などの名称の変遷……………427
2. 人物調査のための文献案内…………………429

## 付録1　図書館関係団体などの名称の変遷

　日本の図書館関係団体（学協会）と国立図書館、図書館員養成機関のうち、名称の変遷がわかりづらいものについて簡単に記した。おおむね設置年順に排列した。

### 団体

- 日本文庫協会（1892）→日本図書館協会（1908）→大日本図書館協会（1945）→日本図書館協会（1947）→現在
- 全国専門高等諸学校図書館協議会（1924）→全国高等諸学校図書館協議会（1927）→自然消滅1943以後
- 帝国大学附属図書館協議会（1924）→国立大学附属図書館協議会（1948）→国立七大学附属図書館協議会（1950）
- 青年図書館員聯盟（1927）→解散（1944）
- 官立医科大学附属図書館協議会（1927）→医科大学図書館協議会（1929）→日本医学図書館協議会（1949）→日本医学図書館協会（1954）→現在
- 全国私立大学図書館協議会（1938）→私立大学図書館協会（1943）→現在
- 日本図書館研究会（1946*）→現在
  　*1943年説あり（『日本図書館研究会40年史年表：1943-1987』日本図書館研究会，1988）。
- 日本図書館学会（1953）→日本図書館情報学会（1998）→現在
- 全国国立大学図書館長会議（1954）→国立大学図書館協議会（1968）→現在
- 家庭文庫研究会（1957）→児童図書館研究会（1953）に合流（1965）
- UDC研究会（1950）→日本ドクメンテーション研究会（1958）→情報科学技術協会（1986）→現在
- 図書館史研究会（1982）→日本図書館文化史研究会（1995）→現在

### 官立・国立図書館・機関

- 書籍館（文部省）（1872）→書籍館（太政官）（1873）→（浅草文庫・東京書籍館へ）（書籍館（太政官）より）→浅草文庫（内務省）（1874）→博物館書籍室（内務省）（1881）へ（書籍館（太政官）より）→東京書籍館（文部省）（1875）→廃止・東京府書籍館（1877）→廃止・東京図書館（文部省）（1880）→教育博物館と合併（1885）→分離（1889）→帝国図書館（1897）→国立図書館（1947）→廃止・国立国会図書館支部上野図書館へ，建物と蔵書は国立国会図書館へ（1949）
- （帝国議会開設）衆議院図書室・貴族院図書室（1890）→国会図書館（1947）→廃止，蔵書は国立国会図書館へ（1948）
- 国立国会図書館（1948）→現在
- 日本科学技術情報センター（JICST, 1957）→科学技術振興事業団（JST, 1996）→（独）科学技術振興機構（JST, 2003）→現在

### 図書館員養成機関

- 図書館員教習所（1922～1925）→図書館講習所（1925～1945）
  　*両者とも文部省が開催した1年間の長期研修会。1944年度（1945修了）まで毎年

開講された。学校や研修所のように設置された機関ではない。
・帝国図書館附属図書館職員養成所（1947）→国立国会図書館附属図書館職員養成所（1947）→図書館職員養成所（文部省）（1949）→図書館短期大学（1964）→図書館情報大学（1979）→筑波大学と統合（2002）→現在
・慶應義塾大学文学部図書館学科（ジャパン・ライブラリー・スクール）（1951）→同学部図書館・情報学科（1968）→現在

なお，公共図書館については，『近代日本公共図書館年表』（奥泉和久編著，日本図書館協会，2009）の「主要公共図書館名の変遷」を参照のこと。

## 付録2 人物調査のための文献案内

### I 図書館関係の文献

#### 1. 人名事典
日本で本書に先行する人物事典は次の2点だけである。
- 『簡約日本図書館先賢事典：未定稿』石井敦編著　石井敦　1995

　『日本図書館人人名辞典』としてまとめるため編者が蓄積してきたもの。この「先賢事典」に採録された人物，約550名はほとんど本事典にも採録されている。一部に業績が不明な人がいる。あとがきにある岩淵泰郎編『日本図書館関係人名辞典』は未刊行。

- 『戦前期「外地」で活動した図書館員に関する総合的研究』岡村敬二 [著]　[岡村敬二] 2012（文部科学省科学研究費補助金研究成果報告書）

　冊子の後半「戦前期「外地」活動の図書館員リスト（途上版）」は外地図書館員の人名事典の準備稿ともいうべきもの。台湾，満洲の人物を中心に，館報などから「できるだけ網羅的に」約1,000名を採録。漢族も採録。朝鮮，樺太などの人物は少ない。人物文献があれば論文にかぎらず，当時の館報，後世の回想やネット情報に到るまで詳細に付記されているので調査に役立つ。漢族・朝鮮族も含め日本語読みで混排し「よみ」はない。採録人名は，国立国会図書館のサイト（リサーチナビ＞目次データベース）で確認できる。なお，同リストを基に『戦前期外地活動図書館職員人名辞書』（岡村敬二著，武久出版，2017）が，本稿校正中に刊行された。外地の図書館で働いた全職員の収録を目指し，約2,700名を収録。人数は満洲，朝鮮，台湾，そのほかの外地の順になる。編纂の目的や凡例などを含むはじめに、参照文献一覧、人名と事項の索引を付す。

#### 2. 専門書誌
次のような図書館学の専門（主題）書誌に図書館人の人物文献（伝記，研究論文，追悼文，回想録）が採録されていることがある。

- 『図書館史に関する文献目録』図書館短期大学図書館研究会編　図書館短期大学図書館研究会　1970

　1969年末までを採録対象とし，雑誌は1926年以降，館報は戦後のものを中心に採録。「伝記」の項目がある。

- 『図書館学関係文献目録集成　明治・大正・昭和前期編』全2巻　天野敬太郎編纂　金沢文圃閣　2000～2001

　戦前に『図書館研究』で発表された連載記事「図書館学文献目録」の復刻集成。著者名索引がある。

- 『図書館学関係文献目録集成　戦後編（1945～1969）』全4巻　稲村徹元監修　金沢文圃閣　2001～2002

　『図書館学徒』『図書館界』『図書館雑誌』掲載の専門書誌および『図書館学関係文献目録』（日本私立大学協会，1971）の復刻集成に，稲村徹元「図書館書誌学関係文献目録　1949年分」（未発表原稿）を新組で増補したもの。

- 『図書館情報学研究文献要覧』深井人詩［ほか］編　日外アソシエーツ　1983～

　ほぼ10年おきに10年分前後の採録内容で逐次刊行されている。現在は1999～2006年分採録の2009年刊行が最新。排列は分類順で「評伝・著作集」の項目があり，

著者名索引がつく。
- 『図書館情報学文献目録 1991-1997』日本図書館情報学会　c2000　CD-ROM1枚
並列タイトルは『BIBLIS』(ビブリス)。同名のサイトもあったが現在運用は停止中。
(補足) 著作の著者紹介欄
調べたい人物の履歴が，その人が書いた文献の著者紹介からわかることもある。単行本の奥付ページには1942年ごろから著者紹介が記載されることになっていた。例えば，竹林熊彦『図書館物語』(東亜印刷出版部，1958)の奥付には，「著者自伝」として通常以上の記述がある。同様に奥付の著者名ふりがなや，論文著述時の肩書なども参考になる。

3. 年鑑類
- 『図書館総覧』天野敬太郎編　文教書院　1951
「第10部　人名篇」に「図書館人名録」(生没年，肖像，表彰の記載もある)「被表彰者」「公立図書館司書検定試験合格者」「図書館講習修了者」「その他　図書館研究米欧渡航者(昭和20年まで)」が載っている。これの前版にあたる天野敬太郎，森清編『図書館総覧　昭和13年版』(青年図書館員聯盟，1938)にも「図書館職員録」(1937年4月1日現在)があるが，全国の主要役職者の名前のみである。
- 『図書館年鑑』日本図書館協会　1982～
各年に「図書館関係物故者」のページがあり，1981年以降の訃報がわかる。この年鑑と直接の関係はないが，中井正一，岡田温共編『図書館年鑑　1952』(図書館資料社，1951)には人名録や訃報はなく，当時の公共図書館長名がわかるだけである。

4. ディレクトリ (販売された名鑑・住所録)
通常は所属と連絡先(住所)しか判明しないが，ここに挙げる文献はそれ以外の情報が記載され，活動分野や執筆文献がわかる。
- 『全国図書館職員録　昭和30年10月1日現在』日本図書館協会公共図書館部会編　日本図書館協会公共図書館部会 1956
大学，専門図書館を含む当時の全図書館にアンケートをしたもの。筆耕，使丁に到るまで約8,000名を図書館ごとに掲載。職名，司書・司書補の別，最終学校名，分担事務，経験年数，氏名，性別，年齢，住所を記載。この規模でこれだけ詳細なデータを網羅する図書館人のディレクトリは他に見当たらない。経験年数は他館での経験を含む。
- 『情報管理研究者名鑑　1981年版』全日本能率連盟人間能力開発センター　1981
図書館学者を含むドキュメンテーション関係者323名を採録。名前よみ，生年月日，勤務先，連絡先，学歴，業務歴，学位など，受賞歴，所属団体，主要著作，関心主題，組織外活動への参画形式がわかる。
- 『図書館関係専門家事典』日外アソシエーツ編　日外アソシエーツ　1984
1970年以降に関係文献を執筆した人物を中心に559名を採録。職業，専攻，興味，生年月日(出生地)，最終学歴，勤務先・肩書，受賞歴，所属団体，職歴，住所・電話番号，筆名を掲載し，著作リストを添える。人名の「よみ」もわかる。

5. 会員名簿
学会や研究会，県レベルの図書館協会や図書館が名簿を刊行することがある。会員名簿も名前のみ，あるいは名前と連絡先(住所)のみが記載されることが多いが，青年図書館員聯盟のものは排列用の標目としてローマ字がたてられており，人名の「よ

み」が明示される。
- 『会員名簿』日本図書館協会　1927 〜

　日本図書館協会の会員名簿は当初，『図書館雑誌』に掲載されていたが，1927 年に間宮商店が雑誌を担当していた時期から別冊となった。1941 年版を見ると，県別のもとで名前よみ順で排列され所属，住所がわかる。
- 『圕研究』総索引　3 号　青年図書館員聯盟　1944

　後半の「寄稿者名簿・略歴」は 1939 年 6 月時点の情報を中心に編成された約 100 人分の名簿を掲載。必ずしも全項目が埋まってはいないが，生年，出生地，肩書，住所，略歴（学歴と職歴），研究対象，趣味，論文，主著が項目立てられている。ローマ字表記での排列なので「よみ」がわかる。『青年図書館員聯盟会報 [ 複製版 ]』(間宮不二雄，1960）にも会員移動や年度ごとの簡易な名簿が掲載されている。
- 『図書館情報大学同窓会橘会八十年記念誌』図書館情報大学同窓会橘会八十年記念誌編集委員会　2002

　図書館教習所の卒業生（1921 年以来 7,000 名以上）から 860 名を選び，冊子後半の「卒業生の活動記録（データ編）」に，主な活動分野，取得コース，職歴，旧姓，よみを記載。残念なことに生没年の記載がないが死亡者は名前に「＊」を付す。前半の「略史」に死亡情報がある場合がある。

### 6. 所属職員名簿

　ほかに，県の協会や国立国会図書館で図書館に在籍する職員の名簿が作成されている。例えば，『福島県公共図書館・公民館図書室職員名簿　昭和 62 年版』（福島県公共図書館協会，1987），『国立国会図書館職員名簿』（国立国会図書館，[1950] 〜 [2005]），『創立 60 周年記念岩手県立図書館職員名簿』（岩手県立図書館，1982）など。

### 7. 図書館の出版物：館報，館史，協会報など

　館報（利用者向け月報が多い）でも職員の紹介が行われることがあり，年報（理事者向け事業報告）類には職員名簿が付されていることがある。これら館報，年報の累積として館史が編纂され，関係者の記載も見受けられる。

　例えば，『慶應義塾図書館史』（慶應義塾大学三田情報センター，1972）は，事業史の合間に担当職員の紹介が行われ，職員列伝ともなっている。『成田図書館八十年誌』（成田図書館，1981）には職員に関する職歴などが掲載されている。『山口県立山口図書館 100 年のあゆみ』（山口県立山口図書館，2004）では，図書館運営の協力者などが記述されている。

　地域の図書館史である『神奈川県図書館史』（神奈川県図書館協会図書館史編集委員会編，神奈川県立図書館，1966）や『富山県図書館協会創立 50 周年記念誌』（富山県図書館協会，1981）では県図書館協会，県内の図書館の振興に尽力した人物の小伝を付す。

　日本図書館協会の機関誌『図書館雑誌』のみならず，県ごとの図書館協会の機関誌やニューズレターに人事に関する記事，図書員の顕彰，訃報などの人物文献が載っていることもある。国立国会図書館 OB 会 [ 編 ]『国立国会図書館 OB 会会報』（国立国会図書館 OB 会，1987 〜）で訃報がわかることもある。

### 8. 設置母体の出版物

　図書館の設置母体の刊行する文献に関連記事が掲載されていることがある。大学図

書館ならば，その大学の刊行物。例えば，『慶應義塾学報』(1898～1914)。公共図書館なら地方自治体による年報や市史に図書館関係記事が載り，館長など主要役職者に言及されることがある。

## II 一般的なディレクトリ

### 9. 官員録・職員録

日本政府の「職員録」(古くは「官員録」)には，次に示すように総合的なものと省庁別のものがあり，明治初めは民間出版社も出していたのでシリーズが錯綜している。詳細は国立国会図書館参考書誌部編『官員録・職員録目録』(国立国会図書館，1985)を参照のこと。

ほかに省庁別や地域別の職員録(『東京市職員録』各年版など)が役に立つ。

・『**職員録**』内閣官報局(印刷局)　1886～

おおむね判任官以上(正職員)を収録。戦前のものはおおむね国立国会図書館デジタルコレクション(http://dl.ndl.go.jp/)で閲覧できる部分があるが，帝国図書館時代の目録は請求記号によってシリーズ名典拠の調整が行われていたので，請求記号「14.1-50」で検索するとよい。他にも「14.1-8」「14.1-20」といったシリーズもある。中央の官僚だけでなく地方官もわかる。

・『**文部省職員録**』[文部省]　1874～

国立(官立)図書館や大学の図書館の役職者の俸給や住所がわかる。

なお，外地の朝鮮総督府と台湾総督府の職員録はデータベース化され，インターネット上で検索可能となっている(15参照)。

### 10. 帝国大学卒業生

東京帝国大学を含む各帝国大学の卒業生を調べる場合，次の文献が参考となる。

・『**帝国大学出身名鑑**』校友調査会編　校友調査会　1932，同再版：1934

氏名，官位，職業，家族構成(各人の生年学歴も)，生年を含む略歴，趣味，宗教，住所などで『人事興信録』に準じた項目を記載。1932年版は『帝国大学出身人名辞典』第3巻(日本図書センター，2003)として復刻されている。

・『**会員氏名録**』学士会　1891～

1887(明治20)年『学士会月報』に掲載された「会員宿所録」が起源。『学士会月報』の号外や臨時増刊として発行された。戦前は帝国大学卒業生のうち学士会に入会した者を登載。

「昭和18年用」では約55,000名を採録。氏名，学位称号(授与大学名)，卒業年次，勤務先または職名，住所を記載。生年はなく，名前読みも姓の排列から間接的にわかるのみ。逝去会員の一覧を末尾に付すが，没年は範囲でしかわからない。例．昭和18年用→「自昭和16年11月至昭和18年6月逝去会員」戦前は「昭和18年用」が最後で，戦後は「昭和26・27年用」から始まる。

(補足) 私立大学卒業生

学士会『会員氏名録』のにあたるものはないので，慶応義塾編『慶応義塾塾員名簿　昭和17年版』(慶応義塾，1942)のような各大学の卒業生名簿を探して参照する。

### 11. 一般的な人名録(紳士録)

図書館へのメセナを行った財界人や文部省の官僚を調べる際には，『日本紳士録』(交

詢社，1889〜2007）は発行が早く採録範囲も広いが，戦前分は基本的に住所しかわからないので，『人事興信録』（人事興信所，1903〜2009）に情報を求めることになる。ただし『人事興信録』は局長クラス以上なので課長は次を参照する。
・『日本官界名鑑』日本官界情報社　1936〜1981
　　1942年版(第5版)では8,400人を採録。省庁の課長クラスがわかる。第5,8版が『日本官界人名資料事典』（日本図書センター，2004）として復刻されている。
・『大衆人事録』（帝国秘密探偵社ほか，1930〜1963）
　　中堅企業の社主など，他の紳士録で出ない民間人が採録されている。復刻がいくつかある。

Ⅲ　その他：隣接領域，文書，インターネット

12. 隣接分野の出版物：書誌学，出版史，愛書趣味
　　図書館情報学に隣接する分野の辞書や事典に，図書館人が掲載されていることがある。例えば次のもの。
・『日本児童文学大事典』全3巻　大阪国際児童文学館編　大日本図書　1993
　　児童図書館サービス関係を掲載。
・『日本古典籍書誌学辞典』井上宗雄[ほか]編　岩波書店　1999
　　近世以前の蔵書家や近代の書誌学者も採録されている。
・『日本史研究者辞典』日本歴史学会編　吉川弘文館　1999
　　郷土史や地方史研究者として図書館人も含まれる。
・『出版文化人物事典』稲岡勝監修　日外アソシエーツ　2013
　　近代を中心に1,600名以上を採録。戦前を中心に，新聞縦覧所や貸本屋，図書館に関わった出版人がいる。
・『日本古書通信』日本古書通信社　1934〜
　　書物関係の記事を掲載し，寄稿者には図書館関係者も含まれる。記事中で図書館人が言及されたり，その訃報が掲載されることもある。

13. 地域資料
　　市史や郷土史といった文献には，地域の図書館設立などに関わった人物に関する記述が少なくない。例えば，気仙沼市史編さん委員会編『気仙沼市史6（教育・文化編）』（気仙沼市，1992）など
　　『静岡大百科事典』（静岡新聞社出版局編，静岡新聞社，1978）といった地域別の百科事典には，一般的な事項が掲載されているが，人物の項目もある。水上正彦編『越中人物誌』（越中人物誌刊行会，1941）など郷土資料のなかでも人物に関する情報は比較的多い。
　　図書館のウェブサイトには人物関係のデータベースがあり，図書館関係の人物も含まれることがある。国立国会図書館のウェブサイトにある人文リンク集（リサーチナビ＞人文総合情報室）の「人物・肖像」の「地域にある人物文献目録・データベース」で県立図書館などが作成したデータベースを知ることができる。ほかに地域の地方新聞の記事や訃報欄も参考となる。

14. 文書（公文書・個人文書）
　　図書館員が公務員（官吏）や官吏待遇であると，その記録が公文書館に残りうる。

国レベルの公文書については，インターネット上にあるアジア歴史資料センターや国立公文書館のデジタルアーカイブで人名などから検索でき，履歴などがみつかることがある。

　事務文書が例外的に残され公開されているものがある。例.「一橋・駿河台図書館業務資料」（千代田図書館蔵）。ほかに，図書館に関わった個人の関係文書も残されている。戦時期の図書館史に重要な「中田邦造関係資料」（石川県立図書館蔵）や「長田富作資料」（大阪府立図書館蔵）。

## 15. インターネット情報源

　最後にここ十年ほどで環境が整ってきたウェブ上の情報源について，例示する。これまで不明だったことが，これらを使えば判明することがある。旧植民地官僚については，総督府の職員録から個人名データベースが作られ，植民地勤務時代の履歴がわかるようになった（例. 林繁三）。

　これら以外については，人文リンク集（国立国会図書館＞リサーチナビ＞人文総合情報室）の人物・肖像の項を参照のこと。

・検索エンジン一般

　氏名と職業，生年あるいは没年など既知情報と一緒に検索すると，特殊団体の顕彰録などがヒットし，没年などが得られる場合がある（例. 岡積聖）。

・Google ブックス

　フレーズ検索や旧漢字で適宜参照すると記事索引で採録対象となりづらい専門雑誌の訃報が見つかり，没年や略歴が判明することがある（例. 大重斉）

・[ 韓国史データベース（国史編纂委員会）]（朝鮮語）(http://db.history.go.kr/)

　『朝鮮総督府及所属官署職員録』（1910 〜 1943）を日本漢字で検索できる。

・臺灣總督府職員録系統 (http://who.ith.sinica.edu.tw/mpView.action)

　『台湾総督府職員録』（1896 〜 1944）を旧漢字で検索できる。「調閲影像」で職員録版面が表示され出身地の記載がある。

・Web NDL Authorities　国立国会図書館典拠データ検索・提供サービス (https://id.ndl.go.jp/auth/ndla)

　国立国会図書館が維持管理する典拠データを一元的に検索・提供。

## 写真出典一覧

| | |
|---|---|
| 秋岡梧郎 | 『秋岡梧郎著作集：図書館理念と実践の軌跡』秋岡梧郎著　秋岡梧郎著作集刊行会編　日本図書館協会　1988 |
| 天野敬太郎 | 『図書館雑誌』86 巻 9 号　1992.9 |
| 有山崧 | 『近代日本図書館の歩み：本篇』日本図書館協会編　日本図書館協会　1993 |
| 市島謙吉 | 『近代日本図書館の歩み：本篇』日本図書館協会編　日本図書館協会　1993 |
| 伊東平蔵 | 『大橋図書館四十年史』坪谷善四郎著　博文館　1942 |
| 今井貫一 | 大阪府立中之島図書館所蔵 |
| 今澤慈海 | 『読売新聞』1931.4.9　千代田図書館所蔵「一橋・駿河台図書館業務資料」「一般図書切抜帳」(126-164) |
| 太田為三郎 | 『近代日本図書館の歩み：本篇』日本図書館協会編　日本図書館協会　1993 |
| 岡田健蔵 | 函館市中央図書館所蔵 |
| 岡田温 | 『図書館：その本質・歴史・思潮』岡田温著　丸善　1980 |
| 小野則秋 | 『小野則秋図書館学論文集：古稀記念』古稀記念小野則秋先生論文集刊行会編　古稀記念小野則秋先生論文集刊行会　1978 |
| 加藤宗厚 | 『日本図書館協会の百年：1892～1992』日本図書館協会編　日本図書館協会　1992 |
| 叶沢清介 | 『近代日本図書館の歩み：本篇』日本図書館協会編　日本図書館協会　1993 |
| 小河内芳子 | 『山小屋日記』小河内芳子著　風渡野書房　1995（撮影：友野史生氏） |
| 佐野友三郎 | 『初代館長佐野友三郎氏の業績』山口県立山口図書館　1943 |
| 島文次郎 | 京都大学大学文書館所蔵 |
| 清水正三 | 『図書館雑誌』93 巻 4 号　1999.4 |
| 竹林熊彦 | 『同志社大学図書館学年報』38 号　2013.3（写真提供：宇治郷毅氏） |
| 田中稲城 | 『近代日本図書館の歩み：本篇』日本図書館協会編　日本図書館協会　1993 |
| 坪谷善四郎 | 『近代日本図書館の歩み：本篇』日本図書館協会編　日本図書館協会　1993 |
| 中田邦造 | 『近代日本図書館の歩み：本篇』日本図書館協会編　日本図書館協会　1993 |
| 浪江虔 | 『図書館雑誌』93 巻 4 号　1999.4 |
| 松本喜一 | 『近代日本図書館の歩み：本篇』日本図書館協会編　日本図書館協会　1993 |
| 間宮不二雄 | 『圕とわが生涯・前期』間宮不二雄著　間宮不二雄　1969 |
| 森清 | 『知識の組織化と図書館：もり・きよし先生喜寿記念論文集』もり・きよし先生喜寿記念会編　もり・きよし先生喜寿記念会　1983 |
| 湯浅吉郎 | 『湯浅半月』半田喜作編著　「湯浅半月」刊行会　1989 |

Dewey, Melvil　ALA Archives, Melvil Dewey, The American Library Association Archives (http://archives.library.illinois.edu/alaarchon/?p=digitallibrary/digitalcontent&id=366)（参照 2016.9.11）

Ranganathan, Shiyali Ramamrita　Indian Library Association, The Father of Library Science in India （http://www.ilaindia.net/About%20Dr.%20S.%20R.%20Ranganathan-ILA.html)（参照 2016.3.26）

# あとがき

　本書は，石井敦編著『簡約日本図書館先賢事典：未定稿』（石井敦，1995，以下『先賢事典』）を参考に，これを大幅に増補改訂して利用の便をはかるとともに，参考文献を明示し，今後の調査・研究に資することを目的に作成された。
　ここでは，本書作成の経緯などについて述べておきたい。

**採録の基準**
　石井氏は，『先賢事典』を編集するに際し，図書館界への貢献度を次のとおり挙げた。
　① 図書館に10年以上籍をおいた人
　② 著書，論文の比較的多い人
　③ 優れた図書館サービスや業務を実践した人
　④ 図書館運動に役職として参加した人
　⑤ 図書館員教育，図書館学形成上での重要な人物
　⑥ 図書館行政上での重要人物
　⑦ 一地方，一地域ではあるが図書館員として立派な活動をした人物
　本書編集に際しては，これらを人物選定の参考とした。ただし，本書は，『先賢事典』の収録人数の約550名を大きく上回ることが予測されたため，上記貢献度を踏襲しつつ，これらを弾力的に適用することとした。
　上記①の10年を一定期間とし，④では役職との規定をせず，⑤〜⑦については，顕著な活動をした人物とするなどである。そして，次の各項を加えた。
　⑧ 図書館を資金面などにより側面から支援した人物
　⑨ 著名な人物で，図書館との関係が一定程度認められること
　⑩ 本会会員が収録にふさわしいと認めた人物で，上記のいずれかに該当，もしくは準ずること

本書では，近代以降の人物は，これらを一応の基準とし，近世以前の人物と外国人については，図書館史のテキストに掲載されている人物を採録の目安とした。

人物の掘り起こし
　『先賢事典』を大幅に増補するためには，項目に採録する人物を掘り起こす作業が必要となる。そこで日本図書館協会編『近代日本図書館の歩み　地方篇，本篇』（日本図書館協会，1992-1993）を参考にした。地方篇は，地域によって精粗はあるものの，近代以降の全国の公共図書館，大学図書館の歴史的な経過が記述され，また，本篇は日本図書館協会のみならず，公共，大学，学校，専門，国立と館種ごとに加え，図書館員教育の動向が概説され，相当数の図書館人が掲載されている。

　また，図書館史のテキストを調査し，掲載されている人物，記述の頻度を人物評価の参考とした。次のような図書を参照した。
　『図書及び図書館史』北嶋武彦編著　東京書籍　1998
　『図書及び図書館史』寺田光孝編　加藤三郎，村越貴代美共著　樹村房　1999
　『図書館文化史』綿抜豊昭著　学文社　2006
　『図書・図書館史』小黒浩司編著　日本図書館協会　2013
　加えて，次のような通史などを参考にした。
　『近世日本文庫史』竹林熊彦著　大雅堂　1943
　『日本図書館史』補正版　小野則秋著　玄文社　1973
　『日本図書館史概説』岩猿敏生著　日外アソシエーツ　2007
　『源流から辿る近代図書館：日本図書館史話』石山洋著　日外アソシエーツ　2015
　現代の人物については，『図書館年鑑』（日本図書館協会）各年版掲載の「図書館関係物故者」で補った。

記述レベルの設定と執筆の進め方
　次に，各人物を記述するための分量について検討した。『先賢事典』では，たとえば間宮不二雄は，本文が12行，最小の人物は1行となっ

ている。文字数が必ずしも業績とイコールではないとしても，人物により記述すべき内容にある程度の差が生じるのはやむをえないと考え，人物ごとに記述のレベルを設定することにした。

　すぐれた業績を有し，評価が定着していて，図書館史の著作物などに必ず取り上げられるような人物をAランク，それに準じて，B，Cランクと記述レベルを設けた。Aは，生没年，出身地，学歴，これに写真を付し，参考文献を含め900字程度とした。Bは，600字程度。Cは，生没年のみを冒頭に置き，300字程度とした。

　近世以前の歴史上の人物，著名な人物は，一般的な資料で容易に調査ができることから，Cランクにとどめ，図書館に関することを中心に記述した。参考文献は，ランクに応じて数点を明示した。割愛した文献も少なくないが，ここに掲載した文献を手がかりにして探索への道が開けるようにした。

　執筆は，本研究会の会員から希望を募った。対象の人物が重複した場合は，なるべく多くの会員が参加できるよう調整した。また，会員が仲介した場合には会員以外からの執筆者も参加できるようにした。

## 人物の補充について

　図書館人の伝記資料には，個々の人物に関する図書・論文などがあるが，本書の編集の観点でいうと，そうした資料がある人物は，例外中の例外ということになる。それは，資料の入手が比較的容易であり，人物に関する評価がある程度定着しているということを意味している。もちろん，評価の定まった人物についても，これまでの研究成果をふまえつつ，再評価の視点をもつことは重要であり，また，不明なことも少なくない。しかし，こと本書の編集ということでは，ほとんど情報がない人物を，どのように調査，評価するか，といったことが大きな課題となった。

　こうした作業に加え，本書をさらに充実したものとするため，収録人物を補充することにした。2014年6月の時点で，収録人物は1,139名であったが，この年の9月に編集態勢を強化して，国・地域，館種ごとの補充調査を行った。これによって300名近くの人物を追加執筆することになっ

た。これらの人物には，一地方，一地域で図書館をつくるために尽力した人物，図書館員として活動した人たちが多く含まれている。

　こうした人物を含め，図書館人の調査の進め方については「付録2　人物調査のための文献案内」を示したので，参考にしていただきたい。大学図書館員に関する調査については，今野創祐「『（仮称）図書館人物事典』を書いてみました！：田口高吉編」『日本図書館文化史研究会ニューズレター』（134号，2015.11）が参考になることを付記しておく。

## 課題

　石井氏は，『先賢事典』を編集するに際し，資料のなかでは「手書きの履歴書」を優先させたことを挙げ，それは図書館史を担当していた東洋大学の学生が地元図書館などで調査した成果だとしている。ここから，石井氏が教員をしていた当時は，学生が図書館などに行っても「手書きの履歴書」をはじめ，図書館員のさまざまな個人情報が入手できたことがわかる。

　しかし，この二十数年で図書館を取り巻く状況は大きく変わった。「個人情報の保護に関する法律」（2003年成立）の影響か，物故者であっても「手書きの履歴書」を入手するどころか，個人情報となると，一度は公刊された図書館資料でさえ入手がむずかしくなった。その一方で，情報技術の革新によって，細かい情報へのアクセスが一段と容易となった。本事典はこうした状況下で，調査の壁を感じつつ，その壁を乗り越えようと執筆，編まれたものである。

　幸い多くの執筆者のご尽力により多数の人物を収録することができた。本書によって図書館界のすぐれたリーダー，先駆者といわれる人たちが図書館を牽引してきたこと，また，各地の現場の最前線でサービスを実践した人びと，さらには図書館を側面から支援した人物が少なくないこと，かつては自らが得た利益を社会に還元する人物が各地に多くいて，その人たちの尽力によって図書館ができ，豊かな地域社会が形成されていたことなどがわかるのではないか。

　それでも館種や地域などによる偏りがないとはいえないし，必要な人

物が網羅できたかといわれれば自信はない。いずれにしてもこうした点を解消するためには，今後の調査研究の成果を待つしかないが，それには，引き続き地味でかつ継続的な作業の積み重ねが必要になるに違いない。

　いよいよますます専任の図書館員が減少の一途をたどるような状況のなかで，なぜ図書館員が必要なのか理解を広めるためにも，いつの時代にも知の宝庫を守り，知を共有するために尽力した人たちがいたことを伝えていく努力が求められるのではないか。本書がそうしたことを想起するきっかけになればよいと思っている。

＊

　2014年9月，編集態勢強化のため，鞆谷純一さんに編集委員に加わっていただいた。このとき，鞆谷さんには，ご自身が希望された執筆に加え，地元である四国にとどまらず，西日本全域にわたる補充調査にご尽力をいただき，多くの人物を発掘，執筆をしていただいた。しかし，本書の完成を目前に逝去された。刊行を心待ちにしていたはずであり，さぞかし無念であったろうと拝察する。私どもとしても謝意を伝えられなかったことが心残りである。ご冥福をお祈りする。

　最後になったが，執筆者のみなさま，本書の刊行のためにご尽力いただいた方々にお礼を申し上げる。

2017年7月

　　　　　　　　『図書館人物事典』編集委員を代表して
　　　　　　　　　　　　　　　　　　　　　　奥泉和久

編者紹介

**日本図書館文化史研究会**

1982年「図書館史研究会」として発足。
1995年「日本図書館文化史研究会」に改称し、2017年創立35周年を迎える（会員数約180名）。
機関誌「図書館文化史研究」（年1回）を発行。
日本学術会議協力学術研究団体。

---

## 図書館人物事典

2017年9月25日　第1刷発行
2020年5月25日　第2刷発行

---

編　　者／Ⓒ日本図書館文化史研究会
発　行　者／大高利夫
発　　　行／日外アソシエーツ株式会社
　　　　　　〒140-0013 東京都品川区南大井6-16-16 鈴中ビル大森アネックス
　　　　　　電話 (03)3763-5241（代表）FAX(03)3764-0845
　　　　　　URL http://www.nichigai.co.jp/
発　売　元／株式会社紀伊國屋書店
　　　　　　〒163-8636 東京都新宿区新宿3-17-7
　　　　　　電話 (03)3354-0131（代表）
　　　　　　ホールセール部（営業）電話 (03)6910-0519

電算漢字処理／日外アソシエーツ株式会社
印刷・製本／株式会社 デジタル パブリッシング サービス

不許複製・禁無断転載
＜落丁・乱丁本はお取り替えいたします＞

ISBN978-4-8169-2678-5　　Printed in Japan, 2020

## 図書館サポートフォーラムシリーズ

### 図書館はまちのたからもの
#### ―ひとが育てる図書館―
内野安彦著　四六判・220頁　定価（本体2,300円＋税）　2016.5刊
市役所の行政部門で18年間勤めた後、図書館員となった著者の「図書館は人で決まる」（素晴らしい図書館サービスは優秀な図書館員の育成から）という考えの実践記録。

### 図書館づくり繁盛記
#### ―住民の叡智と力に支えられた図書館たち！
大澤正雄著　四六判・240頁　定価（本体2,400円＋税）　2015.6刊
練馬区立図書館を皮切りに、朝霞市立図書館、鶴ヶ島市立図書館の立ち上げに携わった「図書館づくり人生」。図書館振興運動のリーダー的存在として活躍、戦後の図書館発展とともに歩んだ著者の図書館づくりの実践の記録。

### 図書館からの贈り物
梅澤幸平著　四六判・200頁　定価（本体2,300円＋税）　2014.12刊
1960年代に始まった日本の公共図書館の改革と発展に関わった、元滋賀県立図書館長による体験的図書館論。地域に役立つ図書館、利用者へのよりよいサービスを目指し、のちに県民一人あたりの貸し出し冊数全国一を達成した実践記録。

### 病院図書館の世界
#### ―医学情報の進歩と現場のはざまで
奥出麻里著　四六判・190頁　定価（本体2,700円＋税）　2017.3刊
病院図書館について何の知識もない状態から病院図書室を立ち上げた著者が、あまり知られていない病院図書館の活動実践をくまなく伝える。時々刻々と増え続ける医学情報―それらを医師・患者に結びつけるには？　病院・医学関係者にとどまらず、情報に携わるすべての人に。

### 認知症予防におすすめ図書館利用術
#### ―フレッシュ脳の保ち方
結城俊也著　A5・180頁　定価（本体2,750円＋税）　2017.1刊
長年にわたりリハビリテーションの第一線にたってきた著者が、実践的な認知症予防のための図書館利用術を解説。

---

データベースカンパニー
**日外アソシエーツ**　〒140-0013　東京都品川区南大井 6-16-16
TEL.(03)3763-5241　FAX.(03)3764-0845　http://www.nichigai.co.jp/